主　编　袁行霈　陈进玉

本卷主编　谷长春

中国地域文化通览

吉林卷

中华书局

图书在版编目（CIP）数据

中国地域文化通览．吉林卷／袁行霈，陈进玉主编；谷长春本卷主编．—北京：中华书局，2013.1（2015.11 重印）

ISBN 978 – 7 – 101 – 08876 – 2

Ⅰ．中…　Ⅱ．①袁…②陈…③谷…　Ⅲ．文化史 – 吉林省　Ⅳ．K203

中国版本图书馆 CIP 数据核字（2012）第 201768 号

题　签	袁行霈
篆　刻	刘绍刚

书　　名	中国地域文化通览·吉林卷
主　　编	袁行霈　陈进玉
本卷主编	谷长春
责任编辑	贾元苏　许旭虹
出版发行	中华书局
	（北京市丰台区太平桥西里 38 号　100073）
	http://www.zhbc.com.cn
	E-mail:zhbc@ zhbc.com.cn
印　　刷	北京瑞古冠中印刷厂
版　　次	2013 年 1 月北京第 1 版
	2015 年 11 月北京第 2 次印刷
规　　格	开本/700×1000 毫米　1/16
	印张 36　插页 10　字数 520 千字
国际书号	ISBN 978 – 7 – 101 – 08876 – 2
定　　价	160.00 元

《中国地域文化通览》组委会、编委会

组织工作委员会

主　任：陈进玉　袁行霈

副主任：陈鹤良

委　员：（以姓氏笔画为序）

丁绍祥　于来山　王　君　王立安　王宪魁　王晓东

王祥喜　孔玉芳　石憪巍　布小林　卢美松　尼玛次仁

多　托　刘　智　阳盛海　杨继国　李　康　李少恒

李明远　李联军　李福春　肖志恒　吴　刚　邱江辉

何天谷　宋彦忱　沈祖炜　张　庆　张正锋　张作哈

张杰辉　张建民　张建华　张建国　张俊芳　张炳学

张晓宁　陈　桦　林　声　范晓军　周　義　郑继伟

屈冬玉　赵　雯　赵安东　胡安平　柳盛权　咸　辉

娄勤俭　贾帕尔·阿比布拉　　　顾　久　徐振宏

曹　萍　曹卫星　韩先聪　程　红　谢　茹　谢庆生

詹文宏　谭　力　滕卫平　魏新民

编撰工作委员会

主　　编：袁行霈　陈进玉

执行副主编：陈鹤良　陈祖武

副　主　编：（以姓氏笔画为序）

王　尧　王　蒙　方立天　白少帆　杨天石　陈高华

赵仁珪　程大利　程毅中　傅璇琮　樊锦诗　薛永年

《中国地域文化通览·吉林卷》组委会、编委会

组织工作委员会

主　任：李福春　谷长春

副主任：段成桂　吴玉珩　张凤春　王立安

编撰工作委员会

主　编：谷长春

副主编：段成桂　赵家治　吴玉珩　张凤春　王立安　曹保明

编　委：（以姓氏笔画为序）

刁素芳　王立安　王同策　王兆一　甘雨辰　田子馥　兰　婷

刘乃中　刘厚生　齐梦章　关　鉴　许占志　孙文范　杨蔚宾

李　巍　吴玉珩　谷长春　张士魁　张凤春　张洪江　张璇如

陈复兴　陈景东　邵　干　金恩晖　周昔非　周惠泉　郎需才

赵　勤　赵家治　段成桂　姜　鹏　萧　纲　曹文汉　曹保明

崔　钦　崔子科　富育光

编撰办公室

主　任：吕长新

成　员：（以姓氏笔画为序）

王知音　孙志明　李伟达　夏淑萍　郭明辉　葛世文

吉林雾凇　郑立波摄

长白山天池　郎琦摄

旧石器时代 "安图人"洞穴遗址 孙志明摄

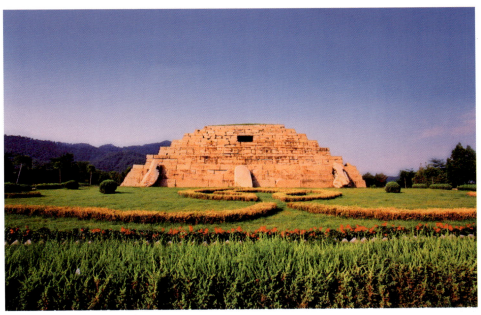

高句丽 集安将军坟 谷德平摄

高句丽 集安好太王碑 段红杰摄

高句丽 壁画舞蹈图 集
安禹山墓区中部舞踊
墓原地保存 赵昕摄

渤海 长白灵光塔　谷德平摄　　　　　　农安辽塔　谷德平摄

清　洮南双塔　谷德平摄

清　吉林文庙　谷德平摄

清代吉林旧街　吉林市博物馆藏　孙志明摄

清代船厂码头　吉林市博物馆藏　子亮摄

吉林老三道码头　吉林市博物馆藏　孙志明摄

青铜器时代 西团山文化陶器 吉林市博物馆藏 王洪峰 赵海龙摄

青铜器时代 汉书文化陶器、骨器 吉林市博物馆藏 王洪峰 赵海龙摄

紫貂

梅花鹿

野山参

鹰猎老人　胡冬林摄

牛爬犁　李光平摄

清　松花江放排　原刊于《吉林旧影》吉林人民出版社2005年版

鸭绿江放排　北川摄

查干湖冬捕　刘玉忱摄

查干湖冬捕头鱼　丁磊摄

总绪论

袁行霈

　　早在《尚书·禹贡》和《山海经》中已有关于中国地域的描述，包括九州的划分，各地的土地、山川、动物、植物、农产、矿产，还记载了一些神话，这两部书可以视为地域文化的发轫之作。此后出现了许多地理书籍，其中以东汉班固的《汉书·地理志》和北魏郦道元的《水经注》影响最为深远。前者记载了西汉的区划、户口、物产、风俗等，后者通过对《水经》的注解，记录了许多河流及沿岸的风物，保存了丰富的地理和人文信息。

　　本书对中国地域文化的研究，重视古代的传统，但就观念、方法、论述的范围、传世文献和考古资料的运用诸方面而言，都跟古代的舆地之学有很大区别。本书注重中国文化的空间分布和地域差异，将历时性的考察置于地域之中，而重点在于各地文化的特点和亮点，以及各地文化资源的开发利用。

　　近二十年来国内学术界出现了不少新的学术生长点和热点，地域研究便是其中之一。本书仅从"地域"这个特定的角度切入，至于中国文化的一般问题则不在本书探讨的范围之内。本书限于传统文化的范围，然而希望以古鉴今，面向未来，有助于当前和今后的文化建设。

第一节　多源同归与多元互补

中国文化的多个发源地　多源同归　以汉族为主体的各民族文化
多元互补

中国文化明显地呈现出地域的差异，这些差异乃是统一的中国内部的地域差异[①]，是中国文化多样性的表现。

中国文化具有多个发源地：

黄河流域。黄河发源于青海巴颜喀拉山脉西端卡日扎穷山的北麓，其干流流经四川、甘肃、宁夏、内蒙古、陕西、山西、河南、山东，全长5464公里，流域面积75.24万平方公里[②]。黄河有众多的支流，这些支流为中华民族的先民提供了优越的生存环境，特别重要的有渭河、汾河、伊洛河、湟水、无定河，在这些支流的两侧分布着数量众多的古文化遗址，例如黄河上游的马家窑文化，黄河中游的仰韶文化—中原龙山文化，黄河下游的大汶口—龙山文化，证明黄河是中国文化最重要的发祥地[③]。标志着中国文化肇始的夏代[④]，文化已相当发达的商代和周代，这三个王朝的疆域均位于黄河流域，可见黄河在中国文化史上的重要地位。

长江流域。长江发源于青海唐古拉山脉最高峰各拉丹东峰的西南麓，其干流流经四川、西藏、云南、重庆、湖北、湖南、江西、安徽、江苏、上海，全长6397余公里，流域面积达180.85万平方公里[⑤]。其间分布着许许多多古文化遗址。20世纪以来新的考古资料证明，长江上游的三星堆文化，长江中游的屈家岭文化，长江下游的河姆渡文化和良渚文化，在陶器、青铜器、玉器的制作，以及城市的建筑等方面都已达到相当发达的程度[⑥]。老子、庄子、屈原的出现，以及近年来在湖北、湖南出土的大量秦汉简帛和其他文物，证明了当时的楚文化已达到可以与黄河流域的文化并驾齐驱的辉煌程度。毫无疑问，长江跟黄河一样，是中国文化的摇篮。

此外，辽河流域文化、珠江流域文化，都可以追溯到很早，而且特点鲜明，对中国文化的发展起了重要的作用，这两大流域也应视为中国文化的发祥地。

总之，黄河、长江是中国文化的主要发祥地，在历史长河中，又广泛地吸取了其他地区的文化因素，逐渐交融，深度汇合，就像"江汉朝宗于海"一样，随着中国大一统局面的建立、巩固和发展，发源于不同地区的文化先后汇为中国文化的大海，我们称之为多源同归⑦。

中国文化又是多元互补的文化，以汉族为主体，自周、秦到明、清，在各个历史阶段随着民族间的交往、融合，吸取了少数民族的文化因素，56个民族共同创造出中华民族灿烂辉煌的文化。中国的疆域是各族共同开拓的，少数民族对东北、北部、西北、西南边疆的开发做出了重要的贡献⑧。

汉族的先民主要生活在黄河中下游地区，一般说来仰韶文化和龙山文化是汉族先民的文化遗存。传说黄帝之后的尧禅让于舜，舜或出自东夷⑨；舜禅让于禹，禹或出自西羌⑩，这表明了上古时期民族融合的趋势。汉朝以后，"汉"遂成为民族的名称，汉族的文化也成为中华民族文化的主体。

汉族在发展过程中，吸取了各少数民族的文化成分以丰富自己。赵武灵王推行胡服骑射，唐代吸取今新疆一带少数民族的音乐歌舞，都是很好的例证。中国古代的政治家、作家、书法家、画家中，出身少数民族的可以举出不少。例如唐代的宰相长孙无忌其先出自鲜卑拓跋部，元代著名作家萨都剌是回回人，元代著名书法家康里巎巎是色目康里部人，清代的著名词人纳兰成德是满族人，他们为中国文化的发展做出了重要贡献。另一方面汉族又对各少数民族文化产生重大的影响，有的少数民族入主中原时托黄帝以明正朔，如鲜卑拓跋部建立北魏，自称是黄帝之子昌意之后⑪。北魏孝文帝推行的改革，促进了鲜卑人与汉人的融合⑫。一些曾经入主中原的少数民族，如蒙古人在很大的程度上自觉学习汉人的文化。元朝至元四年（1267）正月，世祖下令修建曲阜孔庙，五月又在上都（今属内蒙古自治区）新建孔子庙⑬。元朝开国功臣耶律楚材，为保存汉族典章制度与农耕文化做出卓越的贡献⑭。满人入主中原前，努尔哈赤、皇太极在政权建设、社会发展等方面就已注意吸收汉文化，学习儒家典籍[15]，入关以后对汉族文化的吸取就更多、更自觉了，《全唐诗》和《四库全书》的编纂就是最好的证明。

各民族的文化互补，是中华文化不断发展的重要动力，也是形成中华民族凝聚力的重要因素。例如，内蒙古等北方草原的游牧文化雄浑粗犷，与汉族的农耕文化可以互补[16]。新疆各族的文化，以及新疆在丝绸之路上对中外文化交流所起的作用十分重要。藏传佛教影响广泛，藏族文化丰富多彩，在中华民族文化中的地位值得充分重视。壮族在少数民族中人数最多，其文化品格和文化成就同样值得充分重视。

总之，各地的文化交融，以及汉族与少数民族的文化交融，使中国文化既具有多样性又具有统一性。多元互补，乃是中国文化的一大特点，也是中国文化进一步发展繁荣的坚实基础。

第二节　文化中心的形成与转移

地域文化发展的不平衡　中心形成与转移的若干条件：经济的水平　社会的安定　教育、藏书与科技　文化贤哲的引领作用

某一地区在某一时期内文化发展较快，甚至居于中心地位，对全国起着辐射作用。而在另一时期，则发展迟缓，其中心地位被其他地区所取代。地域文化发展的不平衡，文化中心的转移，是常见的现象。下面举例加以说明：

陕西西安及其附近本是周、秦、汉、唐的政治文化中心，这几个统一王朝的辉煌，在不胜枚举的文化遗址和出土文物中都得到证实，周原出土的青铜器，秦始皇陵的兵马俑，众多的汉家陵阙和唐代宫阙、墓葬遗址，都是中国的骄傲。包括正史在内的各种文献资料，如诗歌、文章、书法、绘画，也都向世人诉说着曾经有过的辉煌。司马迁、班固等则是这片土地哺育出的文化巨人。但到了元代以后，特别是明清以来，这里的文化已经难以延续昔日的光彩。

河南原是商代都城所在，殷墟出土的甲骨文，证明了那时文化的

兴盛。东周、东汉、曹魏、西晋等朝定都洛阳，河南成为全国文化的中心。到了唐代，河南则是文学家集中涌现的地方，唐代著名诗人几乎一半出自河南，杜甫、韩愈、岑参、元稹、李贺、李商隐等人，为唐诗的繁荣发展做出了重大贡献。北宋定都开封，更巩固了其文化中心的地位，张择端的《清明上河图》反映了汴梁的繁华。但在南宋以后，河南的文化中心地位显然转移了。

由上述陕西与河南的变化，可以看出政治中心与文化中心之间的关系。政治中心的迁移，特别是那些维持时间较长的政治中心的迁移，往往造成文化中心的迁移。

山东在先秦是中国文化的中心。曲阜是孔子的故乡，邹城是孟子的故乡，对中国文化影响至深至巨的儒家即植根于此。虽然经过秦始皇焚书坑儒，山东在两汉仍然是儒家思想文化的中心之一，伏生、郑玄这两位经学家都是山东人。但魏晋以后，山东的文化影响力逐渐衰落，儒学的中心也逐渐转移到别的地方。唐代高倡儒学复兴建立儒家道统的韩愈，北宋五位著名的理学家周敦颐、张载、邵雍、程颢、程颐，南宋将理学推向高峰的朱熹、心学家陆九渊，以及明代的心学家王阳明，均非出自山东。

北京一带在春秋战国时期是燕国都城所在，汉唐时称幽州，是边防重镇，与陕西、河南相比，文化显然落后。后来成为辽、金、元、明、清的首都，马可波罗记载元大都之繁华，令人赞叹。元杂剧前期便是以元大都为中心的，元杂剧的杰出代表关汉卿、王实甫，以及其他著名剧作家马致远、杨显之、纪君祥、秦简夫都是大都人。明清两代建都北京，美轮美奂的紫禁城、天坛、圆明园、颐和园，标志着中国古代建筑的辉煌成就。朝廷通过科举、授官等途径，一方面吸纳各地人才进京，另一方面又促使精英文化向全国各地辐射，北京毫无争议地成为全国文化的中心。

上海原是一个渔村，元代开始建城，到了近代才得到迅猛的发展，19 世纪中叶已经成为国际和国内贸易的中心，随后又一跃而成为现代国际大都会。各种新兴的文化门类和文化产业日新月异地建立起来，并带动了全国文化的发展。

广东文化的发达程度原来远不及黄河与长江流域其他地方，但到了唐代，广州已成为一个大都会，到了近代，广东在思想文化方面呈现明显的优势，黄遵宪、康有为、梁启超、孙中山等人都出自广东。

文化中心形成和转移的原因十分复杂，需要从多方面探讨。

首先，是由经济发展的水平所决定的。

经济的发达虽然不一定直接带来文化的繁荣，但经济发达的地区文化水平往往比较高。最突出的例证便是江苏和浙江。这两个地区在南朝已经开发，宋代以后以太湖为中心的地区，乃至浙江东部的宁波、绍兴，成为重要的粮食产区。到明清两代，随着精耕细作的农业技术广泛应用，粮食产量大幅增加。在松江、太仓、嘉定、嘉兴等地，棉花耕种面积扩大，棉纺织业迅速发展；植桑养蚕缫丝成为新兴的副业，湖州成为丝织品最发达的地区[17]。农副业的发展带动了商业和市镇的繁荣，以及新兴市民的壮大。经济的发展与经济中新因素的成长，促成了江苏和浙江文化的繁荣，以及文化中新气象的出现。明代王阳明后学中的泰州学派开启了早期启蒙思想的潮流，明末以"公""正"为诉求的东林党具有代表江南地区士人和民众利益的倾向，其领袖顾宪成、高攀龙都是江苏无锡人。明中叶文人结社之风颇盛，如翟纯仁等人在苏州的拂水山房社，汪道昆、屠隆等人在杭州的西泠社，以及张溥在常熟、南京的复社，都在政治文化领域开启了新的风气，社会影响很大。至于文学方面，明清两代江苏和浙江文风之盛更是人所熟知的。著名的文人，明代有文徵明、徐渭、冯梦龙、施耐庵、吴承恩，清代有钱谦益、顾炎武、朱彝尊、沈德潜、郑燮、袁枚、龚自珍、李渔、洪昇等。江浙也是明清以来出状元最多的地方。

然而，文化的发展与经济的发展不一定同步，文化的发展除了受经济的制约外，还有其自身的规律。例如，在清代，晋商特别活跃，金融业发展迅猛。但是在这期间山西文化的发展却相对迟缓，如果与唐代的辉煌相比，已大为逊色。又如，北宋时期，关中的经济已经远不如唐代，但张载却在这里教授生徒，传播儒学，"为关中士人宗师"[18]，关中成为儒学的中心之一。

其次，与社会稳定的程度有很大关系。

东汉首都洛阳，经过一百六十多年的经营，是当时的文化中心。中平六年（189），东汉灵帝病死，并州牧董卓借机率军进入洛阳，废黜少帝刘辩，立九岁的陈留王刘协为帝，是为汉献帝。献帝初平元年（190），在东方诸侯的军事压力下，董卓迁天子于西都。迁都之时，图书文献遭到了极大破坏[19]，东汉王朝在首都积累的文化成果毁于一旦[20]。

南朝齐梁二代文学本来相当繁荣，分别以齐竟陵王萧子良、梁武帝萧衍和昭明太子萧统、梁简文帝萧纲为首的三个文学集团，对文化的发展起了很大的推动作用。齐永明年间周颙发现汉语有平上去入四种声调，“竟陵八友”中的沈约等人根据四声以及双声叠韵，研究诗句中声、韵、调的配合，创制了“永明体”，进而为近体诗的建立打下基础。成书于齐代末年的刘勰所著《文心雕龙》则是中国文学批评史上最系统的著作。由于萧衍、萧统、萧纲父子召聚文学之士，创作诗歌，研究学术，遂使建康成为文化中心。萧统所编《文选》影响尤为深远。可是经过侯景之乱，建康沦陷，士人凋零，江左承平五十年所带来的文化繁荣局面遂亦消失[21]。

与此类似的还有唐朝末年中原一带的战乱对文化的破坏。唐代的首都长安是当时最大的国际都会，居住着许多外国的留学生、商贾、艺术家。在宗教方面，除了道教和佛教，祆教、景教和摩尼教也都得以传播，长安显然是当时的文化中心。到了五代，长安的文化中心地位消失了，而四川因为相对安定，士人们相携入蜀，文化也随之发达起来，俨然成为一个新的文化中心。后蜀主孟昶时镌刻石经[22]，后蜀宰相毋昭裔在成都刻印《九经》《文选》《初学记》《白氏六帖》，对四川文化的发展影响很大[23]。尤其值得注意的是词的繁荣，后蜀赵崇祚所编《花间集》，选录18家“诗客曲子词”，凡500首，其中14位作者皆仕于蜀。《花间集》是最早的文人词总集，奠定了以后词体发展的基础[24]。

我们也要看到，社会变革期往往伴随着社会的不稳定，以及各种思想和主张的激荡，这反而会促进文化的发展，并形成若干文化的中心，如在春秋战国时期，鲁国是儒家的中心，楚国是道家的中心。这从另一个方面提醒我们文化发展的复杂性。

复次，文化中心的形成与教育水平、藏书状况、科技推动有很大关系。

　　书院较多的地区，私人讲学之风兴盛的地区，蒙学发达的地区，往往也成为文化中心，突出的例子是明代的江西、浙江。据统计，明代江西有书院 51 所，浙江有书院 36 所，这些地方也就成为文化中心㉕。

　　文化的发达离不开书籍，书籍印刷和图书收藏较多的地区，往往会形成文化中心。例如四川成都是雕版印刷最早流行的地区之一，唐代大中年间已有雕版书籍和书肆㉖。唐末成都印书铺有西川过家、龙池坊卞家等㉗。此后，一直到五代、宋代，成都都是印刷业的中心之一，这对成都文化的发展起了重要作用。又如浙江、福建也是印刷业的中心，到了五代、宋，达到繁盛的地步。这两个地区在宋代人才辈出，显然与此有关。明清两代私家藏书以江浙一带为最盛，诸如范钦天一阁、毛晋汲古阁、黄虞稷千顷堂、钱谦益绛云楼、徐乾学传是楼、朱彝尊曝书亭、瞿绍基铁琴铜剑楼、陆心源皕宋楼、丁丙八千卷楼都在江浙，这对明清时期江浙文化的发展无疑起了巨大作用。

　　科技带动地域文化发展的例子，可以举李冰父子在四川修建都江堰为例。这项工程创造性地运用了治水的技术，将蜀地造就为"天府之国"，文化也随之发达起来㉘。

　　最后，要提到文化贤哲或学术大师的引领作用。

　　山东曲阜一带，如果没有孔子就难以形成文化中心，这是显而易见的。北宋思想家邵雍之于洛中，也是一个显著的例子，《宋史·邵雍传》曰："人无贵贱少长，一接以诚，故贤者悦其德，不贤者服其化。一时洛中人才特盛，而忠厚之风闻天下。"㉙南宋思想家朱熹长期在福建、江西讲学，"诸生之自远而至者，豆饭藜羹，率与之共"㉚。此外，宗教史上如慧能之于广东；思想史上如王阳明之于贵州，王艮之于泰州，都有重大的影响。文学史上也是如此，黄庭坚之于江西，杨慎之于云南，也都有重大影响。明代吴中出现了文徵明等一批兼通诗文、书画的著名文人，形成文化中心㉛。

第三节　地域文化的差异、交流与融合

南北之间的差异　东西之间的差异　沿海与内地之间的差异　文化
交流融合的途径：移民、交通与商贸、科举与仕宦

《诗经》与《楚辞》代表了先秦北方与南方两种不同的文化风格，
《诗经》质朴淳厚，《楚辞》浪漫热烈。关于先秦南北思想文化的差异，
王国维的论述具有启发性："我国春秋以前，道德政治上之思想，可分之
为二派：……前者大成于孔子、墨子，而后者大成于老子。故前者北方
派，后者南方派也。"㉜关于南北朝文风的差异，《隋书·文学传序》已
经给我们重要的提示："江左宫商发越，贵于清绮；河朔词义贞刚，重乎
气质。"㉝这种差异在南朝民歌和北朝民歌之间表现得十分清楚。唐代禅
宗有"北渐"、"南顿"二派。中唐时期第一批学习民间词的作家，他们
的作品往往有一种南方的情调。晚唐五代，词的两个中心都在南方。宋
代理学的四个主要学派：以周敦颐为首的濂学，以程颢、程颐为首的洛
学，以张载为首的关学，以朱熹为首的闽学，都带有地域性。在元代盛
行的戏曲，无论就音乐而论还是就文学风格而论，都显然存在着地域的
差异。四折一楔子的杂剧是在北方兴起的一种文艺形式，杂剧创作与演
出的中心在大都。稍晚，南方有一新的剧种兴盛起来，这就是南戏。它
在两宋之际产生于浙江温州一带，先流传到杭州，并在这里发展为成熟
的戏曲艺术，至元末大为兴盛。由宋元南戏发展出来的明代传奇，有所
谓四大腔：海盐腔、余姚腔、弋阳腔、昆山腔，都是南方的唱腔。由苏
州地区兴起的昆曲，在明末清初达到成熟阶段，成为全国最大的剧种。
清中叶至鸦片战争前后，形成五大声腔，除原有的昆腔外，还有高腔（由
弋阳腔演变而成，湘剧、川剧、赣剧、潮剧中都有此腔）、梆子腔（即秦
腔，源于陕西和山西交界处，流行于北方各地）、弦索腔（源于河南、山
东）、皮黄腔（西皮、二黄的合流，西皮是秦腔传入湖北后与当地民间曲
调结合而成，二黄是由吹腔、高拨子在徽班中演变而成），这些声腔都具
有明显的地方特色。乾隆年间四大徽班入京，与来自湖北的汉调艺人合
作，同时吸收昆曲、秦腔的因素，又部分地吸取京白，遂孕育出风靡全

国的京剧㉞，这是地域文化交融的绝佳例证。

东北三省与关内相比，也有自己的特色：粗犷、雄健、富于开拓性。内蒙古的草原文化自然、粗犷，在狩猎、畜牧中形成的与马有关的种种文化很有特色。宁夏回族的宗教、建筑、瓷器等等，都具有独特的民族风情。

东西之间文化的差异首先表现为民族的差异，西部多有少数民族聚居，这些民族的文化各有自己的特色，为中华民族文化增添了亮丽的色彩。其质朴、自然的风格，其文化与大自然的融合，都令人向往。在歌曲和舞蹈方面，更是多姿多彩，显示出少数民族独特的天赋。一些大型的民族史诗，如藏族的《格萨尔王传》、蒙古族的《江格尔》、壮族的《布罗陀经诗》、柯尔克孜族的《玛纳斯》等；还有一些创世纪神话叙事诗，如彝族的《阿细的先基》、瑶族的《密洛陀》、侗族的《侗族祖先从哪里来》、苗族的《苗族史诗》、拉祜族的《牡帕密帕》、阿昌族的《遮帕麻与遮米麻》、哈尼族的《奥色密色》、佤族的《西冈里》等等㉟，都是非常珍贵的文化遗产。

沿海与内地的文化差异也值得注意。早在秦汉时期，齐地多方士，他们讲神仙方术、海外三山，徐福被秦始皇派遣，率领童男童女数千人出海求仙，是颇有象征性的事件。东南沿海与国外的交往较早，南朝、隋唐时期这一地区与印度洋的商旅往来已相当频繁。宋元时期，江苏、浙江、福建、广东都有对外口岸，经这一带出口的瓷器，远销南亚、西亚，直到东非。而明代以后成为中国重要粮食的玉米、马铃薯、番薯等美洲作物，以及在中国广泛种植的烟草，一般认为都是经由东南沿海传入的。明万历年间意大利的耶稣会传教士利玛窦首先到达澳门，再进入内地传教，同时带来西方的科学技术。近代以来，广州、上海、天津等对外口岸在中外文化交流中发挥了重要作用。和内地相比，沿海地区的文化更具开放性和创新性。

文化交流融合有几种途径。

首先是移民，特别是大规模的移民潮。西晋末年、唐末五代以及北宋末年，大批中原的汉族迁徙到江南，对江南经济、文化产生了巨大的作用，移民所带来的文化与当地原有的文化交流融合，使当地文化出现新的特色。闽西和广东梅州客家人聚族而居的土楼（围龙屋），成为当地文化的独特景观。河北、山东一带人民闯关东，推动了东北原住民文化的发展。清代初年"湖广填四川"，促进了西南文化的发展，巴渝会馆的发达，川剧的形成都与移民有关。广西的文化与来自外地的移民和文化名人如柳宗元有关。台湾的文化与闽、粤的移民有极其密切的关系，这表现在民间信仰、建筑风格、生活习惯等许多方面。明末清初是移民台湾的高潮。香港的文化与广东移民有密切的关系，考古发掘证明了香港、澳门与珠江下游地区古代居民之间的关系和交往[38]。

交通与商贸也是各地文化交流融合的重要渠道。汉代以后丝绸之路的开通，对于所经中国内地之间的文化往来，以及中国与中亚、南亚、西亚，乃至欧洲、北非的文化往来，所起的作用显而易见。仅就甘肃河西走廊而言，那是丝绸之路上十分繁忙的一段，在汉唐时的地位类似近代的珠江三角洲和长江三角洲。隋代开通了纵贯南北的大运河，对沟通南北经济、文化起到巨大的作用。唐朝的政治中心在长安，但其经济却在很大程度上依赖江南，运河就成为其经济命脉。沿着运河出现了诸如杭州、苏州、扬州等经济与文化的中心。至于长江航道在交通运输上的作用，及其在文化传播方面的作用更是明显。李白离开家乡四川，沿长江而下，在一生中几乎走遍大江上下，留下许多诗篇。长江沿岸的重庆、武汉、九江、南京、扬州之所以文化发达，得益于这条大江者实在不少。长江流域的洞庭湖与鄱阳湖，以及湖边的黄鹤楼、岳阳楼，还有长江支流赣江边上的滕王阁，成为凝聚着浓厚诗意的地方。明清时期，随着徽商、晋商、粤商、宁波帮等几个活跃的商帮的足迹，文化也得以交流、传播。

科举与仕宦是文化融合的另一条重要渠道。各地的举子进京赶考，考中的或留京任官，或外放任职，考不中的则返回家乡，大批的举子往来于京城和各地之间，成为传播文化的使者。清代钱塘人洪昇，在北京做了约二十年太学生，与京中名流王士禛、朱彝尊、赵执信等人互相唱和。康熙二十七年（1688），其《长生殿》在京城盛演，轰动一时。清代北京的宣南成为进京举子汇聚之地，举子的来来往往，形成文化凝聚与辐射的局面，造就了独特的宣南文化。官员的升迁和贬黜也是文化交流融合的渠道，最突出的例子便是韩愈和王阳明。韩愈贬官潮阳，给当时文化尚不发达的潮州带来了中原文化。王阳明贬官贵州龙场驿，创办龙冈书院，开创了贵州一代学风，他的"知行合一"学说便是在贵州提出来的。此外，李德裕、苏轼等人贬官海南，对当地的文化教育影响巨大。再如清代黑龙江、新疆有许多被流放的官员，其中不乏高级文化人士，他们对当地文化的发展起了重要作用。

第四节　研究地域文化的意义与本书的宗旨

保护地域文化的多样性　地域文化与区域经济　按行政区划分卷
文献考订与田野调查　与地方志的区别　学术性、现实性与可读性
的统一　本书的宗旨与体例

地域文化是按地域区分的中国文化的若干分支。研究地域文化，实际上就是研究文化的空间分布及其特征。研究中国文化如果忽视对其地域性的研究，就难以全面和深入。地域性是中国这个幅员辽阔的大国的特点，是中国文化丰富多彩的重要表现。热爱祖国不是空泛的，首先要热爱生于斯长于斯的家乡。如果对自己家乡的历史文化都不清楚，那么热爱祖国就会落空。有些地区的传统文化正在逐渐削弱甚至濒临消亡，亟待政府采取切实措施加以保护。在文化建设的过程中切忌抹杀地域的特点，避免千城一面、万村一形。如果不论走到哪里看到的是同一种建筑，听到的是同一种戏曲，品尝的是同一种口味，体验的是同一种民俗，既没有关西大汉的铜琶铁板，也没有江南水乡的晓风残月，我们的生活将多么单调，中国展现给世界的形象将多么苍白！在坚定维护国家政治上统一的同时，必须保护各地文化的多样性，保护地域文化的特点，尊重人民群众多种多样的文化需求。这可以视为中国文化发展的战略性举措。地域文化又是港、澳、台人民以及海外华侨、华人寻根的热点，弘扬传统的地域文化有助于祖国的和平统一。从全球的眼光看来，中国这样幅员广阔的大国，如果失去了文化多样性，必然会减弱中国对世界的吸引力。

我们提倡文化的大局观，要站在全国看各地。只有将各地文化放到全国之中，才能更清楚地认识各地文化的特点；只有清楚地看到各地文化的特点，才能更深刻地认识中国文化的面貌。在弘扬地域文化特点的同时，要促进地域之间的文化交流，以推动各地文化共同繁荣。各地文化是互相联系互相渗透的，是在互动中发展的。如果画一幅中国地域文化地图，其中每一板块的变化都会造成整幅地图的变化。没有孤立的安徽文化，没有孤立的河北文化，没有孤立的云南文化，也没有孤立的西藏文化。某一地域文化的发展，都要依靠其他地域，并牵动其他地域。政府在致力于地域经济均衡发展的同时，也要致力于地域文化的均衡发展。再放大一点，在经济全球化的趋势下，国内某一地域文化的发展，也会受到国际因素的影响，上海、天津、福建、广东等沿海地区文化的发展，足以证明这一点。

地域文化的发展对地域经济的依赖和促进是十分明显的，但文化与经济不是搭台与唱戏的关系，应当互相搭台，一起唱戏。发展文化不仅是发展经济的手段，其本身就是目的，因为人民群众的需求以及社会的进步，不仅表现为经济的发展，也表现为文化的繁荣。文化长期滞后于经济快速发展的现状必须改变。发展经济与推动文化，要双管齐下，相互促进。小康社会的指标不仅是经济的，也是文化的。保护地域文化不可追求形式，不可急功近利，要吸取精华剔除糟粕。那种不管好坏，盲目炒作地方名人（包括小说中的人物），简单地打文化牌以拉动经济的风气不可助长。

区域经济的发展已经引起各级领导和全社会的注意，地域文化的发展也应提到日程上来。各地还存在大量文化资源有待开发、研究、利用。《中国地域文化通览》的编撰，就是对我国文化资源的一次普查。我们考察的重点在于各地文化的历史进程、特点、亮点及其形成的原因，各地文化发展的有利条件和制约因素，并力图说明各地文化在整个中国文化发展中的地位、作用，其与邻近地区相互交流相互影响的关系，并着重描述那些对本地和整个中华民族的进步产生过重大影响的标志性成果，彰显那些对本地和中国文化的发展做出重大贡献的人物。我们希望本书能为各地文化建设确立更明确、更自觉的目标提供一点帮助。

关于地域文化，目前已有许多研究成果，但大多是将全国分为几个区域，以先秦的诸侯国名或古代的地名来命名，如河洛文化、燕赵文化、吴越文化、齐鲁文化、荆楚文化、关陇文化、岭南文化等等。也有从考古学的角度，将中国文化分为几个大文化区系的[③]。以上的研究都有学术的根据，也都取得了可观的成就，是我们重要的参考。

本书拟从另一个角度切入，即立足于当前的行政区划，每一个省、自治区、直辖市各立一卷，港、澳、台也各立一卷。本书可以说是中国分省的文化地图。按照行政区划来写《中国地域文化通览》，也是有学理根据的。中国从秦代开始实行郡县制，大致确立了此后两千多年行政建置的基本框架。这既有利于维护大一统的局面，也因为一个行政区划内部的交流比较频繁，从而强化了各行政区划的文化特点。按行政区划分卷，对各地更清楚地认识本地的文化更为方便。其实，今日的行政区划是历史沿革的结果，这种分卷的体例与上述体例可以相互补充，相得益彰。大体说来，所谓齐鲁文化就是山东文化，燕赵文化就是河北文化，三秦文化就是陕西文化，蜀文化就是四川文化，徽文化就是安徽文化，晋文化就是山西文化，吴文化就是江苏文化，越文化就是浙江文化，仍然是与行政区划吻合的，只不过用了一个古代的称呼而已。如果从考古学的角度，研究文化的起源，当然不必顾及目前的行政区划；然而要对包括全国各地的文化分别加以描述，并且从古代一直讲下来，则按照当前的行政区划更为便利。何况，内蒙古、新疆、西藏是中国领土不可分割的一部分，研究中国的地域文化必须包括在内，按照当前的行政区划就不会将这些地区忽略了。

按行政区划编纂当地的文献早已有之，这属于乡邦文献。有的文献所包括的区域比省还小，如汉晋时期的《陈留耆旧传》、《汝南先贤传》、《襄阳耆旧传》等，记录了一郡之内的耆旧先贤。唐人殷璠所编《丹阳集》只收丹阳人的作品，属于地域文学集的编纂。宋人董弅所编《严陵集》，是他任严州（今浙江建德、淳安一带）知州时所编与当地有关的文集。宋人孔延之所编《会稽掇英总集》也属于这一类。近人金毓黻所编《辽海丛书》，张寿镛所编《四明丛书》都是如此。

研究地域文化，必须重视文献资料，特别是乡邦文献，包括各地的方志、族谱、舆图等。文献的搜集、考订和分析，是必不可少的基础性工作。编撰地域文化通览的过程，也就是搜集和整理有关文献的过程。然而文化绝不仅仅体现在文献中，还体现在人们的日常生活中，那是活生生的、每日每时都显现着的。文化除了思想、学术、文学、艺术等内容之外，还包括风俗习惯、衣食住行的方式等等，这乃是社会的各个阶层，尤其是广大民众所创造的。研究地域文化不仅要重视宫廷文化、士大夫文化、精英文化，还要重视平民文化、民间文化、民俗文化。研究地域文化在重视文献的同时，必须注重实地考察，从日常生活中寻找资料。只有将文献资料和实地考察结合起来，并利用新的考古资料，才能见其全貌。

本书跟地方志不同，地方志虽有历史的回顾，但详今略古，偏重于现状的介绍，包括本地当前的自然环境、资源、物产、社会、政治、经济、文化等方面的情况和数据，是资料性的著述。《中国地域文化通览》则是专就传统文化进行论述，下限在1911年辛亥革命，个别卷延伸到1919年"五四运动"。地方志偏重于情况的介绍，注重资料性、实用性、检索性，《中国地域文化通览》则是研究性著作，强调在大量可信资料的基础上，纵横交错地展开论述，要体现历史观、文化观，总结文化发展的历史经验和规律，史论结合。

《中国地域文化通览》以学术性、现实性、可读性三者的统一为目标。

所谓学术性，简单地说就是符合学术规范，立足学术前沿，注重多学科的交叉融合。本书是一部学术著作，而不是通俗读物，更不是旅游手册。要以实事求是的态度，在认真钻研资料的基础上，力求对事实做出准确的描述、分析与概括。概括就体现为理论。

所谓现实性，就是立足现实，回顾历史，面向未来，希望能对本地文化的发展提供启发。立足现实，是从实际出发，关注当前经济社会文化的发展；回顾历史，是总结经验，以史为鉴；面向未来，是注意文化的发展方向，促进文化建设，促使中国文化以丰富多彩的姿态走向世界。地域文化是国情的重要部分，希望这套书能够成为中央和地方各级政府了解各地历史文化、风土人情的参考，成为因地制宜发展文化的参考。文化的主体是人，以人为本离不开对文化的深入理解。为政一方，既要了解当地的经济资源，也要了解当地的文化资源；既要了解现状，也要了解历史，这样才能最大限度地发挥地域的优势。

所谓可读性，就是要吸引广大读者，让一般读者看了长知识，专家学者看了有收获，行政领导看了受启发。在文字表达上，力求准确、鲜明、生动。

本书各卷都分为上下两编，上编对本地文化作纵向的考察，下编则对本地文化分门别类重点地作横向的论述，纵横结合，以期更深入细致地阐明各地文化的状况。各卷还有绪论，对本地文化从理论上加以探讨。本书随文附有大量插图，图文并茂，以增加直观的感受。

本书的编撰带有开拓性和探索性，我们自知远未达到成熟的地步，倘能对中国地域文化的研究，对中国文化的健康发展，起一点促进作用，参加编撰的大约 500 位学者将会深感欣慰。

> 2010 年 6 月 2 日初稿
> 2010 年 9 月 10 日第 7 次修改
> 2010 年 12 月 12 日第 11 次修改
> 2011 年 12 月 26 日第 12 次修改

【注释】

① 参见《世界地图集》中华人民共和国概况，中国地图出版社 2004 年版，第 228 页。

②《中国自然地理图集》，中国地图出版社 2010 年版，第 221 页。

③ 参见侯仁之主编《黄河文化》第一编第一章第四节，华艺出版社 1994 年版，第 29 页。袁行霈、严文明、张传玺、楼宇烈主编《中华文明史》第一卷第一章《中华文明的曙光》，北京大学出版社 2006 年版，第 67—73 页。

④ 20 世纪的考古发现，特别是二里头文化的发现，证实了夏朝的存在。参见袁行霈、严文明、张传玺、楼宇烈主编《中华文明史》第一卷第二章《中华文明的肇始》，北京大学出版社 2006 年版，第 95—127 页。

⑤《中国自然地理图集》，中国地图出版社 2010 年版，第 222 页。

⑥ 关于长江流域旧石器和新石器时期的遗址，考古学界有许多发掘报告和研究成果。季羡林主编《长江文化研究文库》中《长江文化议论集》收有陈连开、潘守永《长江流域是中华文明的重要发源地》一文，对此有简明的综合介绍，湖北教育出版社 2005 年版，第 21—41 页。另外，此文库中严文明《长江文明的曙光》，李天元、冯小波《长江古人类》，赵殿增、李明斌《长江上游的巴蜀文化》，张之恒《长江下游新石器时代文化》均有综合性的介绍，本文均有参考。关于这些文化的年代，考古界的说法不尽一致，大致距今都在三千年以上，早的可达五六千年以上或更早。

⑦ 苏秉琦有"多源一统"的说法，见其《关于重建中国史前史的思考》，《考古》1991 年第 12 期。此所谓"多源同归"的提出受其启发，又与之不尽相同，更强调各个源头的文化之间动态的交融、汇合。

⑧ 参见《中国大百科全书·民族》"中华民族"条，中国大百科全书出版社 1986 年版，第 573—574 页。

⑨ 《孟子·离娄下》："孟子曰：舜生于诸冯，迁于负夏，卒于鸣条，东夷之人也。"杨伯峻《孟子译注》，中华书局 1960 年版，第 184 页。

⑩ 汉陆贾《新语·术事第二》："大禹出于西羌。"中华书局《诸子集成》本，1954 年版，第 4 页。《史记·六国年表》："禹兴于西羌。"中华书局点校本，1962 年版，第 686 页。

⑪ 《魏书》卷一《帝纪第一·序纪》："昔黄帝有子二十五人，或内列诸华，或外分荒服。昌意少子，受封北土，国有大鲜卑山，因以为号。……黄帝以土德王，北俗谓土为托，谓后为跋，故以为氏。"中华书局点校本，1974 年版，第 1 页。

⑫ 参见田余庆《北魏孝文帝》，《中华文明之光》上，北京大学出版社 2004 年第 2 版，第 338—344 页。

⑬ 《元史》卷六《世祖本纪》：至元四年正月"癸卯，敕修曲阜宣圣庙"，"五月丁亥朔，日有食之，敕上都重建孔子庙"。中华书局点校本，1976 年版，第 113、114 页。

⑭ 见《元史》卷一百四十六《耶律楚材传》，中华书局点校本，1976 年版，第 3455—3464 页。

⑮ 参见史革新《略论清朝入关前对汉文化的吸收》，《炎黄文化研究》第 2 辑，大象出版社 2005 年版，第 158—169 页。

⑯ 参见苏秉琦《苏秉琦考古学论述选集》，文物出版社 1984 年版。

⑰ 参见袁行霈、严文明、张传玺、楼宇烈主编《中华文明史》第四卷，北京大学出版社 2006 年版，第 26—33 页。

⑱《宋史》卷四百二十七《张载传》，中华书局点校本，1977 年版，第 12724 页。

⑲《后汉书》卷七十二《董卓传》云：董卓"尽徙洛阳人数百万口于长安，步骑驱蹙，更相蹈藉，饥饿寇掠，积尸盈路。卓自屯留毕圭苑中，悉烧官庙、官府、居家，二百里内无复孑遗。又使吕布发诸帝陵及公卿已下冢墓，收其珍宝"。中华书局点校本，1965 年版，第 2327—2328 页。

⑳《后汉书》卷七十九上《儒林列传》云："初，光武迁还洛阳，其经牒秘书载之二千余两，自此以后，参倍于前。及董卓移都之际，吏民扰乱，自辟雍、东观、兰台、石室、宣明、鸿都诸藏典策文章，竞共剖散，其缣帛图书，大则连为帷盖，小乃制为縢囊。及王允所收而西者，裁七十余乘，道路艰远，复弃其半矣。后长安之乱，一时焚荡，莫不泯尽焉。"中华书局点校本，1965 年版，第 2548 页。

㉑ 关于侯景之乱，参见《梁书》卷五十六《侯景传》，中华书局点校本，1973 年版，第 841—861 页。

㉒ 宋范成大《石经始末记》引《石经考异序》云："按赵清献公《成都记》：伪蜀相毋昭裔捐俸金，取九经琢石于学官……依太和旧本，令张德钊书。国朝皇祐中田元均补刻公羊高穀梁赤二传，然后十二经始全。至宣和间，席文献又刻孟轲书参焉。"见孔凡礼辑《范成大佚著辑存》，中华书局 1983 年版，第 159—160 页。

㉓ 参见张秀民著、韩琦增订《中国印刷史》上，浙江古籍出版社 2006 年版，第 32 页。

㉔ 参见袁行霈主编《中国文学史》第二卷，高等教育出版社 1999 年版，第 450 页。"诗客曲子词"之说见于欧阳炯《花间集叙》。又，《四部丛刊》影宋抄本《禅月集》昙域《后序》曰："众请昙域编集前后所制歌诗文赞，日有见问，不暇枝梧。遂寻检稿草及暗记忆者约一千首，乃雕刻成部，题号《禅月集》。"《四库全书总目提要》卷一百五十一《禅月集》曰："昙域《后序》作于王衍乾德五年，称'检寻稿草及暗记忆者约一千首，雕刻成部'。则自刻专集自是集始。"（中华书局影印本，1965 年，第 1304 页）亦可见蜀地文化的发展状况。

㉕ 参见曹松叶《宋元明清书院概况》（续），《国立中山大学语言历史学研究所周刊》第 10 集第 113 期，1930 年版，第 7 页。

㉖ 柳玼《柳氏家训序》："中和三年癸卯夏，銮舆在蜀之三年也。余为中书舍人，旬

休，阅书于重城之东南，其书多阴阳杂记、占梦、相宅、九官、五纬之流，又有字书、小学，率雕板印纸，浸染不可尽晓。"见《旧五代史》卷四十三《唐书》十九《明宗纪》附《旧五代史考异》引，中华书局点校本，1976 年版，第 589 页。

㉗ 参见张秀民著、韩琦增订《中国印刷史》上，浙江古籍出版社 2006 年版，第 22 页。

㉘《史记》卷二十九《河渠书》曰："蜀守冰凿离碓，辟沫水之害，穿二江成都之中。……至于所过，往往引其水益用溉田畴之渠，以万亿计，然莫足数也。"中华书局点校本，1962 年版，第 1407 页。

㉙《宋史》卷四百二十七《邵雍传》，中华书局点校本，1977 年版，第 12727 页。

㉚《宋史》卷四百二十九《朱熹传》，中华书局点校本，1977 年版，第 12767 页。

㉛《明史》卷二百八十七《文徵明传》云："吴中自吴宽、王鏊以文章领袖馆阁，一时名士沈周、祝允明辈，与并驰骋，文风极盛。徵明及蔡羽、黄省曾、袁袠、皇甫冲兄弟稍后出。而徵明主风雅数十年，与之游者王宠、陆师道、陈道复、王榖祥、彭年、周天球、钱榖之属，亦皆以词翰名于世。"中华书局点校本，1974 年版，第 7363 页。

㉜《屈子文学之精神》，见《王国维遗书》第五册《静安文集续编》，商务印书馆，1940 年版，第 31—32 页。

㉝《隋书》卷七十六，中华书局点校本，1973 年版，第 1730 页。

㉞ 参见袁行霈主编《中国文学史》第四卷，高等教育出版社 1999 年版，第 342—343 页。

㉟ 参见《中国大百科全书·中国文学》，中国大百科全书出版社 1986 年版，第 697 页。

㊱ 香港特别行政区民政事务局与中国社会科学院考古研究所联合，在新界与大屿山岛之间的马湾岛东湾仔北，发现新石器时代中晚期至青铜时代早期的居址、墓葬和大批文物。被评为 1997 年全国十大考古新发现之一。见邹兴华、吴耀利、李浪林《香港马湾东湾仔北史前遗址发掘简报》，《考古》1997 年第 6 期。关于澳门的考古发现，参见邓聪、郑炜明《澳门黑沙》，香港中文大学出版社 1996 年版。

㊲ 苏秉琦把现今人口分布密集地区的考古学文化分为六大区系：以燕山南北长城地带为重心的北方，以山东为中心的东方，以关中（陕西）、晋南、豫西为中心的中原，以环太湖为中心的东南部，以环洞庭湖与四川盆地为中心的西南部，以鄱阳湖—珠江三角洲一线为中轴的南方。见《中国文明起源新探》，三联书店 1999 年版，第 35—36 页。

目 录

上 编

灿若繁星的青铜文化遗址　濊族与西团山文化　貊人与红衣陶器　燕秦的辽东外徼

第二章　汉魏时期的夫余文化

第三章　汉魏至唐的高句丽文化

第四章　唐朝时期的渤海文化

下 编

朝鲜族"巫堂"的文化传承 朝鲜族"巫堂"祭礼 朝鲜族"巫堂"祭舞

图片目录

彩　页

插　图

绪 论

吉林省地处东北亚中部，我国东北腹地。东与俄罗斯接壤，东南以图们江和鸭绿江为界，与朝鲜民主主义人民共和国隔江相望，南邻辽宁省，北邻黑龙江省，西接内蒙古自治区。清代松花江①又称吉林乌拉。吉林，满语的音译，古时又写作鸡林、吉陵、鸡陵、吉临，是吉林乌拉的简称。满语吉林谓"带"、乌拉谓"江"。松花江像一条玉带，蜿蜒贯穿于吉林大地，吉林即沿江之地。

考古证明，上溯16万年以前，在松花江流域就有人类生活的遗迹。华夏系的燕人、汉族；东胡系的乌桓、鲜卑、室韦、契丹、蒙古、锡伯；濊貊系的濊人、貊人、夫余、高句丽；肃慎系的挹娄、勿吉、靺鞨、女真、满族四大族系，自古以来就在吉林大地繁衍生息。在漫长的历史过程中，各民族在这块富饶美丽的黑土地上共同创造出丰富多彩的吉林地域文化，是多源同归与多元互补的中国文化的重要组成部分。

从广义上讲，文化是人的本质力量对象化的结果，也就是自然的人化。无论是物质文化、精神文化，还是制度文化、行为文化，都体现人的创造精神。讨论吉林地域文化，就要考察生长在这块土地上的各民族从事实践活动的自然环境，以及生产方式演进、民族迁移与融合、政权更迭等对文化形成与传承所产生的影响，这是吉林地域文化融入中华民族大家庭的亲和力所在，是塑造各民族独特精神品格的根基。

第一节 多样的自然地理环境

雄伟的长白山　富饶的江河湖泊　多彩的西部草原

吉林省地处北纬 40°52′—46°18′，东经 121°38′—131°19′，东西长约 650 公里，南北宽约 300 公里，呈西北窄东南宽的狭长形，面积 18.74 万平方公里，占全国总面积的 2%。

吉林省的地势由东南向西北倾斜，呈现明显的东南高、西北低的特征。以中部大黑山的西麓为界，可分为东部山地和中西部平原两大地貌区。东部山地又可划分为长白山中低山区和吉东低山丘陵区；中西部平原分为土质肥沃的中部台地平原区和西部草原沙丘覆盖的平原区。在全省总面积中，山地占 35.95%，平原占 30.01%，台地占 28.27%，丘陵地占 5.77%。

长白山成陆历史久远。在中生代末期，由于受到燕山造山运动的影响，长白山地区地壳发生断裂，地内岩浆蹈罅迸发，地面被凝灰岩或玄武岩覆盖，产生许多巍峨的山峰和狭窄陡深的峡谷，呈现山骨嶙峋，怪石横生的景象。最高山峰为海拔 2749 米，是东北亚地区最高的山峰。山顶有一火山口，形似漏斗，积水成湖，名为长白山天池。湖为椭圆形，面积约 9.82 平方公里，水平面海拔 2189 米，水深 373 米，是我国最深的高山湖泊，也是世界上海拔最高的火山口湖。

长白山古称不咸山。《山海经·大荒北经》称："大荒之中，有山名曰不咸，有肃慎氏之国。"北魏时期称盖马大山，隋唐之际又改称太白山。因常年积雪，故名为长白山。女真人奉其为圣山，是满族祖先的发祥地。曾流传一个美丽的传说：在布勒霍里池（圆池），有天降三仙女恩古伦、正古伦、佛库伦前来沐浴，时有一神鹊衔来朱果，为最小仙女佛库伦得到，含口中咽下，遂有身孕，生爱新觉罗氏。这个故事，在《旧满洲档》《满洲实录》《清太祖高皇帝实录》等史书中均有记载。

长白山为全国十大名山之一，拥有浩瀚的原始森林，蕴藏着十分丰富的野生动植物资源，称为"物种基因库"，1980 年被联合国列入国际生物圈保护区。长白山主峰白头山为松花江、鸭绿江、图们江三江发源地。长白山天池周围有 16 座高峻的山峰环绕，形如莲花，十分壮美。长白山海拔高度不到 3000 米，却垂直生长着温带、寒带四种生态系统的植物，形成长白山独特的自然景观。已探明动物种类 1586 种，植物种类 2885 种，其中药用植物约 1700 余种，成为我国北方药材基地，是世界上仅有的几个适宜人参生长的地方之一。长白山区矿产资源也很丰富，已探明矿藏地 296 处，具有重要经济价值的有金、镍、铁、煤、硅藻土、硅灰石、火山渣、石灰石、松花石、冰川石、矿泉水等。

长白山是温带大陆季风型气候，有明显的垂直气候带，每年无霜期不足 100 天，山顶只有 60 天左右，气温年较差、日较差很大。莽莽山林，气候变化无常，忽而风和日丽，忽而狂风暴雨、大雪骤落。特殊的地理、气候环境，使长白山在古时人迹罕至。随着时代的变迁，长白山区渐渐由原始蛮荒之地变成满族、汉族、回族、朝鲜族美丽而神奇的生活家园，狩猎、畜牧、采集、开矿、拓荒垦殖等生产活动逐步发展起来，成为吉林地域文化的发源地。

吉林省是河源省份，处于东北地区主要江河的上、中游地带，有松花江、鸭绿江、图们江、辽河和绥芬河五个水系。五个水系中有流域面积达 20 平方公里以上的河流 1648 条，其中流域面积 5000 平方公里以上的河流 18 条。全省共有水面面积达百亩以上的天然湖泊 1397 处，总面积 1650 平方公里，其中水面面积 30 平方公里以上的湖泊 7 处。大自然造化的神奇之处是流经吉林省的三条大江都发源于长白山。鸭绿江发源于长白山主峰南侧，暖江出源南流，在右岸有谷头河汇入，流向西南，流经吉林省长白、临江、集安等市县，在辽宁省丹东市注入黄海，是中朝两国界水；图们江发源于长白山主峰东侧，自红土水与弱水汇合处向东流，干流为中朝两国界水，流经吉林省和龙、龙井、图们、珲春等市县，在珲春市敬信乡防川"土"字界碑处出国境，注入日本海；松花江发源于长白山天池，流向西北，在前郭尔罗斯蒙古族自治县境内与嫩江汇合后折向东北，至拉林河口进入黑龙江省，干流全长 1764 公里，在吉林省境内 958 公里。

松花江水系自东向西跨越延边朝鲜族自治州及通化、白山、吉林、辽源、长春、四平、白城 8 个市州的 31 个县（市），流域面积在吉林省境内为 13.45 万平方公里，占全省土地面积的 71.8%。被称为吉林省的母亲河，也是吉林地域文化的发源地。

广阔富饶的松花江流域为先民们提供了良好的生存环境。在松花江流域的中部台地平原区，考古发现多处远古文化遗址，不仅有古人类骨骼、动物化石，还有打制的石器、骨器，留下了旧石器时代晚期智人的生活遗迹。分布在松花江流域的许多文化遗址证明，大约在距今七千年前，吉林省地域的人类开始进入新石器时代。具有标志性意义的是，人们懂得了磨制石器，学会了制造和使用陶器，其生活方式也从全靠自然的恩赐，发展到能够进行一些生产活动。在松花江及东辽河流域，人们较多地选择在沿河台地上居住，遗址中有许多石棒、石刀、石锄等生产工具，以及半地穴式居址，说明经济生活以农耕为主兼营渔猎。在嫩江流域，人们习惯住在沼泽周围的沙丘上，遗址中常有较厚的鱼刺、兽骨、蚌壳堆积，生产工具中多见石镞、骨锥、骨鱼镖和陶、石网坠，显示了一种以渔猎为主的经济形态。可以说，松花江及其他几大江河流域是吉林地域文化的摇篮。

吉林大地水系的发达，不仅为人们提供了丰富的水产品，也便利于航运。魏晋南北朝时期，洮儿河（当时称太鲁水）中下游，已是行船的重要航道。《魏书·勿吉传》记载："初发其国，乘船泝难河西上，至太沴河，沉船于水，南出陆行，渡洛孤水，从契丹西界达和龙（今辽宁省朝阳地区）。"唐朝时期的鸭绿江集安到临江段已经通航。《新唐书·地理志》引贾耽《道里记》关于渤海朝贡道的记述："又泝流五百里至丸都县城，故高丽王都；又东北泝流二百里至神州（今临江）；又陆行四百里至显州（今和龙西古城子）。"水路航运的兴旺促进了造船业的发展，吉林造船的历史久远，至明代，在吉林建立了规模较大的船厂，成为明清两朝北方的造船基地。

江河淤积而成的松嫩平原，是全国著名的黑土地产粮区域，是世界三大黄金玉米带之一。这里土质肥沃，腐殖土层厚，具有良好的团粒结构，适于各种农作物生长，盛产高粱、大豆、玉米、谷子、小麦和水稻，被称为富饶的千里沃野。吉林地域的农耕文化滥觞于此，早在夫余国时由于"土宜五谷"其农业就有了较高水平的发展。

　　吉林省是全国 12 个草原省份之一。吉林西部草原处于欧亚草原东端、科尔沁大草原的东部，主要分布在通榆、洮南、镇赉、前郭、大安、双辽、农安等市县，面积为 187 万公顷，素有"八百里瀚海"之称。草甸植被十分丰富，其中以盐生草甸为主，水草丰美，为牛、羊、马提供了良好的生存环境。被称为"马背民族"的蒙古族世居于此，游牧业发展较早，尤其是科尔沁马，自古以来就十分出名。据《黑鞑纪略》记载，元大德十一年（1307）统计，太仆寺所掌全国马匹 21.3 万匹，这些马分布于许多牧区，而以"西拉木伦河下游以北老哈河流域等为最"。这一带正是呼伦贝尔以南，锡林郭勒以东的科尔沁。伴随着游牧生产方式的长期延续，蒙古族在这里创造了具有特色的民族文化，成为吉林地域文化中亮丽的草原风情。

　　科尔沁草原的地貌呈现明显的地域特征，有广袤的湿地、盐渍化沙丘、大量淡水湖泊。位于通榆县境内的向海湿地，是我国八大鸟类栖息地之一，被列为国家自然保护区，其中有珍贵水禽丹顶鹤以及白鹤、黑鹤、天鹅、鸿雁等 300 余种禽类，称为鹤的故乡。沙丘多以复合型纵向沙垄为主，构成向南突出的固定或半固定沙带。沙丘上生长着大片包拉温都野杏林，春天杏林成为一望无际的花海，把大草原装扮得异常美丽。科尔沁沙地上独有的奇异植物蒙古黄榆，耐严寒，耐干旱，耐风沙，就像塔克拉玛干沙漠里的胡杨一样顽强，成为这里的人们勇于同大自然搏斗那种坚韧的民族性格的象征。

　　西部草原的湖泊自古以来是渔猎活动胜地。我国第十大淡水湖查干湖在前郭尔罗斯蒙古族自治县境内，查干湖蒙语为查干淖尔，意为白色圣洁的湖。查干湖冬捕是吉林地域极具特色的文化景观。当茫茫大地被冰雪覆盖，人们冒着零下二三十度的严寒，赶着爬犁，带上渔具，凿开湖上一米多厚的冰层，在冰下下网捕鱼，并继承辽代契丹人的传统，在冰上举行盛大的冬捕仪式。这种渔猎文化中的独特形态，一直传承至现在。冬捕的人们被称为"最后的渔猎部落"，成为吉林西部草原传统文化的典型代表。

　　白山松水养育了历代吉林人，历代吉林人在白山松水间创造了吉林地域文化。

第二节 多民族交融共进的发展史

以羁縻建置统辖时期的多民族交融 以州县制建置为主时期民族关系的演进

自古以来，吉林地区始终是多民族生息繁衍的家园，而且经历了由少数民族为主到以汉族为主的发展历程。自秦汉建立大一统多民族王朝以来，历代王朝与吉林地域各民族的关系日趋紧密，其行政管理由羁縻建置发展为一般行政建制，各民族间的关系也由"华夷有别"发展到"中华一体"，各民族皆为中华民族大家庭的成员。这一历史过程也是多民族文化交融共进的发展过程。

先秦时期，吉林地域的居民主要是濊貊族系古族人，分布在松花江流域的西团山文化被学界认为是濊貊族古族文化。直到战国中期，燕昭王开疆拓土，"燕亦筑长城，自造阳至襄平。置上谷、渔阳、右北平、辽西、辽东郡以拒胡"②。在今吉林省梨树县二龙湖发现燕国城址，说明燕国辽东郡的辖区已到达今吉林省西南部地区。

秦朝统一诸国之后，整合各国的郡县制度，"分天下以为三十六郡"③，确立了郡县二级地方行政建制。在东北地区，秦承燕制，汉承秦制，在今通化市附近发现了赤松柏汉城和自安山汉城，表明这里是辽东郡所辖地区。汉武帝时期国力强盛，开始经营边疆民族地区。《汉书·武帝纪》记载，元朔元年（前128），"东夷濊君南闾等口二十八万人降，为苍海郡"。苍海郡北部或许达到今吉林珲春及其以东近海处。苍海郡虽然仅设置一年，但对濊貊系古族的社会发展起到了很大的促进作用。

约于公元前2世纪末，在松花江流域出现了濊貊人建立的夫余政权。夫余国的王城在今吉林市附近。其盛时，疆域外扩。文献记载："夫余国，在玄菟北千里。南与高句丽，东与挹娄，西与鲜卑接，北有弱水。地方二千里。"④夫余人性格强勇剽悍，所居之地土地膏腴，在与周边其他民族角逐和自身发展过程中，创造了夫余文化。夫余政权建立后即臣服于中原王朝，接受中原王朝的管辖，主要由汉朝的玄菟郡统领。"夫余本属玄菟。……汉时，夫余王葬用玉匣，常豫以付玄菟郡，王死则迎取以葬"⑤。国王葬具所用玉匣，由中央王朝颁赐，预先存放于玄菟郡，国王去世时派人迎取。这充分体现了中央王朝对边疆地方民族政权的统辖关系。

西汉建昭二年（前37），夫余国王子朱蒙为避祸南逃至卒本川（今辽宁省桓仁境），都纥升骨城，建立高句丽国。汉元始三年（3），高句丽都城迁至国内城（今吉林省集安市），直到427年高句丽再次迁都平壤（今朝鲜平壤）。至唐总章元年（668）高句丽灭亡时止，共存续705年。在400多年的时间里，吉林省集安一直是高句丽的政治、文化中心。高句丽民族，在漫长的岁月里与中原王朝一直保持着政治、经济、文化等方面的密切联系。尤其是汉武帝时期，中原王朝先后在东北地区设置郡县，将高句丽人活动地区纳入玄菟郡高句丽县管辖，使汉族文化在这一地区广泛传播。儒家思想对高句丽政权确立治国方略、社会秩序，构建社会伦理、行为规范产生了巨大影响。中原佛教在小兽林王时期传入高句丽。到391年，故国壤王为崇信佛法命有司立国社修寺庙。至此，将佛教在高句丽全国推行，从而造就了如法郎、仪渊、惠灌、智晃、波岩等一批高句丽名僧。道教传入高句丽，约在公元7世纪，晚于儒学和佛教的传入。高句丽以汉字作为自己的书面语言，这大大方便了高句丽与中原文化的交流，因而汉文诗歌创作方面取得了相当高的成就。如《三国史记》中所载高句丽人所作的《黄鸟歌》《人参歌》等。高句丽文化也传入了中原地区，例如独具民族风情的高句丽歌舞就深受中原人喜爱，李白对高句丽长袖舞曾做过这样的描述："金花折风帽，白马小迟回。翩翩舞广袖，似鸟海东来。"（《全唐诗》，李白：《高句丽》）⑥高句丽文化既具有自己的独特性，又是吸收中原文化的结晶。

隋唐再次建立大一统王朝，到了盛唐时期，中央王朝在东北地区普遍设置羁縻府州。668年唐灭高句丽政权后，"分其地置都督府九、州四十二、县一百，又置安东都护府以统之。擢其酋渠有功者授都督、刺史及县令，与华人参理百姓。乃遣左武卫将军薛仁贵总兵镇之"⑦。安东都护府辖区从朝鲜半岛北部到黑龙江东部及俄罗斯滨海州东南部，今吉林省东部地区也在安东都护府辖区内。

不久，安东都护府辖区大幅度南缩，聚居吉林东部地区的靺鞨族崛起。698 年，靺鞨族首领大祚荣自立为震国王，以东牟山城（今敦化市境内）为国都。713 年，唐睿宗派遣郎将崔忻摄鸿胪卿前往册封大祚荣为"左骁卫员外大将军、渤海郡王，仍以其所统为忽汗州，加授忽汗州都督"⑧。从此，大祚荣去震国号，改称渤海国，同时又是唐朝的忽汗州都督府。渤海文化既传承了靺鞨族的传统文化，又融会了中原的汉族文化，形成了具有自身民族特色的地域文化。从形式到内容与唐朝文化密不可分，被称为"车书本一家"。至 9 世纪初，渤海政权逐步完成了变夷从夏的过程，完全模仿唐朝建立起一套完备的政治、军事和礼乐制度。中央设三省六部，地方划分为 5 京、15 府、62 州。渤海 5 京中有 3 京在今吉林省境内。渤海自建国后，直至政权湮灭，始终通用汉文作为思想文化交流工具。文献中保存下来的渤海与唐朝往来公文信函、诗文酬酢，皆用汉文书写。渤海的诗歌创作之风很盛，涌现出一批造诣很深的诗人。晚唐诗人温庭筠在《送渤海王子归本国》诗中称："盛勋归旧国，佳句在中华。"显然，该王子是位出色的渤海诗人。唐代所盛行的儒学和佛教，在渤海广泛传播。渤海诸王，数遣其子弟入唐太学，习识古今制度和儒家思想。在中央机构中，以忠仁义智礼信为六部名号，足见以儒家思想为治国理念。

9 世纪末 10 世纪初，契丹人走出松漠之地，南征北伐，916 年建立了辽国。926 年，辽灭渤海国。辽将所辖地区划为五京道，今吉林省地区分别由东京道与上京道统辖。辽对于处在偏远落后的各民族采用"因俗而治"的羁縻制，设置属国、属部进行统辖。今吉林省地区处于一般州县与属国、属部的结合部，故此既有州县制，也有属国属部制。辽国的中央官制分为北、南面官制，南面官制基本上沿袭了唐、五代的官制。辽建国初本没有文字，后来创制了契丹大字和小字，与汉字一起在辽国使用。契丹大小字的创制，开我国东北少数民族创制文字的先河。辽代文学深受汉唐文风的影响，在诗歌、散文、辞赋方面都有杰出的作品问世，并且涌现出一批造诣较深的契丹文人群体。尤其值得提及的是，契丹妇女不但长于骑射，也擅长文学。其代表性人物有辽圣宗之妹秦晋国妃、辽道宗宣懿皇后萧观音、天祚帝文妃萧瑟瑟、民间女文人耶律常哥等，善诗文，通音乐，均有佳作传世。辽代绘画吸取了北方游牧民族优秀传统和唐代的艺术风格，创造了契丹民族独特的绘画艺术。契丹统治者深知，要想维护统治地位，必须寻求行之有效的安邦治国之道。辽太祖曾询问侍臣："'受命之君，当事天敬神。有大功德者，朕欲祀之，何先？'皆以佛对。太祖曰：'佛非中国教。'倍（耶律倍，辽太祖长子——引者注）曰：'孔子大圣，万世所尊，宜先。'太祖大悦，即建孔子庙，诏皇太子春秋释奠。"⑨从此儒学在辽国取得正统地位，被契丹统治者所尊奉。

　　11世纪初，世代居住在白山黑水之间的女真人崛起。女真族杰出领袖完颜阿骨打，率女真各部于宁江州（今吉林省扶余市东北）、鸭子河（今吉林省扶余市北松花江）反辽获胜，于1115年建立金国。之后仅用10余年时间先后灭辽克宋，成为与南宋划淮而治的北方王朝。金继辽之后，在今吉林省地区建置由过去的羁縻制度为主，发展为以行政统辖制度为主的新阶段。金熙宗天眷改革（1138）后，中央确立三省六部制度，地方主要实行路之下以州府县制度统辖汉人、渤海人，以军政生产合一的猛安谋克制度统辖女真、契丹等游牧民族。今吉林省地区在上京路、咸平路和北京路（临潢府路）的辖区之内，因为分布了较多的猛安谋克，州县设置明显少于前朝，仅有上京路的隆州、信州，咸平路的韩州，北京路的泰州。金朝初年，女真人中保留着纯朴质直的原始民主制遗风，形成了君臣上下同心协力、亲密无间的习俗。民族性格彪悍，耐饥苦。"俗勇悍，喜战斗，耐饥渴苦辛，善骑，上下崖壁如飞，济江河不用舟楫，浮马而渡"⑩。女真族作为马背上的民族，特定的自然地理环境和渔猎生活方式造就了他们勇敢尚武的精神，同时赋予他们的文化以雄健磊落、率真自然的格调。金朝建国以前，女真族没有文字。完颜希尹受金太祖之命，依汉字楷书创女真字，谓女真大字，天辅三年（1119）颁行。金熙宗创制女真字，谓女真小字。女真文字创制之后，在女真人中得到广泛应用，推动了教育的发展，提升了女真人的文化层次。金代的学校教育主要内容大多沿袭唐、宋，以儒家学说和经史为主，文学取得相当高的成就，作为精英文化的汉语书面文学和作为民间文化的口传文学分流并进，共同发展。金代除了信仰萨满教外，佛教、道教也是重要信仰。特别是道教中的全真教派影响较大，受到统治者高度重视。金世宗曾派使者访全真教门人，命邱处机主持万寿节醮事，并亲自听其论道。

元朝结束了南北分立的局面，再度建立起大一统的中央集权王朝。早在1223年蒙古大军统一东北后，将东北纳入大一统王朝的行政区划之内，今吉林省大部分地区为辽阳行省辖区。《大明清类天文分野之书》卷二四载："东土悉平，于建州故城北石墩寨设官行路事，辖女直等户。乙未年（1235）设开元、南京二万户府，治黄龙府。至元二十三年（1286）改开元路。"开元万户府治于黄龙府（今农安县），南京万户府在城子山古城（今属延吉市），管辖吉林大部分地区。此外，中书省下属的泰宁路在今洮南市附近，管辖吉林西部部分地区。

明朝承元制在全国普遍设置行省，但以东北地处边疆，又是多民族聚居区，"华夷杂糅之民，迫近胡俗，易动难安，非可以内地之治治也"，故"辽独划去州邑，并建卫所，而辖之都司"（《金辽志·叙》）。所设地方行政建置为辽东都司与奴儿干都司，隶属于山东行省，今吉林省地区为奴儿干都司的辖区。明朝在女真人地区设置羁縻卫所，实行怀远羁縻统治，在吉林建置发展史上可以说是停滞并有些后退的时期。明代初期，女真文化受蒙古文化影响较深，后来，女真人崛起，"参汉酌金"建立社会制度，同时创制满文，促进了满族共同体的形成，完成了向满族文化的转型，为清朝统治全国奠定了文化基础。

清王朝建立后，迁都北京，以盛京（今沈阳）为留都。满族统治者十分重视对东北地区的经营和管理，设置盛京将军（奉天将军）、宁古塔将军（吉林将军）、瑷珲将军（黑龙江将军）分地管辖。由于鲁、冀、豫等省"闯关东"汉族人大量涌入东北，人口急剧增加，原有的盛京、吉林、黑龙江三将军建置已经不适应东北地区的现状。光绪三十三年（1907）清政府在东北实行改制，裁撤原有的将军、副都统，设立奉天、吉林、黑龙江三省。吉林省下设府、厅、县。

不言而喻，元、明、清时期，吉林地区直接由中央王朝管辖，中原文化的大传播是自然的。尤其是有清以来，在中原汉儒文化与北方少数民族文化交融共进的过程中形成了近代具有吉林地域特色的文化。

第三节 吉林地域文化的形成及特色

影响吉林地域文化形成的诸因素 吉林地域文化的特色

吉林地域文化的形成受诸多因素的影响，多样的自然地理环境、生产方式变革相对滞缓的历史、不同民族文化主导地位的更迭变迁，为这里人们的文化创造提供了特殊的历史舞台，成就了一方具有魅力的地域特色文化。

首先，地理环境的梯度差异导致文化生成的地域差别性。吉林地域的自然地理环境对文化形成的影响极大。从地貌来说，呈东南高、西北低走向，有明显梯度差异的三大自然生态：东部长白山区，山高林密，间或有高山盆地，雨量充沛，动植物资源丰富；中部平原土质肥沃，江河纵横，四季分明，适于农耕生产；西部草原，水草丰茂，是游牧生活的广阔天地。在生产力低下的古代社会，自然环境的不同在很大的程度上决定了人们获取生活资料方式的不同。生活在吉林大地的各民族，由于所居的自然地理环境差异，尽管在不同历史时期民族的称谓有所变化，但其经济类型和文化特色，在漫长的历史中基本没有大的变化。肃慎系民族大多居住在长白山区，以渔、猎、采集为主要生活来源。这种生产方式，培养了粗犷豪放、勇武为荣、不避艰险的文化精神。濊貊系民族世居松辽平原地区，以农耕经济为主，渔猎为辅，受中原文化影响较深，社会发展程度较高。这一地区农耕生产方式孕育的文化，无疑是较先进的文化。东胡系民族，主要活动于吉林西部草原，以游牧经济为主，从而形成骁勇彪悍，坦诚直率的文化个性。在历史上，虽然一直深受中原汉儒文化影响，各民族文化也不同程度地互相渗透，但是，其生活方式和民间习俗，诸如民居、交通、饮食、服饰、交际、音乐、舞蹈以及婚丧礼仪等等，基本保持了由自然环境和生产方式决定的三大板块的文化面貌。

其次，民族政权的更迭造成文化发展的间断性。吉林地域文化在明代以前并没有形成以某一个民族文化为主体持续传承的局面，而是多民族多元文化类型并存共荣。尤其值得注意的是，文化发展的轨迹同经济发展一样不是直线上升的态势，而是呈现出间歇起伏的发展特征。

出现这种状况主要有两个原因：一是地方少数民族政权的更迭，出现迁都和文化中心的转移，必然打破以一个民族文化为主导而永久传承的局面。其优点是，在政权更迭过程中，掌权的民族其文化得到长足发展，同时促进了民族之间不同文化的相互吸收与融合，从而丰富了本民族文化而形成独树一帜的具有民族特色的文化，如夫余文化、高句丽文化、渤海文化等。但只是各领一代风骚，极一时之盛。二是由于战争对民族文化造成的破坏，影响了文化的持续、有序发展。例如：辽灭渤海、金灭辽、元灭金，都使后者的文化遭到了毁灭性的浩劫。除毁于兵燹之外，也有自毁之事，比利时人南怀仁在随康熙东巡时写下这样的见闻："战争前的许多村镇，其遗迹早已消失。所以如此，是因为鞑靼王以微小的兵力起事，迅速地大规模地从一切城镇中强募军队，为了使士兵失去回到家乡的一切希望，把这些村镇完全破坏了事。"[①]这样，随着民族的兴衰，地域文化呈现潮起潮落、波澜跌荡的曲折历史。

再次，中原汉族文化与北方少数民族文化交融过程体现了互补性。吉林地域文化的形成，经历了一个由北方少数民族文化为主到以汉族文化为主的发展过程。少数民族统治者既主张"参汉制，重汉学"，又强调"尊祖尚武，无忘旧俗"，因此也是少数民族接受中原文化与民族意识强化相统一的过程。在这过程中，不同民族文化不是相互对立与排斥，而是相互亲和与交融，在互补中不断发展。

其一，表现为在本地掌权或入主中原的北方少数民族统治者主动吸纳汉族文化以丰富本民族文化，从而巩固本民族的统治地位。特别是有清以来，清王朝在坚持满族旧俗的同时，重用汉族知识分子，效仿明代的政治制度来建立全国的政权系统；大力吸取并推行汉族文化，大量翻译汉文各种典籍，在各类学校中以汉字写成的儒家经典和启蒙读物作为课本，即使在八旗官学中也是"教习满、汉书"；诗文创作、地方志书撰写、私家笔记以及个人文集，均以汉文刊行。到了乾隆、道光年间，盛京地区的满族官员已经基本上放弃了满语和满文的使用，在吉林地区大多以汉语为社会交际语言。

其二，表现为中原地区人口向东北的大量迁移，加速了中原文化与少数民族文化的融合。清朝于康、乾、嘉时虽对东北地区实行封禁，但并未完全阻挡住关内汉人到东北谋生的脚步。自乾隆中后期便开始形成历时百年之久的"闯关东"现象，至道、咸年间封禁弛废后，人口大迁移。据有关资料表明，到1910年，东北人口已由清初不过100万人增长为2158万人，其中流入汉族人及其后代有2000万左右。1909年时，吉林省人口已达560多万，其中大部分是汉族人。

从山东、河北、河南等地来到吉林的大量汉族人，在大杂居小聚居格局下同原住少数民族居民和谐相处，互相融合。他们开荒垦殖，创办作坊，经商贩运，开设私塾，口传师授汉儒文化，在思想观念、文化教育、生产技艺、生活习俗等方面都给当地带来了新气象。同时，也促进了中原地区与吉林地区的人流物流，使中原文化得到广泛传播。

其三，表现为"流人"文化对中原文化在东北的传播发挥了重要作用。清朝将"流徙罪犯多编管于吉、江两省……缙绅获文字之祸，或罹党狱，恒流放于此"。至乾隆时期，清王朝甚至担心起"汉人放逐既多，满洲纯朴风俗将遂渐染丧失"[12]。流人与闯关东的流民不同，多来自江南，是有很高文化素养的将士、官员、文人、学者。他们在艰苦的生活条件下，从事文化活动，传习汉学，不废吟咏，留下大量诗文，形成一股流人文化潮，促进了"北雄南秀"的相互融合。

从上述吉林地域文化形成的诸因素可以看出，吉林地域文化的进步经历了漫长而曲折的过程，其文化发展走向，平民阶层的俗文化一直在传承、延续，而精英阶层的雅文化则进展缓慢。这种特殊的自然地理环境和民族演化融合的历史，造就了特殊的文化传统。在吉林历史上精英文化占有重要位置，在吉林生活时间或长或短的一些文化名人如洪皓、吴兆骞、吴禄贞、刘建封、沈兆禔和号称"吉林三杰"的成多禄、宋小濂、徐鼐霖等，曾对吉林地域文化的发展做出重要贡献。但是，从可以构成吉林地域文化传统特色的角度来说，更为突出的是平民文化。其特色归纳起来主要有以下几点。

一是，拓荒创业锻造了自强不息的文化精神。吉林地域文化始终是在开疆、拓荒、创业历史过程中产生和发展起来的，从而锻造了自强不息、崇尚英雄的精神。各部落、民族之间的角逐、征伐，契丹人、女真人、满族人的挥戈南下，问鼎中原，在这块苍茫肥沃的土地上演出了一幕幕历史活剧，留下了一曲曲英雄颂歌。吉林大地上一些标志性的文化遗产，是这一历史的记录和文化符号。被称为"海东古碑之冠"的高句丽好太王碑，记述了高句丽第十九代王好太王谈德一生戎马，南征北讨，开疆拓土的功绩；大金得胜陀颂碑是金太祖完颜阿骨打兴兵反辽、得胜建金的记功碑，歌颂了完颜阿骨打风栉雨沐拼杀疆场、开国创业的功绩；口碑文学"满族说部"是鸿篇而珍贵的满族文化遗产，已出版的28部满族说部丛书可以说是歌颂不畏强暴、能征善战的英雄的壮丽史诗。其中一部长诗《乌布西奔妈妈》有这样的诗句："男女各个体魄悍俊如虎熊……肉搏血拼，循环往复，代代辈有英雄现。"

吉林地域开发较晚，生产方式相对落后而进步缓慢。在莽莽山林、江河湖泊、黑土地和草原拓荒创业极为艰难。狩猎由石砮到铁镞，由步射到骑射；捕鱼由水中捕鱼到冰上捕鱼，由凿冰窟叉鱼到冰下设网捕鱼；耕稼由石犁到铁犁，由单纯种植谷麦到试种玉米成功，由单纯旱作到在高寒地区稻作，每一步都是一种艰难开拓，率先的开拓者自然受到崇敬。有的学者将18世纪至20世纪初的吉林称为"拓荒者阶段"。大量汉族农民铤而走险，冒死出关，挖参采药，开荒垦殖，兴办各业。他们同样崇拜开拓有功的英雄人物，如把进山探险采参死于山里的孙良奉为神明，如各行各业都赋予本行开拓者"老把头"以无上权威，尊崇有加。

在这样的自然与人文环境和历史演进过程中，生活在吉林大地的各族人民锻造了世代相传的自强不息、崇尚英雄、开拓进取、守土护边、骁勇尚武、彪悍无畏的坚毅顽强精神。"北方风气刚劲，振古如兹"，"今长白一带，其强悍骁勇之习，犹有东海之雄风焉"。这种精神不仅广泛播洒在民间，其激昂狂放的格调也渗透于各种文学艺术中。明人徐渭在《南词叙录》中评论金代北曲与南曲之不同时指出："今之北曲，宜其高于南曲……壮伟狠戾，武夫马上之歌，流入中原，遂为民间之日用"，"听北曲使人神气鹰扬，毛发洒淅，足以作人勇往之志。"同样，在诗歌、音乐、舞蹈中这种雄劲、豪健的文化特质和格调也都有所体现。

二是，艰险环境磨砺了坚韧刚健的文化个性。在生产力低下的情况下，人们仅靠一种生产方式难以维持生活，往往是采集、游牧、渔猎、农耕方式并存。尤其是满族及其先民女真人"皆依森林以居住，恃射猎为生"，这便与长白山结下了不解之缘。人们在莽莽山林从事挖参、采药、狩猎、伐木、放排以及农耕等活动，产生了独特多彩的文化，并为历代文人雅士讴歌。有些学者认为"长白山文化"是吉林地域文化的主体，不无道理。长白山的环境极其艰险，毒虫猛兽出没其间，冰雪严寒令人难以承受。英国探险家扬·哈斯本在《帕米尔探险记》中记述了进入长白山时，其驮给养的马被蚊虻叮咬得"发疯般窜林跳进山崖"。有的探险者、采参者被蚊虫叮咬，死于老林，只剩一副白骨。清高士奇在《扈从东巡日录》中写道："在乌拉南 600 里，深潭无底，禽兽皆白，人不敢入。"清朝著名诗人吴兆骞在《长白山赋》中写道："自山麓至半山，皆黑松林，亘三百余里，不见日月，树根相纠如网，地皆深淖，马行七日乃毕。"在这里谋生不仅需要敢于同大自然搏斗的勇气，甚至要甘冒生命的危险。进山伐木的人，要在冰天雪地生活整个冬季，经历各种险恶。在江河上漂流放排随时都有险情，沿岸多处留有放排人的孤坟。歌谣说"伐大树，放大排，哪里死了哪里埋"，就是这种豁达而又艰险生活的真实写照。狩猎者不仅捕猎大动物有危险，即使捕貂也要在冰天雪地的山里忍饥耐寒数日不归，谣曰"今日离了家，何日能得还？一张貂皮十吊半，要拿命来换"。

处于中西部平原草原的人们，劳作同样艰苦。以采东珠为例，江河一解冻，"珠轩丁"将船驶入江心，裸体抱杆沉入水底，得则口衔缘杆而上，不复生还者亦有之。冰川捕鱼要冒零下二三十度的严寒，湖水溅到身上立刻成冰，无处取暖。生活在吉林大地的人们，在同大自然搏斗中，不惜赌命从事危险劳作，演绎出许多可歌可泣的动人故事。这样的艰苦环境磨砺了人们坚忍不拔、勇敢刚健、吃苦耐劳、克难履险、朴素节俭的文化品格。许多歌谣谚语、劳动号子、民间故事以及文人雅士的诗文，真实而生动地记录了这种文化个性，并且哺育了一代又一代吉林各族人民，成为他们的生活教科书。

三是，民间行为文化张扬着宽厚质朴的民风。在吉林，民间行为文化土壤深厚，特色鲜明。由于长期处于生产方式比较落后、人烟稀少、环境严酷的状况，人与人之间只有靠互助才能更好地谋生，如在深山老林遇到个陌生人也立即成为亲密同伴。待到抛家闯关的汉族人涌入，一方面，得到原居民热情接纳很快消除了孤单感，旧的家族观念淡化，新结下的乡情日浓，另一方面，带来了儒家"仁义"、"忠恕"的思想观念和行为方式。在吉林地域文化形成的这一历史过程中，积淀了深厚的民间行为文化，其特点是宽厚质朴、团结互助。

这种行为文化突出表现在各种行业帮伙的规俗中。行业帮伙是一种自发的生产性组织，如木帮、参帮、金帮、打围帮、网伙、车伙子等，他们都有自己的帮规帮俗。比如，采参、伐木者在山里搭建小木屋或窝棚，离开时不仅不拆除，还要把粮米油盐留下来，以便后来人进屋就可以做饭、住宿；猎人、渔人有所捕获时，如路人遇到也要分给一些"战利品"；车伙子如路遇翻车打误的祸事，要竭尽全力相帮，否则会被人耻笑、唾骂。这些规俗的共同特点是有福同享，有难同当，相依相济，宽厚待人，并成为他们约定俗成的行为准则。

这种行为文化深入人心，植根于吉林这片沃土。"前行柳条边外者，率不裹粮。遇人居，直入其室。主者则尽其所有享。或日暮，让南炕宿客，而自卧西北炕。马则煮豆麦荤草饲之，客去，不受一钱……盖是时俗固厚"⑬。"民风朴厚，勤俭守信，义重宗法。乡民平素往来均系口头契约，恒数世不爽，贫民到处游食无拒者"，"邻里戚旧则互相访问，遇有吉凶事故，则互相庆吊……有无通共，守望相助，敦笃之风诚为气象焉"⑭。既已形成民风，它便成为民间的普遍价值观念和传之久远的习俗，潜移默化地养成了宽宏大度、厚重质朴、扶危济困、知恩图报、豪爽仗义的品格。

社会学家费孝通先生在晚年提出一个"文化自觉"的命题。他说：文化自觉是指"生活在一定文化中的人对其文化有'自知之明'，明白它的来历、形成过程、所具有的特色"，"跨文化交流的基础，就是从认识自己开始"⑮。本书把吉林地域文化放在整个中华文化的大背景下加以考察，上编从纵向上叙述了各个历史时期的吉林地域文化状况，下编从横向上分门别类叙述了具有吉林特色的地域文化，可以说，它是一部试图以文化自觉的态度来认识自己的书。

吉林地域文化，有史以来一直接受着中原文化的影响和滋养，与整个中华文化一脉相承，以至发展到以中原汉族文化为主导，吉林地域文化史是多民族交融共进的文化史；文化交融是双向的，世居吉林的少数民族以他们与中原文化相异的文化个性丰富了中华文化的内涵，展现了中华文化的多样性。人创造了文化，文化也塑造了人。各民族共同创造的文化是中华民族凝聚在一起的精神纽带，既不能把中原文化在吉林的传播看成是移民文化，也不能因为有的民族其个性已经弱化而忽略他们在历史上对地域文化的贡献。

当我们回顾吉林地域文化的历史时看到，吉林省有丰富的物质文化遗产，全省已发现并登记的文物遗存9575处（件），这是先人留在吉林大地的足迹，它弥补了文献的不足，使我们慎终追远，更具体的了解过去。吉林的非物质文化遗产也得到了较好地保护，已列入国家名录的已有37项，列入省级名录的293项。比如，查干湖冬捕，千百年前冰下捕鱼的古法古俗传承至今，仍保留着世所罕见的原生态文化景象。朝鲜族农乐舞，满族驯鹰，形象地再现了原始农耕、狩猎的生活图景，仍保留着古色古香的风貌。它们是时代的遗孤，历史的遗爱，我们应予珍惜。

更值得我们珍视的是地域文化所蕴涵的精神财富。吉林各民族以其自己的生存方式、风俗习惯、情感样式、信念理想所创造的文化，反映了世代先民艰苦卓绝的奋斗历程，既有刻骨地悲怆，也有铭心地壮丽，凝结在其中的自强不息、坚韧刚健、宽厚质朴的人文精神沉浸在民族的血脉中，传承在人们的社会心理和行为习惯中，成为一种传统融入现代生活，是吉林地域文化持久的魅力所在。不要以短视的眼光只看重可作为旅游资源的地域文化的表面形态，更要重视地域文化的思想资源，加倍珍惜吉林人永久的集体记忆。

中华民族的和平崛起，要求我们以高度的文化自信推进社会主义文化大繁荣大发展。今天是从昨天而来，不能割断历史，继承和发扬源远流长的吉林地域文化优秀传统，是建设社会主义先进文化的题中应有之义。诚然，传统的吉林地域文化既有精华也有糟粕，我们要以历史唯物主义的态度取其精华去其糟粕，在扬弃中继承，在继承中创新，以增强吉林地域文化的吸引力，提升吉林的文化软实力，为吉林的经济社会发展提供有力的文化支撑。

【注释】

① 松花江有南北两源，全长 1764 公里。南源发源于吉林省长白山天池，流经吉林省境内 958 公里，曾被称为"第二松花江"，本书按习惯的通行称谓均简称"松花江"。

② 《史记》卷一一〇《匈奴列传》，中华书局点校本，第 2886 页。

③ 《史记》卷六《秦始皇本纪》，同上，第 239 页。

④ 《后汉书》卷八五《东夷列传》，中华书局点校本，第 2810 页。

⑤ 《三国志》卷三〇《魏书》，中华书局点校本，第 842 页。

⑥ 吉林省文物考古研究所原所长方起东（已故）与吉林省通化师范学院教授、高句丽研究院院长耿铁华，曾于 1998 年提出，该诗"白马小迟回"句中的"马"字疑为"舄"字之误（舄：鞋）。朱彤：《〈长白山诗词选〉出版对长白山文化发展的作用》，《长白山文化论丛》，时代文艺出版社，2003 年 7 月版。

⑦ 《旧唐书》卷一九九《东夷》，中华书局点校本，第 5327 页。

⑧ 同上，第 5360 页。

⑨ 《辽史》卷七二《宗室》，中华书局点校本，第 1209 页。

⑩ 宇文懋昭：《大金国志》卷三九《初兴土风》，中华书局 1986 年版，第 551 页。

⑪ [比利时] 南怀仁：《鞑靼旅行记》，吉林文史出版社 1986 年版，第 138 页。

⑫ [清] 魏声和：《鸡林旧闻录（五）》，吉林文史出版社，1986 年版第 89 页。

⑬ [清] 杨宾：《柳边纪略》卷三，见《吉林纪略》，吉林文史出版社 1995 版，第 51 页。

⑭ 李澍田主编：《东北民俗资料荟萃》，吉林文史出版社 1992 年版，第 145、151 页。

⑮ 费孝通：《文化的生与死》，上海人民出版社 2009 年版，第 203、210 页。

上编

第一章

吉林的远古文明

　　吉林省复杂多变的地貌类型、生态环境的差异及由此产生的不同区域的生产、生活方式上的不同特点，是造成吉林省古代文化复杂性和多样性的主要因素。旧石器时代早期遗存一般发现于中部丘陵地带发育良好的石灰岩洞穴遗址中，如距今 16 万年左右的桦甸寿山仙人洞遗址。到了旧石器时代晚期，东部的长白山地区和西部的松嫩平原地区及科尔沁地区的考古学文化得到了显著发展，为旧石器向新石器时代的过渡创造了物质条件。进入新石器时代及青铜时代，因地理、地貌的不同，吉林省内的诸多考古学文化丰富多彩，既有联系又有区别，在东北地区考古学文化谱系关系中具有重要地位。

第一节　旧石器时代吉林的人类遗迹

桦甸仙人洞遗址——早期人类的足迹　榆树人与榆树周家油坊遗址
安图人与安图洞穴遗址　旧石器加工技术的改进与传播

　　考古学证据表明，吉林省境内具有明确测年的旧石器时代早期遗址为距今约 16.2 万年的桦甸寿山仙人洞遗址。

　　桦甸寿山仙人洞遗址，是更新世旧石器时代早期文化遗存。古人类生存的环境已由早期的温暖偏湿，很快转入到寒冷阶段。山地生长着严寒林为主的泰加森林，丘陵地区则为寒温带针—阔叶林。

　　寿山仙人洞遗址位于桦甸市西北约23公里的寿山上，西南距榆木桥子镇约2.3公里。该洞处在属于哈达岭山脉的寿山东坡上部，海拔高度为460米，距地表110米。洞口高2.87米、宽3.1米。洞外有3米长的平台，其下为悬崖，由其南侧可攀登入室。

　　该遗址共有两个文化层，包含石器、骨器及大量动物化石。下文化层石制品多为小型，以角岩为主要原料，工具中刮削器占一定比例，另有少量尖状器，以锤击法正向加工为主。体现了北方旧石器时代的普遍特征，文化面貌与辽宁营口金牛山遗址较为接近。年代测定为距今16.21±1.80万年。处于旧石器时代早期偏晚阶段。上文化层石制品包含大、中、小型，以角岩为主要原料，文化特征与下层文化基本相同，新出现锛状器、加工精制的黑耀岩端刃刮削器，以及通体磨制骨器。年代测定为距今34290±510年，属于旧石器时代晚期。文化层中发现了大量的动物骨骼化石，但化石破碎较严重，多以骨片形式存在，可鉴定种属少，包括：鼢鼠、田鼠、鼠兔、似北豺、狐狸、熊、鼬，虎、野驴、披毛犀、鹿、狍子、牛、羚羊、山羊、岩羚等。其中，鼢鼠、熊和鹿化石代表的个体较多。结合植物孢粉检测分析，上、下两层文化当时气候变化不大，应处于偏干冷的疏林草原环境。

　　该遗址的石、骨制品和动物骨骼化石表面未发现冲磨痕迹，应属于原地埋藏。上、下文化层之间在地层上没有不整合现象，在文化特征上，具有相似的主要特征：原料主要为角岩、石英岩、石英、流纹岩、流纹斑岩和硅质灰岩等几种，主要为就地取材；打片以锤击法为主；石制品以小型为主；石制品的组成中，断片和完整石片的数量很多，而第三类工具的数量较少；第三类工具的毛坯以石片为主，类型比较单一，加工比较粗糙，以向背面加工为主，存在少量的骨质工具等。总之，这些特征表明，该遗址是同一文化的延续。就整体情况分析，遗址年代跨度大，地层堆积的厚度相对较薄，文化遗物相对较少，分布不集中，因此，该遗址可能是一处季节性的居住址[①]。

　　吉林省中部的丘陵地区，处于长白山西麓，松花江流域和辽河上游流域构成的丰富水系，交结成网，并且向南延伸到辽宁中东部及朝鲜半岛，向北延伸进入黑龙江省。中部地区喀斯特地貌较发育，星罗棋布若干大小不等的石灰岩溶岩洞穴及裂隙。在旧石器时代早中期的东北地区，洞穴和裂隙利于遮挡风寒，抵御野兽侵袭，成为当时人类首选的理想栖息场所，人类活动也在此留下了丰富的遗物和遗迹。寿山仙人洞遗址是吉林省境内目前发现的唯一一处旧石器时代早期洞穴遗址，为研究东北亚高纬度地区古人类的文化技术特征、适应生存方式等提供了重要的物质参考资料。

　　榆树周家油坊遗址是更新世晚期的文化遗址。当时东北大平原、松花江流域属于泰加针叶林和湿草原环境。该遗址位于榆树市西南部大于乡周家油坊屯。具体位置在松花江和拉林河之间的黄土台地南侧。台顶平齐，海拔200—220米，高出松花江面50—70米。黄土台地已被松花江和拉林河的小支流切割，支离破碎，成为一道道岗垄地形。周家油坊屯前的一条小河从东北向西南注入松花江。小河两岸有两级比较明显的阶地。该遗址发掘出了大量的哺乳动物化石，分别属于12种更新世晚期哺乳动物，其中以猛犸象、披毛犀动物化石居多，学术界将该动物群称为"榆树动物群"。更重要的是发掘出了人的胫骨和头骨残片以及石器、骨器等人类文化遗物70余件，充分证实了是更新世晚期的文化遗址和人类的存在，遂命名为"榆树人"。

　　石制品原料以玄武岩为主，安山岩次之，根据松花江边砾石堆积推测，当属就近取材。类型包括盘状石核、棱柱状石核、石片、错向加工尖状器、菱形刮削器和指状刮削器等。其中利用充分的盘状石核和错向加工规整的尖状器具有进步性，与山西许家窑、宁夏水洞沟等处旧石器中晚期的同类型器物十分相似。骨器大多用大型哺乳动物的骨骼制成，有骨铲、骨矛、尖状器、刮削器等。其中一件骨铲为猛犸象的门齿釉质层制成，长7.7厘米，宽3.9厘米，厚1.0厘米，背面右侧有打片痕迹，背面的左上部和腹面右上方的一部分因长期使用，已经被磨得十分光滑明亮。根据对周家油坊村出土的猛犸象门齿化石等科学测定，及对石器、骨器特点的综合分析，"榆树人"应属于旧石器时代晚期智人，相当于或略晚于以宁夏水洞沟和内蒙古萨拉乌苏河为代表的河套文化。他们生活的年代距今大约有两三万年。

经植物孢粉检测分析，在周家油坊一带地区生长着以松、云杉、冷杉及桦属树木为主的原始森林，在森林之外，则是以野蒿、野菊及藜科植物等为主的大草原和沼泽地。田鼠、鬣狗、猛犸象、披毛犀、马鹿、狍子、原始牛等原始动物成群结队地在这里栖息。猛犸象、披毛犀动物群在地质历史上，曾经在榆树繁盛一时。当时正处于冰期气候或冰缘气候时期，气温远远低于现在。猛犸象、披毛犀、松、杉、蒿、藜等冰缘动物、植物的存在，为"榆树人"的生产和生活提供了丰富的自然资源。

周家油坊旧石器文化遗址以及"榆树人"化石的发现对于填补人类迁移、文化传播路径上的空白具有一定意义[②]。

"安图人"洞穴遗址位于安图县明月镇东南 5 华里石门山村。该洞穴是在二级阶地石灰岩中形成的，海拔 365 米，南临布尔哈通河，高出河床 25 米。

从该遗址残留的洞穴堆积中，发现了一批哺乳动物化石和一枚古人类牙齿化石。该牙齿系右下第一前臼齿，保存完整，已石化，系旧石器时代晚期的人类化石，属晚期智人。该遗址是一处晚更新世洞穴堆积，该化石命名为"安图人"。在发现安图人的洞穴及其西 9 米处的另一小型洞穴中，共出土 19 种哺乳动物化石。主要有斑鬣狗、虎、真猛犸象、普氏野马、披毛犀、东北狍子和东北野牛等，均属东北地区常见的猛犸象—披毛犀动物群，代表寒冷的气候。植物孢粉分析也表明，当时的年平均气温至少比现在低 5℃。

据对洞内出土的动物化石的放射性 C^{14} 测定，其年代为距今 35370 ± 1850 至 26560 ± 550 年。可知"安图人"所处的文化时代属于旧石器时代晚期，相当于或略晚于河套人文化时期。"安图人"的发现是吉林省旧石器时代考古人类研究方面不可多得的重要发现之一[③]。

吉林省东部长白山区主要划分成松花江上游流域、图们江流域、牡丹江上游流域、鸭绿江流域等。旧石器时代晚期，随着人类体质的进化，人口数量的增长，人类已经走出洞穴，并开始了洲际范围的迁徙活动。该地区内水系发达，河流旁二级阶地发育，为旧石器时代晚期人类

图上 1-1　旧石器时代 "安图人" 洞穴遗址　　孙志明摄

提供了理想的宿营地，广泛存在的火山活动而产生的黑曜石等为石器制造者们提供了优质的原料。该区地理位置重要，东邻俄罗斯远东的滨海地区，南邻朝鲜半岛，另与俄罗斯的库页岛，日本的北海道隔海相望。

　　在这一地带发现旧石器时代晚期遗址十余处，根据器物组合的文化特征，可将这些遗址分别归类：长白山地区以黑曜石为主要原料的，以石叶及细石叶工艺为主要特征的旷野遗址，如珲春北山、和龙柳洞、和龙石人沟、和龙大洞、抚松新屯子西山等；以大、中型砾石工具为主要文化特征的遗址，如安图立新遗址、图们下白龙遗址；松花江流域前郭那木斯砖厂、东灯娄库、哈玛尔遗址等则以变质泥岩和蛋白石为主要原料，反映石叶和细石叶文化因素。

　　和龙石人沟遗址位于吉林和龙市龙城镇石人村的西山上，东北距和龙市约45公里。该遗址地处长白山系的南岗山脉，周围山峦起伏森林茂密。遗址坐落在缓坡的台地上，背靠高山，面向图们江的较大支流红旗河。遗址海拔高度为790米，河床的海拔高度为675米，周围山峰的海拔高度一般在1100米左右。2004年调查发现该遗址，面积约3万平方米。经过正式发掘，获得黑曜石原料制品千余件，剥片技术除了直接锤击法、砸击法外，还使用了间接剥片技术。石核除锤击石核外，出现了楔形细石叶石核，并且出现了石叶与细石叶共存的现象。工具以各类刮削器为主，尖状器、雕刻器、琢背小刀及钻等数量次之。工具加工以锤击法为主，其中软锤修理占有较大比例，出现了压制修理，修理方式以单向的正向加工为主。工具主要为小型，微型、中型也占一定比例，大型不见。该类型遗址的文化面貌与日本东北部北海道地区和俄罗斯远东兴凯湖沿岸旧石器晚期遗址极为相似，可能与诸地区之间的文化交流与传播有关④。

抚松新屯子西山遗址位于吉林省抚松县新屯子镇的西山上。东距新屯子镇约 2.5 公里，北距大黄泥河约 2 公里，南距县城约 25 公里。抚松县地处长白山腹地，地势东南高，西北低。该遗址位于抚松县西北隅的盆地内。由于长白山区地壳抬升，使大黄泥河切割成很深的河谷，谷深约 25 — 30 米。大黄泥河由东南向东北流入二道江。2003 年，在一处由石块摆放而成的椭圆形居住址内，发现一大型黑曜石石叶石核，重达 17.4 公斤，台面修理，工作面规整有序，在东北亚地区实属罕见，堪称我国同类器物之最⑤。

立新旧石器遗址，位于吉林省安图县永庆乡立新村东北方向约 2000 米的第四级阶地上，西距富尔河约 3500 米。富尔河发源于敦化市长白山牡丹岭，由北向南流经安图县境内。石器原料以流纹斑岩为主。大多数标本皆保留有砾石面，磨圆度好，取材于附近的河漫滩。剥片技术以锤击法为主，砸击法次之。工具包括锤击、砸击石锤和刮削器、尖状器、手斧、砍砸器等大型石器。工具毛坯以砾石为主，其次为少量的断块和石片等。工具修理采用锤击法和压制法。修理方式以复向加工为主，其次为单向加工，另有少量通体加工⑥。

前郭那木斯砖厂遗址位于前郭县哈拉毛都镇那木斯村那木斯砖厂的后岗之上，为松花江流域中游左岸支流的向阳二级阶地。采集遗物以变质泥岩和蛋白石为主要原料，石片占绝大部分，含有石叶和细石叶文化因素，是该流域旧石器时代晚期文化新发现。

石叶和细石叶工艺是旧石器时代晚期一次重要的技术革命。该种工艺是通过对石核的多次预制修理，从上面剥下形体窄长而纤薄的石叶或细石叶。它可以直接使用，亦可进一步加工成工具，还可以与其他质地的器物组合成复合工具使用。因此，该技术极大地提高了当时人类应对自然的能力，有力推动了此阶段狩猎与采集经济的发展。随着更新世末现代人类的迁徙运动，该项技术在东亚及东北亚地区体现了自西向东的传播路径，年代较早的遗存发现于俄罗斯阿尔泰地区。吉林省的长白山地区和松嫩平原区正处于东北亚腹地，成为人类迁徙和技术传播必经之地。并且，长白山地区为这种技术充分发挥提供了优质的黑曜石原料，这为晚期人类在该地区的繁衍生息创造了独特的原料资源。同时，该地区存在的诸多特征反差较大的旧石器时代晚期文化，也说明在距今 1.5—1 万年左右，长白山地区晚期智人活动日趋频繁，不同文化间交流与并存，并与邻近周边地区国家的同时期文化联系紧密。这些都为我们研究晚期智人在东北亚地区的迁徙运动与文化传播提供了丰富物质资料和确凿证据。

第二节　新石器时代吉林的文化面貌

星罗棋布的文化遗存　　之字纹与华夏文明　　独具特色的细石器文化

新石器早期新人文化的绝对年代，大致在公元前 8000 年—公元前 6000 年之间，相当于地质年代表上的全新世早期。在吉林地区，西部属于草原文化区，东部属于旱作文化区。

大约在距今七千年前后，吉林省开始进入了人类发展史上的新石器时代。具有标志性意义的，就是人们掌握了更先进的石器磨制加工技术，学会了陶器的制造和使用。人们的生活需要也从全靠依赖老天爷的恩赐，发展到能够组织一部分畜牧或农业生产。这一进步足以让人们告别山地和丛林，向着河谷平川迈进和发展，将生命之火传播到更加广泛的区域。到目前为止，全省境内新石器时代遗址的发现数量已达数百处之多，分布显得更加密集。

吉林省新石器时代文化可区别出嫩江、松花江、东辽河、图们江和浑江五个相对独立的文化区，年代上也能划分出早晚两大段和五个小的发展阶段。不同区域的遗址、墓葬，既有某些相互一致的文化因素，也有各自不同的文化特点，进而构成吉林省新石器时代总体文化面貌的丰富多彩[⑦]。

在嫩江流域，人们习惯住在泡泽周围的沙丘上，遗址中常有较厚的鱼刺、兽骨、蚌壳堆积，生产工具中多见石镞、骨锥、骨鱼镖和陶、石网坠，显示了一种以渔猎为主的经济形态。在这一区域，已经发掘到长方形半地穴式居址，男女合葬及成人与儿童合葬的土坑墓。居址采用就地积薪的地面灶，墓葬中有少量骨、石器随葬品。C^{14}同位素年代测定结果显示，这一区域中较早的遗址如镇赉黄家围子遗址，年代可以早到距今 7000 年上下，稍晚的如镇赉向阳南岗的一号居址，上限不早于距今 5000 年，洮南双塔的一批墓葬年代可能晚到距今 3500 年的时段。

东辽河及松花江流域，人们较多地选择在沿河台地上居住，经济以农耕为主兼营渔猎。已发掘的伊通羊草沟、农安左家山、东丰西断梁山等遗址中都有许多磨盘、磨棒、石刀、石锄等适于农业的生产工具，以及圆形或长方形半地穴式房址，九台腰岭子遗址的一座房址面积竟达 130 平方米。而在长岭腰井子，则清理出一种地面起建，周围筑挡墙的圆形或圆角长方形房址。以上两区在生活和生产方式的某些一致性，当然是由他们居处的地理环境相同所决定的，但二者的骨、石器种类不尽相同，在陶器形态及纹饰构图上也都有些差异，仍然属于两个文化范畴。其东部的松花江流域，经历了左家山一至四期以及羊草沟二期这五个发展阶段，跨越了距今 7000—4500 年吉林省新石器时代从早到晚的全过程，可以作为吉林省新石器遗存发展序列的代表。而东辽河区目前尚缺少距今 6000—7000 年较早阶段的典型遗址的发现和发掘。

图们江、浑江流域的新石器时代遗址具有山地特征，遗址多占据山间盆地中近水的台地或山岗。目前发掘的遗址年代都属于晚段的范畴，其中的和龙兴城、延吉金谷遗址中，都见到过很浅的圆角长方形半地穴房址。从工具上看，两区都发现有斧、铲、磨盘等打制、磨制石器，显然有了比较发达的农业生产活动，而渔猎和采集也是人们生活的必要补充。另外，两区普遍使用长白山火山岩——黑曜石作为切割、刮削工具的原料，并能制作出相当精美的矛、镞等武器。陶器装饰上，浑江流域出土的潦草之字纹接近东辽河区，但这种纹饰在图们江流域却没有发现。

新石器时代，人们喜欢在陶器表面施各种纹样和图案作为装饰，以此增添生活的审美情趣。在中原，如仰韶文化是以各种图案的彩陶为特征的，在岭南，几何形图案的印纹陶是相当流行的。而包括吉林在内的东北大部分地区，陶器表面则普遍出现过一种压印或刻划的"之"字纹图案，从而构成其物质文化的鲜明特色，并成为华夏文明的组成部分。

所谓"之"字纹，就是在半干的陶坯表面用木、骨片状工具，通过往复折返而压印或刻划出来的一种由连续折线构成的装饰图案。这种图案通常是以若干之字纹条带组成，以一种大口、深腹、小底的"筒形罐"表面最为常见。条带有横向和竖向的不同，之字有实线和点线、弧线和直线的区别，印纹也有宽窄、深浅的变化，整体装饰效果很强。最早的之字纹图案，见于距今 8200 年左右的内蒙古东南地区的兴隆洼文化之中，并在稍晚的富河文化及红山文化中成为主流。而后经内蒙古草原及辽西走廊向辽北、辽东和吉、黑两省传播，最远已达黑龙江中下游地区[⑧]。

吉林省新石器时代较早阶段的遗址中，之字纹图案也占有相当大的比重，直到距今约 5000 年的时候才逐渐退化和消失。和北方其他地区一样，吉林省新石器时代的之字纹，也具有其自身特点和演进规律。

首先，和不同的传播途径相关，吉林省西部和中部的之字纹在形态上有着较大差别。西部的科尔沁沙地及嫩江沿岸，比较多见线条较细的弧线或弧点之字纹，和分布于内蒙古昭乌达盟的红山或富河文化相接近。中部如梨树的长山遗址、农安的左家山元宝沟遗址则流行印痕较宽的弧线或弦线之字纹，与沈阳一带"新乐下层文化"的之字纹形象如出一辙。而在更南一些的哈达岭山地，如东丰西断梁山、伊通羊草沟等地出土的刻划或压印的直线之字纹，是辽宁南部的"小珠山下层文化"中较为常见的纹饰之一。

其次，在不同的区域，和之字纹共生的其他纹饰也不尽相同，反映出之字纹因素以外土著文化因素的彼此差异。例如在嫩江流域，和之字纹同出的，除了以小木棍为工具戳出的戳点纹之外，还有大量的用细泥条粘贴形成的横向附加堆纹。中南部地区则多与刻划的人字纹，平行线

图上 1-2　新石器时代　陶器　王洪峰、赵海龙摄

纹，双折线纹等共生。前者为嫩江平原"昂昂溪文化"的典型特征，亦即当地的固有因素。后者是松辽平原的文化传统，更多地反映出与辽中、辽南以及山东半岛的接触和联系。

第三，在之字纹传承过程中，吉林境内特别是在中、南部地区还有许多变化和创新。比较突出的是长岭腰井子、农安左家山等遗址发现的一种扭曲之字纹，其在施纹过程中有意扭动工具，使印痕两侧出现不规则齿状突刺；而梨树长山遗址还见有之字纹与压印绳纹或与戳点纹共同组成的复合图案，都具有更强的装饰性。南部浑江流域至今没能发掘到较早阶段的新石器遗址，但晚段出现过一种刻划的直观作横书八字，即两端不相连接的变体之字纹。据此推测，其较早阶段的之字纹可能更接近辽南小珠山下层，或可归于刻划之字纹系统。

总之，之字纹在吉林省新石器文化中具有鲜明特色，而吉林大地在对华夏文明的传承发展中，也起到了积极的推动作用。

细石器泛指一种形体细小的直接和间接打制石器，有打制和压制两种。在以渔猎经济为主的吉林省西、北部各遗址中，细石器往往占据主导地位，打制和磨制工具较少。细石器的种类有切割器、刮削器、尖状器、石镞、石叶等，有些遗址中还出土了打击石片后留下的船形或楔形石核。石镞以凹底三角和平底三角形较多，也有柳叶形者；刮削器有条形，椭圆形和半圆形三种；切割器和尖状器形制也富于变化。此外，这里还发掘到多件将石片镶嵌在开槽肢骨上而构成的骨柄石刃刀，应用也很广泛。和这些细石器共出的打制石器有河卵石打成的网坠和形体较大的刮削器，磨制石器主要是小件的斧、凿一类加工工具，数量较少。

　　中南部以农耕为主的新石器时代遗址中，打制和磨制石器所占比例明显地多于细石器。南部以延吉金谷遗址为例，细石器只见有条形刮削器和三角形石镞，磨制石器则有斧、锛、凿、镞、磨盘、磨棒等，打制器以大型弧刃铲和亚腰弧刃锄尤具特色。通化的江口遗址发现的细石器品种与金谷近似，但同时还见到磨制的斧、矛、刀、磨盘、磨棒，以及打制后再经磨刃的锄、铲等大件工具。中部松花江流域细石器种类和数量虽较南区为多，但大型打制、磨制石器仍占多数。除了磨盘、磨棒之外，永吉星星哨遗址中的打制长方形亚腰石锄，农安左家山遗址中磨制的圭形镞和形体短小的杵锤，以及伊通羊草沟遗址宽刃棱柄的亚腰石镐，都是颇具特色的石器造型。

　　如上所述，细石器是吉林省新石器时代遗存的重要内容，也是我们了解和认识古代先民生产生活的重要依据。但是，作为一种文化因素，它在同一文化的不同阶段也有数量和品类上的变化。例如左家山遗址的三、四期即晚段遗存，用于农业生产的大型磨制石器数量有了明显增加，细石器比重相对缩小，种类亦不及该遗址一、二期丰富。镇赉黄家围子和长岭腰井子两处新石器早期遗址都以细石器工具占主要地位，但两种文化类型晚期的向阳南岗一号房址及梨树长山遗址，都有磨棒和大型石斧出现，同时细石器的制作也显粗糙，一定程度上显现了衰退迹象[9]。

　　整体而言，最迟在距今 5000 年前后，吉林全省的新石器文化都进入

图上 1-3　细石器
王洪峰、赵海龙摄

了以农耕为主的发展阶段，有了更加稳定的食物来源。

第三节　青铜时代及早期铁器时代丰富多彩的吉林文化

灿若繁星的青铜文化遗址　濊族与西团山文化　貊人与红衣陶器
燕秦的辽东外徼

距今 4000 年前后，约当于中原夏代纪年，吉林省开始进入青铜时代。居址、墓地、城寨和祭祀址等各类遗存，全省已调查发现了千余处，较之新石器时代品类上要丰富得多。已发掘的和龙兴城、大安汉书、通化万发拨子遗址，都属于年代较早的青铜时代村落遗址。

吉林省的青铜时代，素面陶器已逐渐取代了施纹陶器，磨制和打制石器被广泛使用并居于主要地位。但和中原的商、周文化相比较，吉林境内青铜铸造业出现较晚，制品主要为兵器、工具和各种饰件，缺少大型礼器，数量品种远逊于中原。目前发现的陶、石铸范，只有镜、剑、矛、斧、镞、刀、鱼钩等，省内年代最早的一柄青铜短剑，也早不过西周中期。直到战国末期引入铁器，吉林省的青铜时代经历了夏、商时期的形成阶段，西周至春秋时期的稳步发展阶段和战国时的剧烈动荡阶段，但总体来说仍是一种青铜冶铸业不甚发达的青铜文化[⑩]。

这一时段的村落，分布较新石器时代更为密集，面积也普遍大于新石器时代，最大的遗址已达上百万平方米，反映了人口数量的扩张。此时的房址仍以长方形或圆形半地穴式多见，但在和龙兴城遗址的青铜时代村落中，却发现了一种深地穴的长方形窖穴式房址，最深者达 1.9 米。原始先民们为了防止穴壁坍塌，采用了沿墙排立密集木柱，并填塞草把的支护措施。室内有铺垫平整的地面，并挖有瓢形的灶坑，灶的两侧立两排明柱支撑梁架。

墓葬的形制较多，北部平原沿用了土坑墓的传统，中部以南则普遍使用了石质葬具。松花江流域较多地使用块石或板石砌成的"箱式"石棺，葬式以仰身直肢的单人葬为主。长白山麓普遍出现薄石板围立的"匣式"小石棺，葬式为多人或单人火葬，较晚阶段变成了在土坑边缘摆放一些块石的简易石棺。辉发河上游以"石棚墓"和"大盖石墓"最富特色，前者以立置大板石围成半埋的墓穴四框，顶部加盖一块更大的独石而成，后者墓室建于地下，在砌石或不砌石的土坑上篷盖整块石板构成墓穴，一端留有可以开启的墓门。这两种墓都源自辽南，流行于春秋战国时期，并常在一起构成墓群，葬法均为家族的多人多次的骨灰葬，但形制规模颇有不同。

城寨是大型聚落附属的具有防御功能的设施和遗迹，目前以蛟河、九台、东辽等地发现较多。城寨的规模不大，通常是环绕遗址附近一个山头，用内外挖壕所得土石堆筑城垣，周长多在千米左右。其形状以不规则圆形较多，个别为方形或长方形。较大的城寨内都有半地穴房址遗迹。城寨年代以两周时期为多见，分布密度各地不一，九台仅上河湾一地就发现十余处。有研究者认为，这类遗迹的出现，应与当时部落间的争斗频繁密切相关。

专门的祭祀遗址目前发现不多，依据相对充分的只有蛟河苏尔哈东山和通化江沿的土珠子两处，年代都在春秋、战国时期。前者为山丘顶部人工堆筑的两个椭圆形高台，顶部平坦，面积150—170平方米，边缘呈三级阶梯状，向上逐层收分。后者是两个大型遗址中间的一个自然山包，顶面不甚平，但出土过一件未曾使用的仿铜石剑，被认为是件祭品。"国之大事，在祀与戎"是古来已有的传统说法，神灵也一向是各民族敬畏崇仰的。这两处遗址的发现，反映了当时人们意识形态方面的深刻内涵。

大量的调查和发掘材料表明，吉林省自新石器时代形成的文化分区，在青铜时代仍保留着独立发展趋势。六大流域形成了各自不同的文化面貌，但同时又有着彼此间相互的影响和渗透，显现出蓬勃向上又错综复杂的总体格局。

濊族在东北的分布较广，历史上曾结成过许多较大的集团或部落联盟，创造出形形色色的不同文化。吉林省诸多分布相对稳定、延续时间较长的青铜文化中，属于濊人的文化并且在学术界意见渐趋一致的，首推中部地区的"西团山文化"。

西团山文化是吉林省命名最早，认知最为清楚的一种考古学文化。

它大致出现于西周，结束于汉初，中心区域在今吉林、长春地区，向外的辐射和影响可达辉发河及辽河上源，乃至下辽河与嫩江下游区域。属于该文化的遗址和墓地，现已发现达数百处，经过考古正规发掘的就有二十余处。目前的研究认为，其在吉林发展史上占有承先启后相当重要的地位。

西团山文化得名于 1948—1950 年东北师范大学、东北考古发掘团对吉林市郊西团山墓地及稍后在骚达沟、土城子的发掘。而认识逐渐明晰则得益于此后对猴石山、星星哨、杨屯及泡子沿前山等处的发掘，以及一系列关于该文化内涵、分期、源流、社会形态、生产活动各方面不断深入的研究。

西团山文化的遗址分布较为密集，其居址普遍选在近水的山腰，少数在平地，墓地则位于邻山或同山更高一些的坡上。房址多呈圆角长方形，半地穴式，一般有铺垫较平的地面，中部挖小坑并用石砌或泥抹建造出长方形“火塘”，有的还修筑室内窖穴。长蛇山、猴石山等遗址都发现有很多围绕山头人工修成的平台，用以造屋。其房址均建于平台之上，下坡的一面砌石墙并且辟出门道，其余三面下部仍为土壁。这种成排的房址组成一定规模的村落。墓葬流行砌于土坑内的“石棺”墓。石棺多长方形，用块石或板石砌筑，有些在棺的一端连筑出“副棺”，放置随葬品，棺上加盖板石，盖板上封土。单人葬为主，葬式多仰身直肢。棺中或副棺中一般置有随葬品，但品类和数量的多寡差别较大，显示出明显的贫富差别。不同性别者随葬的器类也有不同，女性墓一般随葬石刀和陶纺轮，男性墓的随葬品则多镞、斧、凿等生产工具而无纺轮，反映了当时男耕女织的社会分工情况。

出土遗物显示，当时的生产活动主要是农耕和渔猎，用于开垦的石斧、石锛，用于收获加工的石刀、磨盘，以及鱼钩网坠都有大量发现。收集到的粮食标本主要是黍、粟一类耐旱作物，永吉杨屯遗址中出土的大豆，可能是国内最早的栽培品种。西团山文化有着较为发达的畜牧业，考古发掘中在猴石山、星星哨、土城子等许多墓地中都见到放置在棺中或棺上的猪头骨、猪牙的实例，而骨骼鉴定的结果表明，这些猪均为家猪。1975—1980 年对永吉星星哨墓地和猴石山遗址的连续发掘中，先后出土了一批剑、刀、矛、斧、镜、镯等青铜制品，以及毛、麻织物残块，显示出该文化中期以后在冶铸、织造等手工业方面的发展水平。有的研究者还认为，从该文化较晚阶段上陶器造型的整齐、匀称、端正程度看，当时制陶也已经是专业的生产部门了。

西团山文化以素面磨光陶器和磨制石器为主要内涵，有不甚发达的骨器和小件青铜器。陶器种类有鼎、鬲、盆、甗之类的炊器，罐、壶等存储器和碗、钵、豆类食器。石器中以梯形板状斧，弧刃半月形刀，柳叶形镞和四棱形仿铜石镞最为常见。

根据出土遗物，目前已对该文化做出西周前、西周后、春秋、战国四期六阶段的分期排序⑪。可以说，西团山文化是有着自身成长演变脉络的土著文化，它在战国末期阶段的消失，应该与中原文化大量进入东北以及夫余政权的建立有关。

貊人也是东北古老民族之一，和濊族一样在我国先秦史籍中就已经见于记载，但也有人认为二者的先人皆徙自中原。貊人在两周时的居地，根据《管子·小匡》："桓公……北至孤竹、山戎、濊貊"，以及《史记·匈奴传》中的："东接濊貊、朝鲜"等文献记载，已往研究多认为其西为戎、胡系居地，东北为肃慎人居地，南面有濊人和古朝鲜。《山海经》中记载古之"貊国"，因其地近燕最终为燕所灭，地望应接近燕国设置较早的辽西郡，故一般都将貊人的分布推定在辽东和吉林南部，但也有些研究者把辽北迄松嫩平原南部也归于其中⑫。

这一区域内，两周时期的青铜文化目前已命名两种。南部沿辽吉分水岭至通化分布有一种吉林称为"宝山文化"（辽宁称为"凉泉类型"）

图上 1-4　西团山　石矛
孙志明摄

的青铜文化，而在吉林省和黑龙江省的西部地区，分布的是"汉书文化"。

宝山文化的陶器以手制的厚壁类砂褐陶为主，组合中高柄豆、圈足豆、叠唇罐和高领壶最富特色、壶，罐类流行环状耳，豆把上往往有刻花或镂花，很少三足器。石器以磨制为主，种类有石球、棒状斧、梯形刀、条形镰，还有磨盘、网坠及青铜短剑的柄端加重器。这类遗址附近多有石棺、石棚和石盖墓，内中均有青铜遗物发现，但目前还不能确定哪种和居址的关系最密切。宝山文化的年代下限，已知为战国早期，上限还没有很明确的发掘资料佐证及 C14 测年。

汉书文化是分布于嫩江下游地区的一种青铜文化，遗址在吉林省北部和黑龙江肇东、大庆地区都有密集分布。该文化石器出土不多，骨器相当发达，不仅有镞、矛、刀、锥，还有大量的鱼镖和诱鱼器，是一种定居的畜牧和渔猎并重的经济形态。青铜器发现有刀、饰和箭头，亦皆小型器。陶器夹细沙，手制薄胎磨光者较多。罐类器多饰箆点图案纹，壶、碗、钵类普遍加挂红衣。房址为半地穴式，有的在室内或室外建有窖穴。墓葬为土坑墓，葬式为仰身直肢。该文化在 1973 年大安汉书遗址的发掘中被区分为上、下层两种不同遗存，二者一脉相承但中间有明显缺环。下层文化在黑龙江称为白金宝文化，以筒腹鬲、长颈壶、深腹罐为典型陶器组合，年代跨度为晚商至春秋。上层为汉书文化，以斜腹鬲、单把杯、带彩碗和舟形钵最具特色，年代下限在战国末期或汉初。

上述两种文化中，以汉书文化的红衣陶器最为引人注目。这种陶器表面为红色，光滑鲜亮，战国时已经传播、影响到松花江沿岸今农安一带。红陶衣，是以一种富含氧化铁的泥浆蘸附于陶坯表面后经窑烧形成的，在中原新石器时代文化如仰韶、大汶口、屈家岭等文化中都相当流行，广泛分布于长江、黄河中下游地区。但是在东北，其他青铜时代遗址则很少见到，并且在新石器时代遗存中也不见踪迹。耐人寻味的是，汉书遗址发现的红衣陶器，壶、碗、钵品类齐备，数量堪称东北之最。其在碗口外边抹出一道宽彩的做法，竟与仰韶时期后岗文化中颇负盛名的"红顶碗"有几分相似，很是神奇。

公元前三世纪中叶，即中原战国晚期时，吉林省开始进入铁器时代。但截至目前，吉林省最先出现并大量见到的铁器都是中原地区的典型器物，是一些通过交换或其他渠道得来的引入品，而非当地制造。故一般将我省战国末至汉初这一段时间称为早期铁器时代。

通过考古调查和发掘了解到，属于这一时段的遗址中，引入和使用铁器较早和较多的，是今四平、辽源、梅河、通化亦即辽、吉分水岭沿线，而后通过吉长地区向东、北逐渐扩大到全境。之所以会产生这样一种有趣的考古现象，应该是战国七雄之一的燕国不断向东扩张，以及秦统一过程中北方韩、赵、燕人大量流入东北的结果。

史书记载，跻身于齐、晋、山戎、东胡之间的燕国原本弱小，"几灭者数矣"。但是到燕昭王时期，向东北极大扩张。《史记·匈奴传》谓："燕有贤将秦开，为质于胡，胡甚信之。归而袭破走东胡，东胡却千里。……燕亦筑长城，自造阳至襄平，置上谷、渔阳、右北平、辽西、辽东郡以拒胡。"稍后于燕昭王二十二年（公元前290），又南击卫氏朝鲜，将鸭绿江下游西侧全部纳入其辽东郡的辖境。

燕北五郡设立后，曾效仿列国，沿边筑长城抵御胡人。燕长城亦即后世秦汉长城的一部分，分北段和东段。通过一系列调查，到上世纪七十年代末，其北段西迄独石口，经围场、敖汉、奈曼入库伦，蜿蜒至阜新北部，再过彰武、法库东抵开原的走向，已经可以确认。该段城墙大多为土、石夯筑，遗迹保存较好的地段，墙宽6—8米，存高2米有余。东段未经地面调查，一说是以烽燧障塞形式自开原经新宾、宽甸过鸭绿江而入于朝鲜[13]。秦仍燕置，于是上述较早出现铁器的吉辽分水岭沿线，便成为燕、秦辽东郡的外徼区域，也是受到中原先进文化影响最早和最强烈的地区。

1983年文物普查中，曾在梨树县境内发现一座二龙湖古城。古城平面呈方形，边长190米左右，南墙偏西处有一豁口，是唯一的门址所在。1987年对其做了进一步调查。根据灰坑中釜、尊、瓮、罐、盆、甑等陶器残片的燕文化晚期特征，镢、镰、刀类铁器亦属燕国制品，推断该城为燕城。2001年，在城内东南角清理了14座房址，发现了燕人陶器与本地土著文化陶器共生的考古现象和一些陶器上的汉初特征。从中可以看出该城应该具有重要地位。城墙解剖时发现的清晰夯层，也为进一步确认此城系燕人所筑增添了依据。

二龙湖古城坐落在东辽河西岸，是迄今所见位置最北的一座燕城，较以往所知的燕国北境向前推进了百余公里，将近一个纬度。该城之南尚存多处烽燧遗迹，有待进一步调查。因此，目前虽不能确认其性质究属辽东辖县治所，还是塞外边城抑或燕东障塞的起点，但它属于燕国辖境之内的结论是确定无疑的。

类似的情况还见于今集安高句丽"国内城"城墙中包夹的战国小城，该城材料公布后，多视其为燕、秦之塞外边城。联系到近年在柳河、集安、长白等地陆续发现的带有"左得工"、"工尹"、"相邦"等铭文的赵国青铜兵器，可知战国晚期包括大量燕赵贵族在内的汉族移民，已经大量进入这一地区。他们所带来的先进文化、思想，先进的工具和生产力，使得今吉林省的中南部有了迅速的发展和变化。从这个意义上说，东北境内最早的两个地方民族政权——夫余和高句丽都先后出现在这一地区，绝非偶然。

【注释】

① 陈全家、李其泰：《吉林桦甸寿山仙人洞旧石器遗址试掘报告》，《人类学学报》1994 年第 1 期。

② 陈全家、赵海龙、王法岗：《吉林桦甸仙人洞旧石器遗址 1993 年发掘报告》，《人类学学报》2007 年第 3 期。

③ 孙建中、王雨灼、姜鹏：《吉林榆树周家油坊旧石器文化遗址》，《古脊椎动物与古人类》1981 年 3 期；姜鹏：《吉林安图晚更新世洞穴堆积》，《古脊椎动物与古人类》1975 年第 3 期；姜鹏：《吉林安图人化石》，《古脊椎动物与古人类》1982 年第 1 期；陈全家等：《延边地区和龙石人沟发现的旧石器》，《人类学学报》2006 年第 2 期。

④ 北海道埋藏文化财《白滝遗迹群Ⅱ》，江别，北海道埋藏文化财，2001 年。

⑤ 陈全家、赵海龙、王春雪：《抚松新屯子西山旧石器遗址试掘报告》，《人类学学报》2009 年第 2 期。

⑥ 陈全家、赵海龙、方启等：《延边安图立新发现的砾石石器》，《人类学学报》2008

年第 1 期。

⑦ 金旭东：《吉林省文物考古的世纪回顾与展望》，《田野考古集萃》，文物出版社 2008 年版。

⑧ 刘振华：《红山文化陶器的彩纹和之字纹》，《中国考古学会第六次年会论文集》，文物出版社 1990 年版。

⑨ 赵宾福：《东北石器时代考古》，吉林大学出版社 2003 年版，第 157 页。

⑩ 刘景文：《吉林省青铜时代考古的回顾与展望》，《历史与考古信息·东北亚》1993 年第 1、2 期合刊；赵宾福：《中国东北夏至战国时期的考古学文化研究》，科学出版社 2009 年版，第 268 页。

⑪ 朱永刚：《西团山文化墓葬分期研究》，《北方文物》1991 年第 3 期；陈雍：《西团山文化陶器类型学与年代学研究》，《青果集——吉林大学考古专业成立二十周年考古论文集》，知识出版社 1993 年版。

⑫ 孙进己、张志立：《濊貊文化的探索》，《辽海文物学刊》1986 年创刊号。

⑬ 李殿福：《东北境内燕、秦长城考》，《黑龙江文物丛刊》1982 年第 1 期。

第二章

汉魏时期的夫余文化

大约在公元前 2 世纪末，濊貊族系的夫余人以松辽平原腹地的吉林地区为中心，建立了东北历史上第一个少数民族地方政权——奴隶制国家夫余王国。其盛时，疆域东达牡丹江流域，南抵辉发河，西至洮儿河下游地区，北到第一松花江西段，方圆达两千余里。至 494 年为高句丽所灭，其政权存续达七百年之久。夫余人在开发松嫩平原过程中，接受了中原农业文明和邻近游牧民族文化的部分内容，形成了具有自身特点的农牧文化，对当时及后世的东北边疆各族产生了较大的影响。

第一节　夫余国概况

卵生神话与夫余国的建立　以"六畜为官"的统治机构　与中央王朝及周边民族的关系

夫余，中国古代东北边疆民族，历史文献中又写作"凫臾"、"扶余"，是濊貊族系的一个支系。濊貊族系中的濊人，起源较早，距今3000 年以前的周代，他们主要分布在松花江与嫩江合流以北一带。公元前 2 世纪，当西汉王朝时期，濊人的一支在嫩江中游地区建立了槁离国（又作"索离国"、"橐离国"）。在公元前 2 世纪末，橐离国王之子东明，自乌裕尔河流域南下，在松花江以南建立了夫余国。关于东明建国，《论衡》《魏略》《后汉书》等书载有一段神话传说："北夷橐离国王侍婢有娠，王欲杀之，婢对曰：'有气大如鸡子，从天而下，我故有娠。'后产子，捐子猪溷中，猪以口气嘘之，不死；复徙置马栏中，欲使马藉杀之，马复以口气嘘之，不死。王疑，以为天子，令其母收取奴畜之，名东明，令牧牛马。东明善射，王恐夺其国也，欲杀之。东明走，南渡掩㴲水，以弓击水，鱼鳖浮为桥，东明得渡，鱼鳖解散，追兵不得渡。因都王夫余，故北夷有夫余国焉。"①（掩水，即嫩江与松花江汇流处附近；夫余，今吉林市东团山、龙潭山一带。）这个传说，是对历史的神秘化渲染，以此表明东明确系神圣的"天子"，与满族祖先布库里雍顺、周朝先人后稷的传说相似，从一个侧面反映出中国古代各民族的文化关联。

东明南渡之前，橐离国已经进入阶级社会，有王，有侍婢，有奴，王权可能成为他人觊觎的对象，所以国王时刻警惕篡位的威胁。东明以其强悍和智慧，且得"天助"，逃脱了杀身之灾。他渡江南下，不可能孤身一人；来到松花江流域，也不是立即被当地人奉为首领，而是他率领随从，征服了当地的土著居民，建立起夫余国。

夫余建国的年代，史无明文记载，据史家考证，至晚建立于公元二世纪末以前。夫余国初建时，其活动中心在今吉林地区境内。夫余的王城，前期在今吉林市东团山、龙潭山一带，后迁到了今农安县一带。夫余国发展迅速，不断对外扩张，疆域日益辽阔，很快成为东北地区令人瞩目的势力。夫余国的疆域，文献记载："夫余国在玄菟北千里，南与高句丽，东与挹娄，西与鲜卑接，北有弱水，地方二千里。"②汉代玄菟郡初设在今朝鲜咸镜道境内，后迁至今辽宁新宾县；弱水，今松花江的西段。也就是说，夫余国东达牡丹江流域，南抵辉发河，西至洮儿河下游地区，北至松花江中下游之间。其中心区域，基本稳定在今吉林省吉林、长春地区。

夫余国建立后，"夫余"既是一个地方民族政权，也是一个古代民族的称谓。夫余民族，由东明率领南迁的橐离人与当地的濊人融合而成。

　　夫余国初建时，还处于奴隶社会的早期阶段，还保留着较多的氏族社会制度的残余。虽然已有国君，但原始社会时代军事民主制遗风，仍然发挥着重要作用。倘若遇有水旱不调，五谷不登，造成农耕歉收，贵族们便召开议事会议，归灾害之咎于国王，或主张更换，或要求处死，证明国王还不具有专制权力，其王位、权力，乃至性命，受到贵族议事权力的制约。大约进入东汉时期，夫余的奴隶社会国家机构随着文明进程而逐渐完备，各项制度建立起来，王权因之日益加强。

　　夫余国的国君为王，掌握着最高统治权，他是奴隶主阶级的总代表，居于最高地位，有王印作为权力象征。王位实行嫡子世袭制，无嫡子，则立庶子，但须经大贵族们共同议定。例如，国王简位居无嫡子，死后，诸加会议，拥戴其孽子麻余为国王。

　　统治机构的高级官吏称"加"，有马加、牛加、狗加、猪加等六"加"。职官名称以六畜名之，并非示其所司所掌为畜牧，只不过是畜牧业在夫余社会经济中占有重要地位的反映。《周礼》记载，西周设天、地、春、夏、秋、冬六官，夫余国的六官之制，显然是受到了中原文化的影响。诸加职高权重，凡国之大事，要经过诸加组成的议事会讨论。在中央国家机关，诸加主持某一方面的行政事务，例如刑罚、军政等；在地方，负责主掌某一行政区域。夫余国大的地方行政区划为"道"（秦汉王朝统治下，有少数民族居住之县称"道"），道之下有"邑落"。诸加是奴隶主阶级中的大贵族，拥有邑落和属民，是一定区域内的主子，大者主数千家，小者也有数百家，显然，这是他们的领地。下级官吏称"使"，有大使、大使者、使者等名目，与诸加相同，只能由奴隶主贵族担任。邑落中的"豪民"，是平民中的上层，也是奴隶主。奴隶主阶级之外，还有"国人"，即自由民，他们主要从事生产，向奴隶主缴纳租税，承担徭役和兵役。社会的最下层是奴隶，称"下户"，他们没有人身自由，不仅承担最繁重的劳动，任人驱使，而且性命难保，譬如夫余奴隶主死后有殉葬习俗，甚至多达"百数"，其中多为奴隶。

　　国家于各地构筑城池，设有仓库、牢狱等，也有相应的管理机构和制度规章。

　　军队的最高指挥权在国王手中，由诸加直接控制。士兵则由诸加所属的自由民为主体的"国人"组成。凡有军事，国人听从本区主子"加"之命令应招，随从加出征，武器自备，主要是弓矢刀矛之类，且家家自有铠仗。称为下户的奴隶负担军粮等后勤物资供应，这是一项非常繁重的劳役。从夫余墓葬有许多殉葬马来看，当时马匹数量可观，说明夫余军队不仅有步兵，也有骑兵，其战斗力较强。

夫余刑罚之制尚属草创，比较简单，与中原内地发达的法律制度差距甚大，用刑严急。杀人者抵命；犯死罪者，其家人罚没为奴婢；若盗窃，盗一，责罚十二，无力接受罚没者，也要沦为奴隶；男女私通，一律处死；惩治妒妇尤其严厉，不仅杀其身，且陈尸于南山之上，任其腐烂，女家欲收殓，必须缴纳一定数量的牛马方可。据《后汉书》记载，每年腊月祭天大会时（《三国志》记为正月），国家要审理刑狱，判决案件，并释放轻罪囚徒，以示施恩。夫余刑罚维护私有制的目的是明确的，而对妇女更加严苛，妇女地位低下可想而知。

夫余建国后便向周边发展，以武力威慑使肃慎（后称挹娄）、高句丽臣服，同时又与中原王朝保持联系。夫余国与中原王朝建立联系的具体时间，史籍没有明确记载。王莽篡汉之后，分遣使者到边疆各地各族中，"收故汉印绶"，"授新室印绶"，"其东出者，至玄菟、乐浪、高句丽、夫余"③。由此证明，在此之前，夫余国曾接受西汉的印绶，表示臣服，因而成为西汉的边疆地方民族政权。由于王莽推行民族歧视政策，各族纷纷叛去。东汉政权建立后，主动与东北各族恢复和好关系，各族陆续复归于汉。汉光武帝建武二十五年（49），夫余派使臣到东汉朝贡，受到高规格接待，光武帝重重赏赐，双方恢复了藩属关系，从此夫余朝贡不绝。在隶属关系上，夫余长期归玄菟郡管辖，至汉献帝时改由辽东郡管辖，忠实执行汉王朝的征调，夫余与汉王朝的关系得到进一步巩固和发展。

臣服之初，夫余归汉朝玄菟郡管辖，汉献帝时改归辽东郡。此时群雄并起，天下大乱，夫余遂归附称霸辽东的公孙氏。

夫余国对汉王朝，基本上能够恪尽臣职，听从调遣。当然，偶尔的冲突也是难免。汉安帝永初五年（111）、汉桓帝永康元年（167），夫余曾寇犯汉郡，但在抵抗高句丽侵掠辽东的军事行动中，夫余密切配合汉朝军队，并在政治上表明臣服的心迹。

夫余国与同是濊貊族系建立的高句丽政权，有着特殊的关系。汉元帝建昭二年（前37）高句丽建国后，因为国势较弱，不得不对夫余表示畏服。但高句丽很快强盛起来，便向夫余用兵，扩张势力。王莽地皇三年（22），高句丽征伐夫余，夫余王被杀。汉明帝永平十一年（68），夫余王被迫向高句丽称降。夫余之降不过是权宜之计，当高句丽进攻汉朝边郡时，夫余积极与汉朝军队配合，抵御高句丽。

魏晋南北朝时期，群雄割据，中国陷入分裂，一些边疆强族乘机而起。在东北地区，鲜卑、高句丽陆续称霸，夫余国则受到压制和削弱。晋武帝太康六年（285），鲜卑军队大破夫余国，国王自杀，都城被毁，万余人被掠。后在晋朝支持下得以复国，而元气已大伤。晋穆帝永和二年（346），鲜卑军队再破夫余国，国王及5万余部众被虏，被迫西迁，都于今农安古城。高句丽也攻掠夫余，使夫余国更加衰落。公元5世纪后期，夫余国的北邻勿吉部日益强大，不断蚕食夫余国领土，延续了数百年的边疆古国危在旦夕。北魏孝文帝太和十八年（494），面对勿吉部的大举进攻，夫余王无力抵抗，率领妻孥，举国投降了高句丽，夫余国寿终正寝。

第二节　古朴敦厚的吉林民俗

以"圆栅为城"的城郭建筑　崇尚厚葬的玉石文化　"迎鼓大会"与祭天礼　礼让不争的民风　农牧文化的形成及影响

夫余时代的东北边疆地区，森林密布，草原茂盛，动物成群，而人口不繁。无论已敲开文明大门的民族，还是仍处于野蛮时代者，相互残杀、互相掳掠是司空见惯的事情。因此，一个国家修筑城郭，不仅是统治者实施统治与管理的需要，也是防御他人侵害及猛兽袭扰的必然之举。

夫余城郭，就目前考古发现，已有多座，既有山城，也有平原城，大多分布于吉林省的吉林、长春地区。比较著名的山城如吉林龙潭山山城、东团山山城；蛟河新街古城、福来东古城；九台上河湾镇堡垒群等。平原城如吉林南城子、农安古城等。

中国古代史籍对夫余城郭的记载是非常简略的。据《后汉书》：夫余国"以员栅为城，有宫室、仓库、牢狱"④。《三国志·魏书》："作城栅皆员，有似牢狱。"⑤"员"，同"圆"。就字义来看，"员栅为城"，是指城郭大体上呈圆形，当然不是绝对的；栅，或许有的以木材为栅，但从遗址可见的是以土筑墙；"有宫室、仓库、牢狱"，说明是王城或地方官衙所在之地。

夫余国圆形的城郭形制源于橐离。已发现的夫余各古城遗址，尽管规模大小不等，但皆为圆形或椭圆形，只有蛟河新街古城呈长方形而四角皆为圆角，可见，"员栅为城"是夫余国城郭建筑的典型特点。

古代的夫余王国，就是以这些"圆栅"之城为据点，构建起对其疆域的有效管理与统治，展现出城邦国家的概貌。国王及国家机关，居于都城；其他城郭分散于各地，居守其中的官吏、贵族，上听命于国王，下统治属民。而守卫疆土的军士们，则生活在圆形或近似圆形的堡垒之中，履行着自己的职责。普通百姓和奴隶们，散布于城郭之外的原野，从事各项劳作。

墓葬考古，是研究古代社会文化的重要依据与实证。不同的文化，在墓葬方面会有明显的区别。夫余人的墓葬，即是其文化的遗存。夫余族分布地域相对辽阔，所以其墓葬形制多种多样，有的地区以积石墓为主，有的以木椁墓为主，而在吉林市帽儿山发掘的墓群，则土坑墓、土坑木棺墓、土坑木椁墓、土坑火葬墓、土坑积石墓、土坑石圹墓等多种并存。墓之规模大小不一，随葬品丰俭有别，或者一无所有，是阶级差别的反映。其葬法，有土葬，也有火葬。

按夫余习俗，人故去，须停丧五月方安葬，以久为荣。若值夏季，则以贮冰保护尸体。居丧期间，男女衣着皆用纯白色，妇女摘去佩戴的饰品，服用布料衣。这种习俗，接近中原内地。

与其他奴隶社会国家相同，夫余奴隶主贵族也实行人亡厚葬。史载，夫余葬法，入葬有椁无棺，杀人殉葬，多者达数百人。厚葬，不仅殉人之众，主要还在于葬品丰富。吉林省榆树市大坡镇老河深屯古墓群，出土随葬品类别有陶器、铁器、铜器、金银器、石器、玛瑙珠等，仅陶器，就有壶、杯、罐、豆、碗、盅等多种，可谓琳琅满目。其中一座女性墓，随葬器物达 200 余件，是典型的贵族厚葬墓。吉林市帽儿山古墓群出土的金属类随葬品，有动物纹金牌饰、金泡饰、金管饰、银环、鎏金铜饰、铜釜、铜铊、铜腕饰、铜环、铜泡饰、铁镢、铁锸、铁削、铁矛等，有装饰品，也有生活、生产用具。

与一般贵族丧葬不同，国王葬具非普通石材或木料，而是用玉匣。如此大型的贵重葬具，就夫余的生产技术尚难制造，因此由中央王朝颁赐，预先存放于玄菟郡，国王去世，派人迎取玉匣，然后下葬。这一行为，也是中央王朝与边疆地方政权统辖关系的表现。汉代，中原内地贵族盛行以玉为殓服，满城汉墓出土的金缕玉衣，是直接证明。

可见，夫余王享受着汉王朝诸侯、贵族的待遇。另外，北方民族自古就有尚玉的传统，例如，红山文化遗址出土了种类繁多的玉器，有玉佩、玉璧、玉箍、玉雕龙等等，且多为随葬品。受红山文化影响的夫余族同样崇尚玉，玉器不仅是日常的装饰品，也是贵族朝聘、祭祀、丧葬时所用之礼器。在夫余人的墓葬中，多见珍贵的玉类随葬品，如吉林省大安市东山一座夫余女性墓葬，出土一块玉璧。榆树市老河深古墓群出土的一串项链，竟由 266 颗玛瑙珠与 6 只金管组成。吉林市龙潭山、东团山、帽儿山一带，也出土了较多作为随葬品的有孔红色玛瑙珠。

史载，夫余产红色之玉、美珠。加之受到中原文化的影响，夫余人遂崇玉爱玉，视其为富有的象征，美的点缀，以那个时代的精湛工艺，将玉石、玛瑙加工成不同的器物和装饰品，供王室、贵族享用，还要作为他们死后的随葬，由此而形成了夫余文化的一个特色。

祭祀，是古代社会重要的礼仪活动。夫余国最盛大的祭祀活动，叫做"迎鼓"，时间在每年的腊月。此时，正值数九寒天，在农耕是冬闲，于狩猎是旺季。虽然农耕与畜牧是夫余人的主体经济，但狩猎作为经济生活的补充与重要的娱乐活动，长期存在于北方民族之中。所以，完成了一年的收获，进入冬季的农闲和狩猎的兴旺期，夫余人要庆祝一番，并感谢上苍，还要祈祷明年的丰收，遂举行为期一个月的祭天大典。

此项活动称之为迎鼓，自然与鼓有关。鼓是自古以来普遍使用的乐器，而在各民族的宗教、祭祀等活动中，更是离不开这一特殊的器具。在铿锵有力的鼓乐声中，现场所有人的神经受到强烈刺激，大家兴奋起来，手舞足蹈，难以歇止，似乎藉助鼓乐，实现了人与天、人与神灵的沟通。迎鼓，是指以庄严的礼仪形式，将这一具有神圣意义的乐器从某一存放地点迎取出来，然后在隆隆击鼓声中，开始祭祀盛典。

夫余人的这项国家大典很特别，大会连日，参加者是奴隶主阶级和普通的"国人"，规模宏大，人数众多。与祭天的典礼仪式相伴随还有多项内容。一是饮食，即在仪式结束后众人分食上供祭天的各种食品，饮酒作乐；二是歌舞，即具有宗教意义的集体狂欢；三是断刑狱、解囚徒，即释放刑满或非死罪囚徒，以表示统治者在感激上苍之后施恩于下的宽仁。这些活动更加烘托了迎鼓大会隆重、热烈、欢乐的气氛。

在夫余人的宗教信仰中，"天"是至高无上的神灵，是人类社会的主宰，重要的国家行为，要顺从天意，不敢有违。因此，祭天的活动不止是迎鼓大会，军事活动之前尤要祭天，以讨"天"的指示。军事行动往往关系到一个国家甚至民族的存亡，必须慎之又慎，所以，受中原商周文化影响，夫余人于行动之前，要举行祭天礼。适时，宰杀牛只，取牛蹄占卜，预测吉凶。若牛蹄分开，形同"瓦解"，预示为凶，取消行动的可能性就很大。若牛蹄合，形同"聚集"，预示为吉，于是将士们信心倍增，斗志昂扬，欢乐出征。商朝占卜，是取动物肩胛骨或龟甲，以火灼烧，视其裂纹判断吉凶，并将占卜结果用文字刻于甲骨之上，这就是甲骨文。由此看来，夫余人于祭礼接受了中原王朝的影响，但又依据社会发展水平和经济生活状况，取牛蹄而非甲骨，且无文字载记，遂具有了自身的特点。

夫余人生活于白山松水之间，在比较艰苦的自然环境中，在与周边其他民族（部落）角逐以谋发展过程中，正是骁勇的性格和无畏的精神，使夫余民族在东北地区各族中脱颖而出，日益强大，成为一方盛国。另一方面，夫余人又有憨厚朴实，性情直率的纯朴性格，史书上称其民族"强勇而谨厚"⑥。夫余人不仅不随意掳掠，"人知禁"，"无淫盗"，而且在国内形成了谦和礼让的民风。夫余刑罚中对杀人、盗窃、男女私通、"妒妇"的严惩，既有助于良好民风的形成，也是社会风气谨厚有礼的表现。在夫余国漫长的历史上，鲜见王位纷争及内乱不止之例，与民族性格、社会风习不无关系。

在政治生活中，夫余人尽显其彬彬有礼，并有一套礼仪制度。凡食饮，要用俎豆，以示其礼。朝会之时，或者举行各种仪式，例如某人爵位之授除，大家入座，彼此相互揖让，温文尔雅。按夫余国之规矩，翻译人员传语时，需下跪，以手抵地，压低声音。由此证明，夫余国的确存在一套礼仪制度。制度是现实的反映，现实也会促成制度。夫余人正式场合的礼仪，是他们日常生活礼俗积累的总结；而日常礼俗形成制度，更进一步推动礼仪的普遍化，成为社会风尚。由此不难发现，商周时代中原地区的礼制风习传播到了东北边陲，在汉魏时期尚可见其影响未衰。

在人类历史上，江河沿岸，往往是农耕文明的发祥地。夫余人生活于松嫩平原南部、松花江两岸。这里水资源丰富，土地膏腴，植物茂盛，是人类生存的理想之地，尤其适合于农耕。夫余人在这里，创造了东北边疆民族早期农耕文明。

夫余人生活区域宜于五谷生长，因气候因素，当地的农作物，以耐寒品种为主。在夫余人的遗址中，发现有碳化的粟粒，以及储藏粮食的窖穴。能够反映当时农耕技术水平的，是生产工具。吉林、长春地区夫余文化遗址中出土了铁镰、铁镢、铁锄、铁锸等。铁农具的应用，证明夫余人的农耕达到了较高的水平，先进于东北其他边疆民族。储藏粮食的窖穴的发现，以及文献中记载夫余城中建有仓库，若是粮食歉收，人们要求处置国王，都说明夫余国农业相对发展，并在社会经济中居于举足轻重地位。史称夫余"其国殷富"，与农业进步有着密切的关系。

与农耕发展相伴，夫余的畜牧业也是比较兴盛的。以六畜名官，有马加、牛加、猪加、狗加，所冠之畜名，是夫余国畜牧的主要种类。农耕的发展，粮食出现剩余，为畜牧业提供了保障，而夫余人充分利用了生活区域水草丰美的自然条件，使畜牧业规模可观。"妒妇"处死后，母家欲得其尸，需缴纳一定数量的牛马，看来，夫余人拥有牲畜是普遍的，并作为财富的重要组成部分。其中，饲养之牛，不仅可以使役、食肉，军事行动前，要杀牛观蹄以占卜，牛只便有了特殊的意义。

　　夫余国"善养牲，出名马"，与赤玉、貂狄、美珠齐名，居于六畜之首。在古代，马是驾战车、载战士的主要畜力，特定情况下，骑兵的数量、马匹的质量，会直接影响到战事的结局。名马，自然质量在上乘。夫余国日益壮大，延国祚数百年，与其军事力量强盛不无关系，而其所产马匹享誉中原，正是名马服役军队屡立功绩的证明。马匹使用的普遍，人们对马的重视，还反映于夫余人的遗迹遗址中。夫余墓葬和遗址，出土很多马具，例如马衔、马镳、銮铃、马镫等，有铁制、铜制和骨制。考古证明，夫余人可能受周边游牧民族的影响，有以马殉葬的习俗，他们希望骏马陪伴其在另一个世界，继续效力。

　　随着疆土日拓，国势日昌，夫余族形成了有自身特点的文化。他们以农耕为主，畜牧业繁荣，并掌握了陶器、饰品制造，皮革加工、金属铸造等手工业技术，筑城修堡，过着定居生活。从国家制度到民风习俗，都鲜明地反映出中原农业文明的影响。而其兄死妻嫂、以马殉葬的习俗，又是来自草原文化的痕迹。夫余人将来自不同方向、不同生活方式的文化结合在一起，并依据自然、社会条件，创造了东北边疆民族最早的农牧文化。夫余文化不断向周边各个民族（部落）传播，各民族都不同程度地接受了夫余文化。继夫余之后的边疆民族，如高句丽，即是深受夫余文化的影响而进一步发展的。甚至在明代女真人社会当中，我们还能看到夫余文化传承的影子。

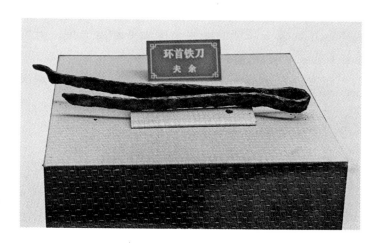

图上 2-1　夫余　环首铁刀　孙志明摄

第三节 夫余文化遗存

东团山南城 龙潭山山城 农安古城址 大坡老河深墓群

松花江蜿蜒逶迤穿过吉林市区，在其北流段的东岸，散布着许多古代先人遗址遗迹，尤以龙潭山山城、龙潭山站遗址、东团山南城、帽儿山古墓群最为著名。

东团山属龙潭山余脉，紧邻北流松花江右岸，海拔252米，因其位于吉林市城东，高出地面约50米，形状近似椭圆，故名。山上有土掺碎石夯筑城墙三道，高矮不等，为山城。山之西南麓有一古城遗址，当地人俗称"南城子"，为平地城。城的东南不足2公里处，是帽儿山墓地，与东团山城址一起称"帽儿山墓地东团山平地城址"。

东团山南城略呈圆形，是典型的夫余"圆栅为城"城式。除正西利用山体，城垣为黄土迭筑，周长1050米。该城东南部分保存较好，整体城基尚可寻迹。城墙外，有护城河遗迹。该城有南、北两个城门，南门道遗存现宽16米，北门道遗存现宽44米。东南残存墙体高约5米，顶宽1米左右。城内地势略呈南高北低。接近南门处，有一长方形高地，高出城内地面1—1.5米，南北长150米，东西宽73米，附近地面散布有花纹砖，所以有人认为可能是官署故址。出土遗物，以陶器碎片为主，有泥质灰色与褐色大、小方格纹陶片，夹砂粗褐色陶环状耳器、夹砂粗褐色陶豆、外挂铅黑色陶豆等残碎片，另有陶俑、铜铃等。据分析，这些遗物的质地、形制，应属于"汉式遗物以外的其它汉代遗物"，也就是"汉代夫余遗物的一部分"。

近年来，越来越多的学者综合文献记载与考古发现，认为东团山南城子古城遗址，是夫余国前期的宫城，即国王与王室居住之所，龙潭山山城一带为都城，两处融为一体，构成了夫余国前期的王城。其主要根据，首先是夫余"初居鹿山"，"多山陵广泽"，东团山、龙潭山皆濒临松花江，且为半山区地带；夫余国"圆栅为城"，南城子遗址与此相符。其次，城址内散布的文化遗物，符合夫余前期文化的特征。再者，夫余习俗，凡男女淫乱、妇人妒忌，皆杀，"尸之国南山上"，帽儿山墓地的发现，其地理位置，与文献记载吻合。据初步调查，帽儿山古墓群总面积约为 15 平方公里，墓葬近万座。已发掘近 200 座，出土随葬品 1000 余件，分属陶、铁、铜、漆、木、玉、丝织等类，以及王莽政权的铜币，年代界定在两汉时期。有些器物，很明显或来自中原，或模仿中原而制。

东团山南城遗址和帽儿山古墓群，以及龙潭山站遗址（参见下文）的考古发现与发掘，对于判定夫余国前期地理位置，及夫余人生活区域，具有重要的价值。经过学术界的不懈努力，古代夫余人的生活场景，日益展现在我们面前：汉代，夫余人分布于松嫩平原南部、长白山余脉之地，以松花江中下游为主要生活区域，并形成了以今吉林市为中心的国家政权机构所在，由宫城、都城组成了王城，国王在这里发号施令，百官在这里秉承国王旨意，执掌着国家行政。古代东北边疆民族当中，夫余族第一个踏进了文明的门槛。

东团山以北约 2.5 公里处，为龙潭山。是山海拔 388.3 米，高出附近地面 100 米左右，东面和南面山峦叠嶂，西南为北流松花江，江对岸是繁华的市区，西北隔松花江与三道岭子相望，两山相距约 14 公里。山形周围高中间低，略似盆状。龙潭山之闻名遐迩，不仅在其秀丽，还因为有一座古代山城遗址。

山城城垣沿山脊修筑，呈不规则多边形，东西窄，南北宽，周长 2395 米。城墙遗存高矮宽窄不一，最高处达 10 米，低矮处不足 2 米，基宽 3—10 米，顶宽 1—2 米。此城因山修筑，山脊突出处，城墙较矮较窄，而于山坳处，则城墙较高较宽。城之西、南、北各有一门，其中西门应是正门，现宽约 24 米，在今盘山公路山腰处，南、北门或为便门。城垣四面凸起处各有一平台，其中南平台最高，长 20—25 米，宽 6—9 米，俗称"南天门"，在此曾发现红色绳纹瓦。据推测当年其上应有角楼、瞭望台之类建筑。

城内主要古建筑遗迹，有一水一旱两个"池"，俗称"水牢""旱牢"。水牢位于山城西北隅最低处，实系蓄水池，呈圆角"凸"字形，东西长 52.8 米，南北宽 25.75 米，深 9.08 米，以石砌筑，一年四季池水既不外溢，亦不干涸。此池又称"龙潭"，其山因之得名。旱牢位于城内西南隅，距水牢 420 米，呈正圆形，直径 10.6 米，深 2—3 米，亦以石砌筑，向不积水。有人猜测此为当年羁押犯人之所，但考古学界判断，实为贮藏军事物资之地。

清代文献，对龙潭山山城已有记载。20 世纪 20 年代以来，考古学界在此不断调查，出土文物基本上属于高句丽或金代等汉朝以后历史时期，加之其城之式近似高句丽，所以早期学者们普遍认为，应是高句丽山城。但近些年，越来越多的学者赞同龙潭山山城最早属于夫余国的认定。其依据，从文献角度，据记载，夫余早期居于鹿山，多山陵广泽。鹿山，据古音训学及地理、人文描述，应系东团山和龙潭山一带。再就考古而言，龙潭山山城城垣以黄土和碎石混筑，具有夫余文化特征，而与石筑的典型的高句丽山城有别。因此，该山城应筑于夫余，高句丽后来占据并继续使用。此外，虽然龙潭山山城内鲜见汉代时期的遗物，但城外的考古收获颇丰。龙潭山与东团山之间，在东西长约 2.5 公里、南北宽约 1 公里，总面积约 250 公顷的平坦地带，即龙潭山站（今称吉林铁路北站）区域，自 20 世纪 30 年代以降，发现一些有价值的汉时期遗

图上 2-2　龙潭山古城"旱牢"遗址　孙志明摄

物，有五铢钱、白铜镜、铜镞、玉饰、琉璃质耳饰、瓦当、陶器及残片等。考古学者确认，这些遗物属于汉朝，来自汉地，那么，这里应当曾经是汉人的聚居地。后来人分析，根据文化遗存判断，这里的居民不仅有迁徙来的汉人，也有夫余人。上世纪 80 年代以来，研究者将龙潭山山城、龙潭山站遗址、东团山城遗址、帽儿山古墓群，结合文献与考古做综合考察研究，多数人认为，吉林市区，尤其是北流松花江以西地带，曾经是夫余国前期的政治中心，龙潭山山城为其都城，东团山山城为其宫城，共同构成了夫余国的王城。

农安县地处松辽平原，南距长春 70 公里。农安古城因其坐落于今农安县城内，故名。古城呈方形，周长 3795 米，其中东墙 936 米，南墙 984 米，西墙 937 米，北墙 938 米。城之四面各有门一道，设于城墙正中，并在南门东侧，西门北侧，东门北侧各设一小门。城墙系夯土结构。

古城址所在位于平原中较高之地，周围土质肥沃，向东 1 公里处是伊通河，非常适合于农耕生活。因年代久远，城址出土文物多系辽金时期，汉时期文物稀少，除陶器外，曾发现军假侯印。

农安古城的历史，可以追溯到夫余。东汉年间，夫余西部的鲜卑族逐渐崛起，魏晋时期，鲜卑慕容部日益强盛，成为夫余国的劲敌。鲜卑族是游牧民族，骁勇善战，当时正处于发展的兴旺期；而夫余在其后期国势日衰，又置身于鲜卑、高句丽的夹击之中，无力抗敌，被动挨打。西晋太康六年（285），慕容廆率领鲜卑大军攻破夫余，夫余王依虑自杀，慕容廆毁夫余王城，掠人口万余而还。夫余新王依罗向西晋求助，西晋出兵击败鲜卑，夫余得以复国。此后，鲜卑部时常掳掠夫余人口，贩卖与中原，晋帝怜之，诏令赎出，遣之归国；又命边地各州，禁止买卖夫余人口。

晋穆帝永和二年（346），鲜卑族慕容部以 17000 骑兵进攻夫余，一举得胜，夫余王及部众 5 万余被俘，夫余遂迁都至现在的农安古城地，在前燕政权的庇护下苟延残喘。农安古城是夫余国最后的都城。

在吉林省榆树市南端，202 国道旁，坐落着大坡镇。其西南，为后岗村。后岗村南，邻近舒兰市和松花江，有一屯子，名"老河深"。这里是平原地带，屯之南地势稍高，形似岗地，距松花江约三四公里。20 世纪

80 年代初，在这里发现了一批古墓葬，称"老河深墓群"。该遗址南北长 100 米。东西宽 50 米。

在老河深遗址，发现两座房址，均为半地穴式，长方形。一号房址东西长 4.8 米，南北残宽 3.35 米，残壁穴深 0.3—0.5 米。室内有灶址，出土遗物有陶鼎、陶碗、陶纺轮、陶鼎足、陶片等。二号房址东西长 6.44 米，南北宽 4.3 米，穴壁残高 5—30 厘米。有用火遗迹，出土一保存火种用的陶鼎，另有陶器、石器等。

最主要的文物，来自上世纪 80 年代初发掘的近 130 座墓葬。该墓群墓葬形制为长方形土坑竖穴，墓口宽墓底狭，呈斗状，绝大多数是单人葬。随葬品非常丰富，但基本上男多女少，且各墓随葬品在数量、质量上差别悬殊。随葬品种类，主要有陶器，铁器，金属和石质装饰品等。陶器是重要的生活用具，皆为手制，器形有双耳大型壶、罐、小壶、小罐、豆、杯、碗等。其中双耳罐和壶居多，大型壶、罐，可能是贮水用具。男性随葬品多武器，有剑、矛、刀、镞、胄、铠甲、箭囊等，以及铁制生产工具，如镰、镢、锸、锄、铲形器等，其他有马镳、马衔、马饰、锥、耳饰、带钩、牌饰、玛瑙珠等。女性随葬品大多系装饰品，质地有金、银、铜、铁、玛瑙等，很丰富。其中一座墓，随葬品堪称琳琅满目，各种质地的器物达 200 余件，耳饰所用金叶 18 片，颈部项链由 266 颗橘红色玛瑙穿成，中间有 6 只金管。女性手腕部，普遍戴有铜制腕饰，甚至有多节套接者，达 10 节。

关于老河深墓群族属，发掘简报公布时，认为属于鲜卑族。后经学术界讨论、论证，观点有所修正，形成基本的共识。即：下层的房居遗址，是西团山文化时期的遗存；上层墓葬，是靺鞨时期的遗存；中层墓葬，则属于汉魏时期夫余族。其主要依据，一是根据文献对夫余人生活地望的描述，应是在包括榆树在内的松花江流域。二是从经济生活来看，鲜卑人过着牧猎生活，鲜有农耕，也就不可能以农具为随葬品；而夫余人不仅善于农耕，且有较为发达的农业经济，出土的农具与文献记载相符。第三，就出土的陶壶、陶罐判断，当时这里的居民应当是过着定居生活，鲜卑族则随水草放牧，居无常处。再者，生活游荡不定，也不会于一处留下如此多的墓葬。第四，夫余国在其后期迁都农安，老河深墓群遗址距农安不远，是夫余人生活的范围，其属于夫余人遗迹，是顺理成章的。

【注释】

① 黄晖：《论衡校释》，新编诸子集成第一辑，中华书局 1990 年版，第 88—89 页。

②《后汉书》卷八五《东夷列传》，中华书局 1965 年版，第 2810 页。

③《汉书》卷九九，中华书局，1962 年版，第 4114—4115 页。

④⑥ 同上②，第 2811 页。

⑤《三国志》卷三〇《魏书》，中华书局 1959 年版，第 841 页。

第三章

汉魏至唐的高句丽文化

高句丽，又称句丽、高丽、高句骊，是汉唐时期我国东北地区有重要影响的古代民族的族称，也是该族建立的政权的国号。西汉建昭二年（前37），夫余王子朱蒙于纥升骨城（今辽宁省桓仁县境内）建立高句丽王国。汉元始三年（3），高句丽王国都城迁至国内城（今吉林省集安市），在此后的400多年间集安一直是高句丽的政治、经济、文化中心，直至427年，都城再迁至今朝鲜平壤。至唐总章元年（668），高句丽王国被唐与新罗联军灭亡时止，总计存续705年。

高句丽既不断发展和完善本民族固有的文化，又广泛吸取了中原文化的丰富营养。举凡宗教、语言、文学艺术、乐舞、习俗、墓葬、山城、碑刻诸项，无不体现着传承与融合的发展轨迹，构成了中华文明的重要组成部分。

第一节 高句丽国概况

朱蒙神话传说与建国 高句丽国的政治军事

高句丽是濊貊族的一支，主要分布于吉林境内的浑江和鸭绿江流域，与夫余族同是由濊貊族系中分化出来的两个不同部落。汉武帝时开辟四郡，分置诸县，浑江流域濊貊人居住地区辟为玄菟郡管辖下的高句丽县，故将该地区的濊貊人称为高句丽人。高句丽的建国与夫余国的历史密不可分。夫余国是由活跃在中国东北地区中部的濊人于公元前 2 世纪末建立的，其政治中心在今吉林长春地区，是古代东北地区第一个强大的奴隶制地方政权。高句丽政权是由夫余国王的儿子朱蒙建立的。关于高句丽的建立、和夫余国的关系以及朱蒙其人，在多种历史文献中都记载了一个传说。各书所记详略不一，大致如下：

　　河伯神的女儿柳花与天帝之子解慕漱私通。被父母逐出家门。夫余王将她带到夫余国幽闭于宫中。一天，柳花在室中闲卧，日影照身，感而有孕。后生下一个肉卵，夫余王以为怪物，下令扔掉。可是，狗不敢吃，牛马绕行，群鸟遮护，刀割斧劈皆不开，只好交回柳花手中。后在柳花呵护下，肉卵生一英俊男孩。

　　男孩长到 7 岁，就会自制弓箭，并练成百发百中的好箭法。夫余人称善射者为"朱蒙"，故而称其为朱蒙（又称邹牟、东明）。少年朱蒙聪颖过人，才能超群。引起夫余王儿子们心生忌妒，特别是长子带素惟恐朱蒙成为日后与自己争夺王位的对手。于是他对夫余王说："朱蒙非人所生，其为人也勇，若不早图，恐有后患。"夫余王遂对朱蒙百般刁难，却均被朱蒙一一化解。王子带素和众臣越发感到害怕，于是，密谋乘朱蒙羽翼未丰将其除掉。这个阴谋被柳花知道了，对朱蒙说："有人要杀害你，按你的才能，到哪里都可以施展抱负，与其在此受辱，不如远走高飞。"朱蒙听了母亲劝告，便率领乌伊、摩离、陕父等亲信，连夜逃离夫余国。

　　朱蒙逃到奄利大水岸边，既无桥梁又无舟船，后面夫余兵马穷追猛赶，危急时刻幸得河中鱼鳖齐浮水面连接成桥，朱蒙等顺利通过，到达普述水附近，得遇再思、武骨、默居三位贤人前来投奔，朱蒙对三人分别赐姓，委以职事。

　　后来，朱蒙等来到卒本川，这里土地肥沃、山川险固，是立国创业的好地方，于是在沸流水岸边定居下来，宣布建立卒本夫余政权，朱蒙自称为王，国号高句丽。周围一些貊人部落，闻讯后纷纷来投，很快声势大振。时为汉元帝建昭二年（前37）①。

这个神话传说未必尽有其事，但却反映了高句丽建国的背景。考之历史典籍，高句丽的始祖朱蒙，历史上确有其人。其后世子孙为怀念和颂扬朱蒙的建国业绩，故意把他神化，这是可以理解的。拨开神话故事的面纱，除去其虚妄之说，我们可以看出历史原貌：朱蒙是夫余王的儿子，其母柳花为夫余王的侍婢，朱蒙当属庶出。朱蒙智勇多谋，遭到嫡长子带素等人的妒忌。西汉元帝建昭二年（前37），朱蒙22岁时，从母亲口中得知带素及诸臣欲谋害他，被迫偕同乌伊、摩离、陕父等人，率领一支夫余人避祸南逃。途中，又有其他部落的人加入了朱蒙的队伍。朱蒙一行自松嫩流域逃至卒本川（今辽宁省桓仁五女山），筑纥升骨城为都，同当地貊人联合起来，建立了卒本夫余，即高句丽国，朱蒙称王。

高句丽国初名卒本夫余，有二层含义。其一是建国之地在卒本川，表示地域。其二是建国之人来自夫余，表示族属。后更名高句丽，是因为该地是汉代中央政府所设的玄菟郡高句丽县的管辖范围，遂以该县名称为国名②。

朱蒙于汉元帝建昭二年（前37）建立高句丽，于公元前9年去世。朱蒙时期，先是降服了沸流国，后经过北讨，灭掉了荇人国，又向东扩张，灭掉了北沃沮，使其政权初具规模。

第二位王琉璃明王即位当年，即亲统大军攻打鲜卑，大获全胜。但慑于强大的夫余威胁，琉璃明王于公元3年将都城迁至国内城（今吉林省集安市）。此后四百余年，这里一直是高句丽的政治、经济、文化中心。14年，琉璃明王命大将乌伊、摩离等领兵二万人，西伐今太子河流域的梁貊，灭其国，并乘胜袭取玄菟郡高句丽县，占领该地，从此卒本夫余改称高句丽。

第三位王大武神王时期，高句丽频繁对外用兵。21年，发起对夫余的进攻，虽曾将夫余国王斩首，最终还是战败而归。26年，征服了盖马国，势力越过鸭绿江，进入朝鲜半岛北部地区。随后又征服了句荼国。高句丽的不断扩张，引起了东汉政权的干预，大武神王只好谢罪求饶。

第六位王为太祖王，这一时期是高句丽历史发展的重要时期。太祖王除了将高句丽分散的各部实行统一以外，还与东汉政权进行过多次军事较量，屡犯辽东，显示了高句丽逐渐强大的军事实力。到第十位王山上王、第十一位王东川王、第十六位王故国原王时，高句丽因多次向辽东进犯，先后三次遭到中原王朝和辽东地方政权的大规模讨伐，以致邑落残破，王都被毁，濒临灭亡。

直至第十九位王广开土王（又称好太王）时，即位初期，先兴师北进，攻破契丹三个部落、六七百营。接着又挥师南下，多次进攻朝鲜半岛南部的百济，仅 396 年一役，就夺取百济 58 城、700 余村落，迫使百济阿莘王出降，并臣服于高句丽。后又两次击败入侵的倭寇，占领新罗部分城邑，使所辖地域越过大同江，抵达汉江北岸。410 年，又北征夫余，迫使夫余臣服于高句丽。特别是 403 年，高句丽开始以武力攻击辽东，并最终占领了辽东，直到高句丽灭亡时，辽东地区才回归中原王朝的直接统治之下。

412 年，广开土王死后，长寿王即位。面对高句丽疆域空前扩大的形势，长寿王遣使向中原诸王朝奉表纳贡，以示臣服，求得相对稳定。但这时，新兴的北魏政权，正在步步向东逼近，随时都在威胁着高句丽的安全。为了远离北魏的威胁，427 年，长寿王迁都于平壤，并继续推行外侵新罗、百济，内奉中原诸朝的策略。475 年，长寿王一举攻克百济王都汉城，杀其王，迫其南迁，高句丽势力推进到今朝鲜半岛汉江流域，使高句丽故地，地跨今中国东北边疆与朝鲜半岛北部地区。关于内奉中原王朝的策略，据文献记载，终长寿王之世，仅向北魏朝贡就达 46 次之多，从而避免了与中原王朝的矛盾激化，自长寿王以后，在相当长的时期内，高句丽与中原王朝基本保持着朝贡修好的和睦关系。这一时期高句丽国势大增，地跨东西二千里，南北一千余里，即东临日本海，西靠黄海，南到汉江流域，北以辽河为界，成为中国东北部的强大地方政治势力。

隋唐之际，对边疆少数民族地区的管辖空前加强。隋朝统一，严控辽东的问题提到了议事日程。同时，百济、新罗因屡受高句丽攻掠，也多次向隋朝求援，表示愿意从征高句丽。此时的高句丽亦一改前世诸王的修好政策，竟以兵戎相见，发兵进攻辽西之地，于是爆发了四次隋王朝与高句丽的战争，由于种种原因，双方无果而终。

隋灭唐兴，因高句丽、百济不遵唐朝诏命，联合进攻新罗，唐太宗遂发兵二十万，亲征高句丽，虽连获胜仗，因天寒粮尽，只好班师。666年，高句丽内讧，唐高宗再发大兵，征讨高句丽。668年，唐和新罗联军围攻平壤，高句丽王臧投降。至此高句丽所属176城、69万户，分别归唐和新罗所有。唐将高句丽故地划为9个都督府、42个州、100余县。又于平壤设置安东都护府，以薛仁贵为安东都护，统兵2万以镇之。这样，在中国历史上存在705年之久的高句丽政权最后灭亡③。

濊貊族系高句丽族建立的高句丽王国，在东北边疆历史和吉林历史的发展中产生过重要的影响。总观我国少数民族建立的地方王国或地方割据政权，其存续年代没有哪一个能与长达705年的高句丽王国相媲美。其创造出辉煌一时的文化，尤其其历史遗迹令世人所瞩目。

第二节　高句丽文化

"好祠鬼神"与儒、佛、道信仰　建筑与墓葬　汉语言与文学艺术
"高句丽乐"与"高丽伎"　节食、饮酒、厚葬习俗　壁画瑰宝

祭祀是高句丽社会生活中的一项重要活动。史料记载："好祠鬼神、社稷、零星，以十月祭天大会，名曰'东盟'。其国东有大穴，号襚神，亦以十月迎而祭之。"④"其俗多淫祀，事灵星神、日神、可汗神，箕子神。国城东有大穴，名神隧，皆以十月，王自祭之"。这里的"国东大穴"即位于吉林省集安市的上解放村⑤。又载："有神庙二所，一曰夫余神，刻木作妇人像；一曰登高神，云是始祖，夫余神之子。并置官司，遣人守护，盖河伯女、朱蒙云。"⑥从上述记载看，在高句丽建国初期，高句丽民族除崇拜自然偶像外，还崇拜登高神和始祖神。始祖朱蒙王之母柳花薨于东夫余，遂立神庙以祭祀称夫余神。朱蒙王升天后，又建始祖庙，把朱蒙王奉若神明，以保社稷，称登高神。以后高句丽各王均回到卒本川，祭祀始祖王朱蒙，祈求先祖保佑，这是高句丽民族自身极为朴素的宗教信仰⑦。

活动于中国东北地区的高句丽族，自周秦以来一直繁衍生活在今浑

江、鸭绿江流域，并同中原各王朝保持着政治、经济、文化等方面的密切联系。尤其是西汉武帝时期，中原王朝先后在东北地区设置诸郡县，将高句丽人活动地区纳入玄菟郡高句丽县，进一步加强了对边疆少数民族地区的管理和控制，使得汉朝中央政权的政治、经济、军事制度与思想文化体系在这一地区全面确立，儒家思想在高句丽人活动地区逐渐成为社会的主流意识形态。儒家思想在高句丽人活动地区的迅速传播，对高句丽政权确立统治理念与秩序，构建社会伦理与道德产生了巨大的影响。高句丽政权建立后，即以儒家学说为其统治思想，成为确立治国方略、建立等级制度、调理社会关系与伦理道德的理论依据和行为规范。史称其"书有五经"，将儒家经典奉为至宝，"尤爱重之"⑧。

佛教是由中原传入高句丽的。据《三国史记》记载，高句丽第十七位王小兽林王"二年（372）夏四月，秦王苻坚遣使及浮屠顺道送佛像经文，王遣使回谢"，"四年（374），僧阿道来"。于是，小兽林王"始创肖门寺，以置顺道，又创伊弗兰寺，以置阿道"。《三国史记》的作者金富轼认为"此海东佛法之始"。到391年，故国壤王"九年春三月，下教，崇信佛法求福，命有司立国社修宗庙"。至此，已将佛教作为国教，下令在高句丽全国推行。此时，高句丽的政治中心即在今吉林省集安市。392年，广开土王又创建九寺于平壤，497年文咨王创建驰名内外的金刚寺。佛教在高句丽的广泛传播，造就了一批造诣高深的名僧。如法朗、仪渊、惠灌、智晃、波岩等众多高句丽名僧，纷纷来到中原，探求佛法真谛。他们把本民族的文化带到中原，又把中原佛教和其他的先进文化带回高句丽。

道教传入高句丽，约当公元七世纪，晚于儒学和佛教的传入。高句丽荣留王于624年春二月，"遣使如唐请班历。（唐高祖）遣刑部尚书沈叔贵，册王为上柱国辽东郡公高句丽王。命道士以天尊像及道德经往，为之讲老子，王及国人听之"⑨。625年，荣留王"遣人入唐，求学佛老教法，帝许之"⑩。唐高祖李渊满足高句丽王的请求，派高官及道士前往高句丽，宣讲老子的道德经及道法。643年春三月，莫离支泉盖苏文上奏宝臧王："三教譬如鼎足，阙一不可，今儒释异兴，而道教未盛，非所谓备天下之道术者也。伏请遣使于唐，求道教以训国人。"⑪宝臧王欣然陈请唐王朝，唐太宗遣道士叔达等 8 人前往高句丽讲法布道，并赐道德经。道教传入高句丽虽然时间较晚，但仍得到极高推崇。

高句丽的建筑与墓葬，指的是地上建筑和地下建筑。

地上建筑主要有山城、寺庙、衙署、民宅等项。其中山城建筑最为典型。高句丽政权自建立起便长期处于一种战争状态，客观的地理环境和军事防御的需要，使高句丽在城址建设中更多的采用山城形式。其分布之广、数量之多、规模之大为中外研究者所瞩目。高句丽的山城主要分布在中国的辽宁、吉林两省的东部和朝鲜半岛的北部地区。目前已得到确认的高句丽山城约有 100 余座，其中辽宁省 68 座，吉林省 31 座⑫。山城的规模大小不一，周长从几百米到上万米不等。周长 1000 米以内的为小型山城，周长 1000—3000 米的山城为中型山城，周长 3000 米以上的为大型山城。小型山城一般都作为大、中型山城的卫城或沿线的关隘哨卡使用。山城的类型大致可分为簸箕型（如中期都城丸都山城）、山顶型（如早期都城五女山城）、"筑断为城"型（即指在两座相邻山峰间的峡谷前后用城墙隔断，城墙加上两侧的山峰形成的山城，如凤城的凤凰山城）、左右城（如抚顺高尔山城）与内外城型山城（如辽宁新宾太子城）等。山城城墙结构有石筑、土石混筑和土筑几种。城内有水源、瞭望台，环城山道、壕沟、兵营、仓库、窑场、冶铁场所等设施。

随着佛教的传入，高句丽始建寺庙，如肖门寺即是小兽林王时期始建的。朝鲜平壤的金刚寺的布局则体现了早期佛教的特点。其规模在所建寺院中最大，是高句丽寺院建筑的顶峰。高句丽王"好治宫室"。关于高句丽的王宫，近年挖掘表明，集安丸都山城的宫殿周长 332 米，系不规则四边形，坐东朝西，面积达 8260.75 平方米，共有建筑 11 座⑬。可以想见当年宫室的宏伟壮观。有关衙署，尚无明确发现，但相关的考古发掘也为我们提供了某些有价值的信息。高句丽人的民居建筑已无证可考，仅从有限的史料中可知，一般人家除正房外有大屋、小屋、小仓。房屋内设有火炕，以供冬季取暖。"立太屋，祭鬼神"，"作小屋"，名胥屋，备女婿来居住。小仓，即仓房，储粮草以备。

墓葬是高句丽建筑中重要的地下建筑，数量巨大，分布广泛，尤其以当时政治、经济、文化活动的中心区域如都城周围最为集中。从目前的调查情况看，高句丽墓葬主要分布在中国的集安、桓仁以及朝鲜的平安南道、黄海南道和慈江道等地。其中，仅集安地区就发现古墓群 71 处，总数达 12358 座，其中绝大多数为高句丽古墓⑪。高句丽是一个重视丧葬的民族，素有厚葬风俗，有着独特的丧葬方式。这些墓葬大致可以分为积石墓和封土墓两大类。积石墓分碎石积石墓和砌石积石墓两种。其中又可分为：无坛石圹墓、方坛石圹墓、方坛阶梯石圹墓、无坛石室墓、方坛石室墓和方坛阶梯石室墓六种。积石墓建造年代较早，封土墓建造年代较晚。封土墓中有石室，又称石室封土墓。从贵族阶层的大型石室封土墓中来看，墓室内壁上彩绘着各种图像和壁画，再现了高句丽的生活和社会风貌。封土墓的出现标志着高句丽汉化程度的进一步加强，是汉文化对高句丽文化影响日益加深的具体体现。

据文献记载，高句丽语与汉语属不同语种。据《三国史记》高句丽本记载，东明圣王二年（前 36），"夏六月，松让国来降，以其地为多勿部，封松让为王。丽语谓复旧土为多勿，故以名焉"。这里说的"多勿"一词在高句丽语中为恢复旧土之意。可见高句丽人有自己的语言。但时至今日，一直未见有关高句丽语言方面的科研成果。我们可以想见，高句丽人大约是高句丽语和汉语同时并用。对此，高句丽人通用汉字也向我们做了昭示。高句丽族形成以后，始终没有创制本民族的文字，而是以汉字作为自己的书面语言，记述史实，表达思想。现已发现的好太王碑、中原郡碑、冉牟墓墓志、冬寿墓墨书题记、德兴里壁画墓墨书题记和榜题、佛像铭、铭文瓦正面的汉字，充分说明高句丽自建国初期就已经广泛使用了汉字，并以此记事题铭。

高句丽的文学成就以诗歌和碑文、墓铭为最。早期文学作品，留传至今的，有载于《三国史记》琉璃王条的《黄鸟歌》和《续博物志》卷八中传为高句丽人所作的《人参歌》两首诗歌。据载，高句丽第二位王琉璃王类利之妃松氏死后，类利又娶禾姬、雉姬为继室。二女争宠不和。后来，琉璃王去箕山畋猎，七日不归，二女在宫内争斗，禾姬把雉姬赶跑。琉璃王闻讯，策马追去，雉姬余愤未平，愤而不返。琉璃王在树下暂息，见黄鸟飞集，感而作歌："翩翩黄鸟，雌雄相依。念我之独，谁其与归。"这首诗歌把作者当时的伤感之情在短短的四句诗中充分地体现出来，反映了高句丽琉璃王具有相当高的汉语功底。《人参歌》亦为四言诗。诗曰："正桠五叶，背阳向阴。欲来求我，椵树相寻。"该诗生活气息浓郁，前二句以简约精炼的语言概括了人参外观和适于生长的地理环境，后二句用拟人化的手法，点出了人参生长的具体位置。

高句丽中期的文学作品，以碑文、墓志、铭文瓦、佛像铭之类的作品为代表。其中最具代表性者为《好太王碑》和《冉牟墓志》。今天吉林省集安市内的《好太王碑》系广开土境平安好太王之陵墓。414 年立，碑高 6.39 米，四面环刻，共有 1775 字。碑文记述了高句丽建国历史、好太王的丰功伟绩等，是研究当时高句丽政治、军事、外交等极为重要的资料。《冉牟墓志》系墨书题记，正文共 800 余字，书写时间与好太王碑同一时代。该墓志记述了高句丽始祖传说及高句丽贵族大兄冉牟与大使者牟头娄的关系等，对了解高句丽建国和统治阶级内部关系极有帮助。

高句丽晚期，中原古籍成为高句丽人最爱，汉文化影响日深。在这种氛围下，高句丽人整体汉文水平提高迅速，来中原学习深造者不乏其人。僧侣定法的五言律诗《咏孤石》便是其中的代表作："迥石真升空，平湖四望通。岩根恒洒浪，树杪镇摇风。偃流还渍影，侵霞更上红。独拔群峰外，孤秀白云中。"作者以小写大，动静相济，充分展示了诗人的意境和不俗的汉文功底。这一时期的另一首诗是高句丽大将军乙支文德所写的《遗于仲文》："神策究天文，妙算穷地理，战胜功既高，知足愿云止。"⑮据《隋书》记载，于仲文从隋炀帝征辽东，屡获胜仗，大破高句丽军，追高句丽大将军乙支文德于鸭绿江，乙支文德技穷诈降，于仲文许之，并放归乙支文德，后又反悔，选精骑追之，每战皆捷。于是，乙支文德便写了这首诗赠于仲文，对于仲文的文韬武略大加赞赏，同时劝于仲文知足而止。诗文言简意赅，文通押韵，看似信手而作，却反映出作为武将不凡的汉诗底蕴。

高句丽是一个能歌善舞的民族。

史载，刘宋时期（420—479）就有"高句丽乐"称谓。到了隋朝，"高丽伎"是宫廷"七部伎"之一。到了唐朝，"高丽伎"是宫廷"十部伎"之一。"高句丽乐"指乐舞的属类。"高丽伎"指乐舞的技艺。两者说明高句丽乐舞已饮誉华夏，在中华大地上占有一席之地。《三国志·高句丽传》亦记载"国中邑落，暮夜男女群聚，相就歌戏"。平时如此，喜庆日子则纵情歌舞，就连丧葬也要"鼓舞作乐以送之"。

据《隋书·高丽乐》载："工人紫罗帽，饰以鸟羽，黄大袖，紫罗带，大口袴，赤皮靴，五色绦绳。舞者四人，椎髻于后，以绛抹额，饰以金珰。二人黄裙襦，赤黄袴，极长其袖，乌皮靴，双双并立而舞。乐用弹筝一，搊筝一，卧箜篌一，竖箜篌一，琵琶一，义觜笛一，笙一，箫一，小筚篥一，大筚篥一，桃皮筚篥一，腰鼓一，齐鼓一，檐鼓一，贝一。武太后时尚二十五曲，今惟习一曲，衣服亦浸衰败，失其本风。"同书《音乐志》亦载："高丽歌曲有《芝栖》，舞曲有《歌芝栖》。乐器有弹筝、卧箜篌、竖箜篌、琵琶、五弦、笛、笙、箫、小筚篥、桃皮筚篥、腰鼓、齐鼓、担鼓、贝等十四种，为一部，二十八人。"《旧唐书》《新唐书》《通典》等典籍均有类似记载。

从高句丽壁画墓中发现的高句丽乐器有琴、笛、箫、鼓、钟、磬等20余种类型。大致可以分为弦乐、管乐、打击乐三种类型。

总体来说，高句丽的音乐表现形式，以歌咏、舞曲为主流。歌曲有《芜栖》，舞曲有《歌芜栖》。音乐旋律多数保持单向或简单结构，节奏节拍表现为即兴的不规整性。演唱技法自由舒展，旋律优美，以情动人。叙述性的音乐，一般以配合情节舞蹈为主[⑯]。

高句丽舞蹈极具特色。舞蹈的种类、形式以及题材、内容，大多反映了人们宗教、祭祀礼仪的需要，体现了高句丽人的思想追求，具有较强的社会特征和艺术特色。

高句丽舞蹈早期主要是民间的假面舞和集体舞，从3世纪以后，独舞、双人舞、群舞、歌伴舞等表演形式先后出现。王公、贵族亦拥有专门经过训练的舞队和乐队。男子舞蹈刚健有力，动作夸张，显示出勇猛尚武的个性。女子则轻柔曼舞，婀娜多姿，表现其温顺、善良的性格。假面舞则是在宗教、祭祀仪式上跳的一种舞蹈，它以自然存在的动物和人们想象中的鬼神作画面，以一种宗教的形式祈福消灾，反映了高句丽人原始宗教信仰。

从考古发现看，单人舞见之于今吉林省集安市的美川王壁画墓，双人舞见之于今吉林省集安市的通沟12号墓，群舞见之于舞踊墓。舞蹈的表演者有男有女，以女子居多。比较有特色的舞蹈是"长袖舞"。诗仙李白对高句丽长袖舞曾做过这样的描述："金花折风帽，白马小迟回。翩翩舞广袖，似鸟海东来。"（见本卷《绪论》注释⑥）

高句丽乐舞，很早就受中原文化的熏陶，汉朝皇帝曾赐给高句丽"鼓乐伎人"，而高句丽的优秀音乐舞蹈也为中原王朝所吸收，成为"国伎"和"宫乐"的一部分。高句丽乐舞是民族文化融合的产物，丰富了中华艺术宝库。

《三国志·东夷·高句丽传》记载：高句丽所居之地"多大山深谷，无原泽，随山谷以为居，食涧水。无良田，虽力佃作，不足以实口腹。其俗节食……"高句丽所居之浑江、鸭绿江流域，确实多大山深谷，原泽较少。在古代生产力的条件下，粮食产量不足是完全可能的。高句丽经济是农耕经济和渔猎经济的混合体，在这样的情况下，"其俗节食"的记载应该是可信的。

高句丽人的饮食，农作物主要有筮豆等五谷杂粮，而麋、鹿、鱼、鳖等渔猎物也是重要的食品。高句丽区域内山高林密，山果品种繁多，结实丰盛，野菜遍地，这也构成了高句丽人饮食的一个重要组成部分。《三国志·魏书·高句丽》记载高句丽"大家不佃作，坐食万余口，下户远担米粮鱼盐供给之"。上层贵族对底层人民的巨大盘剥，也使普通百姓不得不"节食"。

高句丽人"善藏酿"。所谓"藏酿"，当与造酒有关。从现存的壁画和文物可以看出，无论是王公贵族，还是平民百姓，高句丽人人好酒，并逐渐形成为风俗习惯。据史料记载，早在大武神王（18—44）时，高句丽就能生产出"旨酒"，以供王公大臣宴饮并犒劳军中将士。酒器、酒具形状各异，做工精美，可见高句丽饮酒风气之盛行。史书记载高句丽"其人洁清自喜，善藏酿"，酿酒和饮酒的习俗，使得大量粮食被消耗。从考古发掘看，高句丽的许多墓葬都出土有酒器，可见饮酒在高句丽社会是一个普遍习俗，文献中对此也多有记载⑰。

高句丽人崇尚厚葬，婚后便开始准备送终之衣。这一方面说明高句丽对葬礼的重视，同时也可能说明高句丽人的平均寿命不长。高句丽崇尚厚葬，一生积蓄"尽于送死"。人死之后，先"殡在屋内"，三年之后，择吉日而葬。服丧之期，长短不一，完全根据亡者身份而定。父母及丈夫，服丧三年，兄弟为三个月。人死送终，痛哭流涕。择吉日送葬，敲锣打鼓，舞蹈作乐送之。葬毕，丧主将亡者生前之衣、车马等物置于墓旁，送葬者争先恐后抢去，以为得福。从高句丽墓地"积石为封，列种松柏"，也反映出高句丽的厚葬习俗。但是建坟繁简程度、耗金多寡、历时长短，大不相同，也充分反映出墓主生前的等级差别和贫富差距。

高句丽壁画自 1889 年首次被发现之后，便以其绘画之精美、内容之丰富，引起了国内外学术界及爱好者的极大关注，被誉为"东亚艺术的宝库"，堪称瑰宝。

高句丽壁画大都见于封土石室墓中，约占壁画总数的 90% 以上，而方坛阶梯石室墓中壁画极少。壁画古墓主要集中分布在桓仁、集安、平壤一带，即高句丽历届都城所在地区。到目前为止，高句丽壁画古墓共发现 101 座，中国境内 33 座，即桓仁 1 座，集安 32 座；朝鲜境内 68 座，即平安南道 13 座，平壤附近 23 座，南浦市附近 20 座，安岳地区 12 座。壁画作品有的画在白灰墙壁之上，有的画在光滑平整的石壁之上，前者数量较多，年代较早，后者数量较少，年代较晚。画在白灰墙壁上壁画题材多为社会风俗画，而画在石壁上的壁画多是神灵题材。

高句丽古墓壁画的内容十分丰富，大致可分为三大类。

第一类，以社会生活为主要内容的壁画。主要包括：1. 家居、宴饮。如集安的角抵墓、舞踊墓北壁的夫妻妾家居宴饮图可谓典型之作。2. 歌舞、百戏。如集安舞踊墓东壁的歌舞场面，有领舞、有伴唱、有伴奏、有男有女。又如集安长川一号墓前室北壁所绘百戏图，即以墓主人与宾客一起在树下欣赏猴戏为中心展开，场面颇为壮观。3. 出行。如集安三室墓一室南壁上部绘有完整的出行图，人物达 11 人之多。又如朝鲜境内药水里古墓前室东壁的出行图，场面宏大，队伍齐整，画面人物多达 70 余人，足见主人的身份地位之高。4. 拜佛。如集安长川一号墓前室东壁藻井上所绘夫妻拜佛图。5. 生产。如集安麻线一号墓南侧室即绘有仓廪、栅栏、牛、生产工具等。6. 狩猎。此一题材的壁画作品数量较多，如集安的舞踊墓、禹山墓区 1041 号墓、通沟 12 号墓、麻线 1 号墓、长川 1 号墓及朝鲜境内的东岩里古墓、德兴里古墓等均有此类画面。7. 战争。此类作品亦不在少数，如集安三室墓和通沟 12 号墓即绘有双方军队激烈争战的场面。

此外，还有城楼、宫殿、亭阁、马厩、水井、力士、卫兵、侍女、牛马鸡狗、花草树木、日月星辰等社会生活内容的壁画。

第二类，以四神为主要内容的壁画。四神即朱雀、玄武、青龙、白虎，分别代表南、北、东、西 4 个方位，象征着镇守四方，驱邪镇恶的方位神。四神的形象在中原汉代的建筑、瓦当及画像石、画像砖中常见。四神形象最早出现在壁画墓的藻井上，形象偏小，而且往往不完全。到 6 世纪末 7 世纪初，四神形象完整，高大，占据整个壁画的中心位置，形成了以四神为主体的壁画古墓。此类古墓主要有集安四神墓、五盔坟 4、5 号墓，朝鲜境内的大安里 1 号墓、真坡里 1 号墓、梅山里四神墓、江西大墓、江西中墓等。

第三类，以装饰图案为主要内容的壁画。此类壁画出现时间约当 5 世纪中叶至 6 世纪中叶，是高句丽壁画从以社会生活为主向以四神为主转化

图上 3-1　高句丽　四神墓蟠龙图　　原刊于《高句丽历史知识》，吉林文史出版社 2003 年版。

的过渡性内容。主要有莲花图案、云纹王字、彩色环纹、龟甲纹等[18]。

这些多出现在高句丽统治中心的壁画，是具有较高价值的艺术珍品。从文化源流上看，高句丽壁画，在内容和画法上，基本与汉魏两晋南北朝时期相似，可以说，高句丽壁画是汉魏时期壁画的承袭和发展，是中国古代各民族相互学习、共同促进提高的艺术结晶。

第三节　高句丽文化遗存

国内城　丸都山城　千里长城　将军坟　太王陵　好太王碑　毌丘俭纪功碑

国内城位于吉林省集安市市区内，地处中朝界河鸭绿江中游区域江水右岸的平野之上。

清光绪二十八年（1902），清政府于此设辑安县，县城治所置于国内城城内。当时，国内城没有明确的称谓，一度被误认为是金代女真人遗留下来的古迹。日本侵华后，在日本人最初的著述中，国内城被称为通沟城。新中国成立后，1961 年，国内城被公布为吉林省重要文物保护单位。1965 年 3 月，辑安更名为集安。

在唐杜佑所撰《通典》中，指明了国内城的地理位置："马訾水，一名鸭绿水，源出东北靺鞨白山，……去辽东五百里，经国内城南……"[19]朝鲜史籍又载："自朱蒙立都纥升骨城，历四十年，儒留王二十二年（3）移都国内城……都国内历四百二十五年，长寿王十五年（427）移都平壤。"[20]上述记载，可以确认高句丽存国期间曾先后以纥升骨城（今辽宁省桓仁县）、国内城、平壤三地为都城，国内外学术界大都认为，今集安市区的古城址即为高句丽国内城的故址。

北魏太武帝始光四年（427），高句丽移都平壤，国内城作为别都，列高句丽"三京"之一，仍不失为人口稠密、经济繁盛的重要都会。

国内城略呈方形，长度为东墙 554.7 米，西墙 702 米，南墙 751.5 米，北墙 730 米。其中南墙西段保存较好，一般高约 3—4 米，东段残高 2—3 米。东城墙已大部损毁，现只能看到断断续续的墙基。北墙保存较好，一般残高 1—2 米。西城墙以原城门为界，北段保存较好，南段破坏严重。国内城现存残垣宽约 7—8 米。城墙皆以加工规整的方形或长方形石材错缝平砌，墙基逐级内收，一般每级内收 10—15 厘米，现在仍可见 11 级之多。

该城四面墙垣每隔一定距离都修有马面。城墙四面的马面数量不等，从残存痕迹看，北墙 8 个，西墙、东墙、南墙各 2 个，共计 14 个马面。各马面长宽略有差异，一般长 8—10 米，宽 6—8 米。城墙西北角、西南角和东南角均有呈直角向外突出的方台，其上原应建有角楼之类的建筑。该城原有 6 门，南北各一，东西各二，均建有瓮城[21]。

国内城几经损毁，又几经修茸，在高句丽的早中期历史上发挥了重要作用，高句丽诸王以该城为政治、军事中心曾将高句丽政权推向强盛的顶峰。长寿王时期虽国势大张，但随着疆域不断向朝鲜半岛南部扩张，其统治中心面临着战略转移的趋势。特别是北魏拓跋氏政权的迅速崛起，直接威胁到高句丽的西部边界，故长寿王于 427 年将王都南迁至平壤。

丸都山城位于吉林省集安市北 2.5 公里处的高山上，最高处海拔 652 米。山城城墙依自然态势筑于峰岭上，外临峡谷绝壁，内拥缓坡平川。东、西、北三面地势较高，南面较低，高差约 440 米。整个山城形状如箕，向南敞开门户，以东北——西南走向的通沟河为天然屏障。通沟河环绕山脚，向西受高山所阻，急转直下，注入鸭绿江。山城西隔深谷与小板岔岭对峙，西南为七星山，向南 2.5 公里是位于集安市区的国内城。

丸都城是在高句丽山上王即位的第二年（198）开始修筑。209 年，丸都城正式作为都城使用。244 年（曹魏正始五年，高句丽东川王十八年），丸都城遭到第一次毁灭。当时曹魏幽州刺史毌丘俭"束马县车，以登丸都，屠句丽所都，斩获首虏以千数"[22]。此后，丸都城一度废弃。直到故国原王十二年（342）高句丽在同前燕慕容氏争夺辽东地区失利，腹心地区面临威胁，遂于当年修茸丸都城，并移居丸都城。之后三个月，慕容皝遣偏师于北道进兵，自率大军出南道，大败高句丽兵，"遂入丸都"，"发钊（故国原王）父乙弗利（美川王）墓，载其尸，收其府库累世之宝，虏男女五万余口，烧其宫室，毁丸都城而还"[23]。以后史书再不见记述修筑丸都城之事，但丸都城仍不断见于记载，说明至高句丽后期，丸都城的地位依然重要。

山城依自然山势走向修筑，东墙长 1716 米，西墙长 2440 米，南墙长 1786 米，北墙长 1009 米，周长 6951 米，整个山城呈椭圆形。南墙已大部坍塌，东墙南段、西墙北段和北墙保存较好，其中，尤以北墙为最好，墙高一般在 5 米左右。山城各墙均建有女墙，高 0.78—1.3 米、宽 0.73—1 米不等。全城共有门址 7 处，南、东、北墙各有两处城门，西墙只发现一处门址。南门之内 200 米处，建有一座石垒的瞭望台，俗称"点将台"，台高 11.75 米。在瞭望台北侧的台地上发现有一处兵营遗址，该址南北长 26 米、东西宽 8 米，有 20 余个础石分三行排列。这个兵营当时应该是为了守卫瞭望台而修建的。瞭望台东南侧有一面积约 50—60 平方米的石砌水池，俗称"饮马湾"或"莲花池"。

瞭望台东北方的山坡上有一处大型宫殿址，宫殿址依山势而建，整体坐东向西，东高西低，落差 13 米。宫殿四周以块石垒砌宫墙。受地势所限，宫殿址的平面形状并不规则。东墙长 91 米，西墙长 96 米，北墙长 75 米，南墙长 70 米，周长 332 米。由西向东依次分布有四层人工修筑的台基[24]。

山城内发现有高句丽时期墓葬 38 座，既有积石墓，也有土墓，其中以积石墓为主。

关于高句丽的千里长城，《旧唐书·高丽传》载有：唐太宗贞观五年（631）"诏遣广州都督府司马长孙师收瘗隋时战亡骸骨，毁高丽所立京观。建武（荣留王）惧伐其国，乃筑长城，东北自扶余城，西南至海，千有余里"。《新唐书》亦有类似记载。朝鲜史籍《三国史记·高句丽本纪》则记曰："（荣留王）十四年，唐遣广州司马长孙师，临瘗隋战士骸骨祭之，毁高丽所立京观。春二月，王动众筑长城，东北自扶余城，东南至海，千有余里，凡十六年毕功。"从文献资料看，高句丽在荣留王十四年（631），至宝臧王五年（646），因害怕唐王朝的征伐，耗时 16 年修筑了一条长达千里的长城。然而，它并未能挽救高句丽灭亡的历史命运。20 年后，唐军渡过辽河，突破了高句丽千里长城的防线，直逼平壤，宝臧王出降，高句丽灭国。

但是，文献资料没有对千里长城的具体方位提供更为详细的说明，故学术界对千里长城的地望仍存在分歧。概括起来，国内目前主要有两种说法：一为"边岗"说，一为"山城联防线"说。

主张边岗说的学者认为，高句丽千里长城是指从吉林省农安县西南到怀德境内，成东北至西南走向的长达25公里的土墙遗迹（当地人称为边岗，《奉天通志》和《怀德县志》也称其为边岗），它一直向南延伸到辽宁境内，大体上顺辽河东岸直到营口海滨，长约千里。该说认为文献中记载的长城是一条确实存在的土墙，而不是其他。

主张"山城联防线"说的学者认为，高句丽千里长城是指一条由各个山城联成的一道防线。它北端以夫余城为中心，西南到锦州、大黑山、大连等。集中于辽宁铁岭、西丰县到大连市金州的平原与丘陵地带，以大型山城为主，如安市城、辽东城、新城、夫余城等，中、小山城为辅，各种类型的城相互依托，扼辽河平原进入辽东山地高句丽腹地要冲，宏观上构成一个东北至西南走向的长达千里的防御体系。

将军坟位于吉林省集安市东北的龙山南麓，西南距高句丽国内城（今集安市）约7.5公里，是现今保存最好的一座大型阶坛石室墓。该陵墓气势雄伟，构筑精良，造型奇特，被誉为"东方金字塔"。

将军坟阶坛共有七级，系用精琢的花岗岩条石砌筑，逐层内收砌筑成阶梯状的金字塔形。现存阶坛和护坟石材共有1146块，缺失31块。墓边每面斜立3块护坟石。阶坛下有用大条石铺砌的基坛。基坛大体呈方形，平均边长32.3米。基坛下有大块河卵石构筑的基础，其表面摆砌有一周护基石，并筑有向墓外排水的地下水沟。墓室建于第三级阶坛，顶部上以巨石盖顶，墓道开口于第五级阶坛，方向西南。墓室内平行放置两块长方形石棺床，一大一小。墓顶高于地表护基石13.07米[25]。墓基占地960余平方米，共用石材9000立方米。在陵墓顶上曾发现有瓦当和板瓦残片，在墓南侧出土有铁链、板瓦和莲纹瓦当等建筑构件。

据考证，将军坟所用石材全部由60华里外的五女峰采石场运来，在当时的历史条件下，究竟高句丽人是如何采石、运输和垒砌的，今人不得而知，但却使人对高句丽人的聪明智慧由衷赞叹。将军坟在历经1500多年的风雨沧桑后，至今仍相当完好地保持了原来的塔式结构，远远望去，气势雄伟，不减当年。

那末，这座陵墓的主人是谁呢？文献资料和考古调查均无法证明这一点。从将军坟的营造规模及周边陪坟分析，这座大型阶坛石室墓，应该是高句丽王陵一级的墓葬。至于是高句丽哪一位王的陵寝，学术界趋向认为墓主人是高句丽的第二十位王——长寿王。

既然将军坟是长寿王的陵寝，为何又称"将军坟"并一直沿用至今呢？当初人们发现这个陵墓时，那里并没有发现有关墓主人的碑刻或其他相关的遗物，人们只是由于当地流传着一则有关姜将军的传说约定俗成，起了这个名字。这个传说大致是这样的：

在古时候，有一个乌拉国。该国的公主名叫白花公主。国王在征战中战死沙场，公主出兵复仇，兵败后逃入丸都山城休整。她有两员大将，其中姜海瑞英勇善战，且英俊潇洒，为公主所器重和爱慕。另一大将铁头巴里则嫉妒有加，乘公主外出，把姜海瑞灌醉后送入公主帐内床上，并把衣服扒下。公主回来后，见有男人睡在自己的香床之上，顿时怒不可遏，拔剑将其刺死。当她得知真相后，便在鸭绿江北岸高坡之上筑一大大的坟墓，予以厚葬。开始人们把它称作"姜将军坟"，后来，嫌此名拗口，干脆就称"将军坟"，并一直流传下来。

太王陵是高句丽洞沟古墓群中的重要王陵之一。它位于吉林省集安市城东四公里禹山南麓山前台地的一个小丘上，南距鸭绿江1公里左右。墓边海拔198米，四面为慢缓斜坡，视野极为开阔。

太王陵的发现年代较早，自清末光绪初年好太王碑被发现以后，近在咫尺的太王陵便引起了人们的注意。最早的文字著录见于清光绪二十一年（1895）奉天军粮署同知王志修《高句丽永乐太王古碑歌考》一书，书中记有："（太王）碑西里许即其陵，有砖隶书'愿太王陵安如山固如岳'十字。"这是他于1880年来集安（时名通沟）考察所作的记载。此后的研究者均据好太王碑和铭文砖将其认定为太王陵。

太王陵是一座大型阶坛积石石室墓。墓葬存高14米，以花岗岩、石灰岩、山砾石及河卵石等多种石材砌筑，主体由阶坛和墓室两部分组成，墓外有散水、涵管设施。太王陵陵域广阔，周围有陪葬墓、陵墙、祭台环绕，墓葬阶坛高耸，石材加工精细，砌筑法度严谨，四面环立护坟巨石，气势相当恢弘。

由于墓上近 3 万立方米石材的巨大压力，以及千年水浸冻融造成的土质变化，使太王陵阶坛外张变形，护坟石多已倾倒。现墓葬东边长 62.5 米，北边长 68 米，西边长 66 米，南边长 63 米。现存阶坛四面可以贯通的今见 8 级，自下而上逐级收分。墓顶平台长宽各约 24 米，正中为突起的墓室。护坟石现存 15 块，环绕阶坛一周，其中南侧 5 块，东侧 4 块，北侧 2 块，西侧 4 块。护坟石石材均为自然形状的大块花岗岩，形体扁平巨大，每块重量都在 10 吨以上。护坟石的设置不仅为追求雄壮和美观，更主要的是以其重量抵消阶坛石的压力，使墓葬更为坚固[26]。

墓室建于阶坛顶部平台正中，上半部凸出于平台之外，是一个用石灰岩块砌筑的高踞墓顶的独立建筑，外观呈覆斗形。近年有关部门对太王陵进行清理，在墓室内发现两座并置的石棺床，上面放置一座西坡水硬山式石椁。在进行保护性探查过程中，发现该墓下部没有石砌基础。同时在墓东北角发现排水设施，由两层筒瓦迭压砌成。由于设计方面存在缺陷，该墓没能像将军坟一样较为完整地保存下来。

好太王碑是高句丽第十九位王广开土境平安好太王陵碑的简称。它建于东晋安帝义熙十年（414），系好太王之子长寿王巨连在好太王故去

图上 3-2 高句丽 禹山墓区太王陵 原刊于《集安高句丽王陵》，文物出版社 2004 年版。

的第三年所立，迄今已近 1600 年。该碑位于吉林省集安市大碑村。

好太王碑碑高 6.39 米，宽 1.34—2 米，由完整巨大的角砾凝灰岩稍加修凿而成，碑体重约 37 吨。碑身略呈方柱形，无碑额，基座为一块不规则的花岗岩石板。该碑四面刻有碑文，汉字隶书，端庄厚重，字长 9—12 厘米，横宽 10—12 厘米，布局严谨，镌刻工整。其中第一面碑文 11 行，每行 41 字，第 6 行下部空 2 字，计有碑文 449 字。第二面碑文 10 行，每行 41 字，另有空字若干，计有碑文 387 字。第三面无缺损，有碑文 14 行，每行 41 字，计有碑文 574 字。第四面碑文 9 行，仅第 1 行因自然缺损空字，计有文字 365 字。总计四面碑文共 1775 字，其中可识读的为 1600 余字。

好太王，名谈德，是高句丽第十九位王，始祖朱蒙的第十三代裔孙，生于 374 年。386 年，其父故国壤王立谈德为太子，391 年夏，故国壤王薨，18 岁的谈德嗣位。他在位 22 年，412 年薨，谥号广开土境平安好太王。好太王时期，高句丽经济繁荣，疆域扩大，国势达于全盛。

碑文内容分为四个部分：第一部分记述了高句丽政权的创始传说和前三代王的承袭关系以及好太王本人的行状。第二部分记录了好太王一生戎马，南征北讨，开疆拓土，攻拔 64 城和 1400 个村落的功绩。第三部分铭刻了其守陵烟户来源和"国烟"、"看烟"的分派。第四部分镌刻了好太王的"存时教言"，以及烟户不得转卖等法典律令。

好太王碑自高句丽灭亡的 668 年开始，长期无人问津，任凭风吹雨打，独立荒野。光绪三

图上 3-3　高句丽　好太王碑　　原刊于《集安高句丽王陵》，文物出版社 2004 年版。

年（1877），怀仁县书启关月山在荒烟蔓草中发现好太王碑。其后不久，当地民人初天富奉怀仁县知县之命，对石碑进行除苔还原处理。初天富用马粪涂于碑面，待干后用火焚烧，反复多次，虽然苔藓被除去，但石碑亦被烧出裂痕。

建国以后，好太王碑被列为全国重点文物保护单位，已采取措施妥善保护。

毋丘俭纪功碑是3世纪中叶曹魏幽州刺史毋丘俭征伐高句丽获胜后所立，是研究高句丽历史的重要石刻资料之一。

毋丘俭，河东闻喜（今山西省绛县）人，出身官宦之家。其父任职甘肃武威，因平叛有功，受封高阳乡侯。其父死后，始袭父爵，历任尚书郎、羽林监、洛阳典农、荆州刺史等官职。魏齐王正始三年（242），高句丽出兵攻破曹魏所辖的辽东西安平。244年，为维护辽东地方安定，时任幽州刺史的毋丘俭亲统一万大军征讨高句丽。高句丽王不甘束手待毙，遂发步骑二万人迎战，双方于梁口地方展开激战，高句丽军大败，

图上3-4　高句丽　毋丘俭纪功碑
原刊于《高句丽历史知识》，吉林文史出版社2003年版。

毌丘俭率军长驱直入，"束马县车"，攻破高句丽都城丸都。为纪念此役，毌丘俭刻石纪功。

1600多年后的清光绪三十二年（1906），集安（时称辑安）乡民筑路，在县城西17公里的板岔岭（旧称板石岔岭）西北天沟的山坡上发现该碑。毌丘俭纪功碑是在赭红色含石英粒的岩石上凿刻而成的，发现时已残缺不全，仅余全碑的左上角。碑的正面加工光洁，便于刻字。碑的背面也做了修琢。残碑长39厘米，宽30厘米，厚8—8.5厘米。该碑清晰可见竖排7行48字，另有二字虽已残缺，但尚能识读，共为50字。碑文系汉字阴刻，字体系隶书，遒劲古朴，凝重大方。

该碑发现后，交于辑安县知事吴光国，藏县劝学所内。日人侦知此事后，驻鸭绿江对岸之日本官员曾策划购买此碑。为防止被盗或发生其他意外，该碑被运往省城奉天，存奉天博物馆。现存辽宁省博物馆。《奉天通志》是这样评价毌丘俭纪功碑书法的："奉天石刻，为世人艳称者有三：曰毌丘俭丸都纪功碑；曰高句丽好太王碑；曰义州万佛堂后魏造像记……论者称其书法古劲，可侪中原诸碑。"

【注释】

① 《论衡·吉验篇》，金富轼：《三国史记·高句丽本纪》诸书。

② 孙文范、孙玉良主编：《高句丽历史知识》，吉林文史出版社2003年版，第28页。

③ 同上，第174页。

④ 《后汉书》卷八五《东夷列传》，中华书局点校本，第2813页。

⑤ 《旧唐书》卷一九九《东夷》，中华书局点校本，第5320页。

⑥ 《北史》卷九四《高丽》，中华书局点校本，第3116页。

⑦ 李殿福，孙玉良：《高句丽简史》，韩国三省出版社1990年版，第448页。

⑧ 《旧唐书》卷一四九《东夷》，中华书局点校本，第5320页。

⑨⑩ 金富轼：《三国史记·高句丽本纪第八·建武王》，吉林文史出版社2003年版。

⑪ 金富轼：《三国史记·高句丽本纪第九·宝臧王》，吉林文史出版社2003年版。

⑫ 魏存成：《高句丽遗迹》，文物出版社2002年版，第70—97页。

⑬ 金旭东主编:《丸都山城2001—2003年集安丸都山城调查试掘报告》,文物出版社2004年版,第69页。

⑭ 吉林省考古研究室、集安县博物馆:《集安高句丽考古的新收获》,《文物》1984年第1期。

⑮ 金富轼:《三国史记·乙支文德传》,吉林文史出版社2003年版。

⑯ 孙玉良,孙文范主编:《简明高句丽史》,吉林人民出版社2008年版,第211页。

⑰ 同上,第210页。

⑱ 耿铁华:《中国高句丽史》,吉林人民出版社2002年版,第558—559页。

⑲ [唐] 杜佑:《通典》,商务印书馆1935年版。

⑳ 金富轼:《三国史记·地理志》,吉林文史出版社2003年版。

㉑ 宋玉彬主编:《国内城》,文物出版社2004年版。

㉒《三国志》卷二八《毋丘俭传》,中华书局点校本,第762页。

㉓《资治通鉴》卷九七《晋纪十九》,中华书局1997年版,第786页。

㉔ 金旭东主编:《丸都山城》,文物出版社2004年版,第73—74页。

㉕ 傅佳欣主编:《集安高句丽王陵》,文物出版社2004年版,第337页。

㉖ 同上,第225页。

第四章

唐朝时期的渤海文化

　　"渤海国是继夫余和高句丽之后，第三个以今吉林省境内为统治中心的少数民族政权。渤海国时期也是古代吉林历史发展的辉煌时期之一"①。唐代是中国封建文明的鼎盛时期，而渤海号称"海东盛国"，其灿烂多姿的文化，是盛唐文化全面发展繁荣的重要体现。所谓的渤海国，仅是唐朝的一个州，名曰忽汗州，为唐朝管辖下的地方民族政权。因此，渤海文化乃是唐朝文化的组成部分。

　　渤海建国后，勤劳聪慧的渤海人，在各项社会实践中，积极吸取中原文化精华，并得到唐朝的全力支持。史称"其王数遣诸生诣京师太学，习识古今制度"②。在如此背景下，蓬勃发展起来的渤海文化，既传承了本民族固有的文化特质，又广泛吸收了中原文化的优秀品格，处处印有唐代文化烙印，使渤海文化呈现出与唐朝文化车同轨、书同文，"车书本一家"③的景象。

第一节　渤海国概况

粟末靺鞨与白山靺鞨　　渤海旧国与后期历史　　仿唐的政治制度

渤海国是唐代以靺鞨族为主体而建立的地方民族政权。靺鞨族是中国东北地区古代民族之一，上有传承，下有继袭，堪称历史悠久。靺鞨族的先人肃慎族生息于东北的白山黑水之间，东汉之际改称肃慎为挹娄，南北朝时挹娄又改称勿吉，南北朝后期始称勿吉为靺鞨，一直与中原政权保持隶属关系。698 年，靺鞨首领大祚荣称王建国后，很快接受唐朝册封其为"渤海郡王，以其所统为忽汗州，领忽汗州都督。自是始去靺鞨号，专称渤海"④。至后唐明宗天成元年（926），渤海被契丹灭亡后，其遗裔先后易称女真、满洲、满族，传承至今。

渤海建国前，靺鞨族始终处于氏族社会发展阶段，其"邑落各自有长，不相总一"⑤。至南朝后期，经过漫长融合过程，形成了七个较大部落。一曰粟末部，二曰伯咄部，三曰安车骨部，四曰拂涅部，五曰号室部，六曰黑水部，七曰白山部。粟末、白山、伯咄三部，位于吉林省境内。粟末靺鞨，栖息于长白山之北，因依粟末水（今松花江）以居而得名。由于该部地近辽东，较易接受中原文化影响，促进其自身发展，文明程度高于其他各部。又因南与高句丽接壤，相互时有攻伐，也促使其形成强兵尚武之风，有"胜兵数千，多骁武，每寇高丽中"⑥，在七部中较为强大，日渐脱颖而出。

北魏太和年间（477—499），粟末部遣乙力支奉使北魏。一是向魏帝禀报粟末部曾一度攻破高句丽十个部落，取得对高句丽战争胜利。二是向魏帝报告粟末部"密共百济谋，从水道并力取高句丽，遣乙力支奉使大国，请其可否？"魏帝则诏敕："三国同是藩附，宜共和顺，勿相侵扰"⑦。由此可知，粟末部与高句丽积怨较深，只因受制于魏，此谋作罢。

隋朝末年，粟末部首领突地稽与高句丽战败后，"率其部千余家内属，处之于营州（今辽宁朝阳），炀帝授突地稽金紫光禄大夫、辽西太守"⑧。这些在营州安居下来的粟末靺鞨人，"与边人来往，悦中国风俗，请被冠带，帝嘉之，赐以锦绮而褒宠之"⑨，极大地促进了靺鞨族的汉化过程，使粟末靺鞨人迅速成熟起来，为以后的成长奠定了基础。

唐朝开国后，突地稽立刻遣使向唐朝贡，示意归顺。唐高祖以其部落置燕州，命突地稽为燕州总管。在扫平唐初各割据势力过程中，突地稽奋力助唐戡乱，以战功被封为蓍国公。唐高宗总章元年（668），高句丽灭亡后，大批高句丽人和依附于高句丽的粟末靺鞨、白山靺鞨人纷纷内迁，并与营州的粟末靺鞨人会合，从而使营州成为孕育靺鞨人建国的摇篮。

唐武则天万岁通天年间（696），契丹人为反抗武则天对少数民族的高压政策，掀起了大规模抗唐斗争。身居营州的靺鞨人，地近契丹，对契丹人的境遇感同身受，起而响应。其首领乞乞仲象和乞四比羽，遂乘机率部东归，创建政权。

白山靺鞨，因依长白山以居而得名，位于粟末部东南，西与高句丽接，地当今吉林省延边州和朝鲜半岛的东北地区。在靺鞨七部中，白山部较为弱小，胜兵不过三千，在强邻高句丽打压下，素附于高句丽，受其驱使，随其转战四方。高句丽灭亡后，白山部获得解放，部众多迁往中国内地，其中迁往营州地区者，成为东归建国的骨干力量。

粟末部以北的伯咄部，栖身于今日吉林省境内的前郭、扶余一带，在七部中，也较强大，有胜兵七千。

所谓渤海旧国，是指渤海高王大祚荣宣布称王立国之地及附近地区，非指某一特定的一城一邑。乞四比羽与乞乞仲象率部东归过程中，武则天为分化瓦解以契丹为首的抗唐势力，封乞四比羽为许国公，乞乞仲象为震国公。但是，乞四比羽拒不受命，被唐兵击毙。此时乞乞仲象病殁，由其子大祚荣接掌部众。698 年，大祚荣"率部东保桂娄之故地，据东牟山，筑城以居之"⑩。于是，"恃荒远，乃建国，自号震国王"⑪。大祚荣定国号为震国，当是源自武则天封其父乞乞仲象为震国公的封号，暗含欲与唐求和修好，忠诚归顺之意。

据考古发掘验证，敦化市区西南 12.5 公里处的城山子山城遗址，为大祚荣"据东牟山，筑城以居之"的所在⑫。在山上筑城，是古代东北少数民族共有的文化特征，军事防卫目的十分明显，易守难攻，化解敌强我弱劣势，符合政权初建的形势要求。但是，山城不便于人们生产和生活，仅是权宜之计。随着政权的巩固，必然会在平原地区另辟新城，作为王都，而将原有的山城作为平原城的卫城。

以往，多将敦化市东南的敖东城遗址，定为渤海在旧国时期的都城。其始建时间，当在大祚荣接受唐朝册封前后。近年，在该遗址中出土了很多辽金时期遗物，唐代遗物较少，加之该遗址规模太小，又疑其不似旧国都城，有进一步考证之必要。

713 年，唐玄宗遣鸿胪卿崔忻前往册"拜祚荣为左骁卫大将军、渤海郡王，以其所统为忽汗州，领忽汗州都督。自是始去靺鞨号，专称渤海"⑬。至唐肃宗宝应元年（762），诏以渤海为国，晋封时为渤海郡王的大钦茂为渤海国王。由此可知，所谓的渤海国仅是唐朝的一个边州，所谓的郡王、国王仅是爵秩，最具实质意义的是忽汗州都督一职。

719 年，大祚荣死后，其子武王大武艺嗣位。737 年，大武艺死后，其子文王大钦茂嗣位。唐玄宗天宝年间（742—755），大钦茂将王都迁至中京显德府（今吉林省和龙市西古城子），从狭窄丘陵地区，迁到较辽阔平原地区，以进一步推行文治，促进生产建设和文化的发展。

大钦茂在渤海历史发展中，是一位承前启后的国王。他执政后，一改先辈对外扩张政策，偃武修文，强化内政建设，以推行文治著称。此时，恰逢唐朝开元盛世，对各民族的发展极具吸引和推动作用。史称渤海大抵宪象中国制度，便是从大钦茂时开始，将唐朝的封建统治制度和文化思想等，尽皆引进渤海，加以实践和推广。诸如统治机构设置，地方行政区划，官吏配备，通行汉字汉文，崇尚儒家思想等，皆与唐朝亦步亦趋，保持一致，形成车书本一家的格局。

793 年，大钦茂死后，渤海政局一度陷入混乱，直至由大钦茂少子大嵩璘嗣位局势方恢复稳定。大嵩璘为渤海第六世王，在位 16 年，继续维护与唐朝的隶属关系，从而得到唐朝的高度信任，授予封号最多，极尽荣崇。在其死后三个儿子依次为渤海第七、八、九世王，第九世王死后，王位传给了支系，由其从父大仁秀嗣位为第十世渤海王。

自大仁秀嗣位后，渤海又呈现向上发展的趋势，接连指挥讨伐海北诸部，辟为州县，北面的黑水靺鞨等部被渤海统一。大仁秀死后，其孙大彝震即位，为第十一世渤海王，渤海社会经济有了较大发展，所谓的"海东盛国"此时达到顶峰。至第十五世王大諲譔嗣位翌年（907），契丹兴起，与渤海争斗不休。至后唐明宗天成元年（926），契丹铁骑攻陷渤海上京，大諲譔率僚属投降，渤海灭亡，结束了长达 228 年的历史。

渤海的内外交通四通八达，对外有通唐朝的营州道和朝贡道，通契丹的契丹道，通日本的日本道，通新罗的新罗道，将渤海与四邻连接起来，对经济、文化交流与发展起到重要作用。据文献记载，渤海入唐朝贡达 49 次，故而时人将渤海贡使行经路线称之为朝贡道。

唐天宝年间进士贾耽，曾官任鸿胪卿，与四夷使臣多有直接交往，"尤悉地理。四方之人与使夷狄者见之，必从询索风俗，故天下地土区产、山川夷阻，必究知之"[14]。在其所著《道里记》中，详尽记载了渤海入唐道里。虽此书久已佚失，然《新唐书·地理志》七下，引录了贾耽所记渤海朝贡道的经由路线。称"登州东北海行……东傍海壖，过青泥浦（今辽宁省大连市旅顺），千里至鸭绿江唐恩浦口，……自鸭绿江口舟行百余里，乃小舫溯流东北行三十里至泊汋口，得渤海之境。又溯流五百里至丸都县城，故高丽之都。又东北溯流二百里至神州。又陆行四百里至显州，天宝中王所都。又正北如东六百里，至渤海王城"。反之，渤海朝贡使自上京出发，西行至中京，再继续西行至西京，由此改行水路，沿鸭绿江顺流而下，经过丸都，到达泊汋口（今辽宁省丹东市爱河尖古城址），出渤海境。改乘大船，西行至鸭绿江口入海，沿辽东半岛东海岸西行至旅顺，而后南行至登州（今山东省蓬莱）上岸，陆行至

图上 4-1　渤海　苏密城遗址　　孙志明摄

唐都长安城。

尽管朝贡道路途遥远，须风餐露宿，车载舟行，翻山越海，日夜兼程，然而渤海使臣不畏艰苦，努力维护车书本一家的隶属关系，奔波于朝贡道上。

渤海初期，实行军政合一的统治制度，各项事务统由武官管理，只有将军、首领一类官员。至大钦茂执政时期，随着疆域扩大，以及经济、文化的发展，急需建立起一套完整的封建统治机构，以完成由武官创业到文官治理的过渡，实现由奴隶制到封建制的转变。

首先，渤海仿照唐朝省、台、部、寺等中央统治机构的设置，加以简化和改良，建立起适合渤海需要的三省、六部、十二司、一台、八寺、一院、一监、一局、十卫等中央统治系统。以保证其政权的彻底封建化和有序运行。

三省，即宣诏省、中台省、政堂省。分别与唐之门下省、中书省、尚书省相对应。各省长官分别称左相、右相、大内相。与唐之三省长官侍中、中书令、尚书令相对应。其职司亦一一对应。

六部，为忠、仁、义、智、礼、信六部，具有浓厚的儒家思想印迹。分别与唐之吏、户、礼、兵、刑、工六部相对应，各部长官称卿，相当于唐之六部尚书。其职司亦一一对应。

十二司，为每部分正支二司，合六部正支二司为十二司。忠、仁、义三部六司称左六司，其长官称左允，相当于唐之左丞。智、礼、信三部六司，称右六司，其长官称右允，相当于唐之右丞。

一台，为中正台，相当于唐之御史台，其长官称大中正，相当于唐之御史大夫，为监察机构。

八寺，为殿中、忠属、太常、司宾、大农、司藏、司膳、兵器八寺。除殿中寺为仿唐殿中省而设，其余七寺，分别与唐之九寺中宗正寺、太常寺、鸿胪寺、司农寺、太府寺、光禄寺、卫尉寺相对应。唐之太仆寺和大理寺，不为渤海所仿，其职司分属于智部和礼部执掌，使机构有所简化。此外，《新唐书·渤海传》所载各机构中，无兵器寺，为七寺。但考于《续日本纪》等古籍所载，渤海当设有兵器寺[15]。

一院，为文籍院，仿唐秘书省而设，标志渤海文化已有飞跃发展。

一监，为胄子监，仿唐国子监而设，说明渤海很注重教育事业和思想文化传播。是推动渤海文化发展的执行机构。

一局，为巷伯局，仿唐内侍省而设，负责侍奉王室等。

十卫，分别称左右猛贲卫，左右熊卫，左右罴卫，南左右卫，北左右卫，与唐之十六卫或十二卫类似，并带有浓厚的本民族特色。各卫长官称大将军，相当于唐之上将军。此外，为加强对京城的护卫，亦曾仿唐禁军建制而设有神策军，与唐之左右神策军同名。

在地方行政区划上，实行京府、州、县三级管辖体制，设置五京、十五府、六十二州、百余县。京府辖州，州下领县。京府分别设于不同民族、不同部落的集居区域，为该区域的政治、经济和文化中心。同时，五京各是十五府中一府，诸如上京龙泉府置于肃慎族故地，中京显德府为靺鞨族集居区，南京南海府为沃沮族故地，西京鸭绿府为高句丽族故地，扶余府为扶余族故地。五京并非皆曾为王都，只有上、中、东三京曾为王都。从地方管辖权限而言，京府为同一级区划，每一京，皆为一府。但是，京的重要作用高于一般的府。各府长官亦称都督，州的长官也称刺史，县的长官也称令。随着渤海疆域的扩大，管理与防卫任务也逐渐多起来，在一些军事要地，仿唐设置节度使，专门负责防务，兼理民事等。

此外，据《新唐书·渤海传》记载，渤海的官吏根据不同等级，其服式和佩戴物等也各有所别，并皆依唐制为蓝本。规定"以品为秩，三秩以上服紫，牙笏，金鱼。五秩以上服绯，牙笏，银鱼。六秩、七秩浅绯衣，八秩绿衣，皆木笏"。由此可见，凡唐所推行的制度，渤海均一一仿效。

第二节　绚丽多姿的文化

文治武功的建筑风格　汉字的通用与文学　民俗乐舞与新乐舞　儒学与佛教　冶铁技术及影响

渤海文化既传承了肃慎固有的民族文化，又融会了中原高度文明的汉族文化，形成了具有自身民族特征的地域文化。在形式与内容上与唐代文化密不可分，被称颂为车书本一家。在宏观上，它是中华文明的不可或缺的重要篇章，而在微观上，它是渤海人努力奋斗的结晶。

文治武功的建筑风格，一是指渤海城邑以山城与平原城相结合，往往在军事要塞附近的山上构筑城堡，以驻屯重兵，扼守津要，具有明显的易守难攻作用，成为附近平原城的卫城，彰显一文一武之势，既可抵御来犯之敌，又可退入山城避难。二是指渤海靠武功创下基业，以文治走向繁荣富强，其建筑物规模宏大，美轮美奂，技艺精湛，气势磅礴，一派盛国气象。

目前已知渤海山城与平原城遗址130余座，京府州县的遗址皆有发现。其山城的规模较小，形制不一，多数随山依势，化成天然。或坐落于峰巅，围以石墙，或建于群峰之间，用石块砌墙，将峰间峭壁连起。内有练兵场、驻军营房、蓄水池等，军事目的十分明显。平原城通常建在交通便利的平原地区，城墙多为夯土版筑，方正高大。城内街道井然，出行方便，利于生产生活，体现出渤海具有雄厚实力。

渤海政权，是靺鞨人参加抗唐斗争过程中建立的，其初始阶段的王城建设，无论是城山子山城，还是平原上的敖东城，都显得有些狭小简陋，功能不全，仅以屯兵固守为主要目的。故而选择易守难攻的山上为立足之地，筑城以居，并保留靺鞨人固有的穴居特征，多武功而少文治，带有草创痕迹，尚不具备进行大规模建设条件。

随着政权的稳固，经济文化的不断发展，国力明显增加，大规模城市建筑拔地而起。特别是在文王大钦茂统治时期，积极宪象唐朝，推行文治。为适应形势发展的需要，大钦茂三易王都，并仿照唐朝长安城的形制，先后建成中京、上京和东京三座王都，使以武功打下的基业，用文治予以光大发扬。

据渤海史考古专家认定："上京城的形状大小与西古城（中京）和八连城（东京）相似，尤其是与西古城更为接近。这绝非偶然，说明它们是按同一规划建的"[15]，即皆以唐朝长安城的形制为蓝本。特别是上京城的建筑，处处与长安城的同类建筑相仿，尤为气势磅礴、规模宏伟，是古代东北地区最壮观的城市。

　　中京、上京和东京的王城和宫城，皆整齐划一，靠北朝南，宫殿宏伟高大，威严壮美。分别饰以花纹砖、花纹瓦当、釉瓦、螭首、鸱尾、铜铁饰件等。呈现出高超的技术水平，尽显文治武功风姿。

　　在通往中京、上京和东京的交通要道的附近山上，皆修筑起山城，以驻兵扼守，作为王都的卫城。如中京南有八家子山城，上京西有城墙砬子山城，东京东有萨其城山城等。这些山城分别对靠近的王城形成捍卫之势，确保王都安全，将渤海初期防卫策略，一直延续下来，共同发挥文治武功作用，确保渤海长治久安，发展成"海东盛国"。

　　中国古代，东北各族书同华夏，无本民族自己文字，皆通用汉文汉字，靺鞨族也不例外。

　　《新唐书》称渤海颇知书契。根据文献和考古资料，渤海自建国后，直至政权覆灭，始终通用汉文汉字，作为文化、思想交流工具，极大地便于吸取中原文化，加速与中原的融合，促进自身文化艺术的发展。

　　渤海初期，自营州随大祚荣东归的靺鞨人，因久与边人往来，悦中国风俗，请被冠带，当率先掌握了对汉字的应用，成为渤海建国后通用汉文汉字的基础。至文王大钦茂统治时期，推行文治，强化封建统治，加强对中国典籍学习，努力吸取治国理政经验，于嗣位翌年（738）遣使入唐，请求抄写《汉书》《晋书》《三十六国春秋》《唐礼》等典籍，得到唐玄宗的支持。特别是《唐礼》，应是唐玄宗开元十年（722），新修的《大唐开元礼》，将唐朝所有的封建礼仪制度载入其中，成为大钦茂所急需的参考文献，并颁行渤海。

　　在文献中保存下来的渤海与唐朝往来的公文信函，诗文酬酢，皆用汉字书写。与日本交往中，双方均用汉字作为交流沟通的工具，相互间的书表、牒状、诗文等，一律用汉文汉字表述，极大地促进了彼此的交往，增进相互了解和友谊。

　　考古资料显示，在渤海古城遗址中，普遍发现刻有汉字的瓦与陶器，多数为一二字，个别的为四字，构成句子。尤为令人瞩目者，当推贞惠、贞孝两公主墓碑，通体700余字的碑文，为楷书阴刻汉字。这些资料，均表明渤海通用汉字。

　　渤海社会经济的发展，带来了文化的繁荣，其文学被视为唐代文学的组成部分，同样盛行唐诗和四六体骈文，唯保存下来的作品甚少。在中国古籍中，唯宋人洪皓《松漠纪闻》中，载有一篇致唐的《渤海贺正表》，全文为："三阳应律，载肇于岁华；万寿称觞，欣逢于元会。恭惟受天之祐，如日之升。布治惟新，顺夏时而谨始；卜年方永，迈周历以垂休。臣幸际明昌，良深抃颂。远驰信币，用申祝圣之诚；仰冀清躬，茂集履端之庆。"为标准的四六体文，虽用墨不多，足显至敬至诚。在日本古籍中，保存有渤海诸王致日本各天皇的国书，以及渤海中台省致日本太政官的牒文，总共约20余篇，皆为华丽流畅、清新工整的骈体文，可以看出，渤海文学造诣之深厚。此外，考古资料也同样证明渤海同样盛行骈体文。贞惠与贞孝公主墓志，验证了渤海不仅使用汉字，也擅长骈体文创作，其词藻之华丽，情感之真挚，对仗之工整，用典之贴切，丝毫不逊于唐代同类作品，可称上乘佳作。

渤海的诗歌创作，是标志渤海文学高度发展的又一层面。特别是渤海上层社会，涌现出一批造诣很深的诗人，盛行创作五言七言及古体唐诗。晚唐诗人温庭筠在《送渤海王子归本国》诗中称："盛勋归旧国，佳句在中华。"显然，该王子是位能诗的渤海诗人，因其诗作是佳句，故而受到人们喜爱，得以在中华流传。

此外，在出使日本的渤海使臣中，不乏能诗善文之士，甚至有的诗艺之高，震动日本朝野，为之倾倒。758年，大钦茂所遣赴日副使杨泰师，是位归德将军，武将能诗，实属可贵。其在日本所作的《夜听衣诗》和《奉和纪朝臣公咏雪诗》，被收入日本古诗集《经国集》卷13，得以流传至今。其中《奉和纪朝臣公咏雪诗》，是一首五律，读之给人以清新神往、回味无穷之感。诗云："昨夜龙云上，今朝鹤雪新。祇看花发树，不听鸟惊春。回影疑神女，高歌似郢人。幽兰难可继，更欲效而颦。"实为不可多得的佳作。882年和894年，渤海文籍院监裴颋先后出使日本，因其硕学通才，善诗能文，日方备予敬重，天皇设宴款待，一同观舞观射。日本文章博士菅原道真对裴颋格外雅相爱重，与之多有唱和，称裴颋是七步之才。日皇也是一位雅好诗艺者，因爱裴颋之才华，特赐衣一袭，予以褒奖。另有王孝廉、释仁贞等人的诗名，也远播日本，其诗作被收入日本古诗集《文华秀丽集》中，保存至今。

乐舞是人们交流情感，表达意愿的一种娱乐形式，具有明礼向善，移风易俗，振奋精神的作用。已经封建化的渤海国，必然会努力发展乐舞，借以传达国泰民安、繁荣富强的信息。

渤海先民，以性凶悍、善骑射而著称，因而其歌舞"其曲折多战斗之容"⑰，当是其民俗乐舞的主要表现形式之一。渤海灭亡后，其传统的民俗乐舞仍在民间继续上演。《契丹国志》称："渤海俗，每岁时聚会作乐。先命善歌舞者数辈前行，士女相随，更相唱和，回旋宛转，号曰踏锤。"⑱足见其传统的，民族的，又是大众的民俗乐舞，具有极强的生命力，广为喜闻乐见。

在民俗乐舞广泛流行的基础上，渤海通过与唐朝和日本的文化交流，积极吸取唐与日本的乐舞精华，进一步丰富了渤海乐舞，使之闻名中外。

在大钦茂执政时期，已将《唐礼》抄入渤海，依《唐礼》模式而构建的渤海礼仪制度，必然须配置与之相应的乐章舞曲，添置新的金石丝竹之器，形成新的渤海乐舞，以备鸣礼作乐之用。只可惜，其具体情节未能被记载下来，唯日本古籍中，零散地记载了渤海乐舞的相关事例。

739 年，渤海云麾将军已珍蒙为副使出使日本。当日本天皇驾御中宫阁门会见渤海使臣时，"已珍蒙等奏本国乐"，向日本展示了渤海乐舞，得到天皇嘉奖，"赐帛绵各有差"⑲。

749 年，日本东大寺举行"请僧五千礼佛读经"节会，孝谦天皇、太上皇、皇太后及诸大臣等尽皆莅临。节会进行中，"作大唐、渤海、吴乐"⑳。说明渤海乐已被日本所掌握，并与大唐乐同登日本的大雅之堂，定有较高艺术欣赏价值，为日本所喜闻乐见。同时，据日本《舞乐要录》所载，日本之塔供养、堂供养、舞乐曼陀罗供养、御八讲、朝觐行幸、御宴贺正、相扑节会等重大活动时，分别奏舞《新靺鞨》和《渤海乐》，即渤海的新乐舞，皆为日本喜欢观赏者，丰富了日本的乐舞生活。

773 年前后，日本曾派内雄等人，"住渤海国，学问音声"㉑。日本派留学生到渤海学习渤海乐，使渤海乐在日本得到进一步推广。

据《旧唐书·代宗纪》载：大历十二年（777），"渤海使献日本国舞女十一人"。这十一名舞女，应是日本赠渤海者，而后渤海贡予唐朝，三者之间的舞乐交流同步进行，而渤海居间，起到桥梁作用。

此外，考古资料中，对渤海乐舞也有所展现。贞孝公主墓壁画，绘有 12 个人物，其中绘于西壁的 4 个人物，当是乐伎。每个人物粉面朱唇，仪态丰满，身穿锦袍，彩色艳丽，手持形似拍板、琵琶、筌篌之类的乐器。由此可知，渤海宫廷乐舞之豪华，可谓盛况空前。

渤海文化是在唐代文化直接影响下繁荣起来的，唐代所盛行的儒学和佛教，同样在渤海也很盛行，将其作为统治思想基础和化解社会矛盾的利器，特别是儒学，体现于方方面面，成为不同阶层、不同人群的行动准则。

渤海诸王，数遣其子弟入唐太学，习识古今制度，领会儒家思想。学成归来后，受到重用，位列公卿，进而将儒家思想贯彻到渤海各个领域。被引入渤海的中原文化典籍，成为渤海学习儒家思想的教科书，《五经》《四书》，应有尽有。在统治机构中，以忠仁义智礼信为六部名号，完全体现倡导儒家的理念。至于胄子监等，更是直接传播儒家思想的殿堂。在国王名讳中有元义、仁秀之名，年号中有仁安、永德之号，在致日本的国书、牒状中，也尽量体现儒家的交邻之道，宣称亲仁善邻、凭礼相交，达邻情之至诚。正因渤海信守儒家的亲仁善邻之道，使其与日本交往频繁，亲如兄弟。同样，考古资料也反映出渤海儒学发展的盛况。清初在上京遗址出土的所谓渤海"国学碑"，上面刻有"下瞰阙庭"，"儒生盛于东观"[22]等字。东观为东汉宫中藏书地方，曾聚集一批五经博士，校定东观五经、诸子、传记等。渤海儒生之众，用东汉之东观儒生之盛相比，足可说明渤海儒学人才济济，造诣匪浅。在贞惠、贞孝两公主墓志中，通篇浸透儒家思想。从幼而学，至壮而行，儒家思想贯穿了全过程，成为优秀的儒家思想践行者。从而也可证明，儒家思想成为渤海治国安民的指导思想，形成尊卑有序的封建等级制度，忠孝有节的道德规范，使渤海封建统治基础更牢固。

唐代是我国佛教广泛流传发展时期，渤海受其影响，也盛传佛教。早在西晋末年，佛教已传入东北民族地区。372 年，苻秦送佛像、佛经给高句丽。375 年，高句丽小兽林王创建肖门寺和伊弗兰寺，安置佛徒[23]。粟末、白山靺鞨与高句丽比邻，在相互漫长交往岁月中，靺鞨人对佛教必有所耳闻或信仰者，成为渤海建国后流行佛教的先导。更主要的是，渤海建国后，原高句丽旧疆大部分纳入渤海，在加入渤海的高句丽遗民中，也当有一些佛教信众，为佛教在渤海的传播，同样会起到先导作用。

有关渤海佛教发展情况，无论是文献记载，还是考古资料的揭示，均可得到一定答案。《册府元龟》卷九七一载：唐玄宗开元元年（713），渤海王子朝唐，奏曰："臣请就市交易，入寺礼拜。"开元元年为渤海高王十五年，即渤海初期已有礼佛习俗，并将其与商贸交易视为一样重要，作为朝唐目的之一。同书卷九七二又称：唐宪宗元和九年（814），"渤海使高礼进等三十七人朝贡，献金银佛像各一"。用贵金属造佛像，并献给唐朝，既说明佛教在渤海受到重视，又说明与唐朝佛事交流密切。《阙史》卷下载：唐懿宗"咸通初（元年为860），有渤海僧萨多罗者，寓于西明精舍，云能通鸟兽之言。往往闻鸟鹊燕雀噪，则说休咎及间巷间事，如目击者……"。当是一位身怀绝技，云游四方的渤海僧人，令唐人为之惊讶。

在日本古籍中，也留有与渤海佛教相关的纪事。《日本后记》卷24载：嵯峨天皇弘仁五年（814），渤海王孝廉等出使日本，随行的录事释仁贞为佛门弟子。王孝廉是一位诗人，与日人多有唱和，释仁贞也能诗。日本《文华秀丽集》上，载有释仁贞在日本作的《七日禁中陪宴诗》一首。而另一部日本古诗集《经国集》卷10中，载有日本领客使安倍吉人和岛田诸田《感渤海客礼佛诗》各一首，说明王孝廉和释仁贞等在日本期间，曾到佛寺礼拜。在日本高僧空海的文集《高野杂笔集》卷下，载有两篇致王孝廉书，以及王孝廉在日本病故后，空海《吊王孝廉诗》一首。此外，在《宏法大师全集》中，还载有空海《致王孝廉记室书状》一封，都一致说明王孝廉与空海过从密切，情谊深厚，是渤海与日本佛事交流中不朽的佳话。

还有，日本入唐学问僧圆仁，在唐云游期间，写有《入唐求法巡礼行记》一书，在卷三中记录了渤海释贞素与日本入唐高僧灵仙大师的高尚交谊。灵仙高僧病逝后，释贞素在《哭日本国内供奉大德灵仙和尚诗并序》中称：唐长庆五年（825），贞素受日本所托，到五台山铁勤寺，将淳和天皇所赐灵仙百金，转交给灵仙。随后，灵仙将舍利一万粒、新经两部、造敕五通，一并交与贞素，请其转交日本，以答谢国恩。据日本《类聚国史》卷 194 记载，灵仙所托转之物，于 826 年，渤海高承祖出使日本时，转交给了日本。828 年，释贞素又到五台山求访灵仙，得知灵仙已逝，遂写诗哭悼之，充分体现出释贞素是一位重情笃义的渤海僧人。

《满洲发达史》第六章载：861 年，渤海李居正出使日本时，将大唐僧人段表抄写的佛教经典《尊胜咒》传给日本，保存于日本山城东寺之藏经内，被称为"诸家集之稀世珍书焉"。再次显示渤海在中日佛教交流中的桥梁作用。

此外，在朝鲜古籍中，对渤海佛徒也有所载录。《高丽史·太祖世家》载：太祖十年（927），即渤海亡后翌年，渤海"僧载雄等六十人来投"。60 人中，不一定皆是僧人，但却可说明渤海僧人具有一定号召力和可信赖度。

渤海考古资料中，有关佛教出土物屡见不鲜，仅佛寺遗址，在上京、中京和东京内外就发现 34 座。同样，在俄滨海地区及朝鲜半岛渤海故地，亦皆有渤海寺庙遗址发现。在这些寺庙遗址中，各种佛事用物亦一应俱全，还出土了大批渤海佛像，其中鎏金、铜、铁、石、砖、陶等各种材质的佛像应有尽有，其大小不等，形态各异。尤其是上京城遗址的南大寺中，至今保存完好的石灯塔和修复后的大石佛，以及吉林省长白县的灵光塔等，表明渤海的造型艺术和土木建筑的技艺，都具有较高水平，其工艺之精美、气度之恢弘，皆属上乘，与唐代同类产品十分相像。

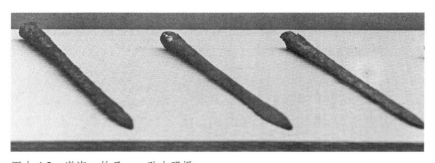

图上 4-2 · 渤海　铁矛　　孙志明摄

　　我国在春秋末年，各地已普遍使用铁器，冶铁和铁器制造业有较大提高和发展，推动生产力进一步发展壮大。渤海先民自尧舜时代，即已同中原建立隶属关系，往来不断，其使用铁器时间不会太晚，也当有自己的冶铁技术。但在文献中，直到三国时期，才有肃慎族应用铁的记载。《三国志·魏书少帝纪》载：常道乡公景元三年（262），"肃慎国遣使重译入贡"，献"皮骨铁杂铠二十领"。由此可断定，其在生产劳动中使用铁，一般应早于在军事上制作铠甲，可以推到两汉时期，肃慎族就开始使用铁器了。

　　渤海建国后，为进一步提高生产力，发展经济，铁的应用十分广泛，遍及社会生活各个领域，铁的需求量与日俱增，促使冶铁技术的进步与提高，以增加生产，满足需要。《新唐书·渤海传》载：在渤海俗所贵者之物中，就有"位城之铁"，与"显州之布，沃州之绵"并列，成为渤海的名优物产，也是社会生活的主要必需品。在 15 府 62 州的辖域内，有以铁名府州者。其中的铁利府和铁州，皆是重要的冶铁基地。位城是中京显德府铁州的首县，为铁州治所，所谓位城之铁，即铁州之铁。其故址，为今吉林省抚松县新安古城，内有渤海炼铁遗址发现㉒。同时，显德府所领兴州有铁山县，也当以产铁而名为铁山。再者，铁利府为铁利部故地，地当黑龙江与乌苏里江汇合处的伯力地区，今称哈巴罗夫斯克，为俄罗斯滨海区。该地区所蕴藏之铁矿，广为渤海开发利用，俄罗斯学者在该地区已发现多处渤海冶铁遗址。

　　在渤海各遗址中，几乎皆有铁器遗物出土，诸如铧、铲、锸、镰等农具，凿、刨、锯、锛、锤、剪、钳等生产工具，刀、矛、剑、镞、头盔、甲片等兵器，锅、盆、盘、锁等生活器具，户枢、门饰、车辖、风铃等器物构件，菩萨像、香炉、铁函、鼎等佛事用物，可谓包罗万象，品类繁多。从各种铁器表象断定，有些是生铁铸造的，有些是熟铁锻造的，工艺也很精美。

　　俄罗斯学者，对在滨海地区所发现的渤海冶铁遗址的残留物，进行了物理和化学分析与检测。称"渤海的锻工在自己的工作实践中使用了熟铁，在化铁炉中获得的粗制低碳钢和中碳钢，具有含碳量不等和配比不同的特点。根据标本本身的化学成分，彼此间的差异不大，可以说它们几乎完全相同。用直接炼铁法获得的铁，磷的含量在 0.07%—0.029% 的范围内，硫和硅的含量也低。在被测试的标本中，几乎完全不含锰，这证明在使用的炼铁原料中不含锰。被锻出的金属质量相当好，炼渣等夹杂物的含量一般都不大，显示出渤海的工匠有相当高的专业技术水平。他们在制造尺寸小的锻件时，已经善于正确地选择必需的热能用量"[25]。这是一篇对渤海冶铁技术较全面的评述，说明渤海人掌握了熟练的冶铁方法和制作铁器的熟练技术。

渤海冶铁技术，直接影响到辽朝的冶铁业。渤海灭亡后，契丹人将渤海冶铁工匠大批地迁往辽朝安置，令其继续从事冶铁和制造铁器。据《辽史·地理志一》饶州所领长乐县称："太祖伐渤海，迁其民建县居之，户四千，内一千户纳铁"，即有上千户的渤海人从事冶铁行业，以铁缴纳赋税，使渤海的冶铁技术，继续在辽朝得到应用。

第三节　渤海文化遗存

渤海旧国都城遗址　城山子山城遗址　西古城子遗址　八连城遗址
六顶山墓群　贞惠公主墓及墓碑　贞孝公主墓及墓碑　长白灵光塔

吉林省境内的渤海文化遗存，主要集中在延边地区。诸如敦化之渤海旧国时期的都城遗址，和龙中京显德府遗址，珲春之东京龙原府遗址，以及与这些遗址相关联的其他渤海遗存，反映出渤海中前期文化发展的概况，既有初创时的奠基痕迹，也有进入发展期的腾飞表象，是阐述渤海文化发展的重要环节。为了从不同侧面揭示渤海文化发展的概貌，选择几处有代表性的遗址分述如下。

渤海旧国，系指渤海肇兴之地，既包括据东牟山筑城以居的城山子山城遗址和平原的敖东城遗址，也涵盖其周边地区，非指一城一邑，是一个地域概念。《新唐书·渤海传》称："天宝末，钦茂徙上京，直旧国三百里。"因此，旧国之称当始于迁都到新的地区以后，称原来地区为旧国。同时，大钦茂是自中京迁往上京，那么，中京显德府也应该是在旧国范围内。以往学界多将敦化市敖东城遗址作为渤海在旧国时期的都城，但疑点较多，只能在尚未发现新的遗址前，姑且将其视为渤海在旧国时期的王都。

敖东城遗址，位于今吉林省敦化市区东南部，坐落于牡丹江北岸，当始建于705年唐中宗遣使招慰大祚荣之后，渤海政权获得唐朝确认，从此稳定下来，由山城移入平原城。敖东城之称，并非是渤海时的故名，而是满族兴起后，称该城为敖东城，又称鄂朵里城或阿克敦城。713年，唐玄宗遣崔忻拜大祚荣为渤海郡王，以所统为忽汗州，领忽汗州都督。唐时称牡丹江为忽汗河，因以名其所统为忽汗州，为唐辟置忽汗州的始末。但是，在大祚荣时期，忽汗州的辖域仅是渤海的旧国地区，尚未开大境宇，肃慎故地上京城一带或未纳入渤海，而敖东城既然坐落在忽汗河岸上，也有可能称该城为忽汗城。

敖东城分为内外两重，呈长方形回字形，规模较小，具有草创特点，与后来强大时仿唐长安城而兴建的上京城相差甚远。虽然经过多次调查，但始终缺少权威性发掘报告，各家所言，不尽一致。据魏存成教

图上4-3　渤海　平原城遗址　　孙志明摄

授《渤海考古》引《考古》1962 年 11 期介绍：该城"外城东西 400 米，南北 200 米，仅存西、北、南三墙，残高 1.5—2.5 米，有一南门与内城南门相对。内城方形，边长 80 米，位于外城中央偏西处，外围城壕，地势略高。敖东城内曾发现炕灶址和建筑址，采集到渤海夹砂黑陶片，唐辽瓷片和铁釜、铁镰、铁镞、唐宋钱"等。显然，敖东城占地仅 8 万平方米，如此狭小空间，难当政治中枢重负，随着形势发展，迟早要另辟新都，故以敖东城为王都当不足 50 年。

自明清以来，治渤海历史地理者，无不苦苦探求大祚荣所据东牟山在哪里。《大明一统志》称："东牟山在沈阳中卫东二十里。"《读史方舆纪要》称：东牟山"在沈州卫东 20 里，沈州即今沈阳"。《渤海国志》称：东牟山为"盛京之东山，今天柱山也"。三者基本雷同。《辑安县志》又称："辑安城北有东牟山，似祚荣始都于此。"《额穆县志》则称："大氏所据之东牟山，当即今之嵩岭。"《渤海国志长编》称：大祚荣"东保挹娄，遂据东牟山。挹娄为宁古塔之地，东牟山即宁古塔山"。直至 1982年，刘忠义发表了《东牟山在哪里？》一文，认定距敦化市区西南 12.5公里的城山子为东牟山，该山上的山城遗址，为大祚荣筑城以居之地。此说逐渐在学术界达成共识。

据《敦化市文物志》[26]和《渤海考古》所载：城山子山城遗址，位于牡丹江支流大石头河南岸一座孤立的小山上，东距牡丹江 4 公里，东北距敖东城 15 公里，距六顶山渤海古墓群 7 公里，距渤海古庙遗址 5 公里。隔江对岸为渤海永胜遗址。这些遗迹分布状况，显示出该地区在渤海旧国时，有着重要作用。

城山子海拔 600 米，山城围绕于山腰间，略呈椭圆形。登上山巅，环顾四方，一览无遗。山城居高临下，扼控各路津要，具有重要战略意义。城垣周长 2000 米左右，随山依势，蜿蜒起伏，有如卧虎蟠龙。城墙为土石混筑，残高 1.5—2.5 米，随着山势起伏，东南高，西北低，北墙筑于峭壁高达 40 米的山崖上。在西城墙临近西北角处有一座城门，宽 4米，东城墙的东北角处也有一城门，宽 3 米。两城门的两侧，各有一圆钩形墩台相对，当为堡垒一类建筑址。在距西门东南 36 米、116 米、316米的城墙上，各设有马面。东门内南侧，在平缓山坳里，有 50 多个半地穴居住址，大者 8×6 米，小者 6×4 米。在居住址北侧和距西墙 100 米处，各有一蓄水池。城内中部有几块大的平台，当是演兵场。曾出土过铁矛、铁刀、铁镞和唐开元通宝钱等。

该遗址所显示出的种种情况，十分符合文献记载的靺鞨穴居等特征，也符合政权初创，须在防御上加强战备，构筑山城，故而断定为大祚荣据东牟山以居之地。

西古城子遗址，位于和龙市区东北 50 余里的海兰江北岸的头道平原上。根据日伪时期日本人的发掘，以及解放后的多次考古调查，认定该遗址为渤海中京显德府所在。唐玄宗天宝年间（742—755）中期，文王大钦茂曾一度以其为王都，在渤海历史发展过程中，具有承前启后的作用。

该遗址和上京城遗址，皆为渤海仿唐长安城形制而建。只是规模大小不同。上京城不足长安城 1/2，而西古城子不足上京城的 1/6。显示出渤海不同发展阶段的不同实力，可以看出经济和文化发展的阶段性差异。同时，该遗址作为中京显德府治所，居于渤海五京之中，便于同东、南、西、上（北）四京相联系，极具战略意义，是渤海腹心地区之一。

据《渤海考古》和《和龙县文物志》[27]所载：西古城子遗址由内外两重组成，形制与唐长安城相仿。外城呈长方形，东西宽 630 米，南北长 720 米，周长 2700 米。城墙为夯筑，基宽 13—17 米，上宽 1.5—4 米，残高 1.8—2.5 米，个别段落高达 4.5 米。南北墙正中各有一门址，南门址宽 15 米，北门址宽约 14 米。南门址经过发掘，只设一个门道，其最宽处不足 4 米。城外原有护城壕，现多已夷为平地。城内西南部有一面积 1500 平方米的蓄水池，水池北部及城内东南隅各有一土台。传说在外城中部曾有一水井，现已无存。

内城位于外城中部偏北，亦为长方形，其东西宽 190 米，南北长 310 米，周长 1000 米，内城北墙至外城北墙 70 米。在内城正对南门的中轴线上，坐落三座宫殿址。南数第一殿址最大，东西宽 41 米，南北长 22.5—25.5 米。第二殿址南距第一殿址 36 米，由主殿和左右配殿组成。第一、二殿址之间，以及第二殿址东西两侧的殿址之间，皆有回廊相通。第三殿址南距第二殿址 80 米，中间有一道横墙相隔，横墙正中有门相通。在各殿址中，曾发现成排础石、板瓦、筒瓦、莲花瓦当、莲花方砖、忍冬花纹砖、陶覆盆、鸱尾、兽头、文字瓦等。有的构件上还饰以绿釉，足以想象出各宫殿昔日宏伟壮观情景。

八连城遗址，位于珲春市三家子乡，坐落于珲春河冲积平原上，东距珲春市区 6 公里，西距图们江 2.5 公里，东南距日本海波谢特湾不足40 公里，在渤海的日本道上，便于同日本交流。该遗址四周分布着许多渤海城邑、墓葬、寺庙等遗址。1937 年，日本人曾对八连城遗址进行过试掘。解放后，考古学者又进行多次调查。根据所见遗址形制、宫殿基址和瓦当、釉瓦等遗物，多数人认定该遗址为渤海东京龙原府之所在。785 年，大钦茂迁都至此，辟为王都，以进一步推动渤海向海上发展，获取渔盐之利。794 年，成王大华玙复还都上京，东京为渤海王都不足十年，是渤海政权不稳时期。大钦茂死后，王位旁落，继位的废王大言义在东京被杀，至大华玙嗣位后才稳定下来。

据《渤海考古》和《珲春县文物志》⑳所载：八连城遗址分内外两重，外城近于方形，其东墙长 746 米，西墙长 735 米，南墙长 701 米，北墙长 712 米，周长 2894 米，均为土筑，四周有护城壕，规模略大于中京。

内城位于外城中部偏北，呈长方形，东西宽 218 米，南北长 318米，周长 1072 米，规模也略大于中京内城。南墙中间为面阔五间，进深两间的门址建筑，中部为东西长 45 米，南北宽 30 米，高约 2 米的第一宫殿址。其北约 23 米处为第二宫殿址，东西长 21 米，南北宽 15 米，规模为第一宫殿址的一半，与西古城第二殿址形制相同，两殿之间有南北回廊相通。第二宫殿址两侧，则有东西回廊，而且各有一处带取暖设施的宫殿址。在内城南部至外城南墙，为彼此前后相连的两个封闭城区，同内城构成中央三城。在此三城两侧又各有两个独立的城区，可视作四城，再加上外城北部，距北墙 127 米处有一横墙，将外城北部区隔为"北大城"，在外城之内，总共为八城，故称之为八连城。

在八连城四周，还分布着许多渤海平原城、山城、城堡、墓葬、寺庙等遗址，以及从八连城出土的渤海彩色釉瓦、鸱尾、兽头、覆盆、花纹砖、铁钉、铁镞、铁门枢、佛像等遗物，皆可说明渤海在以东京为王

图上 4-4　渤海　陶罐
孙志明摄

都时期，其经济文化等已有长足发展。

　　六顶山墓群是渤海前期大型墓地，位于敦化市城南 5 公里的一段山脉中，该山脉自东向西，由六个起伏相连的小山峰组成，故而俗称六顶山。据《渤海考古》和《考古》2009 年第六期，最新发表的吉林省文物考古研究所等撰写的《吉林敦化市六顶山墓群 2004 年发掘简报》所载：在六个山峰的西数第二峰的南坡，是东西相邻的两个山坳，其间坐落近 200 座墓葬，仅在东山坳内就确认有墓葬 130 座，大大超过了过去所确认的 50 余座，而西山坳内的墓葬数量虽未复查，估计也会超出原来认定的 30 座之数。

　　自 1949 年，在西区中部发现大钦茂二女儿贞惠公主墓后，使该墓群的归属有了定论，为渤海早期王陵所在地，而且贞惠公主所陪葬的"珍陵"，当是渤海的一座王陵。至于哪座墓葬是珍陵？珍陵到底埋葬的是哪一位渤海王？尚难定论。有的根据贞惠公主墓志称，是陪葬于珍陵西原，于是便在东区寻找珍陵。但是，东区墓葬规模皆小于贞惠公主墓，似乎不会有珍陵存在，还是把目光集中在西区为宜。在贞惠公主墓以东 30 米处，有一座较大墓葬，疑似珍陵。该墓封土直径达 22 米，用工整的石块垒砌。在墓室的淤土内发现涂朱石狮耳，花岗岩雕造，形态与贞惠公主墓所出相同。另外还发现壁画残片及花纹砖等。从这些表征看，该墓有可能是珍陵，但仍缺少有说服力的直接证据，还不能定论。

珍陵墓主人是谁？主要有两种主张，一是武王大武艺的陵寝，二是文王大钦茂的陵寝，但总体上倾向是武王大武艺，而不是文王大钦茂。原因是大钦茂尚健在，不可能知道他的陵墓叫珍陵。1980年，贞孝公主墓发现后，根据其墓志所称"陪葬染谷之西原"，于是又有人主张大钦茂有可能葬于贞孝公主墓所在的和龙市龙头山渤海墓葬群内。总之，各家意见，皆须有新的物证加以确认，目前尚难定论。

根据以往历次发掘，《渤海考古》将六顶山墓葬形制结构分为四种。一为长方形土坑墓，二为石圹墓，三为石室墓，四为石棺墓。其中第三种的数量最多，也最奢华，当是渤海贵族的墓葬形制，以厚葬死者。

在六顶山墓群出土的遗物，除珍贵的贞惠公主墓碑、石狮外，尚有大量的壁画残片，以及玉璧、玛瑙珠、鎏金铜耳坠、银铜耳环、银铜指环、铜铃、铜衣扣、铜镯、铜带铐、铁镞、铁棺钉、铁刀等。至于残砖断瓦，随处可见，各种形制的罐、壶、盘、碗、碟、瓶等陶器，比比皆是，对于揭示渤海的经济文化发展，以及社会生活的各方面情况，都具有重要意义。

贞惠公主墓位于六顶山渤海墓群西区中部，北距敦化市区5公里，是大钦茂第二个女儿的墓葬。

自1949年8月该墓被发现后，特别是贞惠公主墓碑的出土，确切证实了六顶山古墓群为渤海前期墓葬及王陵所在，更证实了敦化地区为渤海旧国时的中心区域。

据《渤海考古》等著作记载：该墓封土呈圆丘形，直径22米，现有残高1.5米。封土中有板瓦残块，当是延续靺鞨旧俗，为冢上作屋之痕迹。墓室修于地下，为方形，深约2米，南北长2.8—2.9米，东西宽2.66—2.84米，四壁石砌，壁高1.68米，壁面残留涂抹的白垩土，厚达1厘米。墓顶为三层抹角叠涩藻井，用巨石封盖。室底铺以素面长方砖。南壁正中为墓门，门外为1.74米长之甬道和11米长之墓道。在甬道内出土两尊石狮，以及鎏金圆帽铜钉等遗物。

石狮造型与唐乾陵前的石狮相同，披鬣昂首，四肢健壮，张口决眦，状若怒吼，一付威武庄严神态。两者一雄一雌，皆为花岗岩雕造，通高0.64米左右，表明渤海同唐朝一样具有高超的石雕造型艺术水平。

　　贞惠公主墓碑出土时，因遭盗掘等因素，已断为七块，修复后呈圭形，为花岗岩石料，通高 0.9 米，厚 0.29 米。正面碑首阴刻卷云纹，周边阴刻蔓草纹，中部镌刻汉字楷书碑文 21 行。首行为"贞惠公主墓□□序" 8 个字，第 2 行至第 14 行，计 13 行，每行 40 字，为志。第 15 行至 20 行，计 6 行，每行 32 字，为铭。末行为立碑年月日，也即公主安葬之年月日。总计 725 字，但仅有 491 字清晰可识，余 234 字已漫漶不清。

　　1980 年，贞孝公主墓碑出土后，将其碑文与贞惠公主碑文相对照，贞惠公主碑文中可识读的 491 字中，有 455 字相同，22 字不同。所不同者，仅是排行次第，生儿育女情况，逝世日期、安葬日期、年龄、谥号等，完全可以判定：贞孝公主碑文为贞惠公主碑文的翻版，是出自一人之手的同一篇碑文，仅将两人的不同之处作了必要改动，其文义不变。因此，据贞孝公主墓碑，补足了贞惠公主墓碑漫漶碑文，只有二字因贞孝公主墓碑已剥蚀而存疑。

　　贞孝公主墓是渤海文王大钦茂第四女儿的墓葬，位于和龙市龙水乡龙海村西龙头山上墓群中。西南距和龙市约 20 公里，西北距西古城子渤海中京遗址不足 5 公里。

　　据《渤海考古》和《和龙县文物志》所载：该墓以砖和石板筑成，分为墓室、甬道、墓门、墓道、地面塔五部分。墓室修于地表下 4 米深处，为长方形，东西长 3.1 米，南北宽 2.1 米，四壁以青砖砌筑，墓顶盖以石板，室底平铺方砖。因四壁作顶起点高度各异，所以各壁高度不一。东西壁高 1.40 米，北壁高 1.60 米，南壁高 1.66 米，墓室通高 1.90 米，壁面、室底和室顶，皆涂以白灰。墓室中部为先后分两次修成的棺床，标志为夫妻合葬。甬道在墓室前方，长 1.9 米，宽 1.65 米，东西两壁以长方砖砌筑，高 1.65 米，壁面和顶部，皆用白灰抹平。墓门在甬道南端，呈截尖圭形，上宽 1.25 米，下宽 1.60 米，通高 1.70 米，用砖墙封堵。墓道在墓门前，长 7.10 米，为南高北低阶梯式，东西两壁为夯筑。地面塔，墓顶上面残留一塔式建筑基址，南北长 5.65 米，东西宽 5.50 米。塔基中空，南北长 2.70 米，东西宽 2.60 米，塔基厚 1.50 米。

　　墓碑竖立于甬道后部的铺地砖上，碑呈圭形，花岗岩材质，四周刻两道浅线作边，通高 1.05 米，宽 0.58 米，厚 0.26 米。碑的正面为阴刻竖行汉字楷书墓志，共 18 行，首行为"贞孝公主墓志并序"8 字，第 2 行至 13 行为志序，第 14 行至第 18 行为铭，无立碑年月日，共计 728 字，除二字外，皆清晰可识。墓志通篇为典型四六句式骈体文，如将其放入唐代同类篇章中，难分伯仲，是一篇上乘佳作。所颂扬的妇德女仪，皆奉儒家道德思想为圭臬，长于引经据典，状比公主淑德，标志渤海人通晓中原典籍，践行封建礼义，从形式到内容，已经全部唐化。

2009 年对贞孝公主墓所在的龙海墓区其他渤海墓葬进行了发掘。共发掘 14 座墓葬，获得一批珍贵遗物，成果巨大。特别是在紧靠贞孝公主墓东侧的两座墓中，各出土一方墓志，一为大钦茂王后"孝懿皇后"的墓志，一为第九世王大明忠王后"顺穆皇后"的墓志，表明渤海不仅私立年号、谥号，也私立皇后。因"碑文待考"，尚未刊布，唯透露顺穆皇后"碑文竖向 9 行，共计 141 字。除两字脱落外，余皆可辨识"等信息。此外，综观此次发掘所得各种渤海遗物，"既保留着自己浓郁的民族特色"，又浸透"濡染唐风"的印迹，成为渤海文化的突出特征，对渤海历史增添了许多新的内容，而人们对渤海历史的认知，也将产生一次新的飞跃。既然公主和王后们的墓葬已先后被发现，预计发现渤海王墓葬的时日，也指日可待了。

在古代，塔是典型佛事建筑物，故称佛塔，用来供奉或收藏佛舍利、佛像、佛经，以及埋藏僧人遗骨等。唐代是我国佛塔建筑盛行时期，崇尚佛教的渤海，自然会效仿唐朝修建佛塔。以往在渤海东京和中京等地区，皆有渤海佛塔遗址发现，如珲春马滴达塔址、和龙贞孝公主墓塔址等。而长白县灵光塔，是唯一保存至今较完好的渤海佛塔建筑，展示出渤海建筑古朴精巧、耐久牢固，创建出一座历经千余年而不朽的古典建筑。

据《渤海考古》和《长白朝鲜族自治县文物志》[23]所载：灵光塔位于长白镇西北郊的塔山西南端，是一座方形五层楼阁式空心砖塔。通高12.6 米，坐北朝南，由地宫、塔身、塔刹构成，具有典型唐代佛塔风格。

地宫呈长方形，南北长 1.9 米，东西宽 1.42 米，高 1.49 米，四壁砖砌，表面抹有白灰，个别处残留平涂赭石色痕迹，可能为绘有简单壁画。在靠近后墙处砌一平整石台，应是停放所藏之物处。地宫南辟为甬道，有土台阶与地面相通。

塔身，塔基为夯土层，在地宫盖石的顶部，平面呈方形，共五层，逐层内收变矮，每层顶用砖砌出塔檐。底层周长 12.4 米，高约 2.8 米，正面开有拱券门。第二层周长 12 米，高 1.65 米。第三层周长 9.1 米，高1.5 米。第四层周长 8.4 米，高 1.2 米。第五层周长 7.6 米，高 1.44 米。第二、三、五层辟有方形小龛，第四层正面及二至五层东西两侧，均开方形直棂窗。

塔刹，在塔身顶部。在明代时，塔刹已被烈风吹折而毁掉，现在的塔刹为 1936 年补葺时安上的，已非原貌。就整体而言，昔日风韵犹存，不失为渤海所存唯一标志性建筑。

【注释】

① 《吉林通史》第一卷，吉林人民出版社 2008 年版，第 150 页。

② 《新唐书》卷二一九《列传第一百四十四·北狄》，中华书局点校本，第 6182 页。

③ 《全唐诗》卷五八三《送渤海王子归本国》，国际文化出版公司 1993 年版，第 1945 页。

④⑬ 同上②，第 6180 页。

⑤ 《北史》卷九四《列传第八十二·勿吉》，中华书局点校本，第 3123 页。

⑥ 《隋书》卷八一《列传第四十六·东夷》，中华书局点校本，第 1821 页。

⑦ 《魏书》卷一〇〇《列传第八十八·勿吉》，中华书局点校本，第 2220 页。

⑧ 《旧唐书》卷一九九下《列传第一百四十九下·北狄》，中华书局点校本，第 5358—5359 页。

⑨ 《隋书》卷八一《列传第四十六·东夷》，中华书局点校本，第 1822 页。

⑩ 同上⑧，第 5360 页。

⑪ 《新唐书》卷二一九《列传第一百四十四·北狄》，中华书局点校本，第 6179—6180 页。

⑫ 刘忠义：《东牟山在哪里？》，《学习与探索》1982 年第 4 期。

⑭ 《新唐书》卷一六六《列传第九十一·贾耽》，中华书局点校本，第 5084 页。

⑮ 李殿福，孙玉良：《渤海国》，文物出版社 1987 年版，第 48 页。

⑯ 魏存成：《渤海考古》，文物出版社 2008 年版，第 125 页。

⑰《隋书》卷八一《列传第四十六·东夷》，中华书局点校本，第 1822 页。

⑱《契丹国志》，上海古籍出版社 1985 年版，第 231 页。

⑲《续日本纪》卷一三，天平十二年正月三十日条，日本《国史大系》本，日本《经济杂志》社明治 30 年版。

⑳《续日本纪》卷一七，天平胜宝元年春十二月二十七日条，日本《国史大系》本，日本《经济杂志》社明治 30 年版。

㉑《续日本纪》卷三二，宝龟四年六月十二日条，日本《国史大系》本，日本《经济杂志》社明治 30 年版。

㉒ [清] 张贲：《白云集》卷七《东京记》，不惑堂丛书本。

㉓《三国史记》卷一八《高句丽小兽林王纪》，吉林文史出版社 2003 年版。

㉔《东北历史地理》第二卷，黑龙江人民出版社 1989 年版，第 373 页。

㉕ [俄] 列尼克夫著，王德厚译：《渤海人的黑色金属冶炼业和加工业》，《东北亚考古资料译文集》，北方文物杂志社 1998 年版。

㉖《敦化市文物志》为《吉林省文物志》编修委员会编撰出版的《内部资料》，1985 年由延边新华印刷厂印刷。

㉗《和龙县文物志》为《吉林省文物志》编委会编撰出版的《内部资料》，1984 年由延边新华印刷厂印刷。

㉘《珲春县文物志》为《吉林省文物志》编修委员会编撰出版的《内部资料》，1984 年由延边新华印刷厂印刷。

㉙《长白朝鲜族自治县文物志》为《吉林省文物志》编修委员会编撰出版的《内部资料》，1988 年由吉林省委印刷厂印刷。

第五章

辽文化与辽统治下的吉林

辽朝是由我国北方少数民族契丹族建立的地方民族政权。建国后，辽朝统治者积极学习中原文化，并依靠汉族士人建立起各项制度。辽朝的南北面官制，就是把中原的汉官制与契丹本族的制度相结合而制定的。

辽建国之初本无文字，公元 920 年，辽太祖耶律阿保机下令由耶律突吕不和耶律鲁不古参照汉字创制了契丹大字，之后又制契丹小字，同在辽地颁行。辽代文学深受汉唐文风的影响，在诗歌、散文、辞赋等方面都有杰出的作品问世，并且涌现出一批造诣较深的契丹族、汉族文人。在绘画、雕塑等方面也留下不少传世的作品。在吉林地区也保留了许多辽代文化遗存，它生动形象地再现了辽代文化绚丽多彩的内涵。

第一节　辽国概况

契丹族源　辽国的建立　南北面官制度与四时捺钵　辽朝吉林建置与春捺钵

契丹族属东胡族系，为鲜卑宇文部别支。北魏登国三年（389），契丹和库莫奚相继为北魏所破。契丹败退到潢河（内蒙西拉木伦河）以南，土河（内蒙老哈河）以北，从这时起，契丹之名正式见于史籍。契丹的族源族称，始见于北齐时成书的《魏书》："（契丹）东部宇文之别种也"、"契丹国，在库莫奚东，异种同类。"《辽史·世表》中同样记载着："契丹国在库莫奚东，异族同类，东部鲜卑之别支也，至是（元魏）始自号契丹"。可知，契丹源出东胡，为鲜卑宇文部之别支。而东胡自先秦以来就是中国北方民族中的一支。《史记·匈奴列传》："晋北有林胡、楼烦之戎，燕北有东胡、山戎。"东胡为中国境内北方民族，其支系拓跋鲜卑建立了北魏政权，契丹建立了辽朝，而蒙古则建立了元朝，契丹后裔遂逐渐融于周邻各民族中。其大多数与汉族融为一体。

契丹族古八部的第一部称"悉万丹"。契丹的"契"可读作"悉"，契丹之名，可能是"悉万丹"的歧译。

契丹族游牧于西拉木伦河与海拉尔之间。大贺氏又名塔鲁，与达鲁古河、它漏河、洮儿河有关系，因此说，吉林省西部草原是契丹人的故里、祖居地。

契丹建国前经历了大贺氏部落联盟和遥辇部落联盟。大贺氏部落联盟最后一任部落联盟长是李过折。他任期不到一年，被涅里所杀。自此，大贺氏部落联盟解体。之后，唐天宝四年（745），当时任契丹八部大帅的迪辇阻里建立了遥辇部落联盟。

在遥辇氏部落联盟时期，契丹社会内已发生一系列深刻的变革，在联盟内部，特权阶级已出现，出现贫富的差别与阶级的分化。到阿保机伯父述澜为夷离堇时，"始兴板筑，置城邑，教民种桑麻，习组织"。"契丹之初，草居野次，靡有定所。至涅里始制部族，各有分地"[①]。契丹族已经开始定居、半定居的生活。其社会组织已由血缘组织向地缘组织转化。

十世纪初，遥辇氏部落联盟长痕德堇可汗立，任命涅里的后裔耶律阿保机为夷离堇，统领兵马。痕德堇可汗拜耶律阿保机为于越，总知军国事。不久八部之人以为遥辇氏不胜任，以阿保机代替遥辇氏，阿保机遂成为契丹部落联盟长。阿保机担任部落联盟长后，集军政大权于一身，他开始了建立国家政权的一系列准备工作：

首先，变三年一选部落联盟可汗制为连任制。按契丹的惯例，阿保机的弟兄们也都有三年一选为联盟首领的资格，他们觊觎其位已久。但是阿保机益以威制诸部而不肯代。

其次，平定诸弟叛乱。在阿保机任部落联盟长的第五年，阿保机弟弟剌葛等谋反叛乱，要夺取部落联盟的领导权。耶律阿保机先后平定了三次武装叛乱，巩固了他在部落联盟内的统治地位。

最后，设计杀八部大人，统一契丹各部。叛乱平定后，诸部因阿保机久居其位而不下，共责诮之。阿保机不得已传其旗鼓，而自为一部，以治汉城。之后用其妻述律氏之谋，招诸部以牛酒会盐池，酒酣，尽杀诸部大人。阿保机于公元916年正式登基，做了皇帝。阿保机按因俗而治的方针，设立中央与地方各级管理机构，对国家和民众进行管理。

公元907年耶律阿保机建立契丹国。到公元947年（大同元年）耶律德光改国号辽，终于据有了包括燕云十六州在内的北方广大地区，实现了对中国北部的统一。

辽朝统治机构和政治制度初建于太祖耶律阿保机时期，形成于太宗耶律德光和世宗耶律兀欲时期。既参酌、仿效中原王朝又结合民族、地域的具体情况制定了带有民族色彩的统治制度，其中具有特点的是辽朝的中央官制分为北、南面官制与四时捺钵。辽境内契丹人为游牧民族，汉人为农耕民族，各有不同的固有习俗，因而采取"因俗而治"的统治方针。北面官制是以契丹游牧民族为治理对象而设立的制度。南面官制是以燕云十六州、辽五京所居汉人、渤海人为治理对象，基本上沿袭中原政权（唐、五代）的官制。

北面官的最高军政机关是北枢密院，掌兵机、武铨、群牧之政，以其牙帐居大内帐殿之北，故名北院。

北、南宰相府是仅次于北枢密院的北面行政机关，职掌佐理军国之大政。北、南大王院，分掌部族军民之政，并承担行宫斡鲁朵的马匹、衣物等用品的贡赋，下设北院都统军司、北院详稳司、北院都部署司。北、南宣徽院，掌北院御前祗应之事。夷离毕院执掌刑狱，大林牙院掌文翰之事，敌烈麻都司掌礼仪。

北面御帐官与诸帐官，是由辽的四时捺钵习俗而来，其机构有侍卫司、近侍局、北南护卫府、奉宸司、三班院、宿卫司、禁卫局、宿直司、硬寨司等。

辽朝的南面官制，"治汉人州县、租赋、军马之事"②。三师府，下置太师、太傅、太保；三公府，下置太尉、司徒、司空。三公与三师为荣誉称号，属虚职。

南枢密院或称汉人枢密院，掌汉人租赋、兵马之政。中书省，是仅次于汉人枢密院的南面行政机关，职掌州、县汉官之铨授。尚书省与门下省，同中书省共称"南面三省"，系"散官"并无职掌。

六部为吏部、户部、礼部、兵部、工部、刑部，各部设尚书、侍郎等职官。御史台，设御史大夫、御史中丞等职，掌纠察百官。翰林院，掌天子文翰之事。国史院，掌修国史。宣徽院，掌御前祗应之事。

四时捺钵制是与中央集权制息息相关的朝廷的特殊活动方式，是皇帝的出行活动。契丹族是游牧民族。"秋冬违寒，春夏避暑，随水草就畋渔，岁以为常。四时各有行在之所，谓之'捺钵'"③。是出巡、讲武、渔猎、游憩的场所，又是会议国政、接见使节、受纳聘礼之所在。

春捺钵：曰鸭子河泺。皇帝正月上旬起牙帐，约六十日方至。天鹅未至，卓帐冰上，凿冰取鱼。冰泮，乃纵鹰鹘捕鹅雁，皇帝得头鹅，荐庙，群臣各献酒果，举乐。

夏捺钵：多在吐儿山。四月中旬起牙帐，卜吉地为纳凉所，居五旬。与北、南臣僚议国事，暇日游猎。七月中旬乃去。

秋捺钵：曰伏虎林。七月中旬自纳凉处起牙帐，入山射鹿及虎。每岁车驾至，皇族而下分布泺水侧。待夜将半，鹿饮盐水，令猎人吹角效鹿鸣，即集而射之。谓之"舐碱鹿"，又名"呼鹿"。

冬捺钵：曰广平甸。其地饶沙，冬月稍暖，牙帐多于此坐冬，与北、南大臣会议国事，时常校猎讲武，兼受南宋及诸国礼贡。每岁四时，周而复始。皇帝四时巡守，契丹大小内外臣僚并应役等人，及汉人宣徽院所管百司皆从。

四时捺钵是契丹皇帝为保持本民族渔猎、尚武习俗而进行的独具特色的出行活动，又是群臣议政、接见使节的政治活动，鲜明、生动地反映了契丹民族独特的生活方式，有其特殊的意义。

辽代在吉林省境内的管理机构是府、州下辖县。设置数量与渤海国时期基本相当，但在分布范围上发生了较大变化，大部分设在吉林省的西部地区，在政治、军事和经济上的地位也更加重要了。其中主要的府、州有：

泰州，旧址在今吉林省白城市洮北区德顺蒙古族乡境内的四家子古城，本契丹二十部族放牧之地。州隶属于延庆宫，兵事属东北统军司。

长春州，旧址在今前郭尔罗斯蒙古族自治县塔虎城，隶属于延庆宫，兵事属东北统军司。州内人口主要是燕蓟（今河北、天津地区）犯罪者流配于此，户二千。可见，河北、山东地区向东北地区的移民，早已开始。他们是以被流放的身份而进入东北的。

信州，旧址在今怀德县秦家屯古城。以所俘汉民置之。兵事属黄龙府都部属司。

通州，旧址在今四平市一面城旧城址。

韩州，隶延昌宫。《辽东行部志》载："韩州，辽圣宗时并三河、榆河二州为韩州。三河本燕之三河县，辽太祖掠其民于此置州，故因其旧名。而故城在辽水之侧。常苦风沙，移于白塔寨。后为辽水所侵，移于今柳河县。又以地非冲途，即徙于旧九百奚营，即今所治也。"由此可知，辽朝曾经两次迁徙韩州治所，最后迁到九百奚营，即今梨树县北偏脸城。

宁江州，兵事属东北统军司。治所混同县，靠近松花江。今吉林省扶余县石头城子古城址当是辽代宁江州古城址。

龙州黄龙府，旧址在今农安县城。《辽史》载："龙州黄龙府本渤海扶余府，太祖平渤海还至此崩，有黄龙见（现），更名。"为辽军事重镇，设黄龙府都部署司，军事长官为兵马都部署。

除此，还有威、宾、益、清、雍、涑、祥、安远、长岭等州府。

辽代在地方上设置的道府州县一级的行政组织，承袭了中原政权的行政建制，但是也有创新。例如，泰州、长春州隶属于延庆宫，延庆宫是辽兴宗的斡鲁朵，斡鲁朵即行宫或者叫宫卫组织。

吉林省考古工作者在进行第三次全国文物普查时，于2010年确认了目前在吉林省西部发现的4处辽代行宫"春捺钵"遗址群，在其附近还采集到大量的古钱币和陶、瓷片等物品，均为辽代、北宋年间制造。按照《辽史·营卫志》记载，春捺钵地域包括鸭子河、长春州等，而这些古代地名究竟在哪里，过去并不确知，这些遗址的新发现将答案揭晓，鸭子河就在松花江段，而长春州就是塔虎城。通过遗址可以看出辽代捺钵的规模很大。考古人员在一处遗址中就发现了近 500 个土台，以每个土台建一处营帐，每个营帐住 8 个人计算，参加捺钵的人就近 4000 人，这与《辽史》的记载是相符的。同时，从土台的大小、高低可以看出当时的等级制度非常严格，皇帝、大臣所用的土台大小都是不同的，而士兵可能就没有资格在土台上扎营建帐。

据史料记载，辽代皇帝每年正月上旬从辽上京出发，沿今乌尔吉木伦河东行到阿鲁科尔沁旗和乌力吉木仁，再北上到突泉双城辽古城，然后在吉林境内沿洮儿河到程四家子古城，最后来到查干湖西南设"春捺钵"。

春捺钵的活动主要有两个方面：

一是渔猎。渔猎活动首先是凿冰钩鱼。按规矩，由皇帝亲手钩第一条鱼，称"头鱼"。钩得头鱼后，皇帝就在大帐内摆宴，称"头鱼宴"，宴会上前来朝贺的女真各部酋长依次歌舞助兴。皇帝设"头鱼宴"不单纯是为了娱乐，更是为了彰显武功与威严。

另一项渔猎活动是湖冰解冻后，纵鹰捕鹅。捕鹅时，侍御皆穿墨绿色衣服，各备连锤一柄，鹰食一器，刺鹅锥一枚，于湖周围相去各五七步排立。皇帝带上头巾，穿便服，系玉束带，在上风口眺望。有鹅之处，侍御们举旗，探骑驰报，鸣鼓，鹅惊起腾飞，左右围骑皆举帜驱赶之。侍从向皇帝擎进海东青，皇帝放鹰捕鹅，鹅被鹰击伤坠地，排立近处的侍从，举锥刺鹅，取脑喂鹘子。皇帝得头鹅，先荐供祖庙，群臣备献酒果，娱乐。

二是议政。春捺钵时，更主要的活动是召集会议讨论国事，向全国发布政令，接见各国、各族使节和接受贡品。四季捺钵的行营实际是辽朝的临时"皇都"。春捺钵中的长春州，就是春季的临时皇都，其地位甚至已超过按中原都城形制所建的辽五京。

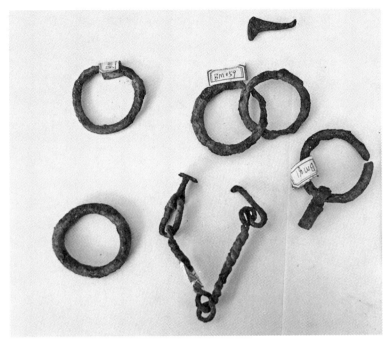

图上 5-1　辽　渔猎工具　子亮摄

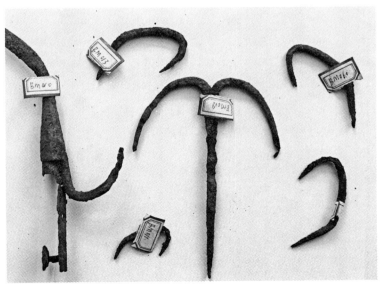

图上 5-2　辽　渔钩　子亮摄

第二节　民族融合中的辽代文化

契丹大、小字的创制　深染汉唐风格的文学与绘画　辽代儒学　生活习俗　歌舞游艺　宗教信仰

辽建国之初本无文字，公元 920 年，辽太祖耶律阿保机下令由耶律突吕不和耶律吕不古参照汉字创制契丹大字，"以隶书之半，就加增减，作文字数千"。

契丹小字由耶律迭剌对大字加以改造而成。契丹小字是参照汉字和契丹大字制成的。契丹小字为音节拼音文字，较大字简便，契丹小字"数少而该贯"，即原字虽少，却能把契丹语全部贯通。契丹小字约五百个发音符号。契丹大小字创制之后，与汉字一起在辽朝广泛使用。契丹大、小字主要用于著书、译书，刻记功碑，以及皇帝、皇后、大臣的墓志铭，铸造银钱、铜钱、符牌和印章使用。契丹大小字的创制，开我国东北少数民族创制文字之先河，以后的女真文字、蒙古文字、满族文字无不直接或间接受它的影响。

辽国灭亡后，契丹文字仍然被女真人所使用，直到金章宗明昌二年（1191）"诏罢契丹字"，共使用了三百多年。从出土的契丹文哀册和碑刻来看，大字是一种表意方块字，其中夹杂一些直接借用汉字的形式。小字是一种拼音文字，利用汉字笔画形体创制出几百个原字，然后缀合拼写成词。原字分正楷、行草、篆书等字体，篆体字的拼写方式异于正楷和行草，采取鱼贯式而不是层叠式。行文的款式自上而下竖写，自右而左换行，敬词抬头或空格。原字有一个书写形式，代表几种语音或一个语音采用几种书写形式的情况。因此，同一个词或词素表现在文字上可以有不同的拼写形式。

我国在二十世纪出土不少契丹小字石刻，如耶律仁先墓志铭，刻于辽道宗咸雍八年（1072）。1983 年 7 月出土于辽宁省北票县小塔子公社莲花山大队东山生产队辽耶律仁先家族墓群中。墓志为正方形，边长 117 厘米。志盖正面中央阴刻篆体汉字"大辽国尚父于越宋王墓志铭"4 行 12 字，志盖内侧刻契丹小字 70 行，每行字数不等，行均 70 字左右，总

计 5100 余字，现存约 4500 余字，是迄今发现的契丹小字石刻中字数最多的一种。据刘凤翥先生统计，其中有一百多个新的原字，大大丰富了原有的契丹小字资料。

金代博州防御使墓志残石，1993 年 9 月 16 日，在内蒙古敖汉旗新地乡老虎沟村，发现有契丹小字墓志一合。志石长 110 厘米，宽 95 厘米，阴刻楷体契丹小字 51 行，现存共计 1570 余字。根据刘凤翥先生对该墓志契丹小字的解读，得知墓主人是辽末降金的契丹人，在金代曾任博州防御使，卒于金世宗大定十年（1170）。在迄今发现的契丹小字石刻中，这是时代最晚的一方，距金朝明令废止契丹字仅 21 年，因此对于研究晚期契丹小字很有价值。

辽代文学深受汉唐文风的影响，在诗歌、散文、辞赋等方面都有杰出的作品问世，并且涌现出一批造诣较深的契丹文人群体。

辽代皇室、贵族多喜好文学，留下不少传世的诗作。辽太祖耶律阿保机之子耶律倍，为东丹王。他有文才，博古今，喜爱读书，善作文章。《辽史·耶律倍传》记载："倍初市书至万卷，藏于医巫闾绝顶之望海堂。通阴阳，知音律，精医药、砭焫之术，工辽、汉文章，尝译阴符经。善画本国人物。"

阿保机死，述律后欲立中子德光，倍让位，德光立，徙倍于今辽阳，他因此泛海奔唐。临行，立木海岸，写下《海上诗》一首："小山压大山，大山全无力。羞见故乡人，从此投外国。"此诗质朴无华，直抒胸臆，以隐喻的手法，抒发个人的感情，表达了他忧愤不平的心情。此外，耶律倍还曾作《乐田园诗》。

寺公大师，贤而能文，尤善于歌诗，其诗志趣高远。著有《醉义歌》，是今存辽人最长的诗篇。诗中写道："渊明笑问斥逐事，谪仙遥指华胥宫。"这首诗依汉语用韵，同时多用汉人史实掌故，足见辽诗受唐、宋诗的影响之大。

耶律谷欲，字休坚，六院部人。《辽史》记载，谷欲沉澹有礼法，工辽、汉文章。兴宗与他结为诗友。耶律谷欲奉诏与耶律庶成、萧韩家奴编辽国上世事迹及诸帝实录。

辽圣宗耶律隆绪，幼喜书翰，十岁能诗。他曾出题诏宰臣以下赋诗，诗成，进御，一一读之，优者赐金带。又亲自以契丹大字译白居易讽谏集，诏诸臣读之。辽圣宗自吟："乐天诗集是我师。"他作诗有百余首，其中有《传国玺》流传。《传国玺》诗曰："一时制美宝，千载助兴王。中原既失守，此宝归北方。子孙皆慎守，世业当永昌。"诗中反映了辽朝盛世及其统治的巩固。

辽道宗耶律洪基，善作诗。耶律良奏请编御制诗文，名曰《清宁集》，其中《题李俨黄菊赋》颇为著名，诗中说："昨日得卿黄菊赋，碎剪金英填作句。袖中犹觉有余香，冷落西风吹不去。"又有《赠法均大师》诗："行高峰顶松千尺，戒净天心月一轮。"他的诗句气象磅礴，诗意清新，用字精炼，与唐、宋诗相比毫不逊色。

耶律孟简，于越屋质五世孙，从小聪颖。六岁时父晨出猎，俾赋晓天星月诗，孟简应声而成。即（及）长，善属文。曾作《放怀诗》二十首。

萧韩家奴，契丹人。少好学，博览经史，通辽、汉文字。与耶律庶成录遥辇可汗至重熙以来事迹，集为二十卷。又应诏作《四时逸乐赋》，很受皇帝赏识。与耶律庶成制礼典、制度，博考经籍，酌古推今，撰成三卷。又译《通历》《贞观政要》《五代史》等书，著有《六义集》十二卷。

契丹妇女不但长于骑射，也擅长文学。秦晋国妃，为辽圣宗之妹，她幼而聪颖，明晤若神。博览经史，聚书数千卷，能于文词。其歌诗赋诵，落笔则传诵朝野，脍炙人口。雅善飞白，尤工丹青，所居屏扇，多出其笔。"僻嗜书传，晚节尤甚"④。她撰写《见志集》若干卷。她熟知古代明君贤相、典章文物。兴宗、道宗诏赴行朝，常备顾问。可惜她所作的诗词、歌赋已年久失传，所作文集《见志集》也流失散佚。她的事迹，只能在其墓志碑文中晓其大概。

辽朝后妃也有能诗善文者，如辽道宗宣懿皇后萧观音，《辽史·后妃传》称她"姿容冠绝，工诗，善谈论。自制歌词，尤善琵琶"。现存诗十四首。清宁三年（1057），萧观音创作了《君臣同志华夷同风诗》："虞廷开盛轨，王会和其琛。到处承天意，皆同捧日心。文章通蠡谷，声教薄鸡林。大寓看交泰，应知无古今。"诗中歌颂了辽朝盛世，以及契丹社会的发展与兴盛。诗人热情讴歌契丹民族追求、向往"华夷同风"之目标。

萧观音在向道宗进谏时，遭到冷落与疏远，写下十首诗词《回心院》，以此抒发自己寂寞、哀怨之情。最后一首《张鸣筝》，表达了自己知音难遇，凄凉绝望的心境："张鸣筝。恰恰语娇莺。一从弹作房中曲。常和窗前风雨声。张鸣筝，待君听。"曲声、琴声、风雨声，衬托出诗人孤单寂寞，哀怨悲伤的情怀。《回心院》一诗，诗句清新宛约，幽怨凄凉，音韵婉转天然，被称为"怨而不怒，深得词家含蓄之意"的佳品。致使清人吴梅发出"辽邦闺阁多才"的感慨。萧观音曾作《怀古》一诗："宫中只数赵家妆。败雨残云误汉王。惟有知情一片月。曾窥飞燕入昭阳。"因诗中有"惟有知情一片月"一句，被耶律乙辛诬陷为诗中含赵惟一名字，是与乐工赵惟一私通，被道宗赐死。

萧瑟瑟，为天祚帝文妃，《辽史·后妃传》称她"善歌诗"。"少时工文墨"，被天祚帝宠爱。当时女真族崛起北方，日见侵迫。天祚帝畋猎不恤，忠臣多被疏斥。文妃作歌讽谏："勿嗟塞上兮暗红尘，勿伤多难兮畏夷人，不如塞奸邪之路兮选取贤臣。直须卧薪尝胆兮激壮士之捐身，可以朝清漠北兮夕枕燕云。"文妃在诗中劝谏天祚帝，不要畏惧女真的入侵，要整顿朝纲、任贤去邪，激励天祚帝卧薪尝胆，君臣同仇敌忾，定能收复家园。诗中感情真挚，语气诚恳，表达了她忧国忧民，奋发图强的思想感情。她还有《咏史》一诗。

耶律常哥，是辽道宗朝的一位民间女文人。她能诗文，喜读历史，见前人得失，历能品藻。道宗咸雍年间(1065—1074)，常哥作文以述时政。文中写道："君以民为体，民以君为心。人主当任忠贤，人臣当去比周；则政化平，阴阳顺。欲怀远，则崇恩尚德；欲强国，则轻徭薄赋。"⑤文中表现出她忧国忧民的情怀。

辽代的民间诗词，语调清新明快、辛辣活泼，内容上针对时弊与时政，明确地表达了人民的呼声和对辽朝统治的不满。如《天祚时谚》说："五个翁翁四百岁，南面北面顿瞌睡。自己精神管不得，有甚心情管女直。"诗中用幽默的语气讽刺了统治者的昏聩无能。《辽诗记事》中载，辽朝"俗有臻蓬蓬歌，每扣鼓和臻蓬蓬之音为节而舞，人无不喜闻其声而效之者"。其歌词为："臻蓬蓬，外头花花里头空。但看明年正二月，满城不见主人翁。"诗中表达了人民群众对辽末的黑暗统治的强烈不满及对时局的忧虑。又有《投坑伎诗》："百尺竿头望九州，前人田土后人收。后人收得休欢喜，更有收人在后头。"这首民歌质朴明快，语调辛辣，用隐喻的手法讥讽了辽末时局动荡，诅咒了它行将灭亡的命运。

辽代绘画吸取了我国北方游牧民族优秀的艺术传统和唐代的艺术风格，逐渐创立了具有本民族特色的绘画艺术。流传下来的作品虽然不多，但是都带有浓厚的北方草原气息，选题都以游牧题材为主。其代表人物有胡瓌、耶律倍、萧瀜等契丹族画家。

胡瓌，是辽代早期著名的画家。他擅长描绘北方草原游牧民族生活，胡瓌的作品很多，但是大多已经散失，现存世的有《卓歇图》《蕃马图》《还猎图》等。《卓歇图》是胡瓌的重要代表作品之一，画卷表现了众多人物的各种神态，人群马群栩栩如生，宴饮歌舞参差有致，场面恢弘，地域特色鲜明，体现了艺术家描绘草原游牧生活的杰出才能。《五代名画补遗》列胡瓌作品"神品"，《画史》说他画"穹庐什物，各尽其妙"。胡瓌在当时画坛上享有极高的声誉。

耶律倍，汉名李赞华，是辽初著名的诗人和画家。他的作品，以契丹游牧生活为题材，尤擅长于画马，如《骑射图》《猎雪骑》《千角鹿图》，皆入宋秘府，在中国画史上有着重要的地位。耶律倍的作品，传世的仅有《射骑图》《射虎图》，现藏于美国普林斯顿大学美术馆。

萧瀜，契丹族著名画家。萧瀜受唐代花鸟画影响极深。其作品传世的不多，《故宫名画三百种》第94图里，收录了他的一副花鸟画。绢本轴画，纵145公分，横83公分，是一副较大型的设色花鸟画。以芙蓉、荼蘼、野鸟和山鹧鸪为画题，画面左侧有"南院枢密使政萧瀜恭画"的署款，右下方有"萧瀜"印。其用笔、传色均臻，为上乘珍品。这幅画鸟轴画，从近景巨岩的墨线，到远景河溪的描绘，以及中景竹叶技法和野鸟、山鹧鸪飞舞，其间的神态、手法都极为娴巧，其艺术成就很高。

在辽代画家中，还有许多无名氏的作品，如传世的《蕃骑射猎图》《平原射鹿图》《平沙卓歇图》等，都是以契丹游牧生活为题材，由于画家们非常熟悉草原生活，因此描绘准确、刻画生动，仿佛把我们带到辽阔壮丽的辽地草原。

辽朝是在原始氏族制的废墟上立国。契丹统治者深知，要想维护、巩固其统治，建万世磐石之帝业，必须要有一套行之有效的安邦治国之术。而儒学正是契丹统治阶级寻求的治国法宝。辽太祖曾询问侍臣："受命之君，当事天敬神。有大功德者，朕欲祀之，何先？"皆以佛对。太祖说："佛非中国教"。其子耶律倍说："孔子大圣，万世所尊，宜先。"⑥太祖大悦，即建孔子庙，诏皇太子春秋释奠。从此，儒学在辽朝取得正统地位，被契丹统治阶级所尊奉。

对于精通儒学的汉族士人，辽朝均给以重用。辽南院枢密使邢抱朴和其弟邢抱质，"受经于母陈氏，皆以儒术显，抱质亦官至侍中，时人荣之"⑦。韩知古"总知汉儿司事，兼主诸国礼仪"。辽初，儒家知识分子的活动主要是围绕建立、巩固新生政权，制定各种典章制度，恢复和发展经济等方面来进行的。首先，汉族儒士帮助契丹统治阶级建立新生的民族政权。辽太祖"又得燕人韩延徽，有智略，颇知属文。与语悦之，遂以为谋主，举动访焉。延徽始教契丹建牙开府，筑城郭，立市里以处汉人，使各有配偶，垦艺荒田。由是汉人各安生业，逃亡者益少，契丹威服诸国，于延徽有力焉"。其次，汉族儒士借鉴中原封建王朝的典章制度。"凡营都邑，建宫殿，正君臣，定名分，法度井井，延徽力也。"世宗朝，韩延徽迁南府宰相，"建政事省，设张理具，称尽力吏"⑧。

辽景宗至辽末，辽代儒学迅速发展，通过各种方式，在朝野上下得到广泛的传播。儒学不但为统治阶级所尊奉，而且普及、深入到民间，成为社会各阶层人们奉行的道德标准与行为准则。

首先，开设科举，培养大批精通儒学的知识分子，为封建统治服务。辽代科举，始于景宗保宁八年（976），"诏复礼部贡院"。其"制限以三岁，有乡、府、省三试之设。乡中曰乡荐，府中曰府解，省中曰及弟……程文分两科，曰诗赋，曰经义，魁各分焉"⑨。每次放进士人数不等，如辽圣宗太平八年（1028）放进士57人，辽道宗寿隆元年（1095）放进士130人。

第二，设立官学与私学，逐步建立起以儒家思想为主干的教育模式。辽朝以儒家经典为法定教材。辽朝在府、州、县设置地方官学。地方的州县官员，也大力兴办教育。大公鼎在良乡县任县令时，修建孔子庙学。马人望在新城县时，建新城县学。萧文在易州时，"务农桑、崇礼教，民皆化之"⑩。耶律孟简在高州任内，"修学校，召生徒"。三河县令刘瑶，"重建孔庙，阐扬儒教，辅助国风"⑪。辽朝私学记载不多，但也设立多处。王鼎"幼好学，居太宁山数年，博通经史"。萧韩家奴"少好学，弱冠入南山读书，博览经史，通辽、汉文字"⑫。太宁山、南山是私学设立之所。辽代设立的官学与私学，都以儒学经典为基本教材，为辽朝培养出一大批精通儒学教义的汉族、契丹族知识分子，他们对儒学的传播与发展，起了重要的作用。

第三，著书立说，阐述儒家经典，宣传儒家的政治主张。耶律俨，"登咸雍进士第，守著作佐郎，补中书省令史……修皇朝实录七十卷"⑬。兴宗时，诏译诸书。萧韩家奴"欲帝知古今成败，译通历、贞观政要、五代史"，著有《六义集》十二卷行于世。道宗多次诏谕学者"当穷经明道"，召翰林学士赵孝严、知制诰王师儒讲五经大义，命枢密直学士耶律俨讲《尚书洪范》。

第四，依据儒学的基本精神，制定、完善辽朝的各项法令与政策。圣宗时制定了契丹人犯十恶，亦断以律。所谓十恶，即依据儒家道德标准而修纂的法律条文。辽代儒家知识分子对于儒学的宣传与实践，使儒学成为契丹统治阶级治国的根本指导思想，使辽朝封建化更为深入。儒学对于辽代的政治、经济、文化等各方面的发展，都起到了积极的促进作用。

契丹人的服饰，带有浓厚的民族特点。一般契丹男人的服饰为"髡发左衽"。髡发即前额头发全部剃光（也有前额留短头发的），只有鬓角留一缕长发，从耳后垂至肩际。契丹人髡发的习惯可能与气候有关。草原游牧风沙大，头发剃去便于清洗，干净利落。契丹男女的服饰一般都为"左衽"，即衣服左边开襟。契丹男子的服饰，大多为圆领窄袖长袍，腰中系带，足踏黑靴，靴子用各种皮革所制，耐水耐寒，轻便利落，便于骑马。从出土的辽墓壁画中可以看到契丹男子昔日的风貌：髡发左衽，留须，戴黄色耳环，白色下衣，蓝色中单，红色圆领窄袖长袍，腰系浅色革带，足踏黑靴。

契丹妇女服饰。其上衣叫团衫，颜色用黑、紫、绀诸色，服式为直领左衽。前拂地，后长而曳地尺余，两边垂红黄带。妇女所束的裙子形式为襜大式，多在黑紫面上绣以全枝花。哲盟库伦旗一号辽墓壁画中，绘有契丹妇女画像：头戴黑色瓜皮帽，帽缘扎绿色中带，鬓发下垂，黄色葫芦状荷包及一黑色小皮囊……另一女子，头戴绿顶黑皮小帽，后面系花结，绿色长衫，浅红色腰带，左佩件与主人同，侧身向女主人，手执铜镜，为女主人整容。由此可见，辽代契丹妇女穿着为长衫，系腰带，由于北方寒冷，无论寒暑，必系棉裙，头戴帽子。

契丹皇后服饰华丽、讲究。常服为紫金百凤衫，杏黄色金缕裙，首戴百宝花簪，足穿红凤花靴。宫女也有穿锦靴、戴貂额者。

契丹老年贵族妇女，所穿服饰较为具体形象。其衣着为长袍、短袄、裙、裤、套裤。袍衫有疙瘩式襻扣，左衽宽袖。头戴高翅帽，旁有两个高大的立翅。脚穿齐膝刻丝软靴，为圆口两旁开裰式。手戴绣花分指手套，脸部盖有深棕色蝉翼状面纱。出土的纺织品有绢、纱、罗、绮、锦、绒圈织物及刻丝等七类九十多种品种规格，质地轻薄柔软。这说明当时纺织技术的高超和契丹贵族妇女生活的讲究与奢华。

契丹妇女尤其喜爱各种饰物。据贾敬颜《路振乘轺录疏证》记载，辽承天后"冠翠花，玉充耳"。侍立者"皆胡婢，黄金为耳珰"。内蒙奈曼旗陈国公主驸马墓中，陈国公主头旁放置一对耳坠，耳坠各用金丝联缀10颗大小珍珠及4个琥珀雕刻鱼龙形船，船舱、摇橹人的耳、目及鱼龙的鳞、鳍等处无不刻划入微。陈国公主所佩珍珠项链，是用银丝贯穿五百余颗珍珠分股组合而成。下方中间缀以琥珀圆雕，红白相间，色彩鲜明。臂钏，即双臂佩带的饰物。宋人称："有女夭夭称细娘，真珠络臂面涂黄。"诗中形象地描绘了契丹妇女的风貌。面涂黄，即冬月以栝蒌涂面，谓之佛装，但加傅而不洗，至春暖方涤去，久不为风日所侵，因此洁白如故。

由于辽朝地处北方，气候寒冷，所以契丹人在服饰上多衣皮毛。贵者披貂裘，裘毛以银貂为最贵，紫黑色貂皮也很珍贵，青色次之。穷苦人一般服羊、鼠、沙狐裘皮以御寒。契丹人为防寒，还在肩背处围以"贾哈"。"贾哈"形制如箕，两端作尖锐状，围于肩背间，正适合于北方寒冷气候的需要。

契丹族讲究服饰，制作服饰的材料是互市交换的品类之一。辽统和年间（983-1012），在混同江岸宁江州（今吉林省松原市宁江区）、龙州黄龙府（今吉林省农安县）等处设置榷场（边境互市市场），与女真、兀惹族交换来麻布、细白布、蛤珠和各种动物皮张，以为制作服饰之用。

契丹人的饮食习惯受地理、气候条件的限制，带有浓厚的游牧民族特点。契丹人饲养的牛、羊，捕获的飞禽走兽如雁、鹿、兔、虎、熊，做成各种美味佳肴。貔狸肉是契丹人招待贵客的珍膳。貔狸，形如鼠而大，穴居，食谷粱，嗜肉，味如豚肉而脆。苏洵在《北客置酒》一诗中描绘了独具特色的契丹人宴席："山蔬野果杂饴蜜，獾脯豕腊加烹煎。"诗中描绘的丰盛宴席中有煮熟的各种肉食、肉脯、獾脯等，还有各种鲜果蔬菜。现在蒙古族仍保留引刀取肉的待客习俗，满族仍有腌制咸腊肉的习俗。契丹人还喜食生葱、韭、蒜和各种新鲜蔬菜。常食用的有芹菜、韭菜、白菜、葱、蒜等。

契丹人的主食为米、面及各类五谷杂粮。辽朝境内种植的粮食有稻、麦、粟、黍、糜等等。《契丹国志》卷24《王沂公行程录》："（契丹）食止麋粥、秒糒。"麋粥即肉粥。秒糒即炒米、炒面。炒米、炒面做法简易，携带方便。契丹人喜食带腥膻味的牛羊肉及牛羊乳、乳粥。乳粥是用牛羊乳煮的粥。《辽史》卷50《礼志》：契丹人"行酒肴、茶膳、馒头毕，从人出水饭毕，臣僚皆起"。水饭是将米用水煮熟，用笊篱捞到凉水里，也可能是做成干饭后泡水而食。面食的制作多种多样，能做成松软的馒头、香甜的油饼、薄脆的煎饼、各式糕点等。契丹人还喜欢在人日那天食煎饼于庭中，俗云"熏天"。五月五日端午节，则吃艾糕。

契丹人喜食各种水果。契丹境内出产西瓜，据说是契丹破回纥得此种，以牛粪覆棚而种，大如中国冬瓜而味甘。在北京市斋堂辽墓壁画中，绘有两位侍女，双手藏袖内托盘，盘内盛西瓜、石榴、鲜桃。《契丹国志》记载契丹贺宋生日礼物，有蜜晒山果10束椴碗，蜜渍山果10束椴，匹列山梨柿4束椴，榛栗、松子、郁李子、黑郁李子、面枣、楞梨、堂梨20箱等。这些果品都是契丹境内的土特产品。其中的蜜晒山果、蜜渍山果，是契丹人保存水果的特殊方法。蜜晒、蜜渍山果，即把山果用蜜浸泡后晒干，如同今天的果脯，既能保持山果新鲜的质地，又不致变坏。契丹人为在漫长的冬季能食到新鲜的水果，把梨、柿子冷冻后食用。据庞文英《文昌杂志》记载："取冷水浸良久，冰皆外结，已而敲去，梨已融释。"吃起来汁液清冷，冰凉爽口，有如新鲜的水果。此种冷冻保存水果的方法一直沿袭至今。

契丹人喜爱的饮料有酒和茶。九月九日皇帝"射（虎）罢，于地高处卓帐，与番汉臣登高，饮菊花酒。出兔肝切生，以鹿舌酱拌食之……又以茱萸研酒，洒门户间辟恶。亦有入盐少许而饮之者"⑭。菊花，能疏风热，清头目，降火解毒。茱萸，具有温胃散寒疏肝降逆的作用。这两种酒对身体都有益处。兔肝、鹿舌酱也都是营养价值较高的下酒菜。在辽的州城街道上，设有酒店、酒楼。辽朝饮酒之风很盛。酒可驱寒助兴，舒筋活血，因此生活在北方寒冷草原上的契丹人喜饮酒。

契丹人喜喝茶。契丹境内不产茶，大都从宋朝贸易得来。契丹人常食牛羊肉，喝茶可消油腻，助消化，茶还能醒脑、消暑、提神。

契丹族为游牧民族，为适应草原放牧生活的需要，其居室为拆卸方便的帐篷。后唐姚坤"谒见阿保机，延入穹庐……阿保机与妻对榻引见坤"⑮。穹庐即帐篷，亦称毡包。太祖围幽州，"毡车毳幕弥漫山泽"⑯。其帐篷冬为毡，夏为布。宋人诗中形象地描绘了契丹人的放牧生活与居住状况："契丹家住云沙中，耆车如水马若龙。春来草色一万里，芍药牡丹相间红。大胡牵车小胡舞，弹胡琵琶调胡女。一春浪荡不归家，自有穹庐障风雨。"⑰契丹人以游牧为主，四时要随季节、草场迁移。毡包拆卸方便，因此成为契丹人的日常居室。

宫殿，是契丹皇帝居住的地方。上京临潢府，是辽朝皇都，城高 2丈，幅员 27 里。其北谓之皇城，高三丈，有楼橹。中有大内。有留守司、盐铁司、崇孝寺、国子监、齐天皇后故宅、元妃宅、绫锦院等。南城为汉城，南当横街，各有楼对峙，下列井肆。无论契丹人居住的毡帐、房屋，还是皇帝所居的宫室，门皆东向，这是因为契丹人有拜日的习俗。

契丹人的交通工具主要为马、车、船。契丹人无论男女老幼，都善于骑马。"契丹旧俗，其富以马，其强以兵。纵马于野，弛兵于民"。"转徙随时，车马为家"⑱。马是契丹人重要的交通工具，也是行军作战时必备的坐骑。契丹铁骑以骁勇善战闻名于世。契丹银牌天使执牌驰马，日行千里。

契丹人随水草迁徙，则有毡车，载物则有大车。契丹人的车的形制为："长毂广轮，其乘车驾之以驼，上施旒，惟富者加毡巾宪文绣之饰。"公主下嫁时也要赐给车具："青巾宪车，二螭头、盖部皆饰以银，驾用驼，公主下嫁以赐之。""送终车，车楼纯饰以锦，螭头以银，下悬铎，后垂大毡，驾以牛。上载羊一，谓之祭羊……亦赐公主。"[19]契丹皇族把车具作为公主的嫁妆之一郑重地赐予公主，足见契丹人对于车的重视和依赖。驾车有马、牛、驼，有的驾驯鹿。

契丹族有一个流传久远的历史传说："有神人乘白马自马盂山浮土河而东，有天女驾青牛自平地松林泛潢河而上，至木叶山，二水合流，相遇为配偶，生八子，其后族属渐盛，分为八部。"[20]这八部是以白马、青牛这两个互为婚姻的氏族繁衍而来。八子为八部之说，说明了古八部之间以血缘关系为纽带，彼此之间互为兄弟。古八部时期，契丹族已进入父系氏族社会，世系依父系计算。因此，自古八部时期至大贺氏、遥辇氏部落联盟时期，契丹族实行的是氏族（部落）外婚制。

契丹建国后，由于去古未远，契丹族在婚俗中还残留着很多原始婚制的陋俗，为适应契丹社会发展和社会文明进步的需要，辽朝先后发布诏令，对原始婚姻制度进行了一些改革。

辽代契丹民族在婚姻观上，表现为男女可以自由择偶，容许婚前性行为。契丹民族中有个"放偷日"的习俗，即每年的正月十六日，纵偷一日，男女无别，不以为羞反以为荣，"亦有先与室女私约，至期而窃去者，女愿留则听之，自契丹以来皆然，今燕亦如此"[21]。这是原始社会群婚抢婚的遗俗。婚嫁之时，男女双方有选择伴侣的自由，家庭则不予干涉。结婚不重门第。辽承天皇太后的姐姐齐王妃，曾在驴驹儿河阅马，见到番奴挞览阿钵姿貌甚美，因召侍宫中，又请于太后，愿以他为夫。太后应允，但是以西捍鞑靼为条件。契丹贵族与卑小帐族为婚的现象也很普遍。圣宗因此下诏："横帐三房（辽皇族）不得与卑小帐族为婚，凡嫁娶，必奏而后行。"以保持皇室贵族的高贵血统。

辽代契丹族妇女离婚再婚较为普遍。景宗之女淑哥，因与驸马都尉卢俊不谐，表请离婚，改嫁萧神奴。圣宗之女严母董，曾四次离婚。秦晋国妃萧氏曾三次结婚（三次命婚，两次结婚）。由于契丹妇女离婚再嫁现象普遍存在，致使圣宗下诏"禁命妇再醮"。但并未能杜绝契丹妇女的离婚再婚行为。不但骄横自恃的契丹公主结婚、离婚较自由，就连一国之母的皇后也如此。圣宗之母承天太后自从其夫景宗死后，一直与大丞相韩德让同居，朝野上下并不以此为怪异。

建国后契丹族的婚俗与婚制有如下的变化：

一是，建立尊卑贵贱的封建等级婚制。契丹王族、后族二部落之家，若不奉北王之命，皆不准与诸部之人通婚，开泰八年（1019）圣宗再次下诏"横帐三房不得与卑小帐族为婚"。

二是，原始婚姻遗俗的遗留与控制。契丹原始婚制的遗俗之一为甥舅婚，如辽太祖阿保机女儿质古嫁淳钦皇后弟萧室鲁；之二为姑侄婚，世宗为淳钦皇后孙，其妻怀节皇后为淳钦之弟阿古只之女，为姑侄相配；之三为收继婚，是兄死弟娶寡嫂、父死子娶后母的婚俗。这是进入父权制社会后，夫死妻改嫁必须嫁给夫系家族的成员，以防止家族财产外流，氏族部落离散，保存氏族部落劳动力和后代的繁衍。这种遗俗受到一定程度的控制，如秦晋国王耶律隆庆卒，圣宗做主，把其夫人秦晋国妃萧氏下嫁隆庆之子宗政，遭宗政拒绝而未果；辽朝曾在太宗会同三年（940）十一月下诏："除姐亡妹续之法。"

三是，一夫多妻制。契丹皇帝有众多妃嫔，契丹贵族多有数妻。一夫多妻制是文明社会普遍存在的现象，正如恩格斯论述的："在野蛮时代高级阶段，在对偶婚制和一夫一妻制之间，插入了男子对女奴隶的统治和多妻制。"㉒契丹社会也是如此。

四是，允许各族相互通婚。辽太宗时下诏："契丹人授汉官者从汉仪，听与汉人婚姻。"契丹王族与汉族、奚族、渤海族相互通婚。如耶律倍夫人高美人、夏氏为汉人。大氏为渤海人。世宗妃甄氏为汉人，景宗妃为渤海人。圣宗妃白氏、马氏、李氏、艾氏、姜氏都为汉人。圣宗女儿淑哥下嫁汉人卢俊，圣宗女儿长寿女下嫁渤海人大力秋，圣宗女儿十哥下嫁奚王萧高九。契丹为了与西夏、高丽保持藩属关系，辽朝公主还远嫁给西夏国王、高丽国王为妻。

辽代流行较广的民谣中就有："垂杨寄语山丹，你到江南艰难。你那里讨个南婆，我这里嫁个契丹。"㉓蕃汉通婚已成为契丹社会中的普遍现象。据史书记载，渤海、奚、汉人四族杂居，旧不通婚，谋臣韩绍芳献议，允许相互通婚。辽代后期，各族之间的通婚已很普遍。

建国前的契丹族早期葬式则为树葬（风葬）兼火葬。建国后为火葬、土葬。

建国前的契丹民族，"父母死而悲哭者，以为不壮。但以其尸置于山树上，经三年后，乃收其骨而焚之"。至隋唐时期，"死者不得作坟墓，以马驾车送入大山，置之树上，亦无服纪"。子孙死，父母晨夕哭之；父母死，子孙不哭。在内蒙哲里木盟乌斯吐火坑火葬墓，墓底地放骨灰和木炭灰烬，灰上盖几层桦树皮，为契丹建国前的火葬墓。可见，建国前契丹族的葬俗为树葬，不作坟墓。经三年后，进行火葬。树葬可能与萨满教的宗教信仰有关，萨满教认为天上是死者奔赴的地方，将死者尸体置于树上，是让死者奔赴天堂之路。契丹人火葬习俗与佛教僧侣葬式传播有关。1973年，巴林左旗哈达英格乡哈达图出土一件穹庐式骨灰罐，正中设带轴门，门两旁各开一窗。同年又在塔子沟开悟寺附近出土一件穹庐式陶瓷素面骨灰罐。这两个陶罐具有浓郁的草原生活气息，可能是契丹人的葬具。

辽朝建国后，契丹族受中原文化、宗教信仰等方面的影响，葬俗也有了新的变化，即为火葬兼土葬，或火化后土葬。辽太祖耶律阿保机的陵寝为祖陵，规模宏大，陵园内设常殿、刻立碑石，并设有石刻臣僚、瑞兽等等。

契丹族有殉葬制度。这种野蛮、落后的习俗是源于人类的灵魂崇拜与祖先崇拜的原始信仰。太祖耶律阿保机死，皇后述律氏断右腕放置阿保机的灵柩之中，并以"为我达语于先帝"为由，杀死几十名大臣为太祖殉葬。㉔

契丹族有"烧饭"之俗。即在死者葬后，每逢朔、望、节辰、忌日等，焚烧酒饭、祭祀亡灵。后被金元王朝继承。契丹族还有一种独特的保存尸体的习俗。据文惟简《虏廷事实》记载，其法为将刚死的尸体破腹，洗净肠胃，以香药、盐、矾实之，然后用五彩线缝合。再用尖苇筒刺破皮肤，沥尽膏血，被称为干尸。辽太宗律德光死于灭晋归途中，其部下"剖其腹，实以盐数斗，载之北去，晋人谓之'帝羓'"㉕。

契丹族还有一种葬俗，即以金银为面具，铜丝络其手足。在近年出土的辽墓中，有多处发现其尸体外面罩有铜丝网络或金、银、铜面具。开泰七年（1018）入葬的陈国公主驸马合葬墓，即是其例。公主与驸马尸体东西并列陈放，枕金花银枕，两人均戴黄金面具，都穿全身银丝网络和金花银靴，随葬近千件遗物，多为金、银、玉、珍珠、水晶、琥珀、玛瑙等贵重饰品。集中体现了契丹上层贵族的葬俗。

契丹贵族所使用的金、银、铜面具依死者面型用金属薄板锤镖而成。也有全身网络者。全身网络是由头网、臂网、胸背网、裤网和手足网组合而成。契丹民族用网络缠身的习俗，可能与萨满教的信仰有关。面具、网络是萨满教巫师进行布教活动的装饰。其面具与网络能够起到保护尸体的作用。

契丹族的葬具有石棺、木棺和瓷棺三种。石棺使用较普遍。也有直接把骨灰撒在尸床之上。葬式有单葬、合葬和丛葬，或者死后归葬祖茔。夫妻合葬为契丹人常见的葬式。

辽代社会中流行着亲人为死者守丧的习俗。一般为终制三年。如辽圣宗母承天皇太后去世，"终制三年"而后改元。

契丹民族喜爱各种文体娱乐活动。如歌舞、双陆、围棋、叶格、赛马、打马球等等。文体娱乐丰富了契丹族的生活，增强了体力，培养了契丹民族机智勇敢、热情豪放的民族性格。

契丹民族能歌善舞，歌舞是日常生活的一项内容，吉庆节日更要欢歌狂舞。契丹皇帝在捺钵之时，也要有乐工伴奏，歌舞助兴。据宋《乐书》记载：契丹的民间歌舞表演时"歌者一，二人和"。即一人唱，二人帮腔。伴奏的乐器只有一支小横笛，一个拍板，一个拍鼓，"其声喽离促近"，可见是一种速度较快的民间舞曲。其歌舞带有游牧民族特点——豪放、热情、刚健。王安石在使辽诗中这样写道："涿州沙上饮盘桓，看舞春风小契丹。"诗歌中形象地记述了辽朝契丹人能歌善舞，在春天的草原上亦歌亦舞的生动景象。

双陆为我国古代流传下来的博戏。契丹皇帝喜欢玩双陆。兴宗曾和其弟重元"因双陆赌以居民城邑"㉖，连输数城。契丹皇帝每于夏捺钵之时，都与臣下玩双陆为戏。在辽宁法库叶茂台辽墓中，其随葬品有双陆的盘和棋子。可见双陆游戏在辽朝的盛行。围棋是契丹族喜好的娱乐活动。辽朝皇帝喜好围棋，每到夏季捺钵之时，以布易毡帐，籍草围棋。在出土的辽朝墓葬中，曾发现黑白两色的围棋子。纸牌，也是深受契丹人喜爱的游戏，是从中原传入辽内地的。

击鞠，有乘畜与徒步两种。乘畜挥杖击球称"击鞠"，又称作打马球。一般为双球门制，乘马持杖击球称为大打。而乘骡、驴击球叫小打，小打实行单球门制。击球人员分为两队，争击一球。球形如拳大小，以轻韧木做成，中空，外面漆上红色。击球所用球杖长数尺，前端弯曲，形如偃月。在球场南立双桓，置板，板下开一孔为门，而加网为囊，能夺得鞠击入网囊者为胜。击球是契丹民族热衷的一项体育活动。穆宗"幼弱多宠，好击鞠"；圣宗也沉迷于击鞠；兴宗"击鞠无度"，曾召集善击鞠者数十人与近臣角胜，并前去观看；道宗也擅长击球；耶律塔不也"以善击鞠，幸于上，凡驰骋，鞠不离杖"⑰。

骑射是契丹人经常从事的习武与娱乐相结合的活动。射柳就是这种活动的主要形式之一。射柳常与祈雨的瑟瑟仪同时进行。辽朝举行射柳活动，是在每年的4、5、6三个月。射柳的程序是，以手帕樗要射的柳枝，离地几寸的地方削去树皮露出白地。先以一人驰马前导，后驰马用无羽横镞射之。如果射断柳枝，并以手接住，飞驰而去者为优胜者；断而不能接去者，次之；断其青处，中而不能断，不能中者为负，要押出自己的冠服给优胜者。赛后，归还各自的冠服。

契丹人信仰万物有灵论。早在原始氏族部落时期，萨满教已经开始流传。契丹人既然相信万物之神灵，那么沟通人神之间的使者便应运而生，这就是萨满教中的巫师萨满。萨满在社会中地位很高，他们处理部落内的大事，掌管部落的生产活动。契丹族有一个古老的传说："后有一主，号曰乃呵，此主持一骷髅，在穹庐中覆之以毡，人不得见。国有大事，则杀白马灰牛以祭，始变人形，出视事。已，则入穹庐，复为骷髅，因国人窃视之，失其所在。复有一主，号曰涡呵，戴野猪头，披野猪皮，居穹庐中，有事则出，退复隐入穹庐。后因其妻窃其猪皮，遂失其夫，莫知所如。次复一主，号曰昼里昏呵，唯养羊二十口，日食十九，留其一焉，次日复有二十口，日如之。"这个传说中的三主，为契丹始祖，他们俨然以萨满的形象出现，反映了契丹始祖为部落中的生产、生活的领导者，也是他们精神上的领袖。第二个部落首领，戴野猪头，披野猪皮，说明那时的契丹人从事狩猎业。部落首领是狩猎的指挥者。而第三个部落首领养羊二十口，日食十九，留其一焉，次日复有二十口，说明契丹族由狩猎生产向畜牧业的转变，以及羊群的繁衍生息，给契丹人带来了生产方式的转变，即由原来的单纯射猎转为畜牧与射猎并行。而契丹人社会生产中的领导者，以萨满的形象出现。可见萨满在契丹社会中是有较高地位的。

辽朝建国后的各种祭祀仪式中，都由太巫、大巫、巫来主持仪式。例如祭山仪，皇帝、皇后为主祭，"太巫以酒醉牲"。"巫衣白衣，惕隐以素巾拜而冠之。巫三致辞，每致辞，皇帝和皇后一拜，在位者皆一拜。"在再生仪中，"太巫蒙皇帝首，兴，群臣称贺再拜"。巫在辽朝有着较高的社会地位。

契丹人崇拜天、地、日、月、雷、雨、风、火等，建国前后逐步演变成固定的祭祀仪式。例如：契丹人认为，上天是最高神祇，它主宰着人世间的一切，因此契丹可汗、皇帝即位时要举行柴册仪祭天，以求得上天的允许与支持。游牧民族的生产、生活都离不开太阳，因此契丹人崇拜太阳，定期举行拜日仪。契丹人认为高山是通往上天的路，是神灵之所在，因此契丹人崇拜高山。遥辇氏部落联盟时，胡剌可汗制定了祭山仪，建国后成为定期举行的祭祀仪式。由于契丹地处大漠，多风少雨，为祈求雨水充沛，遥辇氏部落联盟的苏可汗制定了瑟瑟仪，以求风调雨顺，百畜兴旺。

没有形成固定仪式的崇拜还有很多，如祭风神。草原放牧最惧刮风，它直接威胁到牲畜的安全，因此契丹人害怕刮风："契丹人见旋风，合眼用鞭望空打四十九下，口道坤不刻七声。"坤不刻为契丹语，汉语为魂风之意。由此可见，萨满教多神崇拜的习俗依然保留在各种祭祀仪式和日常生活中，成为契丹族生活中不可或缺的一部分。

辽代佛教的传入，约在建国前后（公元900年左右）。辽初，太祖、太宗在上京建天雄寺、义节寺、安国寺。应天太后于神册四年（919）前去谒拜寺观，以示对佛祖的敬仰之意。随后，佛教开始流行于汉族、契丹族之中。辽代民众崇佛活动大致如下：

辽代民众为行善事，以求正果，积极兴造佛寺，建塔造幢。据辽代石刻记载，应历五年（955），北郑院邑人合资起建陀罗尼幢，有女邑三十一人参加。应历年间，契丹公主化助云居寺"建碑楼一座，五间六架，并诸腰座"㉘。清宁五年（1059）春，秦越大长公主造十三级石浮图一座，高二百尺，巍然挺立，高耸入云，被称为昊天宝塔。同年，秦越大长公主以所居宅第为施，请师建寺。有稻畦百顷，户口百家，枣栗蔬园，水井、器用等物。又择名马万匹入进。道宗皇帝赐钱五万贯，并亲自御书金榜，以大昊天为之名㉙。清宁八年（1062），宋楚国大长公主以左街显忠坊之赐第为佛寺，赐名竹林。咸雍五年（1069），兰陵郡萧夫人在辽的中京（今大宁城）出巨资建寺院，延僧四十人，施地三千顷，粟一万石，钱二千贯，人五十户，牛五十头，马四十匹，以为供亿之本。道宗赐名为静安寺㉚。陈国夫人耶律氏为辽朝宰相萧义之妻，天祚德妃之母，其长女出家为尼，因此陈国夫人多次施造石经。一般官宦人家的妇女，也多热衷于佛事。《全辽文》卷十二记载，萧拔烈与其妻及三子四女，合造经文十多条。刘庆余妻耶律氏、窦景庸女、翰离也公主都曾在天庆、保大年间施钱办碑造经。

出家为僧尼。据《刘承嗣墓志铭》载：左骁卫将军、金紫崇禄大夫、检校太保兼御史大夫刘承嗣与其契丹夫人牙思所生女儿，"幼居香刹，恒护戒珠"。怀州刺史兼御史大夫、奉陵军节度使王泽的两个女儿，先后出家为尼；曾孙女二人，也出家为尼，长者紫衣，次者德号。王泽继母仇氏，慕崇觉行，落发为尼。王家是名副其实的佛教世家。朝散大夫、守殿中少监、知惠州军州事董痒三个孙女三喜、迎璋、省哥，于大安年间落发为尼。朝散大夫、尚书比部郎中张衍长女，"性悯"，于寿昌年间，出家为尼。宰相、守太尉兼侍中刘六符第三女刘五佛嫠居，后落发为精行尼。当时"士大夫妻有嫠居者，感而慕道□□□者数人"㉛。

恪守教规、吃斋念佛。承天太后萧绰，每岁正月则不食荤茹，大修斋会及造寺。圣宗耶律隆绪皇后笃信佛教，"普全六行之余，洞达三乘之义。动必协于人心，静必从于佛意"㉜。六行即六渡，行法有六种：一布施，二持戒，三忍辱，四精进，五禅定，六智慧。三乘，即乘运人而到其果地。耶律元妻、晋国夫人萧氏信奉佛教，时常诵读。耶律弘益妻萧氏筵僧营佛，熟悉佛经。董匡信之妻王氏，"又恒以清净心日课上生法花观音品，十数年间，持六斋戒"。即在每月八日、二十三日、十四日、二十九日、十五日、三十日六天中，当诸天神众集会称量世间善恶时，而修善事，信守斋戒，不食荤茹。

民间成立各种邑社组织。邑社组织有多种，有千人邑、念佛邑、建塔邑、赢钱邑等。有不少信徒参加了邑社组织，邑社组织佛教信徒合资兴建塔幢、寺院。应历五年，北郑院邑人合资起建陀罗尼幢○。《全辽文》卷九《懽州西会龙山碑铭》记载，大安八年（1092）建塔邑众男女五百人，合资兴建佛身感应舍利塔一座。

辽代佛教信徒常诵的经卷有《妙法莲花经》《华严经》《法华经》《圆觉经》《菩萨本行经》《贤劫经》等。信奉的佛教教派为天台宗、华严宗、禅宗、密宗。从侧面反映出辽代佛教各派的发展与繁荣。

第三节　辽文化遗存

黄龙府　契丹铭文八角铜镜　农安辽塔　塔虎城　月亮泡

黄龙府在今天的吉林省农安县。辽太祖时期，征伐渤海国，于天显元年（926）春正月拔扶余城，诛其守将。七月甲戌，太祖到扶余府，身体不适。当晚，大星坠落于帐篷前。第二天早晨，于城上见黄龙缭绕，可长一里，光耀夺目，入于太祖所居帐篷，有紫黑气蔽天，逾日乃散。当天，太祖崩，年五十五岁。太祖所崩行宫在扶余城西南两河之间，之后在此建升天殿，而以扶余为黄龙府。这就是黄龙府的由来。

辽朝为了加强对散居在松花江以北，宁江州以东的女真人的控制，在其南部修筑了军事重镇黄龙府，同时为了加强对北面的室韦人的控制，在长春州（今前郭县塔虎城）设置了东北路统军司，在这些军事重镇的周围还修建了中小规模的城堡。在这些军事重镇和城堡里面，驻扎着辽代的部族军，用来捍卫辽朝边疆地区的安全。农安设县之后人们仍惯称其为黄龙府，黄龙府一直是农安县的别称。

在吉林省大安市红岗乡永合村出土了一面等边八角形铜镜，背面有阳文庆陵式契丹字铭文，铭文为五行，由右而左，其大意是：时不再来。命数由天，逝矣年华，红颜白岁，脱超网尘，天相吉人。镜上篆刻有"济州录事完颜通"，阴文汉字。铜镜花纹精致，线条古朴完整，和当时中原常用的图案一致。此镜是辽代所铸，镜缘阴刻有"济州录事"，应是公元 1140 年以后，金朝完颜通篆刻。据《金史》记载，熙宗天眷三年（1140）改黄龙府为济州，大定二十九年（1189）更为龙州，贞祐初升为隆安府。此镜的发现，对于研究东北地区、吉林省与中原地区的政治、经济、文化等方面的相互影响，增添了重要的资料。

在长春地区，有座古老的宝塔，坐落在长春西北七十公里外农安县内农安镇城西门，这就是农安古塔，亦称"佛塔"、"辽塔"。

农安县是辽代黄龙府所在地。辽金时期是这里历史上最繁荣的时期，留下诸多历史遗迹。辽代古塔是最具代表性的古建筑，它建于公元983—1030 年，为砖砌实心，八角十三层，高近 40 米。一层层檐下有砖雕斗拱，八面壶门，塔身层层收分，宝顶直插云霄。塔檐层层飞展，檐角风铃随风摆动，清脆悦耳。塔上一砖室中曾发现铜佛 2 尊、木制圆形骨灰盒、骨灰布包（内有舍利子）、瓷香盒、瓷香炉、银质小型圆盒、单线刻划佛像银牌。其中瓷香盒、瓷香炉极为精致，是研究辽代瓷器的珍贵资料。

塔虎城位于吉林省松原市前郭尔罗斯蒙古族自治县北部嫩江右岸，属辽长春州所在地。

古城平面呈正方形，周长 5213 米。每面城墙上有 16 个半圆形马面，四角有圆形角楼。城址四面各有一门，均有半圆形瓮城。城墙外侧有两道护城河。城内西北角有大型的建筑基址，长宽各约 60 米，东部和北部有大面积的居住址。古城出土遗物十分丰富，发现有石器、陶器、玉器、铜器和铁器等多种，并有大量的建筑构件。其中瓷器包含了定窑、钧窑、龙泉窑、磁州窑等不同窑系，也有北方系统的辽三彩、长颈瓶、鸡腿瓶等器物。

塔虎城遗址的发现对于研究辽金时期的政治、军事、经济、文化和交通等方面具有重要的价值。

月亮泡位于大安县西北 37 公里，据《金史·地理志》泰州条记载，长春县（即辽代的长春州）境内有"达鲁古河，鸭子河"，而长春州"本鸭子河春猎之地"。据洪皓《松漠纪闻》记载，"每春冰始泮，辽主必至其地，凿冰钩鱼，放弋为乐"。

月亮泡水面纵横 200 余平方公里。碧波荡漾，杨柳盈岸。据《辽史》记载，月亮泡在辽朝被称为"鱼儿泊"，是辽朝皇帝的春捺钵之地。辽朝皇帝到鱼儿泊，"卓帐冰上，凿冰取鱼，冰泮，乃纵鹰扑，晨出暮归，从事弋猎。皇帝得天鹅，荐庙，群臣各献酒果，举乐更酬酢，致贺语，皆插鹅毛于首以为乐"。据史书记载，圣宗以后的各代皇帝到春猎之地鱼儿泊（今月亮泡）23 次，鸭子河为 14 次，长春河 6 次，长春州 13 次。

【注释】

①《辽史》卷三二《营卫志》，中华书局 1974 年版，第 377 页。

②《辽史》卷四五《百官志一》，同上，第 685 页。

③ 同上①，第 373 页。

④《全辽文》卷八《秦晋国妃墓志铭》，中华书局 1982 年版，第 193 页。

⑤《辽史》卷一〇七《耶律常哥传》，同上①，第 1472 页。

⑥《辽史》卷七二《耶律倍传》，同上①，第 1210 页。

⑦《辽史》卷八〇《邢抱朴传》，同上①，第 1278 页。

⑧《辽史》卷七四《韩延徽传》，同上①，第 1231 页。

⑨《契丹国志》卷二三《试士科制》，上海古籍出版社 1985 年版，第 226、227 页。

⑩《辽史》卷一〇五《萧文传》，同上①，第 1461 页。

⑪《全辽文》卷一〇《三河县重修文宣王庙记》，同上④，第 294 页。

⑫《辽史》卷一〇三《萧韩家奴传》，同上①，第 1450 页。

⑬《辽史》卷九八《耶律俨传》，同上①，第 1416 页。

⑭《契丹国志》卷二七《岁时杂记》，同上⑨，第 253 页。

⑮《旧五代史》卷一三七《外国列传第一》，上海古籍出版社 1995 年版，第 5051 页。

⑯《契丹国志》卷一《太祖大圣皇帝》，同上⑨，第 2 页。

⑰《全辽文》卷一二《寄夫诗》，同上④，第 349 页。

⑱《辽史》卷五九《食货志上》，同上①，第 923 页。

⑲《辽史》卷五五《仪卫志》，同上①，第 901 页。

⑳《辽史》卷三二《营卫志中》，同上①，第 378 页。

㉑《契丹国志》卷二三《族姓原始》，同上⑨，第 221 页。

㉒《马克思恩格斯选集》第 4 卷《家庭私有制和国家的起源·易洛魁人的氏族》，人民出版社 1972 年版，第 71 页。

㉓《全辽文》卷一二《寄夫诗》，同上④，第 349 页。

㉔《契丹国志》卷一三《太祖述律皇后传》，同上⑨，第 139 页。

㉕《契丹国志》卷三《太宗嗣圣皇帝》，同上①，第 39 页。

㉖《辽史》卷一〇九《罗衣轻传》，同上①，第 1480 页。

㉗《辽史》卷一一一《耶律塔不也传》，同上①，第 1449 页。

㉘《全辽文》卷四《重修范阳白带山云居寺碑》，同上①，第 80 页。

㉙《全辽文》卷八《昊天石塔记》，卷九《燕京大昊天寺传菩萨戒故妙行大师遗行碑铭》，同上④，第 176、249 页。

㉚《全辽文》卷八《创建静安寺碑铭》，同上④，第 200 页。

㉛《全辽文》卷一〇《张行愿墓志》，同上④，第 287 页。

㉜《全辽文》卷二《圣宗钦爱皇后哀册》，同上④，第 36 页。

㉝《全辽文》卷四《北郑院邑人起建陀罗尼幢记》，同上④，第 73 页。

第六章

"金源内地"吉林与金文化

金朝（1115—1234）是崛起于白山黑水之间的古老民族女真族建立的政权。东北是女真族的故乡，吉林地处东北地区中部，被金王朝视为肇兴之始的"金源内地"。金立国以后便挺进辽西、南下中原，进而灭辽克宋，与南宋对峙，成为统治北部中国的王朝。金朝不仅在军事上拥有强大实力，政治、经济和文化也都取得了相当可观的发展，由于占据江淮以北人文荟萃的中原地区这一人文地理优势，对于促进中华各民族的融合做出了重要贡献，对于吉林地域文化发展具有深远影响。植根于汉文化与北方民族文化相结合的金代文化，在各民族文化相激相融、互动互补中，为中华文化北雄南秀、气象万千的历史走向增加了驱动力，从而促进了多元一体的中华文化的发展进程。

第一节　金国概况

女真族族源　阿骨打反辽与金国建立　金国的政治、经济

女真族同肃慎、挹娄、勿吉、靺鞨有渊源关系。五代时，靺鞨人受制于契丹，契丹称黑水靺鞨为女真。契丹人建立辽朝以后，由于避辽兴

宗耶律宗真之讳，又将女真改写作"女直"。女真，又作虑真、珠申、珠尔真、朱里真等。辽代的女真大体上可以分作三部分：在混同江中游（今松花江）以北的为生女真，不隶契丹籍，以完颜十二部为主；在混同江上游以南的为熟女真，隶契丹籍，以曷苏馆部为主；介乎二者之间的无生、熟女真之号，但与生女真关系更为密切，以回跋部为主。

　　女真人本出自黑水靺鞨，建立辽朝的契丹人灭亡渤海以后，把渤海人大批南迁，黑水靺鞨也乘机向南迁徙。《金史·世纪》称："金之先，出靺鞨氏。靺鞨本号勿吉，勿吉，古肃慎地也……五代时，契丹尽取渤海地，而黑水靺鞨附属于契丹，其在南者籍契丹，号熟女直。生女直地有混同江、长白山，混同江亦号黑龙江，所谓'白山、黑水'是也。"①附属于契丹的黑水靺鞨，本为勿吉——靺鞨七部之一。《新唐书·黑水靺鞨传》称："其矢石镞，长二寸，盖楛砮遗法。"说明唐代的黑水靺鞨仍使用石器。但是考古工作者发现，唐代的黑水靺鞨遗址出土了大量铁器，比如吉林省永吉县杨屯大海猛遗址即呈现了铁器与石器并存的状况，说明黑水靺鞨正处于由石器时代向铁器时代过渡的历史阶段。当时黑水靺鞨的部落组织尚未形成部落联盟，因而《新唐书·黑水靺鞨传》称其"离为数十部，酋各自治"。黑水靺鞨的经济以狩猎、畜牧和农业为主。关于黑水靺鞨同中原的联系交往，最初通过粟末靺鞨建立的渤海国进行，以后才直接受唐朝官职。对于黑水靺鞨与生女真地区的自然、社会状况，宋人在文献中也有记载："土多林木，田宜麻谷，以耕凿为业，不事蚕桑。土产名马、生金、人参及蜜蜡、细布、松实、白附子，禽有鹰、鹘、海东青，兽多牛、羊、麋鹿、野狗、白彘、青鼠、貂鼠，花果有白芍药、西瓜，海多大鱼、螃蟹。冬极寒，多衣皮，虽得一鼠亦褫皮藏之。皆以厚毛为衣，非入屋不彻。"（《三朝北盟会编》政宣上帙三）而对于女真人非同寻常的生活习性和独特品格，《大金国志》则指出："俗勇悍，喜战斗，耐饥渴苦辛，善骑，上下崖壁如飞，济江河不用舟楫，浮马而渡。"②为了适应艰苦的生活环境和严寒的自然环境，女真人养成了"耐饥渴苦辛"的坚强性格，他们好勇斗狠，能拼命死战，这与女真人以后能在中原地区的历史舞台上纵横驰骋、走向辉煌有直接的关系。

　　建立金朝的女真族作为马背上的民族，特定的自然地理、人文地理环境和狩猎、渔猎的生产方式、生活方式造就了他们勇敢尚武的精神，给他们的文化带来了一种雄健磊落、真率自然的格调，他们在倾慕中原文明、对于中原文化表现出认同意识的同时，也为北雄南秀、气象万千的中华文化带来了新的因子，增加了新的活力，这就是多元一体的金代文化的独特性所在。

女真族的杰出领袖完颜阿骨打，自幼"力兼数辈，举止端重，世祖尤爱之……十岁，好弓矢。甫成童，即善射。一日，辽使坐府中，顾见太祖手持弓矢，使射群鸟，连三发皆中，辽使矍然曰：'奇男子也。'"（《金史》卷二《太祖》，第19页）阿骨打成年以后，则"身长八尺，状貌雄伟，沉默寡言笑，顾视不常，而有大志"（《三朝北盟会编》卷三）。金朝建立以前，女真社会组织即已初具国家雏形。景祖时，辽以其为生女真节度使，众推为都部长（都孛堇）。《金史·百官志》称："金自景祖始建官属，统诸部以专征伐，岿然自为一国。其官长，皆称曰勃极烈，故太祖（阿骨打）以都勃极烈嗣位。"（《金史》卷五十五《百官》一，第1215页）"节度使"是辽朝授予阿骨打的称谓。世祖和其他女真首领对于完颜阿骨打举事反辽抱有很高的期待。他顺应女真社会发展的需要，在1115年建立了金王朝。金政权的建立，是统一的女真族形成的重要标志。

辽朝对于女真族的压迫、奴役，已经持续了很长时间。辽朝末年，契丹统治者极端腐败，对于女真族的盘剥、压榨日益加重。辽在临近女真人的宁江州（今吉林省松原市东石头城子）设有榷场，"女真以北珠、人参、生金、松实、白附子、蜂蜡、麻布之类为市，州人低其值，且拘辱之，谓之'打女真'"③引起了女真人的极度不满。女真人每年以北珠、貂皮、良犬、俊鹰、海东青朝贡于辽，契丹人征索无度，女真人不堪其扰。

特别是辽朝的"银牌天使"每到女真境内即要女真妇女伴宿荐枕，起初是女真指定中、下户未嫁女子陪伴住宿，后来使者络绎不绝，竟然仗着大国的权势自选貌美女子，不问其是否有丈夫，也不问社会地位高下，使女真人忿恨不已，"由是诸部皆怨叛，潜附阿骨打，咸欲称兵以拒之"（《三朝北盟会编》卷三）。完颜阿骨打举事之前，即已做了充分的准备，他"力农积粟，练兵牧马"，统一邻近的女真诸部，不断壮大自己的力量。辽天祚帝天庆四年（1114）九月，阿骨打起兵反辽，与诸路兵马会师于来流水得胜陀（今吉林省扶余县徐家店乡石碑崴子村）并举行誓师大会，申告于天地："世事辽国，恪修职贡，定乌春、窝谋罕之乱，破萧里海之众，有功不省，而侵侮是加。罪人阿疏，屡请不遣。今将问罪于辽，天地其鉴佑之。"（《金史》卷二《太祖》，第24页）接着以有功者赏、有过者罚的誓言激励将士奋勇直前、勇敢杀敌。令诸将传梃而誓："汝等同心尽力，有功者，奴婢部曲为良，庶人官之，先有官者叙进，轻重视功。苟违誓言，身死梃下，家属无赦。"阿骨打率军首先向辽朝控制女真人的前哨军事重地宁江州发起进攻。

宁江州的契丹人和各族人在腐败的契丹统治者的压迫下不但无意抵抗，反而对女真人来攻表示高兴，曾有人狂歌于市曰："辽国且亡。"派人追捕，则连喊"且亡"，进入山中不见（《契丹国志》卷十二《天祚皇帝》下）。女真诸军则同仇敌忾，填堑攻城。在十月一举拿下宁江州，并俘获辽防御使大药师奴。在进行军事进攻的同时，阿骨打还精心发起政治攻势，把俘获的辽将大药师奴暗中放回招谕辽人，又派得力部下完颜娄室游说辽籍女真，从而赢得了人心，有力地壮大了自己，瓦解了辽军。攻破宁江州是女真反辽大业的第一个重大胜利，极大地鼓舞了女真军的士气，增强了女真人推翻辽朝统治的信心。接着，又在出河店大败辽军。随着女真军连克宾州、祥州，完颜娄室也攻克了咸州，从而形成了在军事上直捣黄龙府（今吉林省农安县）的形势。

辽天祚帝天庆五年（1115）正月元旦，阿骨打在其亲信、将领的拥戴下，称帝建国。为了"系天下心"，阿骨打在即帝位时宣称："辽以宾铁为号，取其坚也。宾铁虽坚，终亦变坏，惟金不变不坏。金之色白，完颜部色尚白。"（《金史》卷二《太祖》第26页）于是国号大金，建元收国。可见女真族建立金朝，直接目的就是为了取代辽朝。

金建国后，阿骨打首先率军进逼达鲁古城（今吉林省前郭县塔虎城），经激战，全歼守城辽军。九月攻占军事重镇黄龙府。金太祖天辅四年（1120）四月，阿骨打率军攻占辽都城上京临潢府，接着辽中京、西京、燕京也先后陷落。金太宗天会三年（1125）二月，天祚帝在应州

图上6-1　金　有柄铜镜　　孙志明摄

余睹谷被金将完颜娄室擒获，降封为海滨王，辽朝至此灭亡。天会三年（1125）十月，金人开始了同北宋之间的战争。天会四年（1126）闰十一月，北宋都城汴京陷落，次年二月诏降宋徽宗、宋钦宗二帝为庶人，北宋灭亡。

女真族灭辽克宋、据有中原之后，所建立的大金政权经历了一个由奴隶制、半奴隶制向封建制逐渐转化的过程。金朝建立以前，实行"勃极烈"制度。勃极烈系女真语"大人"、"总管"之意，同后来满族的"贝勒"是同音异写。勃极烈带有部落联盟首领的特点，勃极烈制各级首领地位虽有高下之分，等级差别并不悬殊。例如阿骨打即帝位以前曾为勃极烈，即帝位之初群臣奏事，"（国相）撒改等前跪，上起，泣止之曰：'今日成功，皆诸君协辅之力，吾虽处大位，未易改旧俗也。'撒改等感激，再拜谢。凡臣下宴集，太祖尝赴之，主人拜，上亦答拜"（《金史》卷七十撒改传）。可见君臣之礼并不严格，颇有原始民主制的遗风。这使女真人形成了君臣、上下同心协力、亲密无间的状态，为顺利灭辽克宋、入主中原创造了条件。可以说女真族看似原始落后的文化，也包含着某些积极因素。

金人在天辅年间（1117—1123）以后，始正君臣之礼，并在完颜阿骨打占领燕京地区以后采用汉官制度，以适应原辽宋地区的管理统治。到金熙宗即位时，在传位制度上废除了带有氏族社会残余的"兄终弟及"制，采取了世袭的"父死子继"制。这种传位制度的变化象征着重大的社会变革，说明奴隶制正在让位于封建制。

金熙宗在位期间，适应金政权在华北、中原趋于稳定和政治、经济发展的需要，废除了带有军事民主制色彩的勃极烈制，全面采取辽、宋的汉官制度，兼采唐制，把女真内地和原辽、宋地区统一置于封建中央集权之下，设尚书、中书、门下三省。皇帝下设太师、太傅、太保三师，并领尚书省事。尚书省设尚书令、左右丞相、左右丞；门下省长官为侍中；中书省长官为中书令。增设御史台，以监察百官，并掌管刑狱和重大案件审理。又建立"勋封食邑制"，按功勋等第，授予官员以不同的封爵、勋级、食邑。地方机构，则仍辽、宋旧制，设路、府、州、县四级。随着女真族的发展和所辖区域的扩大，境内民族成分、经济成分呈现多样化、复杂化，金朝已经从早期的部落国家，发展为比较完备的封建政权。

海陵王完颜亮弑君自立之后，将熙宗加强中央集权的举措继续向前推进。特别是天德三年（1151）四月，在大多数汉官的支持下降诏迁都，将京城由金源内地的上京（今黑龙江阿城南白城）迁往汉族聚居的中都（今北京），使长城内外、汉民族与北方少数民族更加紧密地联系起来，推动了金朝社会的发展。

金海陵王正隆六年（1161），金世宗完颜雍即帝位。世宗吸取海陵王因营建两都、大兴土木而激化社会矛盾的教训，诏令对于中都"凡宫殿张设毋得增置，无役一夫以扰百姓，但谨围禁、严出入而已"（《金史》卷六《世宗》上）。特别是果断地停止了海陵王南侵的政策，采取措施缓和社会矛盾，稳定内部秩序，减轻兵役负担，促进经济发展，并很快收到成效。金章宗则沿袭了金世宗的政策，使金朝呈现了"大定、明昌五十年"的中兴承平气象。元人对于金世宗大定年间的政绩称作"大定治绩"，并极口称推其"时和岁丰，民物阜庶，鸣鸡吠犬，烟火万里，有周成康、汉文景之风"（王磐《大定治绩序》，《元文类》卷三十二）。

世宗完颜雍待人谨厚，自奉甚薄，不事奢华，崇尚"昔唐、虞之时，未有华饰，汉惟孝文务为纯俭"之风。谓宰臣曰："女直官多谓朕食用太俭，朕谓不然。夫一食多费，岂为美事……贵为天子，能自节约，亦不恶也。朕服御或旧，常使浣濯，至于破碎，方使更易。向时帐幕常用涂金为饰，今则不尔，但令足用，何必事纷华也。"（《金史》卷七《世宗》中）这同金熙宗、海陵王专门模仿中原天子浮华奢靡之风形成鲜明的对照。元人王恽曾说过："昔亡金世宗诸王有以不给而请告者，世宗曰：'汝辈何骇！殊不知府库之财乃百姓之财耳，但我总而主之，安敢妄费！'"（《历代名臣奏议》卷六十六王恽《上政书》）能够如此正确看待百姓与帝王的关系，这同女真人身上保留的原始民主制的遗风不无关系。

金建国后实行"移民实内"政策，将辽西、华北及中原地区大批汉人迁徙过来，其中一部分定居于泰州（今吉林省洮南市）。这不仅增添了大量劳动力，也带来了先进的农业生产技术。同时，实行"屯田垦荒"、"劝督田作"政策，促进了农业开发，耕种面积扩大，农作物品种增多，产量增加。移民中也有"百工伎艺人"，加之农业发展提供了资源，手工业有了长足发展。大批城镇出现，也促进了商业繁荣。

金世宗在把金朝的经济和社会发展推向前进的同时，还不忘女真族的纯朴习俗和固有文化，对于女真人渐忘旧风十分担心。曾对宰臣说："会宁乃国家兴王之地，自海陵迁都永安（今北京），女直人寝忘旧风。朕时尝见女直风俗，迄今不忘。今之燕饮音乐，皆习汉风，盖以备礼也，非朕心所好。"（《金史》卷七《世宗》中）大定二十四年（1184）世宗东巡，在自上京返回中都前夕，宴宗室、宗妇于皇武殿，席间带头自歌本朝乐曲，"曲道祖宗创业艰难，及所以继述之意。上既自歌，至慨想祖宗、音容如睹之语，悲感不复能成声，歌毕泣下数行"（《金史》卷三九《乐》上）。在归途上，世宗还亲自召见能讲说"太祖开创事"的女真族百二十岁老人，"上嘉叹，赐食，并赐帛"（《金史》卷八《世宗》下）。女真族口述历史、口头文学流传下来的较多，与最高统治者的提倡和保护不无关系。

第二节 半壁江山内的民族文化融合

女真族语言与女真大、小字的创制 科技与教育 金代文学 音乐舞蹈 绘画与雕刻 宗教信仰

金朝建立以前，女真族只有语言而没有文字。由于各部之间的长期交往，逐渐形成了统一的民族语言。因而《契丹国志》称女真"言语、衣装与熟女真国并同"（《契丹国志》卷二二"四至邻国地里远近"）。女真语属阿尔泰语系通古斯语族，为满语的祖语，语音与满语略同，词汇则大同小异，句法结构也基本一致。女真语就词法形态而言属粘着型，词内有专门表示语法意义的附加成分，词根或词干同附加成分的关联比较松散。任何一种语言都有一个发展过程。女真语是女真族先民在长期的生产、生活实践中创造形成的。据汉文文献记载，女真族先民肃慎"无文墨，以言语为约"（《晋书》卷九七《肃慎氏》），则可知肃慎人并未创立文字。女真人的直系先民黑水靺鞨也是"俗无文字"（《旧五代史》卷一三八《外国列传》）。但是女真人的语言则是从肃慎、靺鞨的语言传承下来的。随着女真社会的发展、同辽宋的交往以及破辽、克宋战争的胜利，女真文字的创制便提到日程上来。

天辅二年（1118）九月，金太祖阿骨打下诏全国，"访求博学雄才之士"组建女真文字创制班子。因为完颜希尹、完颜耶鲁懂得契丹学和汉字，太祖遂命二人主其事。完颜希尹女真名谷神，又名兀室，系完颜部贵族出身，世居冷山（今吉林省舒兰市小城子乡），曾任左丞相，不仅是抗辽战将，还是积极倡导学习汉文化的才子。《金史·完颜希尹传》称："金初无文字，国势日强，与邻国交好，乃用契丹字。太祖命希尹撰本国字，备制度。希尹乃依仿汉人楷字，因契丹字制度，合本国语，制女直字。金太祖天辅三年（1119）八月，字书成，太祖大悦，命颁行之。赐希尹马一匹，衣一袭。"完颜希尹因创制女真文字而成为吉林历史文化名人。

女真文字分女真大字与女真小字，希尹所撰谓之大字，其后金熙宗又撰制了女真小字，与大字俱行用。

女真文字创立以后，在女真人当中得到了比较广泛的应用，特别是金世宗完颜雍为了更好地传承女真文化，对女真文字的应用十分重视。比如金朝科举考试中曾经设立"女直学"，"自大定四年，以女直大、小字译经书颁行之。后择猛安谋克内良家子弟为学生，诸路至三千人。……十三年，以策、诗取士，始设女直国子学，诸路设女直府学，以新进士为教授。国子学策论生百人，小学生百人。府、州学二十二，中都、胡里改、恤频、合懒、蒲与、婆速、咸平、泰州、临潢、北京、冀州、开州、丰州、西京、东京、盖州、隆州、东平、益都、河南、陕西置之"（《金史》卷五一《选举》一）。几乎涵盖了全国各地。"（大定）十六年，命皇家两从以上亲及宰相子，直赴御试。皇家袒免以上亲及执政官之子，直赴会试。至二十年，以徒单镒等教授中外，其学大振。遂定制，今后以策诗试三场，策用女直大字，诗用小字，程试之期皆依汉进士例"（同上）。其中女真文字学校的兴办，对于提升女真人的文化层次发挥了重要作用。在金朝的国史院中，还设有女真字书写官。用女真文翻译的汉文经典，有《书》《易》《春秋》《诗》《礼》等。女真文的使用由金历经元代，到明英宗正统十年（1445）不再通用，在中国历史上发挥作用三百余年，为多元的中华文化作出了独特的贡献。

金代的科学技术有着相当程度的发展，集中反映在天文、数学、建筑、医学等领域。

历代的统治者都相信"天人感应"，金代的统治者也重视天象的观测。金太宗天会五年（1127），司天杨级根据宋人的《纪元历》而增损修订为《大明历》，金熙宗天会十五年（1137）颁行。"其法以三亿八千三百七十六万八千六百五十七为历元，五千二百三十为日法"（《金史》卷二十一《历》上）。大定年间根据其中出现的误差和问题，乃命司天监赵知微重修《大明历》，一直沿用至元代初期。

而金代的数学家，则主要有杨云翼、麻九畴、李治等人。杨云翼历任吏部尚书、御史中丞，入仕以能称，当祸福荣辱之际敢于直言极谏，有不可夺之节。通天文、历法，司天有以《太乙新历》呈进者，尚书省檄杨云翼参订，云翼摘其不合者二十余条。有文集若干卷，又著有《勾股机要》《象数杂说》等。麻九畴初因经义学《易》，后喜邵尧夫《皇极书》，因学算术，又喜卜筮、射覆之术，晚更喜医，尽传名医张子和之学。李治为金末元初人，金末登进士第，所著《测圆海镜》《益古衍段》反映了金、元在数学方面的成就，在天元术（用代数方法列方程）、几何学（关于直角三角形和内接圆所形成的各线段之间的关系）方面颇有建树。《测圆海镜》传至西方，其法被称为"借根法"。

金代的建筑技术也有可观的成就。如建成于章宗时期、传留至今的卢沟桥，坐落于今北京市西南永定河上，桥长 260.5 米，宽 7.5 米，桥下有十一个孔洞，是我国造桥技术因河制宜的创造性应用，经历代重修，今仍保存完好。

金代铜器、金银器、陶器制造技术也较前代有了进一步发展。在吉林境内的吉林市东团山、农安县好来保屯、农安县万金塔乡邵家屯、桦甸市常山、前郭县塔虎城等金代遗址中，先后出土了金代铜镜 111 面。金大定年间曾规定严禁私铸铜镜，故铜镜边缘要镌刻铸造地点和官署名称，从出土铜镜镌刻的款识来看，这些铜镜均是本地铸造或东北中部其他地区铸造流入本地的，其中有双鱼镜、牡丹花纹镜、蝴蝶纹镜等，技艺相当精美。在吉林出土的其他金代铜器还有铜锅、铜釜、铜鼎、铜盆、铜壶、铜人、铜匜、铜风铃等。在通化市环城乡石棚子村出土一枚金代银锭。在梨树县偏脸城当地居民称为"金场"的东大沟，曾出土金叶、金蜻蜓等工艺精湛的金制品。陶瓷制造的技术和工艺既承袭了宋、辽的传统，又有新的进步。从吉林境内的洮南市四家子古城、扶余石头城子古城、松原市伯都讷古城等处出土的陶器，有碗、盘、碟、瓶、罐、壶等，其烧制技术多是胎质大而厚粗，釉色多为黑、白、酱色，瓶、罐、壶多附有系耳，具有本民族风格。

金朝为了适应社会发展和人才培养的需要，对于教育非常重视。金朝廷一级的学校称国子监，早在海陵王天德三年（1151）即已设立。金世宗大定六年（1166）开始置太学；大定十三年（1173）增设女真国文学；大定十六年（1176）置府学，后又增州学；大定十八年（1178）建女真学。

女真教育除了上述官学以外，还有私学与庙学两种。所谓私学，即家学，指家庭教育，形式多种多样，诸如延师执教、家学传授和设立私塾。所谓庙学，主要指在孔庙中进行的教育，专门宣传儒家的伦理学说。

金代的教育一方面继承了唐、宋的教育制度和教育思想，另一方面也有自己的发展与创造，具有鲜明的民族特色。学校教育的主要内容大多沿袭唐、宋，以儒家学说和经、史为主。除了儒家经典以外，历代正史以及其他学派思想家的著述也作为指定的教材。汉人和女真人所用的教材，则基本相同。除了传统的教育思想，金代的教育特别注重学以致用的原则。金世宗在大定十六年曾经说过："经籍之兴，其来久矣，垂教后世，无不尽善。今之学者，既能诵之，必须行之。然知而不能行者多矣。苟不能行，诵之何益！女直旧风最为纯直，虽不知书，然其祭天地，敬亲戚，尊耆老，接宾客，信朋友，礼意款曲，皆出自然，其善与古书所载无异。"（《金史》卷七《世宗》中）金世宗强调在学习儒家经典时，都要保持和发扬女真人质直纯朴的风气，切不可忘记学以致用、知行统一。

金代文学就传播方式而言，可以划分为书写的文学与口传的文学两大类。金代文学原本是一个复合型文明体系，当时作为精英文化的汉语书面文学和作为民间文化的女真语口承文学分流并进、共同发展，构成金代文学的多样形态，在中国文学史上大放异彩。④

金代初期的汉语书面文学，以宇文虚中、蔡松年、吴激、完颜亮为代表。宇文虚中作为入金以前曾经活跃在北宋、南宋之交的文学家，血管里毕竟流淌着我国北方民族鲜卑人的血液，真率直爽的民族气质与禀赋使他不屑为文造情、钩章棘句，其崇尚自然、注重实用的文学观念同我国北方民族的话语方式、价值取向密切相关。他推崇"卓然浑成"的文风，反对"冥搜巧绘"的习气，强调文学作品要从"肺腑中流出"，从而塑造和引导了有金一代雄健自然的文风，给金代汉语书面文学的异军突起提供了一个颇高的起点。

蔡松年、吴激以词作著称。元人王邻在为《湛然居士文集》作序时有"贾、马丽则之赋，李、杜光焰之诗，词藻苏、黄，歌词吴、蔡"之语，把吴激、蔡松年与贾谊、司马相如、李白、杜甫、苏轼、黄庭坚相提并论，足见二人在金、元时期影响之大。至于金廷第四代国君完颜亮，则是一位杰出的诗人，有汉高祖、魏武帝之风。他从早年开始即好为诗词，所作笔力雄健，气象恢宏，铲尽浮词，语语本色，不仅绝无绮罗香泽的脂粉气，也绝无扭捏作态的腐儒气，俚而实豪，诡而有致，成为中原地区的农耕文化与北方民族的游猎文化双向交流、融合互补的结晶。

金代中期的代表性作家，主要有蔡珪、王寂、王庭筠、周昂等人。他们的作品或以昂扬的格调见长，或以闲适的情趣取胜，反映和表现了由动乱走向复兴的社会现实。而周昂主要生活在蒙古崛起以后，诗作以唐代杜甫为法，沉郁苍凉，凝重洗炼，堪称开金代诗风弃宋学唐的先河。除了诗作以外，周昂又以务实求真的理论主张著称，为金代文学批评家王若虚的崛起作了准备。周昂自幼成长于农耕文明与游牧文明交汇地带的华北北部，其地民风淳朴敦厚，从而孕育了周昂质直真率的文学观念和话语方式。金代后期的代表性作家，主要有赵秉文、王若虚、李纯甫、李俊民、完颜璹、元好问等人。其中完颜璹是女真族的杰出作家，元好问称其为"百年以来宗室中第一流人也"（《中州集》卷五小传）。他是金世宗完颜雍之孙，作为女真族代表人物，完颜璹身上凝聚着民族意识与民族情感，不过在其诗词中不仅对汉民族抱有亲善的态度与友好的感情，有时甚至超越民族的视角与眼界，打破民族之间的壁垒与界限，站在中华各民族共同性的立脚点上抒情言志，谈古论今。在完颜璹的诗作当中，宋诗的弱点、特别是江西诗派从书本中讨生活的弊端很难看到，这是我国北方民族务实求真、经世致用的价值观念在文学创作中的反映和体现。

集金代文学大成的文学家元好问（1190—1257），字裕之，号遗山，忻州秀容（今山西忻州市）人，兴定五年（1221）进士，累官行尚书省左司员外郎，金亡不仕。他是拓跋鲜卑的后裔，作为从大兴安岭原始森林中走出来的北朝魏代拓跋鲜卑的子孙，元好问天禀本多鲜卑族与汉民族相互融合所形成的豪健英杰之气，加上生长在质直尚义的云朔地区，又亲历了金源亡国、鼎革易代的社会巨变，从而赋予他的作品、特别是诗作以慷慨悲壮、沉郁刚健的格调。元好问宋、金时期崛起北国，为异彩纷呈、气象万千的中国文学史提供了同宋代文学优势互补的杰出范本。而熔汇汉文化传统与北方民族文化传统为一炉，可以说是其艺术追求达到的制高点所在。这一制高点不仅属于元好问个人，同时也标志和代表着金代文学在中国文学史上不可替代的价值和难能可贵的成就。元好问金亡前后反映家国黍离之悲的诗作，则把国破家亡、生灵涂炭的一腔幽愤化为慷慨悲歌，情并七哀，变穷百代，堪称一代诗史而无愧。如《歧阳三首》其二"野蔓有情萦战骨，残阳何意照空城"、《壬辰十二月车驾东狩后即事》其二"高原水出山河改，战地风来草木腥"诸句，于严整工炼中别具肝肠迸裂之痛,一字字如血点泪滴和墨写成,所谓"唐以来律诗之可歌可泣者,少陵十数联外绝无嗣响,遗山则往往有之"(赵翼《瓯北诗话》卷八),诚为千古不易之论。元好问诗作的主体风格诗风真淳简淡,不求自工,意在笔先,神余言外,从而形成了"不使奇字,新之又新,不用晦事,深之又深","虽倡优驵侩、牛童马走闻之,莫不以为此皆吾心上言"(杜仁杰《〈元遗山集〉后序》)的艺术境界,与江西末流尚奇务险、调低格卑的不竞之风形成鲜明的对照,说明元好问的诗歌创作在宗唐变宋、锐意创新的道路上已经达到炉火纯青、天籁自鸣的妙境。

金代吉林地区以文名世者有洪皓、纥石烈良弼、任询与王浍。洪皓,南宋使臣。金太宗天会七年(1129)被南宋高宗任命为大金通问使,来到冷山(今吉林省舒兰市小城乡)。据《三朝北盟会编》载,冷山"地苦寒,四月草始生,八月而雪,土庐不满百,皆陈王悟室(即完颜希尹)聚落"。洪皓在此寓居10年,生活条件艰苦,经常衣食不给。他除教希尹子弟读书外,还教授群众子弟。群众无书,他便学女真人以桦皮为纸的经验,凭记忆在桦皮上默写了《论语》《孟子》《大学》《中庸》以为课本。"桦皮四书"成为流传千古的民族史佳话。洪皓酷爱诗词,"在冷山摘褒贬微旨,作诗千篇",其诗文在白山黑水之间广为流传。后世可见的著述有《容斋随笔》《松漠纪闻》等。他的《春秋纪咏》三十卷、《鄱轩唱和集》三卷、《帝王通要》五卷等著作,可惜均已散佚。

纥石烈良弼,本名娄室,回怕川(今吉林省辉发河)人。天会年间(1123—1135)入京学习,年17补为尚书省令史,有过目成诵之才,进拜左丞相监修国史,修成《太宗实录》《睿宗实录》。任询,字君谟,号南麓,进士出身。曾在泰州(今吉林省洮南市城四家子古城)为官多年,是金代著名文学家、书法家。素有书高于诗、诗高于文之说,诗作达数千首,皆散佚,《中州集》仅收其诗九首、词一首。王浍,字贤佐,又作玄佐。章宗朝曾出任信州(今吉林省公主岭市秦家屯古城)教授,后弃官退隐,是自甘淡泊杰出之士,擅长诗词,是否结有诗文集已无可考,所幸还流传下来诗六首、词一首。

作为精英文化的汉语书面文学蓬勃发展的同时,作为民间文化的女真语口承文学也取得了前所未有的发展。《金史·完颜勖传》称："女直既未有文字，亦未尝有记录，故祖宗事皆不载。宗翰好访问女直老人，多得祖宗遗事……天会六年，诏书求访祖宗遗事，以备国史"（《金史》卷六十六完颜勖传）。可见口述历史、口承文学对于女真族保留民族文化记忆的重要地位。太宗时期、特别是太宗以后由于金世宗完颜雍对于女真族口传文化大力保护和积极推动，金代女真族史诗性口承文学大量涌现。女真族同其他北方民族一样，创制文字的时间相对滞后，因而口承文学、口述历史十分发达。这些独特的口头文化遗产，通过口耳相传代代相沿，历经数百年在吉林地区一直流传着，至今仍在女真族后裔——满族中有其传承人，在吉林发现的数十部口头讲述的长篇故事"乌勒本"（满语传或传记之意，参见本书上编第九章第三节满族"乌勒本"）就是很好的证明。

金代的音乐与舞蹈往往是结合在一起的，不论是在宫廷与民间，往往都是如此。金代的宫廷音乐，据《金史·乐志》记载，包括雅乐、散乐、鼓吹乐、本朝乐曲、郊祀乐歌、宗庙乐歌、殿廷乐歌、鼓吹导引曲、采茨曲。作为金代的宫廷音乐，经历了一个从无到有、从草创到完备的发展过程。金人灭亡北宋以前，宫廷尚无音乐；灭亡北宋以后，始设金石之乐。最初宫廷音乐比较简朴，到了金代中期的大定、明昌之际经过日修月葺，终于灿然大备。金代的宫廷音乐，既有从中原王朝借鉴来的，也有从渤海国沿袭来的，还包括本朝乐曲。本朝乐曲中比如金世宗大定二十五年（1185）四月巡幸上京时所唱本曲，即是生动的一例。这一本曲，表现的是"祖宗创业艰难，及所以继述之意"（《金史》卷三十九《乐》上第891页）。在金世宗招待宗室的这次宴会上，开始时宗室妇女翩翩起舞。世宗唱完本曲以后，诸老人也一起歌唱本曲，如私家聚会，畅然欢洽。世宗接着又"续调歌曲，留坐一更，极欢而罢"（同上）。这次盛会充分反映了女真族声气相求、上下一心的纯朴民族精神。

金代的民间音乐，有着悠久的历史，早在女真先民鞨鞨时期，其特色鲜明的歌舞即曾受到中原王朝的激赏与盛赞。而对于金人的音乐，《大金国志》称："其乐唯鼓、笛，其歌唯《鹧鸪曲》，第高下长短为鹧鸪声而已"（《大金国志》卷三十九《初兴风土》）。实际上女真族是一个能歌善舞的民族，其音乐舞蹈丰富多彩、纯朴自然，而散乐多为乐、舞相互配合的表演。北宋使者许亢宗宣和七年（金天会三年，1125）使金时曾亲眼目睹金人的乐舞场面："舞者十六七人，但如常服，出手袖外，回旋曲折，莫知起止。"（《宣和乙巳奉使金国行程录》）1973 年在黑龙江省伊春市金山屯出土的乐舞浮雕石幢，为柱状八面体，每面各雕一人，有的击鼓弄箫，有的翩翩起舞。河南、山西金代墓葬中还出土有女真陶俑，其中河南焦作陶舞俑的舞式为右臂上举，左臂后甩，腰部扭动，双足作前后跳跃状，动感鲜明，活灵活现。

　　女真人不论贵族与平民，大都有音乐天赋，多能即兴创作。《金史·后妃传》记载，金太宗天会十年（1132）追谥为景祖昭肃皇后的帅水隈鸦村唐括部人多保真，"能辑睦宗族，当时以为有丈夫之度云"（《金史》卷六十三《后妃》上，第 1501 页）。多保真曾自作自唱歌曲，以解决乌古乃之子劾里钵与桓赧、散达的矛盾。当时双方酒后"语相侵不能平，遂举刃相向。后起，两执其手，谓桓赧、散达曰：'汝等皆吾夫时旧人，奈何一旦遽忘吾夫之恩，与小儿子辈忿争乎。'因自作歌，桓赧、散达怒乃解"（《金史》卷六十三《后妃》上，第 1500 页）。洪皓《松漠纪闻》记载兀惹女子与契丹、女真富家子弟互致情意时，女方"起舞讴歌以侑觞"，这是以边歌边舞表达感情的方式，可见歌舞已经成为生活的一部分。《大金国志》记载女真人的婚姻状况时则称："贫者以女年及笄，行歌于途，乃自叙家世、妇工、容色，以伸求侣之意。听者有遂娶欲纳之，则携而归，后方具礼来女家以告父母。"（《大金国志》卷二十九）此种连普通贫家女都能即兴自创自唱的歌曲，在女真人中曾经普遍流行，说明已经作为一种民俗而广泛存在于女真社会当中。

　　女真人特色鲜明的音乐，在中原地区和汉族居民中产生了巨大的影响。难怪南宋诗人范成大宋孝宗乾道六年（金大定十年，1170）使金时，惊呼"虏乐悉变中华"（《真定舞》诗注，见《范石湖诗集》）了。不仅纳入金朝版图的原北宋地区如此。影响所及，甚至深入南宋境内。李焘《续资治通鉴长编》即承认："临安府风俗……好为北乐"，"今都人静夜，十百为群，吹鹧鸪，拨洋琴。"⑤此事发生在范成大出使金朝的前两年即乾道四年，可见女真民族音乐的艺术魅力不仅在金人占据的中原、华北地区，而且在隶属南宋的江淮以南地区，也是入人心脾而难以阻挡的。实际上，范成大"虏乐悉变中华"的担心，虽然牵涉宋、金对立政权的政治原因，但是从中华文化历史发展的长过程观察，则纯属杞人忧天之论。

辽、金、元时期，女真等北方民族的传统音乐对于北曲的形成与发展无疑发挥了关键作用。其时燕乐渐衰，中原乐曲乃融汇女真等北方民族的乐曲滋演新声，自成乐系。甚至一时作者俱娴北调，不及南音。徐渭的《南词叙录》虽然表现出偏爱南曲的倾向，但是不能不承认"南不逮北"，认为"胡部自来高于汉音，在唐，龟兹乐谱已出开元梨园之上。今之北曲，宜其高于南曲"。还指出："今之北曲，盖辽、金北鄙杀伐之音，壮伟狠戾，武夫马上之歌，流入中原，遂为民间之日用。宋词既不可被管弦，南人迹遂尚此，上下风靡。"可见女真等北方民族的音乐对于北曲在中国戏曲史上的推陈出新、发扬光大作出了重要贡献。

金代的绘画与雕刻艺术，也有很高的成就。比如金朝帝王中海陵王完颜亮善画竹，显宗允恭善画獐鹿人物。著名作家王庭筠以所画山水墨竹著称，冯璧挽王庭筠诗有"诗名摩诘画绝品，人品右军书入神"之句，将其诗画、书法与王维、王羲之相提并论，足见水平之高。他的《幽竹枯槎图》，画幽竹和柏树，凛然风骨跃然纸上。武元直的《赤壁图》现藏台北故宫博物院，取材于苏轼的《赤壁赋》，画面上临江石壁的宏大气势，足以引发后人对于古战场的历史遐想。而现藏于吉林省博物馆的张瑀的画作《文姬归汉图》，是金朝绘画艺术中的精品，为绢本，画的是蔡文姬自漠北归汉途中的情景。骑在马上的蔡文姬在风沙中神情泰然自若，双目凝视远方，随行胡汉官员等或躬背缩首，或以袖掩口，与文姬形成鲜明地对照。整个画面疏密得当，错落有致，笔力雄健刚劲，线条规整流畅，是绘画史上不可多得的佳作。

金代的壁画，也值得称道。山西繁峙县天若村岩上寺创建于正隆三年（1158），现仅存南殿，殿四周壁画以东壁、西壁绘画技巧最佳，为画人王逵所绘，是今存壁画中的上品。山西朔县崇福寺弥陀殿的金熙宗皇统年间壁画，为菩萨组会的《说法图》，规模宏伟，艺术精湛，是我国绘画史上的瑰宝。

金代的雕刻艺术，也有可观的发展。今黑龙江阿城亚沟石刻，位于阿城亚沟镇东约 5 公里的山崖壁上，石刻雕凿男女二人，男为女真武士，身躯伟岸，头戴兜鍪，右手执剑，有赳赳武夫气概，是金代早期女真线雕石刻的典型代表。金代的雕砖墓，在河南、山西都有发现。比如河南武陟小董乡的雕砖墓，西北壁、东北壁皆有动感鲜明的人物画面。整个作品逼真形象，生活场景细致入微，把殷实富有家庭的奢华生活场景表现得淋漓尽致。保存至今的北京市西南永定河的卢沟桥石栏上雕刻的近 500 个石狮，形态各异，栩栩如生，堪称我国建筑和雕刻史上令人叹为观止的杰作，有极高的艺术价值。

金代的宗教，也颇有特点。金代女真人信奉的宗教原为萨满教。"萨满"为女真语，《三朝北盟会编》称："珊蛮者，女真语巫妪也，以其通变如神。"（《三朝北盟会编》卷三）萨满教是地球北半部众多民族信奉的一种以氏族为本位、内向性相当强的原始自然宗教，是女真等北方民族灿烂文化之源，其中保留着人类原始愚蛮时期的宇宙观、美学观等精神文化财富。女真族早期对于萨满教十分重视，萨满教在女真人中则享有至高无上的权威，广泛地影响到社会生活的方方面面。金太祖完颜阿骨打兴兵反辽、祭天誓师，采用的就是萨满教仪式。而且"襘会之法"不仅"行于军中"（《大金得胜陀颂碑》），解决部落纷争乃至为人治病、代人求子等也都离不开萨满教。据《金史·谢里忽传》："国俗有被杀者，必使巫觋以诅祝杀之者，乃系刃于杖端，与众至其家，歌而诅之曰：'取尔一角指天、一角指地之牛，无名之马，向之则华面，背之则白尾，横视之则有左右翼者。'其声哀切凄婉，若《蒿里》之音，既而以刃划地，劫取畜产财物而还。其家一经诅祝，家道则败。及来流水乌萨扎部杀完颜部人，昭祖往乌萨扎部以国俗治之，大有所获。"（《金史》卷六十五《谢里忽传》）其中的"巫觋"即为萨满，"以国俗治之"，则很好地说明了萨满教在女真人中的普及性和权威性。

除了萨满教以外，佛教、道教也是金代重要的宗教信仰。金代佛教的传播，在金人灭辽克宋以后，当时在汉人、契丹人的影响下，女真人渐渐接受佛教。金人占领原辽、宋地区以后，对原来的佛教僧寺大力保护。佛教在金源内地流行，从金初即已开始。比如金初都城上京的寺庙，即有庆元寺、储庆寺等多处。太宗皈依佛教，每岁设立斋会，举行"饭僧"活动。熙宗曾"幸佛寺焚香"。至于佛教在金朝的盛行，当在世宗、章宗的大定、明昌时期。金世宗的母亲元妃李氏，辽阳人，其先人为渤海大族，潞王宗辅卒后寡居。女真旧俗，妇女寡居宗族接续之，元妃李氏乃祝发为比丘尼，号通慧大师，返归故乡辽阳营建清安寺，别为尼院居之。最初李氏自建浮屠于辽阳，是为垂庆寺，其在佛寺居住26年，临终谓世宗曰："乡土之念，人情所同，吾已用浮屠法置塔于此，不必合葬也。我死，勿忘此言。"世宗深念母亲遗命，大定二年（1162）改葬睿宗（即潞王宗辅，世宗父）于景陵时，乃即辽阳清安寺建神御殿，并增大旧塔，起奉慈殿于塔前，礼部尚书王竞撰塔铭以叙其意。大定二十四年（1184）世宗东巡上京途中，曾临幸清安寺、垂庆寺。据《三朝北盟会编》记载，金代"奉佛尤谨"（《三朝北盟会编》卷三）。金代香火寺院之繁盛，多在名山胜地，如五台山、千山等。不少女真人出家为僧尼，包括名门望族。大定二十六年（1186）中都的香山寺建成时，金世宗曾亲自前往，赐名永安，给田二千亩，粟七千株，钱二万贯。金朝还有一套僧官制度，地位最高者为"国师"，有时金朝皇帝也要参拜国师。金朝的佛学研究，万松行秀著有《从容录》。万松行秀弟子李纯甫则著有《鸣道集说》，阐发以佛教为中心的三都融合理论，对宣扬佛法起了推动作用。

金代道教也很流行。《大金国志》指出："金国崇重道教，与释教同，自奄有中州后，燕南北皆有之。"（《大金国志》卷三六《道教》）金代的道教，最初有丹鼎、符箓两大派，而金熙宗时期一直到金末，在华北和中原地区则有新的道教派别全真教崛起，影响很大。女真族宗室名人完颜璹《全真教祖碑》称："其教名之曰全真，屏去妄幻，独全其真者，神仙也。"全真教创始人为王嚞，北宋徽宗政和二年（1112）生，道号重阳子，完颜璹《全真教祖碑》说王嚞为咸阳大魏村人，字知明，"仙母孕二十四月又十八日生，按二十四气余土气而成真人也。先生美须髯，大目，身长六尺余寸。气豪言辩，以此得众。家业丰厚，以粟贷贫人，惠之者半，其济物之心，略可见矣"[6]。全真教的其他代表人物，尚有王处一、马钰、谭处端、邱处机、郝璘、孙不二等，合称七真人。入元以后，全真教成为道教的主要流派之一。金代的统治者历来对道教比较重视，给予道士以很高的政治地位。比如金熙宗时设置道阶，分为六等。

大定年间金世宗曾派遣使者访全真教门人，得邱处机、王处一，世宗命邱处机主万寿节醮事，并亲自听其讲论至道。正如前人所说的，金代"贞祐丧乱之后荡然无纪纲文章，蚩蚩亡民靡所趣向，为之教者独是家而已"（《佛祖历代通载》卷二十）。重视全真教等道教流派，也是建立统治秩序、社会秩序的需要。金代全真教另一个不可忽视的价值，是王嚞等全真教代表人物还创作了大量的诗词作品，这些作品虽然带有某些消极的迷信色彩，却也包含着人类宗教文化的重要因子。对于这份文化遗产，国内外尚无人进行过认真的研究，应该引起学术界的重视。

第三节　金文化遗存

大金得胜陀颂碑　完颜希尹家族墓地　完颜希尹神道碑　完颜娄室神道碑　庆云女真摩崖　偏脸城

大金得胜陀颂碑是金太祖完颜阿骨打兴兵反辽、得胜建金的纪功碑。碑文体例仿照唐玄宗《起义堂颂》《旧宫述胜颂》，翰林修撰赵可撰稿，武骑尉郝俣书丹，国史院编修官党怀英篆额。金世宗大定二十五年（1185）立碑，碑址在金会宁县得胜陀（今吉林省扶余县徐家店乡石碑崴子村）。阿骨打在反辽誓师时宣称："若大事克成，复会于此，当醑而名之。"建立大金以后，名誓师之地为"得胜陀"，女真语"忽土皑葛蛮"。但是戎马倥偬之中阿骨打忙于同辽、宋的战事，未及"复会于此""醑而名之"，即撒手人寰，使这一遗愿未能完满实现。70 年以后，大定二十四年（1184）阿骨打之孙金世宗完颜雍由京城中都（今北京）东巡梦绕魂牵的女真族发祥崛起之地的时候，亲自下令在金太祖武元皇帝起兵誓师处立碑颂功。碑文用汉文和女真文对照，正面为汉文，背面为女真文。现为国家级重点保护文物。《大金得胜陀颂碑》属古代碑志文体的一种，即纪功碑文。按照惯例，汉代以后这类碑文一般由序和铭两部分组成，序用散体，铭用韵体。《大金得胜陀颂碑》也是这样，前有散体序文，后有韵体铭文，散体侧重纪事，韵体侧重颂功。整个碑文有两个侧重点。第一是把辽朝末年的失道腐败与"武元皇帝"兴兵反辽直接挂起钩来。辽朝末年，契丹族统治者对于女真人的压榨、盘剥日益加重，已经到了令女真人无法忍受的程度。所谓"辽季失道，腥闻于天"可谓画龙点睛之笔。在这种情况下，武元皇帝完颜阿骨打应运而生、"恭行天罚"，即替天行道、惩罚辽统治者，乃是顺应历史潮流的义举，因而碑文中渲染天祐神助也就顺理成章了。第二是把金太祖武元皇帝"风栉雨沐"的开创之功与"武元神孙"金世宗完颜雍"润色祖业"的光大继承紧密联系起来，从而使大金的教化恩泽"化被朔南"。正是由于完颜雍"南北讲好，与民休息"的决策惠及北、南两朝，因而碑铭以为武元皇帝的继任者"德牟羲轩"，意即德政足以同古代贤王伏羲、轩辕比美。

大金得胜陀颂碑碑体为青石，通高 320 厘米，分作额、身、座三部分。碑首呈长方形，高 79 厘米，宽 100 厘米，厚 39 厘米，书"大金得胜陀颂"六字，侧雕四条对称盘龙，龙头向下，张吻怒目，双爪夺珠。碑身高 177 厘米，宽 85 厘米，厚 31 厘米，正面汉字碑文 30 行，815字，不免带有君权神授色彩和颂功溢美之词；背面为女真字碑额和碑文，前后两种文字对照。碑身四周雕饰蔓草花纹，碑身下为龟趺碑座，高 72 厘米，宽 97 厘米，长 160 厘米。大金得胜陀颂碑是中国历代著名碑刻之一，清道光七年（1827）成书的《吉林外纪》首录碑文，清道光十三年（1833）清代著名学者曹廷杰亲至伯都纳碑制作拓片，此后吉林省多种志书都记载、介绍过此碑。国内外学术界很早就赞誉它是我国的国宝，中外研究论著不下数十种。大金得胜陀颂碑具有多方面的价值。第一，历史价值。元代纂修《金史》，对于金太祖阿骨打在涞流水集诸路兵马誓师和金世宗完颜雍东巡上京都有记载，其材料来源当包括《大金得胜陀颂碑》，可见该碑有着补史、证史的功效。第二，文学价值。碑文由翰林修撰赵可撰稿。赵可为金海陵王贞元二年（1154）进士，博学多才，卓荦不羁，文章健捷，尤工词作。曾经三以文字遇知人主（海陵王完颜亮、世宗完颜雍、章宗完颜璟），入翰林后一时诏告多出其手，典雅工丽，为人推服。颂扬金太祖赫赫武功的碑文选择赵可撰稿，绝非出于偶然。第三，语言文字学价值。女真语言文字由于资源的局限，研究工作十分薄弱。颂碑碑阴为后人保存了数量颇丰的女真文原件，且可同汉文一一比照，因而对于女真语言文字的研究有不可替代的重要价值。

完颜希尹家族与统治北半部中国 120 年的金政权从兴起到衰落相始终，是一个从金王朝勃兴到中后期都有人担任国家重要职务的显赫家族。完颜希尹家族墓地坐落在吉林省舒兰市小城子镇东北 12 华里，是有金一代除皇家墓地以外最重要、最集中的家族墓地。墓地东西绵延 10 余华里，面积 13 万余平方米，共分五个墓区。⑦

在完颜希尹家族墓地，埋葬着其直系或支系亲属，特别是埋葬着大金建国以前为统一女真各部建立卓越功勋的重要人物：完颜希尹之父完颜欢都（五墓区），金世宗时仕为左丞相的完颜希尹之孙完颜守道（三墓区），金章宗时仕为平章政事的完颜希尹之孙完颜守贞（一墓区）。而家族墓地的核心人物，则是大金开国功臣，协助金太祖、金太宗灭辽克宋、在金熙宗朝担任左丞相的完颜希尹（二墓区）。

完颜欢都（1050—1113），女真完颜部人，先后侍世祖、肃宗、穆宗、康宗四君，奔走出入 40 年，征伐之际遇敌则先战，当时重大决策多用欢都之谋。世祖劾里钵、肃宗颇刺淑任部落联盟长时，曾协助世祖、肃宗平定腊醅、麻产之乱，败乌春于斜堆（今吉林省蛟河与退抟、新站间三角地），为巩固部落联盟做出了重要贡献，足居异姓完颜部功臣之首。世祖曾说过："吾有欢都，则何事不成！"金熙宗天会十五年（1137），追赠仪同三司，代国公；金章宗明昌五年（1194），赠开府仪同三司，谥曰忠敏。完颜守道（1119—1193）为完颜希尹之孙，本名习尼列，以祖父功擢应奉翰林文字，历蓟州刺史。世宗幸中都，父老遮道请留守道再任。平章政事移剌元宜荐举守道代已职务，于是守道迁昭毅大将军，授左谏议大夫。曾奔走、策划山东两路军粮及赈济民饥事，使军、民皆足食。不久拜参知政事、兼太子少保，守道恳辞，世宗谕之曰："乃祖功在王室，朕亦悉卿忠谨，以是擢用，无为多让。"后迁右丞相、监修国史，世宗对其纂修《熙宗实录》过程中秉笔直书非常满意，称："卿祖谷神，行事有未当者尚不为隐，见卿直笔。"进拜太尉、尚书令，改授尚书左丞相。多次请求致仕，世宗特赐宴，优礼有加。谥简靖。完颜守贞，完颜希尹之孙，本名左靨，世宗爱其刚正不阿，后拜参知政事，进尚书左丞。由于守贞刚直坦荡，光明正大，凡朝廷论议及上有所问皆引经索典以实应对，终为权臣所忌。后赵秉文由外官入翰林，上书言："愿陛下进君子退小人。"上问君子、小人指谁，秉文对："君子故相完颜守贞，小人今参知政事胥持国。"其为天下推重如此。病卒于知济南府任上，章宗闻而悼之，命有司致祭，赗赠礼物依故平章政事薄察通例。谥曰肃。

完颜希尹神道碑是金代开国元勋、金源郡贞宪王完颜希尹的墓碑，该碑坐落在吉林省舒兰市小城子镇东北12华里完颜希尹家族墓地。

该神道碑在完颜希尹家族墓地由东而西排列在第二墓区高台之上。土筑高台略呈方形，南北长11米，东西宽12米，隆起地表1.5米至2米许。方台四周砌以规整的石条，台东有砖筑台阶。神道碑耸立于方台中央，由碑额、碑身和龟趺三部分组成。龟趺长2.35米，宽1.4米，高0.4米。龟趺上承碑身，呈圭形，高3.02米，宽1.35米，厚0.4米。碑身上为碑额，高0.9米，宽1.4米，篆书五行、行四字：大金故尚书左丞相金源郡贞宪王完颜公神道碑。碑体高大壮观，有王家气象。碑的正、背面皆镌刻碑文，每字4公分见方，字体遒劲有力，总计2463字，记载了完颜希尹的勋业功绩。碑文由翰林直学士、世宗子虞王府文学王彦潜奉敕撰稿，奉直大夫任询书丹，东上阁门使左光庆篆额。

完颜希尹神道碑碑文从金世宗同希尹之孙、太尉左丞相完颜守道的谈话中对希尹功勋"深用嘉叹"引入正题，概括叙述了开国功臣、大金故左丞相金源郡贞宪王完颜希尹的赫赫武功和光辉一生。完颜希尹幼名谷神，自金太祖阿骨打起兵，常在行阵，或从太祖阿骨打，或从国相撒改，或与诸将征伐，战功卓著。早在阿骨打兴兵以前，希尹即参与了伐辽之议的决策。在阿骨打率军围攻辽之宁江州的过程中，阿骨打命希尹"以军夷堑，因攻克之"。为女真族反辽首战立下奇功。从金太祖完颜阿骨打建立大金前、后，完颜希尹一直是重要的谋臣和战将，协助太祖对外联络、谈判，在伐宋之战中因俘获徽、钦二帝而获铁券，机警地平定了契丹降将的叛乱，协助熙宗进行了官制的改革，粉碎了宗室内部的篡权阴谋，主持、参与了同南宋的和谈，对金朝的建立和发展做出了重要贡献。后在宫廷内部斗争中为熙宗下令赐死，三年后熙宗知其非罪，为其平反昭雪，赠希尹仪同三司、邢国公，改葬之。金海陵王天德三年（1151）追封豫国王，大定十五年（1175）谥贞宪。完颜希尹不仅是金朝的政治家、军事家，也是女真人中文化修养最高的一人。"神道碑"称

图上 6-2 金 完颜希尹神道碑 子亮摄

其"性尤喜文墨,征伐所获儒士,必礼接之,访以古今成败"。金朝建立以后随着女真社会的发展和破辽克宋战争的胜利,女真文字的创制便提到日程上来。希尹受太祖之命,依仿汉人楷字、合本国语创立了女真大字,太祖大悦,命颁行之。

完颜希尹神道碑1966年8月在"文化大革命"中不幸被当作"四旧"炸毁,现仅存碑身下部的一小部分,保存在吉林省博物馆。

完颜娄室神道碑建于金世宗大定十七年(1177),是金朝开国元勋完颜娄室的墓碑。该碑坐落在今吉林省长春市英俊镇刘家炉屯石碑岭,立于完颜娄室墓前。但该墓早被盗掘,神道碑亦已佚失,后仅存龟趺和一些石板。对于神道碑的形制,清人杨宾所著《柳边纪略》有所记载描绘:"完颜娄室神道碑高八尺八寸,阔四尺五寸,厚一尺二寸,顶高三尺,两面镂蛟龙,其阴残毁,其阳篆二十字,作五行,文曰:'大金开府仪同三司,金源郡壮义王完颜公神道碑'。"《柳边纪略》还抄录了神道碑的碑文,使这一珍贵文献历经800余年而不致淹没无传,实乃不幸中的万幸。神道碑由翰林直学士王彦潜撰稿,奉直大夫任询书丹,东上门使左光庆篆额。

完颜娄室(1077—1130)21岁代父为雅挞澜等七水部长,在女真部落联盟时即屡立战功。在金太祖、金太宗灭辽克宋的战争中则既是运筹帷幄的谋臣，又是冲锋陷阵的战将。在金太祖完颜阿骨打准备黄龙府战役时，召集诸将研究进攻方略，娄室提出黄龙府乃辽之银府，拒守甚坚，如不设法先行征服黄龙府周围的城池属部，断绝外援，黄龙府是不易攻取的。太祖乃令娄室等先行讨平辽水以北、咸州以西城邑，凡有应援者使不得交通。完颜娄室在攻打黄龙府时，"至火燃靴伤足而不知"。黄龙府陷落以后，辽天祚帝惊恐万状，《金史·太祖纪》称："辽主闻取黄龙府，大懼。"随着金军的节节胜利，天会三年（1125）二月，天祚帝在应州余睹谷被完颜娄室擒获，从而宣告了辽朝的灭亡。在灭辽克宋的战争中，完颜娄室驰驱大半个中国，在征战陕西、同南宋名将张浚交战中，完颜宗弼的左翼军已退，娄室带病以右翼军力战，士气大振，张浚军遂败。当时右副元帅睿宗盛赞娄室："力疾鏖战，以徇王事，遂破巨敌，虽古名将何以加也！"金太宗天会八年（1130）十月，完颜娄室在泾州（今甘肃泾川一带）病卒军中，当时按女真人卒后归葬故里的习俗，不远万里归葬济州（即黄龙府，今吉林省农安县）东南的奥吉里（今长春市石碑岭）。

《完颜娄室神道碑》是有金一代的重要文献，足补《金史》之缺。比如元人所撰《金史·完颜娄室传》对于娄室家族状况和娄室在女真部落联盟时所建功勋即付阙如，《完颜娄室神道碑》对此则为我们保存和提供了珍贵的史料。

完颜娄室神道碑于 1989 年重新镌刻复制，并以完颜希尹家族墓地石刻为依据复制一组石刻雕像。

庆云女真摩崖为金代碑刻，位于吉林省梅河口市小杨树乡庆云屯北九缸十八锅山南麓。刻石镌刻在距地表约 22 米的自然山石的表面。共二处，居西者为女真字，居东者既有女真字又有汉字。西侧刻石石面平整，方向南偏东 48 度，高 1.70 米，宽 0.7 至 1.10 米，为上下叠压的两方石块组成，上刻女真字八行，前五行每行十四至十五字，后三行每行二至四字。1980 年另在碑之左上方又发现女真字三行，每行四至五字。其内容记述金太祖收国二年（1116）在番安儿必罕设立谋克之事，碑尾有"刻于金世宗大定七年（1167）三月"字样。东侧刻石为一高 2.45 米，宽1.10 至 2.25 米凹凸不平的自然石碴，方向南偏东 80 度，上刻汉字三行，每行二至七字，共 15 字："大金太祖大破辽 / 军于节山息马 / 立石。"其左侧刻有四行女真字，是右侧汉字的对译。

最早记载庆云女真摩崖的，是清末杨同桂所著《沈故》。杨同桂为海龙首任通判杨文圃之子，他在光绪六年至光绪十年（1880—1884）跟随其父居住海龙，亲自调查和抄录了庆云女真摩崖。光绪三十三年（1907）编的《海龙乡土志》地理第三十三条也记载了女真字碑摩崖的状况。其后日本人鸟居龙藏的《满蒙古迹考》、罗福成的《女真国书碑考释》、罗福颐的《满洲金石志》等也都记载或考释了女真字碑。近年女真文专家金光平、金启孮经长期研究也作了考释订正。足见女真字摩崖价值之高。

庆云女真摩崖在吉林省发现的五块金代石刻中是保存较好的，也是国内外已知的十块女真字碑保存较好的。不过对于东侧汉字石刻，曾有近人伪刻之说。庆云女真摩崖的发现，对于研究金代历史和女真文字都有重要意义。庆云女真摩崖石刻于 1961 年由吉林省人民委员会公布为省级重点文物保护单位。

偏脸城为辽金时期古城，位于吉林省梨树县北 10 华里白山乡岫岩村白山岗南坡，原为辽代九百奚营故地，也是金海陵王天德二年（1150）所设新韩州州治所在。城筑于西北高、东南低的漫岗之上，方位偏斜，所以称偏脸城。城平面略呈方形，北垣 1092 米，南垣 1071 米，周长总计 4318 米。城为依山势夯土版筑，东、西、北三面城墙保存完好，最高处 7.4 米。城开四门，外有瓮城，四隅筑角楼，城垣外有护城河痕迹。南门两侧发现栅栏或排水涵洞，可将城内积水排入城南昭苏太河。城内有两条南北向大沟，两旁堆积大量烧土、炼渣、陶瓷残片和建筑构件。西大沟除发现成排花岗岩础石、兽面瓦当，还包括刻有汉字的象棋子、印章、骰子等遗物。东大沟曾采集到工艺精美的金鱼、金叶、蝴蝶和金丝花饰等珍贵文物。城内征集到的完整器物还有提梁爪棱瓷壶、黑釉玉壶春瓶、猫首埙、陶砚、双鲤鱼铜镜、铜风铃、铜造像、小铜人、鸱吻和兽面瓦当等，并有大量铁制生产工具等遗物。该城是宋、金交通由汴京（河南开封），经咸平府（辽宁开原县城）、信州（吉林公主岭秦家屯古城）、济州黄龙府（吉林农安县城），至上京（黑龙江阿城南白城）的必经孔道。1961 年吉林省人民委员会公布该城为省级重点文物保护单位。

图上 6-3　金　偏脸城城墙遗址　　孙志明摄

【注释】

① 《金史》卷一《世纪》，中华书局 1975 年版，第 1—2 页。

② [宋] 宇文懋昭：《大金国志》卷三九《初兴风土》，中华书局 1986 年版，第 551 页。

③ [宋] 叶隆礼：《契丹国志》卷一〇《天祚皇帝》上，上海古籍出版社 1985 年版，第 102 页。

④ 周惠泉：《说部渊源的历史追寻与金代文学的深入研究》，《文学评论》2008 年第 2 期，第 201—204 页。

⑤ [宋] 李焘：《续资治通鉴长编》，中华书局 1979 年版，第 3745 页。

⑥ [清] 张金吾：《金文最》卷八二，中华书局 1990 年版，第 1199 页。

⑦ 完颜希尹家族墓地与完颜希尹神道碑 1961 年经国务院批准为吉林省重点文物保护单位，2001 年被国务院批准为国家重点文物保护单位。

第七章

元明时期的女真文化

元明时期的各部女真包括金元之交的东夏国、元代女真和明代的建州、海西及"野人"女真。

元朝时期，女真族虽然是活动在今吉林省境内的主体民族，但各部活动比较分散，至明朝中后期，吉林省境内女真各部形成了扈伦四部等几个大的集团。万历十一年（1583）努尔哈赤起兵并统一女真各部，于1616年建立后金政权，是女真族继金朝建立之后的二次崛起。

元朝时期女真文化受蒙古文化的影响较深，明代女真族文化有了长足发展，满文的创制、对汉文典籍的翻译以及"参汉酌金"的一代制度的制定，提升了女真族文化，促进了满族共同体的形成，与此同时，女真文化完成了向满族文化的转型，为清朝统治全国奠定了文化基础。

第一节　元明时期的各部女真

金元之交的东夏国　元代女真　明代女真　后金建立与满族共同体的形成　"参汉酌金"的一代制度

金朝末年，蒙古兴起，不断发兵进攻金国。金国内形势大乱，金国的契丹族将领耶律留哥起兵叛金，勾引蒙古军队进攻东北。金宣宗贞祐二年（1214）十一月，辽东宣抚蒲鲜万奴（？—1233）奉命率40万大军征讨耶律留哥。蒲鲜万奴统领金军北进，在归仁（今辽宁昌图四面城）北面的细河上与耶律留哥军相遇，展开激战，金军大败。蒲鲜万奴将被打散的金军士卒集结起来，仓皇逃往东京（今辽宁辽阳）。

贞祐三年（1215）春，蒲鲜万奴叛离金朝，并以东京为发展势力的根据地，招纳附近州县，积极扩大自己的势力。攻取了咸平州（今辽宁开原）、沈州（今沈阳）、澄州（今辽宁海城）、宜风（今属辽阳）、易池（即汤池，隶属盖州）等地。但是，由于势力还不够强大，后来又遭遇了几次重创。特别是耶律留哥乘蒲鲜万奴率军出征、城内空虚的空当，出其不意地袭击了蒲鲜万奴的根据地东京，使蒲鲜万奴遭到几近毁灭性的打击。蒲鲜万奴深刻地认识到要想诱发辽东将士的士气、收揽辽东人心，重振女真民族精神，必须改弦更张，树立起建国称王的新理念。十月，蒲鲜万奴在东京自立，称天王，建立大真政权，改元天泰①。

大真政权建立以后，面临三方面势力的围攻，一是金朝，二是蒙古，三是耶律留哥。其中，蒙古的威胁最大。为了避重就轻，保存实力，等待时机，蒲鲜万奴对蒙古采取了"伪降"的策略。把自己的儿子帖哥送到蒙古大营，作为他投降蒙古的人质。蒲鲜万奴对蒙古的"降附"，是为了将来更好地贯彻"以图本民族之再兴"总方针的一种权宜之计，与耶律留哥投降蒙古有着实质的区别。在这种权宜政策之下，蒲鲜万奴既保存了实力，又减轻了蒙古军队的敌视，将原本最危险的敌对势力——蒙古的威胁降到最低。一旦时机成熟，立即起兵反扑，叛蒙古而去。

金宣宗贞祐五年（兴定元年，1217）六、七月，蒲鲜万奴进占金上京会宁府，改国号为东夏。由于蒙古忙于西征，无暇东顾，使蒲鲜万奴得以趁机经营东北，将东北女真故地全部纳入自己的势力范围。在辽东地区形成了东夏、蒙古、高丽三国势力鼎足而立的局面。这种局面一直维持了十余年之久。

东夏政权前后存在了19年，其疆域最盛时期的四至为：西北至上京城（今黑龙江省阿城白城子），西南至婆速路（今辽宁省丹东九连城），东南到曷懒路（今朝鲜咸镜北道吉州）与恤品路（今俄罗斯滨海边疆区双城子），东至日本海。

位于今吉林省延吉市东郊与图们市交界处的城子山山城就是东夏国南京城遗址。城垣依山势以石材修筑，呈不规则椭圆形，周长4454米。城内地势开阔，中央有宫殿基址，呈阶梯状，共9阶，每阶宽10米，长17米。殿址周围散布有大量的建筑瓦件。城内出土有玉带饰、玉鸳鸯佩饰、玛瑙佩饰、东夏国官印、铜镜、占卜器、磕码、母子小铜造像以及数百枚唐、宋、金铜钱。②

金哀宗天兴二年（1233）春，蒙古出兵东夏，蒲鲜万奴被擒，东夏国灭亡。次年，名存实亡的金王朝也终于覆灭。

东夏国虽然存在的时间不长，但它的建立，却"使东北边陲再度形成一个地区性的政治、经济、文化中心，当中原和辽东地区正处战乱不休之际，东夏国得以休养生息于一隅，尽管时间不长，但对当地的发展有一定的促进作用"③。

元朝建立以后，继承了金在东北的统治。女真族由统治民族转变为元朝统治之下的东北民族之一。虽然地位发生了变化，但其居住区域与金代时变化不大。女真族仍如金朝统治时期那样，主要分三大部分。

第一部分是迁居中原的女真人，他们进一步汉化，逐步加入到汉族之中。在元代，女真族与汉族进一步互相通婚，两者的血统联系更为密切。女真人改易汉姓的现象更为普遍，据陶宗仪《辍耕录》载：改易汉姓的女真姓氏有三十一姓之多。女真人已接受了汉族的伦理观念及儒家思想，和汉人在文化上更为接近，在民族心理上，也渐趋一致，女真族原有的遗俗已经所剩无几。这部分女真人在元朝被列为汉人八种之中，"女直生长汉地，同汉人"④。至明朝时，这部分女真人完全融入汉人之中。

第二部分是居住在辽东地区以及金代时迁居今内蒙一带的女真人。金代迁居到辽东地区的女真人，大部分随蒲鲜万奴东迁，剩下的一部分，在元代也逐步汉化。金代迁居到今内蒙一带的女真人与蒙古人长期接触，接受了蒙古的影响，根据元朝的规定"若女直、契丹生西北，不通汉语者，同蒙古人"⑤。这部分女真人分布较广，后来分别加入蒙古族或汉族。

第三部分是金代留居东北或随蒲鲜万奴东迁而来的女真人，这部分女真人是构成元代女真人的主体。

元代对东北的管辖基本沿袭金代的建置，在东北地区设辽阳行省，下辖诸路总管府。元朝所设的开元路和水达达路是管辖女真等少数民族的路一级的行政机构，在其辖境之内，凡是"设官牧民"的地方，大都是女真人较集中的地方。开元路最初设在建州附近的石墩寨，这里所提到的建州就是《开元新志》中记载的"东濒松花江"的建州，地处今吉林市一带，是女真族较集中的地区之一。位于今吉林省延吉市附近的南京万户府，是女真族更为集中的地方，曾经有"五千户所"⑥。在今珲春西高力城村设有奚关总管府（今吉林省珲春县西，三家子乡高力城村的裴优城），管辖图们江下游的女真部落。

元代女真人主要分布在东部和东北部地区，即：朝鲜半岛东北部，元朝曾在这里设双城总管府和合兰府；图们江、牡丹江和绥芬河流域，元朝在这一带曾先后设置过开元万户府、南京万户府、奚关总管府和恤品路等；松花江流域，元朝在这一带地方曾先后设置过肇州屯田万户府、胡里改万户府、斡朵怜万户府、桃温万户府、脱斡怜万户府和女真水达达路等。以上这些女真地区，原来归属开元路统辖，恤品路和女真水达达路都是后来才从开元路中划分出来的。居住在开元路（今吉林省西部及黑龙江省西部）的女真人后来发展为明代的熟女真；居住在合兰府水达达等路（今吉林省东南部及黑龙江省东部）的女真人与居住在这里的胡里改人逐渐融合成了明代的生女真、斡朵里等族。这一地区的女真部族，是女真中比较先进的两个部分，明代的建州和海西女真就是在这部分女真的基础上发展起来的。元代女真人的分布与金代相比呈现出向东北方向退缩的趋势，他们越来越远离了汉族比较密集的辽东地区，大多活动在比较适宜渔猎经济的地区。

明代女真主要分为建州、海西、"野人"三大部。建州女真主要分布在长白山北部、牡丹江和绥芬河流域；居住在乌苏里江支流的毛怜，也属于建州女真。海西女真分布在松花江大曲折后的江南岸，哈尔滨阿什河以西至辉发河一带。"野人"女真，也称东海女真，分布在松花江中下游、黑龙江南北两岸，至沿海地区。

　　明朝初年，由于自然条件的驱使、北部"野人"女真的袭击、明政府的招抚，建州女真各部纷纷南迁。南迁的建州女真主要有胡里改部和斡朵里部，胡里改部最初居住在今黑龙江依兰（三姓）附近，明洪武年间南迁到今吉林省的东北角和朝鲜的东北境。今吉林省的东北部和中部，即从今辽宁省开原西北一直往东到珲春这一带的广阔地区，都是女真人的居住区。

　　《明太宗实录》卷二四载：永乐元年（1403）十一月，"女直野人头目阿哈出等来朝，设建州卫军民指挥使司，以阿哈出为指挥使"。这是明朝统治者为女真人设置的第一个卫，用以统辖松花江上游及长白山东侧的建州女真诸部。具体位置是西至今吉林市的东南，东至今珲春附近，北边到了今黑龙江省穆陵之南。⑦阿哈出的建州卫，在明初处于十分重要的地位。阿哈出死后，其子释家奴（赐名李显忠）继任为建州卫指挥。在释家奴任职期间，与明朝中央政府的联系十分密切。释家奴死后，由阿哈出之孙李满住继任指挥。李满住任职期间，建州卫又南迁至婆猪江（今鸭绿江支流的浑江）一带，于正统年间再迁至苏子河的上游灶突山（今辽宁省新宾境内的烟突山）附近。

　　另一支南迁的建州女真是最初居住在今依兰附近的斡朵里部，酋长是猛哥铁木儿，明永乐二年（1404）即接受明朝的招抚，任建州卫都指挥使。他们初迁于今吉林省的珲春附近，再迁于朝鲜会宁一带。永乐年间，明朝另设建州左卫，任猛哥铁木儿为指挥。正统二年（1437）猛哥铁木儿被七姓野人所杀，其弟凡察继任为都督。后来由于朝鲜的进攻，凡察与猛哥铁木儿之子董山一起，率领斡朵里部的大部分女真人迁至浑河上游的苏子河一带，仍为建州左卫。不久，董山与凡察之间发生争夺卫印之战。《明英宗实录》卷89记载：正统七年二月，明朝政府为了息事宁人，把建州左卫一分为二，设建州左、右两卫。董山执掌建州左卫，凡察执掌建州右卫。董山收掌旧印，凡察给予新印。建州右卫设置在原建州左卫之地三土河（今吉林省辉南和柳河境内的三统河）一带。此后，建州卫、建州左卫、建州右卫并称为"建州三卫"。经过多年的迁徙，斡朵里部与建州女真的胡里改部殊途同归，都迁至今吉林省通化地区和辽宁省东北部一带。由于建州女真居住区域与辽东、朝鲜接近，受汉族及朝鲜经济文化的影响较深，在女真各部中发展较快，是建立后金、形成满族共同体的主体。

海西女真的迁徙始于15世纪末至16世纪初，海西女真诸卫所中的塔山卫析后的塔山左卫、塔鲁木卫及弗提卫的一支，自原来居住的以忽喇温江（今黑龙江省呼兰河）为中心的松花江下游地区相继向南迁徙。在南迁过程中，塔山左卫、塔鲁木卫及弗提卫的一支等三卫的势力不断发展壮大，于16世纪30年代—70年代先后定居在辽河上游及松花江上游之间，形成了哈达、乌拉、叶赫、辉发四部，合称扈伦四部。他们的居地分布在开原边墙以北，大约相当于今吉林市、长春市以及四平地区的东部一带，即，今吉林省的大部分地区是海西女真的居地。努尔哈赤统一女真各部时，海西女真完全统一于建州女真之中。

"野人"女真的称呼主要来源于他们距离中原地区路途遥远，不能按期朝贡。他们的经济发展水平落后于建州、海西女真，但亦有的部族经济发展水平较高。女真各部统一以后，"野人"女真的少部分融合于建州、海西女真之中，后又成为满族共同体的一部分，其他部分仍然居住在黑龙江流域的东北边陲，演变为赫哲、奇勒尔等族。

经过南迁及各部混战兼并，明朝中后期以后，在今吉林省境内居住的女真各部形成几个大的集团。主要有：海西女真的扈伦四部，建州女真的建州部、长白山部，"野人"女真的东海部（虎尔哈部、瓦尔喀部、窝集部）。

后金的建立者努尔哈赤（1559—1626），姓爱新觉罗，号淑勒贝勒，出生于建州左卫苏克素护部。父亲塔克世是建州左卫指挥，母是喜塔拉氏。明万历十一年（1583）二月，明朝总兵李成梁率军攻打古勒城（今辽宁省新宾县境内），误杀了努尔哈赤父亲和祖父，努尔哈赤向明朝边官索要导致他父亲和祖父被杀的苏克素浒河部图伦城主尼堪外兰，边官没有答应。努尔哈赤借机联合了同样对尼堪外兰不满的各部酋长，结成同盟，凭借父亲留下的13副铠甲，于万历十一年（1583）五月起兵，向尼堪外兰的图伦城发起攻击。几经攻城略地，于万历十四年（1586）征服了哲陈部的托漠河城，将尼堪外兰斩杀而归。

此后，努尔哈赤成为建州女真的首领，以"顺者以德服，逆者以兵临"的原则，不断招徕各部。万历十五年（1587）正月，努尔哈赤在虎兰哈达南冈上（今辽宁省新宾县永陵镇二道河子村东南山坡）筑城，开始建筑宫室，颁布法令。

万历十六年（1588），努尔哈赤首先统一了临近的建州五部，即浑河部、董鄂部、苏克苏护部、哲陈部、完颜部。后来又兼并了长白山三部中的鸭绿江部（居地在长白山南侧）。万历十七年（1589）明朝任命努尔哈赤为都督佥事。万历二十一年（1593），努尔哈赤打败了以叶赫部为首的九部联军，并乘胜兼并了居住在今吉林省境内鸭绿江和松花江上游的长白山一带的珠舍里、讷殷二部。努尔哈赤的势力日益强盛。

对于海西女真，努尔哈赤采取了远交近攻的战略战术，首先与海西四部中比较强大的叶赫部和乌拉部联姻结盟，瓦解海西四部的联合，然后对势力比较弱小的哈达部和辉发部发动进攻。于万历二十九年（1601），灭哈达，万历三十五年（1607）九月，灭辉发。

万历三十一年（1603）正月，努尔哈赤迁到赫图阿拉（今辽宁省新宾）。第二年，明朝授予努尔哈赤"龙虎将军"的称号。万历四十一年（1613）正月，努尔哈赤亲自率军进攻乌拉，布占泰率3万大军迎战。双方在乌拉城（今吉林市乌拉街古城）展开激战，乌拉大败，布占泰只身逃往叶赫，乌拉灭亡。

随着势力的发展壮大，努尔哈赤创建了八旗制度，即正黄旗、正红旗、正白旗、正蓝旗、镶黄旗、镶红旗、镶白旗、镶蓝旗，整个队伍都分编到各旗之下，分别统领。又设置了5名理政听讼大臣，主管政务和诉讼案件的审判。由于前来归附的人日益增多，疆域也日益扩大，各位贝勒和大臣们都一再劝他即位称汗。

明万历四十四年（1616）正月，努尔哈赤在其部属的拥戴之下，登上汗位，建立了大金政权，历史上称为后金，都城就设在赫图阿拉。努尔哈赤自称英明汗，定年号为天命。

后金天命三年（明万历四十六年，1618）四月，努尔哈赤决定率兵征明，引起了明朝政府的恐慌，连忙调集大军向辽东进发，企图一举歼灭后金。明、金双方在萨尔浒进行了一场激战，后金取得了决定性的胜利。

萨尔浒之战以后，努尔哈赤进行统一女真的最后一战——进攻叶赫。万历四十七年（1619）叶赫灭亡。从此，自东海至辽边，北自蒙古、嫩江，南至朝鲜、鸭绿江，所有的女真部族都统一在努尔哈赤的领导之下。

统一女真之后，努尔哈赤把主要的进攻目标对准了明朝，他率领八旗兵又攻取了开原、铁岭，冲入明朝边墙，随后又攻破了明朝在东北的军事重镇辽阳和沈阳。努尔哈赤先把都城从赫图阿拉迁到辽阳，后金天命十年（明天启五年，1625），再迁都城于沈阳，并把沈阳改名为盛京。

后金天命十一年（明天启六年，1626），努尔哈赤死后，他的四子皇太极继承了汗位。皇太极即位以后，继续完成努尔哈赤的未竟事业，征服了漠南蒙古和朝鲜。在出征察哈尔蒙古时，得到了元朝的"传国玉玺"，似乎意味着"天命"所归。因此，后金国的贝勒大臣纷纷上表，请求上皇帝尊号。

明崇祯八年（1635），皇太极颁布谕旨："我国原有满洲、哈达、乌喇、叶赫、辉发等名，从此以后，都要称呼我国的原名满洲。"这是女真族改称满洲族（简称为满族）的开始，也标志着满族共同体的最后形成。

崇祯九年（1636）四月五日，皇太极在盛京城正式即皇帝位，改元崇德元年，改国号为清。标志着以满族贵族为核心，有蒙、汉上层分子参加的联合政权——大清政权的正式确立。

皇太极继承汗位后，面对严峻的形势，本着"参汉酌金"的基本纲领进行了内政方面的改革。"参汉酌金"就是参照中原汉族王朝的制度，同时也斟酌后金的社会实际和原有制度，进行二者兼顾，创立新制度。在政治、经济、社会、文化各方面制定了切实可行的方针政策，迅速与中原地区的封建制接轨，为后来清朝统治全国创造了条件。

皇太极在政治方面的改革首先是削弱诸王权势，加强中央集权；其次是仿明制设立六部等一套行政机构，直接服务于皇帝本人。同时，又保留议政王大臣会议这一满洲贵族决策机构，以稳固满洲贵族的特权地位。还有蒙古衙门之设，完全出于处理蒙古事务的实际需要。这体现出外来文化和本土文化的结合，是改革成功的必备因素。经济方面采取的措施是实行分屯别居，将庄丁编为民户。而文化上的改革是皇太极诸项改革中最具特色的，不仅适应了当时后金政治、经济全面改革的需要，而且也为清朝入关以后的文化思想意识的确立奠定了基础。

"参汉酌金"是皇太极进行全面改革的基本纲领，也是文化改革政策的指南。文化改革的主要内容是创制新满文、开设文馆重用儒臣、办学校开科举、尊崇孔子等等。在进行变革的同时，皇太极仍然注意保持本民族的文化传统，严禁全盘汉化。

皇太极在努尔哈赤创制的老满文的基础上，改制了新满文，并利用这一新文字进行教育、记录历史、翻译汉文典籍。

皇太极还开设文馆，重用儒臣。皇太极即位后更定官制，天聪三年（1629）四月，设文馆，分定文臣职司："儒臣分为两直，巴克什达海同笔帖式刚林、苏开、顾尔马浑、托布戚等四人翻译汉文典籍；巴克什库尔缠同笔帖式吴巴什、查素喀、胡球、詹霸等四人记注本朝政事，以昭信史。"⑧从此，清朝的开国史便有了最早的原始记录，这就是流传至今的《满文老档》。

皇太极针对满洲社会重武轻文的传统习惯，下令满洲诸贝勒大臣子弟进入学校学习，是后金开办学校之始。这种学校逐渐由贵族伸延到平民，并在全社会铺开，为培养人才，提高民族素质起了重要作用。与办学同时进行的是开科取士。这是广搜人才，通过考试选任官员的一种制度。清入关前只进行文考一途和童、乡两试，并不是严格意义上的科举，但意义重大，改变了后金以往多以军功获得品级的选任官员办法，提高了文臣的社会地位，使重武功而轻文治的传统观念在一定程度上有了改变。

尊孔是皇太极吸取儒家思想的最佳途径。孔子是儒家思想的创始者，尊孔即是尊崇、接受中国传统的思想文化。早在天聪三年（1629）皇太极即下令改建沈阳孔庙，开始崇祀孔子。随着对儒家思想的认同，皇太极在婚姻制度以及"殉葬"制度上也采取了一系列措施。在婚姻制度上，皇太极下令禁止娶继母、伯母、婶母、弟妇、侄妇为妻，改变本族旧有的陋习。在日常生活中，皇太极也经常用"修身、齐家、治国、平天下"之类的儒学教义，把满族的发展纳入中国传统文化系统之中。

　　皇太极的全面更张及大力提倡以儒家思想为底蕴的中国传统文化，在社会心理与民族性格方面进行调整和重塑。同时对于满洲的衣冠、语言、姓氏及骑射尚武等民族传统则极力维护，并以言语、服饰、骑射为一代家法，再三告诫贝勒大臣，要使后世子孙世代遵守，不要变更和废弃祖宗之制。这样的改革，使后金统治区域内部的汉、蒙等各族人民诚悦归附，在大大提高了满族的文化素质的基础上，又保持了传统的语言文字和固有的风俗习惯，促进了民族共同心理的形成与巩固。文化思想意识的改变，也极大地促进了经济基础的巩固，使后金政权的实力大大增强。皇太极的文化改革也为清入关后的文化政策的推行打下了基础。

第二节　女真族文化

　　女真文字的废弃　满文的创制及后金时期的著作与翻译　女真族习俗　女真乐舞——莽式空齐曲、瓦尔喀部乐舞　女真族宗教信仰

　　明朝初年，女真各部一直沿用金代流传下来的女真语和女真文字，接受明廷的招抚之后，与明廷之间的文字往来全部使用女真文，它有大小两种文字之分。但是，由于女真文字是一种表词——音节——音素混合型的文字，难于学习、识辨和书写，一般的女真人只是会说女真语，不会写女真文字。使女真文字越来越脱离生产、生活的实际，没有跟上社会的发展。与蒙古族的交往与融合，使女真人接触到具有字母线条简单、字母数量少、方便易学等特点的蒙文，只要记住二十几个简单易记的字母，就可以进行识别和书写了。女真人很快接受了这种文字，并在女真各部间逐渐推广，女真文也逐渐被淘汰，最终遭到废弃。由于海西女真在迁徙过程中，与蒙古的接触越来越频繁，两种文字的更替最早出现在海西女真之中。《明英宗实录》卷113载：正统九年（1444）二月，海西玄城卫指挥撒升哈等奏请明廷在以后颁发"敕文"等文书中使用蒙古文字，因为玄城卫等四十卫的海西女真人没有认识女真文字的。而吉林东部的建州女真各部则把女真文字一直沿用到15世纪60年代。

　　明代女真人废弃女真文而改用蒙文，从一个拥有自己文字的民族一变而成借用他族文字的民族，并不意味着女真民族的倒退，相反，对于女真民族而言，却是一个进步的过程。放弃表意的女真文，改用拼音的蒙古文字，在其文化史上是一种进步的表现，为后来创制满文奠定了基础。从这一点来说，在今吉林省境内活动的海西女真虽然没有直接参与满文的创制，但他们率先使用并将蒙文引入女真人的社会生活，为满文的创制做出了自己的贡献。

　　从 15 世纪 90 年代以后，女真人一直使用蒙古文字作为书信、奏报的通用文字。因此，女真人平时交流用女真语，书写的时候用蒙文，二者不能统一，出现许多弊病。为了改变这种情况，努尔哈赤顺应女真人长期使用蒙文的习惯，借鉴蒙文的构制方法，利用蒙文字母拼写女真语言，创制了无标点的老满文或无圈点满文，当时称为"金文"。后来，在皇太极时期又根据社会发展的需要进行了改进，成为现在流传下来的满文。⑨

　　在接受蒙古文字之时，海西女真充当了先锋，但建州女真的发展后来超过了海西，而且努尔哈赤统一女真各部以后，有一个统一的文字已经成为女真民族发展的需要，因此创制女真新文字的任务是由建州女真完成的。

　　女真族的文字发展虽然落后于蒙古族，但他们口头流传下来的传说却是十分丰富的，包括神话、系谱、历史等内容。最著名的就是"三仙女"的传说，三仙女沐浴的布勒瑚里湖就在今吉林省东部延吉西南山区。这个传说在建州女真和海西女真中都广为流传，后来被努尔哈赤及其子孙将其与自己的家族历史结合起来，遂演绎成满族起源的神话。

　　努尔哈赤统一女真以后，女真族、汉族、蒙古族及朝鲜族等各民族的交往与融合范围进一步扩大，民族融合的发展使满族文字的产生成为可能。金代女真文在女真各部统一之前即已废弃，此后在女真人中通用的是蒙古文，并得到明朝政府的批准，此后上疏，都用蒙古文。蒙古文字对女真社会的影响十分深远，"凡属书翰，用蒙古字以代言者十之六七，用汉字以代言者十之三四，初未尝有清字也"⑩。后金政权建立以后，由于对内统治、对外交涉的需要，本民族文字的创制已经势在必行。努尔哈赤命额尔德尼、噶盖根据蒙古字改制满文，认为"汉人读汉文，凡习汉字与未习汉字者，皆能听而知之。蒙古人读蒙古文，虽未习蒙古字者，亦皆听而知之。今我国之语，必译为蒙古语，读之始解，其未习蒙古语者，仍不能知也。如何以我国之语制字为难，返以习他国之语为易耶？"⑪于是，额尔德尼、噶盖根据努尔哈赤的旨意，将蒙古字编成国语颁布实行，创制了满洲文字。这就是无圈点的老满文，也是最初的满族文字。由于没有圈点，使用起来极为不便，清太宗皇太极即位以后，于天聪六年（明崇祯五年，1632）命巴克什达海将满文加以圈点，使满文进一步完善。这就是后来流传下来的满文。

满洲文字的创制与推行，是满族民族共同体形成的标志，也是女真族进入历史发展新阶段的重要标志。"满文作为民族表征之一，同骑射、服饰、发式一样"，"亦即成为满族民族共同体的文化特点"⑫。

后金时期的著作与翻译得力于当时的巴克什（知识分子），他们兼通满、蒙、汉语，与汉人交往频繁，翻译汉文典籍，为满汉文化交流做出了杰出贡献。努尔哈赤时期，巴克什职司尚未明确划定，只是在实践中逐渐形成了不成文的分工：达海负责翻译汉文典籍、缮写对明朝及朝鲜方面的文书，办理交涉；额尔德尼、库尔缠等记注国家军政大事。皇太极即位以后，将巴克什的职责进行明确分工。一是通过翻译汉文典籍，借鉴汉族的政治、军事经验。二是记注本朝政事，总结执政之得失。至天聪六年（1632）七月，达海等人已译成《刑部会典》《素书》《三略》《万宝全书》，正在翻译的有《通鉴》《六韬》《孟子》《三国志》《大乘经》。

巴克什翻译的汉文典籍为汉文化在满族社会的传播做出了贡献。首先，汉文典籍是清（后金）统治者从中吸取统治经验的源泉。皇太极执政以后一面力图维护满族传统文化，一面倡导汉文化，仿照明制建政，接受儒家的伦理道德，改变满族的陋规恶俗。其次，汉文典籍也是满族人学习文化的教材，使汉文化在满族社会得以广泛传播并产生影响。如忠孝节义观念在满族人思想中打下了不可磨灭的烙印，他们喜欢《三国演义》中的关羽，视其为神加以崇拜，广建关帝庙。同时，《三国演义》也成了满族人的军事教科书，从中汲取军事营养，指导战争。努尔哈赤、皇太极的军事思想主要是融合和发展了《三国演义》中转述的《孙子兵法》及诸葛亮的奇计妙算。随着汉文典籍的翻译，中原王朝的皇权思想也日益渗入满族统治者的头脑，后金政权从八固山联合政体向封建君主制的顺利过渡，正是得益于皇权思想在满族贵族中的强烈影响。大量汉文经典的翻译，也丰富了满文的词汇，提高了满族的精神文明程度。通过翻译汉文典籍的渠道，汉族传统文化源源不断地渗入满族文化之中。

女真族是一个骁勇剽悍的民族，他们擅长骑射，以渔猎作为生活的主要来源，在农耕文化的影响下，他们的习俗中也逐渐融入了其他民族习俗的成分。

女真人的发式与衣冠很有自己的民族特征。男子发式是把头顶前半部的头发剃掉，后半部及脑后的头发留下来，编成辫子，称为辫发。这种发式最初只是女真男子的发式，后金政权统一东北以后，强制东北各族男子皆留辫发。清军入关以后，这种发式更成为全国男子的统一发式。女真女子的发式随着年龄的增长有几个不同时期的变化，少女时梳一条单辫，要出嫁时开始蓄发，出嫁后的妇女发式是在头顶挽髻，也称围髻，在发髻的周围插满饰品。

明朝时期，女真人的衣服式样一直是杂乱无章的，直到清太宗时期，才正式确立了箭袖、马褂、旗袍、缨帽等保留了女真——满族特点的服饰，有的甚至流传至今，如旗袍。

女真人的饮食经历了从以渔猎食物为主到以粮食为主的发展过程，早期是把米肉加在一起做粥。后来，粮食逐渐成为主食，但仍离不开乳、肉、蜜等辅助食物。

明代今吉林省境内居住和活动的主要是海西女真，他们的婚姻习俗与其他女真部族大体相同，盛行早婚，男女十岁就开始谈婚论嫁。婚媾的礼仪一般是先约婚，男方家先把聘礼送到女家。娶亲之日，男方到女方家迎亲，女方家杀牛设宴，款待来宾。两天后，女子才与丈夫一起回去。此外，女真人还盛行一种接续婚制，即父亲死后儿子可以娶他的小妾为妻，兄长死后弟弟可以娶嫂为妻。

女真人的丧葬习俗一般有土葬、火葬和树葬。树葬的方式是把死者的尸体放在大树之上。火葬基本的方式是用树皮条将死者绑在雪橇、木板之类的物品之上，抬到同族埋葬死人的地方，由族长点火焚尸，并将死者用过的器物等一起烧掉。土葬的方式是把尸体放在木槽中，抬到田野里，用石头压上。无论采取哪种丧葬方式，在死者入葬以后，每到"七七日杀牛或马，煮肉以祭，彻而食之"[13]。随着汉文化影响的加强，火葬、树葬逐渐废弃，棺殓土葬开始普遍实行。

女真人较有特点的居室是地室。地室一般建在高阜向阳，又有树木掩风的地带，地室内不仅设施齐全，有的还用树洞做气眼，上盖也可以活动，以利阳光照射，便于空气流通。在地室基础上，女真人又借着山势建房，门向东开，屋内三面土炕，这样的房屋都是以土筑墙，以草苫顶。大约在16世纪末17世纪初，女真人在土墙草顶的基础上又将整个房屋普遍用泥抹上，这样既可以光整、加固，又可以防火防风。明朝中期以后，在海西女真首领的居室中首先出现了砖瓦建筑物，并开始修建城池，比较著名的城池有哈达城、乌拉城、叶赫东城、叶赫西城、辉发城等。

明代女真族是一个崇尚礼仪的民族，最重的礼仪是"抱见礼"。凡是亲戚故友相见时，必然抱腰接面，男女间也是如此。"抱腰接面"礼，是最隆重热烈的礼节。在家内，女人行礼，要跪膝而坐，把右手指加于眉端。女真族还是一个能歌善舞的民族，凡有迎宾大宴都要歌舞相伴。女真人的体育活动也是丰富多彩的，有骑射、火祭中的沐火、火秋千，射柳祭天中的射柳及滑冰等。

努尔哈赤为统一海西、东海女真，大搞"远交近攻"的政策，与乌拉部及东海女真远交成功以后，举行盛宴以示庆祝。饮酒数巡以后，乌拉部首领布占泰首先"起舞"，接着努尔哈赤起身，"自弹琵琶，耸动其身"[14]。

女真乐舞的种类很多，主要有莽式空齐曲。"莽式"为舞，"空齐"为歌，莽式舞是清代满族最流行的民间舞蹈。《柳边纪略》载："满洲有大宴会，主家男女，必更迭起舞，大率举一袖于额，反一袖于背盘旋作势，曰'莽势'。"莽势舞的主要动作特点是"一袖于额，反一袖于背"。《宁古塔纪略》载："满洲人家歌舞名曰莽式，有男莽式，女莽式。两人相对而舞，旁人拍手而歌，每行于新岁或喜庆之时。上于太庙中用男莽式舞。"莽式舞男女都跳，成双对舞，以击堂鼓歌唱伴奏。

莽式舞伴乐是"拍手而歌"。因其中有人领唱，众人跟着合唱"空齐"二字，并击掌为节，所以这种歌舞曲也称为"莽式空齐曲"，也叫"拉空齐"或"唱喜歌"。这种"空齐曲"即兴编词，婚礼唱"美满姻缘"、"吉祥如意"，寿宴上唱"子孙满堂"、"寿比南山"等，表达得十分有趣。民间的莽式舞，是一种歌舞结合的"舞乐"。

"男莽式"已经进入了清廷太庙祭典仪式中，初名蟒式舞，亦曰玛克式舞。乾隆八年（1743），更名庆隆舞，由《扬烈舞》和《喜起舞》两部分组成。《扬烈舞》由 32 人扮作野兽，全戴面具。另 8 人骑竹马（有的同时踩高跷），带弓箭，代表八旗。只要向一野兽射中一箭，其他野兽就都降服，以此表现满族祖先的武功。接着演《喜起舞》，是 9 对双人舞，代表 18 名大臣，着朝服，磕头对舞。13 人唱歌，66 人用琵琶、三弦、琴、筝等乐器伴奏。

《瓦尔喀部乐舞》是瓦尔喀部的民间乐舞。瓦尔喀部原居住在吉林长白山麓和黑龙江中下游，是女真族的一个部落。十六世纪末至十七世纪初，清太祖努尔哈赤平定瓦尔喀部，获得其乐舞，后被列于清宫宴乐。《清史稿·乐八》载"瓦尔喀部乐舞，司舞 8 人，均服红云缎镶，壮缎花补袍，狐皮大帽，豫立丹陛之西。将作乐，进前三叩，退。司乐 8 人，分两翼上，跪一膝，奏瓦尔喀乐曲。司舞进舞，以两为队，每队舞毕，三叩，退"。说明瓦尔喀部乐舞是由 8 人组成，舞者身着"红云缎镶，壮缎花补袍"，头戴狐皮大帽，伴奏者 8 人，伴奏乐器有笙簧和奚琴。跪膝而奏，表示称臣之意。此外还有一种"鱼皮舞"，盛行于虎尔哈、萨哈连等部。

女真乐舞是女真族渔猎采集活动的升华表现形式，展现了女真族粗犷豪放的民族性格。

女真人自其先世就普遍信奉萨满教，萨满教的核心观念是万物有灵论。萨满教信仰中，以天神崇拜和祖先崇拜为最。凡有重大事件，都要首先祭天、祭祖先，每月十五还要祭七星等⑮。《清太祖武皇帝实录》卷 1 记载：万历二十五年（1597），扈伦四部与建州共立盟誓、结亲和好时，首先杀黑牛、白马，削骨，设酒一杯、肉一碗、血一碗、土一碗，盟誓双方"歃血会盟",以告上天。清太宗时,每当出兵之前,"以出征礼,割八牛,祭纛"[15],告天。夺取胜利之后,也要"割八牛,祭纛告天"[17]。女真人在生病的时候,也"绝无医药针砭之术,只使巫觋祷祝,杀猪裂纸以祈神"[18]。这里的巫觋就是萨满,在女真人的思想意识中,萨满具有为人治病、驱灾、请神、求福等职责。

女真人无论大小人家,都要在门前立一根木杆,即"设杆祭天",这根木杆称为索罗杆。索罗杆在满族家祭中祭天还愿时使用,祈祷天神的赐福和保佑。祭天一般用猪做供品,也有领牲等程序。但整个过程都是以室外的索罗杆为中心,供品也摆在杆前的案子上。

原始的萨满教,崇尚万物有灵,对自然界的各种事物和现象都进行崇拜,包括自然界的植物、动物、自然现象、自然实体等,它的思想观念是由宇宙观、灵魂观、气运观和神道观构成。宇宙观是北方民族在对天的虔诚崇拜基础上,不断地观察和认识宇宙所产生的思想结晶。

努尔哈赤在崛起之初,统一建州女真各部时,每征服一个部落后,首先必须废掉这个部落的萨满祭祀场所——堂子,并以爱新觉罗氏的堂子取而代之。努尔哈赤起兵攻占哈达、朱舍里、长白山、辉发、叶赫、董鄂、乌拉、斐攸等部以后,命令兵马先破各部的"堂色"(即堂子),把各部的神、神辞烧毁或改造,以此割断人们同以往世界的联系,只能祭拜赫图阿拉堂子。皇太极改元崇德以后,统治方式逐渐向汉族化倾斜。在祭祀方面也根据中原王朝的祭祀礼仪对本民族的原有祭祀程序进行修改。皇太极认为:"前以国小,未谙典礼,祭堂子神位,并不斋戒,不限次数,率行往祭。今蒙天眷,帝业克成,故仿古大典,始行祭天。复思天者,上帝也。祭天祭神,倘不斋戒,不限次数率行往祭,实属不宜。"[19]否认了女真的旧时祭礼,并对参加堂子祭天的人员、祭祀次数等做了非常严格的规定。满人的习俗是家家都可祭祀堂子,不是统治者专属,而且是有拜必祭不限次数,但皇太极的谕令却限制了祭祀次数,并规定只有固山贝子及固山福晋以上者才能作为陪祭前往堂子参与祭祀,确立了堂子国祭成为皇权象征的地位。这些关于堂子祭祀的新规定是一种仿效中原王朝等级制度、强化皇权的结果。自此萨满教祭祀礼仪,在女真及其后世满洲族中逐渐形成统一的以家祭为主的形式。

除了萨满教信仰之外，女真人还信仰佛教、喇嘛教等其他宗教。努尔哈赤曾向明朝政府索要神佛像。佛教在明代今吉林省境内女真人中的流行主要是由于政府行为。明朝政府为了使东北地区的女真等族一心向善，服从明朝的统治，在黑龙江下游的特林地方建永宁寺，《敕修奴儿干永宁寺记》记载，明政府企图通过"造寺塑佛"来"柔化斯民"，达到"国之老幼，远近济济争趋"之效。今吉林省境内在明朝属于奴儿干都司的管辖范围，佛教的推行在这里也有突出的表现。海西女真乌拉古城曾经出土了铸造精制的铜佛像，是佛教在这里传播的最好例证。

第三节　女真族文化遗存

乌拉古城遗址　　辉发古城遗址　　叶赫古城遗址　　阿什哈达摩崖石刻

乌拉古城遗址位于今吉林市西北 70 里，乌拉街镇北郊。乌拉古城西临松花江，有内、中、外三道城墙。外城周长 7500 米，中城周长 3751 米，内城周长 788 米。正南一处有门址。内城中间有土筑高台，俗称"白花点将台"，长约 50 米，宽 28 米，高 7 米。南边为花岗岩铺砌的石阶，43 阶，似为瞭望台。外城四面有门。中城、内城东西各有一门。四隅有角楼，城外有护城河。规模之宏大在当时的奴儿干都司地区也是名列前茅。乌拉古城曾经出土了唐、宋铜镜和崇宁通宝、崇宁重宝，以及带有"万历癸未六月日"字样的铜火铳（全长 55.8 厘米，癸未为万历十一年，1583）和青花瓷片[20]。

乌拉古城，是明代女真族乌拉部的"王城"。乌拉部，出自扈伦，也称为兀剌、乌剌，姓那喇，后来因居住在乌拉河岸而称乌拉。乌拉部的前身是永乐四年（1406）设立的塔山卫，活动在呼兰河流域一带。乌拉部的始祖是纳齐卜禄，传到八世孙布颜时，乌拉各部统一在布颜领导之下，来到乌拉河岸（今吉林市乌拉街一带）筑城称王，因此以乌拉命名。万历年间十传至满太、布占泰，势力逐渐强大，所控地域十分广阔，图们江以西，以及虎儿哈、赫席赫等部，都在乌拉的控制之下[21]。乌拉部的中心城寨就是乌拉街古城。

万历三十五年（1607）正月，东海瓦尔喀部斐悠城（今吉林省珲春境内）的城主穆特黑去求见努尔哈赤，由于他的部族受到乌拉部的进犯和掠夺，请求归附努尔哈赤。努尔哈赤立即派遣他的弟弟舒尔哈齐、长子褚英、次子代善和大将费英东、扬古利率军前去搬迁斐攸城的500户部众。乌拉部首领布占泰得知这一消息，立即率兵扼其退路，出兵于豆满江（今图们江）。双方在乌碣岩（今朝鲜锺城附近）展开一场激战。乌拉兵大败，请求讲和，答应退守吉林乌拉一带。但乌拉没有遵守诺言，万历四十年（1612）又向已经归附努尔哈赤的渥集部所属的虎尔哈部发动进攻，并密谋夺取贝勒代善所聘的叶赫女子。努尔哈赤大怒，亲率大军于九月向乌拉兴兵问罪。建州兵沿乌拉河（今吉林市松花江）而行，攻克了临河的5城，全部焚毁了那里的房屋与粮草，乌拉酋长布占泰被迫向努尔哈赤谢罪，努尔哈赤班师凯旋。不久，布占泰再一次违背誓约，谋划向叶赫派遣质子，求得叶赫的支持，还想娶代善所聘的叶赫女子。

乌拉布占泰一再出尔反尔，激怒了努尔哈赤。万历四十一年（1613）正月，努尔哈赤亲自率军进攻乌拉，到达伏尔哈城时（今吉林市北50里），布占泰率3万大军迎战，双方在乌拉城展开激战，乌拉大败，乌拉城被攻陷，布占泰只身逃往叶赫，乌拉灭亡，乌拉城兴旺风光不再。万历四十六年（1618），布占泰客死叶赫部，其后人被努尔哈赤收编到八旗之中。

为防松花江水患，康熙四十一年（1702），清政府在乌拉古城东修筑新城，即今天的乌拉街。在乌拉街满族镇，许多建筑都带有满族特色，生活习俗也带有浓郁的民族色彩。在这里可以品尝地道的满族风味饮食，如哈依玛（水团子）、打打糕、菠萝叶饼、粘豆包、大小黄米"火烧儿"等，若时机凑巧的话，还可以亲眼目睹独特的满族婚俗和萨满教仪式。在乌拉街满族镇上还留有不少历史悠久的古迹，如乌拉总管衙门、侯府、魁府、古城墙等。

辉发古城是明朝女真扈伦四部之一的辉发部都城的遗址。辉发城位于今吉林省辉南朝阳镇东北17公里处，在辉发河的东北岸。辉发城建筑在高出地表约40米的辉发山（扈尔奇山）上。南、北、西三面临辉发河，以山脉为天然屏障，在没有山险可以依恃的地方，建有土石夯筑的城墙，有内、中、外三层。内城在辉发山上，周长 596 米，残高 1—2 米，底宽 3 米，顶宽 1 米。城墙下的悬崖峭壁高达 30 多米，十分险峻，无法攀登。城门两处，一处在北墙的中部，一处在东墙的中部，门址宽 5 米。中城内有平地 2 万多平方米，城墙周长 892 米，残高 1—3 米，顶宽 2—3 米，城门有东北两处，门址宽 12 米。外城地势较中城低。城墙周长 1884 米，残高 1—2 米，底宽 8 米，顶宽 2 米。城门有北、东两处，门址宽 10 米。内城中有一座高台，宽 5 米、长 6 米。

辉发部，原为弗提卫的一支，本姓益克得哩，始祖星古礼，第七代佳吉奴时，征服辉发部，在辉发河边的扈尔奇山上，筑城居之，故名辉发。佳吉奴死后，其孙拜音达里杀了他的七个叔叔，自为辉发国贝勒，势力逐渐强盛。由于哈达、叶赫以及建州的相继兴起，辉发部终未得势。在努尔哈赤与叶赫两大势力的对峙中，拜音达里左右摇摆，时而遣子为质，到建州求援；不久又反悔，索回质子，然后又遣子到叶赫为质，并筑城防守。努尔哈赤首先派遣军队乔装成做买卖的人，潜入辉发城内，然后率大军于万历三十五年（1607）九月兵临城下，里应外合，辉发城被攻陷，拜音达里一族被杀，辉发部灭亡。

辉发城曾出土过大量的铁镞和明代的青花瓷器，还有带"大明万历年制"字样的白地豆彩瓷碗。

叶赫古城原本分东西两座，分别位于今吉林省四平市铁东区叶赫镇（原属梨树县）西 1 公里处与 3 公里处。东城位于叶赫河南岸，西城位于叶赫河北岸一陡峭山头之上。当时，仰逞兄弟二人各居一城，皆称王。仰加奴居东城，又名叶赫城，逞加奴居西城，又名叶赫山城，两城相距 5 里左右。有诗为证："柳条边外九十里，叶赫河头道如砥，荒荒草没两空城，一在山腰一近水。"[22]

叶赫古城是一座建筑在高台上的椭圆形城，现存城墙长约 1 里半，中间有一个长 40 米、宽 20 米的高台。从叶赫城向西南行 5 里，到达叶赫西城，也是一座椭圆形山城，周长约 1 里半。据明代瞿九思《万历武功录》卷一一《王台列传》记载：叶赫城"其外大城以石，石城外为木栅，而内又为木城。城内外大濠凡三道，其中间则一山特起，凿山坂周回使峻绝，而垒城其上。城之内又为木城，木城有八角明楼，则其置妻子资财所也，上下内外凡为城四层，木栅一层"。这座城堡十分坚固，努尔哈赤进攻叶赫时，如果没有采取政治攻势，只凭军事进攻，恐怕还不能很快就把叶赫灭亡了。

16世纪初（明正德时），叶赫部首领祝孔革率众南迁，来到叶赫河北岸定居，建叶赫国。祝孔革之孙逞加奴、仰加奴继承先人余烈，跃马扬鞭，开疆辟壤，盛极一时。1573年，两人在叶赫河两岸的山头之上，择险要处筑起两座城池。逞加奴居西城，仰加奴居东城，兄弟二人皆称贝勒（首领），称雄"扈伦四部"。当时叶赫部活动范围"南境多在奉天界与哈达为邻，西境到威远堡边门，北境与科尔沁、郭尔罗斯为邻，东到伊通河"。史有"拓地益广，军声所至，四境益加畏服"之说。但强大的叶赫终究没有阻挡住努尔哈赤统一天下的脚步。明万历四十七年（1619）八月十九日，努尔哈赤率兵攻打叶赫，叶赫灭亡，东、西两座城池毁于战火之中。叶赫两座古城从建到毁，仅存46年。

阿什哈达摩崖石刻，位于今吉林省吉林市东南15公里处、松花江北岸的大阿什哈达屯，是明代钦委造船总兵官骠骑将军辽东都司都指挥使刘清领军造船时留下的。当时为了加强对松花江下游、黑龙江口一带女真各部的控制与管辖，明朝于永乐七年（1409）设立奴儿干都司。出于向黑龙江下游地区输送军队和粮饷的需要，明朝在今吉林市附近开辟了造船基地，即船厂（今吉林市）。明朝运往奴儿干的物资和赏赐的物品，都在这里装载运出。"（松花）江上有河曰稳秃，深山多产松木，国朝征奴儿干，于此造船，乘流至海西，装载赏赉，浮江而下"㉓。稳秃河即今温德河，在今吉林市西南郊流入松花江，稳秃河的河口东距阿什哈达约15公里，当时的船厂大概就设在这里。

刘清（？—1442），和州（今安徽省和县一带）人，约生于洪武初年，家世不详。洪武末年任低级武吏千总之职，在"靖难之役"中立有战功，被提升为宣府中护卫指挥佥事。永乐帝大封功臣时，刘清由指挥佥事升任都指挥同知。后来由于征越南有功，升陕西都指挥使。其间，被谪戍辽东。后因功留任辽东都司，并奉命在今吉林市一带领兵造船运粮。这里山中多树林，盛产造船用的木材，而且又濒临松花江，便于水运，经松花江巨船可直达黑龙江口。刘清受命之后，于永乐十八年（1420）秋冬之际，率领数千名军士匠卒来到今吉林市东南 30 里处的阿什哈达，建起船厂，厂址在温德河入松花江口之处，并盖了一座龙王庙，然后祭神造船，于次年正月在临江的绝壁上镌刻了第一块摩崖碑。工程结束以后，刘清回到辽东都司，洪熙元年（1425）再次奉命领兵到松花江造船运粮。这是他第二次来船厂。刘清第三次来船厂是在宣德六年（1431）十月出发的，到达船厂时已经是第二年的春天了。这时，刘清原来建的龙王庙已经被毁，于是重新修建，并在第一块摩崖碑 40 米处的绝壁上镌刻了第二块摩崖碑。刘清三次领兵到女真人居住的松花江造船运粮，"流至海西，装载赏赍，浮江而下，直抵（奴儿干都司）其地"㉔。为奴儿干都司的巩固以及各卫所的进一步设置，加强各民族间的政治、经济、文化上的联系，为祖国东北边陲的开发、保卫与巩固，都做出了重要贡献㉕。

阿什哈达摩崖石刻是明朝政府经营松花江流域的历史见证，这一遗迹得以保存下来，是研究明代吉林历史的珍贵资料。

图上 7-1 明 阿什哈达摩崖石刻 孙志明摄

【注释】

① 《元史》卷一《太祖一》，中华书局 2000 年版，第 12 页。

② 王慎荣、赵鸣岐：《东夏史》，天津古籍出版社 1990 年版，第 176 页。

③ 孙进己等：《女真史》，吉林文史出版社 1987 年版，第 14 页。

④⑤ 《元史》卷一三《世祖十》，同上①，第 181 页。

⑥ 《朝鲜李朝太祖实录》卷一《高丽朝》，《明代满蒙史料·朝鲜李朝实录抄》第一册，东京大学文学部 1956 年版，第 5 页。

⑦ 王钟翰：《清史新考》，辽宁大学出版社 1990 年版，第 3—9 页。

⑧ ［清］蒋良骐：《东华录》卷二，天聪三年四月，齐鲁书社 2005 年版，第 21 页。

⑨ 佟冬主编：《中国东北史》第四卷，吉林文史出版社 1998 年版，第 1204 页。

⑩⑪ 《听雨丛谈》卷一一《满洲字》，中华书局 1984 年版，第 216 页。

⑫ 滕绍箴：《满族发展史初编》，天津古籍出版社 1990 年版，第 305 页。

⑬ 《朝鲜李朝世宗实录》卷八四，二十一年正月己丑，《明代满蒙史料·朝鲜李朝实录抄》第四册，东京大学文学部 1956 年版，第 2 页。

⑭ 《朝鲜李朝宣祖实录》卷七一，二十九年正月丁酉，《明代满蒙史料·朝鲜李朝实录抄》第十三册，东京大学文学部 1956 年版，第 58 页。

⑮ 《朝鲜李朝成宗实录》卷一五九，十四年十月戊寅，《明代满蒙史料·朝鲜李朝实录抄》第八册，东京大学文学部 1956 年版，第 344 页。

⑯ 《满文老档》，中华书局 1990 年版，第 1320 页。

⑰ 《满文老档》，同上，第 880 页。

⑱ ［朝］李民寏：《建州闻见录》，《清初史料丛刊》第九种，辽宁大学历史系 1978 年。

⑲ 《满文老档》，同上⑯，第 1514 页。

⑳ 李建才：《明代东北》，辽宁人民出版社 1986 年版，第 159 页。

㉑ 丛佩远：《扈伦四部形成概述》，《民族研究》1984 年第 1 期，第 8—17 页。

㉒ ［清］杨宾：《柳边纪略》卷五《叶赫行》，辽沈书社 1985 年版，第 267 页。

㉓㉔ ［明］毕恭：《辽东志》卷九《外志》，辽沈书社 1985 年版，第 468 页。

㉕ 李兴盛：《东北流人史》，黑龙江人民出版社 1990 年版，第 70—75 页。

第八章

清代吉林的多民族文化

　　清王朝自 1644 年入关，统治中国达 268 年之久。清代吉林是多民族聚居区，有满族、汉族、蒙古族、回族、锡伯族、朝鲜族、恰喀拉族。由于民族的发展演变和迁徙，满族、锡伯族、赫哲族南迁，汉族和朝鲜族北进，形成了新的一体格局，促进了各民族文化的共同发展和互相融合。

第一节　长白山崇祀

　　崇祀缘起——三仙女传说　武穆讷踏查长白山　封禁长白山　康熙、乾隆望祭长白山

　　巍巍长白山是东北第一名山。长白山东北 30 公里处有一红土山，山下有一池，名叫圆池（有人考证，此即布勒瑚里池），立有一碑曰"天女浴躬处"，是清朝先世爱新觉罗氏族的发祥地。清太宗皇太极在追溯"满族源流"时，提出了三仙女的传说。

　　《清太祖武皇帝实录》《清太祖高皇帝实录》《满洲源流考》中所记三仙女传说的梗概是：长白山东北布库里山下一泊，名布儿瑚里。天降三仙女浴于泊，长名恩古伦，次名正古伦，三名佛库伦。浴毕上岸，有神鹊衔一朱果置佛库伦衣上，色泽鲜妍，佛库伦爱之不忍释手，遂置口中，其果入腹中，即感而成孕。后生一男，生而能言，倏而长成。母告子曰："天生汝，实令汝为夷国主，可往彼处。"自称姓爱新觉罗，名布库里雍顺，定俄莫惠俄朵里城三姓之乱，娶百里女为妻，定国号满洲（南朝误名为建州）。这是清代早期历史文献所描绘满族爱新觉罗氏始祖起源于长白山的神话。

三仙女神话形成的基础有三点：

虎尔哈部的传说。天聪八年（1634）八月十二日，霸奇兰、萨穆什喀督师征萨哈连虎尔哈部时，带回降人穆克什克讲述三仙女神话故事，记录在《旧满洲档》第九册天聪九年档。其传说内容是："我的父祖世居布库里山下布儿湖里泊。我们地方没有文字记录。古来传说，布儿湖里泊有三个天女——恩古伦、正古伦、佛库伦来沐浴。佛库伦得到神鹊送来的红果，含在口中落入喉内，身重怀孕，生布库里雍顺。其同祖即是满洲部。"

建州女真传说。《朝鲜实录·光海君日记》记载，称努尔哈赤为"雀者"，是"以其母吞雀卵而生茜故也"。《诗经》曰："天命玄鸟，降而生商。"传说殷人的始祖契，是帝喾次妃简狄在河中洗澡，吞下燕子降下一卵而生的。建州女真的传说是因袭了东夷以鸟为图腾和卵生说。

文献记载。《李朝实录》和《龙飞御天歌》记载，元代在黑龙江下游曾设有五个万户府，

图上 8-1　清　长白山之神　原刊于《吉林旧影》，吉林人民出版社 2005 年版。

其中记述了三个万户府：女真则斡朵里豆漫夹温猛哥帖木儿、火儿阿豆漫古伦阿哈出、托温豆漫高卜儿阆。元末明初，这三个万户府南迁，后形成建州女真。斡朵里万户府的万户是猛哥帖木儿（孟特穆），居地斡朵里，即依兰（三姓）马大屯。孟特穆被清朝追谥为肇祖。

根据以上口碑传说和明末清初的史实说明三仙女传说是以史实为基础，以天命治世思想为指导，以托言附会为经纬而编织出来的祖先神话。从三仙女传说中，如剥去虚幻的外衣，既可窥见爱新觉罗氏族的源流，亦可领悟其崇祀长白山是一个民族的精神支柱。

武穆（默）讷踏查长白山是长白山崇祀的前奏。

康熙十六年（1677）四月十五日，经内大臣武穆讷题奏后，玄烨对武穆讷、侍臣费耀色等曰："长白山乃祖宗发祥之地，今无确知之人。尔等前赴镇守乌拉将军处，选熟悉路径者导往，详见明白，以便酌行祀礼。尔等可于大暑前驰驿速去。"①武穆讷等京官一行三人奉上谕于五月初五日从京师启程，二十三日到达乌拉（今吉林市）。据猎户噶喇达额赫介绍，长白山距额赫讷殷不远，于是议定分水陆两路前往，于额赫讷殷会合。

水路，额赫乘小船逆水前往，并行的由镇守宁古塔等处将军巴海派往的 17 只送粮小船，途经半月，至讷殷地方。

陆路，由武穆讷等京官和固山达萨布素率领的兵勇乘马前往。六月初六日，由乌拉循温德亨河、阿虎山、库勒讷林（库勒窝集）、雅尔萨河（奇尔萨河）、浑陀河、法布尔堪河、纳丹鄂佛罗、辉发江、拉法河、穆敦林、纳尔浑河、敦敦山（今老岭）、卓龙窝河等处，共七日，至额赫讷殷地方。

两路会合后，十三日起行，十七日至长白山角，攀跻而上，十八日下山，二十一日返回至二讷殷河（漫江与锦江）合流处。二十九日乘小船返回，七月初一日至乌拉。

武穆讷看到长白山是："遥望山形长阔，近视地势颇圆，所见片片白光，皆冰雪也。山高约有百里，山顶有池，五峰围绕，临水而立，碧水澄清，波纹荡漾，池畔无草木。"天池周围约有三四十里。这是有史以来，第一次对长白山的踏查。

　　武穆讷等人回到京城后，立即具奏。玄烨谕示："长白山发祥重地，奇迹甚多，山灵宜加封号，永著祀典，以昭国家茂膺神贶之意。"礼部等衙门遵旨复议，封"长白山之神"，每年春秋二祭，在乌拉地方望祭，祀同五岳。②

　　武穆讷踏查长白山之时，正值平定"三藩"初获得胜之时，康熙帝以长白山为题，写了一篇文章，史称"圣祖仁皇帝制文"。文中说："古今论山脉九州，但言华山为虎，泰山为龙。地理家亦仅云泰山特起东方，张左右翼为障，总未根究泰山之龙于何处发脉。朕细考形势，深究地络，遣人航海测量，知泰山实发龙于长白山也。"这就是说，五岳之首的泰山之龙，发脉于长白山，龙首就是长白山。康熙此说，有证明清朝统治的合理性和巩固清政权之意。

　　吉林"白山南峙，松水东环"，被清王朝视为"祖宗肇迹兴王之所"、"龙兴重地"。清初东北封禁，是对东北局部封禁，即封禁长白山地区。它缘于崇德，酝酿于顺治，形成于康熙。

　　鸭绿、图们两江是中朝两国历史上形成的边界线。两江水浅，尤其是冬季封江，如履平地。明清激战之际，朝鲜国人每年潜入我境，窃采人参，猎取禽兽，引起清与朝鲜关系紧张。崇德年间，皇太极在原明代辽东边墙东段与鸭绿江之间，设置了一条空旷地带，即东边外闲荒，当地群众称为"苏勒荒"（苏勒，满语，汉语谓空闲），作为封禁区。

　　顺治年间，沿辽东边墙旧址（个别地段有新的变动），开始修筑柳条边。至晚到顺治末年（1661）已全部完成。名曰"盛京边墙"，俗称"老边"。康熙九年至二十年（1670-1681），又修筑了南自开原之威远堡，北至吉林市北法特东亮子山上一条单边，长690华里，名曰"柳边"，俗称"新边"。老边的西段和新边是作为与蒙古游牧区分界线。盛京边墙以内称"边内"，以外称"边外"。"边外"对新边来说又是"边里"。清设置柳条边，既是表示畜牧、狩猎、农业经济区的划分标志，又是蒙古、吉林将军、盛京将军行政辖区的分界线。这就是说，在新边内，即将长白山周围的千里林海、参山珠河划为封禁区。《海龙县志》卷二载："且将盛京以东，伊通州以南，图们江以北，悉行封禁。移民之居住有禁，田地之垦辟有禁，森林矿产之采伐有禁，人参、东珠之掘捕者有禁。"把封禁长白山地区的范围、主旨说得一清二楚。

综上所述，设置柳条边，封禁长白山，有固国防、划区界，独占吉林特产，以及固根本，防止践踏龙脉之意。

康熙十六年（1677）十一月礼部等衙门遵旨议覆封"长白山之神"，在吉林乌拉望祭。翌年正月康熙敕封"长白山之神"祀典如五岳。初拟在吉林城西南9里的温德亨山致祭，后改在城外。但始终没有选定一个固定的祭场。至雍正十一年（1733），时任吉林将军常德奏请在吉林小白山（温德亨山）上建造望祭坛场，获雍正帝批准。

该祭坛的设置情况是：在小白山上遥对长白山西北方向建正殿五楹、祭器楼二楹、牌楼二座；在望祭场所内，另设"小白山鹿苑"，用木栅作墙，养鹿一百只，鹿羔和鹿尾可作朝贡之物；殿内置神案，黄地黑字，书满汉两种文字的"长白山之神位"的神牌。将小白山遍地盛开的铃兰花作为"国花"，寓言"清"与"兰"相符，物兆吉祥。

朝廷命盛京府派官员和工匠赴吉林监造，吉林将军府出工出料，日常管理由吉林派人负责。该祭坛建成后，每年进行春秋二次大祭，由吉林将军和副都统二人代祭，盛京将军、黑龙江将军一并参祭。农历每月初一、十五两日为小祭。

小白山，位于吉林市西南方向白山乡小白山村，东距松花江1.6公里，北距温德河1.4公里。三座山峰，最高峰313米。是环绕吉林城四座山之一。按《易经》所说宇宙生太极，太极生两仪，两仪生四象。以四象喻四座山，即城西有白虎（小白山），城南有朱雀（丰满朱雀山），城北有玄武（船营区玄天岭），城东有青龙（龙潭山）。又按《五德终始论》五行相生说，五行之中，金色尚白，木色尚青，土色尚黄，水色尚蓝，火色尚赤；其中东方生木，西方生金，南方生火，北方生水，中央方生土。以此而论，小白山处城西方，为生金之地，故称其白。生金尚白，与长白山联系起来，以小白山代替长白山。选址是一种文化，祭祀也是文化。人类对大山大岭的崇拜，由来已久。何况是对祖居地，更是顶礼膜拜。长白山祭不仅是清廷的礼仪，也是满族文化。

康熙一生曾三次东巡。首次东巡1671年，走马关外，是以"寰宇一统，用告成功"，谒祭太祖、太宗山陵。二次东巡1682年，是在平定

"三藩"后告慰祖陵，阅视吉林水师，布置抗击沙俄事宜。三次东巡 1698 年，是在抗击沙俄、平定噶尔丹叛乱成功后，来到吉林奉祀祖陵，巡行塞北，经理军务，还召见黑龙江将军萨布素，宁古塔将军沙纳海，对他们保疆卫国的功绩给予最高奖赏。

康熙两次到吉林，只有第二次望祭了长白山。这次东巡的规模，据高士奇《扈从东巡日录》描述："旌旗羽葆络绎二十余里，雷动云从，诚盛观也。"参加东巡的王公大臣，扈从人员，据南怀仁《鞑靼漂流记》中说有七万人。望祭的祭场在温德桥的北端，朝东南方拜祭。参祭人员除东巡所有人员外，还有盛京将军派遣的扈从人员和吉林将军衙署的官兵，其盛况可以概见。

这次望祭，康熙及其扈从人员还留下了数首望祭的颂歌。

康熙《望祭长白山》：

> 名山钟灵秀，二水发真源。
>
> 翠霭笼天窟，红云拥地根。
>
> 千秋佳兆启，一代典仪尊。
>
> 翘首瞻晴昊，岧峣逼帝阍。

高士奇《望祭长白山》：

> 神曲当紫极，毓秀敞珠宫。
>
> 典祀云亭外，灵祇陟降中。
>
> 黑河流不尽，青海气遥通。
>
> 封禅宁劳颂，升歆拜舞同。

乾隆四次东巡谒陵，只有第二次谒陵时来吉林，时在乾隆十九年（1754）。五月初六日奉皇太后由圆明园启銮，北上避暑山庄。七月初五日从承德出发，入喀尔沁境，经敖汉、土默特、科尔沁诸部，八月初七日（9 月 23 日）到达吉林城。翌日，在吉林将军傅森、副都统额尔登额陪同下，在小白山举行了隆重的望祭活动。乾隆帝御制的祝文是：

> 维神极天比峻，镇地无疆。象著巍峨，表神奇于瑞应；势雄寥廓，秉清淑于扶舆。钟王气之郁葱，休征毕集；奠坤维而巩固，厚德弥贞。缅帝业之肇基，荷山灵之笃庆。朕缵成丕绪，临抚寰区。
>
> 念凝命之无穷，溯发祥之有自。肇称殷礼，时已越乎十年；载考

彝章，礼更行于兹岁。恭展谒陵之钜典，兼修望秩之隆仪。躬荐明
禋，用申祗敬。惟翼根蟠灵壤，冠五岳而毕集庥嘉；彩焕鸿图，亘
万年而永安磐石。神其默鉴，来格来歆。

乾隆帝还留下了两首望叩长白山和望祭长白山的诗句。

《驻跸吉林境望叩长白山》：

> 吉林真吉林，长白郁嶻岑。
>
> 作镇曾闻古，钟祥亦匪今。
>
> 郊岐经处远，云雾望中深。
>
> 天作心常忆，明礼志倍钦。

《望祭长白山》：

> 诘旦升柴温德亨，高山望祭展精诚。
>
> 椒馨次第申三献，乐县铿鏿叶六英。
>
> 五岳真形空紫府，万年天作佑皇清。
>
> 风来西北东南去，吹送膻芗达玉京。

图上 8-2　清　望祭殿　　原刊于《吉林旧影》，吉林人民出版社 2005 年版。

第二节 蒙古、锡伯、朝鲜族文化

蒙地放垦与农牧文化 锡伯族回迁与鳇鱼贡 朝鲜族迁入与稻作文化

清代从入关之初，到乾隆朝末年，对蒙古游牧地，实行严格的封禁政策。到嘉庆后期，燕鲁的穷民，成群结伙出口觅食。主要原因是内地封建剥削苛重。18 世纪中叶以后，土地兼并更加严重，加之自然灾害频仍，大量的"失业之民，以无可耕之地，流离迁徙"③。清政府不得不把当年封禁的东北，作为缓和矛盾的泄洪区。嘉庆五年（1800），清廷准前郭旗"招民垦种"④。这一决定宣告了边外蒙地开始弛禁，迈入了放垦时期。光绪二十八年（1902）宣布解除蒙地禁令。

除了破产贫苦农民反禁出关的潮流以外，还有以下原因：

移民实边。帝俄强修东清铁路和占领东北后，又窥视蒙地。东三省总督徐世昌认为，经营哲里木盟，"非但谋藩服之安危，实将以蒙古为防御地，以保全满洲之根本"⑤。

各旗王公为解决经营窘迫，添补亏空，请旨放荒。清政府财政危机，所需经费要各地自筹。光绪朝以来，各蒙旗王公也负债累累。仅前郭尔罗斯一旗，到光绪二十八年（1902）新陈债务累计已达白银 30 余万两，市钱 80 余万吊。筹措经费，只有依赖押荒银和地租。

蒙地的放垦，使这一地区人口增加，郡县设置，改变以往空虚的状况。清亡前的近百年间，科尔沁六旗共出荒 360 万垧，分出蒙地置二府一州九县，占地面积为原六旗面积的 18% 以上。光绪三十四年（1908）编入民籍的汉民（包括少数满族）1303155 口⑥。前郭尔罗斯前旗地设长春府、农安县、德惠县、长岭县，在科右中旗设奉化县（今梨树县）、怀德县。在科左后中旗设辽源州（今双辽县）。在科右前旗设洮南府（今洮南市）、开通县（今通榆县）、靖安县（今白城市）。在科右后旗设安广县（今大安市）、镇东县（今镇赉县）。

蒙地的开垦，使蒙古族单一的牧业经济结构发生了空前的变化，出现了纯牧业、农牧业、纯农业三种生产方式。农牧经济结合，民族杂居，中原农耕的文明曙光开始光临茫茫的草原。

蒙古族文化是丰富多彩的。清代居住在吉林西部地区的蒙古族，喜闻乐见的是潮尔沁艺术与胡尔沁艺术。以潮尔（马头琴）为伴奏乐器的潮尔沁艺术与以四胡为伴奏乐器的胡尔沁艺术，并称为姐妹艺术。

清初，蒙古族东部地区只有潮尔为伴奏乐器，传唱蒙古族英雄史诗，以"镇服蟒古斯故事"为内容，称之为潮仁乌力格尔，意谓故事或说书。从清代中期以后，随着翻译文学（汉译蒙）的出现，以胡尔为伴奏乐器，以说唱汉族古典演义为内容的胡仁乌力格尔迅速兴起。后来又从胡尔沁中分离出来达古沁（民间歌手）、贺勒莫沁（祝词家）、好来宝沁（说唱好来宝的艺人），逐渐独立于艺坛。通称胡尔沁，指蒙古族说书艺人。于是开创了蒙古族说唱艺术的一个新时代。

这一艺术兴起的社会背景，称之为"文化北移"，主要是指黄河文化北移。据《喀喇沁左翼蒙古族自治县概况》载，雍、乾年间，大批汉人进入卓索图蒙古地区，带来汉文化，故称为"文化北移"。胡尔沁艺术的先行者，当为旦森尼玛（1836—1889），他是卓索图盟土默特左旗（今阜新）人。幼年在蒙古贞葛根庙当班迪（小喇嘛）。他通晓蒙、藏、汉三种语言文字，博览群书，精通琴艺。在"文化北移"的影响下，他根据蒙古族喇嘛文学家、诗人吴·恩可特古斯蒙译的《兴唐五传》，编唱出"乌力格尔"。蒙古人称《五传》为《塔奔传》，即指《全家福》《苦喜传》《荡妖传》《羌胡传》《契丹传》，共529回。数代师传，使胡尔沁艺术根植于蒙古草原⑦。

在前郭尔罗斯首先推出蒙古说书的胡尔沁艺术家为常明大师（1874—1959）。他的祖父、父亲都擅长说唱蒙古民歌、好来宝，对常明的影响很大。他沿用蒙古族民间说唱"陶力"的形式，说唱听来的故事。为了探求艺术，常背起胡琴，四处寻师访友。在图什业图，拜长他8岁的乌日塔那斯图为师，不仅学会说唱《封神演义》，还学到了精湛的琴艺和刚柔相济、张弛交错的"陶力音乐"及蒙古萨满音乐。从此，他的足迹遍及科尔沁十旗、扎鲁特二旗、巴林二旗、奈曼、阿鲁科尔沁和东土默特，向各地有影响的艺术家学习，"广交博撷，独成一家"⑧，成为享誉东蒙草原的郭尔罗斯胡尔沁艺术家。他说唱的书目主要有《封神演义》《周国故事》《金国故事》等。他为人豁达、诙谐，语言多趣，喜用比喻，善于夸张，爱用绰号，从而使书中人物更加形象，鲜明感人⑨。

锡伯族历史悠久，鲜卑、室韦是其先人。明初，锡伯族的居地，东迄绥哈城（今吉林市西南三十华里大绥河镇通气沟南山），西达兀良哈三卫，北起嫩江的乌裕尔河，南达西辽河流域。明嘉靖年间，蒙古嫩科尔沁占据嫩江流域，锡伯族被役属和统治。清康熙年间，由于沙俄对黑龙江流域的侵犯，噶尔丹在西部叛乱，驻防东北的兵源枯竭。为加强东北边防，清政府决定将锡伯族从科尔沁蒙古中赎出，安置于齐齐哈尔、伯都讷、乌拉三城。编旗后驻防齐齐哈尔的披甲1200人，附丁2400人。驻防伯都讷的壮丁2000人，其中锡伯壮丁1400人，卦尔察壮丁600人。并将散居于锡拉木伦、养息牧、辽河等处的锡伯人作为附丁。驻防吉林乌拉的锡伯兵丁，1000名为披甲，2000名为附丁。驻齐齐哈尔的锡伯兵丁于康熙三十九年、四十年分二批迁驻盛京。驻伯都讷的锡伯兵丁于康熙三十八年迁往盛京。驻吉林乌拉的锡伯兵丁于康熙三十七年迁往京师。其中一部分留京师，分至满蒙八旗当差，另一部分则分到顺天府所属的顺义、良乡、三河、东安以及山东德州等地。

康熙至乾隆年间，清廷从京师遣回一部分锡伯人回到故乡的松花江流域，承担"鳇鱼贡"的任务。根据《吉林锡伯族调查报告》中称：这些奉命迁回的锡伯人分别居住在前郭尔罗斯的锡伯屯，扶余县的双屯子、达户屯、罗斯屯、莫拉河村落以及郭尔罗斯后旗的莫格登锡伯（今黑龙江省肇源县境内）。康熙年间，锡伯屯的一家姓关的三兄弟和唐、刘两家锡伯人从顺天府到前郭尔罗斯吉拉吐乡立屯，名锡伯屯。西达户屯的锡伯人，是在乾隆年间从顺天府返回故乡的。关于松花江流域这一带地方是锡伯族的故乡，在扶余西达户有一个传说：唐代薛仁贵东征高句丽时派人到室韦征兵，居住在嫩江、绰尔河的室韦，由该族伊亲王（杨姓）、双亲王（关姓）、国亲王（苏姓）、多巡亲王（富姓）和一个白老将军（佟姓）率领五大姓之兵，前来扶余、前郭一带助战，该五大姓的后裔至今仍居住在扶余达户屯。史载，居住在此地的室韦人，自成一部，名为达姤部。《新唐书·流鬼传》："达姤，室韦种也。在那河阴、涑末河之东，西接黄头室韦，东北距达末娄云。"当时所称的那河，今为松花江东流段，涑末河，今为松花江北流段。达姤部所在，正为今吉林省松原、扶余一带。可证这个传说是可信的。

锡伯族喜欢食鱼，水性好，擅长捕鱼，所以清廷将他们遣回故乡承担捕鱼差役。承担贡鳇鱼差的锡伯人，被赐予"晾网地"，准其"种地不纳粮，养儿不当兵"。受辖于"务户里达"（满语，意谓总管），不受地方管辖，直属于内务府属下的乌和里达衙门。

鳇鱼多生活在鄂霍次克海，夏初洄游江河产卵，便来到松花江。松、嫩两江汇合处一带，河宽、江旷、水深，水流较平缓，是鳇鱼最佳产卵地。鳇鱼通体无鳞，体大肉丰，大者重数百斤，味道鲜美，肤包斑斓，是清廷指定的贡品。捕鳇鱼在夏季，捕获后先要养在鳇鱼圈里，待到冬季再将冻鳇鱼送往京城。在松花江沿岸设有多处鳇鱼圈，如农安境内的鳇鱼圈，郭尔罗斯前旗境内的锡伯屯鳇鱼圈，七家子鳇鱼圈等（这些地方当年用以养鳇鱼，废弃之后，一直至今仍以黄（鳇）鱼圈为其地名）。到起程送贡之日，要举行盛大的送鳇鱼仪式，沿途净水泼路，车上覆以黄布，官员肃立送行。

遣回故乡的锡伯族人在恶劣的自然环境和艰苦的生活条件下终年从事捕鱼劳作，被称为"鱼丁"，在长达200年间积累了丰富的捕鱼经验，为渔猎文化做出了杰出贡献，直至光绪二十六年（1900）停止贡鳇鱼，才取消了锡伯族的鱼差。

朝鲜族，是迁入民族。清代，朝鲜族从朝鲜半岛迁入中国可分两个时期，即冒禁迁入时期和"自由"迁入时期。

1868至1881年，是冒禁迁入时期。鸭绿江、图们江在明清两代已定为与朝鲜的国界线。清代前期，清朝已开始对东北实行封禁政策。在图们江北设南荒围场，在鸭绿江与盛京边墙之间设苏勒荒（闲荒），严禁任何人进入居住。这是对发祥圣地的封禁，也是对边界的封禁，具有巩固国防的意义。与此同时，朝鲜李朝政府实行封疆锁国政策，在朝鲜茂山、会宁、钟城、稳城、庆源、庆兴等地设八十六堡，严禁越境。两国对越江者，或驱逐出境，或格杀勿论。

自十九世纪中叶以来，朝鲜民族处于内忧外患的境遇。李氏王朝日益腐败，外国资本主义相继侵略，黎民百姓难以忍受其苦，纷纷冒禁迁入中国境内。再加上自然灾害频仍。1860 年、1861 年、1863 年、1866 年朝鲜北部接连发生大水灾。1869 年和 1870 年又发生大旱灾。中朝两国的封禁与锁国政策难以阻挡朝鲜饥民为生存而进行的大迁移浪潮。1870 年前后，过境居住在吉林省集安和临江一带的朝鲜流民已达一千余人。至 1881 年吉林省延边地区的朝鲜流民人口已有一万多人。

公元 1881 年至清末是自由迁入时期。19 世纪末，东北边疆危急日益加重。光绪七年（1881），清政府委派李金镛办理珲春招垦事宜。发现嘎牙河一带朝鲜流民已垦面积达八千余响。吉林将军铭安和边务督办吴大澂，报请清廷奏准将图们江以北地区朝鲜流民进行户口登记，决定纳入中国国籍。光绪十一年（1885）废止封禁令。同时在和龙峪（现龙井市智新乡）设通商局，旋改为越垦局，并把图们江以北长约七百里，宽约四五十里之地划为朝鲜流民专垦区。从 1890 年到 1894 年，又将垦地进行清丈，对朝鲜垦民实行"编甲升科"，设四堡三十九社，垦民 4308 户，男女丁口 20899 人。光绪三十四年（1908），延吉、和龙、珲春、汪清四县已有朝鲜流民 78825 人。1910 年安图县已有 395 户、1429 人。至 1903 年，临江县境内流民 1100 余户，男妇大小 3000 余口。

上述人口统计的数字，虽有文字记录，然皆为大概的数字，实际人口大大超过。1910 年日韩合并之后，迁入的人数激增。在清帝逊位前后，迁入图们江、鸭绿江以北地区的朝鲜流民约有 192540 人。

朝鲜流民大都来源于咸镜南、北道和平安南、北道，是从事旱田的"火耕民"，缺乏水稻的栽培经验，尤其是在高寒的气候条件下实行稻作，实非易事。但是，稻作文化毕竟是朝鲜族的传统文化，他们经过一段摸索、试验之后，到 1875 年，在通化的上甸子、下甸子等地栽培水稻成功并迅速传播到邻近各地。1906 年 6 月在勇智乡大教洞开凿了一条 1308 米长的渠道，用六道河水灌溉 33 公顷水田，引河水灌溉稻田也取得成功，在朝鲜族中得到推广。以种植水稻为主的农业生产，是中国朝鲜族社会的基础，水稻作物的引进是对北方农业文明的一大贡献。

迁入的朝鲜族保留着本民族固有的文化，在与当地文化相融合的过程中创造了中国朝鲜族独特的民族文化。朝鲜族是以家庭为基本生产单位，以家长为核心的家长制的生产方式。在这种生产方式下，形成了以家长或年长者的经验为本，生产和生活中的重大事项由他们决定的社会运行机制。是否尊老敬老，孝与不孝成为判断人的价值标准。吃苦耐劳的精神，尊重知识、崇尚教育的意识，讲礼义、求儒雅的文化心理，尊老爱幼的美德，喜冷辣、爱洁净的生活习惯，以及富有民族特色的歌舞，风格特异的民族体育，在衣食住行等方面别具一格的民风民俗，构成朝鲜族文化的突出特色。

第三节　百年迁徙闯关东

厉行东北封禁　闯关东移民与吉林农业开发

清代对东北地区的封禁缘起于崇德，酝酿于顺治，形成于康熙，厉行于乾、嘉，弛废于道、咸。

乾、嘉时期，是封禁政策的严厉执行时期，对东北全面封禁（1736—1840）100 余年。其主要措施有四项。一是，变更流犯发遣地点。乾隆元年（1736）上谕云："黑龙江、宁古塔、吉林乌拉等处地方，若概将犯人发遣，由该处聚集匪类多人，恐本处之人渐染恶习，有关风俗。朕意嗣后如满洲有犯法应发遣者，仍发龙江等处，其汉人犯发遣之罪者，应改发于各省烟瘴地方。"⑩二是，严禁关内流民出关。乾隆十五年（1750）下令："奉天沿海地方多拨官兵稽查，不许内地流民登岸。并行山东、江、浙、闽、广五省督抚，严禁商船夹带闲人。"⑪三是，驱逐进入东北的流民。清政府下令奉天流民必须取保入籍，否则限其 10 年内迁回原籍。四是，增加东北民地田赋科则。厉行封禁后，盛京地区民人私垦余地每亩征银高达 8 分，而且"一律征耗"。清政府明确把流民私开地称为"加赋余地"或"增赋余地"，目的是"惩匿报之弊"⑫。

嘉庆时期继续实行严禁政策。嘉庆八年（1803）下令："山海关外系东三省地方，为满洲根本重地，原不准流寓发人杂处其间，私垦地亩，致碍旗人生计，例禁有年。……并着直隶、山东各督抚接到部咨，遍行出示晓谕，以见在钦奉谕旨饬禁民人携眷出口。"⑬

虽然，清朝政府对东北实行封禁政策，但始终遭到人民的抵抗，也未能完全禁住越关进入东北的流民。自乾隆中后期，尤其是道光之后，更加难以抑制，100多年间，上千万关内民众闯进东北地区。

纵观清政府在东北实行封禁政策，究其原因：一是，保护"龙兴重地"，使满族不忘祖宗旧制、旧俗，防止汉化。二是，维护清朝统治者的尊严，清廷企图通过封禁东北，以保持所谓的"龙兴之地"的神秘感，尤其是对长白山龙脉乃至陵寝重地的神圣感。三是，独占东北人参、貂皮、珍珠、鹿茸等大量特产。四是，维护满洲八旗官兵的生计。清政府一直在奉天、吉林等地保留了部分上等土地或熟地，留作本地官兵及京旗官兵随缺地亩之用。嘉庆十七年（1812）上谕："八旗生齿日繁，京城各佐领下户口日增，生计拮据……因思东三省原系国家根本之地，而吉林土膏沃衍……将在京闲散旗人陆续资送前往吉林，以闲旷地亩，拨给管业，或自行耕种，或招佃取租，均足以资养赡……旗人等在彼，尽可练习骑射，其材艺优娴者，仍可补挑京中差使，于教养之道，实为两得。"[14]

清政府在东北地区推行封禁的民族自我保护政策，对东北地区的负面影响是巨大的。首先，滞缓了东北经济发展进程。东北在明清战争中农业经济遭到严重破坏，人口锐减，生产力低下，当时应是采取措施，尽快恢复生产，而这种封禁政策是背道而驰的，导致东北农、工、商业发展迟缓。其次，从民族关系上说，这种封禁是民族压迫政策在经济上的反映，在封禁政策的管理体制束缚下，滞缓了民族间的相互交往和共同进步。其三，由于封禁，人口增长缓慢，边防地区荒闲，削弱了抵御外敌的力量，致使大量领土被占。但客观上，封禁保护了东北资源，这也是不争的事实。

清王朝由开始到终结近二百年之久的对东北封禁的政策，并未完全收到实效，始终有大量流民涌入东北，到清中后期，成群结伙闯关东之势不可阻挡。加之，俄人侵越，边境空虚，官府军队俸饷拮据，上层官员中的有识之士建议容纳流民，招垦征租。迫于这种形势，清王朝不得不对东北实行弛禁政策。

于是，吉林地域的人口急剧增加。据统计，从光绪十七年（1891）以后的18年中，吉林省每年增加人口约27万人，到光绪三十四年（1908）吉林省总户数为762822户，总人口为5670838口[15]。其中大部分是中原地区闯关东过来的汉族人，这极大地促进了吉林的土地开发和农业发展。例如，咸丰八年（1858），吉林将军景淳奏称："查得吉林地方凉水泉子南界，舒兰迤北土门子一带禁荒，约可垦地十万垧，省西围场边，约可垦地八万余垧，阿勒楚喀迤东蜚克图站约可垦荒八万余垧，双城堡剩存圈荒及恒产夹界边荒，可垦地四万余垧"⑯，请求准许放荒招垦。首先是在吉林中西部地区进行大面积土地开发。光绪六年（1880），吴大澂奉命督办吉林防务，他体察军情民意之后，推行"招民开垦，以实边隅"的政策，使吉林东部珲春、通化一带边陲地区的土地也开发起来，形成吉林全境土地大开发的局面。自咸丰元年至光绪二十年（1851—1894），吉林所放荒地共 1379013 垧⑰。到宣统元年（1909），吉林省垦地已达 58268774 亩⑱。不言而喻，这些土地绝大部分是由闯关东的汉族人开发的。

中原是农耕文化发达的地区，来自中原的汉族人遂将农耕文化传播过来，从而开启了吉林农业新的历程。他们讲求精耕细作，注重田间管理，改变了本地原来粗放的耕作方式，并根据吉林地域季节、气候变化和农作物生长规律，对不同作物采取不同的种植方法，逐渐积累了春播、夏管、秋收、冬藏一整套的农业生产经验，使单位面积产量不断增加，土地效益大为提高。肥沃、广袤的黑土地使他们大有用武之地，以拓荒、创业精神进行农业开发。引进和增加了作物品种，使种植结构和农业结构发生了变化，改变了早年吉林南部以种植大豆、高粱为主，北部以种植小麦为主的单一格局，玉米、豆类杂粮、蔬菜的面积增加，并向朝鲜族学习种植水稻，烟草、蓝靛等经济作物成为种植业的新宠，种桑养蚕业等也发展起来。例如，烟草种植面积和产量在清末已达相当数额，吉林所产的"南山烟"、"蛟河烟（又称"漂河烟"），在当时都享有盛名，吉林烟销往直隶、奉天等地。这种情况不仅打破了原来的自然经济，促进了商品经济的发展，而且由于农业的发展，有了粮食等作为原料，也促进了手工业、商业以及工业的发展，形成更多的城镇，民间百业随之兴起。农业的进步与发展为吉林农业走向近代化打下了基础。

生产力的发展必然促使生产关系变革。由于大规模放荒，原来的八旗围场、捕贡封禁地、旗地、官庄、官荒以及蒙古王公领地已基本不复存在，垄断的封建土地关系宣告瓦解。随着社会经济的发展，实行了土地私有化民田化，土地买卖和兼并现象日趋盛行，使私人地主经济迅速兴起。

在这过程中，闯关东汉族人带来的中原农耕文化，被原住少数民族居民所认识、接受和欢迎，少数民族文化也习染了闯关东的汉族人，实现了优势文化的互补和不同文化的融合，在吉林地域形成了以农耕文化为主的新的文化形态。

图上 8-3　清　闯关东旧影　　原刊于《吉林旧影》，吉林人民出版社 2005 年版。

第四节　多民族的多元教育与近代学堂

书院　八旗官学　义学　私塾　近代教育

中国封建社会的教育在元明两代，就已趋于僵化。清入关以后，教育领域大体因袭晚明故制。尊孔崇儒，标榜正统是清代前期文教政策的主流。清又坚持"满洲根本，骑射为先"，即崇儒重文、挟以武力的两面政策。新旧杂存，充满了矛盾。1840年以后，在经历了一系列重大社会动荡之后，清代教育进入了持续变革时期。迄至清末科举制度及旧的教育制度明令废除，清代教育才被大体纳入到近代教育范畴之中，但在初等教育领域，仍存在新学堂与私塾并存的二元教育格局。

吉林儒学始于康熙三十二年（1693）设置的宁古塔儒学。雍正十二年（1734）设立永吉州学，于乾隆十二年（1747）裁州置厅，称吉林厅儒学。乾嘉间又设置了三姓、阿勒楚喀儒学。道光二年（1822）设置伯都讷儒学。书院是儒学中层次较高的学校。雍正十一年（1733）清廷令各省城均设立书院，官拨帑金、学田以助办学经费膏火。书院已具有官办的性质。书院教育发展迅速，类型亦呈多样，吉林也有相当的数量和规模。

白山书院是嘉庆十九年（1814）吉林将军富俊购民居五楹所创建。初建在参局街，因其地近市喧杂，改修宾馆，另在此地后建学舍五楹。时正值吏部尚书铁保谪戍吉林，由他起名为"长白书院"。书院延请了三名教习，即前归德守熊酉山、前经历朱慎崖、前福建令朱玉堂为主讲席。铁保在为长白书院所写的"跋"中说："此邦人士重武备而略文事"，今"彬彬弦诵，文教日兴"⑲。著名学者、原工部郎中马瑞辰，道光初坐事发遣黑龙江。富俊闻讯，于道光二年（1822）奏请：因长白书院"教读乏人"，"仅聘本地读生教读，难收实效"，要求将马瑞辰"改发吉林，专司教读"。道光帝强调八旗应"以清语骑射为重"，不得"议课生徒，学习文艺"，而未准。并且说："要之书院仍属具文，于造就人才毫无裨益，是舍本逐末"之举⑳。可见清统治者在尊儒重文与"国语骑射"之间的矛盾心理。迄至光绪七年（1881）将军铭安奏准，先后添设教习三员，汉教习一员，教八旗子弟汉文。

铁保，字冶亭，号梅庵，姓董鄂氏，正黄旗满洲人，曾官至两江总督，吏部尚书。嘉庆十九年（1814）缘事谪戍吉林，交将军富俊派拨当差。他谪居吉林五年，读书五年，与长白书院有很深的感情。《满江红·冬日游北山作》一首是在吉林所作。词曰："苦雨凄风，吹不冷、壮游心热。况溪山如画，万峰攒雪。枯木林中飞鸟散，白云天外阴霜结。看层冰，万里卧长江，坚如铁。忆当日，驰旌节；度翰海，超吴越。举名山大泽，供吾游涉。至竟奚囊无好句，白头怕对山灵说。说不如归去读残书，休饶舌。"一方面回忆当年壮心不泯，一方面又黯然神伤，读残书，休饶舌，有一种难以诉说的复杂的心绪。

吉林府崇文书院是同治十三年（1874）由绅士捐建，位置在朝阳门内。"肄业有舍，讲论有堂，门庭庖厨，规制略备"㉑。光绪十三年（1887）又增建从屋十二楹，十七年又添建客厅三楹，十八年重修大门并门房五楹。初建的经费是由绅士衣云、锡恩及锡恩子晋昌所捐毛荒地189垧，将官租地的租赋作为经费。将军奕榕、学政王家璧、张云卿先后捐廉六百两。光绪七年、十二年、十三年、十八年将军铭安又拨银，发商生息为书院专款。

书院的组织领导是公举吉林士绅十人为值年，每年以二人董其事，以府教授为监院。历聘杨庆一、顾云、周德至、于宗潼、何威风、王文珊、朱继经、由升堂为山长主讲。凡吉林之生童皆可入院读书。最盛时有学子数百人。光绪年间顾缉庭观察主讲崇文书院，提倡经学。吉林三杰之成多禄、徐鼐霖受业于顾公，被视为佳士，成后来之秀。

光绪五年（1879）分巡道顾肇熙奉调来吉，注重文教，请修学宫，筹款为书院膏奖，延聘经师主持讲席，又捐廉购善本经史，备诸生诵习。课日必亲诣院，口讲指画，谆谆若严师。顾肇熙是吴中孝廉，在任政绩灿然，"而于书院尤加意。武城弦歌之化，至今犹存"㉒。

伯都讷厅种榆学院在孤榆树屯。同治十一年（1872）由绅商义捐所建。光绪八年（1882）由伯都讷同知徙置榆树直隶厅，学院亦改属。学院经费是候选知县于若霖承叔父于凌云遗志捐资三千四百元截留荒地，陆续升科，共计官租地二百五十三晌三亩一分，每晌佃租一石五斗。此项佃租仅敷完纳正赋，无以津贴书院。将军希元奏请豁免其税，作为书院学田，"俾我朝根本之区，武备精而文教并盛，士风振而民俗益驯"㉓。

长春府养正书院是抚民通判李金镛出俸倡建的。光绪十年（1884）三月始建，其址在长春府城东北，翌年又进行了扩建。先后建成前讲堂五间、后正屋五间、东西住屋十八间、东西号舍十八间、大门五间，总共五十间。购书数千卷，"资学者诵习"㉔。院额为"敬业"。生员住院，定额肄业生员十二名、童生二十三名。捐资存放于各当铺、烧锅，每年共收息钱五千八百五十六缗，为书院经费。1885 年 3 月李金镛撰写《养正书院记》一文，把儒学的传播融注到办书院的宗旨上去，希望读书人通过勤奋学习成为正身、修身、品德济于一身的有用人才。特委长春人、进士出身的高培田作书院总董，负责书院的日常事务。书院先后培养出何月波、刘洪思等二十余名贡生以及七十余名附生。书院的创办起到了"迪启后学，振扬士气"的作用，为长春培养了一批文化人。李金镛的政绩，"一时有李、高两青天之目"。

养正书院不但开了长春文化发展的先河，而且也影响了吉林地区文化事业的发展。如伊通启文书院（1885）、珲春昌明书院（1892）等，到光绪中期，出现了兴办书院的热潮。

八旗官学是为八旗子弟设立的学校，简称旗学、官学、满学、满官学。不过叫作官学并不准确，因为官学分中央与地方两级，还包括儒学；叫作满学或满官学也不科学，因为在八旗官学中还包括蒙古学和汉军官学。吉林八旗官学主要有满学、蒙古学和吉林翻译官学。

满学有吉林左右翼官学、宁古塔左右翼官学、伯都讷左右翼官学、阿勒楚喀官学、拉林官学、乌拉官学、额穆赫索罗官学、珲春官学。以上学舍都是公捐营建，学额每旗佐领四名，生徒俱于二月上学，习清文、骑射。如吉林官学，助教官两员，每翼教习四员，由领催、披甲内选用。宁古塔、伯都讷、三姓、阿勒楚喀、乌拉、拉林每学各设教习笔贴式一名，亦各有教习帮教。珲春、额穆赫索罗只有各处领催、披甲内挑选通晓清、汉文者，充作教习。

"满洲根本，骑射为先。"在八旗中学习"国语骑射"，入关前已成为祖制陈规。吉林是清肇基之区，视为"根本之区"，习清文、骑射，尤为清廷所重视。从嘉庆帝赐吉林将军两首诗中，可以窥见。嘉庆十年（1805）赐吉林将军秀林："皇清发祥始，福地接兴京。境擅山川异，人皆弧矢精。抒忠尽汝职，务本副予诚。训练咸英锐，旧章慎勿更。"嘉庆二十三年（1818）赐吉林将军松筠："天造邦家肇，吉林实故乡。白山发祥远，黑水溯源长。守土依前则，诘戎率旧章。顽民勤教化，务令顺纲常。"

　　驻防八旗有汉军旗的地方满学与汉学分立，专有学舍。如乌拉镇官学，雍正七年（1729）捐建。前三楹为汉学，后三楹为满学。三姓左右翼官学于雍正五年捐建，乾隆十七年（1752）、二十六年（1761）重修。地址在文庙内，东西厢各三楹。光绪元年又捐资改修东西厢各五楹。东斋读满文，西斋读汉文。光绪七年（1881）珲春副都统在县城内设有满汉官学房。

　　蒙古学校址在吉林城圣庙西南半里许，学舍三间。乾隆六年（1741）蒙古八旗兵营建。乾隆五十八年（1793）奏请由官项拨款修葺。生徒无定额，习蒙古文、骑射，其他课业与汉学相同。由蒙古翻译笔贴式兼充教习。

　　清代定制翻译科有童试、乡试、会试之别，考生限于八旗子弟。翻译则指以满文译汉文，以满文作论，或以蒙文译满文。道光二十三年（1843）始举行驻防八旗的翻译考试，童试、乡试在所驻之省应考。会试之前，先由各旗及兵部考取马步箭后才准会试。会试后复试，合格后赐进士出身。吉林翻译官学设置较晚，光绪九年（1883）将军铭安奏请设立。光绪十七年（1891）将军长顺扩建，学舍七楹。由京城奏调教习二员。学期三年。每旗学生三名，十旗共额三十名。宾州、双城两厅的烧锅月纳酒税解交省库作为经费。生员从八旗中考选，按例五六取一。光绪十五年（1889）将军长顺、副都统卓凌阿举行考试，因通顺者少，取进三名。十六年取进四名，十八年取进五名。三年两考。

　　义学是为旗民中贫寒子弟读书而开设的学校。此类学校，吉林全境不多。据《吉林通志》记载，在吉林府、伊通州、长春府、宾州厅、双城厅、宁古塔、乌拉，共有七所，多数在光绪年间开设或增建。其中规模较大，历史较长的是吉林府义学。

　　《吉林通志》据"盛京旧志"载："吉林府义学一所，在城内东南隅，知州杜薰捐俸建。"㉕"盛京旧志"当为《盛京通志》。《盛京通志》于康熙二十三年（1684），由奉天府尹董秉忠等奉敕修。修志前的一年，曾向宁古塔官员调查该地形胜、民俗风情等事。永吉州雍正五年（1727）设立，杜薰任知州应在五年之后。据以上史料可知，吉林府义学最早设立年代应在康熙、雍正时期。光绪九年（1883）将军铭安（鼎臣）、吉林分巡道顾肇熙又在东关建学舍，设立五斋，西关、北关设立二斋。光绪十一年、十三年将军希元又令绅士姚福升，举人庆福、于凌云等在河南街购地，继续兴建学舍。学舍共五十一楹。蒙童馆有二十二斋，每斋学生十二名。经学馆二斋，每斋学生十名，旗民兼收。以伊通河南围荒纳租地值及租银为经费。可见义学亦是官学的一种。将军希元在调离吉林前，为义学书写"为时养器"堂额并跋。绅士姚福升，字申五，吉林人，少孤贫，半佣半读，稍长入军幕，充白山书院教习。后掌义学，"成就甚众"。《永吉县志》在编写前的"采访册"中记有吉林府义学以兴贤、育才、孝悌、礼义、廉耻、博学、审问、慎思、明辨、忠信、笃行、徙义、崇德、笃敬等各名字，分别校舍。"孤寒子弟资其膏火，冬或施衣。二十余年，人才辈出。吉林文化之盛，实基于此。"㉖

　　清代吉林的儒学与书院、八旗官学之类的学校数量有限，学习的生员也有限，私塾是旧式教育较为普及的一种教育形式，不仅存在于大小城镇，也出现在山野僻乡的较大屯村之中。私塾的种类有四种：家塾（族塾）、门塾（散馆）、义塾、公延塾。从事私塾教育的初期多是一批文人流人，如谪戍宁古塔的原吏科给事中陈嘉猷、浙江山阴人杨越、吴兆骞、胡子有、李召林、吴英人、王健等一代蒙师，或当地耆旧、科场中"屡试不中"的生员、官场失意和告老致仕的官员。私塾均不分班级，不定学制，生员年龄不限。入学时间一般在农历二月初二，腊月初八放假。教学的内容在启蒙阶段是以《三字经》《千字文》《庄农杂字》《名贤集》为教材，之后为《千家诗》《唐诗三百首》及"四书五经"。其内容虽然局限在旧的传统观念，但对普及文化知识，开启民智是有成效的。据各地县志记载，如东丰县，光绪三十四年（1908）有私塾150余处。西安县，光绪三十四年至宣统二年（1910）有10所，宣统三年（1911）增至156所，有生员2138人。梨树县至辛亥革命前有百余所，仅小城子地区就有11所，学童近300人。在伊通境内，至宣统三年（1911）有233所。史载有名的私塾，有以下几例。

　　赵氏义塾　吉林人海量，字涵斋，姓伊尔根觉罗氏，隶满洲正白旗。由贡生官至吉林银库主事、候补员外郎，加四品衔。他在其家乡吉林城西柳树屯，筑学舍三楹，收族内贫苦子弟读书。将所有田产一百八十亩及其租税，入资塾师。此私塾，自称"义塾"，又是家塾（族塾）。

大山咀屯私塾　民人金士才，字作青，其父金文会，好行善，散财好施，竟使家境贫寒。《永吉县志》记载："士才幼颖异，授以书，过目不忘，塾师奇之，使从学，因贫乏膏火资，则刻苦力役以继之。""士才亦克自树立。稍长，出其所学，设馆授徒。"㉗其家所居尚礼镇大山咀屯，故将其门塾以所居之地名之。

明东私塾　朝鲜族汉学家金跃渊，是一位爱国志士。光绪二十五年（1899）从朝鲜钏城迁来和龙明东（现属龙井县）。于光绪二十七年四月在明东地区办起私塾，名曰"圭岩斋"，传授汉字旧式教育。

1903 年由张百熙、张之洞、荣庆联名提出的《奏定学堂章程》（癸卯学制）得清廷批准，并正式颁布实施。各级学制规程是蒙学堂（四年）、寻常（初等）小学堂（三年）、高等小学堂（三年）、中学堂（四年）、高等学堂及大学（三年）、大学堂（三年）。1905 年又废除科举制度，这就标志着近代教育体制在形式上大体确立。光绪三十三年（1907）改建行省后，省设提学司，厅州县设劝学所。全省出现了办学热潮。宣统元年（1909）全省各类学堂已有 188 所，到宣统三年已增至 9166 所，三年之间，几增 50 倍。吉林是武健之地，不以文学名于时，今则"边荒阻塞，风气大开，弦诵之声，几希内地"㉘。

吉林的新式学堂大体可分为师范类、普通类、专门类、实业类、民族教育类。

自兴新式教育以来，全国各地均患师资缺乏，吉林尤甚，于是师范教育随之兴起。将军达桂于光绪三十一年（1905）曾选派士绅赴日本学习速成师范。然而少数之培植，不足供多数之需求。于光绪三十二年十月，将崇文书院改设初级师范学堂，并附设高等、初等小学堂，是吉林开办学堂之始。当年所招完全科和简易科学生各 100 名。第二年冬，简易科毕业后，立即派往各地充当教员。光绪三十三年（1907）将军达桂令本省学务处创办，于九月正式成立省立第一师范学校。校址在东局子，楼房 50 间，平房 172 间，风雨操场 1 所。开设讲习科 2 班、师范 6 班、初中 1 班，共 9 班。教职员 29 名，学生 311 名。在吉林府、长春府、新城府、伊通州、农安县、榆树县等地开设师范传习所，"师资辈出"㉙。

光绪三十四年（1908）在省城新开门内建立了第一所女子师范学堂，名曰"官立女子师范学校"。共有 5 个班，其中讲习 1 班、初中 1 班、师范 3 班，学生 108 名。并附设女子两等小学堂。有高级 4 班、初级 5 班，学生 530 名。宣统元年（1909）又在师范学校院内成立省立女子师范幼稚园。"吉林向无女学，是校开而女子向学之风为之兴起"㉚。

普通教育类学堂，按学制规定应包括大学、中学、小学、蒙养院及半日学堂。清末吉林未设大学堂。吉林府中学堂，成立于光绪三十二年（1906），在新开门内志士胡同。内设高级 5 班、初级 2 班，教职员 27 名，学生 268 名。光绪三十三年（1907）二月开办全省中学堂，学生有 140 人，分甲乙满蒙四班。另外长春、双城也于同年开办。长春以养正书院改设，有学生 83 人。双城由士绅捐办，有学生 51 人。4 所中学，统称为官立中学堂。省城有高等小学 2 所，学生 320 人。初等小学 8 所，学生 800 人。师范学堂附属之高等小学堂，学生 50 人。十旗公立两等小学堂，学生 160 人。女子师范学堂附设女子两等小学堂，学生 100 人。吉林府四乡公办小学，如乌拉两等小学，清真初等小学等 22 所，学生共 1018 人。长春府所设高等小学 2 所，两等小学 30 所，初等小学 4 所，合计学生 1416 人。其他如宾州直隶厅、农安县、新城府等处都成立初等、高等小学堂，两等小学堂。以光绪三十四年（1908）统计，与三十三年比较，全省小学增至 4 倍，学生亦增至 9000 余人。据吉林省档案馆全宗 33 载：宣统元年（1909）全省学堂 274 所，学生 11745 人；宣统二年（1910）增至 407 所，学生 17758 人。

另外，由于女子师范学校的设立与师资的培养，推动了全省女学的发展。至宣统二年（1910），吉林全省共设立女子小学堂 12 所。除省城有女子师范附属小学外，长春、双城、农安、延吉、宾州、滨江、新城、榆树、阿城、珲春等地均先后经办，"学额多者几达二百，少亦三四十名"㉛，女子向学之风的兴起，开启了男女平权意识的先河。

脱胎于旧式教育的近代学堂，具有过渡的性质，其教育宗旨还是以"忠孝为本"，培养忠于封建统治阶级的顺民。在课程安排上，既有传统的读诗讲经（包括《诗经》《论语》《孟子》等内容），又有近代西方文化的格致（包括植物学、声学、力学、化学等内容）以及体操、图画等内容。旧式教育，文武分科，自此始合而为一，培养全面发展人才。家庭教育、蒙养院、初等小学之设，意在使全国民众无论贫富贵贱，皆能淑性知理，化为良善。高等小学堂，普通中学堂之设，意在使入此学者通晓四民皆应必知之要端，仕进者有进学之阶，改业者有谋生之技能。

清末，为补普通教育之缺，设立各种专门教育学堂，以储深造之才。光绪三十二年（1906）由将军达桂奏准开办法政馆。该馆由课吏馆改设，招考候补投效官吏及旗汉各籍举贡生员，仅有速成班，学员100名。原馆址在德胜门外长公祠，光绪三十三年（1907）又在北山下建新校址，翌年迁入，改为法政学堂，添招完全科，即政治科一班。宣统元年又添招别科生一班。完全科生80名，别科生60名。速成班毕业后，即行停止，并特开讲习所，令本省候补投效人员，一律入堂肄习，按馆章定为一年半毕业。官绅合校，分别劝惩，考验甄别，在因地制宜中，仍富澄清仕途之意。

光绪三十三年（1907）将军达桂奏准设立外国语学堂。地址在省城东关外旧机器局。开办之初，仅授日、俄两国文字。徐世昌将外国语学堂之名改为方言学堂，并增设英文三科。学员共98人。所有学科规则，悉照京师译学堂章则办理。除政法、方言两学堂外，还有高等巡警学堂、陆军学堂。

实业教育关系人民生计，旨在使民众具有各种谋生的知识和技能，以为富国富民之本。光绪三十三年，吉林巡抚朱家宝始创吉林官立实业学堂，宣统元年（1909）六月更名中等农业学堂，校址在省垣东关外东局子，设预科甲乙两班，学生120名。宣统元年（1909）闰二月吉林提学使曹广桢倡办省官立初等农业实习学堂，其宗旨专以实习为重。学成之后，派往各地传习，并划拨官荒，籍资历练物土之宜。吉林是天然农国，重在农业教育与实践。此外，如加工科则有劝业道创办的实业工厂、艺徒学堂，提学创办的博物标本制造所，盘石县设立的实业学堂，虽名为初等，仅具粗浅工艺，俾使一切模型、图绘、建筑、土木之学逐渐增进。

吉林是多民族省份，在兴办新式教育中，各民族开始兴办自己的民族教育，这是吉林教育的一个特色。

清朝以武功定天下，满族子弟向以弓马著名，至于考文定礼之事尚不暇给。1907 年，裁兵司建立旗务处。旗务处为筹划旗人生计，重在发展旗人教育，培养旗人子弟具有"一技之长"，以期达到"自食其力"的目的。在新学竞进，海内外庠序如林的情况下，为了仍保留满蒙文化，光绪三十四年（1908）六月开办了十旗公立两等小学堂。生员是有省城十旗两营子弟 100 人，外城旗人以及汉人 60 人，共 160 人。八月开办了满蒙中学堂。该学堂是从外国语学堂独立出来，有学生 120 人。其办学的宗旨，在造就能通满蒙文人才，可以研究高深满蒙语文，以为升入满蒙文高等学堂之预备。宣统元年（1908）六月成立满蒙文两等小学堂，系由省城清文官学及蒙文官学合并而成，有学生 40 人。满蒙文教学在授课时间上比重较高。如十旗公立两等小学堂，初等小学堂有修身、治经、国文（满文）、数学、历史、地理、格致、体操共八科。每星期授课时间为 32 小时，满文课占 10 小时，其余七科共占 22 小时，满文课时几占三分之一㉜。在旗务处的宣讲推动下，各地旗人亦颇以兴学育才为急务。除吉林省城外，伊通、拉林、阿勒楚喀、三姓、双城、伯都讷等地都纷纷开办了旗人学堂，帮助旗人子弟掌握现代知识，确曾起到了一定作用。

吉林省的回族普通小学教育，始于清光绪年间的私塾，校址大都设在清真寺院内与附近地区，或回民较聚居的回乡和清真胡同。光绪十三年（1887）九台蜜蜂营私塾是本地秀才张良坤创办，由清真寺的阿訇、乡老及当地一些知名人士集资，租了一间草房作为学馆，招收回族儿童 20 余名。办学经费及私塾薪金由学生交纳的学费及群众募捐解决。授《三字经》《百家姓》《四书》、珠算、书法等课。新式教育始于光绪三十四年（1908）乌拉街设立的清真初等小学堂和新城府回民初等小学堂。宣统元年（1909）成立的有吉林府回乡清真初等小学堂和伊通州清真初等小学堂。宣统三年（1911）成立的有通化县清真初等小学堂和长春府清真初等小学堂。

19 世纪中叶以来，朝鲜移民迁入延边和东边道地区，开始兴办的教育是私塾。近代教育是随着近代文化的输入，蒙受外国资本主义列强侵略和压迫，而痛感文化落后，为民族的独立和解放而兴起的。光绪三十二年（1906）朴茂林（汉名王昌东）等在龙井创办"瑞甸私塾"。创办 8 个月后被日本统监府间岛派出所取缔。师生们分头赴各地继续办学。1908 年春在局子街卧龙洞建立了"昌东讲习所"。在东郊小营子建立"光成讲习所"。四月，在和龙明东村（今龙井县）建立"明东讲习所"。1910 年，在和龙光开乡子洞（今龙井县）建立"正东讲习所"以及明东书塾、养正学堂等私立学校，其中，明东书塾与养正学堂规模与影响较大。

　　明东书塾是以毕业于瑞甸书塾的金学渊为首于光绪三十四年（1908）四月在和龙县大砬子明东村创办的。瑞甸书塾创办者之一朴茂林为名义塾长。金学渊、南苇彦、金夏奎等任教。翌年四月改称私立明东学校。1910 年增设中学部，金跃渊任校长。教学的宗旨是培养具有排日独立意识的人才。1911 年 3 月又设立了女学部，是延边女性教育之始。中学部的学生 160 人（男生 114 人、女生 46 人）。小学部普通科学生 120 人，高等科学生 159 人。女学部普通科学生 53 人，高等科学生 12 人。明东学校名声越来越大，不仅在当地，远及东北各地，甚至朝鲜和俄国沿海州的青年也慕名前来求学。

　　养正学堂的创办人李同春，中年曾读警察学校，精通汉语，曾任清朝驻朝鲜汉城许大臣处的翻译，回国后住宁远堡光霁峪光昭社。光绪三十三年（1907）三月，他在和龙峪分防经历张兆麒的支持下，取得宁远堡十三社总乡约玄德胜的协助，在光昭社与泉坪创办了养正学堂。学生有 60 名，皆朝鲜族子弟，剃发易服，着白色操衣，头戴草帽，足穿布鞋，颇别具风格。养正学堂向学生进行反日教育。光绪三十三年十月，李同春曾率领学生前往延吉边务公署表演体操、唱歌，以祝贺慈禧太后"万寿节"，以示诚心归向清朝之心③。养正学堂于宣统二年改为官立，改称官立第二学堂（和龙县立第二学校）。

【注释】

①《清圣祖实录》康熙十六年九月丙子，《清实录》，中华书局 1986 年影印本。

② 《清圣祖实录》康熙十七年正月庚寅，同上。

③ [清] 黄彭年主纂：《畿辅通志》卷四。

④ 长顺、李桂林修纂：《吉林通志》卷二，吉林文史出版社 1986 年版，第 21 页。

⑤ 徐世昌等编纂：《东三省政略》，吉林文史出版社 1989 年版，第 436 页。

⑥ 田志和：《清代科尔沁蒙地开发述略》，《社会科学战线》1982 年第 2 期。

⑦⑧⑨ 刘加绪：《前郭尔罗斯简史》，辽宁民族出版社 2005 年版，第 153—155 页。

⑩ 《清高宗实录》卷一六，《清实录》，中华书局 1986 年影印本。

⑪ 《光绪会典事例》卷一五八。

⑫ 《光绪会典事例》卷二八九。

⑬ 《东华录》卷三二。

⑭ [清] 萨英额：《吉林外记》卷一〇，清光绪二十一年（1895）版本。

⑮ 孙乃民主编：《吉林通史》第三卷，吉林人民出版社 2008 年版，第 88 页。

⑯ 《吉林通志》（上），吉林文史出版社 1986 年版，第 58 页。

⑰ 佟冬主编：《中国东北史》第五卷，吉林文史出版社 1998 年版，第 159 页。

⑱ 《吉林省志》卷 16 《农业志》，吉林人民出版社 1993 年版。

⑲㉖ 《永吉县志》卷二五《学校志一》，吉林文史出版社 1988 年版，第 455 页。

⑳ 《清宣宗实录》卷三七，道光二年六月辛未，《清实录》，中华书局 1986 年版。

㉑ 《吉林通志》卷 49 《学校志六》，吉林文史出版社 1988 年版，第 800 页。

㉒ 同上⑲，第 454 页。

㉓ 同上㉑，第 802 页。

㉔ 《清史稿》卷四九五《李金镛传》，中华书局点校本。

㉕ 同上㉑，第 803 页。

㉗ 《永吉县志》卷 45 《学校志八》，同上⑲，第 824 页。

㉘ 《东三省政略》，吉林文史出版社 1989 年版，第 1413 页。

㉙㉚ 《东三省政略》，同上，第 1415 页。

㉛ 吉林省档案馆，全宗 33，卷 2—531。

㉜ 吉林省档案馆档案《吉林十旗为创办公立两等小学堂的详文及吉林省的批文》附：
《学堂各项规划》，光绪三十四年四月。

㉝ 东成琶：《清末养正学堂》，《延边文史资料》第五辑，1988 年，第 84—89 页。

第九章

清代吉林的文化发展与文化遗存

19 世纪中期以后，由于帝国主义的侵略给中华民族带来深重灾难，边疆频频发生危机，各族人民为维护祖国统一和独立，与帝国主义进行不屈不挠的斗争，在中华民族精神文明史册上写下了光辉的篇章。吉林在"西学"东渐、洋务"新政"的影响下，一方面是各民族文化仍沿着传统轨迹缓慢的发展；另一方面是代表近代文明的新思想、新观念，为吉林地域文化的进步和发展注入了新的生机和活力。

第一节　志书的编撰与边疆史学

地方志书　边疆史学

吉林史学起步于康熙年间，多为流人撰述的笔记。如方拱乾于康熙元年（1662）所撰的《绝域纪略》（《宁古塔志》），张缙彦于康熙九年（1670）前所撰的《宁古塔山水记》，杨宾于康熙四十六年（1707）所撰的《柳边纪略》，吴振臣于康熙六十年（1721）所撰的《宁古塔纪略》。作为地方志书，则始于清代中叶，有嘉庆时的《吉林志书》、萨英额的《吉林外记》、长顺主修的《吉林通志》。至晚清，边疆史学盛起，一些爱国知识分子，撰写出一批留誉后世的佳作。

《吉林志书》是 20 世纪 80 年代新发现的志书，是钞本，不分卷，计八册。不知何人所撰。成书于嘉庆十九年（1814），是吉林最早的一部志书。嘉庆十八、十九年间，吉林将军衙门曾遵奉国史馆行查事迹，"按款分析造册"，咨送上报，"以凭纂辑。"①专书即上报存留的册档。全书分两大部分。第一部分是按国史馆开列的十一个问题逐项编列有关史实与资料。其中有州县与八旗驻防之设置年代与裁改；长春厅、伯都讷厅设置沿革、疆界、居民、田赋；吉林乌拉等名城与公署建筑；所有堤堰、桥梁、关隘、卡伦状况；寺庙、祠墓、人口、耕地、租赋、学校、文武官员、名宦、文苑、儒林、孝友、烈女等情况。第二部分是从十四个方面补充了有关当时地方的其他情况。如吉林地区五个副都统管辖区域，吉林所属山川名目，吉林驿站，乾隆二十五年至嘉庆十六年历任将军、副都统、旗佐姓名，乾隆三十年至嘉庆十六年历任理事同知、通判、学正、巡检、旗佐之原籍与姓名，以及吉林贡物、各地驻兵设置沿革、兵额与装备、边门与墩台、拉林与阿勒楚喀屯田、参票散放情况、库存地图目录等。它虽是一部上报的资料长编，但符合志书内容与体例的要求，是名副其实的、吉林最早的、当时未公之于世的第一部志书。

《吉林外记》是萨英额所撰。萨氏汉姓张，字吉夫，属吉林满洲正黄旗苏勒劳阿佐领。道光二年（1822）任吉林将军衙门管档主事。富俊第四次任吉林将军期间（道光四年二月至道光七年三月），鉴于盛京有志、黑龙江有志，唯独吉林无志，遂命萨英额作此《记》。书成于道光七年（1827）八月，咸丰元年（1851）始由将军固庆刊印。

全书共分十卷。卷一为御制诗歌；卷二为疆域形胜、山川、城池；卷三为满洲、蒙古、汉军与建置沿革，驿站与船舰桥梁；卷四为职官、兵额；卷五为俸饷、库贮、仓储事宜；卷六为学校学额、儒林文苑、祠祀；卷七为公署、人物、田赋、物产；卷八为时令、风俗、贞节、杂记；卷九为古迹；卷十为双城堡、伯都讷屯田。共 9 万余字。

萨英额在《自序》中说，该书是他在"退食之暇，搜罗求访，集腋成裘"。他参阅了上报通志馆的底册，与《吉林志书》所载的部分内容与文字，颇有雷同之处。他依据《盛京通志》所列的吉林山川道里，略其所详，详其所略，补充了《盛京通志》所无，并增补了双城堡、伯都讷屯田。从总体上看，本书体例介于方志与笔记之间，虽名曰"记"，亦可视为志书一类。此书是萨英额个人所作，有力所不及之处。他说："惟是吉林通省旧城遗迹甚多，未及遍考，不免挂漏。而大宪之莅吉林四任，建义学，调剂驿站、官庄，请书籍，枭盗魁，开旗人万年之生计，种种善政不可枚举。自愧荒疏，不能详述，统俟后之貂续。"②固庆将军还是给予很高的评价，认为"考订详明，纂述简要，秩然犁然，有裨政治"③。吉林是龙兴之地，所重在骑射，轻于文艺。嗣后《吉林通志》谓："萨英额所为，盖犹并获"④，开启了吉林一代的文风。

《吉林通志》是由吉林将军长顺（字鹤汀）倡导并主修的一部官修的地方通志。始于光绪十七年（1891），光绪二十六年（1900）进呈并付梓。全志有一百三十余万字，分十三个大目，并统名以志，不立杂名。其中圣训、天章、大事、沿革四志，依内容归属，不分子目，依时序事。舆地、食货、经制、学校、武备、职官、人物、金石诸志则各分子目，纲目条系，精简御繁。附后的"志余"，则是对不便收入在上述各专志中有用资料，摘其要者收入其中。这种保存史料的方法，与以往旧志相比，是一种创新。

本志资料翔实。长顺在上书请求开局修志之前，已拟定调查纲目，责令各地进行调查，为修志作准备。如《阿勒楚喀乡土志》《伯都讷乡土志》《宁古塔地方乡土志》都是按照采访目录，详加采访，送省汇办。打牲乌拉总管衙门和宁古塔、三姓、伯都讷、阿勒楚喀、珲春等副都统衙门的《本境界址内事宜采访各节缮造清册》，就是当时咨送上来的原始资料。这些"经过认真广泛地搜集了的资料虽非出于大师名家之手，但绝非迫于功令，草率从事，仓促成书者所能够侪比的"⑤。

《吉林通志》纂修于鸦片战争之后50年，仍然如实地记录了五个副都统辖区，其广度包括了现在黑龙江省东北大部分地区和沙皇俄国掠夺的大片土地，给后人留下了真实的历史记忆，具有时代性和地域性的特点。它是我国东北部分广大地区的历史记录总集。

《吉林通志》编纂前，于光绪十五年（1889），除调集资料外，又遴选人才，因此"秉笔之彦，多属通才"，"言皆精练，事甚赅密"⑥。负责总辑的翰林院侍讲李桂林、负责总办提调兼分辑的太守杨同桂皆精于舆地之学。该志实出于大师之手，是我国东北地区较为优秀的一部志书。

19 世纪 40 年代，帝国主义掀起侵华狂潮，中国人民奋起反击，英勇抗争。一批爱国志士和知识分子，多喜谈边疆史地，遂有边疆史学之盛。张穆的《蒙古游牧记》、何秋涛的《朔方备乘》首开其先河，然多重西北一隅。专职于东北史志者，曹廷杰是重要开拓者之一。曹廷杰，字彝卿，湖北枝江人，生于道光三十年（1850）。同治十三年（1874）由廪贡生考取汉誊录，供职于京城国史馆。光绪九年（1883），以候选州判被派往吉林三边的重镇之一的三姓，在靖边军后路营中办理边务文案。从光绪九年至光绪十三年的五年间，他查阅了大量的文献资料，并实地调查，相继撰写了《东北边防辑要》《西伯利亚东偏纪要》《东三省舆地图说》等三部著作。这三部著作，"皆为间关跋涉，目稽口询之作。其记载之详，考证之确，虽在今兹轮轨大通之日，仍觉惬心贵当，不能易其一字"⑦，对抗俄卫边以及研究东北历史等方面做出了重大贡献。

《东北边防辑要》撰于光绪十一年（1885）三月。全书分卷上、卷下，收录 19 篇文章。奉天、吉林、黑龙江三省皆有边防要图，他是依据要图，参考群书，"即其有关时务者，辑要若干篇"⑧，是一部有关东北防务的意见书。

《西伯利亚东偏纪要》又名《伯利探路记》，是曹廷杰身临其境，耳闻目睹的实录。成书于光绪十一年（1885）十月。

曹廷杰遵奉上谕与将军希元的指授，于光绪十一年四月二十七日进入俄界，即顺松花江至东北海口，复由海口逆流入黑河，至海兰泡。然后顺黑河返伯力，溯乌苏里江，过兴凯湖，经红土崖，由旱道至海参崴，坐海船入岩杵河口，于九月初八日返珲春，九月十三日抵省城销差，共游历俄界 129 日，往返道路 16000 余里。将历程中所设各处兵数多寡、地势险要、道路出入、屯站人民总数、土产赋税大概及各国在彼贸易，各种土人风俗，一一备录，共 85 条，缮具清册 1 份，并绘图 8 份，上报呈览。嗣后，依克唐阿摘其最要者 35 条并原图，密陈慈禧。这是清朝最后一次派员暗访极东沦陷区地理、臣民的文字记载，也是难得的重要文献。

《东三省舆地图说》于光绪十三年（1887）出版，汇集了曹廷杰东北地理、考古、民族等方面的学术札记。并附补注图说。曹氏从俄界归来，绘图 8 份，对古今沿革、山川、驿路各名，未及详注。当时东三省地舆尚无全图，又无善本，故将军希元认为"筹边聚米，非同臆谭"⑨，遂嘱令曹氏将前图补注。该书将多年来的学术札记与补注图说，合而为一，故名以《东三省舆地图说》。

《延吉边务报告》由吴禄贞撰写。吴禄贞，字绶卿，生于光绪六年（1880）正月二十六日，湖北云梦县人。1897 年考入湖北武备学堂。一年后被选日本陆军士官学校留学。学习期间，接受了孙中山民主革命思想。1901 年毕业后回国，任陆军协都统衔、陆军正参领。1907 年调任延吉边务帮办，后为督办。在中日边务交涉中，折冲撙俎，功绩卓著。

吴禄贞受命之时，正是日本帝国主义侵入延边之时，将延吉厅易名"间岛"。他清楚地认识到，筹边之始，贵在知边。1907 年 6 月，他奉命从省城出发，带领 8 名测绘、书记人员，经敦化、延吉、珲春等地，沿图们江西进，直达长白山顶，然后北至夹皮沟，返回吉林。历时 70 天，跋涉 2600 多里。他依据档案和实际调查，写成长达 10 万字的《延吉边务报告》。

《延吉边务报告》于 1908 年印刷。全书共分八章，即延吉厅疆域之历史、延吉厅建设之沿革、延吉厅之地理、韩民越垦之始末、吉韩界务之始末、日韩谬说纠正、日本经营延吉之原因、日人经营延吉之政策。报告充分体现了吴禄贞的爱国思想和卓越见识，在社会和对日交涉中，产生了极大影响。

《长白山江岗志略》为刘建封撰写。刘建封（1865—1952），山东诸城（今安丘市）人。又名刘大同，字石荪，号芝叟道人、芝里老人、天池钓叟。光绪二十年（1894）任奉天候补知县。光绪三十四年（1908）为奉吉勘界委员，1909 年任安图首任知县。

光绪三十四年（1908）五月二十八日，刘建封作为领班，带领 20 人，自临江束装就道，勘查了荡平岭，登上了长白山颠，给长白山十六峰命名并寻觅三江之源；调查布库里山（红土山）、布尔瑚里（圆池）；踏查葡萄山（蒲潭山）及被韩掩毁的界碑地；勘查五道白河、锦江（紧江）、松花江上源；三查鸭绿江源。于八月十五日，返回临江。历时三个月。通过这次踏查，查清了长白山的走向、江河源流、穆石界碑的位置，查清了国界，并形成了《长白山江岗志略》《白山纪咏》《长白山灵迹全影》等重要成果。

《长白山江岗志略》几十万言，是勘察报告的副产品。该书内容十分丰富。举凡历史沿革、江山气势、峰峦河川释名、特殊自然现象、奇人异兽传说、花木洞石志怪、历史古迹逸闻、山珍特产资源，无不收在集中。同为勘界委员的李廷玉给予很高的评价。他说："知此书取裁不尚宏富，而查记详切，指证确凿，洵足为筹边者一助，即异时编定国史、汇纂志书，亦必于是乎赖。盖名为'志略'，实则'志详'之嚆矢也。"⑩

第二节　近代科技的引进与传播

近代工业的发端　传统手工业的近代化　近代邮传业的诞生　农业技术的引进与研发

第一次鸦片战争失败后，中国逐渐由一个独立的封建主权国家沦为半殖民地半封建的国家。同时也激化了民族矛盾和阶级矛盾，引发了太平天国革命。第二次鸦片战争失败后，清政府再一次签订了丧权辱国的条约，沙皇俄国乘机从中国东北、西北掠走了 144 万平方公里的领土。在两次对外战争失败的刺激下，在太平军和捻军的打击下，一部分具有买办倾向的地主、官僚、军阀从顽固派中分化出来，形成洋务派。他们从镇压农民革命战争和抵御外国入侵的双重需要出发，学习西方军火制造，以增强清朝统治实力。以咸丰十一年（1861）曾国藩创设安庆军械所为标志，洋务派开始仿制西式武器。此后，一批军事工业在中国建立起来。这对地处边疆重地的吉林也产生了重要影响。

第二次鸦片战争后，清政府虽然逐渐取消了对东北的封禁政策，吉林开始了土地开发，但工矿业仍然滞留在比较原始的手工劳动的水平上。19 世纪 70 年代末到 80 年代初，随着中国边疆危机的加深及沙俄对中国东北领土的蚕食，清政府采取了一系列措施。其中，派遣吴大澂远赴吉林，督办吉林军务，即是一大举措。以此为契机，吉林近代机器工业得以产生并逐步发展。

光绪六年（1880），吴大澂到达吉林。他针对边防废弛，边地空虚及吉林防务日益紧迫的情况，与吉林将军铭安联名奏请建立边防军。获准后，即迅速筹建马步13营5000人，光绪七年增至9000人，后统称为"靖边军"。为了提高靖边军的作战能力，他积极改善武器装备，从天津购置了大量新式武器，如格林炮、克虏伯大炮、哈乞开斯枪、来福枪、毛瑟枪等。但随着军队规模的扩大，新式武器的维修和弹药的供应越来越不适应边防的需要。于是，吴大澂产生了就地建立机器局，生产新式弹药的思想，并派候选知府李金镛实地踏查了创办机器局所需的铁、铅等原料的产地。

光绪七年（1881）五月十八日，吴大澂在反复论证之后，上奏朝廷，充分论述了在吉林建立机器局，生产新式弹药的重要性和可行性。他说："吉林全省为国家根本重地，东北与俄境处处毗连。新练防军规模甫具，尚宜实力讲求，以期缓急可恃。目前所最要者，制造军火应设机厂，扼守要隘须筑炮台。二者皆久远之图，自当乘此闲暇及时兴举。"又说："练兵欲求实际，其势不能因陋就简。吉省防军现已兼用后门枪炮，尚需陆续购求利器。既用后门快枪，开花利炮，不能自制子弹，购运稽时，难乎为继。即洋药铜帽，亦须由他省机局购运到吉，道远费繁，终非长策。若在吉林省城开设机厂，制造洋药铜帽，配合枪子炮弹，不独本省练军可以源源接济，并可兼顾黑龙江各军之用。"吴大澂认为吉林有铁、铅、煤，且成色颇佳，特别适合开设机厂。这样不仅可制军器，可济饷需，而且可以广开利源。18天后，清政府批准了吴大澂的奏请，并决定每年由户部拨银10万两，俾资应用。

吉林机器局位于吉林省城（今吉林市）东南8里的松花江北岸。厂房的土建工程于1882年3月动工，翌年10月竣工，共耗银25万两。建厂房227间（后经扩建，厂房及附属设施共425间），烟囱3座，并附建"表正书院"，专为机器局培养技术人员。据光绪十年（1884）统计，机器局有总匠目、匠目、工匠、小徒等354名（光绪二十四年，1898年，共有822人），每月共发工食银1474两。机器局落成后，又在松花江南岸增设了一个火药厂。

机器局内部设机器正厂、机器西厂、机器东厂、轧铜处、电汽房、翻砂厂、熟铁厂、木工厂、镪水厂、拉火厂、火药局、画图房、储料库房等，拥有当时东北地区最先进的机器设备和技术。产品主要有：哈气开斯、毛瑟、来福等各种枪支的子弹；格林炮、克伯房炮、噶尔萨炮、青铜炮、子母炮、九生的车炮、十五生钢炮的 2 磅、4 磅、6 磅、12 磅等各种规格的炮弹；同时还修造和改制了少量的枪炮。生产的弹药主要供给吉林的靖边军，并从光绪十七年（1891）开始供应黑龙江镇边军"马步水师十八营"所需新式弹药，而且还从光绪十六年（1890）春开始供应地方练军火药。此外，也曾为奉天代造了部分军火。光绪二十年（1894）吉林机器局为松花江水师营造了"康济号"小火轮 1 只，炮船 8只。

吉林机器局除制造军火外，还兼制银元。东北地区铸币业发展迟缓，商品贸易所需银两均由关内铸就。光绪七年（1881），吉林将军铭安和吴大澂在创办吉林机器局之初，有感于吉林制钱缺乏，流通不足，市场萧条，抹兑泛滥，便有了铸币计划。在向德、英、美购进机器设备中，就有压银钱机器 2 件，洋钱提干酒器 1 具（可能还有其他铸币器具）。光绪八年（1882），吉林机器局在国内率先用机器试铸了厂平一两（直径 39.5 毫米，重量 32.91 克，成色 98%）、半两（直径 31 毫米，重量 16.455 克，成色 98%）银元，开创了中国机器铸造银元的先河。

光绪二十六年（1900），沙俄侵略军攻入吉林省城，盘踞吉林机器局，将机器、银元、火药抢掠一空。吉林机器局因无法继续生产军火，而正式改为银元厂，或称制造银元局，由候补知府文韫任总办。翌年 4月 26 日重新开铸银元。

吉林机器局作为洋务运动在东北兴建的第一个军火工厂，它在加强东北边防，抵御日本和沙俄武装侵略中起到了十分重要的作用；它所引进的新的生产方式，对于吉林乃至东北的工业近代化产生了深远的影响；它所铸造的厂平银元比全国大量铸造银元早了 6—8 年，开辟了中国机铸银元的新纪元，成为中国机制银元的滥觞，对以后中国的银元制造产生了重大影响，同时对于吉林和东北的商品流通和商业发展起到了积极的促进作用。吉林机器局的成立，标志着吉林近代工业的产生，同时也是东北地区近代工业的发端。

清代同治、光绪年间，随着东北弛禁政策的实行、流民的大量涌入及清政府发展实业的奖励措施的实施，传统手工业得到了很大的发展。油坊业、烧锅业、制粉业、纺织业、砖瓦业等与人民生活生产息息相关的手工业如雨后春笋般地兴办起来。

油坊业是东北手工业中的第一大产业，具有悠久的历史。但吉林省的油坊业开发较晚，大约在光绪年间才发展起来。产品输出境外者不多，主要是供当地消费。据统计，从光绪二十九年（1903）至宣统三年（1911），在吉林开办的7人以上工厂共有268家。最为可喜的是，这些传统手工业开始从手工作坊向近代工业转变。

20世纪初，吉林出现了以石油发动机为动力的新式机器油坊。东平县（今东丰县）大肚川有一家机械油坊，光绪二十九年（1903）从日本大阪购入4马力和6马力的石油发动机各1台。宣统二年（1910）时，使用4马力发动机和3台旧式榨油机生产。同年，长春成发栈也配置18马力榨油机40台，益发合配置12马力榨油机20台。吉林榨油业正式进入了近代机械动力生产时代。

制粉业与油坊、烧锅并称为东北传统的三大工业，不仅为数众多，而且近代化程度亦很高。据宣统元年（1909）统计，长春有磨坊40家，日制粉8000斤；珲春8家，日制粉1560斤；吉林178家，日制粉36096斤；伯都讷（今松原市宁江区）200家，日制粉38000斤；农安60家，日制粉31500斤……19世纪末，开始出现以蒸汽机为动力的机械磨坊（俗称"火磨"）。光绪三十三年（1907），清政府商部奏准所有机制面粉自8月起一律定限免征税厘5年，以鼓励华商设厂制造，与洋商竞争。这进一步促进了机械磨坊的发展。

当时吉林最早的火磨是吉胜火磨。光绪二十二年（1896）四月，曾在天津、吉林机器局当过工匠的补用把总周逢英等筹集资本银4000余两，赴上海购买火磨器具，因资金不足购置未成，后经三姓（今黑龙江依兰）金矿总办宋春鳌向永衡官银钱号保借银2000两，始将火磨器具于翌年腊月运到吉林。光绪二十四年（1898）正月，吉林将军延茂将火磨器具留在省城，创设吉胜火磨公司。将原资本 6000 两作为商股，又筹拨官款银 3000 两、钱 1 万吊作为官股，改为官商合办。当年在省城北门官地修建厂房，并建成投产。

后期又相继有同利机磨公司、同盛机器面粉公司、裕顺和火磨等数家大的火磨公司开办。

在油坊、制粉等几大传统手工业向近代化转变的同时，吉林的纺织业和砖瓦业也出现了使用机器生产的厂家。据统计，1912 年前，长春有 5 台以上织布机的工厂有 4 家。光绪三十三年（1907），吉林省城东门外莲花泡成立了吉新机器造砖股份公司，资本 20 万吊，日产砖 2 万块。

总之，尽管吉林传统手工业由手工作坊向近代机器生产的转变，十分曲折，充满艰辛，而且为数不多，但它毕竟代表着先进生产力的发展趋势，它牵引着吉林手工业向近代化迈进。

近代新兴的以电报电话为主体的邮电通讯业，其特点是快速敏捷。因此清政府多次下旨派员办理，并申明由官方办理。从 19 世纪 80 年代，清政府为抵御沙俄入侵，以天津为起点，开始自南向北架设关外电报线。

光绪十一年（1885），继天津至奉天电报线接通后，北洋大臣李鸿章奏准，由奉天接展陆路电线，经吉林省城、宁古塔（今黑龙江省宁安市）直达珲春，并由上海海关部库拨款兴修。

光绪十一年（1886）十二月初二日，东三省练兵大臣穆图善奏请再架两线，一条通三姓（今黑龙江省依兰县），一条经齐齐哈尔至瑷珲，并请派员至珲春、宁古塔、三姓等地勘察线路，购置电杆、电线等物。

光绪十二年（1886）十一月，由奉天经吉林省城、伊通州、宁古塔至珲春 2145 里电报线路全部通报。翌年，又展设吉林省城经伯都讷（今松原市宁江区）至黑龙江省的黑河屯一线，全长约 1800 余里，耗银 10 余万两。电报线架成之处，即设电报局，收发官商电报。

光绪十六年（1890），吉林省城开办了第一个邮政局。

光绪二十四年（1898），吉林将军延茂奉上谕裁撤驿站，推广邮政，取代了原来管理驿站事务的西、北两路关防处。随之将原来各地的驿站也陆续分期地改为文报分局、分所。其原有位置和人员基本未动，只是在邮传方式、管理体制有了新的变革。至此，吉林省近代邮政系统创立了。

光绪二十六年（1900），在省城开办了大清邮政局，后改名为吉林邮务总局。光绪三十一年（1905），奉天（今沈阳市）文报总局在吉林设立了一个文报分局。日俄战争后，东北电报线几乎荡然无存。光绪三十四年（1908）后，才开始恢复。宣统元年（1909）吉林省在省城吉林正式成立了文报总局。

在清末，吉林省只有吉、长等少数城镇开办了近代邮局，广大村镇仍然不通邮电。

除上述电报线路外，宣统元年（1909），还架设了由奉天省城经通化达临江县的奉临电报线和由桓仁、辑安（今集安）两路达通化的奉临支线，全长1080里。

电话在吉林省应用较晚，且一开始敷设规模也不大。从现存档案来看，光绪三十四年（1908）至宣统二年（1910），吉林省开始筹办、敷设吉林至长春电话线路和少数官署电话。

古代驿路的开辟和驿站的设立，在几千年的历史进程中，发挥了巨大作用，但随着时间的推移，近代科学技术的迅猛发展，古老的吉林驿道和驿站受到了新兴交通和通信业巨大冲击，繁荣景象日渐萧条，最后退出了历史舞台。

随着大批关内流民的涌入，吉林土地的大面积开发，一方面，原有的封建土地关系和经济关系受到严重冲击，自然经济日趋瓦解；另一方面，旗地、官庄逐渐私有化和民田化，私人地主经济兴起，农村商品经济迅速发展。这种情况对于吉林农业技术的近代化起到了积极的推动作用。

吉林农业近代化发端于清末。这主要表现为：地方政府设立了管理农业的机构，有组织地进行农业改良；出现了农事试验场，进行土壤、肥料、种子、播种法等方面试验，推广农业先进技术；产生了私营垦殖公司，有的公司还从国外购买拖拉机，使用机器大面积开垦荒地。

20世纪初，随着全国兴起的提倡农学、改良农业热潮的出现，吉林也开始设立新型农业机构，开办农业试验场。光绪三十三年（1907），吉林将军达桂，总结多年农业生产经验，奏准设立农工商局，负责管理农业生产、工业生产、商业、矿业等方面的工作。由于农工商局的成立，原来负责农业垦殖的招垦总局和各地设立的招垦分局亦随之撤销。同年秋，清政府改革东北行政建置，裁撤吉林将军，改设吉林行省。吉林行省下设的劝业道，具体负责管理农业、工业、商业、矿业、林业、水产等方面的事务。劝业道下设有农业试验场、农学研究会，专事农业试验与研究。

　　为了促进农业发展，光绪三十四年（1908），东三省总督徐世昌、吉林省巡抚朱家宝奏准成立了吉林省农事试验场。该场位于省城江南龙王庙旧址（今吉林市江南公园一带），共占用江南官地 390 亩，并添购附近民田 150 亩。宣统元年（1909），又在省城江北原吉林机器局旧址开辟官地 450 亩，作为农事试验场的附属农场。农事试验场由吉林劝业道主管，设有监督一名，管理全场事务。第一任监督由曾留学日本、专修农科的吉林劝业道首任佥事胡宗瀛充任。同年在农安县东门外伊通河右岸设立植物园一处，占用土地 240 亩，翌年改名为农安县农事试验分场。宣统元年，又成立了宾州农林试验场，占地 150 亩。吉林省农事试验场附设有农事传习所。学习科目有作物学、畜产学、蚕桑学、农业经济学

图上 9-1　清　农民打场　　原刊于《吉林旧影》，吉林人民出版社 2005 年版。

等 18 门。宣统二年（1910），为了节省试验场经费，传习所撤销，吉林省提学司另办农林学堂。宾州农林试验场开办了农林讲习所。农安农业试验场也附有农业初等学堂 1 所。

吉林省农事试验场分设树艺课、园艺课、畜牧课、蚕桑课、编辑课、庶务课。各课设有技师、课员、庶务员等职务。该场的试验项目比较齐全，包括土壤试验、肥料试验、选种法试验、播种法试验、播种期试验、轮作法试验、新品种引进试验、外国新式农业机械引进试验等，取得了一些成绩。如农安县研究的改良种子长房玉蜀黍、早稻等品种在全省举办的农产物品评比会上，获得好评；吉林省农事试验场在与黑龙江、奉天（今辽宁省）、四川、广东、江苏、山东、直隶（今河北省）等省进行种子互换过程中，引进了一些良种；试用过美国新垦犁、锄草器等。此外，在防治病虫害方面也取得了一定的成绩。经反复实验，共获新药数种：一是用烟草乳杀蚜虫，一是用石灰砒霜除地蚕，一是用楝子皮杀螟虫。上述三种农药，在吉林省还是首次出现。

光绪二十九年（1903）洮安县（今洮南市）成立了"务本火犁公司"。该公司投资两万两银子，分 200 股，从国外购买了拖拉机，使用机器大量开垦荒地。这是吉林省使用机器开垦荒地之始。

当时吉林省农业技术的引进、研发与推广，为后来吉林省成为全国重要的粮食生产大省，奠定了坚实的基础，可谓利在千秋[11]。

第三节　乡土文学

沈承瑞与《香余诗抄》　成多禄与《澹堪诗草》　宋小濂与诗集《边声》
徐鼐霖与其文学著作　沈兆禔与《吉林纪事诗》　满族"乌勒本"
汉族叙事诗《王宝川下关东》　民间故事　民间歌谣　民间谚语

有清一代，吉林文学可分为文人文学和民间口承文学两大类。文人文学呈马鞍形发展趋势。清初流人文学一度盛行，即所谓文化流人与流人文化。文化流人是指谪戍宁古塔的流人，如张贲、张缙彦、杨越、齐班孙、方拱乾、吴兆骞、马志记等。流人文化，主要是指他们在谪居期间创作的笔记与诗词。如吴兆骞的《秋笳集》，方拱乾的《何陋居集》《苏庵集》，张贲的《宁古塔杂诗二十二首》。这些诗歌多描述冰天雪地的塞上风光，穷愁苦闷的流放生活，具有鲜明的边塞诗歌风韵。清代后期吉林乡土文学兴起，有代表性是沈承瑞与"吉林三杰"之成多禄、宋小濂、徐鼐霖，均为吉林乡土文坛的翘楚。吉林省境内的民间口承文学，这一时期在继承基础上不断创新，形式逐渐增多，内容日益丰富，传播更加广泛。

沈承瑞（1783—1840），字香余，汉军旗人。他少聪敏，家贫寒，好学工文，是早补的秀才。但"累举不第"，"不得志于有司"，游历于诸侯幕府，又"无所遇"，"浩然归去"。既然不为世所用，在自家宅旁，辟一小园，筑讲舍，教授乡里子弟。在园中植花木果蔬，尤嗜好落苏（茄子），故名其园为"小茄园"。自其创建私塾，"英俊之士始知向学，游其门者多所成就"⑫。一面教授家乡子弟，一面吟咏自娱。

沈承瑞生前自编的诗稿，原名《茄园诗钞》，属手稿，未刊印。后经宋小濂、成多禄删订，共一百三十七篇，改署名为《香余诗钞》，于民国六年（1917）出版问世。沈承瑞喜爱"小茄园"，自述曰："陶于斯，咏于斯，意固不必在茄也。"⑬凡其所见所闻，家乡之山，家乡之水，家乡之俗，都是笔下的题材。

从《小茄园二首》中，看到他"无心自检南华读"，"独坐秋阴闲觅句"的静谧生活，形成了他的清微淡远、闲适清幽、纯朴自然的艺术风格。从《长白山》中，又看到他热爱家乡的山山水水和为国效力的思绪。诗曰："帝业荒东北，兹山实效灵。龙形蟠大野，云气撼沧溟。水泻双流白，天开万古青。何年驻銮跸，珥笔侍仙廷。"作者笔下的长白山既庄严肃穆，又雄伟神奇。他把帝业开创东北与长白山的灵气联系起来，一旦有机会，他还要用这支笔"侍天廷"的，既有田园之风，又有积极向上的意境。

沈承瑞是清代吉林地区土生土长的第一个诗人。宋小濂说：吉林"俗尚武勇，与内地文化相隔绝，自有清开国百余年，弦诵寂然，榛狉如故，从未有奋然兴起，润色荒陋，与中原文士相追逐者，有之自香余先生始"⑭。诚然，沈承瑞开拓了吉林乡土文学的先河。

成多禄（1864—1928），字竹三。晚号澹堪（澹厂、澹安、澹盦），吉林九台其塔木人，隶汉军正黄旗。光绪乙酉科拔贡生，受业崇文书院山长顾缉庭。被目为佳士。亦被本乡先达于次棠中丞视为"吾乡后来之秀"，置诸弟子之列，由此学益大进。光绪十九年（1893），时31岁，赴京考国子监，于800余人中取得第一名。未料在八月的科考中，感寒大病，退出考场，从此与科考绝缘。一遵于次棠师之教，在北山萧寺中读书。36岁始出仕，先后入盛京将军依克唐阿、齐齐哈尔副都统程德全幕下主文案。后以候选同知补黑龙江绥化府知府。晚年寓居北京，整理诗稿。他一生淡于名利，主要以诗歌、书法见重于世，是吉林的拔萃。

成氏一生诗作不下千首，有《澹盦诗草》《澹堪诗草》二卷问世。在辛亥革命前，只有《澹盦诗草》。《澹堪诗草》一卷已编的诗稿，未付印。《澹盦诗草》是石印本，刊于光绪乙未（1895），是成氏青年时代之诗作。虽然不成熟，然而处处表现出青春向上的朝气。他在《读书四首》中的一首曰："读书如健饭，嗜奇难尽奇。所以古之人，努力须及时。"在《生日有感四首》中第四首曰："何处桃源好避秦，淮王鸡犬已如神。中年哀乐增新感，全局安危付几人。悔向诗书销白日，怕看天地老黄尘。思量蓬矢桑弧意，未免蹉跎负此身。"反复表达自己要勤奋，不要偷闲，以违男子出生之意。他的同乡好友刘保森在《序》中也说："而竹山苦志耽吟，偷闲初稿。或片言欲下，而挽袂深谋；或一字未安，而剪灯劝改。反唇而颊云不飞，击节而惊花乱下。诚可谓义心清尚，好学深思者矣。"⑮在壮岁以后，随着阅历已广、文思益进，与诗友间唱酬往还，诗艺大进，"彬彬然质有其文"，足以囿贤者。近代文学家王树在为《澹堪诗草》二卷所作序中说："竹山之为诗也，本乎立命安身之义，发为温柔敦厚之词，……于是肖物以呈形，因心而作律。其天才绮练，若流霞之散彩而云物变态也；其言之抑扬高下，鸣节赴拍，若调笙簧奏金石也；其清冷馨冽之气，若饮甘泉而嚼春雪也。"其诗可与完颜、纳兰诸子并驱中原，后先辉映⑯。他是晚清驰名中外的一位爱国诗人。

宋小濂（1860—1926），字友梅。一字铁梅（楳），晚号止园。祖籍天津宝坻，后徙奉天义州。咸丰十年（1860），父永瑞以医游吉林，遂永居焉。宋小濂自幼好学，24岁应童子试，得吉林府第一名，称郡学生员，受到吉林府知府李金镛的赏识。光绪十二年（1886），李擢道员，创办漠河金厂，将其招至幕下，任文书。李金镛旋去世，袁大化继任，仍倚重之，任金矿提调。程德全署黑龙江将军，渴求边才，又将其延入幕府，任黑龙江文案处总理，又协办新政。后任黑龙江铁路交涉总局总办、呼伦贝尔副都统、黑龙江民政司使，对黑龙江的边务做出了重要贡献。

宋小濂起家寒素，饰躬廉峻，虽身居要职，家无私产。去世之日，祗书数楹，书画数簏。一生工诗善书，留有诗集《边声》《晚学斋诗草》及笔记《北徼纪游》《呼伦贝尔边务调查报告书》《巡阅东省铁路纪略》等篇。

诗集《边声》，是其庚戌（1910）以前的作品，石印成册，收集诗作28首，附文若干篇。由于致力于筹边、安边及对俄交涉，大都记载了工作中的所见所闻，可谓纪事诗。如《和多竹山见怀原韵》一首："半生心事在筹边，黑水黄沙二十年。拟筑金城怀汉将，愿标铜柱限蛮天。"充分表达了作者捍卫疆土和主权的决心和意志。其诗以古风见长，"义肝雪胆，光霁映人"⑰。周嵩年在襄校香余先生诗草题词中载："梅竹岁寒三友契，渊源昭代一镫燊。瓣香我亦同心热，东国骚坛炳日星"⑱，"梅"指宋小濂，"竹"指成多禄，此二人与沈香余皆吉林人"以诗鸣者"⑲，在东北的文坛中，声名显赫。

徐鼐霖（1865—1940）原名立坤，字敬宜，一字镜芹，晚号退思，亦称憩园老人。生于永吉县尚礼镇（今九台市二道沟乡）。17岁考取秀才。26岁，在顾缉庭主讲崇文书院时与成多禄一起，在其门下接受正统的儒学教育。30岁晋京会试，不中，从此止步于科举。光绪二十五年（1899）后，在盛京将军依克唐阿、黑龙江将军程德全、东三省总督徐世昌幕下掌管文案。宣统三年（1911）以筹边有功加二品衔，特授黑龙江民政使、筹边处总参政。清帝逊位，他只得挂冠而去。晚年寓居京城，以历年所积，购置厂桥居室，名憩园。在西山灵光寺西韬光庵故址，建别墅曰"潜庐"，意欲隐居，退思补过，故自号"退思"。

徐鼐霖工书善诗，人称其文思敏捷，下笔立就。留存于世者，诗有20首，文章45篇，大都是晚年所作。在清季只留下《筹边刍言》一文和

图上 9-2　清 "吉林三杰"
原刊于《长白丛书·宋小濂集》，吉林文史出版社 1989 年版。

《巡边有感》等诗作三首。《巡边有感》诗曰："大江东去水声寒，有约中分挽救难。偶展舆图寻旧界，内兴安外外兴安。"诗中充分表达了作者拳拳赤子之心。《筹边刍言》写于 1908 至 1909 年间。他说："此书在日俄战后有所感触而为之，今虽时局变迁大有不同，然亦可为关心蒙藏者之考镜焉。"程德全为其所作序中亦说："光绪中叶，日俄战罢，列强各谋展其领土以集矢于中国，势甚岌岌。是编察彼以知己，鉴往以知来。不惜大声疾呼，冀以巩固边防，为振兴内政之预备。"[20]此书只编写出第一编"经营蒙藏之理由"。其用心在唤醒国人同心救国。在文学造诣上，他可说是大器晚成。人称其与宋小濂、成多禄为"吉林三杰"，实当之无愧。

　　沈兆禔，原名沈钧平，浙江仁和人，祖籍豫章南昌，兄弟五人，他居长。光绪三年（1877）受知于学使吴望云祭酒，补博士弟子员。光绪五年（1879）己卯乡试，中举人。光绪二十四年赴京会试，会试后大挑，得一等，以知县签掣江苏，始在发审局及陆军当差。光绪二十九年春任甘泉县知县。光绪三十二年调任东台县知县。在两任县令期间，深受百姓称颂。翌年四月，以"匿名揭帖"之诬而去任。后闲居在家，以诗酒弄孙自娱。宣统二年（1910）春，因三弟钧纬奉差在吉，乃复作吉省之行，供职于吉林兵备处，任考功兼执法科二等科员。在公余之暇，纂成《吉林纪事诗》。

《吉林纪事诗》于宣统三年（1911）夏六月，由金陵聚珍书局印刷发行。共四卷十类，有诗二百零六首。卷一记发祥、巡幸、天文、兴地、岁时；卷二卷三记职官；卷四记人物、金石、物产、杂俎。卷前有凡例六条，"图"、"表"各一，"序"七篇，"题词"二十八首；卷末有"后序"一篇，"跋"一篇。

卷一主要阐明吉林作为龙兴之地的历史、地理、文化的地方特色，表达了热爱吉林的满腔情怀。卷二、卷三、卷四道出了吉林地区是物华天宝、人杰地灵。他罗列了《吉林通志》所载的各种物产。其中着重歌颂了"东北三宝"，即"毓秀钟灵药品殊"的人参、"着水不濡风更暖"的貂皮、"细如丝线软如棉"的乌拉草。还记载了很多鲜为人知的各种物产，诸如"宋瓦真堪作砚铭"的松花玉；"光大圆匀五色珠"的东珠；"玉爪名鹰贡久停"的海东青；"雕翅如轮击力强"的皂雕，等等。此诗集不仅内容丰富，而且特点也极为鲜明：一是具有强烈的时代精神与爱国情怀；二是浓厚的地方色彩；三是诗与史珠联璧合；四是韵协言顺的语言风格。时人评论其诗集："考订精详，可作纪事诗读，亦可作省志读。"㉑此诗集撰于外强欺凌，内施新政，利弊兴除，百端待理之时，曹廷杰称此"鸿筹硕画，颂不忘规，盖词章家考据家，实经济家也，岂寻常之竹枝词比哉"㉒。有较高的史料价值，是有韵的省史。

满族是具有悠久文化历史渊源的东北古老民族，在漫长的社会历史长河中，创造、发展和承继着灿烂多彩的民族文化艺术。其中，作为口述历史和口碑文学的"乌勒本"，在吉林广为流传，并且，在数百年间虽然从来形成文本却代代口耳相传，一直没有湮没传承至今，可谓是珍贵的民族文化遗产。

满语"乌勒本"，汉译为"说部"，是传或传记之意，也就是"先人的昨天故事"，也称"家传"、"英雄传"。在学界和其他民族中更多称为"满族说部"，是具有独立情节、完整结构体系、内容恢宏的长篇民间口碑文学艺术。初期讲述人依凭记忆，发挥讲唱天赋，讲述洋洋巨篇故事。随着社会的发展，氏族中文化人的增多，渐渐出现了汉文标音的满文讲唱提纲，后来又流传汉文讲唱提纲。在各氏族中，都有自己精彩的"乌勒本"和讲唱"乌勒本"的名师，各氏族如数家珍，互炫荣耀。讲唱人年高时可在族中遴选弟子或由自己后裔承继。满族众姓的"乌勒本"提纲称为"本子"，要同祖先神匣一起恭放于西墙神龛之上，阖族按时供祭。

早些年，氏族讲唱"乌勒本"，是一桩非常神圣而隆重的大事。讲述人是族中德高望重的玛发、妈妈、萨满。讲唱"乌勒本"还有许多规矩，讲述人先要焚香、漱口，祭拜神灵，而后虔诚讲唱，神圣肃穆；聆听"乌勒本"的人要严分辈分，依序坐好。起初，讲唱"乌勒本"用满语讲唱，后满语渐废，汉语通行，会说满语的老年人渐少，便逐渐用汉语讲唱。

说部艺术是说唱结合，夹叙夹议，以说为主，活泼生动。说唱时多喜用小花鼓或小扎板伴奏，偶尔伴有讲叙者模拟动作表演，尤增讲唱的浓烈气氛，更加引人入胜。满族民间有句俗语："要有金子一样的嘴"，就是对本族中那些擅讲说部者的钦佩和夸耀。讲唱说部并不只是消遣和余兴，而且被全族视为一种族规祖训。一般情况，一部说部要连续讲十余天，甚至月余。

满族自古以来相沿成习的说部艺术，是对本部族一定时期所发生过的重大历史事件的记录和评说，具有极严格的历史史实约束性，不允许隐饰，均有翔实地阐述。其内容包罗古代氏族部落聚散、征战、兴亡发轫、英雄颂歌、蛮荒古祭、祖先人物史传等等。说部以一个主要故事之主线为轴，辅以数个或数十个枝节故事链为纬线，环环紧扣的长篇大传。可以说，每一说部都是一帧波澜壮阔的画卷，蕴含着深厚的历史文化积淀。从吉林省已经发现的数十部乌勒本来看，其内容大致可分以下四类：

一是窝车库乌勒本，俗称"神龛上的传说"。主要来源于各姓满族珍藏的萨满神谕及萨满的重要遗稿与生平记忆。如《音姜萨满》（《尼山萨满》）《西林大萨满》《恩切布库》《天宫大战》《乌布西奔妈妈》等。

二是包衣乌勒本，即家传、家史。如《扈伦传奇》《三姓志传》《女真谱评》《海宁南迁传》《顺康秘录》《秋亭大人归葬记》《东海沉冤录》、

《东海窝集部传》等。

三是巴图鲁乌勒本，即英雄传。如《老将军八十一件事》《萨大人传》《金兀术传》《忠烈罕王遗事》《双钩记》（又名《窦氏家传》）《飞啸三巧传奇》《雪妃娘娘和包鲁嘎汗》《鳌拜巴图鲁》《松水凤楼传》。

四是给孙乌春乌勒本，即说唱传奇。主要是以各氏族长期流传的历史传说中的人物为主。如《红罗女》《比剑联姻》《红罗女三打契丹》《图们玛发》《关玛发传奇》《巴拉铁头传》《白花公主传》《姻缘传》《莉坤珠逃婚记》《伊通州传奇》。

满族说部这一文化遗产，堪称民族文化的瑰宝，对满族及其先民社会、历史、文化的研究乃至中国北方民族关系史、疆域史和社会学、民俗学、文艺学、宗教学的深入研究，都具有重要价值。满族说部（乌勒本）现已列入国家首批非物质文化遗产名录。

汉族叙事诗是闯关东人的文化呐喊。他们用韵律的叙说，把闯关东的酸甜苦辣倾吐出来，流传给世人。《王宝川下关东》是吉林地域流传最久的代表作。汉族叙事诗《王宝川下关东》产生于清末的东北，由开始的百行、千行，扩展成为近八千行的长篇叙事诗，奠定了其在地域文化中的地位和价值，成为吉林口承文学的奇葩。这部民间长诗的主要情节是清光绪十二年（1886），山东泰山脚下王家疃有个叫王振元的，生了个儿子叫王宝川。由于家境贫寒，父亲结婚三日就离家闯关东去了。王宝川出生就没有见过爹，只是从母亲的哭泣和盼望中得知父亲的下落，他成年后便立下大志，决心闯关东寻父。由此拉开了这部长诗的序幕。随着情节的逐步展开，把王宝川下关东的所见所闻，所经历的酸甜苦辣以及关东的自然风光、民俗民习、民族特色、民间生活等都一一在长诗中得到了充分展现，最终形成了一部长达近八千行的鸿篇巨制，成为典型的汉民族叙事长诗。

《王宝川下关东》的特点首先表现在作品的现实性。就作品中的人物而言，人们在今山东泰山王家疃一带和吉林的长白山区都能找到人物的影子，而且地方志和乡土志中都采用这些重要资料，有别于虚构的文学作品，使闯关东的历史真实地体现出来。该长诗的第二个特点是其传承的生动性和具体性。长诗从一开始就由诸多传承人在民间一代代的讲述，并经过他们不断地加工和润色，使它充满了表述的口语特色和生动的地域特色。特别是传承人刘海源本身就是一个与长诗主人公王宝川命运相同的人，也是不知道自己的生身父亲，一个人孤独地下关东来创业。由于讲述人的相似经历，对诗的理解、感悟格外深刻。第三个特点是该长诗具有丰富的知识性和地域文化特征性。该诗真实地记载了吉林地域文化的自然特色、历史特色和文化特色，并把诸多生活常识、民间规俗、地理状况、自然风光、动物特征、植物奇闻进行了全面的归集与阐释，加上生动的口语与方言，使得此诗真实、丰满、风趣，具有重要的文学价值和史志作用。

民间叙事长诗《王宝川下关东》，在第一代传承人刘海源老人故去之后，他的儿子和当地民间艺人继续在讲述和传播着，成为地域文化的一份珍贵遗产。

故事是人类对自身历史的一种记忆。在吉林主要有神话故事、人物故事等。神话故事大部分以表述地域自然特征为主题，充分展开人的想象，以神秘、敬畏的思想感情对自然现象和变异进行诠释，成为地域文化中具有特色的一枝奇葩。在远古，吉林的这类自然神话便非常丰富和独特，如记录和表述人类征服自然和改造自然的《女娲补西北天》（见《中国民间故事集成·吉林卷》，以下所引故事均见此书）。它讲述的是东北为什么一刮西北风就"吱嘎吱嘎"冷（东北方言，形容人踩雪时发出的声响）是因为女娲在"补天"补到西北天时石头不够了，于是她急忙刨下一块块冰，"叉在西北天"。叉，在吉林的土语中为"补"之意。就这样，"每刮西北风，冻得人直打牙帮骨。补后的西北天也不是严丝合缝，有时还有一个半个的星星从冰碴子和五彩石缝里漏下来，就是人们常看到的'贼星'（陨星）"。这个关于解释北方天气寒冷的自然神话，以人们的想象力把东北的气候环境特征与中原传统神话进行了生动的组合，逼真和形象地反映了中华文化的大一统性。动植物神话在吉林更是神话故事中的重要内容，主要以记载山水自然中的生灵为载体。如《贪狼赶日》，讲述在远古时有一个叫贪狼的野兽，它上天会飞，下水会游，在陆地上跑得飞快，十分凶恶。有一天它从洞里出来感到天上的太阳晒得难受，便生气地狂追起来。追到天黑太阳落下去了。它想这准是太阳怕它而躲了起来。第二天早上太阳一出，它又狂妄地去追。最后一下子从空中掉下来，摔死在山谷里。这个神话故事反映了人们对大自然崇拜、敬畏的心理。

有的神话以反映历史、祖先生活和思想信仰为内容。如《高公高婆》讲述的是开天辟地时，一对青年男女在洪水到来之际结为夫妻的故事。他们的媒介是"石狮子"，它告诉二人当洪水来临时在山上推下两扇石磨，只要合在一起，就能成婚。这种情节在中原人文神话中是极其普遍的，可是在《高公高婆》中两片石磨却偏偏碰不上。故事借用"女娲造人"的神话，在两扇石磨无法碰上之后，由二人以黄土造了两个小人，于是这对男女青年便如愿以偿结合到一起了。这个神话的主题充分展示了北方民族文化与中原文化相融合的特点。

吉林的神话故事，有些是中原神话人物与北方神话人物相融合而演绎出来的，也有诞生于本土生活中的民间神话人物，其人物形象和故事情节表现了明显的地域性和民族性。如《百花公主》《老罕王的传说》《三仙女吞红果》《金王韩边外》等故事，表述了北方民族对自己族人、祖先和英雄人物的尊崇和歌颂。

在吉林流传着数不胜数的民间歌谣，其中以反映对美好生活的憧憬和民间习俗的歌谣最为流行。

如满族歌谣《倒宝贝壶》（见《中国歌谣集成·吉林卷》，以下所引歌谣均见此书）中的《喜歌之一》："一撒金，二撒银，三撒骡马成了群。大帮猪，满院禽，恩畜黄犬把大门。"《喜歌之二》："鸿禧贴当央，年顺得祺祥。麒麟来送子，辈辈状元郎。"这些歌谣是在乞子和祈福的仪式中必唱的。最为丰富生动的还是那些婚嫁歌和丧葬歌。婚嫁歌中有《上轿歌》《落轿歌》《提酒壶》《拜席》《入洞房》等，也有各民族婚礼中的《婚宴祝酒歌》《天地桌前》等。大量的丧葬歌谣体现了人生隆重的"告别"仪式，《祭灵》《送殡歌》《入殓歌》，还有《开光》和《扎大牛》，都是民间丧葬仪式歌中的重要代表作。

歌谣最贴近生活。如《盖房歌》："三星落地七星上，依山挨水好房场，瓦匠木匠都来到，各有本领强对强。"如《屠宰谣》："他不卖，我不买，他不吃，我不宰。牛羊鸡鸭一刀菜，千万莫把我来怪。"还有《贴窗花》《包饺子》等，几乎各种生产生活活动都有相应的歌谣。

哨，又叫"哨歌"。是吉林歌谣中独具地方特色的一种形式，是从人们打口哨中衍化出的一种歌谣。擅长打口哨的人可以用口哨模仿人说话，如有人与其对话，则用口哨来回答，而对话多而长时，口哨就"不灵"了，于是改用口说，由此人们叫它"哨歌"。哨，在北方方言中有耍贫嘴，说俏皮话之意。往往即兴而发，而且两人"对哨"，有点类似我国南方的"对歌"。

哨歌生活气息极强。如《埋汰二嫂》："你二嫂前大襟，鼻涕嘎巴能有一指多厚。手指盖里的泥，抠巴抠巴能有一铁勺。小孩屙屎了，不收不擦扣上个瓢。杀了一只鸡，割完扔到锅里也没燎毛……"；如《怪》："官多乱，官司多了没人断；龙多旱，媳妇多了婆做饭。"还有一种讽刺哨歌，是吉林民间歌谣最为精彩的部分。如《哨吹牛》："你吹牛皮好大胆儿。头顶小簸箕，好接牛粪盘儿。迈着连环步，来到牛跟前儿。拿个小板凳，坐在牛下坎儿。先吹'工尺'字儿，后吹'四六点儿'。"另一个接着说："小伙小伙你跟我哨，我还真不怕你这一套。不信咱们上牛圈去，我和你来对面造。我能吹他八下晚儿，非得造你个不够脸儿。"哨歌充满了诙谐和幽默，往往一出口，对方便立刻接应上，形成一种见啥说啥的现场娱乐效果。

吉林民间歌谣以其丰富性、生动性成为各种文学艺术采风的土壤和源泉。许多二人转节目中的"说口"，就是来自于民间的"哨歌"，甚至有些哨歌原封不动的被艺人搬上舞台。如《五官哨口》："好脑袋——小根蒜儿，好眼睛——金刚钻儿，好耳朵——蚌壳片儿，好鼻子——痰盂罐儿，好嘴唇——黄豆瓣儿。嘎巴溜溜丑模样儿——不搽胭粉自来色儿。"

吉林民间歌谣是一种地域化本土化很强的民间文艺作品。

丰富多彩的民俗文化，是吉林各民族谚语的广阔背景和深厚基础。"谚，俗语也"（《礼记》）；"谚，俗之善谣也"（《国语》）；"俚语曰谚"（《尚书》）；"谚者，直言也"（《文心雕龙》）。在吉林广为流传的谚语同吉林地域的民俗紧密联系在一起。

有关自然的谚语是对自然现象的认识并带有很强的区域性。如"冬出辰，夏出丑，春秋寅卯二和九”。这是北方人对日出时辰的谚语。"二和九"指春天二月寅时出太阳，秋天九月卯时出太阳。如"星星稠，天气暖；星星稀，天气冷"。这是说吉林的气候和星星的变化与节气的关系。又如"天河直，家家急；天河横，家家收稻忙"。天河，指天上的银河。六月的天河南北向，九月的天河东西向。六月新粮下不来，正是青荒不接的时候。自然谚语中还包括气象谚、时令谚、地势谚。如"老云接驾，不阴就下"，是说日落在黑云里翌日准是阴雨天；"缸穿裙子（水缸外表潮湿）山戴帽（山顶阴云笼罩），燕子钻天蛇盘道"，预示暴风雨即将来临。如"牲口圈里闹，地震就来到"、"忽冷忽热，地震发作"、"地动山摇，花子扔瓢"，是说地震的征兆。农时谚最为流行，如二十四节气歌"清明忙种麦，谷雨种大田……"在吉林家喻户晓。另如"一年打二春，带毛的贵如金"（指牲畜家禽与自然的关系），"一年的活计春打头，一年的收成春分半"等，都是人们对气象与生产、生活关系的经验总结。

还有些谚语是劝勉人们勤劳的。如"冷天不冻出力汉，黄土不亏勤劳人"、"一个驴粪蛋，一碗小米饭"、"种地不上粪，等于瞎胡混"等。

长白山区还有山里人的谚语，如"树大根深，参老须长。三斤子参，不如半斤老参"、"长白寒冬不可少，狗皮帽子靰鞡脚"等。

吉林各民族都有本民族的谚语。如"香檀树只能长在月亮里，巴特尔只能出在百姓中"是蒙古族鼓励人奋斗的谚语，巴特尔，英雄的意思。"头马不慌，群马不乱"是满族维护团结的谚语。"积善三代，方能同村说话"是朝鲜族劝人向善的谚语。"人在难处拉一把，强似上山送匹马"、"马有垂缰之意，狗有湿草之恩"是汉族助人为乐、知恩图报的谚语。

谚语作为民间文学的一种形式，以简练通俗的语言表达了不同的意义，既是吉林人民的集体创作，又流传于吉林百姓之中。

第四节　清代文化遗存

吉林文庙　洮南双塔　伊克唐阿碑　荡平岭碑　龙虎石刻

吉林文庙位于今吉林市昌邑区文庙胡同。该庙的前身是乾隆元年

（1736）由乾隆皇帝亲下圣旨兴建的。清光绪三十三年（1907），吉林巡抚朱家宝和提学使吴鲁，鉴于原来的文庙殿堂简陋，不足以尊孔展敬，遂聘江苏训导管尚莹去江宁考察文庙（即南京夫子庙建筑），取回图样，在朱家宝的主持下，于东莱门外择定新址（即现址）拓地兴修，经两年多的时间，于宣统元年（1909）全部建成。文庙坐北朝南，占地16354平方米。主要建筑有大成殿、崇圣殿、大成门和东西配庑。

院外南面有垣墙照壁。此墙比其余三面的墙高大、坚厚，长30米，高5米。照壁东西建有砖楼各一，其中有"文武官员到此下马"石碑二，以示对孔子的尊崇。

东西辕门呈牌楼式建筑，为木柱、锡顶、瓦盖，对开红漆大门，其上分悬吉林提学使曹广桢书写的"德配天地"、"道冠古今"匾额，每年的祭孔活动都要从此门进出。

棂星门是一座由四根花岗岩石柱组成的牌坊，每柱顶端均有"神兽"，牌坊的横梁正中有"棂星门"三字。所谓"棂星"，即是古代传说的"文曲星"，让"文曲星"和"神兽"为孔子守大门，是将孔子神化的象征。

大成门是棂星门北面进入主院的过厅，为五开间、单檐庑殿顶、黄琉璃瓦建筑，脊为高浮雕式龙凤脊，明柱，左右有山，前后无墙。是文庙的主体建筑之一。

大成殿，在二进院落的正中，是全庙的中心建筑。面阔11间。东西长36米，南北宽25米，高19.64米。双重飞檐、歇山式庑殿顶，错落有致，雕梁画栋，金碧辉煌。整个建筑，可与宫殿媲美。殿内正中供奉"大成至圣先师孔子之神位"朱地金字木质牌位，两侧分别供奉孔子弟子——"四配"和"十二哲"木质牌位。

崇圣殿，是后院的一座殿堂，为孔子的祖庙。面阔7间黄琉璃瓦盖，单檐歇山顶。

吉林文庙殿宇辉煌，气势轩昂。它建成于古典建筑的成熟时期，在某种程度上保存了我国古典建筑艺术之精华，反映出当时建筑工匠的高超技艺和建筑水平。随着文庙的建立，儒家文化得到了迅速传播，作为清朝在东北建立的第一座孔庙——吉林文庙，既是清朝对汉文化传入东北的认可，更是汉文化与东北少数民族文化互相交融的历史见证。

洮南双塔位于今白城市洮北区德顺蒙古族乡双塔村。两座青砖塔相距 23.8 米，东西向并峙，俗称"双塔"。由于双塔所在地原来属于洮南县管辖，所以又称"洮南双塔"。双塔建于清崇德年间（1636—1644），当时名为"保安塔"。

双塔均为覆钵式，由塔基、塔身、塔刹三部分组成。通高 13 米，青砖砌筑，白灰抹缝。两塔装饰图案大体相同。全塔除基台外，塔身全用浮雕、梵文经咒、彩绘图案花纹装饰，塔身通体以白垩为基础色调，使之更显窈窕秀丽。

塔基由基座和基台两部分构成。基座为方形须弥式座式，四角有方形角柱，两角柱间砌有大型彩绘砖雕：正中是三颗燃着火焰的宝珠，两侧塑侍狮对立，狮后背饰花朵图案，基座下面皆为方形基石。青砖素面，不加雕绘，由下而上呈阶梯状内收。

塔身上部为覆钵型下部为台阶座，在覆钵的肩部有浮雕兽头 8 个。两塔造型一致，均于南面开券状龛门，门边饰图案花纹。龛门高 1.25 米，宽 1.0 米，各置木扉一扇，原色红漆。下部台阶座均用梵文咒语浮雕围绕，东塔为三级圆形台阶，西塔为四级方形台阶。梵文咒语浮雕大意是"祈愿宝珠立于莲花之上"。

塔刹，铜质，重 50 多公斤。由日、月和莲瓣伞构成，底部悬挂铜铃四个，迎风摇曳，便会发出悦耳动听的声音。刹顶下接呈逐渐加粗的实心刹干，上有白色相轮十三重，层层都有浮雕梵文。刹干下接塔身，这种刹干相轮形式，与辽、金十三级四六八角密檐式塔义相同，象征十三天。

洮南双塔是一座结构精巧，造型古朴，融合藏蒙汉民族风格于一体、比较典型的藏式喇嘛（黄教）寺建筑。

依克唐阿碑是褒扬清末名将依克唐阿的石碑，又称德政碑，原坐落于敦化市大石头镇东与安图县交界的哈尔巴岭上。现存两通石碑，其中一块碑基完好，汉白玉石材雕制，碑高连同底座 1.70 米，宽 0.525 米，厚 0.165 米，碑首呈圆形，无碑额。碑阳当中阴刻"德威丕著"4 个楷书大字。上款为："钦命帮办吉林边务事宜镇守珲春副都统升任黑龙江将军法什尚阿巴图鲁恩宪依公德政碑",下款为:"靖边右路统领□□拉林花翎协领保成率中左马步两营文武官弁等敬立光绪十六年二月上浣谷旦"。

另一通碑原也立于哈尔巴岭岭上,后移于安图县南沟村东山上,碑额与碑身相离。碑额为蟠龙浮雕,上面刻着"惠我无疆"四个字。汉白玉石材刻制,碑阳刻有碑文,四边饰以蔓卷的莲叶纹。碑阴刻有出资立碑者姓名。碑座为刻有莲花纹的须弥座。碑的上款是:"钦命帮办吉林边务事宜镇守珲春副都统升任黑龙江将军法什尚阿巴图鲁依公德政"。

依克唐阿,字尧山,满族,姓扎拉里氏(汉语译姓张),满族镶黄旗人。远祖居住在蒙古察哈尔,清雍正六年(1728)移住今吉林伊通县境。依克唐阿生于伊通马家屯,为本族第七代袭爵人(世袭一等男爵)。18岁入伍从军,屡建战功,官至协领。同治五年(1866)获钦赐"法什尚阿巴图鲁"称号(满语,忠诚的勇士)。同治八年任墨尔根(今嫩江)副都统,光绪二年(1876)为黑龙江副都统,光绪七年任珲春副都统,光绪十五年授黑龙江将军,光绪十六年五月授镶黄旗汉军都统,八月任盛京(辽京)将军。到任后,即查办贪污,整顿军队,调整税收,岁增饷银数十万两。光绪二十五年(1899)三月病逝于盛京,终年68岁。谥号"诚勇"。

清光绪年间,沙皇俄国侵华加剧,不断犯我吉林东部边界。为加强珲春防务,光绪七年(1881)清政府增设了珲春副都统,依克唐阿受命为第一任副都统。在任期间,察看了边境,发现500多里的国界标志,被俄罗斯侵略军移动,侵占了中国领土。依克唐阿把情况奏报朝廷,朝廷派大臣吴大澂和依克唐阿勘察了吉林东部边界,并到珲春对面俄国的岩杵河,与沙皇俄国的远东司令巴拉诺夫等官员会勘中俄边界,签订了《珲春东界约》,重新设立了国界标志。与此同时,依克唐阿带领边疆兵民与入侵者浴血奋战,巩固了边防,深得军民拥护。光绪十五年(1889)正月在依克唐阿升任黑龙江将军时,敦化、南岗(今延吉一带)军民为他立碑,表彰他的功绩。碑文中说:"……公总提军符所至,□严载道,至于驭下,爱民尤多实惠。继有俄夷兆衅,边备孔殷,公统兵弹压,俄夷震怖,近边处,赖以得安。公昼夜巡防,不惶寝食,故大敌在前,亟亟将战,境内之民,安居如旧,无蹂躏之患,并无逃避之苦。"

依克唐阿碑既是当地军民对依克唐阿个人的襃扬与怀恋，同时也是清代时期，抵御外敌入侵实边卫边的历史见证。

"荡平岭"石碑位于白山市江源区大石棚子乡老岭村的老岭峰顶，长白公路北侧，距白山市城区 40 公里。老岭"荡平岭"石碑共两通，是光绪三十四年（1908）清政府为纪念通化至长白公路修竣而立。两通石碑均有碑额、碑身和碑座。碑额上雕有双龙图案，中间镌刻"皇清"二字，碑的阴阳两面刻有楷书碑文，字迹清晰可辨。

碑通高 2.45 米，碑额呈方形，边长 0.68 米，碑身高 1.24 米，宽 0.64 米，厚 0.20 米。碑身刻有碑文，由左至右竖行书写，楷书体，清秀工整。其中的一通碑文是当时的"三陵事务大臣、总管内务府大臣、东三省总督兼管三省将军事务徐世昌撰并书"。另一通碑文是当时"长白知府张凤台、临江知县李廷玉同撰"。

荡平岭碑记述的是清末长白设置，打通老爷岭使"数千年之障塞，遂一举而荡平"的开路通边历程。

在今吉林省珲春市区中心的新安桥旁边，有一座仿清代建筑六角亭，亭中立有石刻，这就是吉林省重点文物保护单位，清末爱国将领吴大澂所书的龙虎石刻。

龙虎石刻为世人仰慕不仅仅因为其书法艺术超群，更主要的是这石刻背后的故事感人至深，发人深省。

1858 年和 1860 年，沙皇俄国依靠武力和不平等的条约，相继夺走了我黑龙江以北、外兴安岭以南 60 万平方公里和乌苏里江以东 40 万平方公里的领土，以及珲春以东大片领土和广大海域。

但贪得无厌的沙俄并未就此罢休，他们又大兵压界，偷移界碑，横生事端，蚕食领土，侵扰边民，致使我国的边民生计日窘，颠沛流离。1880 至 1886 年间，吴大澂以钦差大臣身份多次奔走于吉林、珲春、宁古塔（今黑龙江宁安）之间，筹划边防事务，抵抗沙俄的侵略。

当时，由于清政府长期实行对东北的封禁政策，致使吉林省的"珲春、宁古塔边界地方，大半旷土，绝无人烟，又系山重水复之区，界址出入本不易辨，即隐被俄人侵占，中国地方官亦茫然不知"（《吴大澂手稿》）。因此吴大澂主张实施"招民开垦，以实边隅"的政策。

图上 9-3　清　龙虎石刻
子亮摄

　　光绪七年（1881），吴大澂前往珲春的途中路过凉水泉子（今图们市凉水镇），发现这里空无人烟，便命工匠修筑了 7 所房屋，还在一所房屋上挂了"劝农所"的匾额，举办"劝农所"，招人前来开发，以实边力。以后几年间这里变成了一个村庄。

　　吴大澂勘界谈判中，争回被俄方占领的珲春黑顶子等要地和图们江的出海航行权，为捍卫国家领土的完整作出了重要的贡献。

　　凉水百姓对吴大澂的务实精神和爱国豪情深怀敬佩和爱戴，他们从珲春副都统衙门借来了吴大澂 1886 年在珲春期间所书写的龙虎二字，镌刻在孤山子脚下凉水河东村（后改龙虎村）图们江左岸上的一块平整的大石头上，以示对吴大澂的敬仰之情，这就是著名的"龙虎石刻"。

　　石刻为一块赭黄色不十分规整的花岗岩，高 1.40 米，宽 1.38 米，厚 1 米，正面平整，上面镌刻双勾"龙虎"二字，左下端刻楷书"吴大澂书"四字。"龙虎"二字系摹写古青铜器的钟鼎文（金文），近象形字，笔力遒劲，笔画匀称，字体凝重端庄，颇显龙虎的威猛之气，是"龙蟠虎踞"、"龙骧虎视"的缩写，寓有以龙虎之威抗击强敌，誓死保卫边疆、保卫家园的深刻含义。

　　在与沙俄勘界谈判中，吴大澂斗智斗勇，最大限度地维护了国家利益。龙虎石刻是边疆各族人民不畏强暴、奋勇抗击沙俄侵略的历史见证，是捍卫祖国尊严的象征，是保卫祖国领土完整的丰碑，体现了中华民族的凛然正气和强烈的爱国精神。

【注释】

① 《吉林志书》，吉林文史出版社 1988 年版，第 1 页。

② [清] 萨英额纂辑：《吉林外记》，吉林文史出版社 1986 年版，第 6 页。

③ [清] 固庆：《吉林外记》序，同上，第 4 页。

④ 长顺、李桂林修纂：《吉林通志》卷一一四《人物志四十三》，吉林文史出版社 1986 年版，第 1683 页。

⑤ 薛虹：《校点〈吉林通志〉序》，《吉林通志》，吉林文史出版社 1986 年版，第 16 页。

⑥ 长白荣厚：《重印吉林通志序》，《吉林通志》，吉林文史出版社 1986 年版，第 1 页。

⑦ 金毓黻：《东北通史》，引言，吉林《社会科学战线》杂志社翻印本，1980 年。

⑧ 曹廷杰：《东北边防辑要》序，辽沈书社 1984 年版，第 2293 页。

⑨ 希元：《东三省舆地图说》序，同上，第 2243 页。

⑩ 李廷玉：《长白山江岗志略》序，见刘建封：《长白山江岗志略》，吉林文史出版社 1987 年，第 290 页。

⑪ 孙乃民主编：《吉林通史》第三卷，吉林人民出版社 2008 年版。

⑫⑭ 宋小濂：《香余先生传》，见《香余先生诗钞》，吉林文史出版社 1988 年版，第 1 页。

⑬ 沈承瑞：《香余诗钞》"小茄园二首"序。

⑮ 《成多禄集》，吉林文史出版社 1988 年版，第 71 页。

⑯ 同上，第 195 页。

⑰ 徐鼐霖：《晚学斋诗集序》，吉林文史出版社 1989 年版，第 87 页。

⑱ 沈承瑞：《香余诗钞》，同上⑫，第 6 页。

⑲ 周崧年：《襄校香余先生诗草题词》自注。见《香余诗钞》第 7 页。

⑳ 程德全：《筹边刍言》序，吉林文史出版社 1989 年版，第 17 页。

㉑ 陈培龙：《吉林纪事诗》序，吉林文史出版社 1988 年版，第 98 页。

㉒ 曹廷杰：《吉林纪事诗》序，同上，第 97 页。

下编

第一章

采集与伐木

神奇的长白山，峰峦叠嶂，林海苍茫，森林及野生动植物资源丰富，历代生活在这里的人们创造了丰富多彩的森林文化。

"森林满语曰窝集，吉林全省计有四十八窝集，大者亘千余里，小者亦百数十里，参天蔽日，人迹罕到……"①，其生存环境十分恶劣，"枝柯斜结，障蔽天日，下则水潦纵横，草叶腐积，草木繁茂，交通为之阻塞。林中产生一种蚂蜢千万成群，大者如蝼蛄，小者如蜜蜂，喙长四五分，形同鸟喙，尖锐如利锥，……骡马被蜇至毙不能兴，因而倒毙者比比皆是"②。可是，人们为了生活毅然走进山野。居民"俱入山采樵，以牛车载归"，或用以开窑烧炭，或伐树为材制作器具，日常所用"俱以独木为之"③。植物的采集和森林的采伐是吉林人的主要生产生活事项。

第一节　千寻万觅的山野采集

山野菜采集　草药采集　菌类采集　野果采集　其他采集　采集习俗

在蛮荒时代，人们采集山野中可食植物是为了生存；进而是为了生活，宋洪皓《松漠纪闻》："女真多白芍药花，皆野生，绝无红者，好事之家，采其芽为菜。"再后，是为了生计，至明代采集已成为一种生产方式。"女真人居住的地方多为山区，特定的地理条件与气候条件……非如人言可置屯而种者，山民之性在取人参、松子、木耳、蘑菇之利"，"采集是女真人的传统经济活动"④。世代吉林人在采集生产劳动中增长了智慧，积累了经验，山野采集作为一种文化形态留下了生动的民间记忆。

吉林的长白山区和中西部平原地带，可食用山菜野菜非常丰富，品种繁多，如蕨菜、薇菜、刺嫩芽、水芹菜、马蹄叶、大蓟、大叶藜、木花苎草、小根蒜、小叶芹、山莴苣、酸巴浆、黄花菜、马齿菜、婆婆丁、风花菜、牛蒡、苦麻菜、龙须菜、问荆、关苍木、地肤、苋菜、苣麻菜、刺芽棒儿（刺五加）、荠菜、寒葱、桔梗、鸭趾草、猪苓、菊芋、紫花变豆、腿蹄盖蕨、蔰蓄、葛仙米、西番谷、灰菜等不胜枚举，最常见的也有上百种之多。有清以来，许多山菜野菜被朝廷定为"贡品"。清王朝在吉林设立的专管采捕贡品的衙门打牲乌拉，每年每季要定时定量地将采摘下来的蕨菜、薇菜、刺嫩芽和寒葱等运往京城。盛产寒葱的寒葱岭还被朝廷定为"贡山"。

山野菜采集是一年中春夏秋三季都在进行的生产活动，成为人们生活中的不可或缺的内容。当冰雪刚刚消融，裸露出的土层上便有了第一茬野菜小根蒜。人们背篓挎筐去把它挖回。其辣味似葱似蒜，可鲜食也可用盐或酱渍好，用以下饭。稍后便采刺嫩芽。刺嫩芽又叫龙芽楤木或刺龙芽，是生长在高寒山区的一种灌木。皮呈灰色，上面生满了粗大坚硬的皮刺，花是淡黄白色，果子是浆果，球形，黑色。可食用的部分是新生的嫩芽。经开水短时烫后再放入凉水中浸泡，使其颜色保持嫩绿，味美清脆，有"东北竹笋"美称。但稍过时节，其嫩芽长成变老便不可食用了。各种山野菜随着气候变暖而增多。在四至六月间，林间田边，荠菜、苋菜、婆婆丁、苣麻菜等随处可见。如荠菜，是其根不死的越冬菜，发出的新芽颜色微黄而鲜嫩，焯过后凉拌、蘸酱、做汤、炒菜、熬荠菜粥都可以。入夏以后直至秋季，山野菜更多起来，如山间水边的山芹菜、水芹菜、大叶芹等到处皆是。伞形科多年生草本植物大叶芹，其叶和茎都可食用，食用方法很多，尤其是做面点的包馅，野芹的清香味道胜于家芹。

　　除一家一户去采摘山野菜以供自食外，为了将采下的山野菜稍事加工用以交换或出售，也有时按着季节组成帮伙，由推举出的菜把头带着人们集体采集。参加的人有不同分工，流水作业，以提高效率，保证质量。比如薇菜的采集就是这样。薇菜，俗名叫牛毛广，多生长于向阳山坡、林下或灌木丛中，叶蜷曲未展之时采食最好。此菜喜大片群生，一旦发现往往成片的山坡均是，这时，菜把头便要选址搭盖窝棚，以便集体住在山上采集。选址要有这样几个条件：一是要有水源，以便烧水烫菜；二是要有石片或平地，以便晾菜；三是还要有"搓菜"作业的地方。

　　采回的薇菜由负责烫菜的人架上大锅，烧开了水，把薇菜放进去"烫"。烫菜是为了去掉老皮，保持绿色和鲜嫩，要烫得适度，只要菜茎不硬便可以了。捞出后要控水进行晾晒，将烫菜时表皮留下的水晾干。下一道工序是搓菜，搓掉叶和茎上的毛毛，一是为了吃时下咽顺畅，二是防止养分挥发，以保持薇菜的原汁原味儿。然后，将搓好的薇菜用草捆扎成一捆捆的"菜把"，再用刀切去老根，装入菜筐里背下山去，及时"送贡"或上市出售。

　　山野菜不但人吃，有的还可作为家禽家畜的饲料。要根据不同季节及时采集。旧时农家养猪很少喂粮、糠，多是以应季的灰菜、苋菜等为饲料，有时还要为畜禽准备越冬饲料。如，秋风一起，山林气温下降，这时要为牛羊及时采集"锉草"。锉草又称"节骨草"，茎有小环，节节盘高，多生在湿地和洼塘处。采下的锉草至深秋初冬结成冰柱，喂牲畜开胃、去火、增食欲，也可切碎，拌以谷糠喂鸡鸭鹅。

　　在采集山野菜的黄金季节，漫山遍野都是采野菜的人，男男女女挎筐背篓，边劳动边说说笑笑、打打闹闹，讲瞎话、唠家常，虽无田园牧歌式的浪漫却有北方人家粗犷的豪情，到处是一派其乐融融的山野图景。

　　长白山是一座天然的"草药宝库"，自古以来，生活在这里的人们便把采药看成是生活的自然行为。俗话说，人吃五谷杂粮哪有不得病的，而旧时没有医疗条件，求助于大自然，上山采药自医自救是先民的一种生存本能。有的史籍说，满族先民女真人"其疾病，无医药，尚巫祝"，这是片面的，其实一向是巫医结合，《辽史》《金史》都有女真人以地产药材医病并用来与契丹人交易的记载。这种民间医术代代相传。吉林省梅河口市兴华乡金家岗村宋姓老萨满（1905—1979）就是一位较有名望的民间医生。他不需要跳神，而是采用土药土方给人治病。他家祖上传承下来的《萨满百草歌诀》，全文128句，1300多字。开头是："巍巍长白山／茫茫花果川／低头就是药／弯腰把宝掘／祖师帮你采／山神保平安……"以下是各种草药的名称、药性及适应症的歌诀⑤。

长白山的中草药种类繁多，常见的有二三百种，如人参、贝母、天麻、五味子、细辛、柴胡、板蓝根、黄芪、天南星、刺五加、淫羊霍、山芋头、云芝、冬青、老牛乾、银花、月苋草、窜地龙、老鸹眼、马尿臊、野鸡膀子、忍冬、牛蒡、木贼、龙胆、红景天、半夏、茯苓、蚊子草、防风、芍药、驴蹄草、轮叶百合、黄连、草木犀、不老草（草芙蓉）、狼毒、桔梗……人们采药除一小部分留自用外大多是外卖，在长白山区不仅有收购药材的店铺，还有前来采购、贩运药材的行商，山里人采药出售，是一种经常的经济活动。

世代"尝百草"积累下的经验以及民间医疗知识的传播，使很多山民学会了识别草药、采摘方法并懂得一些药性，这是采药必须有的常识。除此，进入山林采药还要懂山懂水懂自然，要眼神好，嗅觉好，听力好。采药人要在树林葱郁、蒿草丛生间找到所要的草药，没有好眼神是不行的。每迈一步要先看脚下，有些草药即使发现如果稍不注意便损坏了药性。比如"拉拉秧"（学名葎草），在林间伏地而生，全草入药，如踩断秧则疗效下降，要小心翼翼采全秧。采药人的嗅觉要灵敏，能凭风刮来的药材味去揣测草药的方位和距离。还要会听声，行话叫"听药"。比如采天麻，当采药人脚下发出"扑哧扑哧"的声音，说明踩上了厚厚的腐质土，腐质土中含有蜜环菌，天麻是与蜜环菌伴生的植物，这声音说明接近天麻生长地了。采天麻晚上还要观看"天麻火"，也称"鬼火"。本来民间所说的鬼火是指尸骨的磷光，而天麻赖以生存的蜜环菌中也含有磷，夜里，天麻地里也会出现鬼火。采药人凭这种经验在夜里向山林张望，借以发现天麻地。但是，如果出现成片的鬼火，说明那里的天麻已经变成空壳了，采也没用了，只有那种星星点点鬼火飘动的地方，天麻才既饱满又不过熟。采药讲求赶季节、保药性，为此，有时也要成帮结伙在山里艰辛地住上个把月，否则即使采下来却"看似药，实为一把草"。

采药人也有些有趣的故事。比如生长草药野鸡膀子的草丛里，就常常真的有野鸡，因为它的叶子跟野鸡的翅膀很相似，野鸡常常以其为伪装藏在里面，采药人便注意观察野鸡飞往什么地方藏身，采药人以"跟着野鸡找药材"为笑谈。据传说，有一年，长白山下宝泉屯里的人家鸡窝里总丢鸡蛋，后来发现是一条大蛇天天来偷蛋吃。村里人便用鸡蛋壳装个木头疙瘩放在鸡窝里，果然，第二天大蛇把"木头鸡蛋"吞下去了。村里年轻人跟着蛇，想看它怎么消化。只见大蛇缠在树上像往常一样想勒碎"鸡蛋"，却不见效，它又爬向山崖下吃了一片草，不一会儿，肚子里的硬包就不见了。年轻人感到奇怪，就采了一些蛇吃的那种草，带回去拿给号称"老药王"的采药老人看。方知此草名为"石茶"，是一种专治消化不良的中草药。

采集中草药不仅是生计的来源之一，也使人们更加了解自然，亲近自然。采药人常说："守着药山不采药，对不起老天爷啊"，采药是山民的一种乐趣。

吉林的山区半山区堪称"蘑菇王国"，可食用菌类品种繁多，数量可观。据《长白山西南坡野生经济植物志》记载，长白山野生蘑菇菌类不下几百种，主要有草蘑、原蘑、猴头蘑、冻蘑、榆黄蘑、木耳、银耳、松茸、松蘑、马鞍蘑、猪嘴蘑、石蘑、长腿皮伞、长根菇、白蜡伞、白林地菇、黑皮、石皮、地环、石耳、灰圈托柄菇、羊肚菌、扫帚蘑、串儿蘑、鸡油蘑、豆芽蘑、冷杉珊瑚菌、松茸、松乳菇、金顶蘑、油蘑、侧耳、绿菇、紫蘑、紫红蘑、口蘑、黑菇等等。

自古以来生活在山区半山区的人们就知道了哪些菌类可食哪些不可食，初始是为了生存而采集蘑菇，进而用来互市、出售，是维持生计的来源之一。蘑菇多生长在湿润的山坡、林间和苔藓地，有喜雨水的特性。太阳在雨后出来不久，蘑菇便会随地表温度的升高、水汽的蒸发而出土，俗话说"一场雨，一茬蘑"。每当雨过天晴，姑娘媳妇便搭伴结伙进山采蘑。有一种猴头蘑，因形状酷似猴头而得名。它寄生在树上，并且，如发现一簇，在附近树上必定有另一簇，从无例外，所以人们又叫它"对子蘑"。这一奇特现象演绎出许多传说。其中有一则说，古时，有一个进京赶考的秀才，在一个小镇的饭店打尖时，搭救了两只将被宰杀的小猴，从此小猴与其形影不离，当秀才发生意外死在山林时，两只小猴一直蹲在两棵树上守望，直至饿死，后来便化作为猴头蘑。猴头蘑是稀有菌类，被称为山珍，是贡品，是吉祥的象征，人们以采得猴头蘑为幸运。

蘑菇多片生或群生，只要发现往往成坡成片，山里人叫"蘑菇圈 (quān)"。据民间传说，从前有个老汉有三个儿子，家里穷得都说不上媳妇。有一年老汉在雨后上山放牛，发现了蘑菇圈，他带领全家人足足采了五天，将这些蘑菇卖掉终于给儿子们娶上了媳妇，从此这个地名就叫蘑菇圈。地方志书记载，桦甸县属四区有个村庄叫蘑菇园子，因生有各种天然蘑菇，故名，可见此传说有其来历。

蘑菇可以鲜食，也可以晾成干菜，长期贮存，随时食用，依然保持着野生的清香气息。夏末秋初，是山里人晾晒蘑菇的季节，家家户户的庭院、房顶都是晾晒的蘑菇，待半干时用麻绳穿成串挂在房檐下，将其彻底晾干再贮存。干蘑是吉林著名的土产品，家里来了亲朋好友，临走时赠送一串干蘑菇，是吉林人表达情谊的传统礼节和习俗。

长白山是野果飘香的"大果园"，盛产各种野果，如山杏子、山梨、山荷叶、山葡萄、山樱桃、山里红、山海棠、马氏菱、毛榛子、毛山楂、水芊、东北杏、东方草莓、东北扁核木、龙葵、松籽、光叶山楂、重枝杏、狗枣猕猴桃、茅莓悬钩子、春榆、胡核秋、笃斯越桔、格菱、栓皮春榆、蛇莓、菰、越桔、李子、天天、蓝靛果忍冬、深山托盘、酸浆果等等。各种野果散布在山里的每一个角落，采摘野果是山里人生活中不可或缺的乐趣和内容。

春季，融化的雪水将山地上的托盘秧滋润得十分旺盛，几场春雨过后，托盘便开始泛红了。当随风飘来浓浓的果香味时，山里人便开始采托盘了。采者挎着小筐，把山洼地上的椴树叶子垫在筐底，将采下的托盘分层放入，使果实不滚动，不掉粒儿，不破浆。入夏，山杏子熟了。山杏子结在落叶小乔木或灌木上，果上生有短毛，多生长在向阳的山坡，采后可以生吃或酿酒、制果酱。山樱桃也在这时成熟，红红青青的挂满枝头。山樱桃皮硬核大，果实和皮、根、叶含黄酮类化合物香豆素和皂甙等，采摘后晾干，留待秋冬季食用。大多类野果入秋陆续成熟，这时进山采野果的便络绎不绝了。有的野果既可食用还可药用，如蛇莓，民间又叫高丽果、野地果，是多年生草本植物，果肉呈红色卵形海绵状，性苦寒，有清热解毒的功效，如患湿疹或被毒蛇咬伤，可将其捣烂敷患处。

"七月核桃八月梨"。山梨要等到农历八月山区将要下霜时才成熟。山梨分秋子梨、花盖梨、野梨、麻梨等多种。即使成熟也不能即采即食，因又苦又涩。山里人采下山梨的同时要顺带割黄蒿，以便"闷梨"。黄蒿，又称米蒿、猪毛蒿、滨蒿、东北茵陈蒿，是一种越年生草本植物，茎直立，多分枝，叶茂密，像小米粒样的籽结满茎秆，籽粒和叶有一种浓浓的蒿香。采摘山梨时要先把黄蒿垫在梨筐底上，装满筐后上面还要覆盖黄蒿，让梨香和蒿香混于筐里。回家后，就开始"闷"山梨了。所说闷梨，是将垫着黄蒿和盖着黄蒿的梨筐原封不动的一筐筐摆放在家里，不准掀筐盖、透风，随着黄蒿水分蒸发让"蒿热"去慢慢地把梨捂熟。在闷梨的那些日子里，家家都散发着浓郁的梨香蒿香气息，儿童们高兴地奔走相告："闷梨了！闷梨了！"人们见面互相问询："你家闷几筐？"那问询表达了山里人劳动的自豪和收获的喜悦。闷好的梨吃不了冻起来，到冬季用冷水"缓冻梨"是山里人的"水果"。

吉林的山林和田野里，除了菜、药、菌、果之外还有许多具有各种用途的植物可供人们采集。例如：

野麻，俗称山麻、荨麻，多年生草本植物，生于林下、灌木丛及沟渠边，直立丛生，茎长而皮厚，其皮是天然纤维。在仲夏季节，人们将野麻割下运回，捆成捆放入水泡子里浸泡，称为沤麻。经过十几天的沤泡、发酵，其皮和杆之间已经可以分离时将其捞出，晒干后将茎的表皮剥下，称为"剥麻"。这剥下的表皮即是麻纤维——"麻劈儿"，再经过捶、砸、揉搓过程，使其成为柔软的细纤维，便可以用它纺绳、织布，成为制作衣服等生活、生产用品的材料。人们为提取纤维而采集的植物还有小叶樟、大黄柳、粉蜀藤等。

靰鞡草，又叫毛子草，多生长在湿润的草甸，一般有二尺多高，呈三棱形，从根到梢皆为纤维质。将其采割后晾干呈黄色时，用木槌反复捶打，捶得草细如毛却不折断，柔软而有韧性。在严寒的北方，人们最怕冻脚，老百姓多用其絮在靰鞡（革履）里以御寒，故而得名。因其御寒性能好又便宜、实用，是人们广泛采集的植物。靰鞡草"草色深碧，其细如发，长者有四尺余，吉省各地皆产……入冬不枯，性温暖，能御寒、避湿，东人常取以铺卧榻，农工等人均以荐履"⑥。它深受人们喜爱，被称为关东三宝之一。"土人语云，辽（关）东三件宝，貂鼠、人参、靰鞡草。余谓参、貂，富贵者之宝也，靰鞡草贫贱者之宝也"⑦。

靛草，又称靛、水公子，多生长在较低洼地方。夏秋时将其采割运回，投入到大锅里煮烂后捞出，将煮靛水搅匀、清除沉渣便成为一种深蓝色液体颜料，可用其染布，色泽纯正，永不褪色。旧时，人们都以家织土布制衣、做被褥面，又多选用深蓝色，染坊普遍以靛草为染布颜料。

水参，又名水胡椒，一年生草本植物。生在水边，膜质是褐色或紫红色，花序成穗形，细长。采它的茎和叶，上锅煮后，用来提取一种黄色的颜料，可染布、染纸。民间艺人的挂画、年画、剪纸等作品以及家庭祭祀祖先供奉的画像，都用此颜料染色。采摘和熬制的方法，几乎家家都会，已成为人们生活的一般常识。

苍耳，又叫老苍子，一年生草本植物。高30—80厘米，全株生白色短毛，成熟时呈淡黄色、卵形总苞硬而有刺，采其带苞片的果实，经过碾砸，可流出绿色浆汁，是民间常用的绿色颜料。

此外，紫杉和黑樱桃可提取紫色和深褐色颜料，鼠李和睡菜可提取青蓝和大蓝色颜料。可提取颜料的植物还有野樱桃树枝、黄菠萝树皮、山核桃树叶等。

映山红，又叫金达莱、迎春花。每当早春刚刚解冻，长白大地漫山遍野的金达莱就开放了。人们在此时采回花瓣，放在蜂蜜罐里，被称为"映山蜜"，在春夏的街头，常有人卖这种自酿的蜜料。用热水冲服，有清肺祛痰作用，可缓解气管炎症状。高山茶，也称牛皮杜鹃，常绿小灌木，生长在高山苔原带上，伞形花序，淡黄或白色。这种植物不畏严寒，在白雪皑皑的早春就怒放于山顶冰雪间。采摘它的嫩叶和花，称为高山茶或牛皮茶，用其沏水，是气味清新的饮料。人们还采集马蔺草，晒干后，用其有韧性的叶捆扎蔬菜、粽子，用其坚硬的根制作刷子。

　　我们的先辈，以其勤劳与智慧，在生产力落后的时代，靠在大自然中采集植物而获取各种生产生活资料，并使生活色彩斑斓。

　　这种采集经济一直沿袭至今，长白山丰富的中草药资源支撑着吉林的制药产业，松茸蘑和山野菜成为出口商品。入秋是采集的旺季，山区半山区的人们每年在庄稼收割之前，普遍进山采集山货，称为"小秋收"。

　　山野采集也有约定俗成的习俗，这些习俗反映了人们内心的理念和情感。采集人怀有朴素的对自然敬畏和感恩之心，采集时，或在心里默念"别遇上风雨雷电"，或相互告慰采集丰收，说些"感谢老天爷"之类的吉利话。如果成帮成伙上山采集，大多要举行祭拜山神爷的仪式。

　　采集人讲究互相谦让，认为山是大家共有的。每当发现大片的蘑菇圈或薇菜趟子，不能自己占有，不仅有人来了要让人家采，还要主动招呼在附近的人一起来采。还有"分菜"的习俗，分菜是指采集收获颇丰的人如见到有人什么也没采着，就要主动上前搭话："兄弟，别空着筐下山。来，帮俺们倒倒筐……"，"倒筐"就是把自己筐里的东西分出一些给对方。当然，后者不能挑拣、贪心，给啥、给多少都行，还要谢谢人家。如果两伙采集人遇到一起，要讲"先来后到"，后来的要主动离开，到别处去采。

　　采集人不保守，主动地传播采集常识。比如，有人分辨不出什么样的蘑菇是不可食用的毒蘑，懂得的人就要告诉并帮助分辨。采药人要教"新手"识别什么样的药草是未成熟药性差的或是已经老化失去药性的，因而不能采。有的见到虫子钻过的灵芝、青苔裹住的狗枣子以为不可用就不采了，老采药人就会告诉他这种东西药性更好，更加珍贵。

　　采集人讲诚实，不能掺杂使假。比如，采蕨菜不能将"伸巴掌了的老蕨菜"与鲜嫩蕨菜混在一起，捆进菜把出售；白蘑贵黄蘑贱，采蘑菇的不能把颜色相近的黄蘑掺在白蘑里去卖；采药的要在将草药送往收购商之前，把不留心顺带采来的老化、劣质草药挑拣出来。

　　采集人更讲究"挖大留小"、"不成不采"，尊重自然规律。比如采蘑菇，当一场雨后，先上山的人发现了蘑菇圈，但蘑菇还没完全生成，不能先采，更不能候在那里不走，这说明"这片蘑菇不是你的"，采集人有句俗语叫"谁赶上是谁的"。采集人忌讳"采尽挖绝"、"好吃不留籽"，无论采什么都要留下一点，"免得老天爷怪罪"，也给自己"留条后路"，反对把整棵秧苗移回自己家的做法。

这些习俗表现了采集人热爱自然、互相帮助、诚实守信、淳朴善良的传统美德。

第二节　艰辛惊险的伐木放排

冰天雪地的山场子活　生离死别的水场子活　采伐习俗

长白山区森林采伐，经历了随史而进、随人而兴的历史进程。由于山区人烟稀少，地理偏僻，虽"葱郁连绵，荫蔽千里，蓄积丰富"⑧也不过是民"伐木架屋"，兵"伐木立栅"⑨。直到清中期，清王朝将封禁政策改为"官衙收木植税"⑩政策之后，才出现真正意义上的森林采伐生产活动。据载，同治、光绪年间"伐木人领票入山而收其税，木十根税木一根。十五根以上至二十根者，税两根。木数递增，税亦随之"⑪。从此森林完全开禁，大批木把开进山林。

在长白山区，上山伐木的一系列作业被称为"山场子活"。山场子，指采伐者伐木作业的地方。伐木俗称"放毛"。毛，指毛材，即森林中伐倒在地的原木。山场子活都是在冬季进行。每年当第一场雪落地，伐木人就要拖着爬犁，带足人的吃食和牛马草料，成帮结队地开进山林，搭建起能住一冬的山窝棚。

山窝棚里搭南北大炕，大火炉子烧得呜呜响，可是窝棚里还是寒风刺骨。木把睡觉都得扎紧棉帽耳子。

上山伐木两个人一伙，使大肚快马子锯对面拉。一个用左撇，一个用右撇。树倒之前还要及时"喊山"。

喊山分"顺山倒"、"迎山倒"、"排山倒"、"横山倒"等，含义是告知树按照山势将要躺倒的方向。只有顺山倒和迎山倒人会安全。所以喊山非常重要，是人与人之间的互相告慰，也是给人们一个"提醒"。喊山是伐木人在从事林业生产活动中总结出来的经验，表现了人们对自然的认知。

树伐倒后要用爬犁拖木，俗称"抽林子"，也叫"开套"。木帮要根据地势把木头顺过来，大头冲大头，小头归小头。然后在木头上掏眼，穿上麻绳，叫"系吊子"。爬犁一来，搭上一头装上爬犁。爬犁用马或牛拉着，两个人一人在前边牵牲口，一人在后边手拿"挖杠"不停地前后左右拨道。一副爬犁拉 4—6 立方米木材。爬犁经常在下山时稳不住吊，俗称"跑坡"。就是爬犁下山时冲力过大，牲口稳不住，巨大的原木从上而下直贯下来，往往人死畜亡。也有采取"放箭子车"的方式运木下山。先是选好一定山地，利用大雪修上"雪道"，然后将一棵棵打完杈丫的原木放进雪道，任其顺坡滑到山下。放箭子车最怕"起箭子"，就是箭子道上前头木头被卡住，而后边的冲力太大，一下子窜射出去。这时，那巨大的原木就像一支轻飘飘的箭窜进老林，顷刻间就可能要了人的命。

长白山里伐木和开套是山场子活的主要内容。每当到了山场子活的季节，外出的、串门的、玩牌的、猫冬的都从四面八方赶回到家里，一心等着开套。当年，每个木把都属于自己柜上的人。到了这个日子，掌柜的就派把头到木把们居住的村村屯屯或小店里集合人。第二天要举行"祭山仪式"，又称为"开山"。是告诉山神爷老把头，伐木人要"开进大山了，请多多保佑"。然后背上线麻，带上工具进山。长白山的山场子活，各大柜从来不买现成的绳子，只发给线麻让木把们自己打麻绳。打麻绳的工具民间叫"绳车子"，一边三五个人，双手握住老木车帮子，腰和屁股拼命朝一个方向晃动；嘴里"嗷嗷"叫唤，给麻上劲。山场子活的季节天出奇的冷，打麻绳的木帮们不停地扭动腰身"叫劲"，使寂寞的老林热闹起来。

打完套绳，就要"编套"，俗称"割套"或"割扣子"。这种绳套子又叫"霸王套子"，山场子上用量非常大。往往是两股，头大，后边像猫尾巴根细，然后系个花，一转手再压住。接着用木锤子砸一砸，挑出花来。这种套子，一沾冰雪，一冻一潮根本解不开，关键时就只好用斧子剁下去不要了。一根大绳可以割出三五百个套子，一个木把一冬天要用十几根这样的大绳。到了开春，山上的冰雪开始融化了，山场子泥泞了，霸王套子烂在满山遍野的泥雪中。这时候开始"掐套"下山了。掐套也要有仪式，主要是去领"红钱"（工钱），买红纸、鞭炮，提着猪头拜山神爷老把头庙，企望明年山场子活还像今年这样平安吉祥。几百年了，长白山的山场子活就这样一代代地传承下来。

长白山的冬天奇寒无比，木把们常有被冻伤冻死的。而他们拼死拼活干一冬，只能挣个血汗钱，大头都让东家和大小把头搂了。因此，提起山场子活，木帮的先人们留下这样几句顺口溜：叫声爹，喊声娘，是谁留下这一行？冰天雪地把活干，到了（读 liǎo）光腚见阎王。

水场子活，指木帮们把从山上伐下的原木运到江河边上，然后穿木排在江河中流放运输的劳动过程。几百年来，长白山的木材大多是通过鸭绿江、松花江水路向外运送的，俗称"放排"。"查原定章程所称采取木料者，固专指伐木编排而言"⑫。鸭绿江被称为"南流水"，从长白县起排，经由临江、辑安（今集安市）、马市台、沙河口到达安东（今丹东市）；松花江被称为"北流水"，经松江河、抚松两江口、白山、红石、桦树、风门，到达船厂（今吉林市）。

放排要先穿排。有"硬吊子"和"软吊子"两种穿法。硬吊子民间称为"本字排"，这种穿法古老，笨重又复杂。软吊子民间称"洋排"。这种穿法比较灵活，从清中期至民国年间一直使用。一副木排由 9—11 节组成，排头（指安放舵棒，从前叫"棹扳"的地方），也叫"头一件"或"头一节"，上面固定一根又粗又长的"舵棒"，以供舵手操纵掌握方向。从排头往后，要逐渐加宽，最宽处约 8 米，全长 65 米左右。最长的木排可达到 200 米。穿排是一种又苦又累，而且技术性很强的活计。

木帮穿排的季节虽然已经开江，但吉林的天气仍然十分寒冷，一早一晚，江边水还会结冰。木帮们在水里干活，棉衣棉裤一沾水立刻结冰"挂甲"，一碰"哗啦啦"响。回到窝棚，一拧一盆水。每一个穿排的木把到老都有腰腿疼病，有的年轻时就瘫痪了。穿排讲究"掏眼"使锛子。锛子把和刃成 90 度角，挥锛劳作稍有不慎，便会"锛"断自己的小腿。

穿完排，接着就要流放了。

清光绪以前放排没人管，光绪三年（1877）清政府在鸭绿江口大东沟口设立"木税局"，征收"木排捐"。木排在开排前，必须先领"排票"（如同营业执照），而且排前要树立一面旗帜，书明此排是属于某某木场大柜（把头或料栈）。排上的"排旗"花花绿绿，色泽不一。各排白日漂流，夜晚择地靠岸安歇，称为"排卧子"。从长白县至丹东，要走两三个月，旱年水少则需时日更长。放排最苦最危难的是木排漂流的那些日日夜夜。

木把们在排上风餐露宿，烈日暴晒，蚊虫叮咬，一夏天身上要脱掉几层皮。如遇狂风暴雨，又有殒命江中的危险。而且，时时可能遭到土匪、马贼的抢劫。每次起排，木把们都要预备一些钱币，准备"答兑"沿途遇到的"强盗"，不然便不能安全地将木排运送到地方。

在江上漂流放排，有许多险滩，被称为"哨口"或"恶河"。那些险滩都有名字，如门槛子（哨口上下有坎，排不易流放）；石垃（江中突起石埂，排最易撞散）；满天星（江中散石，排易打靠）；谷草垛（巨石像农家草垛一样挡在江中，排易撞碎）；阎王殿（江中大石兜水，排极易撞碎，人死排散）；还有"抽水洞"、"葫芦套"、"寡妇山"、"阎王鼻子"、"老恶河"⑬等等，名字听起来就让人心惊胆颤。而在江上放排走水，最为危险的就是木排"起垛"。

所说的木排起垛，是指木排在急流上飞奔时，由于前方有各种恶河险滩出现，排头一下子顶在石崖上，后边冲力很大，木排顷刻间从江上横七竖八"堆"起来，成几十米高的木垛，叫做起垛。木排起垛，放排的人就要找能人"开更"，又叫挑垛。开更的人手持铁棒，在被撞散的木排上跳跃前行。到了"木山"下，瞅准是哪一根木头卡住，然后用力一挑，接着要迅速逃离。如果挑准了，木山会轰然落下，放排人再重新组织人穿排流放。如果是看不准，挑不好，木排一下子砸下，放排的和开更的人当时就可能被砸得粉身碎骨。

有的"挑更"木把遇难后，被人用"搅罗网子"（打捞尸骸的用具）将其捞起时，尸体已破碎不堪。

大江中放木排的水场子活，是木帮们用生命开辟出来的事业。每当木帮们要放排离家时，家里的女人们都到江边去送行。她们一个个忍不住泪流满面。因为她们担心，男人这一去可能就永远回不来了，再也见不到亲人面了。生离死别的场面十分凄惨。所以，木帮们有一首歌谣唱道：

伐大树，穿木排，

顺着大江放下来。

哪管激流冲千里，

哪里死了哪里埋。

采伐是向大自然索取，自古以来采伐就存在着许多禁忌并形成习俗。

上山采伐，离家的头一天夜里，夫妻不能"合房"。否则是对"山神爷"、"老把头"的不敬，会被怪罪。上山前的那顿饭不能吃饼、面条，还不准吃梨。饼，讳其谐音，暗含人会被砸成"饼"之忌；面条，隐喻着人被砸成"条"之忌；梨，不能吃的原因更加明显，梨与离同音，离即离别、分离，有生离死别之忌。这几样东西说话时也忌讳提及。这类禁忌反映了人们对大自然的敬畏，人们乞望以对自我言行的自律，从而得到平安幸福的生活。

上山之后首先要举行"开山祭"。开山祭具有祈天敬神以求采伐活动平安顺利的意义。

开山祭仪式，由一位有威信的把头主祭。在山下他先命人杀一头黑猪，只取下猪头、猪爪、猪尾、猪血四样，谓之"全猪"；再带上糕点或馒头、苹果、烟、酒、香和纸码，这为六样供品，取六六大顺之意。

来到采伐山场上，先选一棵高大挺直的孤松，把一块二尺长一尺宽

图下 1-1　清　木都水乡　　原刊于《吉林旧影》，吉林人民出版社 2005 年版。

的红布围挂在上面，称为"挂红"。即选定山神爷、老把头的神位，俗称"老爷府"（山神庙）。"对于独棵树，如果是长得苍老、粗大，也常常以为是有灵性的，是神仙的落脚之地。一般也禁忌砍伐。尤其是神庙附近的树木。"⑬挂红时一定要注意，钉红布不是用钉子，而是用两枚铜币来钉。象征着这一季采伐活动挣钱，有财运。挂红之后，把头点燃三支大香，插在树下方，然后主祭把头开始摆供，接着顺手操起上面系着红布条的开山斧，在大树上敲打三下，这称为"叫门"。

叫门，是叫"山门"。告知山神爷，把"山门开开"，人们要进山伐木了。这表示山有山主，林有林神。进山采伐是取山神的东西，以此表达敬畏、感谢之意。这是关东人的一种品质，也是对自然的感恩。接着，把头手提酒和猪血围着大树转三圈儿，边转边洒，口中念念有词：

> 山神爷，老把头，
>
> 今天是开山大吉的日子，
>
> 俺们来祭祀你来了。
>
> 请山神爷老把头把山门开开，
>
> 俺们要进山采伐了，
>
> 请保佑俺们平平安安的。
>
> 俺们伐木时，帮推推；
>
> 俺们赶爬犁时，帮牵牵牛；
>
> 俺们装车时，帮看看车。
>
> 俺们不求金山，不求银山，
>
> 只求人畜保平安。
>
> 等俺们顺顺利利完成这季冬采作业，
>
> 再下山来祭拜你山神爷老把头。

这时候，把头点燃纸码，山场把头点燃鞭炮，林中鞭炮齐鸣，火光闪闪，把头领大家一齐跪倒，给山神爷老把头磕头。之后拿起纸码到火堆中点燃，并默念心中的祝愿。一般是希望自己和大伙都能发财、平安。接着，作业把头手提快锯，选一棵大树伐倒。大家一齐喊："顺山倒——"，冬季采伐开始了。

采伐禁忌原本的内涵主要有两点。一是人的"感恩"理念。人们认

图下 1-2　清　吉林木税局　　原刊于《吉林旧影》，吉林人民出版社 2005 年版。

为"山林"、"大树"也是有生命的，人要"请"大树下山为人类造福，人要"知恩必报"，所以要祭祀，这是人知恩思报的一种情感。二是认为大自然冥冥中有一种神灵存在，人在走进大自然时要和神沟通，取得神灵的允许，人才能在生产劳动中平安顺利。是人们对大自然的神秘感和迷信观念的印记。

采伐禁忌往往也含有许多生产的经验与教训。如，困了只准靠在树上坐着睡，不准躺在地上睡（以防腰腿受了潮气得病）；大家正在伐树时，不论遇到什么事也不准大声喊叫（以防快要伐倒的树因声音震动空气而突然倒下）；不准从工具上迈过去，认为是慢待了工具，工具会报复你；斧子掉头了，不能说"掉头"，而要说"出山"等。许多禁忌其实是在强调和提醒人们在生产劳动中要注意安全。

第三节　粗犷苍凉的森林号子

串坡号子　归楞号子　封顶号子　生活号子

将伐下的大树从山场子运到楞场归楞或运到江边穿排，全靠人抬，人们说"大山是人用肩膀扛下来的"。木帮们抬木头要伴随着唱号子来进行。

号子是伐木人抬木时的一种劳动歌。抬木、运木是众多人一起干的活，由于肩上压着沉重的原木，行走在崎岖的山路，如果不能协调一致，活计没法干也容易出危险。唱号子便可以统一步伐，减少阻力，避免危险，又可以调节情绪。"号子，产生于集体体力劳动过程中一种民歌形式，一人领众人和，减疲劳。"⑮在几百年长白山伐木的劳动实践中，听从号子的指挥已成为木把们从事运木抬木劳动必不可少的行为准则。号子是木把们在生产劳动中的经验积累。长白山森林号子分串坡号子、归楞号子、封顶号子和生活号子等。

串坡号子是木帮在山场子上将原木抬运至爬犁前所唱的号子。串坡，首先要"归材"，把伐倒的大树在山场上打杈、去枝，只剩下树干；然后是"拖抬"，将原木从杂乱的树丛中拖拉出来，以便能顺当地运走。

拖抬串坡，脚下没有路，蒿草树枝缠腿绊脚，行走必须谨慎小心，全靠唱着串坡号子去指挥抬木人步调一致。

串坡号子的主要特点是有明确的指示性，如：

合：嗨——（每人都做好了准备）

领：哈腰就挂上了（指将"卡钩"在原木上卡牢）

合：嗨——（对把头的回应：卡好了）

领：哎嗨哟吼——哎嗨（指挺直腰将原木抬起来）

合：嗨——嗯哈嗯哈——嗨（对把头的回应）

领：往前走吧（指步调一致地起步走）

合：嗯哈嗯哈——嗨

领：哎——嗨

合：嗯哈嗯哈——嗨

领：往前走来吧

合：嗯哈嗯哈——嗨

领：哎嗨——哎嗨

合：嗨嗨——嗨——嗨嗨

领：上来啦——哎嗨

合：嗨——嗨嗨[16]

这首串坡号子，它的"合"与"领"与一般的号子有明显的不同。首先，发出的"嗨"告诉同伙注意周围地势环境和集中注意力。众人先发出"嗨"时，是对把头的回应，也是互相知会一声要做用力的准备。

在一起串坡的木把称为"一副架"，是指若干人加上牛（马）爬犁所组成的劳动小组。每副架各干各的活。每当串坡，往往不等号子头发话，抬木人早拉开要抬的架式了，但是，不起号子谁也不准动作。号子的长短，声调的高低，以及每一个字音的强弱，都含有互相照应、情感交流的意思。比如，号子头起号声音高亢，表明是下达口令，提醒注意，而众人用低沉的鼻音发出"嗨"声表明他们的呼应；号子头喊号节奏特别慢时，表明路难走、危险多，步伐要放慢；当号子的节奏快、声调悠扬时，表明脚步可以放快些、情绪可以轻松些。

归楞号子是在楞场上抬木时唱的号子。楞，指已经打完枝去掉杈截成一定长度的原木，称为"楞木"。归楞，指把楞木堆集在一个称为"楞场"的地方。归楞号子是木帮们在楞场将原木归理、挑选、分树种并垛起来时唱的号子。

唱归楞号子要起得"稳"，让人走的"准"，要"号赶人"，不能"人等号"，节奏要不紧不忙。同样是号子头"起号"，众人后"合"：

领：前后就挂好钩啦

合：——嘿呀

领：前后钩就逛荡逛荡

合：——嘿呀

领：站稳了脚跟

合：——嘿呀

领：挺直了腰板儿

合：——嘿呀

领：抠紧了杠子头儿

合：——嘿呀

领：看准了脚步

合：——嘿呀

领：脚下留神

合：——嘿呀

领：前后照应

合：嘿呀——⑰

在归楞场上，唱着归楞号子往前走，一般情况下号子头都要有一句"前后钩逛荡逛荡"，这是让大家把卡钩在原木上卡住，绝不能脱钩。同时，只有让原木悠荡起来，才能不扭钩，走得齐，有节奏，抬得稳。

归楞号子有不少种类，这是因为楞场上的木头要分各种情况进行抬和放。比如装车时就要用"挖杠号子"。挖扛号子的特点是众人要不断重复号子头的号。因为他的号，根据现场情况随时编词儿。比如，往什么方向走，抬起的这根原木要落的角度、方位等，号子就是命令，他指哪，众人要到哪，不能有丝毫的大意。抬者重复号子头的号子是表示：知道了。这种号子有时显得高调，这是号子头在突出强调劳动中要注意的某一个环节。

归楞号子中还有一种"蘑菇头号"。是短途搬运时喊的号子。这种号子的特点是快速、简洁。归楞号子中还有一种"拽大绳号子"。

拽大绳号子是木帮将原木用大绳拽上楞场木垛或者从木垛上将原木拽下来时喊的号子。木帮归楞、拆楞多是用抬的方法，有时，或因原木过于粗大体重，或因木垛已起高，用人抬脚踩不稳妥，容易出危险，于是，只好用大绳勒住，用拽的方法。

拽大绳号，全靠号子头激昂的吼声，激发大家憋足了劲，吼声一落，众人立刻合"嗯啊来吧"，这就不只是答应了，随"来吧"声一起用出爆发力。如向垛上拽，喊完这一号仍要憋足劲，以免原木滑落；如向垛下拽，要注意闪开身子，别让落下的原木砸着。这号子的特点是简短、明确。接答时也不同于只用低沉鼻音接应的抬木号子，而是高亢、短促地回答。

拽大绳号子有传统的"段子"，但主要是根据现场各种不同的情况，随时编出一些内容来"布置"工友们的行动，以便相互配合进行工作，也使号子更加生动。

归楞场上经常卸车装车，所以还有卸车装车号子。

车上的原木，是一层压着一层摆放的。当号子头选择了上边的一根，可是平拉不动，一定是原木的某一部分被压在其他木头下边了。这时如要硬拽，容易造成全车原木"滚坡"，发生事故。所以这时号子头总是变换卸车号子，以便使劳动顺利进行。

装车号子又叫"端木号子"。端，有举和提的意思。遇有粗大或互相叠压的原木，无法用绳拽时，需要人上去抬，即所谓"先端后放"，于是产生了端木号子。如：

领：嗨哟把它端哎

合：高高地端哎

领：大家一块端哎

合：一块端哎

领：再来下一根哎

合：高高地端哎

领：一块往外扔哎

合：一块扔哎⑱

端木号子把方言土语自然流畅地加进号子里，充满浓郁的生活气息，带有丰富的劳动词汇。

在长白山森林号子当中有一种极其特殊的号子，叫"封顶号子"。原木运到楞场后，要按不同材种垛成垛，每一垛完成时最上一层原木叫"封顶木"。还有，当木材要外运，需要装车装爬犁时，车和爬犁最上边的原木，也叫封顶木。将封顶木抬上去、摆放的劳动叫"封顶"。

封顶时，要有封顶的抬法和摆法，所以要唱封顶号子。

封顶时要"上跳"。跳，是指"跳板"，是搭在木垛与地面上的又长又厚的板子，木帮抬着原木走上去，称为"上跳"。根据木垛的高度搭设跳板，所以有"底跳"、"中跳"、"高跳"之分。随着木垛的增高，跳板要加高。这时跳板下要加"卡凳"，卡凳又分中脚卡凳和高脚卡凳。人抬着原木踏上跳板，人与跳板一起上下颤动，民间俗话叫"跳跳嗒嗒"⑲。抬着原木在高跳上行走，是极其危险的事情。这时，封顶号子要时时刻刻提示大家。如：

　　领：哈腰的挂吧

　　合：嘿——嘿哟

　　领：撑腰的起吧

　　合：嘿——嘿哟

　　领：往前的走吧

　　合：嘿——嘿哟

　　领：左边的小心点

　　合：嘿——嘿哟

　　领：右边的小心点

　　合：嘿——嘿哟

　　领：前边的小心点

　　合：嘿——嘿哟

　　领：后边的小心点⑳

　　人一上跳，身体难以保持平衡，往往不由自主，稍不留神，便可能折下去。而且，根本看不见把头，只能听号行动。只要认真听就不会出事，就怕不听号或没听清号。所以听号抬木，已成了木帮的劳动习惯。而号子头在这种情况下，是凭着他多年的经验去发布号子，指挥人们抬木。

　　除此之外，号子头还要不断地以"小号"来"溜"着大家。溜着，是指一段一段、几句几句的交代号子，指对每一个小的动作、行为进行指挥。如：

　　领：来——拽来

　　合：嘿哟

　　领：哈腰那个拽的了哑

　　合：嘿哟

　　领：这就拽起来了哑

　　合：嘿哟

领：大家伙都接号了哑

合：嘿哟

领：接号干有力量了哑

合：嘿哟

封顶号子是在最危险的工序中所创造出来的一种号子。

生活号子是一种非常丰富和生动的号子，或是表述木帮们的生活事项，或是以幽默，诙谐的号子词来调节情绪、交流感情。

如《儿子喊号子》和《老娘提鞋》这两个号子㉑，就是长白山典型的生活号子。

有父子两人在一个木帮。儿子是"领杠"号子头，负责"打号"，和爹抬"一盘肩"。

一次，在三岔子青沟门林场封顶爬冒，上跳时老爹抬着抬着，只觉双腿打颤、眼冒金星，挺不直腰准备扔杠。这时，儿子眼见要出危险便着急了。他用号子骂道："老犊子呀！嘿哟——！你敢扔杠？嘿哟——！我打死你呀，嘿哟——！"别人想笑，可谁也不敢。一来这是关系人身安全的紧急关头，二来那是他爹呀！爹可气坏了，但还得接号。可儿子仍然骂不绝口。老头一来气反而一鼓作气抬上去了。因为"气"就是"劲"。号子就是鼓气。下跳后，儿子立刻给爹跪下了说："爹，你骂我吧，打我吧。可是在跳上，我不用号骂你'上'不去呀！"爹气得上去给了儿子一个大嘴巴，但也理解了儿子的用意。这就是号子的作用和力量。

还有一家，闯关东出来的，落脚大阳岔。这家男人体格较弱，秉性憨漉，在木帮总被人奚落。男人回家就上火，女人心里也来气。这一天，女人对男人说："今个你在家，我去抬木头！"她抓起小杠就走了。

木把们一看，就问："你男人呢？""在家养孩子呢。"大伙听了不禁哈哈大笑。领杠的说："你这是说话呢？男人怎么能生孩子？"女人带着气顶撞说："男人不能生孩子，可女人不是不能喊号！"既然人家把话说到这个份上，大伙也就无话可说了。

上跳之前，一个老木把找女人的"小脚"（"找小脚"东北方言找茬、挑衅之意），故意选了一根粗大原木。说："我说你呀，现在不上还赶趟。等上去，可不行扔杠啊！"

女人说："你就操家伙得了！"于是，她大声唱道："哈腰挂呀了吧——"大伙只好操起杠接号："嘿哎哟嗨——！"

当上到第三排卡凳时，有几个木把吃不住劲了。再一看那女人，脸不变色，气不长出。大伙正吃惊，又听女人唱道：

"大伙等一下呀！""嘿哎哟嗨——！"

"姑奶奶我提提鞋呀——！""嘿哎哟嗨——！"

唱到这儿，只见她，抬起了一条腿，轻松地摸到绣花鞋跟慢慢提。大伙压得直打晃，终于明白咋回事了，这是替自己的男人争口气，故意"报仇"来了。

于是，一个老木把说："我的姑奶奶呀！你快点吧。兄弟们受不了啦。"从那以后，这女人的丈夫再也没受大伙欺负。

要吃木帮饭，得拿本事换。生活号子往往道出一个生动、深刻的道理。

还有一种荤号子。木帮长年生活劳作在深山老林里，特别是冬天的山场子活，从头一场雪进山，要四个多月才能下山，十分寂寞，所以常常以荤号子逗趣、取乐、解闷。这种号子在干紧活、重活、险活时不许唱。在有适宜的现场氛围时，比如逗逗谁或把头发现了牛或马发情交配时，或者重要的活计都干完了，大家比较轻松时，把头为了活跃气氛，才能打荤号子。

荤号子有许多类型，有表达厌恶情绪用俏皮话骂人的，有表述男女生活情趣的，但无论哪种荤号子，都遵循着生活中的一个原则，无论唱谁骂谁，绝不拐带爹娘。这表明了长白山区木帮的思想道德和品质。荤号子排解了疲劳，调节了生活。

第四节　惊险传奇的森林故事

老虎山神爷　神秘的树墩　长白山老冬狗子　木把故事　放排故事

虎之为神，在《后汉书》中就有记载，"祠虎以为神"。虎在民间为神由来已久，吉林人称老虎为山神爷，并有山神爷节。旧俗崇信鬼神，尤好祀山神。每出游至深山绝涧，皆架木板为小庙，庙前竖木为杆，悬彩布置香炉，供山神位，也有供老把头的，主要是因为山里多猛兽，祈神呵护人。被祭祀的神灵还有虎神、鹰神。

山神爷节、木把节、老把头生日同为农历三月十六日。但是，山神爷和老把头是有区别的，山神爷专指老虎而老把头则是人。这一天，是放山、采参、采石、伐木、狩猎、采药等所有进山为营生的人，共同祭祀的节日。《永吉县志》中记载："十六日，山神庙会，各参户集资演戏，山村具牲礼祀神者尤众。"祭祀时，各地习俗不一，但大同小异。立一小庙，供奉山神爷牌位或"神码子"（神像），摆上猪头、酒等供品，也要烧香、烧纸，大家在把头的主祭下，磕头叩拜后，喝酒娱乐、尽情欢悦，放假一天。

为什么东北人把虎视为山神爷呢，这里有几个原因。一是认为虎为山林之王，森林故事中凡虎同熊等兽相争，多为虎胜。二是因为东北各少数民族均有万物有灵、万物为神的信仰，虎踞山林为王，视虎为山神爷切合民间信仰。在长白山里"一般看见了虎的足印，即使是迎面而来的，也要顺着虎的足印走一节，然后再慢慢转过去"[22]。这表现了人对虎的"尊重"。三是与小罕的一段传说有关。小罕即努尔哈赤。传说小罕在十五六岁时从明朝总兵李成梁处逃进了长白山，路遇八个女真人，于是结拜为兄弟。小罕最小，排为"老疙瘩"。大家入山采参，几天不曾"开眼"（未采到参）。一天晚上，在地㧪子（窝棚）门外来了一只老虎，放山把头说，老虎要挑人吃，办法是人们一个个将帽子扔出去，老虎叼到谁的帽子，谁就得跟老虎走。老大老二一直到老八的帽子，老虎看也不看，最后小罕的帽子被虎叼走了。大家哭着送他跟着虎走了，但虎没吃他，而是一直把他领到了一片"棒槌营"（生长人参多的地方），然后虎就不见了。第二天，小罕领着八个兄弟挖到了数十苗大棒槌，卖了个大价钱，用此钱招兵买马，最后建立了后金政权。所以满族人更加尊崇老虎。

老虎在一般情况下不主动攻击人。人不伤虎，虎也不伤人。如果人为虎做了好事，虎会知恩必报。因此就有了许多老虎报恩的故事。有一个故事说的是六个猎人上山打猎，一天晚上有一只老虎蹲在门前，门外的马呀、狗呀，老虎都不吃，好像就等着吃人。于是六个人商量抓阄，谁抓到了就留下喂虎，其他人下山。最后被做饭的抓到了，他只好爬到树上等死。可是一连几天，虎也没有伤他的意思，只是伸出前爪来让他看，他胆突突地下了树，一看虎爪上扎了刺，就将其拔了出来。后来，这只虎每天都给他送来猎物和兽皮，并将其驮送回家。

还有个故事说，老虎蹿到了树丫子上卡住了，上不去下不来，一个打猎的小伙子将树杈砍下来，救下老虎。这样的故事结局大多为虎给猎人以猎物或引着采参人去寻找人参，或将好心的迷路人驮送回家等等，所以人们敬虎为神也就自然而然了。

山神爷和老把头，都称为神，是人兽合祭的特殊现象，是吉林各民族共同信仰的习俗，尤其是狩猎人，他们认为山神爷无时无处不在帮助人们，具有巨大的超自然威力。当收获大量猎物后，猎人会在附近的大树上，刻上人的眼鼻口，拴上红布条，祭奠山神，别的猎人在经过此地时，也要下马跪拜敬烟敬酒。猎人们在上山前和下山后都要祭祀山神爷。就是木把和采参的人进山后，也都在住处东面靠一棵大树下用三块石头搭一个"小庙"，将带来的供品供上，将黄香点燃，下山时候没有了黄香，就插草为香，认为这样做就可以得到山神爷的庇佑。

除虎被称为山神爷外，狐、狼、蛇、鼠、刺猬、黄鼠狼等动物也都有敬仰的称谓。如，狐为胡三爷，黄鼠狼为黄三太爷，鼠为灰八爷等，直呼其名是对神的亵渎，是要遭报应的。这些习俗，不只是汉族满族遵守，其他民族也都遵守，有的还另有本民族的俗规。

在长白山林区，由于多年采伐老林里到处都是树墩子。这些树墩子，有着特殊的象征性。凡入山狩猎、采参、伐木、采石、采菜、采药材的人，都视这些树墩子为山神爷的老爷府，或山神爷的饭桌子。

进山做营生的人都十分尊敬这些树墩子，并有很多忌讳。凡行走遇到了树墩子，必须绕着走，怕的是惊动和污秽了山神爷。人们无论如何劳累，也不能坐在树墩子上休息，更不要说在树墩子附近大小便了，连脏话和不吉利的话都不能说，也不许在树墩周围大喊大叫。采山菜和野果的妇女，更不能接近树墩子，来了身子（月经）都不许上山。猎人打了野兽流出的血也不许滴在树墩子上。就是演唱二人转的艺人进山到木把营和胡子（土匪）窝演出，他们也都知道这些忌讳。

放山采参的人若是得到了"大货"（大人参）回来时，也要在住处附近的树墩子上摆一会儿，再到搭的山神庙上祭拜一番，表示感谢山神爷的赏赐。

在林区采伐时，最忌讳遇到"双心树"，也就是一棵树根部有两个年轮圈。再者，双心树由于"粗"，里边往往住"动物"。"土人云，此沟（干沟即碎石沟）入锦江，两岸多双心树，不易砍。盖木本双心，其坚自与他树不同。又云，双心木每以斧砍之，则血流不止，殊属不解。又云，数年前，韩人在干沟口砍树，遇一树，大数围，以斧砍之，血出，声如牛鸣。众不顾仍砍之，树自倒。视之树心半枯，中有巨蛇无数，犹蠕蠕而动"[23]。采伐这样树时需格外加小心，有时尽管从四周将树锯透了，树仍然坐在树墩子上，还是不倒，这时伐树的人若是没有经验，只要一跑动，身体会带上一股风，会引树向自己倒下来，把自己砸伤或砸死。有经验的木把会在心中默默念叨，让山神爷保佑，同时将帽子或衣服向自己的对面抛去，引起风使树倒向对面。据说有一个木把将身上所有的衣物都扔掉了，树也不倒，没办法只好光着身子一步步慢慢地向后退去，直到退出危险区。由于这些特殊现象，所以双心树墩被山里人认为是更神圣的山神老爷府。

长白山中有一些长年居住在山上的人，就是冬天也不下山，人们叫他们为老冬狗子，又因为有的人是住在山洞里，故又叫"老洞狗子"。"蛟河县猎户较一般民众尤敬山神尤以洞狗子（冬狗子）为最甚（即久在深山以狩猎为业者）。"[24]他们多是独身男性，又称为跑腿子。

老冬狗子一般由如下几种人构成。有的是单个人进山采参迷了路，又没有遇上其他人被困在山里的；有的是从山东逃荒来采参，本想赚笔钱再返乡，但却一直没采到值钱山参，既无路费又顾及颜面而不想回去的；有的是虽然采到点山参却卖不了多少钱，想继续留在山里采山参，等攒够了钱再下山的；还有逃婚的青年男女，因女的意外死去，男的要在山上一辈子守护着那份爱情的；也有看破红尘的和尚、道士在山里当苦行僧的。这些人有的临时住一两冬，有的则长期住下去。那些长住的人才称得上是真正的老冬狗子。

在临江的山上原来住着一个老冬狗子。一次他下山回来，路遇一对青年人，女的说是吉林某王爷的六格格，男的谎称为雍王府的贝勒，说是二人骑马入长白山游玩被土匪将财物马匹抢劫，让老冬狗子收留他们。其实男青年是六格格的佣人，二人产生感情而私奔入山。冬狗子收留了他们，并帮助盖起了窝棚。格格入山后，一切都觉得新奇。刚入冬时，有一天她在出神地看松鼠吃松籽，忽然她的后背被拍了一巴掌，回头一看，原来是一只黑熊，结果被吓出了病，不久死去。男的要用条帘子将其安葬，老冬狗子不忍心，将自己费了三个月功夫做的独木红松棺材让给了格格。安葬了格格后，男青年决心守护陵墓，使长白山又多一个冬狗子。清末，在桦甸和永吉交界的山洞里住着一个姓王的道士，他常年赤着脚，住在洞中的石板上，一般很少下山，后来不知所终。据说，清朝有一个县官因办错了一件案子而被革职，进长白山当了和尚，活了一百多岁，是个真正的老冬狗子。

长白山林的深处，夏天林木蔽日，蚊虫叮咬，潮湿难耐，冬天奇寒无比，暴风骤雪。四季都有狼虫虎豹，冬狗子的生存条件是可想而知的。林中一季就会把衣服刮得褴褴褛褛。脚上冬夏穿靰鞡，夏天将靰鞡草取出，冬天再絮进去。吃的是野果野菜，整个秋天就忙活着收贮冬天的吃食，偶尔打到小动物为肉食，好一点的在露出阳光的山阳坡上，刨出一点地来种苞米。他们种苞米的方法也很特殊，叫做干打雷。把上一年的苞米茬子刨起就把苞米籽撒进去，再把苞米茬子按回去，就算种上了。至于盐和其他的日用必需品，一年下山一次，用山货换取。夏天用山泉水，冬天只能化雪水做饭。年深日久，大多冬狗子都会得大粗脖病或大骨节病。他们大多都采集一些中草药，并积累了一些偏方，有了小病小灾自己就能扎咕（治疗）了。有一个人和老冬狗子相处过一段时间后，记住了他教给的一个治刀伤偏方，秋天将老黄瓜种掏空，中间装上石灰，再塞进七个没长毛的耗子崽，晒干后碾成面，在刀箭伤口上涂几天就可愈合。

他们住的有的是窝棚，有地上的，有半地下的，用木杆搭个三脚架四外苫上油包草，或者苫上桦树皮。体力强一点的则搭马架子房和木刻楞房，木头之间的缝隙用苔藓塞上以防风。

　　艰苦的生活环境锻炼出了强健的体魄，大多数冬狗子善于在森林中行走，躲避雨雪、野兽或是追捕野鸡山兔时跑得飞快。

　　生活中最难的是保存火种。他们的办法是，在五月节时采艾蒿，编成长长的艾蒿绳，晒干后点燃，整日整夜地燃烧，燃尽一根再接上一根，山里人称之为火绳。这样既保留了火种，又能防蚊虫。

　　他们也在房子的东面用几块石头搭个"山神庙"，外出回来都要祭拜一番。

　　最可贵的是，他们能随时热情地接待迷路的或投宿之人，管吃管住。有时冬狗子不在家，路人也可以在屋里随便找吃的，他回来也不会见怪。冬狗子的善举常常成为山民们传讲的佳话。

　　冬狗子大多终身一人，孤单寂寞地终老山林了此一生，说不上什么时候死的，也很少有人知道他们怎么死的。

　　木把是木帮人的统称。木帮中的大柜、二柜是出钱组织采伐的头人，总揽一切，其下有"打扮人"，是负责招工的，接下来是各类"把头"，是负责具体工种的。大把头是总管山上各项事务的人。大把头下面还有些小把头，如伐树的锯头、放爬犁的爬犁头、抬木头的杠头等等。

　　木把是最下层的人，除了和恶劣的大自然搏斗外，还得和那些常常欺压他们的把头斗智斗勇，才能得以生存。木把和掌柜、大把头之间关系很复杂。《东北木帮史》一书中有个故事，说的是有个姓于的大掌柜，为了管好木把，高薪聘来一个会几下拳脚的姓黄的大把头。黄把头对木把非常刻薄、凶暴，非打即骂，特别是对新来的木把都要使个"下马威"，先是自己把一根木杠子打折，显示威风，然后叫出一个木把，说是扛得住他两拳就留下，扛不住就滚蛋。有一次，他正要叫出一个木把来挨他拳打，从后面上来一个姓花的木把，小声地说："先打我吧。"姓黄的一听，气不打一处来，打你就打你。在打之前双方在大掌柜的面前赌誓，打三拳不吐不死所有木把都留下，打死则无怨无悔，一切听从大柜的。姓黄的把头两拳打下去，老花没咋地，第三拳姓花的脑袋一偏，打在了房柱子上，姓黄的和大掌柜的只好认输。黄把头扬言一定出这口气，非治死几个人不可。以后每来一批新木把他都如法炮制，有的被他打伤，有的被他打死，眼见有两个弟兄被打死了，木把们再也忍不住了。对付这样的恶人，木把们决定以牙还牙，并商量了对策。有一天木把们早早上山，在溜木头的雪道顶上堆了好多原木，姓花的将黄把头骗上了溜道，一使暗号，山上木把将原木放了下来，一下子把姓黄的把头砸得粉身碎骨[25]。

木把之间却亲如兄弟。一入木帮听口音就互相攀上乡亲，有的结拜为义兄弟，干活时团结互助，生活上互相照顾，遇有病灾等难处，有钱出钱，有力出力，这类故事比比皆是。

木把中的很多活是技术活，只有干了几年后，才能熟练地掌握技艺。如"锯头"是几个人伐木的头，但他必须会修理锯、斧子、锛子等工具，大家才选他当锯头。过去用的锯有二人用的大肚子锯"快马子"，还有人手一把的弯把子。锛子有专在木头上打眼用的，还有平刨做爬犁用的，锛子使不好就会将腿脚砍破，玩的转的，能将冻梨踩在脚下转圈削皮。自己用的锯需自己用锉刀伐锯齿（锯木头时速度快，用力少），用料掰子拨料（就是将锯齿左右分开，以使锯木头时不夹锯），拨料的好坏，是看锯齿是否成一条直线。当年锯头们经常比手艺，就是二人将锯齿朝上端起，让前面的稍低一点，每人将一粒红小豆放在锯齿中间，让其顺坡向下落，哪个人的豆粒先掉下去为输。

木把之间有时也有纷争，有个发生在楞场上的故事，讲的就是这类情况。有个木帮新来个小伙子，他仗着自己力气大，处处显摆自己，没把杠头放在眼里。杠头嫌他张扬又怕抢自己的位置，就要难为他，让他和自己抬头杠。本来新来的小伙子不太会使小肩，杠头硬让他使小肩（小肩即左肩膀，右肩为大肩，一般人大肩比小肩力量大）。这次六个人抬一根一米来粗、八米多长的红松木，要抬到五米多高的楞垛上头。这时杠头使了个小伎俩，在喊号子喊到"快快起"之前，就自己先猫腰使劲起了肩，想让新木把挺不起腰，压下去他的傲气，结果新木把也一使劲，使原木的重量偏重在杠头的右肩上，反倒把他压了下去。接着，杠头又使了一招，在喊到"稍稍停"时，一下子停了快半袋烟的功夫，想让新木把挺不住。可是，新木把挺住了，后面人却顶不住了。杠头没办法，才又喊"往前走哇"。后来杠头渐渐了解了这个人，只是争强好胜并无坏心眼，就和对大家一样，两个人还成了好哥们。

在木帮当领头人得有过人的技艺，要在关键时候"露一手"才能服众。"木把过年"就是个有代表性的故事。在山场上伐木的木帮一冬天也下不去山，过年也得在山上过。这一年，长白山三岔子老爷岭山场子的把头孙平山，带领着二百多人在山上过年。除夕家家吃饺子，木把们也不例外。年三十那天下晌下山回窝棚之前，孙把头在离窝棚不远不近的地方选一棵又高又大、又粗又直的红松开锯。当锯口过大半时，把头收锯，领大伙下山回到窝棚就开始包饺子。饺子包好，下锅了，把头重新拎锯快步上山。一些人跟着他来到那棵大树前，他在原来的锯口只一锯下去，不连锯，然后迅速抽出锯跳到一旁，并和木把们一起高喊三声："顺山倒——"大树应声放倒，这才回窝棚。而这时锅里的饺子刚刚漂起来，煮熟了又不"落锅"（煮烂），于是大伙互相祝福，吃饺子，认为这一年定会平安，顺当。其实，这个习俗是在展示把头伐木的"绝活"。

在山场子上伐木，把头一定要胆大心细，还要有绝技才行。特别是年三十晚上伐这棵树，是"一夜连双岁，一树搭二载"，是一棵"吉祥树"，讲究的是伐木的手法和胆气。伐这棵树，首先要选树。要选那种高大、耸立、美观的大树，象征着伐木人前程似锦；树的位置要在坡度适宜的小坡上，伐倒后一定会是"顺山倒"，这象征着伐木人在山上干活顺当吉祥。最重要的是下锯的锯口深度要恰到好处。锯口深了，不等饺子煮熟树就被山风刮倒了，锯口浅了，饺子下锅后上山一锯锯不倒，这被视为是个"熊"（无能）把头，暗示这伙木帮没福没财。

长白山的木材从山中运出主要靠水运，就是沿南流水鸭绿江、北流水松花江放排。这两条江风大浪高，水流湍急，两岸巨石耸立。据统计，鸭绿江有 52 个数得上的险要哨口，松花江有 47 处恶河。如牛鬼蛇神砬子、黑沟门、转水湖、小老虎、二鬼、大小门槛、闷水恶河、羊胡子恶河、破车子恶河、三炷香恶河等等。听这些名称，就会使人胆战心惊。

自然环境险恶、天气变化无常、土匪的抢劫、大掌柜的盘剥、"漕子会"（清末在丹东一带管理漕运的民间组织）的欺诈、生活条件的恶劣，到清末时，随着日本在东北侵略势力的扩张，又有日本人沿江劫掠原木，使得放木排的生计非常艰辛和凶险，放排人每年都有死伤的，沿岸孤坟无数。正如木把歌谣所描述的："放木排，是苦差，劝郎别去放木排。放排能有几时顺，哨口淹死浪里埋。"

江中放排随时都有危险，而有两种情况最为危险。一是遇到急水流、险滩卧石、漩涡水和拐弯时迎面的山砬子，这要靠"头棹"（放排总掌舵）的智慧、经验、勇气和全体排工的齐心努力。二是起垛。松花江上的老恶河段有个"抽水洞"，此处江弯窄，水流急，浪冲砬子常有岩石下落，极易发生事故。有一伙放排的，因水流湍急，将木排冲到砬子前。头棹左右一看，心里咯噔一下，以为只有死路一条了，于是心一横两眼一闭，直奔砬子撞去，木排撞到砬子上，猛地向后一弹，一下子扎进了江水中，又一蹿，从前方几十米远的地方平安钻了出来，以后放排人都学他的方法通过此处。

放排人都知道"谢老鸹"的故事。谢老鸹是一个姓谢的放排人的绰号，放排人有句嗑儿，叫"能淹死水老鸹，淹不死谢老鸹"。水老鸹是类似乌鸦的水鸟，善于在水中扎猛子捉鱼吃。一年谢老鸹在排工们撺掇下，应了排帮的请求当了"头棹"。一天，木排靠岸停歇时有只小熊上了排，老谢让扔到岸上，二掌柜李福不同意。结果第二天早晨怎么起排也起不动，谢老鸹上岸跳神拜江神、山神都没用。原来是母熊暗中在拽着木排的缆绳，李福砍断了母熊的掌，木排才放走，小熊也掉进了江中，大家认为这不是好兆头。排放到老恶河段，这段上有十二道恶河，江水震天地响，江边是关东金王韩边外盖的小庙，排到这里就起垛了。当时谢老鸹许愿，只要过了这个坎，重修小庙。木排脱险后，他却没还愿重修小庙，结果他下次放排时淹死了。后来，大家集资，在出事的"将军石"前的岸边修了个四海龙王庙，门楣上有"望江祠"三字，门的对联为"望断恶河水，指破乱江石"。这故事有几种不同说法，但大同小异。

正因为放排九死一生，所以他们除拜山神爷、老把头庙以外，在放排前还要杀猪祭江。祭江是在清明节这一天，人们在江边拢排处，烧香上供，磕头念祝词，还得"升神码子"。神码子又叫"空心码子"，在各香烛店中有卖的，是 4 开或 8 开的白纸，木刻套色，四周印有各式图案，中间有一空白处，写上要祭祀的是哪路神仙。放排人要祭松花江神、河神、龙王、风神、还有一个"小神爷"（乌龟）。祭江的食物当天大家可以随意吃喝，但是猪血必须倒在江中，据说小神爷最爱喝猪血。

【注释】

① 吉林省图书馆藏书：[清] 吴樵：《宽城随笔》，丁巳（1917）年印本，第 22 页。

② 同上，第 23 页。

③ 孙乃民主编：《吉林通史》第二卷，吉林人民出版社 2008 年版，第 345 页。

④ 同上，第 106 页。

⑤ 葛会清：《长白山满族文化概览》，中国文史出版社 2008 年版，第 127 页。

⑥ [清] 魏声和：《吉林旧闻录》（二），吉林文史出版社 1986 年版，第 57 页。

⑦ [清] 杨宾：《柳边纪略》卷三，吉林文史出版社 1993 年版，第 50 页。

⑧ 陈嵘：《中国森林史料》，中国林业出版社 1983 年版，第 53 页。

⑨ 李澍田：《清实录东北史料全辑》第三集，吉林文史出版社 1990 年版，第 123 页。

⑩ 《吉林省志》卷一，吉林人民出版社 2004 年版，第 127 页。

⑪ 《黑龙江志稿·财赋志·森林》卷二十二。

⑫ [清] 张凤台《长白汇征录》，李澍田：《长白丛书》，吉林文史出版社 1987 年版，第 34 页。

⑬ 同上，第 10 页。

⑭ 任骋：《中国民间禁忌》，作家出版社 1991 年版，第 468 页。

⑮ 富育光：《东海沉冤录》，谷长春主编：《满族说部丛书》，吉林人民出版社 2007 年版，第 5 页。

⑯ 曹保明：《长白山森林号子》，吉林文史出版社 2007 年版，第 66 页。

⑰ 同上，第 95 页。

⑱ 同上，第 103 页。

⑲ 王博、王长元：《关东方言词汇》，吉林教育出版社 1991 年版，第 143 页。

⑳ 同上⑯，第 89 页。

㉑ 同上⑯，第 125、106 页。

㉒ [清] 刘建封：《长白山江岗志略》，见《长白丛书》，吉林文史出版社 1987 年版，第 348 页。

㉓ 李乔：《中华本土文化丛书·中国行业神崇拜》，中国华侨出版公司 1990 年版，第 326 页。

㉔ 曹保明：《东北木帮史》，台湾祺龄出版社 1994 年版，第 193 页。

㉕ 张雯虹、孙文采：《长白山民俗文化》，吉林文史出版社 2005 年版，第 353 页。

第二章

人参文化

人参是大自然赐给人类的珍贵植物，或许是天公造物时的偶合，人参形体与人何其相似，自古至今被称为百草之王。

人参对生长环境选择非常挑剔，全世界只有几个国家的土壤适合它的生存，中国为最。中国只有几个省区出产，吉林为最。人参是吉林久负盛名的地方特产，被誉为"关东三宝之首"。

人参在古代有许多别名，如神草、王精、地精、土精、黄精、血参、人衔、人微等，多达170多个名字。人参为五加科多年生草本植物，是名贵的药材和补品，我们的祖先很早便懂得采集、驯化、应用人参。数百年来，吉林的采参人育参人在崇山峻岭艰险环境的采参劳动中，在驯化栽培野生山参曲折漫长的探索中，积累了丰富而独特的智慧，流传下富有魅力的人参文化。

第一节　命系山林采人参

拉帮放山　拜老把头　搭地㧟子　不熄的火堆　排棍压山　喊山贺山　抬参打包　山货庄卖参　祭拜谢山

吉林人参的主要产地是长白山区。清王朝为垄断人参的采集，曾颁布法令只许官采。但是，尽管封山严禁，民间采参始终存在，而且日盛一日，禁不胜禁，迫使清政府不得不采取部分开放政策，准予商人和普通刨夫参加到人参的采挖生产中来。于是渐渐形成了延续数百年一代接一代的众多参帮。

进山寻找采挖人参叫"放山"。"每年至七月间入山刨参，名曰放山"[①]。春天，是采参人盼望的季节，谷雨以后，就开始拉帮结伙放山了。

大山里，山岭相接，沟谷纵横，树大林密，草高蒿深，野兽成群，蚊虫成团，人迹罕至。挖参人为求生存，形成了一种特殊的生产组织形式——参帮。组织参帮去挖参叫拉帮。一般是想去挖参的人，主动找参帮的把头要求入帮，也有的是参帮把头去找人入帮。拉帮有个规矩，凡要入帮的人，都不能拒绝。

拉帮放山，人数是有讲究的，所有的参帮都是单数，这叫"去单回双"。放山人认为人参有灵气，把人参当人看待，背人参回来参帮就成双了。参帮有大有小，小参帮几个人，大参帮几十人，但是没有五个人的参帮，因为五与无谐音，意为"无人放山"，是放山人的大忌。也有单身一人去放山的，叫撮单棍。撮单棍最苦最累，也最危险。

参帮把头是参帮最有威望的人，一切行动由他指挥。临进山前，他给大伙讲放山的山规、风俗和常识。

参帮进山，每人都要背着"拉背"，即背篓。参帮把头向帮里人分派任务，有的背搭地坑子的工具，有的背放山用的工具，有的背炊具，有的背粮食，有的背杂物。由把头选择吉日确定进山的日子。俗语说，"要想有，三六九"，"要想发，要占八"。放山人认为，吉日进山，能挖到大货（参）。确定了进山的日子，就不能更改了，即使刮风下雨也得进山，这是山规。

放山分季节，有放"青红市"的，即从谷雨一直到白露都在山里；有放"红榔头市"的，等到人参籽红了的时候才去放山，直到天冷下山。参帮的组织有聚有散，挖参季节集中，中途无故不能下山。季节一过，下山后就自动解散。

参帮的组织严密。在把头以下有边棍、腰棍、端锅（做饭的）等明确分工，一旦组帮，人人都要严格遵守帮规帮俗。

参帮有自己的信仰和严格的纪律。放山人信仰采参始祖山神爷老把头，并有一整套信仰风俗，如盖老把头庙、修老爷府、求老把头指路、谢老把头恩、过老把头节等等。放山人的组织纪律虽然没有明文规定，却世世代代流传下来，约定俗成，铭刻在心。其内容十分丰富，涉及信仰、道德、人际关系、人与自然、生产、生活等方方面面，严格而又细致。

参帮待人平等，分配公平。在参帮中，虽然有等级之分，却相互以兄弟相待，有难同当，有福同享，有苦同吃，有罪同受，亲密无间。挖到人参卖了钱，所有放山人，平均分配，每人一份，把头与大家一律平等。

拉帮放山人在山上的日子，一直生活在亲密合作与互助友爱的氛围中。这是放山获取丰收的保证。

放山人进山的第一件事就是祭拜山神爷老把头孙良，又叫老把头神（关于孙良的故事详见本章第四节）。山里人说，祭拜山神爷老把头，放山才能"开眼"（指找到人参）。

放山人祭拜老把头神，或在村头路口，或在石砬下，或在大树下，用三块石头挂条红布搭个"老把头庙"，又叫"老爷府"。形式上看似简陋，但放山人对此举极为看重，甚是虔诚。在进山前、挖到人参后和农历三月十六老把头忌日（也称老把头节）这天，都来祭拜老把头神。

参帮进山后安营扎寨之前的第一件事，还是为山神爷老把头修山上的老爷府。参帮把头在准备搭垅子的东北方向选择一棵大树，用快当斧子，把树干砍个凹型，挂块红布。此地如没有大树，从别处剥来树皮或砍来木板，搭老爷府，挂上红布。放山人认为，修起了老爷府，才能把老把头神请到府里来，有山神爷在身边保佑，放山才能挖到人参。

修好了老爷府，放山人在参帮把头的带领下，虔诚地举行仪式，请老把头神到老爷府归位。参帮把头在老爷府前，焚三炷香，泼洒三盅酒，烧三沓纸，领放山人拜三拜，磕三个头。然后说："山神爷老把头，你的老爷府修好了，我们大伙请你老人家归位，天天孝敬你，求你保佑我们放山开眼挖到棒槌。""棒槌为人参的俗名，土人名参为榜捶，象形也"②。此后，每天早晨，参帮把头都要给老把头神焚香、烧纸、供酒、叩头、祷告。时间久了，带的香没了，就插草为香；纸没了，就以树叶代纸；酒没了，就以水代酒。每次吃饭，第一碗饭，先供于老爷府前，请老把头神先用。每天都要到老爷府祭拜后才能去放山。放山人常说："不修老爷府，放山必吃苦，修了老爷府，放山就有福。"修老爷府，是参帮崇敬山神爷老把头的风俗，也是几百年留下的重要山规。山神爷老把头，是放山人心中永久的神，对他无限崇拜。放山人有许多尊崇山神爷老把头的规俗。

放山人互相称为把头，他们说我们是山神爷老把头的后人。

不论在坑子里，还是在山林里，人们都不准大声喧哗，以免惊动山神爷老把头。在山上不准坐树墩，说那是山神爷老把头的宝座。放山不准伤害老虎和蛇，说那是山神爷老把头的护宝虫。放山人不用火堆里的火棍抽烟，说那是山神爷老把头的笔头子。放山迷了路（俗称麻达山），要拜求山神爷老把头指路。放山挖到了大货，要回来谢山，感谢山神爷老把头的恩赐等等。放山人要遵守山规，那是山神爷老把头给订的，遵守山规的人，才能得到人参。放山人对山神爷老把头的崇拜，达到了无时不拜、无处不敬的程度。

每次进山修了老爷府之后，才能给自己搭建房子。放山人的房子，叫地坑子，地坑子没有柱脚，也没有窗户，只有一个简易的门框，民间所说房山头开门，又称"一头留门"。搭地坑子的地点有讲究，要坐北朝南，前坡后岗，窝风向阳，还要坡下有泉，泉中水旺。放山人认为，北为尊，南为卑，北面是山神爷老把头住的老爷府，南面是参帮的住房。东左为青龙，西右为白虎，东山头的吉神位高于西山头的凶神位，这叫青龙压白虎。水为财，泉水旺盛，意味财源旺盛。这些放山习俗既是为了适宜居住也是图个吉利，盼望能拿到大山货。

地坑子，是半地下的住所。搭坑子，先往地下挖半腰深，把土返上来拍实增高为墙，上面斜搭木杆为房椽，铺上树枝山草为房盖。里面搭个矮炕，挨门口搭锅灶，房山头有篱笆门。地坑子南墙留空为窗，用树干中间掏空的风倒木椴树筒子做烟囱。这种坑子，叫暖坑子。把锅灶搭在垛子外，里面架木为炕的，叫冷垛子。垛子可大可小，大的能住二三十人。③放山人的住所习惯上统称为垛子，但不只上述一种，还有许多种。如：

霸王圈是用原木垛起的木屋子。有以卯隼相咬合的，也有"穿龙"（将原木钻孔排列）的。霸王圈里面搭炕搭灶，暖和，防野兽，春夏秋三季参帮居住。用后不拆，供猎人或伐木人冬季再用。

地窨子多是从前土著人遗留下来的掘地为屋的居所。挖地窨子太费劲，阴暗、潮湿，出入不方便，放山人很少自己挖地窨子住。

马架子也叫马架子房，马架子窝铺，还有叫桦杈房的。马架子搭建很简单，砍来桦杈木（山里自然长成丫形的树干）做立柱，把横木放在桦杈上架好，用树皮为绳，绑上椽子，铺上树枝、树皮、山草为顶盖，三面用木条围上为墙，里面架木或铺草为炕，一面为门方便进出。可在马架里做饭，也可在外面做饭。马架子房的大小，根据参帮人数多少而建。

一面坡是用桦杈木搭建的临时住所。只在一个坡面苫草为盖，用来避雨。这种一面坡，都是六个人以下的小参帮或撮单棍的放山人用的。他们放山游动性强，经常搬家挪地方，支个一面坡不费时不费力，能住几天就行。有时当发现人参需要用几天才能挖回来的时候，也在附近搭个一面坡。

地窝铺不离地，在地上支个人字架，铺上树皮、树枝、蒿草，挡风遮雨，里面铺干草或枯树叶子，只能住一个人，吊锅支在外面做饭吃。地窝铺，有两面透窿前后一般高的，有前高后低狗蹲式的。撮单棍的多是住地窝铺。

放山人的垛子，不是只固定在一个地方。垛子周围放完山了，需要"拿房子"（搬家）。放山连续多天不开眼，参帮把头认为是垛子"压住宅"了，也要拿房子。

参帮挖到了人参，特别是挖到大货，下山的时候，要留下个"富垛子"，也叫"福垛子"，即把粮食、吊锅、碗筷、咸盐、水桶、棉袄、皮裤子、换穿的靰鞡等物品都留在子里，留给后来进山的人用。这是放山人讲义气的做法。

图下 2-1　搭地坮子
原刊于《中国人参图
谱》，吉林人民出版
社 2006 年版。

　　放山人还有打火堆（点燃火堆）的风俗。火堆，是放山人在坮子门
前燃起的篝火。住在哪里就在哪里打火堆，每次拿房子之后要重新打火
堆，火堆夜夜不熄，直到放山结束。打火堆必须由参帮把头或端锅（做
饭的）来打。早年没有火柴，要用火镰打火石，打出火星引燃火绳，吹
火绳起了火苗再引燃柴禾，火堆就打起来了。打火堆不能借火打，架火
做饭的火和放山人抽烟的火，都不能借来打火堆。参帮有"借火不旺点
火旺"的俗语。火旺，放山才吉利。

　　火堆打起来，就一直烧到天亮。火堆打得越旺越好，火烧柴旺应了
"火烧财旺"那句话，火堆旺，放山能开眼拿到大棒槌。添火堆，是参帮
把头的事。参帮把头每夜起来好几次，给火堆添柴禾。如果火堆灭了要
悄悄重新打起来，但绝不可对参帮里的人说"昨晚火堆灭了"，即使下山
以后也不能说火堆灭过的事。灭火堆是最不吉利的兆头。

　　打火堆的柴禾不能乱堆乱放，一定要在火堆旁顺着摆。放山人有"柴
禾摆顺当，放山就快当"的说法。火堆打起来后，参帮里的人不能说"火
堆快要灭了"、"火堆不旺了"等不吉利的话。

　　参帮里的人，不准往火堆里乱添柴火，不准取火堆里的火抽烟对

火，不准用火堆里的火烧东西吃，不准往火堆里扔东西，更不准往火堆里吐唾沫、撒尿。白天，将火堆攒起来保留火种，由做饭的看管着，到夜晚再添柴烧旺。

放山打火堆，有三大好处：

一是可以驱蚊虫。长白山里的夏秋两季，是蚊虫肆虐的季节，毒蚊子、大瞎蠓、小咬到处乱飞。"东北毒虫种类极多，有小咬体如谷粒，夏日最多，晨暮尤甚。夹皮沟，汤河各会房，每遇擅杀人命时多用咬刑。盖以绳缚人于树上，令小咬咬死。两昼夜即露筋骨，俗名'喂咬'。人皆畏之如虎。"④小咬到了晚上围着人嗡嗡叫，被叮上起大包，痛痒难耐，挠破还可能溃烂成疮。蚊虫有奔亮处和怕烟薰的特性，火堆可将蚊虫薰跑，有些蚊虫奔火烧死了。打上火堆，放山人能睡安稳觉。

二是可以防潮。山里树多林密，蒿草遍地，雾霭重重，潮气很大。打上火堆，能驱除垵子里的潮气，还可以用来烤烤被褥衣裤，防止受潮生病。

三是可以防止山牲口侵袭。长白山里野兽很多，经常夜里出来觅食。野兽有怕火的习性，打起火堆，它们就不敢来了。

打火堆又是放山人联系的信号。有的人贪晚回来，看到烟火，就能找到自己的垵子。打火堆，是放山人的一种特殊语言。外参帮的人，看到了这山打起了火堆，就不会到这里放山了。打火堆是吉林北方民族崇尚和祭祀火神风俗的延伸和演变。放山人认为，火堆是与他们同在的火神。火堆，给他们带来了光明、温暖、幸福、吉祥。

参帮放山得先排棍。排棍，又叫排活、铺棍，也就是排次序。

什么时候排棍，没有定数。有的在拉帮当时就排棍，有的在搭完垵子后排棍。但大多数参帮是在第一次"压山"（也叫巡山、撒目草，即寻找人参）开始的时候排棍。

压山是横向排成一排，在相间的距离内，用放山用的采参棍（还叫锁拨棍、索罗棍、开山棍、年棍、快当棍）⑤边扒拉蒿草边前行，寻找人参。参帮把头靠左边一头，从左至右，依次排出二棍、三棍、四棍、五棍、六棍……最后一人为边棍。参帮人数多时，安排中间一个"挑杆"的（便于沟通），其余的人都叫腰棍。头棍、挑杆、边棍，是参帮压山时的头儿，负责不让腰棍跳出趟子（走散了）。

为防止走散，参帮把头用"叫棍"的方法和大伙保持联系。叫棍，就是敲树干，这是参帮也是其他在森林里谋营生人的特殊语言。把头敲一声树干，是开始压山或"拿火"（暂停）歇息后继续放山；敲两声树干，是向把头靠拢；敲三声树干，是随把头转移放山地点或随把头下山回垵子。总之是棍棍有含意。把头叫棍，就是命令，大伙都得执行。山里回音大，说话指挥不容易听清楚，如听错反而误事。叫棍，又省力气又便于联络，是放山人的智慧。

参帮排完棍后，把头敲一声树干，说声起棍，就开始压山了。压山，又有很多说道和规矩。

压山时要一切行动听指挥。把头没发令，前头遇到刺棵子（荆棘丛）也得过，碰到石砬子也得攀，见到沟塘子（水沟）也得下。

压山遇到蛇，放山人会高兴。他们把蛇称为钱串子、护宝虫，认为哪里有蛇附近准有人参。把头会从参兜里拿出香和纸，就地点燃，带领参帮的人磕头，感谢山神爷老把头"送宝"。

压山听到虎叫，看到虎脚印，或看到老虎，放山人都认为是大吉。参帮一定能抬到五品叶或六品叶的大山货，这是山神爷给参帮送福来了。

压山第一次开眼的要是二角（读 jiǎ）子（小人参），参帮人会十分高兴，立即给山神爷老把头烧香磕头。因为他们称二角子为"开山钥匙"。意思是有了开山钥匙就能连连挖到人参，还能挖到大山货。

压山第一次开眼的如果是四品叶（形体中等的人参），放山人会不高兴，认为是不吉利的事。放山人忌讳四字，四品叶谐音为"死品叶"，他们认为晦气。

压山时，这一趟子压过去了，没有开眼，把头凭观山势的经验，觉得能抬到货，决定转身再找一次人参称为"翻趟子"。二次压山得到了人参，不管是在谁的趟子里发现的，参帮的人没一个抱怨漏山（头一趟没发现）的人，还要夸他有福气开了眼。

压山时不能随便说话。看见了什么东西若是说出来就得拿着。你说了葡萄拿葡萄，说了蘑菇拿蘑菇，说了蛇也得拎着。

拿火歇息时，索拨棍不准放地下，不准依在树上，得搂在怀里。烟口袋没烟了，不能说没了，得拍拍自己的烟口袋，别人就会给你的烟口袋里抓把关东烟。即使是歇息也不准睡觉，眯一会儿也不行。正在压山时不准出趟子或在趟子里行方便。手势、声音、行为都有相应的规矩。

参帮在山野历尽千辛万苦，最大的期盼就是开眼，于是便演绎出一套精彩的"喊山"规俗。

当第一个人发现人参时，要停下并大声喊出："棒槌！"称之为"喊山"。这时把头要问话："什么货？"称之为"接山"；发现人参的人要回答几品叶，称之为"应山"；然后所有挖参人一齐喊："快当！快当！"称之为"贺山"⑥。

应山是有规矩的。不是看到几品叶就回答几品叶，如二角子就不能直呼其名，要说成"开山钥匙"或"落地托天掌"。放山人忌讳四和五两个数字（四与死、五与无谐音），应山时要把四品叶说成"双品叶"，把五品叶说成"大巴掌"。应错了，放山人认为是不吉利的事，会把人参"吓跑了"，再也挖不到人参了。有的参帮就因为应错了山，引起众人不快而散伙下了山。

发现人参时，得先用索拨棍把人参周围的蒿草打倒，让人参显露出来，看准了然后再喊山。这是因为人参生长在茂密的草丛中，人容易看花眼，如果过度兴奋光顾得喊山，或是当时看错了或是因杂草掩盖，就会一时丢失了"目标"。

喊山之后，还要用索拨棍敲击两下树干，其他的人都会按这种独特的语言，循声向他靠拢。

压山人聚到人参的周围时发现人参的人就成了有功之臣了。他可以到一旁歇息，什么活也不用干。这时把头会立即把"快当绳子"拿出来，拴在人参的"百尺杆"（茎）上，这叫"拴镇宝绳"。同时，要在绳的两头各拴一枚铜钱，叫"贺梁子"，以防止人参在土里"遁逃"。"快当绳子"是条五尺多长的红线绳。两头拴的铜钱，多是上元、永昌、如意、天宝、永泰、开宝、天圣、嘉泰、永乐、隆庆、嘉庆、咸丰等有喜庆之意年号的制钱。道光和"盗光"同音，放山人忌讳不用。给人参拴完镇宝绳后，把头领着众人跪地向人参磕三个头。并祷告说"感谢山神爷老把头保佑，使我们开了眼，拿到了货"，然后才能挖人参。

　　放山人认为，人参是有灵性的，大声喊山会使人参愣神儿，趁它愣神儿的功夫，用镇宝绳把它拴住，它才不会"跑掉"。否则，它会土遁从地底下逃走，即使挖出来也只剩一个空壳了。其实，在绿草丛中拴上红线绳作为标识，便于采挖，这是一种实践经验，红绳和绿草形成鲜明的区别，说镇宝绳拴上它就跑不了，是放山人为其涂上的一层神秘色彩。

　　还有一种喊山，叫"喊空山"。是放山人压山许多天也没开眼，把头就喊空山："棒槌！"挑杆的问："什么货？"把头说："抬出来了。"参帮人一齐喊："快当！快当！"把头喊空山，为的是图个吉利，振奋人们精神，给人一种希望，借以鼓舞压山人的士气继续寻找人参。

　　如果说，发现人参喊山是放山人最激动的时刻。那么抬参是放山人最愉快的时刻。

　　抬参，就是挖参。这是参帮把头的绝活，抬不了人参，当不了参帮把头。正如放山俗语所说：这本事那本事，抬出来人参是真本事。挖人参讲究原形原貌，如果破皮断须就不值钱了，这全靠把头的"手艺"。抬参是很细致的技术活。由于人参长的地方不同，抬参的方法也不相同。在一般蒿草中生长的人参比较好抬。把头用快当刀子破开土，用鹿骨簪子拨拉土，把草根一根根挑出来，随之土也比较松散了，再把每根人参须根从土中抖搂出来，最后用棒槌铲子把整棵人参抬出来。从蒿草中抬参对于参把头来说，是"小活一件"。

　　在树根子处和石头缝中抬参那才是最难的。要先用锯把树从根锯断，用斧子把较大树根砍断，用剪子把剔出来的小树根剪断，再用刀子把小毛根割断。如果有石头，还得把石头用撬杠撬起来，或把石缝撬宽。干这些活不能碰着人参。然后才能用骨簪拨拉土，抖搂土，小心翼翼地挑出树根空里的参须子，最后用铲子把人参抬出来。如果是大货，人参须子很长，需要用两三天的时间才能把人参完好无损地抬出来。

　　有的人参长在悬崖或深谷的峭壁石缝中，抬这样的人参是最危险的。得腰系快当大绳，吊在半空去干活，脚没蹬的地方，手没攀的地方，身子一悠荡，难免碰坏人参，折断参须子。在这种地方抬参，把头没有点硬功夫，把自己吊来吊去也找不到抬参的适当位置，只有望参兴叹了。有的为了抬这种地方的参摔断了胳膊腿成了残疾。

一般的情况下，在大石板和烂倒木上抬参是最容易的。石板上的土，大多是腐质土，没有树根、乱石和大蒿草。此处的人参是"横灵体"，斜向生长，用骨簪松松土，左手提参秧，右手用快当铲子一铲，两手同时一抖搂，土落参出，令人喜出望外。烂倒木上抬参，把人参两边倒木一敲，朽烂倒木就堆下去了，把上面青苔一揭，用手一提溜人参秧子，整棵人参轻轻松松完完好好就抬出来了。不过这么好抬的人参，是很少遇到的。

抬参最有趣的是抬"告舌"和"爬货"。告舌是指茎上又生出一支人参⑦。顺着主茎中间向旁边长出的枝去寻找，在附近还会有棵人参。有时把头抬出一棵参后正要走，突然听到喊山，大伙惊喜之余急忙应山、贺山，结果又抬出了一棵参。"爬货"，是指只有参秧，没有主根（人参）的"空秧子"，但沿着参秧底部根芽伸出的方向寻找会发现另一棵人参苗，原来这株人参的茎和根须不在一个地方。别看露出的是参苗，抬出来的却往往是大货。

抬参，需要耐心和技术，为了完好无损地把人参挖出来，落日不抬参、雨天不抬参也是一条山规。

挖出人参不能立即下山，为了使人参保鲜保形保质和便于携带，抬出人参后还要打"参包子"。

打参包子要用红松皮和椴树皮。红松皮养参，椴树皮成大张，包的人参多。剥的树皮不能太老也不能太嫩。太老容易裂纹，太嫩了包不住人参。打小货的参包子，比较随便，只要把小货的参秧子剪掉，揭一张青苔，抓些长人参的原土，把人参裹上，然后用树皮包好，外面以楸树皮为绳，系上两道要子，这个参包子就打成了。把几只小人参包在一起的叫混合包。打参包子系要子也有说道，系两道要和系四道要都行，就是不能系三道要。因为在民间扔死孩子都系三道要，所以忌讳。

挖到四品叶以上的大货需单独打参包子。人参秧子不能剪掉，根须打在包子里，鲜红的参籽和翠绿的叶子留在参包子外面，这叫打"全身包子"，是为了到山货庄卖参时便于验货。园参单从人参的芦碗就能看出是几品叶，而山参不同，山参生长的年头久，芦碗又细又长，如果没有参秧作证，很难分辨出是几品叶的人参。三品叶和四品叶人参，在价格上相差很大，所以四品叶以上的人参要包全身子。

　　挖到的人参如果是病参或碰断了根须、坏了皮肉的称为残货，不论大小都得另打参包子。即使是断了根细细的须子，山货庄很难验出来，也得打在残货包子里。残货中的大货也不留参秧子，以示区别。这是体现放山人诚信品德的一条山规。

　　谁来背参包子也有说道。大参包子由参帮把头背着；小参包子多是由边棍和挑杆的来背；残货包子由把头指派专人背着。背回坝子后，要将参包子全交给参帮把头。参包子又叫棒槌包子、票子。压票子就是由把头把参包子藏起来。把头压票子，先把票子供在老爷府，进行祭拜之后，在半夜时分把票子藏压起来⑧。

　　票子要压在避风避雨、小山牲口吃不到、人踩不着的安全地方。这地方只有把头一个人知道。把头压完票子还要经常悄悄察看。如果有受损害的可能，就要重新选地点。

　　压票子是为了保存好山参，等大伙下山时一块去卖。把头压票子，参帮里的人不准去偷看。有人无意中看到，也不准告诉其他人。不准向把头打听压票子的事，也不准寻找把头压的票子。当然，更不准起票子私逃。对那种起黑票子逃走的人，抓回来要绑在树上，让他饿死、被蚊虫咬死、被山牲口吃掉。对偷票子逃跑的人处罚是最重的。直到这一季

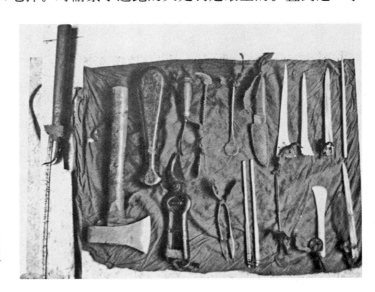

图下 2-2　放山工具
原刊于《中国人参图谱》，吉林人民出版社 2006 年版。

放山结束时才能起票子。把头起票子后，再将其供在老爷府，参帮的人磕头感谢山神爷老把头保护了票子。祭拜后，把头领大伙下山，直奔山货庄卖棒槌去了。

季节到了白露时，放山的各个参帮都纷纷下山了，人们把四品叶以下的小货和病货、残货卖给进山收人参的收山客或就近的小山货庄，以便换取路费。然后，东路参帮去船厂（今吉林市），北路参帮去营口，西路参帮去沙河口（今丹东市）出售人参。这些地方的大山货庄，什么样的人参都有能力收，又大又好的人参越受青睐。

卖人参不是去了就卖。山货庄要选个吉日，贴红挂绿，鸣放鞭炮，祭拜山神爷老把头和财神，宴请卖参老客，然后才开始验参、收参。山货庄在开秤前，请每个卖参的先只拿出一棵参看看，以便了解今年的参景，估摸采到人参的数量、大货能有多大。以便做到收参时心中有数，也好起价。山货庄为了卖参老客食宿方便和安全，都开有客栈。

收参有个风俗，不是卖参客先要价，而是山货庄东家先起价，之后卖参客可以还价。最后成交价合情合理，两不吃亏。对于不怎么会还价的，东家决不压价，公平交易是山货庄的行规。人参交易按质论价。人参的形体、生长期、个头儿、重量、生长地，质地纯不纯，差别很大。一般来说，参分九等，每等有每等的价格。采集歌谣说"七两为珍，八两为宝，九两人参很难找，十两人参宝中宝"[9]。（指十六两为一斤的老秤），八两以上的特大山参就是无价之宝了。

山货庄掌柜都是验参的行家里手，什么参他们一上眼便知，而且能说出生长期、生长地、形体等。青草发芽时的人参叫芽草参；草青时的人参叫青草参；野草黑绿时的人参叫黑草参；草枯黄时的人参叫黄草参；开花的人参叫韭菜参；结红籽的人参叫红榔头参；落叶的人参叫刷帚头参。阳坡的人参叫阳子参；阴坡的人参叫阴子参；黑土地的人参叫黑土参；黄土地的人参叫黄土参；沙土地的人参叫沙土参；森林里的人参叫林子参；乱石中的人参叫香瓜参；石板上的人参叫石板参；倒木上的人参叫倒木参；石砬上的人参叫砬子参；泉水边的人参叫泉子参。总之，各种人参都有名。

从形体上可分三大类，每类分九等。

人参的形体虽然都与人体相似但又有不同的形状，人们根据其形状来联想，为其起了各种名称。有形似跨海的跨海参；有形似菱角的菱角参；有一腿长一腿短的单跨海参；有形似飞天的飞天参；有形似金蟾的金蟾游水参；有形似龙爪的龙爪参；有形似雀头的雀头参；有形似哪吒的闹海参，还有娃娃参、兄弟参、姐妹参、夫妻参、双胎参、祖孙参、四世同堂参等，统称为形体参，最为贵重。

山货庄有验参秘诀。比如有的验参歌诀说："芦碗紧密相互生，圆膀圆芦枣核丁。紧皮细纹疙瘩体，须似皮条长又清。珍珠点点缀须下，具此方是纯山参。"

山货庄有里外屋，收参时按次序进行。叫到哪位卖参客哪位到里屋去验货卖参，其他人不能进屋，都在外屋坐等着。卖参人不许互相询问打听抬了多少参，都是多大的，卖完参也不许互问卖了多少钱。人不告诉，己不问，这是卖参人的规矩，也是一种品质。收参人绝不把卖参的情况告诉任何人，替卖参老客保密，是山货庄的规矩。

参帮把头卖了人参就回家分份子，之后去谢山。

参帮抬到大货出手后，参帮要做的最后一件事，就是"谢山"，表达对山神爷老把头的感激之情，还进山时所许下的大愿。

谢山的场面，比过"老把头节"还要隆重、热闹。参帮把头领着参帮的人，拿着香、纸码、蜡烛、鞭炮，抬着烀好的猪头和猪尾（一头一尾表示全猪，意含做事有头有尾）、大公鸡、馒头、各种糕点、菜肴等供品，带上最好的关东酒，欢天喜地进山。那些以后想放山的人，放山没开眼或没抬到大货想沾沾福气的人，喜欢看热闹的男女老少，这时候也都跟着参帮进山。抬到大货，卖上了大价码的参帮，还雇吹鼓手，一路吹奏《得胜令》《将军归》《喜洋洋》等喇叭牌子，给谢山增添了许多喜庆气氛。参帮的人抬着祭品去谢山，村里人全都出来鸣放鞭炮送行，一直送到村外。送走谢山人，家人和亲友邻居开始准备丰盛的酒席。

谢山人来到抬出大货的地方，摆上各样供品，点上香，燃上蜡，烧上纸码。这时，鞭炮齐鸣，鼓乐齐奏，在围观人的欢声笑语中把头领着参帮人一齐跪下磕头。参帮把头代表大伙向山神爷老把头致"谢山词"："山神爷老把头在上，你老人家保佑小的们平安，保佑小的们开了眼，抬到了大货，卖上了好价码，你老人家的大恩大德我们永远不能忘记。今天小的们备点薄礼，上山来谢你老人家，请收下我们的心意。小的们求你老人家今后保佑再保佑，保佑放山平平安安，保佑开眼再拿到大货，小的们还来谢你老人家。"

祷告完后，待香火纸码燃尽，参帮把头用手指蘸酒点三下。一下点向天，祭天神；二下点向地，祭地神；三下点向山，祭山神爷老把头。然后大家把带来的供品吃光喝尽。下山时说说笑笑，蹦蹦跳跳，有的唱起了东北民歌《采参歌》："手拿小镐头，腰里别块小红布。咱们来到深山里，见到好参哪，你不要吱声。你要吱声，那参它就跑了啊。慢慢地挖呀，你别伤了根。这是宝啊，换了钱给我姑娘买花袄。"⑩还有的一路扭起了大秧歌。

回到家里要吃喜猪，有的地方叫吃喜山。村里人和过路人也会被请来一起吃。大碗酒、大碗肉，边吃边喝边唱边扭。上顿吃不了下顿接着吃，把一口猪吃光算完事。谢山是参帮的节日，那个热闹劲赶上过大年了。

如果明年还想放山，得重新拉帮。

第二节　历尽曲折育园参

山参驯化　人工栽培　成名长白

山参的驯化，是指把自然环境中生长的野生山参转至人工栽培成为园参的进化过程。"头道花园有参园培沟种子。上用板棚盖之，有棚亦可。盖参苗喜山阴不敢见日光也。种子三年后，即可出园。"⑪人参不仅对生长条件要求比较严格而且生长特别缓慢，少则十几年，多则几十年、上百年甚至几百年才能长成入药，是稀有植物。随着人们对它的实用价值和经济价值的认识，人们觉得仅靠其自然生长日益显得供不应求。自明代后期起，由于长时期的滥采滥挖，参源遭到严重破坏，数量锐减，尤其是形体大的野生山参更难觅到，于是人们摸索它的生长规律开始了人工栽培的漫漫历程。

人参驯化经过了漫长的岁月。据《晋书·石勒传》中记载："初勒家园中生人参，葩茂甚盛。"这说明山参驯化已有一千六百多年的历史了。渤海国时期人参就是向唐朝进贡的主要物品。因为大山参很难采挖到，为了向唐朝贡献个头大、分量重的人参，便将采取的小山参秧移植到适宜的地方促其较快生长的办法，使小人参长大，这可以看作是有意识进行山参驯化、培育的起始阶段。比较普遍地驯化、培育园参始自清朝前期。由于清廷将吉林人参列为主要贡品并规定每年交纳的数量不断增长，使采办贡品的衙门和地方官吏即使向民间搜刮以及"官雇刨夫"采挖也难以如数交差。于是，园参的栽培就开始加快步伐了。民间流传这样一个故事：有一个"初把"（头一回进山采参的人），把一棵还未长主根的小山参秧给挖下来了，听人说这是犯了山规才知道后怕，但他舍不得扔掉，就偷偷地将它移栽到窝棚后边的一棵大树下。后来，他把这事忘了。直到有一年，衙门来收贡，山里的参户怎么也凑不够数，他忽然想起当年自己曾经栽种下的那棵小参秧，于是急忙带领人去寻找。只见当年的小参秧已长成顶着红榔头（参籽）的六品叶大人参，人们就把它挖下来充数上缴了朝廷。这件事启发了人们的智慧，野山参小时可以移植到适宜的地方栽培，等其长大后再挖出，称其为"秧参"。

清朝政府对山参的驯化和培育，开始是反对和限制的。他们认为用秧参进贡是欺君的行为，曾经三令五申加以禁止。清乾隆四十二年（1779）朝廷严令"收买秧参栽种，以及偷刨参秧货卖，即将此等人犯严拿究办，一律治罪"。嘉庆十五年（1810），吉林将军赛冲阿曾带兵烧毁人参棚多处，但仍屡禁不止，无奈向朝廷陈奏："至秧参一项因数年以来未能查明杜绝，是为作伪，纷纷混杂充斥，兹钦圣训，大张告示，不准掺和交官，查出定予严咎，即民间买卖不犯，亦所必惩，俾商民共知秧参为违禁之物，买者不徒费资财，卖者亦不敢公然出售，正本清源，洵为杜绝秧参之良法……"清政府的严令禁止并没有完全奏效，"吉林等处栽种秧参"仍是"肆行无忌"。直至清光绪七年（1881），吉林将军铭安上奏朝廷"驰禁秧参，与诸草药分别抽收税课……"清政府批准了铭安的请求，限制栽种秧参的历史至此结束。从那时开始，参农可以放心大胆地进行秧参的驯化和栽培了[12]。由此可见，移植秧参进行栽培过程是相当曲折的。

清嘉庆十五年（1810），内务府在验收贡品人参时记载"宁古塔秧参尚止一斤有余，盛京十居其六，吉林至好参不及一成。盛京四等以上参，六斤内亦有秧参二斤；吉林四等以上参三斤二两，大枝参十两竟全系秧参"。可见，人工栽培秧参此时已有一定规模。

吉林省抚松县地处长白山区，从古至今就是人参的主产地。经林业技术人员实地考察、鉴定，认为在三四百年前抚松县东岗村一带就是山参家植之地，而且面积很大。这一论断恰与志书的记载相吻合。据《抚松县人参志》记载：抚松县东岗镇西江村有一块 2 亩地左右的老池底子（栽种过人参的地方），按此地的树龄推算，这块已变成森林的老池底子是在 300 多年前的清康熙年间栽种过人参的山地。抚松县东岗一村之周围，有一片纵横数十华里的杂木林，这里曾是参户砍伐原始森林后进行野山参驯化的地方。如今这片桦树、杨树、榆树等混交的林地，是土壤乏力不能再种植人参后生长起来的再生林⑬。

山参驯化为园参的技术在清代后期已经完全成熟。开始人们只是将小的山参秧苗采挖下来移栽，后来采集山参种子进行种植，种子出苗长至两三年再移栽。据清代医学家唐秉钧所撰《人参考》中记载，栽培园参的方法为"掘成大沟，上搭天棚，使不日，以避阳光，将参移种于沟内，二、三年内始生苗，将苗掘出倒栽地下，以其生殖力向下，故灌芦头，使其肥大，以状美观，七八年间即长成"。

山参与园参有明显的区别。山参生长在森林中的处女地，与树木、杂草争夺养分，生长缓慢，因而芦头圆长、皮纹老密、须子细长且长有小疙瘩；而园参，芦头粗短、皮纹嫩而光滑，形体粗大。如果以人来比喻，山参像是饱经风霜的耄耋老人，园参好似生活无忧的姑娘小伙儿。所以，稍有经验者一眼便可辨别出山参和园参。

山参经过驯化，再进行培育，称为园参。

园参栽种主要有两种方式：一是将原始森林中采挖到的小山参移栽到居住地附近，即秧参；二是采集山参种子播种，即籽参。

无论哪种方式，三年后需将参苗再移地栽植，以保证土壤中有足够营养成分。首先要整地做参床。按照人参生长的环境，选择不太陡峭的

图下 2-3　清　参园

山坡地，将坡上的树木采伐后，树根取出，将腐殖土中的杂物清除，修成畦，即参床。做参床要选好方向和位置。一般是早晨的阳光可以射入棚内，避开中午阳光，傍晚的阳光又可以射入参棚内的地方。老池底子原本是适宜人参生长的地方，经过多年休作，土壤中营养成分恢复了，腐殖质达到了标准，仍可选作参地。一般参床宽 120 厘米左右，两畦之间的作业道 200 厘米左右。在参床移栽小人参，行距和株距完全相同。

　　如果播种，就在参床上均匀地撒播人参种子。人参种子直接播种出苗率低，效果不佳，山里人便把人参种子堆集起来催芽，参农称为"发籽儿"，然后再播种。发籽儿是长白山里人受到鸟兽的启发想出来的办法。

　　以人参鸟为代表的小鸟，很喜欢吃成熟变红的人参果。"长白山里有一种鸟叫棒槌雀。它专吃人参籽儿。因此它能引导人们找到大片人参。"⑩小鸟将人参果吃进肚后，只能将果肉消化，果肉里面包裹的参籽便被完整的排出体外，这种经过鸟类肚肠走一趟的参籽，可在适宜的土壤中发芽生根。据一些老放山人讲，有人在树窟窿里挖到人参，这种地方长人参肯定不是人播的种，应该是鸟类将人参种子排进去的，或者是松鼠将人参果埋藏进去的。

松鼠也十分喜欢吃人参果，它们有储藏食物的习惯，先把人参果吃到嗉囊中，然后再吐出来，埋藏在树下土中或烂倒木苔藓下面。到了冬季，食物缺少时，松鼠便把秋季储藏的食物找出来吃。松鼠吃进肚里的人参果，如果种子的"脐"——胚芽未受损，排出体外遇到适合的土壤也可发芽生长。

参苗怕大雨直接浇灌，怕强阳光直接照射，在参地池面的上方要用草帘苫盖，目的是防止雨浇和日晒，不然人参秧苗会很快枯烂而死。

园参的田间管理很重要。在参畦无法使用锄头和犁铧等农具，参农必须跪着用小扒锄薅草和松土，侍弄园参要特别小心。在低矮的参棚里作业，累了想直直腰都办不到。参农说，人参是"跪"出来的，毫不夸张。

园参常见的病害有黑癍病、褐癍病、炭疽病等，这些病最明显症状是人参叶子上长出不同颜色的癍块，影响了对阳光的吸收。防治方法就是将病叶除去。除去病叶即掐癍。这种劳动也要跪着进行，或者半蹲半跪。

人们往往以为园参似胡萝卜，一年一茬，其实园参需生长六年或六年以上才能收获。收获前要掀掉苫材，称为"放雨"。放雨的目的是使人参浆足（汁浆饱满），保持人参原汁原味。一般放一次至两次雨即可。

起人参时，主要工具是三齿子，也有四齿子。不用镐头，以免把人参刨伤。人参起出后，有直接"阴干"的，为"生晒参"。有的进行加工，主要是将鲜参洗刷干净放到大锅里蒸，蒸熟后晾晒成干参。蒸参用的大锅平时闲置着，只有到了蒸参时才"动锅"，因此将蒸参称为"开锅"。

到了白露，开始收获园参，参乡的人们把白露这一天定为"开锅节"，这是长白山参农独有的庆丰收节日。这一天，无论是大参户还是小参户，有钱的出钱，有力的出力，杀猪宰羊，请戏班子唱戏，演二人转，扭秧歌，踩高跷，选"种参状元"，交流种参的经验和技术……整个参乡像过年似的热闹。开锅节，是人参从山参成功过渡到园参的里程碑

图下 2-4 山中参棚 王德富摄

式的节日。

　　园参与山参不仅主根的外形有差异，茎叶也有差异，山参茎细叶片薄，园参茎粗叶片厚色泽深。一年生的园参形状是一根主茎顶三片小叶，谓"三花"；两年生的是一根主茎长五片叶谓"五叶"或"巴掌"；三年生的是一根主茎分两个枝桠，似羊角状，每个枝桠长五片叶子，称为"二角子"；四年生的是一根主茎分三个枝桠，每个枝桠长五片叶子，称为"灯台子"（因其形状如灯台），亦称三匹叶；五年生的是一根主茎分五个枝桠，每个枝桠仍长有五片叶子，称为"五匹叶"，也有极少数为六个枝桠，称"六匹叶"；七年生园参长六匹叶的就多了。一般情况下，六匹叶是最大的人参，但也有极少数七匹叶、八匹叶甚至九匹叶以上的园参。

　　园参的生长，跟山参完全不同。山参从二角子变成灯台子，少则五年六年、多则十年八年；灯台子变四匹叶也是一样，至少还要三、五年的时间。由此人们发现，园参生长一年，相当于山参生长数年甚至十数年以上。

　　清朝末期，吉林省园参发展达到空前规模，抚松、靖宇、长白、敦化、安图、临江、集安、柳河、辉南、浑江等地栽参已很普遍，园参栽培已经积累了丰富的经验，技术水平很高，园参与山参营养价值的差距大为缩小，园参的形状也近似山参中的上品形体参，从外观到品质都可以与山参媲美。参农探索出的一整套栽培方法，清代医家唐秉钧在《人参考》中作了具体描述："种参之圃名曰参营，凡三种：一为苗圃，发参苗用；一为本圃，发苗后移种用；一为第二本圃，移栽三年后再行移栽用。地址择向阳斜地面，每圃垒土为畦，高二尺，宽五尺，用质软、色黑的腐殖土……每畦距三尺，以资排水，而便人行。每畦周围树木架，盖上木板，前高后低，以便流水，称板子营。每年可在春秋雨季揭板向阳三五次，放雨一二次，皆有程期……"⑮

　　可见，在那时已有成熟的稳定的园参种植方式。长白山园参，种植要经过三次"换地"。因为山参是生长在土壤营养极为丰富的山中处女地，而园参只有换地栽培才能供给其足够的营养，以保证其品质与山参接近。

　　这一整套完整的园参种植、栽培技术，是长期以来生产实践经验的科学总结，体现了前辈参农的智慧和创造力，它一直传承到现在，虽然有了新的发展，但其基本方法至今仍在沿用。

　　吉林省不仅是野山参的主产地，也是园参的主产地。仅以号称人参之乡的抚松县为例，据清朝末年统计，抚松年产人参 28 万市斤（干品），约占全国总产量的 70%。

第三节　千年探秘用人参

　　自然特性　疗疾药用　滋补食用　其他妙用　用参禁忌

　　自然界中有种种令人难解的神秘现象。在两千多年前西汉末年的纬书《礼纬·斗威仪》中云："下有人参，上有紫气。"意思是说，地上生长人参，上空则飘浮着紫色的雾霭。《春秋运斗枢》中云"摇光量散为人参"。意思是说，北斗星中的第七颗星摇光星之光照射到大地上，才有人参生长。类似的一些说法虽然虚妄，却使人们产生对人参的神秘感，认为人参有灵气、仙气。而有些却是由于客观存在的自然现象所引起的。例如：山里人认为蛇是人参的护卫。采参人发现，在生长山参的地方，附近常有蛇在守护着，因此采参人要"打草惊蛇"，并且见蛇而喜。为什么会发生蛇护参的现象？有人解释说，是蛇知道人参果的功效，蛇舔食人参果目的是强身健体。而近代有专家研究后认为，大蛇护参是一种食物链现象。小鸟和鼠类喜欢吃人参果，而蛇又是小鸟和鼠类的天敌，当小鸟或者鼠类来觅食人参果时，蛇出其不意，突然袭击，就可以捉到送上门来的食物了，正所谓"守株待兔"。

还有种说法是黄鼠狼（黄鼬）朝拜山参王，这是因为存放人参的地方常常引来黄鼠狼。从前有一个老放山人挖到一棵大山参，回家后将其放在居室旁的屋里。一天夜间，他突然听见放参的屋内有声音，他点上灯笼走去一看，数十只黄鼠狼围在大山参周围正在"朝拜"呢。黄鼠狼看见有人进来了，不慌不忙有秩序地离去。老头发现大山参并未受损，这才松了一口气。有专家分析认为，鼬鼠的嗅觉特别灵敏，嗅到这棵大山参王的特殊气味后，吸引其前来觅食，这是动物的一种条件反射。

又有一种说法是，人参是仙草，能活千年以上。俗语说"人活百岁不易，参长千年不难"。树的年龄看年轮，园参的年龄看芦头，可以准确判断其年龄。而对山参年龄的确认，要复杂很多。必须仔细察芦头、皮纹、须条等，综合起来判断分析，才能确认。山参真能生长千年吗？有史料记载的特大山参，最多的也就是四、五百年，没有千年的人参。野山参能够生长上百年、数百年，是这种稀有的多年生宿根性五加科植物的自身特性所决定的。

祖祖辈辈的放山人，发现山参芦头受损以后，人参不死，而是在附近再生出一个芦头，于是就联想到《西游记》里的孙悟空可以再生长出一个头的故事。其实，这是人参生长力强的自然特性的表现。人参主根如果烂掉了，人参也不死，其不定根——俗称"丁"，可以长成主根，即"丁"变人参，继续生长。人参长到六匹叶后，假如受到伤害，再转成二角子继续生长，俗称"转胎"。因此，山参能生长百年、数百年。

人参的药用价值历代多有记载。东汉王符在《潜夫论》中记载，"夫治世不得真贤，譬犹病不得良医也，治病当得真人参"。后汉建安时期张仲景著《伤寒论》中配伍人参的方剂有21个之多。三国时期名医华佗编著的《中藏经》中也有关于人参的记述。南北朝梁代武帝时陶弘景收编的关于配伍人参的药方就更多了。唐太宗时唐甄权著《药性本草》对人参的功效有进一步的表述："人参主五痨七伤，虚损痰多，并能止呕哕，补五脏六腑，保中守神，消胸中痰，治肺痿及通疾，冷气逆上，伤寒不下食，凡虚而多梦纷云者加之。"孙思邈编著的《千金备急方》中配伍人参的药方达到空前的358个。

到了明代，李言闻、李时珍父子对人参的研究更加深入。李言闻编写了《人参传》（已失传），李时珍编写了《本草纲目》。李言闻对人参的用法说："人参生时背阳，故不喜见风日。凡生用，宜咬咀；熟用，宜隔纸焙之，或醇酒润透。咬咀、焙熟用，并忌铁器。"咬咀，即咀嚼之意。人参既可生用，又可熟用，但生用熟用的方法有区别。生用忌铁器。李时珍在《本草纲目》中引用《本经》对人参功效的阐述："补五脏，安精神，定魂魄，止惊悸，除邪气，明目开心益智。久服轻身延年。"

历代皇宫所必备的急救药物，首选人参。如独参汤、生脉散等。到了清代，宫廷已普遍使用吉林人参。雍正、乾隆以及慈禧等经常用人参。刘建封《长白山江岗志略》一书称"辽东之参，全球称最"。清《上用人参底簿》记录了乾隆吃人参的情况，乾隆几乎日日吃参，活到89岁，在历代皇帝中，属于最长寿的，可见人参延年益寿的功效。

古人用人参范围较小，只是宫廷和有钱的达官贵族，除了急救则是平日保健。而少数百姓用人参则是病危时抢救之用。人参大补元气的功用得到公认，不论体弱多病的男人还是产后的妇女，都希望用人参滋补。人参对治疗伤寒病有特效。古籍记载：一妪，年七旬，伤寒，口不能言，眼不能开，气微欲绝。用人参五钱，顿愈，又十余载卒……近代，山里常有患伤寒者服用人参而治愈的事例。古时，伤寒属于难医之症。皇宫里常备生脉散，人参为君药，麦门冬为臣药，再佐以五味子。李言闻云：夏月服生脉散、肾沥汤三济，则百病不生。人参生用气凉，熟用气温；味甘补阳，微苦补服。气主生物，本乎天；味主成物，本乎地。气味生成，阴阳之造化也……如上虚火旺之病，则宜生参，凉薄之气，以泻火而补土，是纯用其气也；脾虚肺怯之病，则宜熟参，甘温之味，以补土而生金，是纯用其味也。

由上可知，人参不可滥用，要针对病情，选用人参种类。生人参，包括鲜人参（亦称水参）、生晒参等；熟人参，主要是红参。红参是将鲜人参隔水蒸熟后再烘干或晒干而成。由于水参经过熟化烘晒，其药效成分发生了变化，于是古人总结出：人参生用气凉，熟用气温。

除鲜人参、生晒参、红参外，又有人参膏，药用价值也很高。常见的人参膏有两种制作方法：一是用蒸人参的水熬制而成黑色黏稠状膏；二是用鲜人参熬制成膏。《本草纲目》中记载一则用人参膏抢救病危之人的实例：浦江郑兄，五月患痢，又犯房室，忽发昏远，不知人事，手撒目暗，自汗如雨，喉中痰鸣如拽锯声，小便遗失，脉大无伦，此阴亏阳绝之症也。予令急煎大料人参膏，仍与灸气海十八壮，右手能动，再三壮，唇微动，遂与膏服一盏，半夜后服三盏，眼能动，尽三斤，方能言索粥，尽五斤而痢止。

人参除主根可以入药以外，茎叶和人参果也有医疗功效。从人参茎叶和人参果肉提取的人参皂苷对癌细胞有杀灭作用，在癌症患者的化疗期间服用可以减轻白血球的损伤，这说明人参对医治肿瘤有积极的功效。民间传说人参果是催生果，妇女难产时服用人参籽可以助产。

人参对老年常见病有良好的调节作用。常用人参可以明显调节、改善老年人常见病和多发病。中外一些人参专家研究证实，人参对人和动物的中枢神经系统有双向调节作用，对老年人出现的器官功能减退、痴呆症、记忆力减退等有改善作用。

随着社会的发展和人类的进步，人们研究发现，人参的药用价值越来越高，人参的药用文化极其丰富多彩。

人参的保健和滋补作用古今公认。但古代始用人参主要是治病，尤其是抢救病危之人，以滋补保健为目的历史要比药用晚。

清代以来人们越来越重视人参的滋补作用了。据清《上用人参底簿》记载，乾隆皇帝用人参的方法有多种，如直接口服、做菜肴、做人参八宝粥等等。慈禧太后也经常吃人参，她吃人参主要方法是含服。慈禧太后每日含服人参一钱，常年不辍，活到74岁。

　　不论贵胄还是民间，公认的滋补方法是吃人参鸡，或曰喝人参鸡汤。人参的其他食用方法还很多，有简有繁。上千年食用人参的方法，总结归纳起来不过几种：

　　直接食用。如煮参汤，跟熬中药相同，熬半个时辰左右即可喝汤了；隔水蒸，将人参放到小碗中，置锅内蒸，既可喝碗内的参水，又可吃人参；含服，将人参片（干、鲜皆可）放在舌下，慢慢吞咽口水，最后将参片嚼服咽下[16]。

　　掺入食品中。如将干人参磨粉，煮粥时适量放入；将适量人参粉和入面粉中，做成馒头；将人参粉掺入花椒面中，做菜时放入。

　　做人参菜肴。如拔丝人参、人参鸡、脆皮人参、蜜汁人参、人参杏仁豆腐等等。古时只有宫廷和官宦人家才有这个条件，近现代随着园参产量的增加，人参入菜，亦传入民间。鲜人参用炭火烧熟了吃，是长白山区参农发明的一种独特吃法，这种吃法营养丰、参味浓、口感好。

　　从古至今，食用人参品种越来越多。有山参园参；山参又分野生山参、林下山参、移山参、老池底子山参等；园参有长白山抚松马牙芦参、集安边条参等等。由于加工方法不同，又可细化为红参、生晒参、糖参、参须、大力参、曲尾参、人参粉、人参精、人参糖、人参皂苷等若干种。

　　随着人们生活水平的提高，保健意识的增强，食用人参必将愈来愈受青睐。

　　人参除了药用和食用外，还有一种用法——外用，最常见的就是用人参水洗浴。

　　参业劳动者在祖祖辈辈与人参打交道的过程中，发现人参具有特殊的保护皮肤作用。如在深秋洗人参（参农称为刷水子）劳动中，尽管长白山区气候已经很冷，早晨甚至结冰，但洗参者经过一个多月的劳作，手不但不皱，不裂，反而变得光滑细嫩。根据这个经验，有心人就用人参芦头、人参须子熬水或泡水洗头、洗手、洗脚，收到奇效，后来人们又用人参茎叶煮水洗浴，同样有效。到现代，科研人员研发了人参雪花膏、人参洗发液、人参沐浴露等等，使人参应用范围更加宽泛。

　　人参酒的历史也很久远。古人发现，将人参泡在酒中，既可使人参保鲜不腐烂，又使酒增添了人参的成分。喝人参酒，也有服用人参的功效，因此将其作为滋补品。在长白山区，上百年来一直有些人家在酒瓶内浸泡着形体美观的人参，有的是为了喝酒，有的则是欣赏。

在泡人参酒的过程中，出现一个奇特的现象，鲜人参泡在白酒中居然发芽长叶，甚至长出人参果。从古至今，泡在酒中的人参发芽生长的实例不胜枚举。人们虽然不知人参浸在酒中能生长的科学道理，但确知人参生命力之顽强，推测人参有溶解酒精的功能，使人们增添了对人参的神秘感。

据传说，"人参鸡蛋"是八仙中吕洞宾的养生秘诀。即将人参切碎，与米同时煮熟，再把人参米饭阴干。用这种人参米饭喂小鸡雏，当小鸡长大后下的蛋叫"人参鸡蛋"，人们吃这种鸡蛋，"不超过一百天，体弱身虚多病者，变得形容娇灵、返本还元"[⑰]。人参有双向调解功能，已经得到许多国家专家的证实。比如人参既可活血，又能止血；既能医治高血压，又能医治低血压；既能提神，又能改善睡眠。表面看，人参这种双向调节功能是矛盾的，但中外专家经过临床实验充分证明了这种双向调节功能的存在，民间百姓也有很多人有这种体会。专家们认为，合理确定人参的定量、人参的品种，是适用上述病症的关键。

人参的应用也有诸多禁忌。古代中医在以人参入药的成方验方中，多强调"去芦"，即药用人参主根时，要将芦头去掉。认为人参芦头劲儿大，吃了容易上火或者头痛，甚至流鼻血。当代专家研究，人参芦头含有丰富的皂苷等对人体有益成分，应该利用，弃之可惜。

历代医者经验认为：人参不可与五灵脂配伍；人参反藜芦；人参不与萝卜同吃；健康婴儿不要用人参滋补。

人参药用亦需对症，有的医者总结出五大忌。即，咳嗽忌用人参、疼痛忌用人参、感冒忌用人参、发热忌用人参、正在失血忌用人参。

李言闻提出人参"七不可用"。

1. 面赤而黑者，气壮神强，不可用；

2. 脉弦长紧实滑数有力者，皆火郁内实，不可用；

3. 痰实气壅之喘咳，勿用；

4. 寒束热邪壅郁在肺，肺寒而咳者勿用；

5. 久病郁热在脉，火郁于内宜发不宜补；

6. 诸痛不可骤用，乃邪气方锐，宜散不宜补；

7. 随虚火旺者，血虚火亢能良，脉弦而数，凉之则伤胃，温之则伤脉，不受补者也。

在人参应用禁忌当中，也有一些误区。比如，"吃人参上火"是很多人的看法。其实，只有超量食用人参才会出现上火症状，而并非吃人参就上火。还有一种说法是"夏天不能吃人参"，实践证实，夏天也可以吃人参，但用量要比秋冬季少。

自古以来人们认为，人参鸡汤是最好的滋补品。许多人以老母鸡和人参来孝敬老人。但是，医学认为，人参鸡汤不适用所有人，如胃酸过多者不宜、胆道疾病者不宜、肾功能衰弱者不宜、高血压患者不宜、高血脂患者不宜、糖尿病患者不宜等等。

第四节　关于人参的述说

传说　故事　歌谣　谚语　诗词

在人参传说中，当以野生山参的传说最为精彩。比较早的山参传说是人参能作儿啼。宋太宗时李昉等编纂的《太平御览·异苑》中记载："人参，一名土精，生上党者佳。人形皆具，能作儿啼。昔者有人掘之，始下数锌，便闻土中人呻声。寻音而取，果得一头，长二尺许，四体毕备，而发有损缺处，将是掘伤，所以呻也。"

《太平御览·梁书》中还记载一个关于挖人参的传说。大意是，阮孝绪的母亲忽然得了急病，须用人参配伍入药。听说钟山出产人参，阮孝绪便亲自到深山幽谷去寻找人参，但很多天也没找到。有一天忽然发现一只小鹿，孝绪于是跟在鹿后边。走着走着，忽然小鹿不见了，孝绪仔细寻找，果然发现了人参。母亲服下人参后，病很快就好了。阮孝绪是历史上真实存在的人物，传说是个孝子。孝有感动力量，孝子必得好报是民俗风情。

《卓异记》中也记载一则短小的关于挖人参的传说。骆琼采药北山月下，闻紫衣童子歌曰："山涓涓兮树蒙蒙！明月悉兮当夜空！烟茂密兮垂枯松！"遂于古松下得参一本，食之而寿。从中可以看出人参的神奇，得知食用人参有长寿的功效。

在许多民间人参故事和传说中，以喝人参汤飞升上天的最多，传布相当广远，不仅东北乃至黄河一带皆有所闻。其情节大致是：一个红衣绿袄的白胖小儿，天天到庙宇找小和尚玩耍，晚来早归。师傅让小和尚将穿着红线的针别在娃娃身上，翌日顺线果然挖到一棵千年人参。师傅将人参煮之，严令小和尚不许翻动。但一股奇香的诱惑让小和尚难以忍耐，于是偷吃了人参，又把人参汤环庙宇洒之。待师傅回来时，只见小和尚连同庙宇一同升上天空。

清代咸丰年间盛传的"人参状元"也很有趣儿。老家江苏常熟的才子翁同龢，赴京参加殿试，与当朝尚书之子孙毓汶一同考状元。他们二人是公认的最有实力争夺状元者。孙尚书便使计热情邀请翁同龢到自己家住，并让翁同龢自己住一个单独的房间。在考试的前一天，孙尚书与翁同龢唠嗑到深夜不离。翁同龢又困又乏，好不容易坚持到孙尚书离去，刚要入睡，忽听窗外鸡叫天明。翁同龢一夜没有合眼。第二天参加殿试时，孙毓汶精神饱满地答题，翁同龢却昏昏欲睡，浑身无力。他忽然明白孙尚书为何请他到家里居住。正在懊恼之际，想起临离家时父亲送给他两支长白山老人参，于是拿出一支，掰下一半放入口中嚼服。翁同龢吃下人参以后，顿时感觉精神饱满，睡意全无，奋笔疾书，一气呵成，按时交卷。不久，殿试结果出来，龢高中状元。消息传出，人称翁同龢为人参状元。直至今日，人们还在讲着这个故事，讲者难免添枝加叶，无非是借以宣传人参提神强体的威力，表达参农的自豪感。

关于园参的传说也很多，故事内容也不尽相同，但主题与山参的传说差别不大，不外乎是说人参的神奇现象和非凡的功效。人参传说是后来逐渐丰满的人参故事的基础。

长白山的人参故事丰富多彩，是在人参传说的基础上，又经过世代口耳相传不断完善起来的。人参故事比人参传说的情节更加曲折，故事更加完整，人物更加形象，至今流传不息，是吉林人民世代创作的独具特色的口碑文学。

长白山区流传的人参故事成百上千篇。类型可分为山神老把头孙良的故事，人参娃娃的故事，人参姑娘的故事，人参鸟的故事等等。它们大多产生于清代后期，又都与放山人有关。故事的内容与主题，有放山人与人参姑娘成亲的，有挖到人参发财回家的，有遇难得到山神老把头保佑的，有好人得到好报、恶人得到恶报的，还有人参与蛇、与鹿、与虎、与狗等动物之间发生的故事。

关于山神老把头孙良的故事，在长白山区最为流行，几乎是家喻户晓，影响至深。以曹保明《中国东北行帮》一书中叙述得较详细。故事说在山东莱阳，有老两口膝下独子名叫孙良。一年当地闹瘟疫，百姓多染疾，听说只有人参能救治，孙良为解乡亲病痛，决意闯关东到长白山挖人参。孙良到长白山后，因为没有经验，又是撮单棍，一连几天也没开眼。有一天，他在林中遇到了另一撮单棍的人，名叫张禄，也是山东莱阳人。两个人越唠越近乎，就插草为香，结成了把兄弟。孙良年龄大为兄，张禄年龄小为弟。因为张禄比孙良来关东早，采参的经历多，从此张禄就热心地教孙良怎样寻找人参，怎样看人参是几品叶，怎样识别假人参"刺拐棒"，还给孙良讲了许多人参的故事。

一天，二人商量分头采参，约定三天后回窝棚会合。孙良不久发现了一个"棒槌营"（指成片生长人参之处），挖回了好几苗大参，就高兴地回窝棚等待张禄。久等不见张禄，孙良就四处寻找。他爬山越岭，忍饥挨饿，一直找了十几天，又累又饿，死于蝲蛄河边。临死之前，咬破手指在卧牛石上写下一首绝命诗："家住莱阳本姓孙，漂洋过海来挖参。放山丢了好兄弟，找不到兄弟不甘心。三天吃了个蝲蝲蛄，你说伤心不伤心。日后有人来找我，顺着蛄河往上寻。入山再有迷路者，我就当你引路神。"孙良死后，灵魂还在寻找张禄。原来张禄是千年人参精的化身，下山就是为了寻找人参保护神。后康熙皇帝东巡时，听到这个故事，非常感慨，认为孙良忠义可嘉，口谕：今天正是三月十六日，就是他的忌日。封他为长白山的"山神老把头"。并传谕：既然封为山神老把头了，就得有老爷府，树墩就是山神的"老爷府"了。从此，人们把孙良奉为放山人的神祖，把树墩奉为老爷府。每年三月十六日过"山神老把头节"，隆重祭祀孙良。

　　还有一篇《寻找老把头》的故事，可谓是孙良故事的续篇。说是孙良死去九年以后，山东莱阳一位叫石哥的青年，来长白山寻找孙良。他走到蛄河旁，看见了写有孙良绝命诗的大石头，并发现了孙良的尸骨，于是就地将孙良埋葬。石哥又往上游走，想寻找棒槌。路遇一个饿昏的人。石哥把自己带的干粮给他吃了，此人逐渐苏醒过来，说自己叫丁七高。两人结拜为兄弟，一块儿放山。二人放了几天山，遇到大雨，棒槌没挖到，干粮快没有了，石哥虽然饿得不行了，却把剩下的干粮全给了丁七高。自己最终饿得昏死过去，丁七高想把他埋起来，又担心自己太累了走不出大林子，就丢下石哥自己走了。

　　后来，石哥慢慢睁开眼，发现面前有一位白发老人。老人说，谢谢你给我立了坟。你往东走一百步，有几苗人参，挖出回家吧，有人参鸟给你带路。石哥说，我还有个结拜兄弟叫丁七高，也不知怎么样了。老人说，他心眼儿不好，爬砬子时摔到山涧里死了。老人说完，一股白烟飘飘升起就不见了。石哥明白了，救自己的就是死后变成山神的孙良。他往东走了一百步，果然发现几苗人参，挖出来用树皮包好，真的飞来一只人参鸟，把石哥领出了老林子。石哥回到山东老家后，就把孙良成为山神老把头的故事讲给乡亲们听⑱。后来人们终于找到了孙良的家乡，看到了孙氏家族从明朝洪武二年开始记录的家谱。除此之外，还有许多山神老把头孙良显圣的故事。

　　在长白山区有许多关于人参姑娘的爱情故事，有代表性的是民间文艺家梁之搜集整理的《棒槌姑娘》。这篇故事说的是甸子街（抚松县旧名）有个富豪叫东霸江，雇了一批水手给他放木排，水手们一到砬子附近就看见水里有个穿红袄绿裤的漂亮大姑娘。东霸江知道消息后，逼着水手到山上给他挖这苗人参精。水手们都不愿去，东霸江和打手们硬逼着一个叫水生的小伙子上山。水生无奈，一边往山上爬，一边叨咕："棒槌姑娘躲躲吧、棒槌姑娘躲躲吧……"水生到了山顶就累昏倒了。不一会儿，水生睁开眼睛，只见美丽的棒槌姑娘含情脉脉地站在自己面前。东霸江在砬子下面等了半天不见水生下山。往上看时，只见水生正和棒槌姑娘站在山顶上有说有笑的唠嗑呢。东霸江气急了，就自己往砬子上面爬，眼看就要抓住棒槌姑娘了，不料脚下一滑滚到大江里去了。打这以后，水手们放排路过石砬子，就看见水中有棒槌姑娘和水生两个人并排站在一块儿，可亲热呢……

《王小放山》的故事在长白山区流传也很广，并有多种版本，其中有代表性的是王小修祠堂的故事。说在桦甸和濛江的交界处的龙岗，有个叫王小的青年，特别孝顺。有一年，他父亲进山挖参一去没回。后来母亲生病，王小就进山采参给母亲治病。但是，经历千辛万苦也没找到人参。一天走累了，躺在林中睡着竟做了个梦，梦见一个身着绿袍红巾的龙首人对他说："王小，王小，满山是宝，吃尽辛苦，自然得好，发财还家，孝心养老。"醒来后顺着梦中龙首人的指点，挖到了四十六苗大参。卖参的钱除了给母亲治病，剩下的钱自己舍不得花，分给乡亲一部分后，又在挖参的地方盖了一座小庙"灵参祠"，神像是按他梦中的龙首人形象塑的，从此这个地方取名为王小沟。

人参喜水又怕涝，喜肥又不喜腐肥，喜散光、折射光而怕强光，喜和缓温度而怕高温。人参的生长离不开树的"荫庇"，人参与树结下不解之缘。正因为如此，在长白山区流传许多人参与树和谐相处、互相帮助、劝人向善的故事。

在长白山区还流传许多关于人参鸟的故事。人参鸟又称棒槌鸟，人参鸟爱吃人参的籽，并把籽到处乱叼乱撒，是人参的播种者，深受放山人的喜爱，从而编织出许多故事来[19]。故事有两种类型。一类是讲人与鸟之间感情的。如，人参鸟受了伤，好心的放山人为其包扎，并在树上挂个米罐喂养，待小鸟康复后感恩回报，或是为恩人衔来宝贵的人参籽，或是引导恩人挖到了大人参。恶财主也学放山人模样，故意将人参鸟的腿折断，然后为其包扎。结果，小鸟引导他挖了一棵假人参，恶财主吃了后变成了一块大石头。故事生动有趣，善恶分明。另一类是讲男女爱情的。如，一对青年男女，男的去放山，女的为其送衣送饭，俩人历尽艰辛，饱受折磨，却忠贞不渝的相爱，后因发生意外双双死在山里。死后羽化成两只人参鸟，互相呼唤着对方的名字，比翼齐飞，成为天上的一对伴侣。故事情节曲折凄婉，令人动情。

长白山区的人参故事，充满着热爱自然、热爱家乡、热爱劳动的情感，讴歌了勤劳勇敢，孝悌仁义，诚实守信，帮危扶困，惩恶扬善的道德风尚，表达了山里人追求真善美的纯朴民风民俗。

　　人参歌谣不仅在长白山区而且在整个吉林省都有流传，由于年深日久又是口耳相传，具体的产生年代和作者已不可考。据搜集、整理者研究，认为少数产生于明末，绝大多数是清代的。其中，多数是放山人及其亲属创作的，也有少数是由人参传说故事改编而成。这里，举几例以窥一斑。

　　《先拜孙良爷》[20]：

　　　　七月天头热又长，进山先拜爷孙良。

　　　　孙良爷，心眼好，暗中保佑咱挖宝。

　　　　咱挖宝，不怕苦，一天翻山五十五（里）；

　　　　五十五，没开眼儿，兄弟全都累抱杆儿；

　　　　累抱杆儿，没有劲儿，瞧见头前小红粒儿；

　　　　红粒底下是参宝，都说今儿个没白跑。

这首歌谣介绍了放山习俗中进山前许愿的情况，述说了放山寻参的辛苦，最终挖到了人参。

　　《挖参苦》：

　　　　挖参苦、挖参苦，衣裳刮破没人补。

　　　　挖参苦、挖参苦，最怕碰上狼和虎。

　　　　挖参苦、挖参苦，饿了没米把粥煮。

　　　　挖参苦、挖参苦，一天挣不上两吊五。

　　　　挖参苦、挖参苦，老婆孩子同受苦。

这首歌谣表现了放山人的艰辛，是放山生活的真实写照。

　　《你采参我采参》：

　　　　你采参，我采参，采参人没吃过参。

　　　　你采参，我采参，舍命采参一辈子贫。

　　　　你采参，我采参，咱们没得半分文。

　　　　皇帝老爷要红参，哪管百姓命归阴。

这首歌谣说的是为了向朝廷进贡，放山人被逼无奈，去采参的叹苦经。

　　《想找棒槌得好心》：

　　　　棒槌开花五灵脂，想要挖参进山里。

　　　　棒槌大了通神气，谁要贪心就别去。

　　　　地上一年一匹叶，地里一年长一节。

　　　　百年棒槌成人形，修来炼去把仙成。

　　　　吃了棒槌葆青春，想找棒槌得好心。

这首歌谣主题跟前三首不同，主要是说老山参既成人形又有仙气，要想得到它得心眼好，没有贪心。歌中所说五灵脂是味中药，其形状与人参果相似，"地里一年长一节"是指人参的芦头。

　　《情郎采参进深山》

　　　　八月里来野花鲜，情郎采参进深山。

　　　　八月里来雨连绵，情郎采参好可怜。

　　　　八月十五夜难眠，天上月圆人不圆。

　　　　八月中秋月正南，盼我情郎把家还。

　　　　挖的人参扛不动，换回一包白银钱。

　　　　给奴买件新夹袄，还有手镯和耳环。

　　　　托个媒人好成亲，小两口儿比蜜甜。

这首歌谣明显是放山人的未婚妻所作。凝聚了对情郎哥日思夜想的情感，表露了对美满婚姻的憧憬和向往。

　　《好娃子，别哭啦》：

　　　　好娃子，别哭啦，你爹进山挖参啦。

　　　　好娃子，别哭啦，你爹挖参快回啦。

　　　　挖回参，换银钱，娘给你扯布做衣衫。

　　　　挖回参，换咸盐，炖肉给你好解馋。

　　　　山神爷，保佑吧，保佑你爹快回家。

　　　　老把头，保佑吧，保佑你爹发财啦。

这首歌谣，是放山人的年轻妻子边哄孩子边述说的内心愿望。

　　由人参故事改编的歌谣，如《小红孩儿》：

　　　　南山有个小红孩儿，

　　　　天天跑来跟我玩儿。

　　　　问他的家住在哪儿？

　　　　他说南山坡下不太远儿。

> 问他家中有啥人儿?
>
> 他说男女老少一大群儿。
>
> 问他家中富不富?
>
> 他说有吃有喝又有住。
>
> 问他家中好不好?
>
> 他说里里外外全是宝。
>
> 问他财富送哪去?
>
> 他说单等那些有福的。

这首歌谣描述了人与人参对话情景,表达了挖参人的美好愿望。

放山人在年复一年的采参劳动中,种参人在祖祖辈辈栽种人参过程中,总结出朗朗上口的人参谚语,其特点是简明而适用。譬如:

> 椴树旁,红松根,东坡山上有人参[21]。

此谚语是放山人选山场的经验概括。在长白山区,有经验的放山人都知道,东坡的针阔叶混交林中人参比较多。

> 哈拉海蜇麻子,二黄土里长须子。

这谚语是说,生长在"蜇麻塘子"里的人参比较白,生长在"二黄土"里的人参须子比较长。这是放山人的经验之谈。蜇麻子即荨麻,多年生草本植物,茎和叶子都有细毛,人不小心碰触上,皮肤会刺痒疼痛。寻找人参不能害怕荨麻"蜇人";荨麻丛中往往有大人参,而且特别白。二黄土是指活黄土,比纯黑土要黄一些,这种土壤生长的人参须子比较长。

> 棒槌鸟叫,放山人笑。

这谚语是说,放山人听见人参鸟叫声,循声就能找到人参,所以放山人听见棒槌鸟叫就很高兴。

"培培埯儿,离不远儿","插插花,再拿大"。人参挖出后,出现一个坑,放山人要把挖出的土还回坑中,培一培土,即"培埯儿"。意思是说,只要是培培埯儿,下一棵人参就离不远了,图个吉利顺当。"插花"就是折一棵树枝插到刚培过埯儿的松土中,意思是希望下一次挖到更大的人参。

> 看山参数芦碗,品人格看长短。

这是描述野山参外形的谚语。山参芦头由芦碗堆成,相互叠生,看芦碗形态可认定是山参。

　　　　紧皮细纹疙瘩体，珍珠点点须下缀。

"紧皮"又写成"锦皮"，形容山参表皮似锦缎。野山参皮老纹深而密，须子上长有比小米粒儿还小的疙瘩，俗称珍珠疙瘩，这是纯野山参的特点。

　　　　山参种子圆又鼓，园参种子扁不圆。

这是关于山参和园参区别的谚语。山参的种子比园参种子体型要小，而且较圆较鼓，近似球体；园参种子则大一些，而且稍扁。

　　还有一些人参谚语是流传在抚松一带的民间俗语。如：

　　　　园参叶子厚又圆，山参叶子薄而尖；

　　　　山参芦头细而长，园参芦头粗又短；

　　　　山参须子顺坡上，园参须子往下长。

这谚语的前两句好理解。第三句是说，山参的须子顺着山坡、贴近地皮长，而不是往下长。园参则不然，须子往深处长。野山参生长在山林中的处女地，土层不过二、三十厘米厚，而山参须子最长的超过七十厘米，参须子只能顺坡贴地长。园参生长在人工加厚了的土层，而且须子短，是可以往下长的。

　　　　人工撒籽叫籽海，鸟兽传播叫海生。

这谚语是说，人工撒播种子的人参叫籽海，即林下山参；由鸟兽传播人参种子生长的人参叫海生，即野生人参。

　　栽参也有谚语[22]：

　　　　大栽十四五，小栽二十多。

　　　　行距整七寸，覆土三、四指。

　　　　坡地变参园，先苦后来甜。

意思是，大人参栽子每行十四、五棵，小人参栽子每行二十多棵，行距七寸远，上面盖土四指厚，落实以后不低于三指厚。

　　园参田间管理松土、薅草也有谚语：

　　　　头遍深，二遍浅，三遍挠挠脸。只要选好种，一帘顶两帘。

园参松土每年要进行三次。第一遍松土要深，要求"摸着膀子头"，就是要触摸到人参的"肩膀"；第二遍松土时要浅一些，不用触到人参，一般二指多厚就行；第三遍松土更浅，抓抓土层表面即可，就像人挠挠脸似的。每次松土的同时，都要见草就薅。

人参谚语，是生产劳动实践经验的结晶，表现了参乡人民的勤劳智慧。

在古诗词歌赋中提及人参的很多，如金元好问有"洗参池水甜如蜜"句，清吴兆骞有"人参抗茎于椴阴"句，而专咏人参的诗词相对较少。这里介绍几首。

皮日休《友人以人参见惠因以诗谢之》（摘自《全唐诗》卷六一四）：

> 神草延年出道家，是谁披露记三桠。
> 开时的定涵云液，劚后还应戴石花。
> 名士寄来消酒渴，野人煎处撇泉华。
> 从今汤剂如相续，不用金山焙上茶。

皮日休写出人参有三桠且能解酒，有了人参，则显不着上等茶叶。可见，他在食人参方面，是有经验的。此诗写后，便得到陆龟蒙的唱和：

陆龟蒙《奉和袭美谢友人惠人参》（摘自《全唐诗》卷六二五）：

> 五叶初成椴树阴，紫团峰外即鸡林。
> 名参鬼盖须难见，材似人形不可寻。
> 品第已闻升碧简，携持应合重黄金。
> 殷勤润取相如肺，封禅书成动帝心。

陆龟蒙是唐代著名诗人，苏州人。题中"袭美"是皮日休的字，与陆龟蒙是同代诗友，两人因人参而互相赠诗，传为佳话。

本首诗是说，人参刚长出五片子时，椴树已经放开叶子。太行山上的紫团峰是长人参的地方，吉林也是生长人参的地方。"鬼盖"是人参的别称，人参根像人形的不好找。人参入药，其价值重如黄金。最后两句诗有一个传说：汉代辞赋家司马相如患消渴病，在云游四方时，巧遇一道人相告，人参可治消渴病。于是司马相如经常服用人参汤，病情果然好转。司马相如病愈后，著有《子虚赋》《上林赋》传入宫中，得到汉武帝的赏识，于是被召入宫中做官。

苏轼《人参》（摘自《苏轼诗集》卷二三）：

> 上党天下脊，辽东真井底。

> 玄泉倾海胰，白露洒天醴。
>
> 灵苗此孕毓，肩肢或具体。
>
> 移根到罗浮，越水灌清沘。
>
> 地殊风雨隔，臭味终祖袮。
>
> 青丫缀紫萼，圆实堕红米。
>
> 穷年生意足，黄土手自启。
>
> 上药无炮炙，龁啮尽根柢。
>
> 开心定魂魄，忧恚何足洗。
>
> 糜身辅吾生，既食首重稽。

本首诗是苏轼《小圃五咏》中的第一首，另外还有《地黄》《枸杞》《甘菊》《薏苡》四首。

上诗说，太行山地区的上党是天下最高的地方，辽东（古时，泛指东北为辽东，故长白山参亦称辽东参）犹如井底。实际上太行山主峰紫团山海拔最高 1700 多米，而长白山主峰海拔 2700 多米。估计苏轼没到过长白山，或者认为上党人参最好，有意如此相比。

从此首诗看出，北宋时期已经有人工栽培的人参。苏轼不仅吃人参而且亲自栽种人参，所以对人参充满感情。

乾隆帝《咏人参》（摘自《吉林通志》）：

> 性温生处喜偏寒，一穗垂如天竺丹。
>
> 五叶三丫云吉拥，玉茎朱实露甘溥。
>
> 地灵物产资阴骘，功著医经注大端。
>
> 善补补人常受误，名言子产悟宽难。

乾隆（1711—1799）一生创作了多篇关于人参的诗篇。这与他"日日吃参"有关。本首咏人参诗，前四句主要写人参性温喜欢生长在阴凉处，叶子是掌状复叶。"五叶三丫"是三四叶人参，不大不小，属于中等。就像被吉祥的云朵簇拥保护似的，玉石一般的茎，红色的人参果上有很多露水珠。后四句诗既赞颂人参，又指出人参用不好超过定量有副作用。

清杨宾《宁古塔杂诗》之一：

> 土产参为最，今时贡帝京。

> 营州非旧种，上党亦空名。
>
> 碧叶翻风动，红根照眼明。
>
> 人参品绝贵，闻说可长生。㉓

杨宾（1650—1720），浙江山阴人，在康熙四十六年写成著名的《柳边纪略》。这首诗是说，关东土特产品中，人参是最贵重的。现在要将人参送往京城进贡。辽东地区的营州人参已经被广泛应用，功效显著，而历史上曾享有盛誉的上党人参此时徒有虚名。微风吹过，碧绿的人参叶随风舞动，红参果耀眼。人参品质高贵。听说人参可以使人长生不老。

到清代初期，上党人参已绝迹，所用人参都是长白山人参。杨宾一生大部分时光在康熙年间，对人参很熟悉，所以创作出这样生动的人参诗。

【注释】

①② ［清］张凤台编撰：《长白汇征录》，见《长白丛书》初集，吉林文史出版社1987年版，第165页。

③ 于济源：《挖参人和地坫子》，见《人参文化研究》，时代文艺出版社1992年版，第47页。

④ ［清］刘建封：《长白山江岗志略》，见《长白丛书》初集，吉林文史出版社1987年版，第333页。

⑤ 孙文采、王嫣娟：《中国人参文化》，新华出版社1994年版，第140页。

⑥ 孙树发：《中国俗文化丛书·采集风情》附录《采参行话》，山东教育出版社1999年版第146页。

⑦ 同上，第155页，

⑧⑨ 同上，第166页，

⑩ 同上，第167页。

⑪ 同上，第169页。

⑫ 王铁生：《中国人参》，辽宁科技出版社2001年版，第23—36页。

⑬ 陈福增主编：《抚松县人参志》，吉林人民出版社1989年版，第23—24页。

⑭ 张雯虹、孙文采：《长白山民俗文化》，吉林文史出版社 2005 年版，第 430 页。

⑮ 陈福增主编：《抚松县人参志》，吉林人民出版社 1989 年版，第 24 页。

⑯ 王德富：《人参怎么吃》，吉林音像出版社 2006 年版，第 80 页。

⑰ 孟秋：《增补医林状元寿世保元》丁集卷，上海广益书局 1913 年版，第 4 页。

⑱ 蒋力华、梁琴：《中国人参文化》，吉林科学技术出版社 1995 年版，第 325 页。

⑲ [日] 花井操著，方红象译，吉林省民间文艺家协会编：《人参文化研究·棒槌鸟之谜》，时代文艺出版社 1992 年版，第 205 页。

⑳ 吉林省民间文艺家协会编：《人参文化研究·长白山采参歌谣》，同上，第 277—288 页。

㉑ 中国民间文学集成吉林卷编辑委员会编：《中国民间谚语集成·吉林卷·风土谚》，中国 ISBN 中心出版社 2003 年版，第 494—504 页。

㉒ 同上，第 502—503 页。

㉓ 孙文采、王嫣娟：《中国人参文化》第四编《人参诗研究》，新华出版社 1994 年版，第 245 页。

第三章

山河渔猎

渔猎孕育了人类的原始文明，渔猎文化源远流长。据位于榆树市周家油坊的"榆树人"遗存、位于安图县明月沟石门山村的"安图人"遗存、位于前郭尔罗斯蒙古族自治县"查干湖"①的"青山头遗存"等处的考古发现，说明吉林省的远古先民就已经从事渔猎活动。在距今四千多年前的满族先世肃慎曾以"楛矢石砮"进贡于周天子，可见那时狩猎活动已经有了较大进步。到辽金时期，狩猎已由步射发展为骑射，女真人"耐饥渴，苦辛骑，上下崖壁如飞"。及至后世的满族，渔猎经济活动更加活跃，继承了先民的尚武精神和渔猎习俗。

自有清以来，清王朝为垄断吉林的渔猎物产，将吉林划为封禁的渔猎之地，并设立专门机构管理渔猎生产等事项，从而形成了独具吉林地域特征的渔猎文化。

第一节 专司皇贡的打牲乌拉

打牲乌拉总管衙门的设立 贡山贡河的划定 徭役繁重的打牲丁打牲乌拉的消亡

中国封建社会的专制史上，凡一方之最新、最好的物产，都要向朝廷交纳，供皇室享用，称之为皇贡。《禹贡·疏》载："贡者，从下献上之称，谓以所出之谷，市其土地所生异物，献其所有，谓之厥贡。"皇贡制度始于夏代，历朝不仅各级政府，而且边疆少数民族地方政权也都要向中央王朝交纳皇贡。世居吉林地方的部族向中原王朝进送贡品亦成律例。如渤海建国后一直履行向唐代中央王朝纳贡的义务。有学者统计，大祚荣时期"遣使贡方物"5次，大武艺时期23次，大钦茂时期49次，等等。当时不仅渤海朝唐进贡，渤海周围其他部落也朝唐纳贡②。

清代建国后，对于皇贡，制定了独特的垄断制度，即在通过户部征收贡品之外，由朝廷内务府在地方设立衙署，为宫廷直接生产皇贡。如同在江南设立织造衙门一样，在吉林设立了专为皇室纳奉渔猎特贡品的总管衙门——打牲乌拉。打牲乌拉是直属清廷内务府管辖的特殊行政机构，它同一般的府、州、厅、县署衙的区别是实行中央与地方的双重统治，因之打牲乌拉就成为朝廷直接管理、地方署衙予以保障的东北物产的采捕中心、生产中心。这是清王朝企望保存祖先的渔猎传统精神、保持满族对东北故乡珍贵的渔猎物产继续独享而采取的垄断措施，可谓是封建专制王朝建立的"经济特区"。

松花江自长白山奔泻而下，穿越崇山峻岭，渐入平川，经吉林市城区，沿龙潭山北上。在距龙潭山数十里处，有一个历史悠久、民风淳朴、物产丰饶、闻名遐迩的古镇吉林乌拉（今吉林市龙潭区乌拉街满族镇），《吉林通志》记载：乌拉古城"远迎长白，可谓五城锁钥，近绕松江，乃是三省通衢"，足见其地理位置之重要，打牲乌拉总管衙门就设在这里。

打牲乌拉，又称布特哈乌拉。萨英额在《吉林外记》中说："布特哈，译言虞（渔）猎也；乌拉，江也。故有打牲乌拉之称。""打牲乌拉"之命名，即含渔猎之地的寓意。

近年，民族文化学家富育光先生在研究、整理满族说部《萨大人传》时发现，早在努尔哈赤从赫图阿拉城崛起、入主中原之前，他就有过要在乌拉建立后勤保障基地的设想与措施。此后，皇太极去乌拉围猎、视察，并具体地去实现努尔哈赤这个多年的夙愿和遗志。他曾在乌拉亲下特旨："乌拉系发祥圣地，理宜将所遗满、汉旗仆原属……在乌拉设置安官……捕贡兵丁，由京都总管内务府分司节制，不与驻防衙署干预"，正式辟乌拉为皇室渔猎纳贡的"特区"。顺治十四年（1657）设"打牲乌拉总管衙门"，总管定为六品，顺治十八年（1661）升格为四品，康熙三十七年（1698）定总管为正三品。总管职级一再升格，反映了清廷对这一皇贡机构、经济特区的重视。自清初首任总管迈图始，至清王朝覆灭清光绪三十四年（1909），历36任总管③。

作为朝廷设三品官员管理的皇贡重镇，其规模可观，除衙署、官邸、民居外还建有寺、观、庵，向有"八庙四祠三府一街"之说，古朴的建筑也极具满族风格。康熙年间，打牲乌拉衙门设总管（三品）1员，翼领（即辅堂，四品）2员，分左右两翼，协助总管统理衙署事务，五品翼领4员，分管采、捕、渔等业务，每翼又分4旗，旗下设领催，负责打牲的官兵有4000多名（到乾隆年间大为增加，仅采珠的牲丁即达3000多名）。同时，又直接管辖附近五个官庄，称五官屯，所辖地域范围涉及今吉林省永吉县中部、北部，舒兰县西部，九台市东部，榆树市南部以及蛟河、双阳部分地区，管界周围五百多里，村屯二百多处，男妇五万余口，实行政治经济一体化的统治。

打牲乌拉总管衙门负责的贡品主要为：猎产品貂、虎、鹿、野猪、熊等兽类和鹰、雕、鹳、鹊鸟、鸽子、寒鸦、雀、雉等飞禽；野生植物人参、百合、山药、山韭菜、小根菜、松子、鱼笋、靰鞡草等；渔产品以最珍贵的东珠、鲟鳇鱼为主，还有蜃、鳖和"三花（鳌花、鳊花、鲫花）五罗（哲罗、法罗、雅罗、铜罗、胡罗）"等各种鱼类；农产品有稷米（白小米）、稗子米、铃铛麦、高粱米、荞麦以及寒葱、关东烟等。

总之，在清廷的东北故乡，无论是天上飞的，地里长的，水中游的，凡皇室所需，皆为贡品。有学者统计，打牲乌拉衙署贡品种类，按其用途可分为食品、祭品、装饰品、药品、军用品等，共有200种以上。这既是为了攫取物产供皇家、贵族享用，也含有警示努尔哈赤后代永远不忘祖先基业之意。清代十二位皇帝中有三位在乌拉留下足迹，康熙、乾隆东巡时都曾在乌拉留下诗篇。乾隆《吉林土风杂咏》12首的序有云："吉林在盛京之北，我朝发祥所自。旧俗流传，有先民遗风焉……"诗中对吉林渔人的小船（威呼）、捕猎人的木屋（呼兰）、爬犁（法喇）、小弓（斐兰）、糠灯（霞绷）以及盛装水、酒的木桶（施函）等极具渔猎风情的方物，状物写实，细致逼真，赞赏不已，使乌拉渔猎文化倍增光彩，广为传扬。

东北各民族错落杂处，满族入主中原后，视东北为自己的故乡。为了保持满族固有的尚武精神和骑射本习，不忘祖宗旧制旧俗，防止汉化，更主要是为独享东北丰富的资源，清政府在东北实行封禁政策。封禁政策缘起于崇德，酝酿于顺治，形成于康熙，乾隆五年（1740）以后，全面禁止汉人进入东北。咸丰十年（1860），因为面临沙俄的侵吞，清廷开始解禁，同意移民，直隶、山东等省无地与少地的汉族农民纷纷进入东北，拓荒开垦，共同守边。光绪十年（1884）全面解禁。光绪三十三年（1907），设立黑龙江等省份，不得不承认东北汉化的事实。

清王朝视东北大地山川为皇家私产，打牲乌拉总管衙门不仅要担负为皇室纳贡的职责，还要为皇帝管理土地河山。康熙十二年（1673）制定禁猎法规，"在禁河内采捕蛤蜊及采蜂蜜、捕水獭，偷采东珠者，照采人参例，为首者拟绞监候，为从者枷两月，鞭一百"。在山林周围设置许多卡伦，检查入山之人。乾隆六年（1741）五月，颁布了针对吉林地区的封禁令："吉林等处系满洲根本，若聚集流民于地方实无裨益。应如所请，伯都讷地方，除现在民人，勿许招募外，将该处荒地，与官兵开垦，或作牧场。再者，出产人参、东珠之吉林江及长白山、乌苏里等处相同之水旱道路，向来不准行走，应令该将军、府尹等严行查禁。"

据《打牲乌拉地方乡土志》记载，清政府为打牲乌拉总管衙门划出了"贡山"、"贡江"，其渔猎采捕辖区，东起拉林河，西至煤窑厂，南由横道河子起至磨盘山止，北由边外二道河起至团山子止，沿松花江流域方圆560余平方里，并立界碑，明示"乌拉总管衙门为勒碑刻名，整理山河"。辖区内只许打牲乌拉的兵丁进行渔猎采捕，严禁其他人伐木、垦荒和渔猎。

光绪十三年（1887），为捕捞鲟鳇鱼、垦荒等事，打牲乌拉总管衙门与蒙古多尔罗斯王公在松花江及其支流巴延河一带经常发生争执，经由吉林协领会同乌拉翼领与蒙古王公协商、会勘，在今榆树、舒兰、九台与德惠交界处立了一座《贡江碑》，碑文详细记述了打牲乌拉总管衙门自乾隆以来就在此处设"鱼圈一处、鱼营两所"等情况，将有争执的地方"拨给乌拉，永为捕贡之区"。

打牲乌拉在所辖区域进行渔猎活动还嫌不够，又采取由吉林将军和乌拉总管联合发给凭证的办法，到辖区外跨省、府界进行作业。由于打牲乌拉直属朝廷具有权威，加之统领吉林、东北军政事务的行政长官有时也兼任打牲乌拉总管，因此各省、府见其凭证均放行无阻。这样一来，所谓贡山贡江的地域相当广阔，扩展到东北地区北部的绝大部分江河、山岭和平川，"南至松花江上游、长白山阴（今吉林省通化、白山、延边地区）；北至三姓（今黑龙江省依兰县）、黑龙江、瑷珲；东至宁古塔（今黑龙江省宁安县）、珲春、牡丹江流域。上下数千里，流派数百支"。领内有 22 处采贡山场和 64 处采珠河口，渔猎采捕范围遍及吉林、黑龙江，最远可达乌苏里江下游，包括库页岛。由此可见渔猎活动之盛、规模之大④。

清廷在内务府下设都虞司来管理打牲乌拉总管衙门。都虞司，原为尚膳监，顺治十八年（1661）改为采捕衙门，康熙十六年（1677）改为都虞司。清朝在封建法典《大清律例》之外，内务府的七司、三院中也制定了相应律规，其中有《总管内务府都虞司现行则例》，该则例对打牲乌拉的任务、各级官员的责任、俸饷赏恤以及渔猎采捕管理等都作出规定。除此，还经常通过口头或由都虞司下达文书制令等，对交纳贡品的品种、数量、质地、送贡日期等发出指令，甚至诸如贡山的每个山头采什么野果，什么季节、日期、时辰采多少，什么时间经何地、由何衙署送到北京或盛京都有规定，任务十分繁重。例如，据《打牲乌拉志典全书》卷二记载，一年中以打牲单位（旗）计，采珠的要交东珠 1504 颗；捕鱼的要春送 3217 尾，秋送 2160 尾，冬送鳇鱼 12 尾，鳟鱼 18 尾，各色鱼 800 尾；采集的要交松子 8700 斤，蜂蜜 6000 斤等等。这样繁重的任务都落在了打牲丁身上，而且，超额完成对各级官员有所奖赏，这就更加重了对打牲丁的奴役。

打牲丁，从事渔猎采捕生产的劳动者总称，包括牲丁（狩猎）、珠轩丁（采珠）、渔丁（打鱼）、蜜丁（放蜂采蜜）等。朝廷把打牲乌拉人作为其"包衣"（满语：家奴、奴仆之意），编入旗籍。打牲丁地位最低下，一切苦役都由他们承担。清高士奇在《扈从东巡日录》中记载了打牲丁的困苦生活："（乌拉）虞村居人二千余户，皆八旗壮丁，夏取珠，秋采参，冬取貂皮等以给公家及王府之用。男女耕作，终岁勤动。亦有充水手拿舟，渔户捕鱼，或入山采桦皮者，其食甚鄙陋……贫者惟粗布及猫犬獐鹿之皮，间有以大鱼皮为衣者。"他们不得迁居，不得从事其他行业，惟一的义务就是为皇室采捕贡品。名义上是在册的旗民，实际上是失去人身自由的奴隶。渔猎采捕的任务按定额落实到人头，必须完成，如采珠的"缺少一颗，将少得珠之牲丁责 10 鞭"。都虞司制定出采捕各项律令，对采珠等隐匿者，不论多寡，分量轻重，即在该城"永远枷号"，知情不报者"鞭一百、流千里"，尤设对逃跑者"拒捕，即行正法"等严酷刑罚，使打牲丁为其终身劳作。

打牲乌拉的经济制度，不同于江南织造衙门给织局工匠以口粮和工价的雇募劳动，其剥削更为苛刻。每名打牲丁每月饷银只有五钱，后因物价飞涨，且"遇有差徭，别无款开销，均系该丁自备资斧"，故又"每月加信银五钱"，到乾隆三十二年（1767）才增加到一两。这每月一两的饷银，除去"差徭的资斧"所剩无几。咸丰以后，"减改市钱二吊"发给，实际上又打成七折。如此，"不惟家属无资养赡，置买衣装、盐酱、铁木器械，势必不敷，各丁难为，实不能周转"。就是这样七折八扣的饷银，朝廷也连年拖欠。加之打牲总管衙门的各级官吏专横恣肆，打牲丁苦不堪言。为防打牲丁逃走，疾患死亡后，还要由仵作予以验尸。

皇贡制度伴随清王朝的兴亡实行了二百余年，打牲丁们艰辛劳作，做出巨大贡献。他们不仅创造了物质财富，也创造了渔猎采捕方面的精神财富，但却过着牛马不如的生活，冻馁劳累而死，在白山松水间留下累累白骨。

清朝历经"三朝盛世"之后，由顶峰逐渐步入下坡，封建的落后的生产方式严重束缚了社会生产力的发展，被封禁的东北经济更加衰落。处于"禁中之禁"的打牲乌拉，打牲丁被当作家奴来驱使，没有丝毫积极性，贡品生产与交纳如江河日下，难以为继。即便是封禁中的生态也遭到严重的破坏。比如鲟鳇鱼，需要 10 年至 20 年才达到性成熟期，开

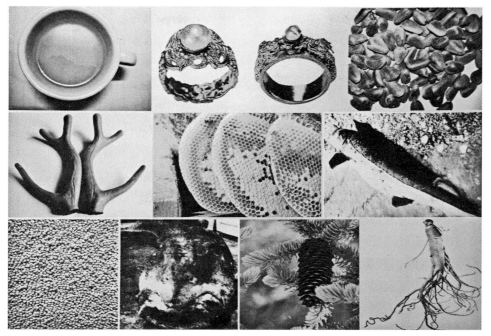

图下 3-1　清　吉林主要贡品　　孙志明摄

始繁育后代，在它们尚未成熟时早已被捕杀，捕获的鲟鳇鱼越来越小，甚至于面临绝迹。皇室也不得不接受这个事实，只好不依尺寸、重量收受贡品，甚至以鲶鱼等其他杂色鱼充之。

为挽颓势，在管理人员上，不得不启用一些有能力的出身于下层的汉军旗人士。如先人世居乌拉的汉军旗人云生，从笔帖氏、仓官等小吏起步，经几年任"骁骑校，升翼领。适奉旨开河捕珠。因停止多年，诸端废弛，诏命严迫，总管某公束手无策"，云生此时被委以重任，对采捕东珠贡品任务规划周详。他亲率牲丁"自松花江上游起，至黑龙江、爱珲止，上、下数千城，舟行暮宿，巡历河口百余日，采珠如额，循例呈进。"光绪六年（1880）"奉旨授乌拉总管，入都觐见"[5]。云生升任打牲乌拉总管企图挽救皇贡的颓势，可以说是打牲乌拉这一清代纳贡基地的回光返照。

然而，清朝已经进入了日趋没落的光绪时期，这条封建专制主义的大船，已是千疮百孔，打牲乌拉即使启用了某些能人来执掌，拼命挣扎，皇贡制度也难以挽回由盛而衰终将覆灭的命运。

自光绪二十六年（1900）"庚子之乱"以后，清朝政府用大量白银向列强赔款，导致国库空虚。对于乌拉地方应支领的俸银，名义上虽有其数，但不能足额应付，连年亏欠，官丁生活困窘。据史料记载，从光绪二十六年（1900）至光绪二十八年（1902）的三年间，打牲乌拉应领取的俸银应为：1900 年 40021 两，1901 年 36870 两，1902 年 36450 两。而在这三年中，清廷共亏欠打牲乌拉地方官丁俸银 113340 两之多。在总管台春的竭力催办下，清廷虽指定由盛京、河南、福建等地方官府暂行支付，但这种拆东墙补西墙的办法，仅得到外地付给的少数银两应付，无济于事。这种情况，致使打牲乌拉官丁们差事荒疏，几陷绝境⑥。

宣统三年（1911），随着清王朝的灭亡，打牲乌拉总管衙门与乌拉协领衙门两署一并裁撤，合为"旗务承办处"。至此，与整个清王朝命运相始终的皇贡制度宣告终结，打牲乌拉总管衙门完成了它特殊的历史使命。

如果说，打牲乌拉的皇贡历史，是封建专制主义的清王朝垄断东北资源、残酷盘剥人民的历史；那么，另一方面，也是吉林各民族的先辈创造渔猎文化的历史。俗话说"靠山吃山，靠水吃水"，"一方水土养一方人"。尽管清王朝实行封禁政策，毕竟鞭长莫及，勤劳、勇敢、纯朴的吉林人民，一直在从事渔猎采捕活动，打牲丁不过是他们中的一员。由于有了这支代代接续的打牲丁"专业队"，更有利于在生产实践中总结和积累经验，以集体智慧创造出渔猎采捕的高超技艺，并在民间传播开来。同时，他们无论盛夏酷暑还是长冬严寒，在莽莽山林滔滔江湖中拼搏，以粗糙的器具向自然索取，从而养成了不畏艰险、坚毅顽强、粗犷豪放的品格和崇尚义气、团结互助、危困相济的精神。这是先辈留给我们的宝贵精神财富。

第二节　寒暑不辍的捕鱼

采捕东珠　捕鳇鱼　冰雪捕鱼　江河祭　渔猎禁忌

吉林的采珠历史悠久，约在 1700 年前，居住在松花江、嫩江流域的夫余人就已经采珠。《后汉书·东夷传》记载：“夫余国……出名马、赤玉、貂皮，大珠如酸枣。”以后诸朝也都有采捕东珠的记载。契丹强盛时，女真人每年以东珠、貂皮等物贡于契丹。明神宗时期，努尔哈赤征服完颜部，占领建州全境后，即开始以土产东珠、人参、紫貂等物，在抚顺地方和汉人互市。珍珠不仅是贵重的装饰品，还是贵重的药材，《本草纲目》称其“功效最高，药中上品”。人们视为宝物，具有很高的经济价值。在满族及其先民的发展过程中，东珠曾是满族崛起时积累财富的重要来源之一。

由阿桂等奉敕撰修、成书于乾隆四十三年（1778）的《满洲源流考》中记述说：“东珠出混同及乌拉、宁古塔诸河中，匀圆莹白，大可半寸，小者亦如菽颗，王公等冠顶饰之，以多少分等秩，昭宝贵焉。”清朝统治者之所以对东珠格外喜爱和珍视，是因为朝廷把它定为用以标识皇室王公贵族以及朝臣官员等级的饰品，是地位、品级的象征，这其中，也含有崇敬先祖、怀念先祖功业之意。这无形中抬高了东珠身价。

清朝将产自东北地区的珍珠称为东珠，也称为北珠，以区别于海产珍珠。东珠为淡水里的河蚌所生，多为吉林、黑龙江境内松花江、混同江、牡丹江、嫩江、瑷珲等江河及其支流所产，故这些江河，统称为“捕珠河”。《鸡林旧闻录》载：“东珠生蛤中，吉林省江河巨流皆产生。”东珠的色泽，常见的有白色、天青色、淡青色、淡金色、粉红色等，而以匀圆莹白有光者最为名贵。《吉林新志》有“岭南北海产珠，皆不及东珠之色”的记载。

清朝官办的采珠业，是在清廷内务府直接掌控下，由打牲乌拉总管衙门组织生产，由打牲丁们从事采珠劳动的一种采集经济，主要是满足皇室和官吏奢侈生活的需求，当然也难免流入市面。它的起伏兴衰，与皇贡制度和清王朝的命运相始相终。

采珠，在打牲乌拉总管衙门的各项职责中占有重要地位。衙门下设专事采珠的生产组织，称为“珠轩”。每珠轩有打牲丁20至30人，称为珠轩丁，3500余珠轩丁均编入八旗。清代档案里就有将采珠列为首要任务的记载，如乾隆三十一年（1766）当时打牲乌拉总管雍和，在一份奏折中写道：“采捕东珠为打牲应任之管差，而且东珠又为皇家要务，与人参等物不可并提。"

珠轩丁采珠需要勇敢、智慧与技艺，是一项充满风险甚至有生命危险的艰苦复杂的劳动。每年江河解冻之时，珠轩丁们就要从打牲乌拉城集体编队出发，带着行李、锅、粮食和采珠用具，驾船分赴人迹罕至的各个采珠口。《永吉县志》载："珠罕而难求，往往易数河不得一蚌，聚蚌盈舟而不产一珠。"为了采捕东珠，牲丁们要"一人驶船江心，用篙撑稳，复执长杆缘船身至水底，捕者裸体抱杆，闭息深入，身伏水底，左臂抱杆，右手扪蚌，得则口衔，掌握。缘杆而上，置蚌舟中，三次易入，趋岸，蒸火烤之，驱寒免疾。日夕，没音（领队）同众聚蚌剖脊解壳得珠，置净水碗中，少许，纳诸印袋（一种由吉林将军署印制、专门装珠的袋子）封固注明，按日如此"⑦。

入冬后，总管衙门就开始忙着向皇室交献贡品，派翼领等官员负责，由士兵护送到北京内务府。他们把采捕来的东珠装盒，用黄绫子包裹齐整，装到专车上。车夫头三天就不准回家，须斋戒沐浴，换上崭新的穿戴。专车的马鞯也换上新的，车辕插着一面三角杏黄"贡"字小旗。车辆排成一队，人走成单列。路经途中，各地官吏如遇贡车，不论官职多大，品位多高，都得停车下马，低首弯腰，恭候侍立。

捕珠丁及其贡品，常常受到最高统治者的赏识，乾隆皇帝曾有诗云："出蚌阴精称自古，大东毓瑞未前闻。混同鸭绿园流夥，合浦交州独产分。取自珠轩供赋役，殊他蜒户效殷勤。纬肖亦识留名喻，沽誉难更旧制云。"⑧

鳇鱼，又称鲟鳇鱼、秦王鱼、牛鱼、麻特哈鱼、色里麻鱼、阿金鱼等。主要分布在松花江和黑龙江水域中，有鱼中之王的美称。《鸡林旧闻录》载："松花江产鱼颇富，三姓上下之沿江一带多操渔业。其鱼鲟鳇最大。"鳇鱼系海洋生物，每年春季溯流而上至松花江等江河，成龄鱼在此产卵繁衍，立秋时便洄游入海。故有"七上八下"（七月以前溯流而上，八月之后顺流而下）之说。

鳇鱼，色彩斑斓，全身呈黄色，腹部雪白，背部有棕黑色花纹，腹部和体侧有状如甲胄及形似尖刺的鳞块，形体巨大，成龄鱼体长五六尺，重几百斤，最大者有二三丈长，体重可达一二千斤。

在《金史》《酉阳杂俎》《太平广记》以及吉林的地方志书中均有关于鳇鱼的记载。鳇鱼自古以来一直是东北特别是吉林沿江渔民世代捕捞的主要鱼类之一，不仅具有经济和食用价值，而且体大形异，显得神奇，一向为人们珍视，尤其是还被用作祭祀典仪的供品，因而清朝历代皇帝对打牲乌拉捕、贡鳇鱼之事十分重视。在皇太极时已有纳贡鳇鱼的指令。康熙五年（1666）始正式定下捕鳇业务，康熙三十年（1691）后，健全了捕鱼八旗组织。乾隆后期，打牲乌拉总管衙门将捕鳇鱼之事提到更重要的位置。

皇室和达官显贵以品尝鳇鱼为尊为快，每到春节，皇帝与后妃必躬亲蒸尝，取民间"年年有余"的旧俗，是为吉利。皇室遇有婚丧大典，更是以进大鳇鱼为祥。

康熙二十一年（1682）比利时学者南怀仁随从康熙东巡，他所著的《鞑靼旅行记》中载："乌喇（今乌拉街镇）去吉林三十二里，稍上流处盛产鲟鳇鱼。皇帝乌拉之行，就是为了钓这种鱼。"康熙、乾隆两位皇帝还多以诗歌咏之，用生动、形象的文字，记下了鳇鱼的生态习性和牲丁捕鱼时的艰难，为我们留下了当年康乾盛世时"巨鱼充贡"的历史遗韵。

每年谷雨时节，捕鱼牲丁分成若干"莫固"（队），各有头目，分赴各产鱼河口捕捞鳇鱼。牲丁到达河口后，用横江树木栅堵，称作"挡亮子"网。这种挡亮子网用麻绳结成，高约七八尺，长视江面宽窄而定，网眼约二三寸，上沿是浮漂的长方木，下沿是铅条"坠子"，在岸上钉一木桩，网的一头拴在木桩上。其余的网叠好放在船上，小船向对岸边划边放网，到对岸折回，把网的这一头再拴在木桩子上，网在江中成弓形，在江水的冲击

图下 3-2　清　捕鱼网坠　　子亮摄

下越收越小，这时用小网或手抄网慢慢浸入水中捞取，虽然每次都能捕大量的各色鱼，但能捕到鳇鱼时极少，往往下网十多天不得一尾。捕到鳇鱼后，要把所捕之鱼命名造册记录其色彩、特征及数目，并送至"鱼圈（juàn）"圈养。

有清一代，在今吉林省的永吉、德惠、扶余、农安等地都曾设有"鳇鱼圈"。这种鳇鱼圈一般设在与主江道连通的宽阔地带或江汉子里，水面大小不等，如德惠"鳇鱼圈"水面约 20000 平方米，四周插柳埋栅，留有赶鱼换水的闸门。与陆地毗连，柳树环成屏障。待到冬季，再破冰捕鱼。将冰冻的鳇鱼用黄绫包裹，装上贡车，每年到腊月，由打牲乌拉总管衙门派人送往京城。贡车出发前要举行隆重的送鳇鱼仪式，鸣锣开道，净水泼街，场面十分隆重。途中每至驿站要更换保镖兵丁一次，直至京城。有时以活鱼进贡，要把活鱼装入特制的水车中，一路不停地更换水车中的水，确保到京城时鱼还是活的。

如今，鳇鱼圈已不存在，只是还有几处仍称为"黄（鳇）鱼圈"的地名。但是，民间许多以鳇鱼为题材的传说却流传下来，其中"鳇鱼圈珠山的传说"已于 2008 年 11 月列入吉林市第一批非物质文化遗产保护名录。"打渔楼的传说"于 2009 年 6 月被吉林省人民政府列入第二批省级非物质文化遗产名录。

冰雪捕鱼即为冬季捕鱼。冬季捕鱼或源于史前，从年代相近的辽宁海城仙人洞等遗址出土的渔猎工具分析，不难想象在那个刀耕火种、采集渔猎的年代，"青山头人"也就是查干湖人此时可能开启了渔猎文化的源头。辽金时代，冰雪捕鱼已见于史籍，此后一直传承至今。

古时，广袤富饶的吉林省境内的松花江、鸭绿江、图们江、东辽河、伊通河、饮马河等几百条大小河流，和查干湖、松花湖、月亮泡等许多湖泊、河泡、泽地，生长着品种丰富、数量很多的鱼类，还有河蟹、水獭等水珍。如松花江流域就有鳟鱼、大马哈鱼、鲤鱼、鲫鱼、鳝鱼、草根鱼、鳌花鱼、狗鱼等数十种常见的鱼类。沿江河湖泊而居的先人们，即以捕鱼为重要的谋生方式之一。春夏秋三季捕鱼的方法很多，人可以下水，也可以撑船，而冬季，江河冰封，只能是凿冰捕鱼，民间惯称"冬捕"。

　　冬捕，是吉林先人战胜严寒把捕鱼续以继之的创举。最有代表性的要数查干湖的冬捕。吉林省西部的查干湖，是吉林省最大的天然湖泊，为我国十大淡水湖之一，水面面积达 228.50 平方公里，最深处达 4 米，生有 60 多种鱼虾。有文字记载的查干湖古代冬捕，以辽金时代最负盛名，当时称为"春捺钵"。"捺钵"为契丹语，指的是辽代君王每年都要到固定的地方渔猎、游玩，设行宫接待使臣，商谈国家大事的一种习俗。从圣宗直至天祚皇帝，每年都在查干湖及周边地带巡幸、狩猎、"凿冰取鱼"，并举行盛大的鱼宴席，宴请群臣百官。直至今天"查干湖冬捕"和"查干湖全鱼宴"，仍然保留着古代的"凿冰取鱼"、"头鱼宴"、"过冬捕节"的传统。

　　到了清代，查干湖冬捕已远近闻名，发展成为"渔具固定的渔业"，这里的渔夫被称为"查干淖尔渔夫"。

　　打牲乌拉总管衙门除捕鲟鳇鱼外，还捕其他鱼类，捕鱼是沿江河湖泊的渔丁们的主要生产活动。一年四季虽然皆可捕鱼，而夏季多雨、水旷不是最佳季节，多以春、秋、冬为主，尤其是冰雪捕鱼能有大捕获，民间有"秋打插江鱼，冬打稳水鱼"之说。每年入冬，渔丁们即捕打各种杂鱼，连同鳇鱼一起挂冰上贡。史籍中记载，康熙五年（1666）的一次查干湖冬捕，从凿冰眼、下网片、串杆子、到拉网等工序，共动用 300 余人，用网 70 片，麻 1400 多斤，铁 1500 斤，足见规模之大。

　　冰天雪地的三九天，江河湖泊的冰层达到二三尺厚的时候，是古代吉林省捕鱼的黄金季节。冬季捕捞，叫"打冰洞"，也叫"打冬网"。一般是用鱼网捕、鱼钩钓、鱼叉扎、档亮子围等方法，也有用"搅拉网子"或钓网拉拖的。渔人们在冰上用"冰镩子"凿开厚厚的冰层，大小犹如井口，俗称"冰涡子"。由于鱼在冰层下活动缺氧，又喜光亮，鱼群自然就会涌至冰涡口，这时，渔民们就用钢叉扎、鱼钩钓……晚上，用松明火把照亮"冰涡子"，鱼群向冰涡口聚集时往往大鱼挤在前头，用这种办法常常能捕获大鱼。

　　最有北方独特风情韵味的是大型冬捕活动。在冰层冻得有三尺来厚的数九天，渔夫们便组织起捕鱼的集体，叫做"网伙"。网伙有领头人"大把头"、领网的"二把头"、直接操网捕鱼的"跟网的"、普通劳力"小股子"等，一个网伙有几十人，集中居住在搭建起的"网房子"里，大家按照冬捕的各项作业分工，各司其职做冬捕的准备工作。大把头多是生长在湖边的"老渔户"，懂水性，有丰富的冬捕经验，能揣测出冰层下水的深浅、鱼群的游向，听他指挥才能捕获丰收，因此大把头在网伙中有很高的威信。

冬捕开始时，首先由大把头选好下网的地点、确定网的走向和范围，再焚香、上供、洒酒、磕头、祷告，鸣放鞭炮，举行祭拜水神的仪式，然后才开始作业。

在下网的地点开凿一个大冰眼，即下网口，然后，按指定的下网路线每隔十来米远凿一个小冰眼，直至凿出几十个到数百个小冰眼，把这些小冰眼的"点"连成"线"便是一个椭圆形。这样，网下到水里则形成一个大网兜。接着就是下网，把网从下网口的大冰眼处慢慢下顺，网坠自然下沉，整个网便张开了。这样穿过小冰眼，一直到把大网总纲的两头拽上出网口，于是便在冰层下形成了对鱼群合围的状态。

出网口是个三角形的大冰眼，底边长足有四五尺。收网出鱼的时候，在距出网口远处立一个固定在木架子上的大绞盘（也叫绞磨），在网纲的两头拴上结实的大绳（网伙的行话叫"大掏"），将其套在绞盘上，然后用马拉着绞盘杆像拉磨似的转圈，绞盘像辘轳似的将大绳缠绕，网便缓缓地从出网口被拽出到冰面上。小股子们随着出水的网摘掉挂在网上的杂物，把网整理好，得等到最后的网兜渐渐出水时，一群群的鱼才蹦跳着翻出冰眼。这时，领网的指挥着大家，有的用"抄捞子"舀鱼，有的摘挂在网上的鱼，有的用锹和撮板将舀出的鱼撮到一旁堆积起来。因为网眼较大（不捕小鱼，使其生长繁殖），最小的鱼也有半尺来长，这一网可捕获各种鱼几千斤以至几万斤。不论捕获多少，最后收网完了，网伙都要举行鱼宴，热闹地庆祝一番。

网伙的劳动是很艰辛的。零下二三十度的严寒天气，空旷的湖面，即使天不下雪大风也刮得雪花飞舞，呼出的气体使眉毛、帽子都挂上了霜，冒着朔风脚踏冰面与冰水打交道，湖水溅到身上立刻成冰，无处取暖只能常常以酒御寒。但在收网出鱼时，个个欢声笑语，享受捕获丰收的喜悦。

　　收网出鱼的场面十分壮观。三四个"跟网的"连续不断地舀鱼，一"抄捞子"即可舀出十几斤几十斤，大大小小的鱼被抛到冰面上还在欢蹦乱跳，撮到一旁的鱼堆积得像小山似的，捞出"鱼王"（最大的鱼）渔把头要把它拎起来，和自己的身高比比长短。在一望无际的冰湖上有这么一伙人在欢腾地劳作着，酷似一幅雪地冰天风景画。清代诗人沈兆禔对这一具有吉林特色的冰雪捕鱼习俗做过生动地描述："秦王最大列天筵，鲋鳏鲻鲭等小鲜。敲冰不妨探水底，叉鱼夜火烛冰天。"

　　这种冬捕的方法和技艺一直传承至今。这里的渔场已成为世所罕见的原生态的"最后的渔猎部落"。查干湖冬捕（查干淖尔冬捕习俗）被列入国家级非物质文化遗产名录。

　　祭江河诸神是吉林省沿江河各族人民的传统习俗，它与渔猎活动联系在一起，成为渔猎文化的一项内容。

　　世代居住在松花江沿岸的满族先民，称松花江为"天河"。他们的渔猎生活常常受到自然现象的干扰和侵害，对自然界怀有感恩、恐惧、崇拜、敬畏的复杂心理，于是逐渐产生了万物有灵的观念，以对自然界的神灵进行祭祀的方式来表达对其恭敬并祈求其给予佑祐，江祭、河祭、水祭以及龙、鱼、龟等水生动物图腾的崇拜可以溯源于此。

　　古时，松花江开江是一个惊险的时刻，春季如遇上"武开江"（凌汛），狂风夹带着巨大的冰排从上游呼啸而下，在江上叠峰而起，又忽而轰塌下来，发出巨响，如山崩地裂。江上流水跑冰，冰排堵塞河道，顿时酿成洪灾，村屯被毁，人畜遭殃。住在江边的满族先民认为是江神"乌拉恩都哩"在发怒，于是赶紧祭祀江神水神。据《大中华吉林省地理志》记载，古时每当开江之时，土人（满族人）甚至曾有"满载妇女一船沉以祭江"之举。

　　松花江祭江仪式已有上千年历史。金世宗在大定十五年（1175）祭封长白山之神为"兴国灵应王"后，认为松花江也是助兴王业的灵水。于大定二十五年（1185），加封松花江神为"兴国应圣公"，"申命有司，岁时奉祀"（《金史·礼志八》）。此后，祭祀松花江活动就被延续下来。

　　据《清朝文献通考·群祀考》记载，清从顺治二年（1645）起，定制了祭礼，并在船厂（今吉林市松江东路）建起了"风云雷雨山川坛"，之后吉林各地也开始修建龙王庙、河神庙，以供地方官民祀拜。

建于清同治七年（1868）的永吉县乌拉街四海龙王祠堂，是吉林省龙王庙建筑中最堂皇者（惜已毁，遗址亦不存）。该祠位于乌拉街公拉玛村哨口江岸高埠处，门楼上端砖刻有"松江第一祠"横额。每年旧历三月三日，会首和船工以及渔民都要举行祭祀活动。

康熙三十七年（1698），康熙皇帝第二次东巡来到吉林，先派一位大学士到"风云雷雨山川坛"祭祀松花江神后，才率人马入城。乾隆四十三年（1778），乾隆皇帝想到吉林只有"风云雷雨山川坛"和龙王庙，没有江神庙，特给吉林将军发来一道关于修建松花江江神庙的上谕。翌年，江神庙落成后，乾隆特派一名高官前来致祭并宣读他本人亲自撰写的祝文。于光绪十四年（1888），光绪皇帝又送来御书"马訾保障"匾额悬于正殿，足见清朝皇帝对江河诸神的恭敬和对松花江祭祀的重视。

清代的松花江祭祀，有官祭、民祭两种形式。官祭，除了在松花江神庙每年例行春秋祭祀大典之外，主要是体现在打牲乌拉总管衙门的江祭上。打牲乌拉总管衙门在组织渔丁下江捕捞之前都要举行祭江仪式。他们每到一水域首先要做的就是备好香案，供上"三牲"，焚香祈祷，燃放鞭炮，祷告神灵，请求江河诸神给予保佑，多有收获，吉利平安，安全福顺。

民祭形式分满族萨满跳神江祭和汉族焚香备供江祭两种。满族江祭多是在开春季节，称"打春水"，也称"春江祭"。即在打开江鱼时，由"网达"（渔长）带领众渔夫和村民，在江边备好神案，供上神猪等祭物，点燃捻香，然后由萨满敲响神鼓，摆动腰铃跳神念唱神词，祭祀江神"乌拉恩都哩"和龙神、鱼神、龟神等水中诸神，祭祀之后，将猪血猪头抛进江中。汉族人受满族萨满教江祭的影响，在开春之后进行捕鱼、放木排、行船等水上活动时也举行祭江仪式。汉族主要崇拜水神，包括江神、河神、雨神等。汉族人的祭江活动简单一些，他们将自己的民风俚俗和满族的萨满教江祭结合起来，在渔把头、木排头或船老大的带领下，摆上猪、鸡、鸭、五色糕点、烧酒等供品，然后烧三炷香，跪拜祈祷龙王、江神、河神等神明给予保佑，以求下网捕鱼多有收获，行船、放排吉顺平安。祭祀地点多在龙王庙、江神庙、河神庙，也有选在江河岔口处，用石头搭成供桌来祭祀的。如果鱼不上网、捕到了大鱼或捕获颇丰时，还要随时随地小祭一下。

据《长白山渔猎文化》一书记载，查干湖冬捕前祭祀"河神爷"，由东家和老把头组织人祭"河神爷"，祭品有杀好的鸡、新蒸的馒头、上供的香、叠好的纸码等。到了河神庙，把供品摆上，把头率众人跪下给河神诸神磕头。把头祷告说："河神爷，俺们祭祀您来了，保佑俺们照看俺们吧，这就下湖开网啦。保佑俺们打红网多打鱼，保佑俺们平安顺利。等打了大鱼，再来祭祀您河神爷。"回去后还要举行"开网宴"。开网宴上把头嘱咐大家，要拧成一股绳，合力捕鱼等等。第二天全体网伙人马出网上冰还要祭祀。在冰上，把头吩咐凿冰眼，第一个冰眼凿出后，要摆上供品，酒倒在大碗里，然后要在冰眼前杀猪，让猪血淌进冰眼里。把头手端大碗在冰眼前跪下，手指尖蘸酒，向上弹，敬老天爷，打鱼的靠天吃饭；再蘸酒抹在自己额头上，表示请诸神护佑；再往冰上撒点酒，敬湖神。接着高喊："水神湖神，冬网开始了，保佑俺们多打鱼，别出事，拿了红网，年年祭祀你呀！"最后把大碗酒一口喝下，大喊一声："下网！"这时，鞭炮齐鸣，冬捕就开始了⑨。

渔猎禁忌，是指在狩猎、捕鱼过程中需要注意和避讳的事项。它产生于先民的渔猎生产劳动，是在人与自然作斗争和人与人之间交往中形成的。有的行于一时，有的流传下来代代继承，成为约定俗成的规俗。

在诸多禁忌中，有的表面看似乎是一种迷信，其实是前辈渔猎活动实践经验的总结，其中含有一定的道理。例如：

狩猎者不能泄露狩猎的方向和地点，狩猎期间禁忌给家人捎信，家里也不能捎东西来，否则就会惊扰了土地爷、得罪于山神爷。其实是，猎人进入山林，要悄无声息、轻手轻脚地行动，如果家人寻迹上山，很不安全，而且会惊扰禽兽使其远走高飞，那就很难捕获猎物了。

发现虎的脚印时不能跟着它的脚印走，否则，虎有灵气，不论离多远都能察觉，会以为有人要与它较量、争雄，便会扑上来。显然，除专门猎虎的人，是要避让这种猛兽的，以免受到伤害。

在狩猎的窝棚做饭时，吊锅子挂在树桩上不许乱摇晃，禁止用刀子翻锅、铲锅。吃完饭后，要把篝火堆攒好，彻底熄灭。不许敲打锅碗瓢盆等有声的器物。这些表象的实质，是为了不惊动禽兽，防止发生山火。

在渔船上，绳子用处很多，打鱼人不能简单的称"绳"，单说绳可意会为绳索，表示不顺遂。用哪种绳必须说清楚，如"蓬上绳"、"锚绳"等。这是为了传话准确，干活时不发生错误，用起来方便。

冬捕时，所有的渔具都要拎在手上或扛在肩上，不能夹在腋下，认为夹有"卡住"、"刮住"的意思，不吉利。这是为了防止把网罟等渔具弄乱了，一旦弄乱即使不损坏也得费时费力重新整理。

有的禁忌是渔夫、猎户自我约束的规矩，是他们做人处事的守则。例如：

猎人之间最忌讳吹牛皮、说大话。打到野兽要表示是幸运，神色平静如常，而不能表露过于喜悦兴奋的骄人情绪。因为狩猎不可能进山必有猎获，谁也不能保证出手必得、百发百中，好显摆是对别人的轻视。猎人之间不能抢占猎场。如发现其他猎人的脚印时，不许踩，不许跟踪，要绕道走，否则是不仁义的行为。

猎人之间遇有危难不能袖手旁观，要有难同当、舍命相帮；猎人之间不许说不吉利的话，更不准说谎话；猎人不许吃狗肉，也不能说"狗肉好吃"之类的话，认为这样会伤害狗的感情，猎人与猎犬是相依为命的关系；网伙吃饭时，渔把头不上桌别人不许上桌，渔把头不动筷子别人也不许动，特别是吃鱼时，一定要渔把头先动筷子；网房子的炕头，是留给渔把头住的，叫"头铺"，紧挨着的是"二铺"，是二把头住的，平时别人不能随便坐。

另有一些禁忌，则是出于"心理暗示"的需要。在渔猎活动中，有时顺利有时曲折，有时捕获颇丰有时较少，也有时发生事故造成损失和不幸。人们认为有种外界的力量在主宰着顺逆、吉凶、福祸，这种宿命、迷信的观念导致头脑中的想象活动，即心理学所说的无意想象。这种想象可以由某些事、物以至语言而引起，由此心理暗示的作用产生了某些禁忌。例如：

在山林如遇见狼，不能直呼为"狼"，要称呼狼为"张三儿"；猎狗进屋时不能在人的身上过，如谁家的猎狗上了房顶，就意味着这家人将有灾难临头；猎人一敬老虎二敬熊，除了老虎被尊为山神爷之外，熊也是猎人们崇拜的山神。猎人们猎捕到熊时，切熊肉的刀子忌称刀子，要称"咳尔根基"（什么也切不断的钝刀）；打死熊的猎枪忌称枪，要称"呼翁基"（打不死任何动物的工具）；打死熊后，禁忌说打死熊了，要说熊睡了；男人不能吃熊的尾部和前肢，如吃了则将来会遭熊的报复，熊的心、大脑、食道、眼睛、肺、肝都不准吃，只能掩埋；妇女不准坐或跨过猎枪、子弹和捕猎用的各种工具，也不准坐或跨过猎人的衣服；渔人称船为"三爷板子"，桅杆不叫"桅杆"只能叫"桅"，因杆和干同音，水干没鱼，打鱼人忌"干"字；船上供水神的仓间，除船老大外别人不能进去；船上的桅杆不许人用手搂；在船上冰上，碗和盆不能扣放；局外人上打鱼船，有不懂的事情不能乱问，即使发问也不予理睬、回答；夏天不能在船头撒尿，冬天不能在冰上冲着太阳撒尿；如果鱼网坏了，出了窟窿，不能说坏了要说"出亮子了"，大掏、水线坏了，也不能说坏了，要说"生了"；在网房子或"梁子"上，最忌讳外人来时问屋里有没有人；在网房子或渔民家不能背着手走路，特别是从网房子出来时背着手走了，这叫"背气"，意味不吉利、不顺当；在打鱼现场，帮忙的人拿鱼走时，如打鱼人问："回不回来啦？"拿鱼的人忌说不回来了，如说不回来了，就意味是说鱼不回来了，再也打不着鱼；拿鱼时，不能拿鱼头或拎鱼尾，要拿中间；忌讳赶车拉鱼的老板子在腋下夹着鞭子进网房子，认为这是对打鱼人的不敬，也是对江河湖泊中神灵的不敬；网房子灶坑中扒出来的灶灰，不能往江河湖泊的水中或冰上倒，怕呛着水神爷；捕鱼起网时不准妇女上渔场，去了会把鱼冲走；禁止戴孝的人去渔场，认为这样的人去不吉利；在捕鱼人家做客吃鱼时，不能先动鱼头，更不能先碰鱼的眼睛，渔人认为，动了它的眼睛鱼就找不着道了；当吃完鱼的一面要翻过来吃另一面时，不能说把鱼翻过来，"翻"意味翻船，只能说"划过来"。

　　渔猎禁忌流传久远，涉及生产、生活的方方面面，既有糟粕也有精华。尽管许多已经不存在了，从学者调查的记述中仍可反映出原生态的民间渔猎活动规俗，是民俗文化的一项内容。

第三节　克难履险的狩猎

鹰猎　捕貂　猎鹿　猎虎　捕熊　猎野猪　狩猎规俗

鹰猎既是吉林各民族先民们重要的生产活动之一，也是具有古老传统的一项狩猎技艺。鹰猎是指，利用鹰的凶猛勇敢的习性、居高临下的敏锐视力、强壮锐利的脚爪、飞旋迅疾的速度来帮助猎人捕捉雉鸡、飞龙、雁、兔、狐、貂、狸、狍子等天上飞的地上跑的猎物，是人们在山林田野打猎取胜的有效手段。

鹰被称为"百鸟之王"、"空中狮虎"，又号称"羽中虎也"。类别很多，鹰、隼、鹫、雕等等都属于鹰类。在每个类别里又包括很多种，如鹰分苍鹰、雀鹰、老鹰，雕分金雕、海雕等，其中尤以海东青最为珍贵。海东青，满语称"松昆罗"、"松合儿"，意为从大海之东飞来的青色之鹰。《契丹国志》卷十记载："女真东北与五国为邻，五国之东邻大海，出名鹰，自海东来者，谓之'海东青'，小而俊健，能擒鹅鹜，爪白者尤以为异，辽人酷爱之。"辽王曾设置鹰坊、副使、坊都监等官吏，专门管理皇家鹰猎事项，并向女真部落征索海东青以捕获天鹅，猎取东珠，由辽上京通往女真至五国部的道路被称为"鹰路"。清王士禄在赞鹰的诗中有句曰："海东俊鸟好毛质，铁爪金眸猛无匹。"

鹰猎方法各民族各有习俗和传统，历史均较为久远。满族先民崇祀的众多动物神中，鹰神居首，可见鹰在满族人的狩猎生活中的地位及其习俗之古老悠久。鹰目光锐利，极其机警，王维有"草枯鹰眼疾"的诗句。鹰的习性凶猛，不易捕捉和驯化，捕鹰驯鹰并使其成为猎人的得力助手，是要靠猎人丰富的经验和智慧的。满族人鹰猎具体包含拉鹰、熬鹰、放鹰、送鹰等复杂的技艺。

拉鹰，即擒鹰。在每年秋季，鹰把式选择一处地势开阔的田野作"鹰场子"。首先用三块石板搭起一个"门"形支架，象征着鹰神九层天上的金楼神堂，内放一块山石，代表鹰神格格居住的深山，猎人插草为香，以酒祭奠。然后在地面草丛中设罗网或丝套，鹰网约长九尺，宽三尺，再将活的山鸡或山兔拴在附近作诱饵，以引逗鹰来猎扑。猎人隐蔽在马架式的窝棚里，不动烟火，吃干粮喝冷水，悄悄等候鹰来捕饵。有时需忍饥挨饿等上十天半月，此为"蹲鹰"。一俟野鹰疾速俯冲下来，即刻被网住生擒。拉鹰后，猎人还不忘记要拜谢鹰神格格。

熬鹰，即驯鹰。是指磨掉鹰之野性、磨练鹰的脾气的过程。施以"开食"、"过拳"、"跑绳"、"勒膘"等训练方法，反复月余。待鹰与主人熟悉了，即使飞至百余米外，听到鹰把式的口令呼唤，也能飞回鹰把式手臂上。熬鹰的关键在于掌握鹰的膘情，使鹰饥肠辘辘又肌肉强劲，才善捕猎。猎谚称："膘大扬飞瘦不拿，手工不到就躲藏。"

放鹰时，鹰把式骑着马，在臂上架鹰，登高眺望。"赶仗人"在山林中持棍棒响器敲打吆喝，惊出野鸡、沙鸡、狐狸、山兔等，鹰把式掌握放飞时机，将鹰放出。鹰只要看见猎物便穷追不舍，不将猎物捕获不罢休。鹰的力气很大，年过三龄的鹰称作"三年龙"，可与比它身体大得多的狐狸、狍子等搏击。

鹰猎季节一过，到春暖花开之时，鹰把式就遵古俗"送鹰"，即放鹰回归自然，任其自行脱毛换毛、繁殖后代，待来年再捕再驯。有时鹰对主人恋恋不舍，几经盘旋又飞回，主人不得不一送再送。只有皇家或富家才有专设的鹰坊，将鹰养起来，称为"笼鹰"。

吉林鹰猎的历史久远。清初，打牲乌拉总管衙门初设时即由其负责捕鹰进贡。后专设狩猎八旗来采捕飞禽走兽，其中每旗专设鹰把式捕捉贡鹰。海东青为贡鹰中的上品，鹰户每年向朝廷贡上的鹰鹘，折变成银两以抵消正赋。此后乌拉鹰猎迅速发展，从事捕鹰、放鹰的人越来越多，聚居成屯，逐渐形成乌拉特有的鹰屯文化。

打牲乌拉遗存的鹰屯文化圈，北至舒兰县法特，南至吉林市郊区，西至左家镇，东至舒兰东部，其地域范围基本和早期打牲乌拉总管衙门地界相符，其核心地带为大黑山东部边缘地带，如土城子乡、九台莽卡满族乡、两家子满族乡。

貂，哺乳纲，鼬科，貂属动物的通称。是森林里的小兽，性孤僻胆怯，人们叫它为"小食肉兽"或"细皮毛兽"。貂皮最能御寒，为珍贵皮料，是世界著名经济动物，被誉为关东三宝之一。貂有多种，诸如白板、紫管、花板、油红、青豆、亮青、大黑、金嗉等名目，其中紫貂为上品，毛长三寸的"千金白"最为珍稀。吉林民间称呼貂为"大叶子"，故称捕貂为"打大叶"。"撵大皮"是追捕貂的一种方法，故捕貂也俗称"撵大皮"。

吉林省历来是紫貂的重要产区，主要分布在安图、长白、抚松、靖宇、浑江、敦化、蛟河、桦甸等林区。《后汉书》载："挹娄出好貂。"《三国志》亦云："夫余出貂狖，挹娄出好貂，今所得挹娄貂是也。"挹娄、夫余皆是居住在我国东北的古老民族。挹娄族居住在吉林省的东南部，夫余族主要居住吉林省中部现今长春以北地方。貂皮早在三国时期就输入了中原地区，清郭熙楞在《吉林汇征》记载："貂皮为吉林特产。"

捕貂多在冬季进行，因为"盖气候愈寒，则毛色愈纯厚"。冬天来到时，猎人们便入山了。集体捕貂为"围貂"，单个捕貂者为"貂溜子"。猎人冒着严寒，啃冻干粮充饥，捧雪吃解渴，还要防野兽侵袭，有时要在山里度过个把月。猎貂民谣说："今日离了家，何日能得还？一张貂皮十吊半，要拿命来换。"

紫貂善爬树，一般没有长久固定的窝穴，总是随着猎食活动临时隐居在石窟石洞或树下土洞里，跑跳时会在雪地上留下足迹，捕貂要善于识别貂的脚印。猎貂方法有多种，诸如撵大皮、烟熏法、伏弓捕、碓捕等。烟熏法是"捕者以网布穴口而烟熏之，貂出避，辄入网中"。猎民或凭经验或以犬来探貂的踪迹，判定是貂的足迹便跟踪赶至洞穴，认定貂在洞内后，将多余洞口堵死，只留下一个洞口，并在洞口设上网，然后用镐等工具在洞外敲击以惊出貂，使其蹿出洞穴就擒。如果貂始终不出，可往洞内熏烟。此法可捉到活貂。

有的猎人根据貂的活动路线，伏弓（一触即发的地箭）在半途上，貂路过则中箭，此为弓捕法。还有的猎人将排子、关子、夹子和阎王碓装好，安上机关，装好诱饵，放在貂经常出没的地方，貂食诱饵，触动机关，即被捕获，这也是一种古老的捕貂法。

撵大皮，首先是跟踪貂的足迹，一旦发现，猎人不急于猛追，根据貂有觅食归来寻窝的习性，先在出现貂踪的地方搭起个"小屋"，并夹上障子似乎是个小院，里面挖上陷阱，然后才开始追赶，也就是撵大皮。冬季雪大，山路难行又易迷路，常常跟踪很多天也捕不到貂，猎人便在中途再搭起一间这样的小屋，有时直至被跟踪的貂在第二年春天回到它的始发地时，才掉进陷阱里被猎人逮住。在撵大皮过后的季节里，这样的小屋就成为采参、伐木、采药等各路过客的临时休憩场所，为他们提供了歇脚之处，由此形成了独特的、被学者称谓的"长白山小屋文化"，展示了先民们在恶劣的自然环境下艰难的生存状态和相依相济的互助精神。

　　19 世纪英国的探险家扬哈斯本，曾就他在清光绪十一年（1886）三月进入长白山踏查的所见所闻，对"捕捉黑貂的猎人们的小屋"有详细记述。他遇到的情境是："小屋每隔 19 公里至 24 公里就能碰上，是设计捕捉黑貂的陷阱。平时刚够几个人住的小屋一下子来这么多人，肯定比较拥挤，但又不得不在那个小屋里过夜。（小屋外面有蚊群，而且非常潮湿不可能睡觉。于是，我们一个一个挤进小屋和中国人背靠着背睡觉。）为了熏蚊子，火必须一直燃烧着。夏夜的酷热和小屋的空气混合在一起……"⑩

　　鹿是吉林省特产之一，种类很多，诸如梅花鹿、马鹿、汤鹿、毛鹿、合子鹿等，以梅花鹿最为珍贵。药圣李时珍称"鹿乃仙兽，纯阳多寿，能通督脉"。猎鹿不仅是为食肉衣皮，更主要是鹿茸、鹿胎、鹿鞭都是名贵药材。鹿茸被称为关东三宝之一，素有"鹿的身上都是宝"、"一架鹿茸吃三年"的民谚。《大中华吉林省地理志》载："祭天祀孔之祭品，有鹿脯、鹿醢，他省所难得，吉林省所易得也。"猎鹿自古以来就是长白山林中主要的狩猎项目，猎人把打鹿、狍称为"打黄毛"。公鹿叫"八叉"，母鹿叫"雁脖子"。猎鹿的方法很多。

　　打盐场，俗称蹲盐场。鹿喜好舔舐咸盐，猎人在鹿出没的豁口山路上用盐水泼地，然后隐蔽起来，要隐蔽在下风头以免鹿嗅到人的气味，待鹿来舔盐时，伺机射杀。至今长白山地区还有不少地名叫"盐厂"，即源于此。

　　哨鹿。八月金秋，是鹿的发情期，公鹿和母鹿相互鸣叫，寻找情侣。一鹿鸣叫，群鹿接踵而至。猎手身披鹿皮，头戴鹿头样的皮帽，口衔用桦树皮制成的口哨，伪装成鹿，学鹿鸣，引鹿而至，射杀或枪击。

　　窖鹿。这是最古老的猎鹿方法，此法易捕获活鹿。鹿胆子小，行动谨慎，嗅觉灵敏，虽然跑速飞快，但当嗅到异味便止步不前，猎谚所谓"鹿是千年兽，步步犯忧愁"，因此窖鹿要早做准备。在夏秋季节，根据经验观察，寻找到鹿经常出没的地方，然后砍倒树木，设置路障，为鹿设计一条仅有的可行之路，在这条路线中途挖个鹿窖，也就是陷阱，在上面敷盖好伪装。待到冬季，鹿窖附近已经没了人的气味，加上大雪覆盖，鹿经过时会像往常一样放心大胆前行，于是落入窖中被人捕获。

套鹿。鹿喜成群行动，套鹿是在鹿群中套捕。冬季，猎手骑马，手执套鹿竿，当发现鹿群后，立即选定要套的对象，骑马跟踪追捕。如所套目标窜进另一鹿群，切不可舍此追彼，一马追多鹿，马力不支。必须盯住一只鹿，穷追不舍。采用套的方法，目的是逮活鹿，因此追捕时猎手要注意鹿的情态，当鹿累得摇晃身子时则停止追赶。如再追，鹿"炸了肺"即使套获也必死。猎人让鹿慢慢行走，待鹿缓过劲来，再伸竿套鹿。套住的鹿，浑身汗淋，猎人就地生火，把鹿汗烤干，否则鹿会冻死。猎人套获活鹿后，可带回驯养，有点病恙也不要紧。民间传说：鹿识还阳草，得病后寻到还阳草吃下就痊愈。

围猎。围猎主要是为了取茸。初夏是猎取鹿茸的"红围"季节。赶仗人分两翼，互相联络着搜寻，当发现鹿群，合在一起向猎人埋伏的地点追赶。鹿受到惊吓，起窝子就跑，跑时一般不离群，朝同一个方向逃窜。听到动静就停步愣怔一下，看到人立刻再跑。猎手们事先埋伏在不同地点，当鹿靠近便出击。打母鹿只要打住即可，打头为主，不要伤及皮张。打带鹿茸的，要打脖子或大腿，使其受伤不能逃走。鹿受伤拼命挣扎，鹿茸立即充血，这时的茸最好。鹿爱惜它的角，被打倒了，只要有一口气也不撞角，临死的时候才把茸角撞破。因此，猎人将鹿打伤后要紧紧抱住鹿头，以免撞碎了鹿茸。一般入伏后就不"打茸"了，因为过了伏天公鹿的茸角已无药用价值，有人打了，则称为"打老角"。

鹿茸有很多说道，刚出的茸包叫"疤痢眼"，以后随着鹿茸的长大，分别叫鹿脐、茄包、黄瓜、鞍（叉开）、三岔胡子、四岔（四平头）、干叉子，不同的茸价格差别很大。割下的鹿茸要用开水煮，称为炸茸。一只鹿茸也分部位，如粉片、梅片、血片、糠片、粗片等。鹿茸的加工就属于另外一种技艺了。

　　吉林省山川多围场之地，出现了诸多猎鹿能手。猎人赵允吉，被称为关东鹿王，并创办"皇家鹿苑"，被封为七品鹿鞯官。

　　赵允吉，光绪元年（1875）闯关东来东丰，落脚狩猎。当时，皇家纳贡越来越多，而鹿越捕越少。赵允吉从窖捕的母鹿生了小鹿之事受到启发，蒙生驯鹿、养鹿想法，并于光绪二十一年（1895）借进京送贡之时，当面向慈禧太后说出了自己的想法，请求建一座皇家鹿苑，以贡活鹿。慈禧"龙颜大悦"，不但没怪罪于他，还封他为七品"鹿鞯官"，赐养鹿官地四十里，拨四十名官兵一年军饷，朝服、官靴、黑红棒、虎头牌一应俱全。遂在伏力哈色钦（东丰）一带正式建立"皇家鹿苑"。赵允吉受到"皇封"⑪大兴土木，在这里建起了官家的饲鹿养鹿之场，并招收了炮手、马夫、农夫窖鹿、养鹿。当年就建起一座能容纳 100 多头鹿的鹿圈，称为"腰鹿圈"。后赵允吉带领儿子和当地猎户，又组建了四十八家"鹿趟"（趟，为狩猎的围地，一趟约为五平方公里），他被推举为鹿苑掌门，人称关东鹿王。

　　皇家鹿苑的始建，开创了梅花鹿驯化、圈养之先河，使得梅花鹿养殖得到空前发展，不但保留了围场的自然环境，也使猎物有序生养，使"贡品"新鲜独特，深得朝廷嘉许。光绪二十六年（1900），赵允吉之子赵振山又被封为六品鹿鞯官，并由奉天旗务司拨银 1690 两，作为扩大"皇家鹿苑"的费用。29 岁的赵振山在圈养梅花鹿的基础上，又发展鹿茸和鹿产品的加工、保鲜，遂名声大振，关东鹿王名字更加响亮。

　　虎，"古称山君或圣兽。特别是东北虎，更以其物种的强势，锯齿钩牙，个体硕大，美丽而凶猛，头上天生'王'字纹……故常美之曰'东北虎王中王'"⑫。吉林省是东北虎分布比较集中的地区。《山海经·大荒东经》记载："有苪国，黍食，使四鸟：虎、豹、熊、罴。"清朝郝懿行注曰："苪国，盖濊貊也，即濊国，食小米为生，用四种鸟兽为图腾。"濊族曾是东北一大民族，后同貊族融合称为濊貊族，从今华北一带和辽宁省境内北徙到吉林省境内。吉林省长白山素以产虎著称，民间流传的有关虎的故事、对虎的崇祀与禁忌很多。吉林各地山民一般讳言虎字，入山称山神爷，或称为软蹄子、长爪子、猫、柔毛子。虎的主要食物是野猪，故又称虎为"野猪倌"。满语虎称为"塔斯哈"。《鸡林旧闻录》

记载："山中百兽俱有，虎豹为常兽，不甚可畏，往往与人相望而行。人苟不伤之，亦不伤人也"，"虎喜居荒山丛薄中，便跳荡也。吉人多讳言之，樵采者则直称之曰'山神'，昼伏夜动"。民间有遇到老虎就丢帽子给它的习俗，认为这样老虎就不会加害，并表示敬畏和互不相扰之意。

老虎有"挂爪"的习性，即在树上、地上、山石间留下爪痕，既是虎与虎或与其它兽类之间的联系信号，也是占领争夺领地时的决斗方式：以树上的刻痕高者为胜，输者退出领地。识别老虎的这些信号和踪迹，猎人们称作"码踪"。有经验的猎人借此可以判断出虎的体格、数量、行踪等。在虎可能行经的路上下套子，民间称作套虎。猎虎方法还有设陷阱、下地枪、铗捕、堵洞穴等多种。设陷阱和下地枪都是在虎的必经之路预先设伏，一般是在陷阱底插上削尖的木桩和竹签，木桩的木料以暴马木为最好，上面盖上浮土和草叶，作为伪装。野兽一旦踏上，就跌落下去，或被木桩竹签扎死，或被生擒活捉。《鸡林旧闻录》有对下地枪的描述："猎者每于冬闲，伺雪中迹以为掩捕。缘虎前行必寻旧路归，猎者辄于路张机。其法：横系一铜钱，一端曳于引满之机关，弓架入铳机，虎触之弹发，恰中其前胸。既负伤，辄奔越，乃按血迹追寻，恒倒毙在数里外。"

长白县十四道沟金姓第十一世朝鲜族世家的先辈，是经验丰富的猎户。其后人金学天家中，现仍保存有记述狩猎事项的手抄古本《高兴》，是祖先传下来的"狩猎经"。书中详细记述了他们家族几代人的狩猎经验，包括每一天狩猎归来捕到的动物，捕获的过程和惊惧忧喜的心情以及捕获每种动物所用的方法和器具。如猎虎，要穿虎皮衣，模拟虎的动作，学虎啸声等，可以说是破译虎的"语言密码"的重要记载。[13]

康熙皇帝喜猎虎。据《清圣祖实录》记载，康熙二十一年（1682），康熙东巡查边祭祖时，率七万多人出山海关，到吉林遥拜长白山，沿途多次围猎，盛况空前。康熙共猎获老虎数十只，一展开疆拓土一代大帝之豪情，并留下了《望祀长白山》等行猎诗篇。

先民们长期在恶劣的自然环境中狩猎捕鱼，产生了动物崇拜观念和习俗，虎尤其受崇拜。如萨满所奉祀的动物神有雕神、虎神、豹神、熊神、蟒神，后逐步突出虎神的地位，并将虎神和山神等同，树立了主宰一切的首神形象。萨满跳神也要请虎神下凡，当虎神"附体"于大神（萨满）时，帮衬的二神要向大神提问，大神模拟虎的形象和动作，以虎神的身份和语气唱虎神神词来回答，包括老虎自报家门、述说寻食之艰难、幼虎箭下丧生等，直至将虎神恭送回天为止。

有的地方还有"过山神节"的习俗，如永吉县天岗村居民，因附近天岗山多崇信山神老虎，每年正月十六日为山神诞生日。是日居民有杀猪者，有赴市购备酒肉者，各于正午，往山中焚香上供。家家休息一日，并备盛宴，欢呼畅饮，名曰过山神节。

虎在人们心目中是雄猛刚烈、威镇群兽、充满阳刚之气的形象，先民不仅活着的时候崇拜虎，也寄希望于死后请虎来做自己的保护神。现今吉林省的长春净月潭、石碑岭、舒兰县小城子乡、榆树市大岭南等多处有石虎出土和"石虎坟"的遗迹。

吉林省多产黑熊，民间对黑熊有很多叫法，如狗熊、黑瞎子、熊瞎子、狗驼子，因其外表愚钝，又称做"黑傻子"，满语叫"玛发"（老爷爷的意思）。"大者为罴，小者为熊。熊各处皆有，罴惟盛京、吉林始有之，他处所无。俗呼为黑瞎子，以其目甚小，睫毛厚而易蔽也"⑭。

自古以来，熊胆、熊掌因其药用价值和经济价值高而为人们所珍视，熊肉可食，熊油可作食用油或点油灯，熊皮又是向朝廷纳贡的贡品，故猎熊也是一项重要的狩猎活动。

熊是以肉食为主的哺乳动物。成龄熊体形硕大，最大的体重可达五百至八百公斤，后腿直立起来有二三米高。平时步履蹒跚，而当它追赶猎物时，在崎岖山路上时速可达 30 公里，并不很笨拙。只是天生高度近视，很少旁视和抬头观望，所以"山中遇熊，绕树曲行，则熊不能追及"。山民都知道，遇到熊要拐着弯跑。但熊的嗅觉、听觉较为灵敏，枪法不好的猎手如一枪不中会让熊反扑过来。熊的皮毛很厚，远距离用猎枪射击即使射中也难以伤其要害，如不小心，反而会被激怒了的熊所伤害。吉林地区冬季寒冷而漫长，因为缺乏食物，熊入冬则蛰伏洞中，处冬眠状态，俗称"蹲仓"。熊不会打洞，它的洞穴一般选在粗大的枯树洞内，或者选向阳的避风山窝子"坐殿"。如果被惊动，它会立即苏醒，偶然也会出洞活动。没有冬眠的熊，冬季仍四处游荡，人们叫它"走驼子"。

　　吉林地区猎熊的历史比较久远。猎熊一般在冬季。狩猎的办法通常有五种：下套子，挖地窖，下地枪，阎王碓（大挑杆），掏仓。所谓仓，即指熊冬眠的洞窟，"在树窟为天仓，岩洞中为地仓"。"天仓"是指黑熊出入孔道在树干的上头，"地仓"是指黑熊出入的孔道在树干的根部。猎人利用熊冬眠的习性，在洞窟处猎捕称为"掏仓"，又叫"杀仓"、"刷仓"。

　　有经验的猎人在森林里查看树筒洞口边缘，看有无熊哈气结成的冰霜及树干表皮熊留下的爪痕，来确定树筒内有熊还是无熊。掏仓的场面十分惊险。一般需要两三个人，有"炮手"，有"叫仓的"。炮手埋伏在树筒几十米外瞄准等待射击。叫仓或用大斧去猛力敲击树干，或将点燃的草捆捅入熊窝里用烟熏，或用带有汗味的帽子和衣服来引逗，总之要诱使黑熊出洞。一旦听到洞里有哗啦哗啦声响，则熊已惊醒要出来了，叫仓的需立即跑往远处。熊从洞中刚刚爬出，探头四处张望时，炮手要掌握好射击的时机，如果开枪早了，即使打中，熊也会跌落树筒内，得伐树"杀天仓"，费时费力。如果射击晚了，黑熊跳出洞外，"叫仓的"就会有生命危险。只有当黑熊的上半身已探出洞一多半时，才可以开枪，黑熊可跌落地上。这就是"掏天仓"。"掏地仓"较容易一些，只要用铁丝、树干、木棍、缆绳等堵死树根部的仓口，"叫仓"后熊要窜出洞口，炮手就可立即开枪，但要瞄准好射击的部位，瞄准黑熊前胸的一条白色护心毛的心脏部位，才不至于射损肝胆。如果打到非要害部位，则异常凶险，熊被激怒很可能伤了猎人。"凡兽背枪而走，熊迎枪而扑，即弹贯其胸，犹能拾泥草自塞其伤，狂奔数里乃毙"⑮。

　　在吉林，熊也是先人们动物崇拜和萨满教信仰的图腾之一。熊是自然赐予人的猎物但又常窜入村屯为害于人，人们认为熊是有灵的，对其有敬畏心理。如有人发现熊洞，也不会告诉人，以免被熊知觉进行报复。猎人猎获熊之后，要举行一系列的祭拜仪式，把熊头放置木匣挂在树枝上，待其风干后实行二次葬，萨满唱《葬熊歌》《古洛衣仁》等祭祀歌，因为先民们认为头是灵魂寄居的地方，如果吃掉它，就不能繁殖更多的熊了⑯。

　　在关东，野猪是公认的最易伤害人的猛兽，体形硕大，体重一般上百公斤，体力好，可连续奔跑十余公里，暴怒起来，对人一拱二挑三咬，异常凶猛。视其暴躁性情、攻击烈度、伤人比例，民间自古排序是一猪二熊三虎，可见猎野猪之凶险。吉林长白山区历来多野猪，猎户把打野猪称为"打黑毛"。因其长有大獠牙，又称之为"打獠牙"。《明一统志》有这样的描述："野猪，女真出。今山中有之，大如牛，形似羱，耳稍小，上下齿外出而弯卷，利逾锋刃，驰突时猛如虎豼，且周身日衬松油，厚有寸许，名曰挂甲，枪箭不能入。此外又有豪猪，身有刺，白本而黑端，怒则激去，其利如矢射人。"

野猪的鬃毛既是保暖的外衣，也是防身的利器。遇险后鬃毛倒竖，毛皮上有凝固的松脂，枪弹不易射入。野猪特别喜欢蹭树，既蹭掉了扁虱等寄生性血吸虫，还蹭出一身老茧似的软甲，即所谓"挂甲"。野猪蹭树还有两个目的，一是把树干当界桩，蹭上自己的气味，标记领地边界；二是告诉同伴：我来过这里。

猎野猪一般不为取皮张，其肉和内脏可食，胆可入药。野猪繁殖快，数量多，又常伤害人畜，自古就是狩猎的对象。猎野猪常用的方法，一是猎狗围捕，俗称打狗围。每年初冬下过雪后开始。用训练有素的头狗带领一群猎狗去搜寻。见到野猪，头狗率先攻击，其余群狗蜂拥而上，将野猪围住撕咬，大公猪用獠牙挑猎狗进行还击，猎狗躲闪后再战，如此几个回合，持枪的猎人就有机会射杀野猪。此种猎法无需太好枪法，因射击距离近，关键在于有好猎狗。故狩猎成功后当场将野猪开膛，取出猪的心、肝喂头狗，善战的狗喂猪肾、胃、肺，表现差的喂猪肠，如有临阵脱逃的劣狗则当场开枪打死。第二种方法是巡行猎猪，俗称打溜围。有的艺高人胆大的猎人单人寻猎，根据雪地上的野猪足迹，判断只数、大小，跟踪猎打。三是围猎，俗称打仗围。众人在一位有经验的猎人指挥下设伏击点，并在预计野猪的逃窜路线上也埋伏好射手，由赶仗人负责将野猪轰进围猎圈。

猎野猪，难在它没有固定栖息地，满山转悠没个准地方，民间称它为"游山货"，很少在一处较长时间落脚，一起步就狗颠颠地跑，不是顺着山岗蹿就是向山谷里跑。赶仗人如发现猪群，要截住山路，野猪群跑上山岗就分散了，将它们赶入山谷，就会全部"进仗"了。

民间猎谚称："打猎难打猪，打猪不打孤，打猪不打挂甲猪。"所谓"打猪不打孤"，是指不打孤猪⑰。野猪一般集群活动，但是雄猪成年后就离群独立生活成为孤猪。大孤猪是雄性挂甲猪，又叫"大孤棒子"，非常凶猛，熊和老虎也不敢惹它。打孤猪容易发生危险，尤其是大孤猪，长有尖利獠牙，身上挂了一层厚厚的松油泥沙硬甲，就像铠甲一样，因此要打其头部，最好打眼窝、耳朵、嘴，须一枪击中要害，否则会有被其伤害的危险⑱。

狩猎是同大自然搏斗的生产活动，人们只有团结合作才能有所猎获。同时，在狩猎中磨炼了意志，增长了智慧，从而形成了独特的狩猎规俗。

狩猎分集体围猎、个人行猎两种。集体围猎场面大，人数多，举凡草原、山林、湖泊皆可，收获颇丰。

除了皇家围猎，民间猎户亦自发组织集体围猎，民间叫"打围帮"、"猎帮"。由有一定威望和经验的"炮头"组织人去打猎，叫"拉围帮"。帮的大小不一。"打菜围"只打山鸡、山兔等当菜吃的小动物，三五个人即可：一个头炮，一个贴炮，两个赶仗的，一个端锅（做饭）的。打大围时需要几十个优秀的猎手参加。打大红围是指专门打某种特定的动物，如鹿、虎、熊、野猪等。人数均取单数，讨的是去单回双的寓意，企盼能打到更多猎物。

炮头是围帮的领袖，要会码踪和识踪，又叫观山景。猎谚称春看土，夏看草，秋看霜，冬看雪。找到哪里有野兽出没，是什么野兽、出洞还是进洞、单个还是成群，才好布围、合围、收围。炮头还要会辨别方向，如果真是麻达山了，即迷路了，也能把猎帮安全领出"麻魂圈子"。赶仗人，也叫拿棍的、围子、赶山的、撵山的。按照方位，称为东棍、西棍、东围、西围等。打围时，赶仗人负责把山牲口从树林里、山洞里轰进包围圈，这叫做紧仗或叫收围。山牲口被轰进包围圈，叫"上仗"了。一旦猎物冲出包围圈，叫"出仗"。好赶仗人需把出仗的猎物再赶进仗里。端锅人一般是猎帮里年龄最小的或上了岁数的、体格弱的，负责捡柴禾挑水做饭。

猎人除使用猎铳、土枪、大抬杆等猎枪之外，还有许多猎捕动物的器具，叫做"趟子"。"趟子手"（伏设猎捕器具的人）下趟子各有绝活，诸如套子活、棍子活、网子活、架子活、笼子活、铁子活、圈子活、药子活、窖子活等。使用下趟子的方法是为了捕捉到活物。铁丝套粗硬，适合套野猪等大野兽。绳套套鹿、狍子等中型动物。下笼子主要是捕山兔之类小动物。下了套子必须做警示标记，以防误伤人。比如，在十余米外拦一道安全绳，民间称为拦路绳、拦人绳、拦命绳，或者扯草圈、挂兽头牌。兽头牌以木板做成，上画野兽头，一般是下什么套子就挂什么牌。

　　打围帮需要大伙出"份子"，即每人都要交些粮食给端锅的统一掌握，何种粮食均可，还要带些盐豆。打一围少则半月，多则个把月，至少须交半个月的粮食。打到的野味可做菜肴，有时打到大动物，而这一围还没结束不能带下山，就吃大锅煮肉。出奇的是"皮锅"煮肉，是用剥下的兽皮当锅，最好是大而结实的野猪皮或熊瞎子皮。方法是，把兽皮呈锅型吊起来，在兽皮上扎几个眼，锅里装上雪煮肉，边煮，雪水边从"锅眼"又缓又细地下流，架起的篝火不熄也不会使锅底烧焦。这种"锅"甚至一次可以煮半只野猪。

　　深山里少有人烟，猎帮需要寻找山洞或搭建简易住房。多是用原木凿刻、咬合，垒垛起小屋，称木刻楞房，又称霸王圈。这种房耐用保暖，北风烟雪吹压不垮，野兽也拱不翻。在长白山森林中，狩猎帮、采参帮、伐木帮、药帮等都愿搭建这种木刻楞房。抚松县孤顶子村至今仍保存着长白山木屋文化遗存。

　　围帮无一不信仰山神爷，选择出猎吉日之后，要先祭拜山神爷庙才可出行，打到大牲口时炮头要带领围帮谢山神爷。猎帮流传下来许多山规。如，看到野兽不能直呼其名，要叫猎帮的俗称；谁打到猎物，皮张归谁，是对有功猎手的奖励；打到猎物时如有帮外人遇到，不问姓氏名谁、也不论打到的是珍贵动物还是不起眼的山兔，都要分给人家一点，叫"见面分一块"。再如，不能到别的猎帮的猎场打猎，不准捡拾、追杀别的猎帮打死、打伤的猎物；在其他猎帮遭遇危险时不能躲避不顾、袖手旁观，必须帮其脱险。猎帮长时间打不到猎物称为不开眼，如果没粮了，可以去别的猎帮借，对方不能不借，借了粮不必道谢，说一声"快当"即可将粮背走。即便在别的猎帮没人在时也可以借粮，只要往米袋上插根草棍，等其回来就知道是有人来借粮了。由于每次出猎都是临时拉围帮，所以也就只借不还了。故虽曰借，实是无偿奉送，淳朴民风可见一斑。

长白山区的先民们，在漫长的征服自然、锻炼生存能力的过程中所形成的这些狩猎规俗，无论是人与自然之间的原始多神崇拜，还是人与人之间行为准则，是先民们除了狩猎工具、狩猎技巧等必备的物质条件之外所不可或缺的一种观念、一种秩序、一种精神支撑，可以说是原生态的文化。

【注释】

① 蒙语为查干淖尔，意为白色圣洁的湖。

② 李东、李矛利：《东北鞑靼》，吉林人民出版社 2006 年版，第 89—90 页。

③ 富育光口述，李桂华整理：《最早开拓打牲乌拉的富察氏》，关志伟主编：《话说乌拉》，吉林人民出版社 2008 年版，第 62 页。

④ 尹郁山：《乌拉史略》，李澍田主编：《长白丛书》之一，吉林文史出版社 1993 年版，第 154—155 页。

⑤ 章华纂修：《永吉县志·补遗》，吉林文史出版社 1988 年版。

⑥ 同上④，第 174 页。

⑦ 徐鼐霖修，章华等纂：《永吉县志》第五十卷，同上⑤，第 18—19 页。

⑧ 王鸿宾、卡直甫：《盛京轶闻》，吉林文史出版社 1988 年版，237 页。

⑨ 曹保明：《长白山渔猎文化》，吉林文史出版社 2007 年版，第 89 页。

⑩ 曹保明：《一位外国人眼中和笔下的长白山》，张福有、梁琴主编：《长白文化论丛》，时代文艺出版社 2003 年版，第 130 页。

⑪ 辽源市委宣传部编：《辽源今昔》，吉林出版集团 2009 年版，第 29 页。

⑫ 汪玢玲：《东北虎文化》，吉林人民出版社 2010 年版，第 1 页。

⑬ 曹保明：《世上最后一个懂鸟兽语言的人》，西苑出版社 2003 年版，第 98 页。

⑭ [清] 郭熙楞：《吉林汇征》第七章，见《吉林纪略》，吉林文史出版社 1995 年版，

第 225 页。

⑮ 同上，第 226 页。

⑯ 于济源：《熊节与熊崇拜》，《学问》2002 年第 12 期。

⑰ 孙树发：《狩猎风俗》，吉林大学出版社 2009 年版，第 125 页。

⑱ 李振营：《东北野猪》，《野生动物》1983 年第 3 期。

第四章

闯关东与民间百业

　　山海关是华北与东北的咽喉关隘，自古称东北地区为关东或关外。清朝自康熙年间对东北地区实行封禁，由关内来东北的流民因是"犯禁越关"，遂将其称之为"闯关东"。待到道、咸年间封禁弛废，关内汉人不受限制进入东北，人们仍习惯地称其为闯关东，不过，这时的闯关东带有出关闯荡、离乡创业的含意了。

　　闯关东的潮流推动了吉林省经济、社会的快速进步。不仅促进了农业大发展，也将中原地区的各行各业引进吉林。"特别是大批工匠的到来，东北地区的采矿、粮油加工、烧酒酿造、纺织、造船等手工业都有不同程度的发展，并兴起了一批具有一定规模的手工作坊"①，这使吉林出现了民间百业竞相发展、繁荣兴旺的景象。

　　闯关东的潮流也促使中原汉文化与北方少数民族文化的大交融，使吉林地域文化悄无声息、潜移默化地发生嬗变。

第一节　店铺作坊

　　张氏皮铺　柳家扎彩铺　张家纸坊　康家糖坊　谷家油坊　董家豆腐坊　于家粉坊　回宝珍饺子　兴隆陶窑作坊　船厂酱菜和扶余酱

菜　福源馆糕点　关东高粮烧锅

在闯关东的人潮中，不乏各行各业匠人，他们带着手艺，带着家人，来到吉林大地，靠勤劳养家，靠手艺扎根。吉林大地丰富的物资资源和人口日增的市面，为他们提供了兴家创业的条件，成为他们发挥特长、展示技艺的兴业之地。于是各类店铺作坊应运而生。清末，仅吉林市就有木器店、铁器店、马具店、皮货店、制粉店等数百家，各作坊之工徒，皆以一艺自立。从其中在民间留下声誉的名店名铺可窥一斑。

皮艺，是将各种动物皮张进行熟制和加工。皮艺是吉林各族人民在长期狩猎和农耕生产中创造的一种皮革制作手艺。从事皮革加工的人，民间称为皮匠；皮匠们的做工场所，民间称为"皮铺"。

在吉林最出名的皮铺是"老白山张氏皮铺"，张氏皮铺的传人张恕贵是远近闻名的皮艺高手。

张恕贵出生在山东来熙的一个皮艺世家。清咸丰二年（1852）山东遇旱灾，爷爷携全家闯关东，来到长白山下的五峰村落了脚。

张恕贵的爷爷起初在大车店干杂活，奶奶给人家浆浆洗洗，勉强维持生活。一天，一个猎人带来一张狍皮，想做条褥子不会熟皮。爷爷说："来，我给你熟吧。"皮子熟好后，他又端出两盆子玉米面，撒在皮子上开揉。他一揉一抖，一抖一揉，工夫不大，就把狍皮揉搓成了一张柔软而干净的皮子。爷爷会熟皮子的消息，不胫而走。于是当地的皮铺掌柜就请他去当了"薰匠"。内地的熟皮制革手艺就这么传到了当地。

爷爷虽然把自己的手艺传给了儿子张世杰，但老人家认为还是应该让儿子到当地人开的皮铺当学徒，好与本地皮艺交流融通。这样张世杰十九岁那年到梅河口山城镇侯家皮铺拜师学艺。学徒三年，张世杰全部掌握了"白皮桌"、"红皮桌"手艺。白皮桌是指熟出的皮子不带毛，是白板儿，主要是做车具、马套和靰鞡等。红皮桌是指熟出的皮子是带毛的，主要是做皮衣和皮帽等。

于是张世杰开起了自己的皮铺，字号"张氏皮铺"，主要干"白皮桌"活计。当年张氏皮铺最有名的是做靰鞡。"东山草昧，陵谷沟堑险阻异常。土人……割皮为鞋"[②]。这"割皮为鞋"指的就是靰鞡。这种鞋结实、轻便，里面絮上靰鞡草最能御寒，是严寒的冬季北方百姓都喜穿的。张氏皮铺的靰鞡从熟皮、下料、缝制都有自己独特的技艺。因为他们取中原皮艺之长，对当地制作方法进行了改革。如当地皮铺熟皮是用硝盘，而张家是用谷草薰，而且要用经霜谷草，因为经霜谷草梗硬、叶厚、点燃烟大，薰后的牛皮干湿、软硬适度，容易抻拉定型、剪裁。张家做的靰鞡以质论价，一张牛皮分四排来选料、剪裁：头排取皮在尾巴根儿，称为"糟门"；二排取皮在屁股蛋和脊骨处，叫"十字花骨"；三、四排是腰肋处，皮质松软。其中二排皮质最好，做出的靰鞡是优等货，价格最高。

到了张恕贵这一代，张氏皮铺的技艺更加精良。张恕贵肯吃苦，心灵、艺精，他把南北皮艺集于一身，挑起皮铺的大梁。加上张氏皮铺开在位于长白山腹地的安图县老松江镇，这里是四面八方通往长白山的必经之路，每天南来北往的大车不断。张氏皮铺以其人和、地利、艺精，生意越做越红火，名气越来越大。虽然安图皮铺有六七家，但一提起"张氏皮铺"，人人都竖大拇指，为其叫绝。不管牛皮、马皮、猪皮、狗皮、狼皮、狐狸皮、兔子皮、羊皮、猫皮、鹿皮、鼠皮、熊皮、鱼皮，只要一经他家匠人之手，立刻就变成上等的皮艺品。

张恕贵心眼活泛，接受新事物快。有一天，他听说延边朝鲜族做鼓用的皮子都是从朝鲜半岛进口的。他就想，为什么舍近求远呢？于是张氏皮铺又增加了做鼓皮一项。活计增多了，需要人管理，张恕贵就劝儿子学皮艺，

图下 4-1　张家皮铺传人张海顺　　老根摄

管理皮铺。于是，张家皮艺传到了第四代。老张家的鼓皮制作技术很快又在长白山出了名。

扎彩铺，就是民间"扎纸活"的铺子。扎纸活是用秫秸、柳条、竹篾、麻纸等扎制成各种各样的物件，主要是纸人、纸马、纸车、纸房、纸兽等用于"白事"的祭品。人故去要扎"倒头车"。"用纸糊贴、用纸扎的马，由纸人赶着。老人一咽气就把倒头车烧掉，让老人坐上倒头车奔西天"③。

在民间传统习俗中，白事是一件大事。谁家有了白事，要到扎彩铺"订件"，扎彩行的人称为"领活"。领活的人要亲自去扎彩铺领活或请扎彩行的师傅到家，住下"扎活"。

除此而外，扎彩铺每年还要接些庙上道场仪式用品、家庭糊裱（装潢）、糊彩墙等活计。从事这个行业的可谓是"民间艺人"。

旧时吉林最出名的扎彩铺是"柳家扎彩铺"。

老柳家的老家在山东滕县，清同治四年（1865）柳玉荫领着一家老小闯关东，来到今天的长春西二道街九圣祠胡同落脚，以其家传手艺开起了扎彩铺。

柳家把老家的手艺、绝活带到了当地，扎彩铺很快出了名，活计越来越多，不断扩大规模。柳家便在当地招收学徒，毫无保留地传授技艺。进柳家扎彩铺学徒，要先从"刻画"开始。一入师门，师傅先给几块蜡板子、刻刀和笔，练腕子功刻蜡板，要指啥刻啥，走刀要细、要匀。然后是学习用笔，学会调颜料、书写、绘画，还要请来"描金匠"给开堂（课），讲"二十四孝"、"四郎探母"、"目莲救母"等古代民间故事的人物和画法。最后再让徒弟练扎彩铺匠人的扎、剪、贴、描四项功夫。

扎就是用秫秸、柳条、竹篾等扎编动物、人物、房舍、轿、车等的骨架；剪就是剪各种图案、图形，如"云"字纹、"寿"字纹及车、马等；贴就是运用各种彩色纸，根据画面搭配粘贴；描就是将预先画在纸上的画面在扎好的"活"上描绘成立体图型。

柳家的扎功很娴熟。一棵高粱秆到了匠人手里，用手夹着刀片，一撸就能把一根秫秸破成四条，破得粗细均匀、表面光滑，转眼间就能扎出活灵活现的人或动物来，柳家师徒人人的拇指与食指，都磨出了厚厚的膙子。

柳掌柜对徒弟要求很严，一有空就教大伙练功，有时，领着徒弟到本地手艺高的扎彩行去"拜活"求艺。当年，大户人家办白事，多是请柳家扎彩铺的人到家里住下扎活，点名要扎的物件形形色色，如家畜、家禽、野兽、各类人物等。最难扎的是"香香亭"和"活扎彩"。一般扎彩铺不敢接这两样活。柳家扎彩铺，就是因为这两样活做得拿手而出名。香香亭是人死后带到阴间装金银财物的"库"。柳家扎的香亭亭有三米多高，分成多层的格，除用色纸外还用香来插孔，亭的四周出檐出梢，每个格上都画出不同辈分祖宗的牌位，还有金山银山、金桥银桥。活扎彩是做出的纸人纸马能走会动。

柳家扎彩铺的"一剪功"也是一绝，一剪子能剪出一群小孩或几十只小燕。他家的老艺人剪出的作品栩栩如生、妙趣无穷。

柳家扎彩铺不但生意做得红火，还为当地培训了一批又一批学徒，把中原大地的技艺广为传播，有的徒弟后来还成为民间艺术家。

俚语说的"关东三大怪"（旧说：窗户纸糊在外，养个孩子吊起来，姑娘叼着大烟袋），其中一怪是窗户纸糊在外，这是因为东北冬季严寒、风大雪大，免得将窗户纸刮开和窗棂积雪。而糊窗户的纸，也要抗风、耐雨雪，因此家家都选用手工抄制的毛头纸。吉林从前有许多"纸作坊"，而最出名的，是张家纸坊。张家纸坊的创始人叫张友。

张友老家在山东掖县，清道光十四年（1834），爷爷领着全家人闯关东，来到吉林开纸作坊谋生。

土法造纸原料大多是废旧麻绳、蒲棒草、苇子等，要经选料、碎料浇料、碾轧、气蒸、打线、抄纸、晾晒等多道工序。

首先将选好的原料用刀切碎，碾子轧碎，或用石锤砸碎，洗净，然后收到大石碾子里加水碾轧。一般纸作坊是平碾碾轧，而张家纸坊是立碾碾轧，就是将碾轮立起来在碾槽里滚动，这样，碾子压力更大，更有挤力。此过程也是继续清洗的过程。当水漫过原料后，往碾槽子里放生石灰。原料经过碾轧细化、石灰水洗净后，捞出来再放到另一个碾子里继续碾压。料麻的混水就会顺着槽眼淌出去。

从碾槽里淌出的麻水，流进一个池子里，然后纸匠把淌进池子里的麻捞出来，装进一个个大耳朵筐里，把水控尽，形成一个一个的"坨子"。接着把坨子放进锅里蒸。坨子蒸好以后，再送到另一台碾子里，碾子也是在碾槽里立着走，边压边放水搅。当麻水已经看不见毛成糊状时，开始进入下道工序，打线。

打线，是用柳条或木棍（行话叫"沙拉子"）抽打糊状麻料。打线时，作坊的大院子里，纸匠们围在一个一个池子旁，动作整齐地"沙沙"抽打。这是件既枯燥又累人的活，按规矩一气要打 3600 下，一连要打几气，纸匠们一边打线一边唱着打线歌。歌声伴着打线的"沙沙"的节奏，显得悠扬、自在。张家纸作坊打线是当地一景，前村后屯的人都赶来看热闹。

打线之后就进入最关键的程序——抄纸。抄纸的工具纸匠叫纸帘子，抄纸时将纸帘子平放到类似方格窗的木架上，然后插入打完线的纸浆中，捞出纸料，轻轻晃动，以纯熟的技术抄出薄厚均匀的纸来。抄出的纸摞起来，用石板或木板加上重物压一段时间，然后进行晾晒或在火墙上烘干。

纸匠行有句俗话，叫做"纸匠关里关外走，只带自己两只手"。中国的传统造纸手艺，正是靠匠人的流动，传播到四面八方。

康家糖坊的创始人康守仁，是河北滦县人。清光绪十五年（1889）滦县闹水灾，走投无路，康守仁领着妻儿闯关东来到宽城子（今长春）。说来也巧，在这里他结识了同乡同姓吹糖人的老头康糖匠，老头什么都会吹，鸡、鸭、猫、狗、葫芦、孙悟空等等，吹什么像什么。康守仁羡慕其手艺，便认他为干爹，拜师学艺。他心灵手巧，继承创新，不仅学吹糖人，还学会了熬糖制作各种糖果。

康家糖坊的主要产品是糖球、糖块。案子上摆着各式模子，将揉好的糖膏往模子里一塞，到了时辰再一磕，各种颜色的糖块、糖球、糖条、糖豆就出来了。或是称斤论两，或是包成包，摆到临街的案子上叫卖。

当年，康家糖坊以其产品优良名声大震。康守仁又擅经营，赢得了市场。十数年间，把一个"吹糖挑子"发展成拥有三个大院套、雇用二三百名糖匠、生产批发兼零售的糖业作坊。每到年节，方圆几百里的人都到康家糖坊买糖。康家又推出应节糖品，如腊月二十三的灶糖，婚礼的喜糖，老年人的寿糖，儿童喜欢的牛皮软糖，都是康家应时应节的拿手好货。

老康家的糖果出名之后，地方上的达官显贵常来定货，称为"翻牌"。当年张作霖老母亲的大寿和三姨太的婚礼用糖，都派人到康家糖坊订货。在东北地面上，一提起康家糖坊，无人不知，无人不晓。

谷家油坊创始人叫谷裕，河北永年县人。谷家在关里也开办油坊。清道光二十一年（1841），永年县大旱庄稼颗粒不收，谷裕三兄弟在母亲霍佩琴带领下闯关东来到黄龙府（今农安县）落脚，后迁至松花江边"菜园子"（今德惠市菜园子乡）。由于他家有榨油手艺，加上此地盛产大豆，于是重操旧业，开办起油坊。谷家油坊字号"福隆昇"。由于榨油技术地道、油香且纯而名满松辽平原。

油作坊榨油先"炕豆子"，就是给豆料去水分。那时没有蒸发水分的设备，炕豆子全靠火炕。把豆子铺在上面并不断翻动。大豆的水分才能完全蒸发出去，要干湿度合适，这全凭经验来掌握。然后是"上碾子"，又称为"压彩子"。就是把大豆粒儿压扁，其状如一片片圆圆的"云彩"，所以称为"彩子"或"豆彩子"。压完的彩子还要上锅蒸。最后一道工序是"上榨"，即把蒸好的热气腾腾的彩子放在"油榨"里榨油。

谷家油坊的油榨，是老太太霍佩琴带领三个儿子到长白山，挑选上好的铁梨木料制成的。铁梨木质密、体重、纹细、结实，用这种油榨可以把大豆的油脂榨干取尽。油榨分"迫盖"（木盖）和"榨架"两部分，迫盖挂在房梁上，立在地上的榨架有三个横孔，上榨时，伙计们轮流将木杠子插在孔里，像推磨似的用足力气转着圈走，给油榨"上劲"，木盖渐渐向下压紧，油便挤压出来了。上榨是在高温下作业，是劳动强度大不能停歇的力气活，油匠们都是光着膀子干活。油作坊的歌谣说："上边挤来下边压，越狠咱越不害怕；不走东家撵你走，不压掌柜把你骂。"

榨油看似粗活，各个油作坊也都是这一套工艺程序，但技术精与不精大不一样，谷家油坊榨油出油率高油质又纯，所以在油作坊行业里拔了头筹。

长春有个出名的老豆腐坊，那就是董家豆腐坊。从开业到出名有一二百年的历史。清康熙五十一年（1712），山东登州府董以和先祖买"蒙荒"（清政府划给蒙古族的荒地。后来他们招徕中原人开垦，称为买、卖蒙荒），带领一家人来到这里。到了董以和这一代，在开荒时发现了一个泉眼，水清凉旺盛。后来人越聚越多，就成了一个村落，百姓叫董家窝棚。董家在开荒农耕之余，又开了一个豆腐坊，而且越做越大。

民间传说豆腐坊的祖师爷是春秋燕国名将乐毅。乐毅是个孝子，父母老了，牙口不好，乐毅出门前就把豆子嚼碎给父母留着吃。有一回，父母不慎碰倒了卤水罐子，卤水洒在豆浆里，结果成了豆腐。从此有了豆腐，作坊开始挂乐毅的像。

很多人都会做豆腐，但做得好与不好大有区别。做豆腐要经过泡豆子、磨豆子、熬浆、过包、点卤、泼包、压汁、打格和揭包等多个工序，而每个过程都讲究火候和温度。主要是看"熬浆子"的技艺。浆子熬不好，不会出好豆腐。每当一大锅浆子烧开，掌柜的就开始"撇缸"和"过包"。这两项都属技术活儿。豆腐老了嫩了，全靠这两道手艺。由于董家人精通做豆腐之道，那浆水浓度、火候都掌握得十分地道。豆腐还没揭包，院子里买豆腐的人已经排起了队。常常有屯邻和乡亲们，为办红白喜事或为老人办寿诞在头三五天就来董家预定豆腐。

还有人起大早地赶到董家豆腐坊，为的是舀上一葫芦瓢热豆浆，用棉袄一捂，跑着端回家给生病的人喝。他们往往这样说："快喝吧，这是董家豆腐坊的热豆浆，上面还有层油皮呢。"董家的豆浆和豆腐是人们日常最喜爱的吃食。

董家的豆腐供不应求，每到年节，要提前订货，就连草原上蒙古王爷举行那达慕大会，也事先派人远道前来订豆腐办席。后来，董以和故去了，他的儿子、孙子们继续开着这个豆腐坊。一连开了好几辈子，成为吉林出名的老豆腐坊。

豆腐不是珍肴，全国到处都有，可是成为一二百年老店，做成品牌，当属少见。

粉条，是用土豆、绿豆或其他淀粉原料制作的一种大众食品，在东北，百姓最喜欢吃的一道菜就是"猪肉炖粉条子"。制粉的作坊称为"粉坊"，制粉的人称为"粉匠"。在吉林，最有名的粉坊就属农安县烧锅屯的于家粉坊了。于家粉坊的当家人于德江，人称于老三，山东滕县人，光绪二十九年（1903）随爷爷闯关东到农安县落脚。于老三是远近闻名的粉匠。

制粉又叫"漏粉"，这是一种辛苦活。每天早上天不亮粉坊就开始磨粉了。磨一转动，磨盘槽子里的浆水哗哗地流进大缸里。粉条讲究的是粗细均匀、洁白光亮、韧性适中。漏粉虽没有高深技术，可是有两道工序是要真手艺的。一是认浆。就是细心观察浆水的颜色，浆水上面的沫子发红，这是上等浆，能出好粉，如果发黑，是下等浆。撇缸要及时下瓢，找好轻重，狠了不行，轻了也不行，全靠掌控好手劲。二是漏粉。粉匠师傅开始显示自己的本事了，在粉匠师傅的操持下，进行插面子、打芡、抓矾、上瓢、拨锅、捣粉、捶粉等全套过程。这些活都是环环相扣，每一步都要有观察的眼力，娴熟的手法。

瓢是粉匠的主要工具，也是其职业的象征。干得好叫"瓢亮"，干

图下 4-2　清　粉坊晾粉　　原刊于《吉林旧影》，吉林人民出版社 2005 年版。

不好叫"扣瓢"。漏粉很难每茬浆都出好粉，人们认为漏粉是技术活也是"运气活"，粉匠如果经常扣瓢就会名声扫地，俗话说"粉匠扣了盆，遇到丧门神"。出了坏粉情绪沮丧，出了好粉喜笑颜开。于老三是远近有名的"瓢亮"，所以于家粉坊生意红火，总是有说有笑，村里的大人小孩经常去吃"粉居子"（一种用粉烧成的食品），于老三也乐意招待。

于家粉坊的名气越来越大，老百姓编了一段顺口溜说："北边的水，农安的瓢，于家的粉条最抗熬。串门背上一捆粉，丈母娘把你另眼瞧。放上桌子炕头坐，猪肉粉条可劲造（造意饱食，关东方言）"。

随着闯关东的潮流，居住在中原地区的部分回民也来到吉林，并逐渐成为吉林省的主要民族之一。他们开办了各种店铺作坊，尤其是将具有回族特色的清真食品传播过来，其中，成为著名品牌的"回宝珍饺子"便是这方面的代表。

回宝珍，清光绪二十三年（1897）出生于河北青县新集村一个贫困的家庭。回宝珍9岁时母亲因病离开了人世，父亲回长江领着回宝珍兄妹5人过日子。因生活无法维持，1908年父亲带领全家人闯关东来到了宽城子（今长春）。不久回宝珍哥哥在永春路小剧场附近开了一家清真菜馆，他就给哥哥打下手。后来他听说中东铁路开工，许多南来北往的人都得吃"路饭"，于是他独自在中东铁路工棚旁开了一个小菜馆。可是生意一直不好。他想东北人有句俗话说"坐着不如倒着，好吃不如饺子"，干脆开个"回记饺子馆"试试。饺子馆开业后果然"一炮走红"，不仅吸引了远近的回民，也得到其他民族人的喜欢，生意很快兴隆起来。

回宝珍在历练中认识到，开饭馆厨师最重要。恰逢回民名厨刘子清与掌柜的闹矛盾弄僵了，无处落脚，回宝珍就主动高薪聘请刘子清到他家做厨师。人在难时拉一把，使刘子清十分感激，便毫无保留地把自己祖传的选肉、调馅的手艺传授给了回宝珍。同时，回宝珍又观察各家饺子的包制手法，吸取其长处，形成了自己独特风味。渐渐地"回宝珍饺子"就远近闻名了。

回宝珍饺子十分讲究选料、用料和加工方法。为使饺子不破肚、不裂口、不露馅、不塌腔，咬开成一个肉丸而又汁水丰满，味道鲜美，他要求徒弟们先将肉馅和调好的汤搅匀，待肉馅将汤"吃进去"再和馅，做到先汤后油、先肉后菜、先拌后调，各种调料到开始包饺子时现用现调。始终保持回宝珍饺子个头均匀，皮薄边小，馅大馅嫩，汤肥味美的风格。

回宝珍在管理上严格实行"三定"：定人、定质、定量；"五专"：专人选料、专人拌馅、专人和面、专人包饺子、专人看锅。严格实行"三不做三不卖"：牛肉不鲜不做不卖、配料不全不做不卖、面质不达到要求不做不卖。回宝珍还定下了"八用八不用"之规：饺子面皮用硬面不用软面，用鲜肉不用陈肉，用上脑和腰条不用胸口和腱子肉，白菜入窖前用帮不用心，入窖后则用心不用帮，用大葱不用洋葱，大葱用葱白不用葱叶，用花椒水不用花椒面，用上等酱油不用普通酱油，调馅用鸡汤、腱子汤不用水。

与主品饺子相搭配还精心制作了多种清真卤味，以吸引众多酒客。回宝珍饺子成为关东父老生活中的一道传统美食一直流传下来。

兴隆陶窑作坊在吉林省十分出名。据《吉林史志》记载，清嘉庆元年（1796），有裴、张两户人家闯关东来到长春的兴隆山落脚。两家先是在一起开荒种地。张家挖沟挖出又细又软的白土子，裴家的人说这种白土子叫陶泥，可以烧窑做陶。于是两家合伙开办了"兴隆陶窑作坊"，并邀请河北定窑王文荣等几位匠人入伙。

兴隆陶窑作坊的匠人个个是烧窑的行家里手，有的管成坯，有的管精修、荡釉，有的管烧窑，各道工序，分工负责，因此作坊一开张就一炮打响。所烧制的东北大碗、泥盆、大缸等器具，销路很旺，很快站稳了脚跟，创出了品牌。

他们带来了技术，也传来了窑业规俗。兴隆陶窑作坊和中原一样，崇拜火神太上无极，开业时点香上供祭拜"窑神"。兴隆陶窑作坊的窑神龛设在上房东屋的墙壁上，壁下供着香烛纸马。窑工们干活前要由师傅领着给窑神祖师爷祭拜磕头，"满窑"（装满了泥坯）前和"开窑"（点火）前和起窑前，还要放鞭炮，以示庆祝。在诸多规俗中最重要一条是诚实守信、不欺顾客，卖出去的货物不论隔多长时间都可以退换。

兴隆陶窑作坊最出名的产品是大缸。因为东北人几乎家家腌酸菜，所以大缸很畅销。一到深秋初冬，各屯子都派出大车到这儿来拉大缸。

那些垛起来的大缸在阳光下闪着油亮的光泽，极其引人注目，成了无字的招牌。一首兴隆陶作坊的歌谣唱出了它的古老和兴隆："鸽子翻身来得快，当时我把窑神拜……窑炉好比一座城，窑口挂着两盏灯，灯上盘着两条龙。点上灯，惊起龙，窑神保佑咱兴隆。"

兴隆山镇作为吉林陶乡延续了二百多年，直至改革开放前这里还存在着国营陶瓷厂。

清光绪十五年（1889），家境殷实的山西商人刘宜卿和刘长富为觅商机来到东北。当他们辗转来到古老的船厂时，被这里繁华的市井和便利的水陆交通吸引了，于是便决定在这开设一个酱菜老醋店，取名"通泰泉"。

买卖开张之后却不景气，于是他们到城乡了解百姓的口味和喜好。原来东北人"口重"（喜咸），家家都有大酱缸，酱缸里都泡着"咸菜包子"。这样的咸菜有股酱香味，脆生爽口。于是他们按照吉林人的口味和喜欢吃酱菜的习惯，购进大豆，像当地人那样炸酱豆、晾酱块子做东北的大酱，收购各种青菜，制成一个个的咸菜包子，下在酱水缸里，经过一定时间的浸泡再出缸。这样，通泰泉的酱菜在吉林地面迅速畅销起来。

通泰泉的"酱"也跟着出了名，酱油、京黄酱、面酱、豆瓣酱、东北大酱做得样样地道。既保持东北人的传统做法又融入中原的制作技艺，加以适当改进，各类酱都受北方乡亲的喜爱。由于酱好，酱菜也形成了独特风味，上了档次，创出品牌。不仅百姓喜爱，就是来东北的客商和朝廷官员，也都想尝尝。后来，这船厂酱菜还写进了《菜谱选编》和《中华饮食辞典》，成为北方的优秀菜品之一。

清咸丰八年（1858），山东潍坊人戴玉山逃荒来到吉林前郭尔罗斯一个叫老扶余的地方落脚。老戴家本是大户人家，除了租种蒙古王爷的地之外，还开办酱菜园买卖，起名为"复兴泉酱菜园"。

复兴泉酱菜作坊一开业就与众不同。戴家父子分了工，戴玉山领着伙计们在作坊里制作酱菜，儿子戴文江负责采购青菜和销售。复兴泉收购的青菜有"三进"和"三不进"。三进是：嫩，码，量。嫩，指购进的菜一定要鲜嫩；码，是尺码，指黄瓜、茄子、豆角等青菜要有一定的尺码；量，指重量，各种菜的单个重量都有一定限制。这些规矩，是为了保证腌制出的咸菜鲜嫩、清脆、整齐。三不进是：只收购有信誉老主顾的菜，生人送的菜不进；不是当即采摘的鲜菜不进；不用柳条编筐和蒿子垫底所盛装的菜不进。

当时的扶余和前郭尔罗斯草原一带，居住着汉、满、蒙、回、锡伯和朝鲜等民族居民，而复兴泉的酱菜各族人都喜欢。吃复兴泉的酱菜成为当时的时尚，过年，家家户户都买点复兴泉的酱菜。满族人吃火锅，以复兴泉的酱菜为配菜，蒙古王爷聚餐饮宴，也必备复兴泉的酱菜，因此，复兴泉酱菜常常供不应求，但复兴泉宁肯脱销也不降低质量，也决不因畅销而涨价。一时间，扶余复兴泉酱菜园成为一个出名品牌。

船厂有一处"果子楼"，即糕点作坊，名号为福源馆，始建于明崇祯元年（1628）。传说，清康熙二十一年（1682），康熙东巡来到船厂，一日乘龙舟出游，忽觉腹内饥饿，随行大臣便到福源馆取糕点给皇帝食用。康熙细品之后，觉得一口清香，二口酥软，三口余逸，四口流连。于是钦点福源馆果子为"贡品"。到了雍正六年（1728），官府在船厂专建果子楼三间，用以存放福源馆制作之"贡点"。道光年间，有个叫"俊六"的人接管了福源馆，在原基础上又有所发展，福源馆糕点更是名满朝野。

福源馆所制糕点荟萃南北技艺，品种繁多。既有常年果品，又有应季食品。每年正月初六"什锦元宵"便开始上市，接着为迎端午之典，"什锦裹黄粽"、"状元粽"等一应俱全。进入盛夏，他家的绿豆糕是最有名的防暑佳品。八月中秋月饼更加丰富多彩，分京式、苏式、北式。十月做"玉面蜂糕"，用大米面、白糖制成上大底小的盆形糕点，上面还盖有"五蝠（福）捧寿"图案的红戳。腊月二十三祭灶则制卖"关东糖"。

福源馆制作糕点的口诀是："名师抱绝技，配方属专调；用料慎考究，烤炸极精致。"例如，每到秋月，他们制作"山楂月饼"时，其山楂专门采用长白山阳坡产的红山楂和叶赫产的白山楂，并不像别家月饼将山楂捣成泥状，而是切成山楂丁来做馅，掰开月饼可见红白两色的山楂果肉。

吉林大地，盛产高粱，加之甘甜的泉水，为酿酒业的发展提供了优质资源，高粱烧锅遍地开花。历史悠久，质量上乘者，有大泉源、龙泉春、积德泉三处。

大泉源在通化县，早年，女真人的苏克素浒河部费阿拉就在这里居住，并取泉水酿酒。天命元年（1616）努尔哈赤统一东北女真部落建立后金政权，大泉源烧锅便成了为朝廷酿造贡酒的作坊。清光绪十年（1884），出生于山东发迹于奉天（沈阳）的商人傅成贤，买下大泉源烧锅和周边20多亩土地，把大泉源烧锅的经营推向一个高峰。

傅成贤出大价钱请来山西酿酒大师主持酿酒，并派人去长白山选红松古木制作"酒海"。这种酒海最大容量为万斤左右，小的也有几百斤。一律卯隼咬合，内壁使用传统手工裱糊，用老纸和鹿血糊木缝，酒一浸泡，非常坚实严密，防漏、防腐、防挥发，保持了陈年老酒的醇香。

大泉源作坊，有这样一套口诀：汤子酒，高粱造，老泉清水最保靠；炉火旺，蒸气冒，木锨扬，晾熟料；糨放好，入老窖，出好酒，三十酵；进甑锅，盖扣好，木头杵子可劲烧；头流酒，哗哗跳，两头掐，中间要；师傅背，徒弟挑，倒进酒海盖封好；年年岁岁容颜老，贮得老酒美味飘；别看酿在老林中，一喝天下都知道。

大泉源酒以醇、烈、香闻名关东大地，其名声一直延续下来。据《通化县志》记载，清末地方官吏、巨贾富户均以饮大泉源酒为尚。大泉源烧酒成为关东大地品牌名酒，现今被列为国家名牌产品，其酿造技艺也被列入国家非物质文化遗产名录。

在吉林老字号作坊中，积德泉烧锅的起源和发展既传奇又独特。清乾隆五十六年（1791），河北永宁府一个叫齐雨亭的人领家人闯关东来到宽城子（今长春）落脚谋生。后遇徐姓酒师，遂开办起一处烧锅，取名"涌发合"。道光三年（1823）东北遭遇大旱，涌发合开粥锅救济穷人，百姓称其善举为"积德泉"，从此作坊及酒名改为"积德泉"。真正把积德泉做大的是第三代掌柜王玉堂。在他经营下，积德泉规模扩大，产量增加，品质提高。"糟腿子"（制酒工人）竟达500多人。

王玉堂采用东北民间古老的造酒技艺。例如，踩糨子专门选用男童工，一个个都脱光了衣服，只戴个小红兜肚，小脚丫洗得白白净净。他们站成一排，由一个"梆子师傅"领着去踩，踩糨房是不准外人进去的。糨子是上锅蒸过的粮食，踩可以促进其发酵。但踩重了，粮粒结构便破损，反而不易出酒；踩轻了，水分又出不来。用童工来踩恰到好处。踩时还由梆子师傅领着一齐唱古老的踩粬歌，歌声指挥着踩粬的节奏：阿兰巴利巴利，啪——！阿兰巴利巴利，啪——！

几百年来，积德泉烧酒以它的浓烈而不蜇口闻名，非常适合东北人的口味，不仅在吉林市场占有很大份额，还远销辽、黑两省。

清光绪二十五年（1899），原西安县（今辽源市）有原籍山东魏氏兄弟三人，持家人魏治安，字化南，世人称"魏老化"，排行老三，又称魏老三。是当年西安县的首富。西安境内有两座大山，一座称为龙首山，一座称为王八脖子山，正好处于市区东西两边。民间传说，那是一条青龙与一只乌龟为仙鹤口中失落的珠宝而争斗不止，惊动了玉皇大帝，将其点化成两座山。青龙被点化的一刹那间落起泪来，形成一股泉水名曰"锁龙泉"。当年康熙和乾隆东巡路过此地时，因忌讳"锁龙"二字，改其名为"龙泉"。魏氏兄弟是有心计的人，他们根据自己的考察，搜集相关故事和传说，决定在锁龙泉旁建一处烧锅，并起名"龙泉春"。

龙泉春烧锅当年设在县城东吉大街南头。六大套院，三丈高的粬子房，土坯砌的大院墙。门口刻着一副对联：猛虎一杯山中醉；蛟龙二盏

图下 4-3　清　酿酒作坊　　原刊于《吉林旧影》，吉林人民出版社 2005 年版。

海底眠。上冠：龙泉春烧锅。

　　龙泉春一开业便与众不同。作坊的院子里共十八个窖子，每个窖口是一个四方木框子的入门，上书"龙泉"二字，高大古朴。龙泉春烧锅的规矩极严，每一个糟腿子进院后，先到上房去拜酒业祖师杜康，接着要拜见各道工序的师傅。院子里的工友要拜见"院心"（管院子的头），釉子房的工友要拜见"釉子房掌柜"，账房要拜见"柜头"。总之每天都得拜师傅，去听取对当天活计的指点及注意事项。这套规矩其实是传授技艺的方式，也是延续敬祖尊师的老传统。

　　龙泉春烧锅的这套规俗保证了技艺精，酒品高，名声好，在关东大地上形成了独特的品牌。龙泉春烧锅虽然几起几落，数易其主，而至今龙泉春烧酒仍是吉林省名牌商品。

第二节　"车伙子之家"——大车店

陆路大车店　　冰上水院子

　　迄康熙中叶，东北地区基本建成了纵横南北、四通八达的驿路交通网，吉林乌拉"近立驿传，通往来，百货鳞集，商货流通"。至清中后期，闯关东大潮带动了人流物流，距千八百里之间的长途运输已是常事。那时，陆路交通主要靠马车。依照吉林民间旧俗，人们习惯将马车称为"大车"，以此将其与牛车、毛驴车、人力车区别开来，并表示推崇造型大、运载能力强、速度快的马车。大车渐渐成为民间运输的主力。大车跑长途需要中途停歇，而官设的驿站只是"驰差供役"，于是出现了以接待长途运输的大车为主的旅店——大车店。

　　在土路上行车，即使不遇雨雪，每日也只能行几十里，为使行车者能在日落之前进店歇息，大车店一般坐落在交通要道或城镇的周边地带，也有些开设在路边的旷野无人之处，渐渐才形成村落，如今，吉林省有不少像"夏家店"、"胡家店"的这类地名就是由此而来。据《梨树县志》记载，县城郭家店镇，在四百年前为一片荒野，至清嘉庆年间开关招垦后，往来车辆日多，有移民郭家在此开了一个大车店，接待往来车辆行人投宿，生意十分兴隆。尔后，关内又来了一些做小生意的在此开设小饭馆、马掌炉、草料铺、车具店等，逐渐形成远近闻名的"郭家店"。

大车店是"车伙子"之家。"伙子"是指一伙一帮。行车外出很少"跑单车"，或为防野兽防歹人或因生意上的合作需要，多结伴而行，几辆十几辆大车的赶车人加上"掌包的"（货主、车主或其代理人）就成伙了，因此称随大车出行的一帮人为车伙子，也叫"车豁（huō）子"。车豁子原本专指赶车的驭手"车把式"、"老板子"。豁，关东土语"豁出去了"的意思，是形容粗犷豪放、敢于拼命的性格。而"伙"与"豁"音相近，两种称呼便混用。

大车店最重要的"店规"，就是为车伙子提供周到的服务，俗话说"店家店家，到店如到家"。

车伙子无论酷暑严寒、风霜雨雪都在外长途奔波，一路辛苦劳累，盼望到达驻足之地歇息休整，得到家庭般的亲切照顾，而大车店恰恰能给他们以满足。大车店的规俗首要的是对车伙子恭而敬之、热情款待。他们把中原人的细心、周到、礼仪倾注给车伙子。车伙子一进店，店主一家男女老少和伙计们立刻上前嘘寒问暖，将客人让到屋里；有人给打洗脸水、端茶点烟；有人在院子里帮助卸车、拴马饮牲口；同时灶上忙着为客人做饭烧菜，妇女们侍候客人用餐；冷天将火炕烧得热热的，热天给铺上凉席，递上蒲扇；晚上打来热水让客人烫脚，早上帮助套车送客人上路……遇有车伙子多，店家忙不过来时，屯邻的男男女女也赶来帮忙，客人有什么要求，店家要做到有求必应，俚语说"车豁子进店，赛若知县"。

哪家车店待客热情、周到，哪家车店对客人轻视、慢待，车伙子都给传扬出去，并且演绎出许多店家与车伙子之间的故事。比如，道光二十四年（1844），船厂（今吉林市）临江门的十字路口有一家大车店叫同济盛，一年年关，一伙从长白山林区来的车伙子进了店。"总掌包"姓蓝，人称蓝八爷。因为店伙计言语冷淡、灶房迟迟没做好饭菜，蓝八爷等得不耐烦，便把饭桌子从炕上端下去："不吃了，咱们走人还不行吗。"那时，大车店稳不住进店的客人被人视为耻辱。店掌柜立刻上前赔礼，说："蓝八爷您老消消气，你想吃啥任你点，我一袋烟工夫准给你端上来。"蓝八爷故意刁难说："那好哇，要一盘爆炒活鸡，我抽烟等着。"真的一袋烟功夫将饭菜端上桌。从此，蓝八爷的车伙子反成了同济盛的老主顾，每当路过此地，没等车进院子，赶车的老板子就"打鞭花"知会店家（有节奏甩鞭的响声，店家凭鞭声的不同节奏能判断出是哪家车伙子），伙计们赶忙迎接。④类似的故事一传十，十传百，中原汉人开的大车店一家比照一家地看谁服务周到，从而形成了大车店行业的一整套规俗。比如：

不能拒留客人。车伙子半夜来到也要开门迎客，即使客满住不下，宁可搭地铺、让出店主人的房间也要把客人留下。否则，意味把客人撵到荒郊野地过夜，是不仁义的行为。

平等对待车伙子。来店的车伙子不论穷的富的、小帮大帮、生人熟人都要同样待承，"进门都是客，到此即为家""一张桌子不能待两样客（读 qiě）"。遇有盘缠少给不起钱的可以欠着甚或不要，也不能让其吃"下等饭"，否则是嫌贫爱富不仗义。

设更倌管好夜间事。大车店必须有专职更倌，要照看好车伙子的车马货物，防火防盗，给牲口加草料。要叫早，不仅把起五更赶路的客人叫醒，还要在三更天叫起灶房的伙计给客人做饭，不能让车伙子饿着肚子上路。

车伙子有了困难要帮一把。车具、马具坏了要帮助修理，货物散包拆垛要帮助重新装车、捆绑，衣服鞋帽刮破了，店家的妇女要给缝缝补补。

保管钱款和贵重物品。客房里大都有"银钱交柜，自照衣帽""贵重物品交柜保管，否则丢失不赔"的帖子。交柜和送还时当面点清，这是大车店的规矩。

准备下车伙子常用的东西。随车带的草料口袋中的草料只供途中用，到了车店自有店家备下的好草好料喂牲口，还要有修车用的钉、锤、斧、锯，修绳套用的"改锥"、线麻、大剪子，切豆饼（马料）的豆饼刀，刮马毛的马挠子，浇车油（客人临走时要将其车油瓶罐满），皮鞭梢、绑靰鞡的鞋带子，以及拔火罐、土制的刀口药、冻伤药等。

大车店的规俗也包含约束车伙子的内容。比如："店大不压客，客大不欺店"，车伙子不能对店家随意耍横、撒野；不准挑逗、调戏店家的妇女；要遵守店家的规矩和忌讳，如不许打店家的护院狗、不许在房山头便溺；店家有求于车伙子的事（如有人或物要顺便搭车捎脚）也要有求必应；车伙子之间要互相尊重，遇有翻车打误、为难遭灾的事不能看着不管，要全力给予帮助，讲义气，讲究"人过留名，雁过留声"。

大车店的规俗是久习成律的民间协约，大车店与车伙子都要共同遵循，起到调节相互关系的作用，是人际交往的行为规范。

冬季的吉林，是冰的天下，雪的世界。从农历九月起，寒风就渐渐吹落树上的叶子，冰霜在一夜间就使万物凋零。接着一场大雪，冬天就来到了这片土地。

进入冬季，人们仍然要生产劳作，要外出运输，山里人要把积攒的"山货"运往山外出售，商贾要进山收购山货，来往大车仍需在路途中住店。于是，在江河封冻以后的吉林，就出现一种风格独特的大车店——水院子。水院子建在临江靠河的岸边，有的就建在江河冰面上，所以叫"水院子"，其实是"冰院子"。

当大雪封山，江河封冻时候，乡间土路由于原本坡洼不平加之积雪、车辙，很不好走。而江河冰面宽敞、平坦，被江风吹得少有积雪，便自然成了畅通无阻的车马爬犁道。可谓"冰封路通"。每到严冬季节，江河冰道就热闹起来了。那些长年生活在山林村落里的百姓，赶着大车、爬犁，把积攒的蘑菇、木耳、山菜、黄烟、人参、松树籽、榛子、哈什蚂、蜂蜜、畜肉、皮张等山货以及作烧柴的木柈子、干枝子从山里运出，再从城镇集市上换回各种生产、生活用品和年货。再加上南来北往搞长途贩运的商贩，冰道上车水马龙，人流不断，路途远的要住宿，路途近的要打尖。这样，就催生了建在江河冰面上的水院子。

搭建水院子，店主要亲自去选"点"。点既指具体地点也指风水好的"运气点"。以松花江为例，从抚松县境内的两江口至船厂的"冰道"约有三百余里，马拉爬犁或大车要走上三五天，路上要住二三宿，所以每隔七八十里就有一个水院子。松花江上游的白山、红石、桦甸、风门等成为首选之地。

　　具体地点要选在依山、避风向阳、江面宽阔处。利用江岸上隆起的土坡作为"靠"，把岸边的冰面作为"院"，搭建起这种冰上大车店。这些店用冰和雪垒起院墙，在院子里的冰面上安放着马槽子、马架子，还有埋着牲畜肉的作以保鲜的"雪堆子"。掏进土层里的窑洞便是"屋"，屋里是对面的大火炕，供人住宿、歇息、取暖、吃饭。

　　水院子的规俗同其他大车店一样，将车伙子待为上宾。行人一路饥寒颠簸来水院子打尖，都急着歇脚、吃饭、暖身子，同时喂喂牲口，整理车具、爬犁和货物，以便尽快赶路。因此，这里的一切活计都讲究一个"快"字。只要车马爬犁一进院，称为"院心"的看院伙计立刻接过缰绳帮着看车、拴马，把客人让进屋内。在屋里的掌柜和姑娘媳妇们麻利地端来烟笸箩给客人点烟、倒水，拿出缓好的冻梨、瓜子、松籽让客人"打牙祭"。客人点了菜，灶上也就是二、三袋烟的工夫就得把饭菜做好。这时，院子里的伙计不停脚地忙着温水饮牲口，给牲口添草加料，检查车套、马具、爬犁和货物，看有什么需要整理的赶紧告诉客人，客人有事随叫随到。水院子家家都这么热情服侍客人，为的是拉主顾揽回头客。因此家家都有自己的主顾圈儿，并与其结下深厚的情谊。

　　水院子是"打快拳"的生意，进入数九天开张到春暖开江前收摊，只有几个月时间。如果下一年不再干，店家就无踪无影了。

　　吉林的水院子是冰雪天地的温暖驿站。当车马爬犁一踏上松花江的冰面，走一阵子远远就会看见水院子的袅袅炊烟，高高飘扬的彩幡——店幌。彩幡上标着各家的字号："嘉福家"、"盛顺开"、"马家柜"、"吉福号"、"祥运铺"等等，既是为了招徕客人，也有江湖上"报号"的意思。水院子作为一种文化符号永远留在吉林人的记忆里。

第三节　淘金与采金

江河沙金　矿山采金　关东金王

　　吉林东部盛产黄金，当年闯关东的人兴起了淘金热。"道光初年，从山东来吉林长白山采参人，最先在此（桦甸境内夹皮沟）发现金矿，'颇有所获',‘继采者遂接踵麇集’……偷采在当时达到相当大的规模"⑤,形成数人、数十人乃至数百人的金帮。据清郭熙楞《吉林汇征》记载,到清末吉林全省已有金矿43处。

淘金,就其产地来说,有沙金和矿金之分,就其生产方式来说前者叫沙(读shà)金,后者叫采金。

吉林松花江、鸭绿江、图们江的许多支流与河汊含有金沙,从江河中采金叫沙金,也叫淘金。是指采取水流冲洗的淘汰法,从泥沙中筛选、提取金粉末与颗粒。这种生产劳动是在江河中作业,只能在天气温暖的季节进行。每年到春末水暖时淘金人便组织起帮伙到选定的"场子"干活,待到深秋江河水凉刺骨时收摊散伙。

淘金第一步是"上大溜"。先是将河床上含有沙金的泥沙挖掘出来,用人拉的小车子运到"溜场",再将其装入容器里用棒子反复的搅拌,然后将搅得细碎、均匀的泥沙倒在一条"链子"上,链子有用马拉着循环滚动的,也有利用地形坡度固定的。当泥沙倒上之后,再有节奏地往链子上倒水,冲击泥沙往下流,轻的泥沙随着水流被冲走了,含有金沙的流入与链子相接的"金槽子"。金槽子在水流动时再次把泥土冲出,含有金成分的沙子沉积在槽底。

接着把沉积在金槽子的沙再细细的"过二遍"。所谓"过",是把金槽子里的沙装在簸箕里端到江河边,就着江河的水流,上下左右地轻轻簸动,让轻于金的沙一点点冲掉,剩在簸箕底上的,就是金沙了。这时,由金把头将簸箕底上的金沙一点点挖起来装进一个小红布口袋,这种沙金,经过进一步的筛选便成为"足金"了。

淘金也称"拿疙瘩"。关东方言"疙瘩",是块的意思。因为淘沙金得到的多是"金末子",与其对应,只要淘到米粒大小的金就可以叫疙瘩了。有时也能淘到黄豆粒、手指甲大小的,那叫"红疙瘩",比这更大的叫"狗头金"。如果金帮淘到了红疙瘩,就得杀猪宰羊庆祝一番,还要给发现金疙瘩的人披红挂彩,格外奖赏。

淘金人由一名金把头领着占据一条江河,然后分工进行淘金活动。这些人中有总把头,又有"上溜把头"、"运沙把头"、"打小鼓子把头"等,每人分管自己的一个工序,但所有的人都得听总把头的。

淘金帮里最严格的行规是不准昧金。无论大小把头、账房、小打，都得等到"分包"时取报酬。分包，又叫分红、开饷。天冷了，人们下不去水了，才到分包的日子。由账房将这一季节淘得的金用戥子称量，按大把头、二把头、三把头、小打不同等级来分配，有多有少，人人有份，把头们比别人分的多些，叫作"拉露水钱"。沙金可以兑换成货币也可以在市面上直接流通。

人们到淘金帮时，都抱着发财甚至发大财的梦想，可是一茬又一茬，一代又一代淘金的人，有几个发了财呢？很多人落下了老寒腿病和风湿症，留下许多金帮的悲歌。

矿山采金又称采矿金，即开采金矿石冶炼成金。

长白山脉的头道沟、二道沟、老爷岭、分水岭、牡丹岭、奶头山、花园岗等地都蕴藏金矿，是金帮最活跃的地方。采矿金首先要找"金线"，也就是找金矿矿脉。金把头凭积累的经验学会了找矿的本事，能查看出金矿的分布和走向，人们说他"眼毒"会看风水。金把头一旦看好金线，就开始"组帮"，带领一帮人进山开工干活。采矿金分为采运、碾轧、淘洗、冶炼等几个步骤。

在把头指定的地点开凿矿坑、打巷道，用锄头、钎子凿下矿石，再用筐背出来，全是笨重劳动，直到清末有的金帮才用炸药炸石、用轱辘马子（矿车）运石。背石最苦最累，干这活的是金帮最下等的"小工子"，管理他们的坑口把头叫"筐头"。没有矿灯，下井背矿石的人每人嘴里叼一个"灯虎子"——用黄泥做成的如老鼠形状的空心油壶，里面装上灯油，放入棉花灯捻从"鼠耳"处伸出，由人叼着"鼠尾"处，点燃后下井干活。背筐上拴着两个爪，人的双肩系着似小枕头的垫肩，筐爪深深地抠在上面，背着装满矿石的筐得像牲畜样的用双手双脚用力爬行，从深深的矿井里一筐筐地将矿石背出来。每到井口，筐头发给一个"牌"以计算筐数。一天下来，拿牌到账房去换"票"，到月底或年底凭票兑换金或货币——"开饷"。

矿石要运到碾房碾轧。把矿石摊在碾盘上边轧边翻动，轧好后再筛选，一台碾子要由四个人来操作。看守碾子的人叫"碾头"，碾头除负责碾子上的活计外，主要是提防有人偷藏金矿砂。为了防止金工干活时偷藏金矿砂，夹皮沟金场子盖了许多"麻房子"（简易工棚），专找盲人住在这里来干推碾子轧矿石的活，为的是他们看不见自然无法偷藏。这种做法在当年曾被传为佳话，说矿主有善心，收留瞎子，给饭吃，给活干。其实是让看不见天日的盲人给他们卖命。

矿石碾轧后再经过淘洗、筛选就成为金矿砂了。矿砂一律送到"斗房"，按其成色（含金率）分别装入用木板做的量具"金斗"里，由管理斗房的"斗倌"领人日夜看守。斗倌都是把头的亲属或亲信，既要对把头忠心耿耿又要大家信得过。

图下 4-4　清　狗头金　原刊于《吉林旧影》，吉林人民出版社 2005 年版。

将金砂量出一定分量放入"金锅"（也叫炼金炉）里用炭火加热，将其冶炼熔化成"金水"。然后由"大柜"（负责记账的把头）亲自将金水倒进一个个砂模里，铸成金锭。

有的人是梦想发财而加入金帮，有的人是迫于贫穷来当金工。金工的生活很苦，住的是窝棚、马架子、地窖子，吃的是高粱米、玉米面，一两年回家一次还怕遇上土匪抢劫。有的把头养娼妓设赌场，来搜刮他们的"辛苦钱"，有些金工累了一辈子最终尸抛山野。金工给自己编了一首歌谣说："尝尽人间苦头，活在地狱里头；身披破麻袋头，脚穿破靰鞡头；吃着橡面窝头，整日背着筐头；把头常抢镐头，骨头丢进坑头。"

在盛产黄金的吉林，提起一个叫"韩边外"的人，大家都称他为"关东金王"。韩边外，字宪宗，清嘉庆十八年（1813）出生于山东栖霞小庄乡，道光五年（1825）随家闯关东来到东北辽阳，又到吉林九台其塔木落脚。后父母相继过世，他身负巨债，于道光二十五年（1845）逃往边外长白山区的夹皮沟投奔"金帮"。由于那时长白山尚未解禁，凡进山采参挖金者一律视为"偷采"。当时诸多藏隐山林的采金帮占领着金坑，各霸一方，有时发生火拼争斗。韩宪宗虽然没有读过书，但从小心怀大略，通达事理，为人仗义，到金帮不久，便平息了山林中各金帮之间的纠纷，深受山里人拥戴，后来当上了金帮总头，并自报名号"韩边外"。

夹皮沟一带是长白山的腹地，人称南山。韩不但联合各路金工大力开采金坑建金矿，还以保护金矿驱赶时而来侵扰的土匪为名，精选人马，购买武器，设立会房，日夜操练，自任为总会头。他又在夹皮沟周边和松花江上游方圆四五百里范围内发展自己的势力，开辟出那尔轰、溜河、会全栈、老金厂、木其河子、桦树林子、荒沟、棒槌沟、地窨子等处，普建屯落，广设金房，并在各个淘金河口和金矿坑口设立把头，带人开采，一时间在从前人烟稀少的长白山名声大振，人称日进斗金。同时还制定了"金矿法规"，作为"总会首"的他在当地掌有生杀大权。他并在自己家的房门上挂上了"威震江东"的匾额。韩家之举甚至惊动了朝廷。

那时，进山私采已属犯禁，而韩家更扩建势力威占一方，这使朝廷担心韩家势力日益壮大失去控制。光绪六年（1880）吉林将军将此事上报朝廷。朝廷派吴大澂以三品卿的身份到吉林任督办边务大臣时，为了解决韩边外的事情，吴大澂以便装进入山林在长白山夹皮沟一带进行了一个月的考查，最后来到了韩家，并得到韩宪宗一家的热情款待。其实，在此前考察中，吴大澂已了解到韩家并不像呈文禀报的那样"独霸一方"，韩家也曾协助朝廷剿匪安定山林，管辖有序保一方平安，还做了许多救济贫民的善事，于是对韩边外格外赏识，对韩家出兵协助官府剿匪之事大加赞扬，但对韩家私自采金也加以责备。又领他去省城吉林见了铭安将军，并提议让韩摘掉"威震江东"之匾，亲自写了"安分务农"之牌，重新挂于宅上。韩宪宗听从了吴大人的建议，又把吴大澂写的另一块牌匾"百姓同居"挂在了韩家木其河子的老宅门额上以表归顺朝廷。后来，吴大澂又和吉林将军铭安协商，并奏请清政府把伊通河以南苏密甸子（吉昌镇附近）一带土地开放，清政府也授予韩宪宗五品先锋官之职位。

光绪二十三年（1897）韩宪宗病亡，终年84岁。历史上所说的"韩边外"，其实是指韩宪宗、韩登举、韩绣堂三代人开基创业的事情。以开矿采金为基业的韩氏家族不但在采金、淘金主业上有所贡献，韩家所组织的"团练"（南山兵）也曾经在甲午战争时，派出一千多"乡勇"编入同日作战的荣和近卫军开赴前线，与日军对抗，许多乡勇为国英勇战死。日清和议签约后，依克唐阿当上了奉天将军，光绪二十六年（1900）又发生了八国联军侵华事件，俄军侵入东北，韩家兵丁又组军前往抗俄，大退敌兵。关东金王"韩边外"传奇般的故事便在吉林流传下来。

第四节　民俗交融

行业规俗　居住习俗　语言习俗　生活习俗　信仰习俗

　　大量闯关东的汉人离开中原故土，千里迢迢，历尽磨难，来到陌生的关东大地，与原居民混杂居住，在生产生活中朝夕相处，交往密切，且互相通婚。他们身上原来固有的千百年传承下来的生活习俗，和北方民族独特生活习俗相碰撞、相交流、相融合，点点滴滴，日积月累，你中有我，我中有你，渗透影响，互为补充，衍生出一种新的语言腔调、生活方式，新的信仰崇尚，凝结成一种具有地域特色的吉林民风民俗。

　　闯关东的匠人们，不仅把自己的手艺带到关东，促进了手工业的快速发展，也传播了固有的行业规俗。这些规俗并不成文却约定俗成，约束着从业者的言行，靠的是代代传承，行业自律，自觉遵循。

　　尊祖敬师，是各行业普遍的首要规俗，也是从业者的基本品德。不同行业有不同的祖师作为"神灵"崇拜，如鲁班、黄道婆、太上老君、太上无极等等。不但要尊敬自己行业的祖师，也同样尊敬其他行业的祖师。这种尊崇祖师的规俗，既有"拥神自重"、"祈祖庇佑"的含义，更有敬业求艺、崇尚能人的含义。源于这种观念在行业中对有高超技艺的人格外尊崇，如金帮的老把头、各种作坊的老匠人都被赋予无上权威。

　　师徒关系，是由农耕经济向商业手工业转化的新型人际关系，也是店铺与作坊里人与人之间的基本关系。技术、手艺以及各类行业规俗，都由以师带徒的形式加以传承。因此，尊师爱徒也是各行各业的重要规俗。徒弟对师傅要忠诚、尊敬、服侍，"一日为师，终身为父"；师傅对徒弟保护、爱怜、无私地传授技艺，"爱徒如爱子"；师兄弟之间，要长幼有序，尊兄爱弟，友善相处，互相帮助。总之，要讲究一个"义"字。

行业规俗还表现在职业道德方面。从中原来的汉人带来了儒家的"仁义礼智信"思想观念和行为方式，与北方少数民族憨厚、质朴、率直的性格相融合，形成了顾客至上、诚实守信、公平交易、童叟无欺等规俗，例如大车店行业之对待"车伙子"。各行业中的名店名铺不仅以艺闻名，更是以德立业。

居住习俗是吉林多民族生存方式的一种丰富多彩的汇聚，主要体现在村落、房舍和居住方式上。

吉林土著居民，以族人集中居住和生活之地为集中点，称为"屯"，有屯兵、屯集、屯守之意⑥。百姓又称为"屯子"，也有称为"堡子"的。屯的名称，多以满族八旗兵丁采捕"贡物"的名称或驻地兵丁的旗属来命名，如"蛤什蚂屯"、"桦皮场屯"、"蜂蜜营子"、"红旗屯"、"蓝旗屯"、"老营盘"等等。自清中期以后，随着闯关东的汉人增多，屯村名称冠以姓氏并与本地方言结合一起的渐渐多起来，例如"张家窝棚"、"李家窝棚"等。窝，源自满语"窝集"，意为"丛林"，是指生活在山林中从事渔猎和采集活动的土著居民；"棚"是指用原木、树枝搭盖起来的简易住所。"××窝棚"的称谓是不同民族语言相融合的表现。

在房式上也呈现出南北习俗的融合。吉林地处寒带，冬季时间漫长，人们在室内以火炕取暖。据《北盟会编》载：关东民众"其俗依山而居……门皆东南向，环屋为土炕，炽火其下，寝食起居其上，谓之炕以取其暖"。据《柳边纪略》记载："宁古塔屋皆南向……，土炕高尺五寸，围南、西、北三面，空其东，就南、北炕做灶，上下男女合聚炕一面"、"夜卧南为尊，西次之，北为卑"。这就是说，家家户户都睡火炕，而且男女合聚，有的人家，老辈夫妇和少辈夫妇合居一室，只是分别睡在南炕和北炕。这是原居民的习俗。

闯关东的汉人原本不习惯睡火炕，来吉林后也适应环境和气候习惯于睡火炕了。但是，在房舍建筑上把中原的四合院、大围墙、高门楼样式带了过来，并对原住民"无论男女尊卑皆并头"的"筒子炕"进行了改造，出现了"倒连"和"连二"火炕，在筒子炕上设间壁墙隔断。后来又延伸出"一明两暗"的民居形式，即三间房中间为厨房，东西屋为居室。这样，老少辈夫妇则分室居住，孩子长大了也可以独居了，把中原人男女有别、长幼有序的伦理观念体现在居住上。这显然是个进步，原住居民也相继仿照，渐渐形成了新的居住习俗。

闯关东过来的大量汉人，当然"带来了"汉语，这推动了原少数民族学说汉语的热潮。至清代中后期，基本上以汉语作为了交际语言。

吉林原住居民主要是满族，由于清朝都城在北京，朝廷官员说的汉语是北京话，满族百姓学汉语自然而然按照北京话来学。从中原地区各省来的人开始时各操原地语言，南腔北调都有，经日习月染，抛开了"纯粹"的原籍话，特别是其后代子孙从童蒙入私塾、学堂时就脱离原籍的语音了。这样，渐渐形成了吉林地域的语言，语音准确、语调平和、余音轻柔，比较接近于北京话。

至于吉林的方言土语，则是闯关东人带来的各地方言土语与本地各民族方言土语杂糅在一起的，因而常常是同一事物有多种说法，而且互相通用，人人都懂，不碍交流。例如，对小姑娘的称谓就有"闺女"、"小妮"、"小妞"、"丫头"、"丫头片子"、"丫蛋子"、"小丫头"等等。有些方言土语是由某一事物衍生、会意而转化成另一种含意的。例如，"炸锅"和"呛汤"原指做菜的烹调方法，而北方人做菜多是"炖"，便取其"炸"、"呛"的意思将词义转化了，在吉林的方言中"炸锅"又指一个人"发火"、"发脾气"；"呛汤"又指不切实际地乱插话、乱发言，将说不着边际的话称为"乱呛汤"。或许，吉林方言的丰富性、幽默性与此不无关系吧。

吉林地域民俗有着多样和繁复的特点。这与生活在这块土地上的各民族大杂居、大交融有重要关系。许多生活习俗你中有我，我中有你，成为既独立存在又相互影响的状态。

为了适应吉林严寒的冬季，中原汉人来到这里很快学会了原住民穿靰鞡、絮靰鞡草、打腿绑的生活习俗。在饮食习惯上，山东人"大煎饼卷大葱"的吃食，不但得到原住民的喜爱，也受到中原诸省闯关东人的认同和接受。"中原地区丰富的物产和烹饪技术的传入，契丹、女真较粗糙、单调的饮食受汉族饮食文化的影响而转向精细。""学会制作馒头、煎饼、糕等食品"⑦。

生活习俗伴随着人的一生历程而存在，不但衣食住行的习俗互相融合，还表现在方方面面。以育儿方式为例，关东三大怪之一是"养个孩子吊起来"，其实就是把孩子放在悠车里。日人间宫林藏于十八世纪末、十九世纪初来我国东北民间考察，对此作有具体描述："捆缚于木板上，挂于从房顶垂下之雕木上。婴儿从小至四、五岁均是如此。其下置一木器，以便接尿。手被缚不能活动，腿虽可屈伸而不自由。但飘飘游动，可生乐趣，且已成习惯。"⑧这里所说的"雕木"是一种早期的"悠车"。最早源自于草原游牧民族的"束板"（把儿童捆绑于板上，板挂于马上，以便让儿童随大人出行）。由这种育儿习俗演变成挂于房梁之上的"摇篮"——"养个孩子吊起来"的习俗。中原人是把孩子用小被包裹放在床上，出行时系在背上。闯关东的汉人来东北之后，也逐渐地接受了摇篮育儿习俗。

生活习俗的改变，是观念改变的幼芽。受三从四德观念束缚的中原妇女，深感缠足的痛苦，到关东大地以后，看到满族妇女大脚健硕，无不争仿，原缠足的纷纷"放脚"，并有"闯关东，真是好，不裹小脚满山跑"的歌谣在女人间相传。

各民族生活习俗并存而又互相交叉、融合，是吉林为各民族共同家园的体现。

在诸多民间习俗中，人的精神信仰习俗最为复杂。吉林原住少数民族人民受原始宗教萨满教万物有灵观念的影响，一直是多神崇拜的信仰习俗，山河、动物、植物都可以成为当作神灵的崇拜对象，涉及哪一方面的事情就祈求哪一方面的神灵庇佑，并且以萨满为人神中介把神灵请到人间来帮助消灾解难。闯关东的汉人涌入吉林，对这种信仰习俗是个极大的冲击，特别是闯关东者大多来自儒学之乡山东，他们传过来孝悌忠信、礼义廉耻的孔孟之道。私塾、学堂均以儒家经典和启蒙读物作为课本，即使在八旗官学中也是满书、汉书"一并教习"。在民间，主要不是靠说教而是通过举动言行、行为方式传播忠君爱国、父慈子孝等传统道德。中原地区流行的历史故事也通过口述、书本、曲艺戏曲等形式传播开来。点点滴滴地渗透着中华大一统、尊崇孔孟的观念，渐渐形成以儒学为正统的信仰习俗。例如，于清乾隆时期就在船厂建了供奉孔子的文庙，于光绪时期再行扩建，不仅汉族，其他各族群众也都参加祭孔活动。

在信仰习俗中，不论哪个民族，在慎终追远、祭祀祖先、信奉祖先会保佑后代这一点上，是一致的，只是供奉、祭祀的方法不同。当遇到天灾人祸求神佛消灾弭祸的习俗也是共有的，而所求的对象和方法却不同。例如遇旱灾求雨，少数民族多是拜求水神，而汉族多是拜求龙王或关帝。

在宗教信仰方面，由于到清代后期吉林人口已经以汉族为主，佛教、道教、儒教都传了过来，因此，吉林北山的寺庙群就是集佛、道、儒及民间信仰（如狐仙）之大成者，寺庙俱全。比较而言，汉族人多信佛。但吉林人并没有形成专一的宗教信仰。

【注释】

① 佟冬主编：《中国东北史》第四卷，吉林文史出版社 1998 年版，第 1602 页，

② [清] 张凤台：《长白汇征录》，《长白丛书》初集，吉林文史出版社 1987 年版，第 122 页。

③ 张雯虹、孙文采：《长白山民俗文化》，吉林文史出版社 2005 年版，第 63 页。

④ 曹保明：《蓝八爷闹店》，《民间故事》杂志 2000 年第 6 期。

⑤ 孙乃民主编：《吉林通史》第二卷，吉林人民出版社 2008 年版，第 346 页。

⑥ 李治亭：《关东文化大辞典》，辽宁教育出版社 1993 年版。

⑦ 孙乃民主编：《吉林通史》第一卷，吉林人民出版社 2008 年版，507 页。

⑧ [日] 间宫林藏：《东鞑纪行》，黑龙江省哲学社会科学研究所译，商务印书馆 1974 年版。

第五章

萨满文化

　　萨满文化，属于世界性原始宗教的古老文化遗存。萨满教曾是"盛行于白令海峡，西迄斯堪的纳维亚半岛，横跨亚欧两洲北部，操乌拉尔——阿尔泰语系，从事渔猎或游牧各族中的部落宗教"①，崇尚"万物有灵"，包括自然崇拜、图腾崇拜和祖先崇拜。有史可考，我国古代北方诸族，如匈奴、乌桓、鲜卑、柔然、高车、突厥、肃慎、挹娄、靺鞨、契丹和女真等，都曾信仰过萨满教。《史记》和《后汉书》等，也记载过这些古代民族的宗教礼俗。

　　萨满文化，保留着古代宗教、艺术、道德观念、生产生活经验等多领域的民族文化遗产，对研究中国北方民族史、民俗史、原始宗教史、原始艺术史等，有着弥足珍贵的参证价值。

　　世居吉林省境内的满族、蒙古族和锡伯族，都曾有悠久的萨满文化传承历史和丰富的遗存，时至今日，依然有着活态的传承活动。

第一节　萨满文化的产生及萨满的科学认知

　　始于原始社会的萨满教信仰　萨满及其职责　萨满天文观测　萨满地舆勘察　萨满医疗实践

萨满文化，是对北方民族的原始宗教信仰——萨满教的总体概括。

"宗教是在最原始时代，从人们对于自己本身及其周围的外部自然的极愚昧、极原始的观念中产生的"②。萨满教也不例外，在原始氏族社会时期，人类思想愚昧，生产力水平极端低下，氏族部落的生存发展与种族的繁衍，时时刻刻都受到客观自然力的限制和威胁。人们无法认知和解释种种自然现象，由此而产生了对自然万物的崇拜心理，形成了北方最初的原始宗教——萨满教。

萨满一词，最早出现于十二世纪中叶南宋徐梦莘所撰《三朝北盟会编》，书中有"珊蛮者女真语巫妪也，以其通变如神"之语。金元以降，"珊蛮"、"沙曼"、"撒麻"、"撒牟"、"沙玛"、"萨玛"、"萨莫"等词③，屡屡出现在各种书籍中，这些词均为后来通用的"萨满"一词的谐音。其含义，国内外学者多释为"激动、不安和疯狂"④，或称"因兴奋而狂舞不息"者⑤。其实，这仅是按照萨满祭礼的舞蹈形态而言，若按照阿尔泰语系满语支的女真语本义解释，萨满为"知道"、"通晓"、"晓彻"之意，言其为氏族"智者"⑥。因通用为"萨满"一词，遂将这一原始宗教称为"萨满教"。

萨满教的主要特征为：

一是，萨满教是典型的氏族宗教。萨满教的产生是以氏族制度为社会基础的。其传承与发展均带有浓厚的氏族属性。其宗教观念、神事器物、祭礼祭规，都是在氏族内部传承、发展。即使是一个民族共同体，各个氏族之间也有着明显的区别，均保有本姓的特色。

二是，萨满教均以"人神中介"的萨满们为主体。萨满教均为各氏族的各代萨满创造、传承、发展。

三是，萨满教的传承，过去均以本民族语言为本。即使有的民族语言和文字在日常生活中已经废弃，但萨满文化中依然保有许多本民族的原来语言。如在萨满祭礼中依然使用原语言祝祷。

四是，萨满教为诸多文化的综合体，富含朴素的唯物理念。萨满教包含着天文、地理、航海、医疗、文学、音乐、舞蹈、绘画，乃至生产技术等等诸多领域的文化知识。萨满文化中先人的实践经验在民间的传承与传播，在漫长的历史中曾惠及北方民族。

谈到萨满教，首先为人们所知道的并不是萨满教的种种观念和有形的物质遗存，而是充满神秘色彩的萨满其人，及其种种传说和故事。这与萨满教的祭司——萨满，在萨满教中的特殊地位与作用密不可分。因为萨满教的传承与发展是以萨满为核心而实现的。

萨满教在其产生之初，是没有特定祭司的。随着社会分工的细化，才出现了固定的祭司——萨满。

最初的萨满，是由氏族内的具有特殊才智的人来担任的。在萨满教观念中，这种具有特殊才智的人，不同于普通人。人们认为她（他）们能够获得外宇的"神"和"气"，并进入其体内，得神得气而又能驱使神与气，能够交往神灵，除邪祛病，是人神的中介。萨满被认为是得宇宙间精神与元气之先的能者，故而受到族众的敬慕和崇信。当时萨满的产生，具有很大的偶然性，没有固定的规律。但随着萨满教内涵的不断丰富，萨满职能的不断扩大，萨满的产生方式也逐渐形成规范。主要有以下几种方式：

一是，"神抓萨满"。神抓萨满在萨满产生方式中，神秘色彩最为浓厚，也最受族人瞩目和称道。所谓神抓萨满，是指本族先世萨满的灵魂回转，附着于该族某一成员身上，使被附者产生一系列的反常举止和奇特征象，突然间掌握了许多常人一时难以掌握的技能。神抓萨满，要经过族人的反复验证，认定确有非凡的奇功，才能最后被认可。如冰验（钻冰眼）、水验（捆绑投入水中）、火验（火烤）等等。在吉林九台满族锡克特里（汉姓石）家族的萨满，就多以神抓萨满的方式产生。其实所谓神抓，实质是借神灵的名义而获得神圣性而已，目的在于选出具有特殊才能，能够担负起为族众服务责任的好萨满。

二是，世袭萨满。即指新萨满在老萨满的直系血亲中遴选。这种方式，不是普遍的，在蒙古族中相对较多。

三是，氏族选举萨满，亦称"族选萨满"。这一方式在满族中最具典型性。其过程是，由老萨满推荐，全氏族评定，选出品德高尚、刻苦好学、积极进取、尊老爱幼、热心氏族事务的青年，接任萨满。

四是，因病许愿侍神，成为萨满。这多为近世萨满产生的方式。就是某些人患奇病重症久治不愈，经有奇术的萨满治疗仍不好转，萨满认为是"神灵选中"所致,父母或家中长辈便在神龛前许愿:如果神灵保佑孩子康复,便在"神前效力",做本族萨满。病愈后,经过老萨满和族人认可,举行一定的仪式后,成为萨满。

无论何种方式产生的萨满,都要经过学习和训练,熟练地掌握萨满教的祭礼程式、祭规、技艺,领会萨满教的真谛,才能独立主持萨满祭礼。学习主要是拜师,由老萨满口授、示范。新萨满学习的主要内容是:祭礼祭规,包括请神、送神仪式,供品摆放,神偶供奉;萨满的各种技艺,包括击鼓、甩腰铃、舞步、神词唱腔;特殊技能,包括观星、占卜、治病、生产知识等等。

萨满教不同于其他人为宗教有脱离生产的神职人员,萨满是不脱离具体生产劳动的。但萨满的地位和作用是不可替代的,其主要职责是:

主持氏族祭礼;为氏族的各项生产活动观测天象,预测自然变化,指导生产;采集研制土药为族众治疗疾患;为妇女接生;为死者送魂、招魂、安魂;确定氏族墓地;传授民族语言、传讲氏族神话和族史;传授舞蹈、音乐等氏族艺术;参加氏族首领或联席会议;作为"神"的代言人仲裁各类纠纷、竞比等事项。

随着社会的发展,萨满的职能经历了由繁到简、日益削弱的过程。在当代保有祭礼的大家族中,萨满主要是主持、传授祭礼仪式的规俗,已不再被视为人神的中介。尽管如此,萨满在族众中依然享有较高的威望,深受族众的爱戴。

原始萨满教的各类活动,始终是为族众的生产、生活服务的。因此各代萨满一以贯之地对各种自然现象进行观察、探索,不断总结其变化规律,适时指导族众的生产、生活。

在天文方面,各族萨满都有难能可贵的探索实践和宝贵的经验积累,萨满学家富育光先生整理的满族萨满星图即是例证。

萨满对星象的认知,在古时的生产生活中起到了不可忽视的作用,故有"以星定时,以星定位,以星定岁之说":

一是,星象定季节。由星图中可知,每一个星座的出现,都是较为明确的季节和节气标志,萨满和族人即可根据不同星辰的出现判断季节。如"那丹那拉呼"(即昴宿,金牛座)傍晚时见于东天,即为晚秋初冬时节。那丹那拉呼为冬令领星，从立冬到惊蛰，皆由其导引冬令众星东升西移。该星的出现，标志北方冬天的到来，也就是到了狩猎的黄金季节，族众便及时进行冬季狩猎的准备工作，使生产活动有了规律，进行也更加顺遂。

二是，星象计时。星图中的"那丹乌西哈"（三星）、"塔其妈妈"（仙后座）等星辰，满族萨满奉其为计时星。塔其妈妈自霜降出现于北方星空，每晚入夜后升起，黎明时落下，星图的形状恰好颠倒过来。民间说"塔其妈妈一个筋斗，就是一宿"。

三是，星象定方位。对于狩猎、游牧民族来说，方位的确定尤为重要。北方民族白天以日出日落的位置判断方向，夜晚则以星辰定方向。如星图中的"嘎思哈星"（鹰星）初夜在东方，午夜在南方，即晓在西方。

四是，星象测气象。天气的阴晴、冷暖、雨雪、风力等气象变化，直接影响着人类的生产、生活。萨满们根据星象的变化，可预测天气的变化。如星座清晰，微星可辨，远空天朗气和，说明近期天气晴朗。冬夜星星眨眼睛，第二天要刮风；星星灰白、颤抖，要降温。

总之，萨满早期的星象占卜，有其朴素的原始功利性，皆为长期生产生活实践经验的智慧结晶。

星辰名称	星位与性质	星数	星图	所属星座	出现季节
那丹那拉呼（七女星）	东升西落，众星领星司命女祖神	7		昴宿金牛座	立冬初
恩都力僧固（房架星、刺猬星）	中天银河中明星，西移位，司夜守宅神星，方位星	3—13		天鹅座	霜降初
塔其妈妈（蛇星、罗锅星、觔斗星）	中天银河中明星，东升西北落，计时星	5—8	初夜　黎明	仙后座	霜降初

星辰名称	星位与性质	星数	星图	所属星座	出现季节
托包乌西哈（窝铺星）	东升西落，萨满升天歇脚包（房）	10—12		英仙座　胃宿	立冬初
恩都力特克（台星）	位于南天，西移，萨满观测风雪候	4—15		室宿壁宿飞马座	白露前后
依兰乌西哈（三星）	东升西落季节星，冬夜测时	3		参宿东斗星	秋分后即见
那丹乌西哈（北斗七星）	夜计时，方位星	7		大熊座	全年皆见，秋时平起于北天地平线（傍晚）
嘎思哈（达拉呆敏鹰神）	东升西落，占据中天，东南天，西天，萨满产祭星神，只见于秋冬，夏日不见，波江星座像条绳绳拴着神鸟左腿	明安乌西哈（千星）		双子、御夫、猎户、金牛、小犬、天狼、参宿、觜宿、毕宿、昴宿等合成	秋分后，子夜三时许见于西天，正月亥时见于西天

图下 5-1　萨满星图　　原刊于《萨满教与神话》，辽宁大学出版社 1990 年版

　　各族萨满始终遵循为氏族的生存与发展服务的宗旨，这在萨满对地理环境不断地勘察与探索上，体现得也十分明显。各族萨满神词中都有对氏族的发源地、迁徙情况以及所在地域山峦江河、名贵特产的详细记录，有的还绘制出氏族居住地的地貌、江河、坟茔图，可谓是各族最古老的地理志。如吉林九台满族石姓家族的神词就记述了氏族迁徙路线：

　　　　石氏子孙世世代代，

　　　　传扬万代。

　　　　满族原依柳枝萌芽繁衍，

　　　　以子孙皮口袋孳生。

　　　　石姓高祖从原籍，

　　　　带着男女子孙，

徒步来到老城，

在花月谱居住，

多年平安生活。

石姓的原根基，

开天辟地的老祖宗，

原本为长白山之人，

在第三山峰顶上，

有一棵大柳树，

有一条老危河从白山上流过，

在松花江的第三条支流江河中，

有三条船。

石姓大萨满为头辈太爷，

盘旋于日、月间，

从天而降的按巴瞒尼神，

为头辈太爷所领。

石姓祖先，

带领家庭成员，

经过爱民郭洛，

越过讷音郭洛，

走过旷野大川，

沿着松花江，

疾风劲雨般来到老城。

又被派往乌拉衙门当差，

来到郎通屯落户。

经过现代众多民族学者调查得知，各族萨满均传承掌握着许多传统医药、诊疗知识和技术。各族、各代萨满为解除民众的疾患发挥了巨大作用。

萨满所用药物主要有动物、植物两大类，矿物类相对较少。

动物类，有胎盘、生殖器、骨髓、卵巢、油脂（如獾油）、心脏、肾、脾、肝、血、鸟�、鹰眼、鱼籽、鳇鱼鼻骨、泥鳅、蛇皮、蛇胆、熊胆、水蛭、蚯蚓、土鳖、刺猬、龟板、海豹皮、鹿茸等。植物类，大马勃（俗称马粪包）、暴马树皮、黄柏皮、五味子、鹿石草、狼舌草、节节草、刺玫果、映山红、百合等等。已知的萨满所用各类药物达数百种之多。

萨满获取药物的方法很多，并在不断地传承中得以发展和完善。

在获取动物身体的药用部分时，多是采用活取法。活取法就是当猎获动物时立即提取药用部分，及时进行清洗、晾晒或蒸煮、焙烤。然后分类储藏。植物药物的采集，亦有比较规范的做法。从工具使用上，多用石刀、木片割、挖、抠，一般不用金属工具，认为金属会和草药发生反应。

在草药采集过程中还有许多禁忌。采药前须净身，不得同房。吃何种食物，枕何物而眠，做什么样梦，都有很多说法和讲究。采药出发时间多选择太阳出山以前。采药地点、采集何种药材，皆秘不告人。采回药物，焙干、炮制后，用特制的器物分类储存，并插绑一株草药做记号。

萨满治病方法，大体分为物理疗法和心理疗法两种。

物理疗法。首先是药物治疗，各族萨满都有自己的治病药方，既有单方，也有复方。除此而外还有火疗、烘敷、艾灸、冰敷、气薰、喷术、吸吮、虫噬、放血、血敷、针灸、推拿等疗法。

心理疗法。是借助"神灵"来治疗因精神和心理原因导致的疾病。萨满针对患者的心理压力以神灵的名义进行心理暗示，使病人相信病魔已被降服，从而解除恐惧、忧郁，达到疾病减轻或痊愈的效果。其实，是萨满掌握了患者的心理活动和相信神灵的力量是无限的，借助神灵名义，更能达到治疗的目的。

第二节　色彩纷呈的萨满艺术

独树一帜的萨满艺术　北方民族艺术的源头——萨满绘画　形态艺术的结晶——萨满雕刻　古老的声动艺术——萨满音乐舞蹈

萨满艺术有其自身的独特性。首先，萨满文化圈覆盖了地球北半部的广大地域、多个民族，具有世界性；其次，是艺术形态的多样性、文化内涵的多重性、禁忌规范的地域性和民族性；其三，由于萨满艺术，产生于萨满教这一母体，又必然充满神秘性、神圣性、象征性和含蓄性。

如萨满造型艺术品的创作、修复、使用、传承与存藏，都具有神圣性。吉林市丰满区韩姓家族珍藏200余年的"恩都立毛"（树神）神偶，高12厘米，是用榆木雕刻的，刀工精湛，眼、鼻、口精微清晰，形象惟妙惟肖。关于这个神偶的来历，在族人中代代相传：当年，老萨满按照梦示，怀着虔诚之心、意念专一地闭目进山，走到第七个山头时，伸手摸到一棵树，然后叩头伐木取回材料刻成神偶，这意味该神偶取材于神树，体现着神圣性。

萨满艺术品的存藏及修复也是神圣的，都是在氏族的规范下进行的。艺术品的陈放方位、盛装容器、包裹用物、管理的族人都有统一的安排，不能有分毫差错。每件艺术品如损坏，都必须按原物的风格、特征、形制修复。

又如萨满每件艺术品都有其特殊寓意，具有普通艺术品所不都具备的象征性，都有不同的来历和流传久远的文化记忆。萨满艺术品，在满足族人审美需求的同时，又赋予每件艺术品以神圣的内涵，因而在族人中具有精神感召力。正因为如此，按一般艺术标准很难称作传世精品的萨满艺术品，却为族人世代珍藏，才使今日人们能看到北方民族的原始艺术遗存。

吉林土著民族绘画艺术的源头，是萨满绘画艺术。萨满是原始氏族社会的智者，民族安危的庇佑者，萨满绘画的初衷，并非出于艺术的审美需求，而是为了记忆和指导社会生产、生活实践。由于当时没有发明文字，更多的、简便可行的记录方法是图绘。这些图画有的绘在桦树皮上，更多是绘在各种兽皮上，到有了纸之后才绘在纸张上。世间保留传承的世代萨满绘画作品，看似粗糙但却成为族众艺术创作的范本，激发着族众的艺术灵感，影响着本民族绘画艺术风格的形成。

萨满文化遗存中的绘画大致有以下几类：

帮助记忆，传播生产、生活经验的绘画。作为氏族的文化之师、生存竞争的智囊和谋士的萨满，非常注意观察和记录本氏族所处的生存环境及生产、生活过程，以便指导族人的社会实践。各族萨满遗留的画册中，有大量描绘大小纵横的山川、种类繁多的树木、形态各异的飞禽走兽的作品。特别是那些直接攸关氏族生存安危的地形地貌、猛兽猛禽毒虫，都着意地突出描绘，形象逼真，栩栩如生。有些动物画还绘画出雌雄、长幼、习性、四季形态、寻捕方法。在这些绘画中有工笔、有白描、有写意，还运用较多的夸张笔法。如虎狼夸张其利爪、利齿，蟒蛇夸张其骇人的毒舌。

萨满祭礼仪程的绘画。北方信仰萨满教的部族，都有自然崇拜、图腾崇拜、祖先崇拜、英雄崇拜的观念和隆重复杂的祭礼。为了使族人记住祭礼规程，萨满采用连环画的形式记录下来。

还有大量的幻想性绘画。这类绘画在萨满文化中被称为"灵附图"，系萨满将在祝祭活动中或在精神亢奋甚至痴迷、昏迷状态中所产生的幻觉、幻象绘画出来以为记录。此类画多为草图速写，不求形似，唯求神韵。所成图像多与生活现实荒谬，如头长角、身四足、长虎尾、生翅膀、住水中等。这些灵附图不但对深入了解萨满教心理思维、哲学观念、宗教意识有所帮助，从艺术角度考察，其奇特的造型，丰富的想象力，对艺术创作也有启迪作用。

萨满雕刻产生的年代，从已知资料看，晚于绘画，具体生成年代，无从考证。从可知的雕塑品的功能来看，主要是用于宗教活动。但无论萨满在创作这些作品时的目的和用途如何，在客观上，却实实在在地影响着民间艺术，成为非宗教范畴艺术创作。

萨满雕刻作品在材质、内容、形态、手法各方面是十分丰富的。在材质上，有木材、树皮（桦皮为主）、玉石、金属、塑泥等；在内容上，有人物、动物、植物、星辰、山川等；在技法上，有阴刻、阳刻、透雕、镂空、圆雕、平雕、泥塑等。

在传世作品中，数量最多的是各类神偶。有的形象逼真，有的夸张、抽象，种类繁多。如：人形偶，有裸体、半裸体、整身、半身、肢体（为突出某一部位单独制作的头、目、耳、口、齿、手、足、脏器）等。还有合体偶，分为人兽合体、人禽合体、人鱼合体、人蛇合体、人龟合体，即人们俗称的虎人、蛇人、鱼人、羽人等。

图下 5-2 萨满雕刻　　原刊于《萨满教与神话》，辽宁大学出版社 1990 年版。

望柱（神柱）偶，这是城寨部落以及郊祀所用的大型人形偶、合体偶。采用树干、石柱或烧冶泥土为柱，树立地上，大的高矮如同真人。

除绘画、雕刻外，萨满还创作了刺绣、编织、铁艺、铜艺作品，均为后世所珍藏。

萨满祭祀中的神歌、器乐、舞蹈，是北方民族最为古老的音乐舞蹈艺术。

萨满神歌。原始萨满教的主要活动，是氏族族众通过萨满主持进行虔诚的赞神、娱神、媚神的祭祀活动。其中祭歌是最为常见的表现形式，包括各具特色的创世歌、抒情歌、战歌、喜歌。

萨满神歌突出的特征是高亢、活泼、粗犷，在歌唱时多杂有拖音、复音、长音。其初语言不是很丰富时，没有更多的语言词汇，而是以声动情，以音感人。这恰是北方古歌最初的吟唱形式。萨满主要通过身体的发声区扩大音域，调整音量、音色、音节，达到足以表达个人情感、愿望、理念的声音效果，让自己发出的声音使接受者获得快慰，引起共鸣。如萨满古歌中的仿生唱法，逼真地模仿风声、涛激声、鸟飞声、虎啸、豹吼、鹰雕嘶叫、熊与野猪殴斗声等等，融合到祭歌之中，常常使族众群情激奋，群起模仿，高潮迭起。

在漫长的萨满教传承过程中，逐渐形成了萨满歌的独特曲调，民间称为"萨满祭歌"或"萨满调"、"神调"。萨满调由两部分组成。一种是有曲调无神祠的咏叹祝祷；一种是有词有调的神歌。萨满调的歌词，是萨满们创作的诗歌，其内容十分广博，有知识性的、哲理性的、叙事性的等不同种类。

萨满神歌借鉴吸纳了民间声乐多种曲调，形成了具有民族地域特色的萨满教声乐艺术，同时萨满教声乐对民间声乐也产生了很大影响。

萨满舞蹈。萨满器乐舞蹈是北方民族独具特色的原始音乐舞蹈艺术的荟萃。在漫长的历史进程中，萨满祭舞广泛吸纳、融合、提炼和发展了各民族的舞蹈艺术，形成了各民族自成系统的宗教舞蹈艺术。萨满舞蹈不同于普通民间舞蹈，具有独自的体系和特征，如以动作传达"神意"；粗犷而少刻意雕琢；群体、竞技、游艺相融合的共娱性；纵情无我，神气贯通的痴迷性（参见本书下编第八章第二节）。

第三节　满族萨满传承及祭礼

满族萨满文化传承　萨满家祭　萨满野祭　热情奔放的"跑火池"祭礼　激情澎湃的火祭与雪祭　慷慨悲壮的鹰祭　古老的神谕

满族有着三千多年悠久的历史文化渊源，祖先可追溯到肃慎以及后来的挹娄、勿吉、靺鞨和女真。自古精骑射，善捕捉，重诚实，尚诗书，"以佃渔射猎习为劳事"[⑦]，"其疾病则无医药，尚巫祝"[⑧]。《西伯利东偏纪要》载："跳神之俗，通松花、黑龙、乌苏里三江至东北海口皆然。"[⑨]《建州闻见录》又载："疾病则绝无医药针砭之术，只使巫觋祷祝，杀猪裂纸以祈神。"上述古文献记载，虽然"绝无医药"之说不确，但却都生动地说明满族及其先民，不仅萨满祭礼历史悠久，而且所传播与影响的地域十分广阔。古老的萨满文化，一切以维系氏族部落安危为最高法则，有极大的向心力与凝聚力。

从满族家藏萨满神谕中可知，满族沿袭弥久的萨满古制，系由辽金以来堆石立坛的"郊特牲"祭礼发展而来。满族先世女真人，进入比较稳定的农耕生产时期，出现有规模的"噶珊"（屯寨），并推举出有威望的"穆昆达"（族长），原始的氏族生产、生活有了严格的族规管理体系。随之出现了专为氏族祭礼而搭建的祭祀神堂，满语称"恩都力包"，在"万物有灵"的观念支配下，祭祀万物神祇，锣角为号，举行定时例祭。这便是满族最初始的萨满祭礼。迨入清初，以清太宗皇太极为首的清统治者，企图急骤适应中原王朝的意识形态，以达到顺利实施进取明廷的目的，除强化八旗劲旅的军事攻略外，更颁行政令，对满洲及女真民众自身所特有的萨满传统祭礼习俗，实施某种改革，规定严格戒律。"凡祭祀筵宴及殡葬市卖所用牛马骡驴，永行禁止"⑩，更不准靡费惑众，以此削弱原满洲诸部世代固有的以氏族为本位的崇拜意识的分散性，以便于加强中央集权和政令统一。清入关后，自顺治朝直至康熙、雍正末年，满洲诸姓萨满祭礼，已日趋简化。乾隆十二年（1747），又在全国颁行《钦定满洲祭神祭天典礼》，将满文再译汉文后，编入《四库全书》，进一步对萨满祭礼进行了规范化，剔除了繁缛的各氏族祭规祭礼，只保存具有共性的祭天、祭星和对直系祖先的神圣膜拜。从此，在清代满洲祭礼中，萨满家祭倍受崇尚，地位突显，并通过清皇室与满洲众部，影响蒙古等北方各族。这种萨满传承形态，一直延续至今。

吉林省自古便是满族世代生息的故乡之一，满族文化源远流长。诸多文献记载，都生动地说明满族及其先民，不仅传承萨满祭礼历史悠久，而且所传播与影响的地域十分广阔。其主要集居地，为今吉林市、九台、舒兰、伊通、扶余、榆树和珲春等市县。生活在吉林市、九台和珲春地区的满族尼玛查氏（杨姓）、锡克特里氏（石姓）、瓜尔佳氏（关姓）、觉罗氏（赵姓）等望族，世代聚居近三百余年，传统习俗承袭不衰，颇具代表性，至今仍沿袭着以祖先崇拜为主的萨满传统祭礼。

隆重的满族萨满家祭的内涵与称谓，严格说来，正如前述，始于清乾隆十二年（1747）颁发的《钦定满洲祭神祭天典礼》，规定清宫堂子所奉祀神祇，有如来、菩萨、关圣帝君外，还奉祀先祖女真人早期敬祀的神祇，如阿珲年锡、安春阿雅拉、穆林穆林哈、纳丹岱珲、纳尔珲轩初、恩都哩僧固、喀屯诺延、佛立佛多额莫西妈妈等。满洲所有王公大臣及众多姓氏的萨满祭礼，均以此规范本氏族的祭礼祭程，并沿成恪守不悖的传统。满洲民间诸姓的阖族萨满家祭，一般多选定在庄稼上场之后的丰秋吉日，圈好的献牲祭猪已养肥，届期众亲友骑马赶车，莅临热烈而隆重的萨满家祭祭礼，馈礼相贺。

萨满家祭远比早期祭礼简约。祭礼设祖先神案，摆供糕、供果。祭礼的主持人由氏族选举产生的萨满（俗称家萨满）来担当。祭时没有神服、神帽，只有朴素的神裙。所用神器仅铃、鼓、铜镜而已，祭期三五日。萨满家祭，以高扬崇祀本氏族谱系之祖先为重，兼辅有祭天、祭星、祭佛立佛多额莫西妈妈育婴等，践行慎终追远、缅怀祖先、继往开来的宗旨。

萨满家祭大致有四种形式：

一是，常例祭。分春秋两祭，春祭较少，以庆丰收的秋祭为主。往昔富有之家，春祭祭期多为五天，秋祭祭期则五、七天不等。常例祭祭程包括打糕祭、背灯祭、院祭、换锁诸类，每项祭礼时间、地点、祭品、祭器、祭辞都有固定规则，不得改变。

二是，烧官香。满语"格木窝陈"，意为"多种原因的祭祀"。比如，突遭洪灾、旱灾或瘟疫、地震，经族众同舟共济、转危为安，人丁又兴旺、生活又富裕起来。于是，便举行谢祭活动，向天神地祇及氏族祖先敬表诚谢之情。谢祭时，附近村落的族众载歌载舞，齐来欢聚。

三是，许愿祭。系指族中成员因逢不幸或不吉利的事件，在本家族萨满的协助下求祖神保佑，祈盼逢凶化吉，若如愿，便设祭报祖的还愿祭，阖族参加，洋溢着氏族的和谐情谊。

四是，续谱兼祭祖。满族续谱常与祭祖结合，逢龙、虎、鼠年办谱，通常选在阴历正月初二至初五。一般要请萨满祭祀，先将新谱与祖先神案并悬于西墙，萨满动响器，族人磕头烧香，供祀祭品。祭期可长可短。因续谱为整个族姓的一大盛举，其规模与烧官香相仿。因此，不少姓氏常将烧官香与续谱同时举行①。

满族先民，辽金以来最原始而朴素的萨满祭礼，史称"郊特牲"，即择选旷野清幽之地，对所仰赖生存之源的自然山川万物，举行虔诚礼赞的献牲盛典[12]。正如满洲吴扎拉氏家传《吴氏我射库祭谱》载："荒古生民，祭发情真。或久栖莽林，火难蒙生；或疫害平安，饿赢饱腹；或儿孙吉顺，壮若虎羔。堆石立坛，瀑泉为酒，比干窝陈，遂成古制。""比干窝陈"，为满语，汉意"野祭"，或称"大神祭"。远古初民时期，"祭发情真"，一切祝祭，皆源于稚弱的人类为了自身的生存与安全，对息息相关的宇宙万物的企愿和膜拜。如日、月、星辰、雷、电、风、雪、山、河、湖、海等自然神祇；如鹰、雕、虎、豹、熊、狼、水獭、蟒蛇、麋鹿等动物神祇以及榆、柳、花卉、萱草等植物神祇。此外，还有为本氏族的开拓与发轫，历代功勋卓著的众位英雄神，皆奉为保护神。自然界及动植物神祇，满语称谓"瞒爷神祇"，俗称"野神"，故有"野祭之说"；凡氏族众英雄神，均属人神，故尊称"大神"。所以，满族萨满古代祭礼有"野祭"与"大神祭"的称呼。

早期，满族各氏族萨满的大神祭和野祭祭礼，均设统一神坛。初始因氏族以渔猎为业，居无定址，神坛均显简陋，以雕琢木、石、革代替神形，盛于桦皮匣或柳匣、骨匣、石罐之中，神随人迁。后来，氏族壮大，田亩与屋舍相连，则出现祈神之所，即"萨满宗祠"或"萨满神堂"，满语称"恩都立包"。辽金以后，随社会发展，农耕经济相继出现，农猎并重。满族先民由简陋的"夏巢冬窟"，创建起地上屋舍。各氏族的野祭祭礼，益加恢宏壮阔。崇祀神祇，多达百位有余，且每位神祇各有非凡的神传、神舞和神歌，特制斑斓多彩的神帽、神服、神杖、神鞭、神靴，除此，有不可数计的专备护神神偶。萨满祝祭时便要穿起每位尊神的神妆，以高超的舞技和歌艺，模拟和象征某一位神灵的降临。明代嘉靖及万历以后，满族先民"野祭"的祭礼和祭程，达到登峰造极的境界，涌现出"火祭"、"鹰祭"、"雪祭"、"星祭"、"海祭"、"柳祭"、"血祭"等壮阔的盛典，留下了记载原始古神话、古歌、古舞、艺术造型和满文萨满神谕等珍贵遗产[13]。

进入清代后，繁缛祭礼，虽然被改革简化，但是，深入人心的萨满野祭祭礼，并未完全消逝。满族有些姓氏，在萨满"家祭"中，仍保持两大单元的祭礼，第一部分是氏族古代迎请自然神祇的大神祭礼，仍旧保留一些富有魔幻性、神秘性的祭礼内容，第二部分则是萨满固有的传统家祭。

满族萨满祭礼中有种热情，火爆，深受族众喜闻乐见的"跑火池"祭礼。吉林省九台市其塔木乡满族昌克特立氏（石姓）家族祖传的"神本子"，生动记述了关于跑火池祭礼来历的传说：石姓家族头辈大萨满崇基德与敖姓大萨满斗法，结果是头辈萨满在火中炼成金身、银身，成了长白山神系中的萨满祖神。萨满跑火池的祭礼，先在神堂跪拜神灵，然后在咏唱动人的神歌中开始。主祀萨满与众栽力（萨满助手）及族人开始做跑火池祭礼的准备工作。首先是"升火"和"净足"。升火，就是把堆放在坛场中央的木炭点燃，并用簸箕将火煽旺，用铁锹把炭火铺成南北走向的长十二米，宽两米，厚十五厘米的炭火池。在铺炭火的过程中，主祭萨满手持抓鼓敲起密集的"碎鼓点"，众栽力伴着急骤的鼓声，手持长柄大板锹将炭火铺平、夯实。随着人们上身"扒"、"拉"、"拍"等动作和脚下"大弓字步移动"及"退碎步"的步伐，人到锹到之处，金花四溅，火舌飞舞，口中还不断地呼喊，以祭祀者特有的敏捷和强韧形成了"跑火池舞"。参加跑火的萨满和众栽力，要用由井中挑来不落地的"净水"洗脚。不洗净脚，便会亵渎神灵。跑火池是表示对火神的崇拜，萨满和众栽力在炭火池中往返疾跑四趟后，回到神场做"送神"和"谢神"礼仪，跑火池仪式圆满结束。

跑火池舞，文化意味深长。既寓意世俗的萨满在圣火中成为神界主神，更蕴含着远古人类崇火、识火、驭火的历程，以及人类娱火的乐观而粗犷的情怀。萨满持兵器"扎枪"率众蹈火、跑火又有英雄史诗时代战争场面的色彩⑪。

满族原居住在东海窝集部的后裔孟哲勒氏、库雅喇氏、那木都鲁氏、尼玛查氏、何舍里氏、钮古禄氏等族人素有传统的火祭祭礼。夏至来临之前，族众选郊野一株高大挺拔的古榆或古柳作为神树，捕来林莽的野牲、野禽为贡品，数百朵野花披饰神坛。在神树前隆重盛祭赐火女神"拖亚拉哈"、东海女神"德里给奥姆妈妈"、天母"阿布卡赫赫"、猎神"班达玛玛玛法"、蒙安乌西哈和图们乌西哈（千星和万星）众神祇。祭祀时，在祭坛四周将木桩、树枝堆成九堆，由穆昆达点燃起九堆篝火，昼夜不息。萨满诵祝祷词，穆昆达率族众拜星、拜树、拜神火。萨满用舞蹈模拟"拖亚拉哈"火神形态，族众手举火把，跟随萨满围神树载歌载舞，通宵达旦。夜空群星闪烁，穆昆达和萨满将篝火摆成奔马、啸虎、驰豹、翔鹰、游蟒、疯狼、群鹿等各种动物的形态，族众在篝火旁欢舞，歌唱，颂赞火的神圣无敌。族众或骑马或徒步，三五成群地来回穿火阵。谁过火阵次数最多，谁就被拥戴为"巴图鲁"（英雄）。其中佼佼者，被公推为秋狩的"猎达"（狩猎的首领）。火祭古礼在满族上述族姓中，曾在所世居的吉林省珲春地方盛行，上世纪三十年代至四十年代初曾有零星记载，此后不见于世。1980年，吉林省社科院民族文化考察者征集到《库伦七姓满洲火祭神书》一函，记载了火祭程式与规俗。

满族诸姓在萨满祭祀中还保留着世代传承的"雪祭"古礼。每逢暴雪盈门或隆冬枯雪时节，萨满率领族众举行雪祭盛典，许愿、迎请、诚谢雪神"尼莫妈妈"降临，驱除灾害，人畜兴旺，渔猎丰收。祭后，阖族老少共跳踏雪舞、浴雪舞，争食寓含吉祥如意、生育旺盛的冰偶。在歌声舞蹈中，男女老少往村寨的房舍、庭院、马厩、牛棚、鸡舍等处扬撒晶莹的白雪，所有的工具、用具全用白雪刷洗，象征着整个部落都被慈祥的雪神"尼莫妈妈"所抚爱，在欢乐的鼓声、咏歌声中迎来崭新的黎明，雪祭随之结束。

清康熙帝玄烨曾有诗句盛赞海东青："羽虫三百有六十，神俊最数海东青。"满族及其先民女真人自古崇尚渔猎，辽金以来，海东青成为捕猎必备的重要帮手。故在萨满祭中，鹰神海东青成为动物神中的首神，其彪悍、勇猛、神威、迅捷成为满族萨满文化神歌中经常吟咏的词句。每祭都有鹰神的崇拜和祭歌，成为女真人民族精神的化身。有史可考，初唐，女真名鹰以为朝廷宠物，辽金以来，捕鹰已日益北延。鹰手栉风沐雨，以竞捕域北鹰雏为荣耀。鹰祭便是满族先民祈愿鹰猎顺遂的隆重祭典，一直延续到清代。鹰祭的内容是，北上请"鹰孩"，即捕回漠北地区优良雏鹰，其间，经过九死一生的艰难历程，靠鹰神母的庇佑才获成功。在祭祀中，萨满吟唱的神歌道出了这位鹰神母的由来：相传，萨姓先人，分三支北上捕鹰，历经艰险，有两支人再也没有归来，其中一支被大白鹰救了，而使氏族得以绵延。大白鹰为此被折坏一足，成为独脚鹰。从此，被萨姓族人敬为鹰神母，世代敬祀。在祭祀中，鹰神母附体的主祀女萨满要对通过族选的捕鹰人进行最后的"神选"——对天母的智慧、勇气和技艺进行真正严格的考验，选出能担当北上重任的巴图鲁，以保证捕鹰成功。在祭祀中，鹰神母与猛雕女神一起，和众多的"小白鹰"同跳群鹰舞，象征着她要把自己最好的孩子给部落的捕鹰人，以求部落的兴盛强大。

满族萨满神谕，满语称"恩都力笔特赫"，汉意"神本子"，即"萨满经"。很久之前，萨满经便是萨满们代代口耳相传的神歌、神赞。最早的神歌、神赞，多是在狍皮、鹿皮或桦树皮上刻出各种花案形图式，萨满依图式形态，咏唱神歌。也有些氏族部落的神歌，是镌刻在氏族所生息的故地山峦、岩洞或古树粗干上面。进入辽金以后，产生了女真文字，萨满用野花汁染色刻字，便将祖先口耳相传的神谕用彩色文字，记载在烘干好的桦树皮或熟好的白板鹿皮上，然后恭恭敬敬地装订到一起，形成萨满神书。1599 年，努尔哈赤命额尔德尼初创满文，1632 年经达海改进后，臻于完善。从此，满族诸姓氏在清代传袭下来众多满文手抄萨满神谕。清亡后，因满文被废弃，多数的氏族后裔渐渐不会书写满文，只会识认汉字说汉语。故此，满族特有的萨满神谕，在社会上形成了多种形态，即原始的满文神谕，这部分多属于光绪朝以前的满文原形态文化遗存；多数萨满神谕，则是用汉字标音书写而就的满文萨满神谕。近世在民族地区文化考察中，征集到大量汉字标音的满文神谕，成为满文文史古迹。

萨满神谕是世代萨满用满语说唱、记录下来的祭歌，是满族先民生存经验与智慧的总汇。其中包括对自然界诸种现象的认识及应对的策略，如突发的地震、山颓、狂潮、雪崩等自然灾害及造成的悲惨后果，以及激励族人勇敢、开拓、乐观的古谣、古谚、古歌。

第四节　满族陈汉军萨满传承及祭礼

陈汉军萨满文化传承　万姓汉军祭礼　张姓汉军祭礼　常姓汉军祭礼

　　陈汉军即清代的汉军八旗，为清代八旗的重要组成部分。汉军，满语称"乌真超哈"，汉译为重兵。明万历四十三年（1615），努尔哈赤在创建八旗制度时，将汉人编为牛录，纳入八旗满洲之中。到清太宗皇太极时代，于天聪五年（1631），将凡投入满洲八旗兵中的汉人，颁旨正式编入新创立的"汉军八旗"，俗称"陈汉军满洲"。清亡后，这些久居在东北的部分原属"汉军八旗"诸姓后裔，至今一直沿袭着满族族称，在与满族诸姓相濡以沫的共同生产生活中，世代结下了亲戚关系与兄弟情谊，感情深厚。勤朴聪慧的陈汉军子孙们，不断创造、传承与发展独有的文化艺术形式，逐渐形成了自己极具特色、风格迥异的萨满祭祀习俗，俗称"汉军旗香"。

　　陈汉军萨满祭祀时，因其不同于中国北方满族等诸民族的萨满祭祀时手持圆形抓鼓，而是手握椭圆型带长柄并坠有铁环的单面鼓，铿锵感人，听众昵称唱"单鼓"。其来源于关内明代的"民香"。因长期与东北满族所信仰的萨满文化相融合，形成东北地区所特有的民间信仰艺术。它既是祭奠祖先的一种仪式，又是一种歌舞性和说唱性很强的群众喜闻乐见的娱乐形式。陈汉军萨满祭祀所遵循依据，就是各坛世代保留下来的神本，俗称"坛序"。"'坛序'，亦称'坛续'，是汉军旗香八大本坛的根基，记录着所供神祖的源流和序列。神本，是祈神求福的唱词，有的记录着迎送神灵的程序。"⑮汉军旗香神本皆以汉文记录，世代流传。生活在吉林市乌拉街满族镇弓通村陈汉军张氏家族、吉林市土城子乡打渔楼村陈汉军万氏家族、吉林市土城子乡聂司马村陈汉军常氏家族、吉林市金珠乡九座村陈汉军刘氏家族、永吉县大口钦乡陈汉军傅氏家族等，仍保留陈汉军的家祭。

　　汉军旗香来源于河北、河南、山东一带流传古久的"民香"，其形式十分欢快、活泼，其内容多是中原地区流行的历史故事，如《英雄响马》

《西施浣纱》《昭君出塞》《吕布戏貂蝉》《贵妃醉酒》等，还有《绣荷包》《倒卷珠帘》等汉族家喻户晓的民歌。清初，渐渐由关里传入到东北。这种活泼的汉族民间小戏，与满族民间萨满跳神乐舞相融合，形成了陈汉军旗香歌舞，即陈汉军萨满祭祀。

关于陈汉军旗香所祭的神灵，据张氏家族和常氏家族萨满神本所载，主要奉祭天神、关爷、二郎、开山、押虎、先锋、太位、犄角、酆都、玉皇、五道、唐王，以及三官、四海龙王、眼光娘娘、皂王和祖先亡魂等数百位。可见，汉军旗香的神祇包容广泛，囊括了儒、释、道以及汉族民间广祀的诸神。不仅如此，陈汉军的萨满神歌，还吸纳了多种富有抒情性的民间小调，使陈汉军祭礼富有广泛的群众性。从请神、安神、焚香，直至送神、收坛，起伏跌宕，多姿多彩，为各族民众所喜闻乐见。

汉军旗香有个重要特点是，其祭祀内容以虔诚的敬祀祖先为主，并有戏剧性的情节。在悲凉的咏歌和祭舞中，迎请已逝的祖先和英雄们重返家园，与儿孙族众团聚欢宴，但在迎请先灵时伴有陌生的外鬼混杂其间，又不得不有驱逐鬼魅的彪悍歌舞。驱逐鬼魅，俗称"赶班"。鬼魅们戴着各种狰狞可怖的面具，与萨满竞比鼓技和舞技，最后则以萨满为代表的正义神祇战胜邪恶的众厉鬼而告终。这便是陈汉军名传遐迩的"假面舞"，又称"神鬼大战"。

世居乌拉街满族镇韩屯村陈汉军著名萨满万世学，祖居山东蓬莱，其祖为明季著名文士，诗画皆精，深得睿亲王多尔衮的宠爱，为内廷"包衣阿哈"（家奴），总理文档。清顺治年间随和硕礼亲王、大贝勒代善到船厂（今吉林市），勘设"乌拉总管衙门"。此后，阖族便世居于乌拉街北八里的韩屯，已300余年。据万世学追忆，其祖上皆有文采，通诗文歌舞，并将京畿的民香与唱本带入吉林，成为汉军旗香八大本坛中的一坛，由万、傅、张、黄四姓组成万氏坛场，并留下汉军万氏坛序四函。该坛最突出的特点是，除有其他汉军神本的诸神崇拜之外，突出渲染和表现汉军旗香的祖先崇拜，和驱魔逐鬼的"赶班"神鼓与神舞。"班"，系指"鬼魂"，寓意人类生存于世间，会时时遇到四季、风寒、雨露、瘟邪、地变（山颓、雪崩、地震）等等，都视为侵袭人类安危的恶鬼，民间俗称班，即"不可捉摸的害人精"之意。万氏家族祭礼时，其祖先将不胜枚举的班害，都会意地绘成各种狰狞险恶的假面，作为汉军祭祀的班面具。万氏家族的班面具，在乌拉街一代颇有声誉，出现多位绘班师傅，辽宁、黑龙江等地多有求购者，重银索购万家班面谱。汉军祭礼"赶班"时，族中体魄魁梧、鼓技耍得精的青年，才会被选做班的表演者。当时，群众皆视为能被选做演班的人多是多才多艺者，深受族众的尊敬。因为班的表演要求甚严，必须做到唱、动作、鼓技样样出类拔萃，才能和萨满对鼓竞赛，达到炉火纯青，成为当时民间最赏心悦目的节目。被选做演班者，不但会演班，而且会绘班。他们头罩班假面，手拿班鼓，与萨满击鼓对唱相搏。萨满用高亢无畏的腔调和力拔山兮的狂舞，与众班搏斗，驱逐厉班，换来氏族的安宁，江山的永固。

陈汉军萨满祭祀至今在吉林省最有代表性的当数陈汉军张氏家族祭祀。据张氏家族陈汉军萨满坛序记载，家传悠久，已经有300余年历史，已传有十四代。前十代萨满均为女性。现在，张氏本坛萨满张宗华，传袭于其叔父第十二代萨满张荣革和其父十二代萨满张荣武。张氏家族现传到十四代。张氏家族汉军祭礼，主要有放太位、打五路、赶"班"等唱功和做功，在东北三省陈汉军祭礼中颇有影响。

"打五路"，是陈汉军旗香有别于其他民族萨满祭祀的神圣祭礼。打五路仪式，要显示萨满非凡的刀功。萨满用的双钢刀叫"开山刀"，象征神力无比，能开山分水，驱邪撵鬼，给阖族带来吉祥和福禄。打刀时，先由一位萨满将刀刃置于打刀者的裸臂之上，打刀萨满挥动另一手所执钢刀的刀背，磕打臂上刀背，叫"打刀"。据张宗华讲，这全靠萨满平日苦练，激励族人的尚武精神。

世居吉林市土城子乡聂司马村陈汉军常氏家族自康熙年间，其祖开辟吉林打牲衙门采捕事宜开始，至今已有300余年。常氏家族汉军的旗香活动从其祖传家谱可知，以祭祖为主要内容的家祭活动，多于龙年的春秋二季操办。除此，修宅、迁居、生辰、寿诞、喜庆丰收，亦有隆重的旗香家祭活动，直至解放后，间有延续。每逢祝祭，均由总穆昆（总族长）和萨满主持，摆设神堂、布设坛场，附近邻里及外乡满族群众亦参加同贺。常氏家族萨满传承，从乾隆年间至今已传九代，有十七位萨满传人。常氏家族的祭祀，除擅长打五路等剽悍的做功外，在东北汉军旗香中，最善于表演歌技与舞技。在祭祀中，《二郎》《唐王征东》《施重恩（孝敬父母）》等长调咏歌，哀怨委婉、动人心魄，令族众慨然泪下，富有很强的感染性和迷人的神韵。常氏家族祭祀的鼓技，也别具特色。常氏单鼓，可分单鼓舞、双鼓舞、肩舞、顶舞、肘舞、滚身舞，揉入了非凡的柔功和杂技，将北方自古特有的鼓舞传统能活泼生动的保留至今，堪为罕有。常氏萨满祭祀，已被列入吉林省非物质文化遗产名录。

第五节　蒙古族"博"（萨满）的传承及祭礼

前郭尔罗斯"博"的文化传承　始祖浩布克泰阿布的传说　风格独特的"博"祭礼　"博"的舞蹈与表演艺术

蒙古族是吉林省世居民族。1202 年成吉思汗统一郭尔罗斯部后，郭尔罗斯部驻牧的松嫩平原，成为成吉思汗与其弟哈布图哈萨尔及其后裔的世袭领地。⑯前郭尔罗斯蒙古族自治县及附近镇赉、通榆几个市县为蒙古族主要聚居地。

蒙古族人民勇敢剽悍，能歌善舞，素有喜向本族族众和儿孙们传咏民族文化的传统。郭尔罗斯地区的蒙古族，固有的民族文化遗存，如蒙古族民众世代喜闻乐见的说唱艺术"好来宝"、"乌力格尔"以及蒙古族"博"文化遗存，得以有力地弘扬和传播下来。

蒙古"博"，是蒙古民族最早信奉的一种原始多神教。⑰即学术界通称的"萨满教"。萨满，蒙古人自己则称之为"博"、"孛格"、"孛格斯"（复数），或者叫"孛额"，所以便有蒙古"孛额教"、"博信仰"之说。⑱据《蒙古秘史》记载，蒙古族的博信仰，在元初兴时期十分畅行，深得元太祖成吉思汗的虔诚供奉和信仰，身边有阔阔出、豁儿赤等他非常信赖的博师。随着元代统治地域的扩大，加之外来宗教传入的影响，使蒙古族民众古老的博文化信仰范围日益缩小，逐渐淡薄甚或遗忘。清末以蒙古博主要遗存区域在内蒙古通辽一带居多，前郭尔罗斯地区尚有些微影迹。

　　蒙古博的祖师们，为守望固有的民族信仰领地，牢记艰难困苦的生存史，常向自己传人和族众们，绘声绘色地讲述本地域的"博"与西来的喇嘛教斗智斗勇，争夺生存权的艰辛步履。长期流传在吉林省前郭尔罗斯蒙古族中的关于蒙古博始祖浩布克泰阿布的传说，颇具代表性。⑲

　　相传，唐太宗东征时，有几万名士兵因遇风浪，掉进渤海淹死了。唐太宗缅怀将士，御赐其亡灵为"翁衮"（亦称"翁古达"），意思是永享奠祭的灵魂。最先祭祷英灵的始祖，就是神圣的浩布克泰阿布。博古达喇嘛找到浩布克泰阿布，想让浩布克泰阿布服软，归顺喇嘛教，遭到浩布克泰的断然拒绝。于是，他们开始斗法，经过九天九夜的恶战，浩布克泰渐渐占了上风。这时，博古达喇嘛念动咒语，用手中的"敖其尔"（法器）向浩布克泰打去，浩布克泰躲过身子，但他的神鼓被打出一个小洞，所以功力大减，从空中跌落下来，不得不归顺了博古达喇嘛。从此，归顺喇嘛教的萨满博神鼓上留有一个小洞，称为白博；没有归顺喇嘛教的萨满博，神鼓上没有小洞，称为黑博。喇嘛教在郭尔罗斯地区的影响日益强盛起来。

　　另据传说，郭尔罗斯博分黑、白两派，是根据他们过"亦顺达坝"（即九关）时的情况而定。当过关博踩着铡刀梯爬上最高层时，过关师傅念动咒语，博就身不由己地从梯子上跌落下来，倒地脸朝上的成为"白博"，脸朝下的成为"黑博"。"亦顺达坝"，据呼和少布博讲，是如下"九关"：铁铧关、铁圈关、踩火关、烙铁关、钉板关、油锅关、铁链关、火焚关、铡刀关。过关后，博才可以行博治病。

　　前郭尔罗斯博，佩戴9面铜镜和使用单面法鼓，有如下两则传说：其一，浩布克泰有三件法宝，第一件是两面蒙皮的红鼓，这是他的坐骑；第二件是64条飘带缀成的"好日麦博其"（法裙），这是他的翅膀，穿上它就能飞；第三件是18面铜镜，这是他的护身法器。他胆子极大，什么都不怕。佛爷不让了，于是，亲自带7个徒弟来收拾他。恰巧，这时浩布克泰的母亲冰吐·阿白病了。浩布克泰虽然行博，却怎么也治不好母亲的病，佛爷喇嘛来时，浩布克泰不在家，佛爷就用宝剑把老太太劈成两半。半身贴在东墙上，半身贴在西墙上。等把血控净后，一施法术，身体又接在一起，病就好了。浩布克泰回家听说了，就去找佛爷喇嘛，他们斗起法来。浩布克泰九九八十一个雷击佛爷喇嘛，没赢了；又用三座山压佛爷，还没赢了；浩布克泰就上天去，结果被佛爷喇嘛抛出去的敖其尔（法器）打了下来。浩布克泰的双面鼓被"敖其尔"打破一面，64根飘带只剩下24条，18面铜镜只剩下9面。经书《呼和索得日》也被佛爷喇嘛收去了。从此，博的鼓成了单面鼓，而且没有经书了。浩布克泰只好归顺了佛爷。

其二，博古达活佛和浩布克泰都认为自己法术无边，神通广大。为了消灭博古达活佛，浩布克泰用尽法术，博古达活佛却安然无恙。正当浩布克泰骑上法鼓欲逃之时，博古达活佛恰好用手中的法铃，撮了一撮土朝他扬了过去。顿时那撮土化作了飞沙走石，浩布克泰被卷到了大兴安岭北麓的沉香树下。结果，他围裙的飘带只剩下6条，铜镜只剩下9面，双面红鼓只剩下一面。最终，浩布克泰归顺了博古达活佛，做了他的徒弟。为了纪念浩布克泰，在萨满最兴盛的郭尔罗斯前旗"大金刚"[20]上，封一棵高大的榆树为"尚森毛都"神树（蒙古族萨满"博"的翁古达休息集会的地方），作为科尔沁郭尔罗斯萨满祭祀浩布克泰神灵的地方。

蒙古博具有浓郁的地域特色和民族特点。《元史》称："元兴溯漠，代有拜天之礼。"《蒙鞑备录》载："其俗最敬天时，第事必称天。"蒙古族自古崇拜天神，称天为"腾格里"，即尊其为"慈悲仁爱的父亲"。凡事皆向天祈求，祝佑平安吉祥，有隆重的祭天仪式。每年旧历九月初九为蒙古博祭天日期，祝祭场面十分庄重肃穆。博的神词，神秘而激昂。蒙古博行博过程，所用的神器与服饰，也不同于满族等其他民族的萨满装饰。行博时，男博与女博（又称"亦都干博"或"奥都干博"），分别头戴铜质锅盔式的神帽，称"盔冠"，身穿色调鲜艳的法裙，俗称"盔甲"，身披象征太阳与光明的心镜，即大小不一的祖传铜镜。此外，男女博请神、敬神，手执神鼓和法鞭，并配除魔银剑，均有威武、雄壮的舞姿。博的祭坛，供放着象征宇宙万物神灵、高低大小不一的众多"翁衮达"（神偶），烘托得全场气氛极其威严肃穆。有的翁衮达传承数百年，博以翁衮达恭存年代越古久，越显无敌的法力。故每个博都传袭数个、数十个护身、护族的翁衮达，以显神威与庄严。

在前郭尔罗斯地区名望较高的博和"亦都干"在民众中有很高的威望，他们去世仍为当地蒙古族民众所供奉、怀念和传讲。

蒙古族博的传统舞蹈，十分活泼多彩，深受广大族众喜爱，有独舞、双人舞、四人舞、群舞等，表演形式则分大场与小场两种。大场为室外祭祀求福，小场为治病驱魔。早年，大场祭祀仪式，其内容多为祭天、祭地、祭敖包、祭祖、祭火、求雨等。博手拿神鞭，以特殊的舞步，象征博与天通的非凡功能，从而赢得族众的仰慕。"博"的祭舞，还要有独到的鼓技助兴，倍增博舞的艺术魅力和感染力。博的祭舞，节奏欢快，令人眼花缭乱。巧耍单双鼓的高超鼓技，分有：1. 翻鼓（将鼓上下翻打）；2. 转鼓（捻鼓柄使鼓在空中转动）；3. 绕鼓（倒拿鼓绕着打）；4. 抖鼓（将鼓快速抖动，使鼓环发出撞击声）；5. 顶鼓（边转边敲击头上顶的鼓）；6. 滚鼓（将顶鼓旋转着滚至颈、肩、背等部位），等等。

特别值得提及的是，蒙古博艺术，在漫长的历史进程中，不断地得到蒙古族人民群众的锤炼和升华，众多模拟图腾神灵的精灵舞，惟妙惟肖，丰富了北方民族舞蹈艺术的宝库。蒙古博的精灵舞表演时，祝祭什么神就跳什么精灵舞。早年科尔沁具有独特的精灵舞，以鼓、手背、法裙、衬裙象征翅膀，模拟鸟神抖动双翅，啄弄羽毛，飞旋飞落等形象，舞步有翘脚、跪蹲、旋转、蹦跳等，舞动时并伴有呼喊。又如蒙古博表现蜜蜂蜇人的舞蹈，也颇有情趣，博双背手，手指为针，退步蹦跳，表现小蜜蜂蜇人，活灵活现，异常逼真[20]。

第六节　朝鲜族"巫堂"（萨满）祭礼

朝鲜族"巫堂"的文化传承　朝鲜族"巫堂"祭礼　朝鲜族"巫堂"祭舞

朝鲜族"巫堂"信仰，亦属于原始萨满文化万物有灵和祖先崇拜的信仰观念，传袭古久。巫堂为朝鲜族语，多由女性充当，偶尔也有男性，称作"巴克苏"。按照传统萨满信仰的说法，巫堂具有"特殊能力"，可以沟通人类世界与灵魂世界，在两者之间起桥梁作用，这与萨满人神中介的职能是一致的。朝鲜族巫堂信仰，其最初皆由朝鲜半岛传来，可分为"世袭司祭巫堂"和"降神灵感巫堂"两类。降神巫需拜师学艺，跳神之前要先向神灵祈祷，祈求神灵指点；世袭巫则世世代代以巫师为业，跳神之前无需向神灵祈祷。常见的服饰主要有"圆衫带"、"阴间口袋"以及白色长衫、红绸腰带、三角形白色高帽、白色布袜、皮底鞋等。常用的巫具有画扇、神仙铃、无刃的巫刀、命布（护身布）等，除此，巫堂必随身携带能握于手中的小圆镜一面、大锣一个、小锣和镲各一对、长鼓一面、小鼓一面等。早年，朝鲜族先民的巫堂信仰，以迎神、逐鬼、求吉为主要祭礼仪式，每祭皆有歌舞，以舞娱神娱人，此为巫堂最突出的特点。《五经道义》一书，为最早记录朝鲜族先民舞蹈的书籍。其中，谈到"东夷之乐，持矛舞，助时生也"。所谓"持矛舞"，即萨满的巫堂在迎神、请神时手舞铜铃的生动写照。在吉林省的安图、双阳、辉南等地，朝鲜族巫堂文化遗存较多，活动频繁，而且还有一些著名的巫堂艺术的传人。

朝鲜族在人生老病死，安抚作祟的神灵或需要得到神灵帮助的时候，都请来巫堂举行祭神仪式。祭神仪式有按时令举行的季节性仪式，如正月举行的迎春仪式，也有族众在临产、患病、死亡等情况下，所举行的临时性仪式。朝鲜族巫堂祭保留着众多原始祭礼，如洞神祭，又称"洞祭"，以"洞神"为祭祀对象。为村社性公祭活动的泛称。一般分别在春、秋两季择吉日进行。祭仪由德高望重者主持，祈求洞神保佑五谷丰登。朝鲜族崇拜石神，祈求生育平安，生男孩则为"岩男"，生女孩则为"岩女"。巫堂重"山神祭"、"祈雨祭"、"风神祭"等。

巫堂祭祀仪式中供奉的主要神灵有：北斗七星神、上帝神、铡刀神、身之神、南道神、小兵神、驱鬼神、一把铡刀神、两把铡刀神等；此外，还有南斗星、龙神等。以上神祇均无偶像。

巫堂可以驱使鬼来消灾，神鬼尚无本质的分野，这在萨满文化中也是常有的观念。所有神灵都有一定的社会职能，与巫堂的具体职能有关。巫堂的主要功能是驱鬼抚灵，治病求安。

朝鲜族"巫堂"祭舞，内容丰富多彩，其中尤以朝鲜族"农乐舞"闻名退迩。其文化底蕴仍是以敬天、敬地、敬祖、子孙繁衍、生活幸福安康为舞蹈的崇拜观念。朝鲜族祭舞活动，在吉林省的某些朝鲜族聚居地方仍有传承。如在安图县长兴乡，仍可见到古代祭舞艺术。至今，全乡仍然沿袭着祖先传承的迎亲、敬老、谢祖、育儿、丰收等敬天祭祖的巫堂习俗。早期每年丰收以后，都要举办庆丰收的盛大巫堂祭舞。这种祭舞，融入了固有的民族语言、习俗和信仰，又经过升华和提炼，将其"农乐舞"骄傲地自称为"乞粒舞"。其特征是突出了原巫堂祭礼的望月、祭堂树、拜井、踩地神等欢乐的仪式，更具有神圣性、舒展性和奔放性。祭舞中除有单人舞、多人舞等原有舞蹈形式外，突出了"刀舞"、"僧舞"、"裙舞"、"扇子舞"等技巧，活泼热烈。乞粒派农乐舞，一般在农历正月十五举行。在奔放的祭舞中，高高地飘扬着"农者为天下之大本"的大旗，耸立着用原木雕刻的"天上大将军"、"地上女将军"两座丈高的人神偶像。是日黄昏，全村男女老幼，身穿节日盛装，带着酒菜，喜气洋洋地来到相沿成俗的地方，然后争相登山。到了山巅，又攀到最高的树上静等明月东升，因为谁第一个看到月亮升起，就意味着谁在这一年中吉祥如意。族众在一棵高大的树下，摆上贡品，供奉神树，望月谢祭，祈求幸福。然后，围井叩拜，喝生命水，祈求身体康健、万事如意。悠扬的神歌，热烈的舞蹈，整个村落如火如炽，载歌载舞，在踏歌声中结束整个仪式。

图下 5-3 萨满祭舞
原刊于《萨满教与神话》，辽宁大学出版社 1990 年版。

【注释】

① 蔡家麒：《中国北方民族的萨满教》，见《中国少数民族宗教》，云南人民出版社 1985 年版，第 12 页。

② 恩格斯：《路德维希·费尔巴哈和德国古典哲学的终结》，《马克思恩格斯选集》第 四卷，人民出版社 1995 年版，第 245 页。

③ 参阅古代文籍，"萨满"一词称谓甚多。如，西清的《黑龙江外记》、姚元之的《竹 叶亭杂记》和《清史稿·礼志》，皆将"萨满"写作"萨玛"；方式济的《龙沙纪 略》写作"萨麻"；索礼安的《满洲四礼集》写作"萨莫"；吴振臣的《宁古塔纪略》 写作"叉马"，等等。

④ 引秋浦：《萨满教研究》，上海人民出版社 1985 年版，第 2 页。

⑤ [波] 尼斡拉兹：《西伯利亚各民族的萨满教》，中国社会科学院民族研究所，1987 年编译，第 2 页，

⑥ 富育光：《萨满教与神话》，辽宁大学出版社 1990 年版，第 3 页。

⑦《金史》卷四四《兵》，中华书局点校本，第 992 页。

⑧ [宋] 徐梦莘：《三朝北盟会编》卷三，上海古籍出版社 1987 年版，第 5 页。

⑨ 曹廷杰：《西伯利东偏纪要》，中华书局 1985 年版，第 118 页。

⑩《清太宗文皇帝实录》卷三，台湾文化书局发行，清古文献影印件。

⑪ 富育光、孟慧英：《满族萨满教研究》，北京大学出版社 1991 年版，第 69—71 页。

⑫ "郊特牲"系指古代因某种祈愿，在郊野所施行的专祭。见《金史》、《辽史》祭礼条。

⑬ 富育光：《萨满教与神话》，辽宁大学出版社 1990 年版，第 82—118 页

⑭ 王宏刚、荆文礼、于国华：《萨满教舞蹈及其象征》，辽宁人民出版社 2002 年版， 第 328—341 页。

⑮ 吉林省艺术研究所集成办公室：《汉军旗香坛续与神本》，1985 年 4 月 5 日编。

⑯《吉林省志》卷 45《民族志》，吉林人民出版社 2003 年版，第 285—286 页。

⑰⑱ 白翠英等：《科尔沁博艺术初探》，哲里木盟文化处编，1986 年版，第 1 页。

⑲ 宝音朝古拉：《浅谈郭尔罗斯蒙古族萨满教"博"》，斯日古楞《萨满文化研究》 第二辑，吉林大学出版社 2009 年版。

⑳ 大金刚也称大金道宝。今前郭尔罗斯蒙古族自治县查干花镇白音花村的北坨。

㉑ 白翠英等：《科尔沁博艺术初探》，哲里木盟文化处编，1986 年，第 52—57 页。

第六章

美术工艺

　　吉林省的美术工艺，有着悠久的传承历史。从已出土的高句丽墓葬壁画及随葬品中，从渤海建筑遗存中，从辽代古塔中，足以让人们领略过去的辉煌，认知历代先人的精神风貌和波澜壮阔的生活图景。

　　吉林的美术工艺是中华民族优秀文化的组成部分。它既吸纳融汇了不同民族的思想和技艺，同时又散发着独特的地域文化气息。尤其是绘画、石刻、编艺、浪木、刺绣、剪纸等，更集中地彰显着吉林人粗犷豪迈的性格和独具匠心的技艺。

　　这些技艺，经过一代代传人不断扬弃、演绎，创作了大量题材广泛、内容丰富、样式新颖、形象鲜明、色彩纷呈的美术工艺作品展现给世人，为中国美术工艺花圃植入一簇簇艳丽的奇葩。

第一节　绘画石刻

　　闯关东年画　　王氏布贴画　　松花石砚　　石刻

　　闯关东年画源于中原地区的木版年画。山东潍坊，天津杨柳青，河北武强，河南朱仙镇，陕西凤翔是中国木版年画传统产地。而吉林省的年画，因为源自于闯关东艺人的传承，所以称为闯关东年画。

民间艺术是人类心底的情结，是一种割舍不断的文化情怀。每到年节，闯关东的人们思乡情切，一些画商就把中原地区的年画贩运到东北来，在闯关东人聚居的地方出售。后来闯关东的人越聚越多，就有木版年画艺人携带木版等器具来到这片土地，在这里开办了木版年画作坊，不仅传授发展了技艺，也丰富了年画的题材。

闯关东年画的开创和传承者李连春，山东济南府历城千佛山人，早年和父亲李祥在当地开木版年画作坊，因给捻军和义和团刻符图而犯下死罪，被朝廷追杀，于清光绪十六年（1890）闯关东来到白城六喇嘛甸子（今通榆马场屯李家村）落脚。他在开荒种地的同时把自己的年画接续和发展起来，并开设了"洮南李"木版年画作坊，使"闯关东年画"在这片土地上生根、开花、结果。

吉林白城"洮南李"木版年画继承了山东济南其父"李秀才画坊"的风格和艺术特点。当年李家的木版年画主要以民间风俗、故事等内容为多，如麒麟送子、填仓节来历、节气传说、打春迎春图、生日祝寿、闹洞房、相亲、英雄人物、戏出儿故事、草莽响马等等。李连春不仅将这类内容和题材的年画继承下来，同时，又入乡随俗，开创了适合原住民需要的多民族题材的年画。他创作了吉林人喜欢的"吉祥娃娃"、"鲤鱼跳龙门"、"福禄寿图"、"老寿星"、"三国人物"、"水浒人物"、"红楼人物"、"三仙女"、"天仙配"等年画；又给当地各族百姓创作了神祇画："门神"、"灶王"、"天地"，还为内蒙古昭乌达盟、兴安盟、锡林郭勒盟和呼伦贝尔盟等地的蒙古族创作了百姓喜欢的民间挂画。

李家年画坚持就地取材，使用当地所生的"蒙古黄榆"制木板，采用当地草木和石质染料，使闯关东年画与中原年画有了显著区别，形成了独立的年画艺术风格。一是题材更加丰富。不仅保留传统的民间题材，还从生活实践中创作出自己的新作品，如《山东棒子闯关东》等，做到了继承与创新兼备。二是创作手法和技艺不断革新，人物形象更加简捷、明快、诙谐，线条更加粗犷，更加符合当地人的审美情趣。三是强化了木版年画的思想内涵，主题思想更加突出，特别是把中原文化中的忠勇、善良、义气、礼仪等儒家思想融入到作品之中，使作品启迪性更强。

清末民初，李连春将手艺完整地传承给儿子李兴亚，李兴亚又把手艺传给了他的儿子李向荣，又带出一批批艺徒，繁衍出多家年画店铺，经几代人的传承和发展，使闯关东年画形成了自己的产地，确立了自己的艺术地位。白城市通榆县被国家命名为"年画之乡"，闯关东年画载入了我国民间文化史册。

布贴画艺术，自唐代以来，已有一千多年的历史，随着在民间的流传演进，逐步发展成声名远播的手工艺术，成为我国艺术宝库中的一支奇葩。

吉林的布贴画艺术，由于受白山松水自然风物和关东人文风情的浸润，形成了独具特色的地域风格。

在这块黑土地上，清光绪初年就孕育了王氏布贴艺术世家。王氏家族布贴艺术，其表现形式、创作题材、选取原料、制作工艺均特色鲜明，较之关内布艺，可谓独辟蹊径、风韵迥异，是在借鉴、融会关东土著居民纯朴的桦皮画、鱼皮画、兽皮画等原始民间艺术基础上，形成以布料为主的家传艺术。这个艺术世家是以女性血亲传承方式，延续着独门技艺，到目前已传至第四代，其代表人即是闻名海内外的王凤琴女士。

主要工具有化石笔、炭笔、毛笔、镊子、水胶、尺子、水彩、烙铁等；主要粘贴材料是各种布料。

工艺程序是，收集各种碎布头；将构思的画面在纸上勾出草图，即布贴画的底图；将底图印压在画纸上；将底图分解成若干局部小图，称"零件大样"；根据需要把各种色彩的布料分别粘贴到零件大样上；按零件大样背面的画线剪下来，使之成为一个个布贴画的局部；最后将其拼贴起来，成为一幅完整的画。

王氏布贴画代表性作品《卧虎》、《玩儿蝈蝈》、《雪韵》、《鹿乡女》、《冬景》、《渔童》、《松山雪韵》、《献寿》、《四大美女》、《萨满祭祀系列》等，颇受珍爱，清末以来众多收藏家争相转赠收藏。

尤其是萨满文化题材的作品，不但为收藏家所珍视，更受到世界各地宗教学者的青睐。因为王氏布贴的始祖和几代传人，一直生活在清朝打牲乌拉总管衙门所在地——"吉林乌拉"。这里居住的多是肃慎族的后裔满洲人，历史久远、内容丰富、庄严神秘的萨满文化在这一地区始终是活态传承着。作为满族血统的王氏，自然十分关注这一民间宗教事项，经过观察、访谈、感悟，她以独特的布贴工艺，传神入化地再现了诸多萨满祭礼实况，因此成为独具一格的萨满文化艺术品。

王氏家族布贴艺术作品，以原生态的关东自然景物和民族风情为源，通过布贴艺术的独特表现形式，展示了关东奇妙如画、令人神往的自然风光和关东人粗犷豪放的个性、纯朴敦厚的民俗民风。同时，王氏家族布贴艺术作品，又纳入了中华民族历史人物、传说人物、古典名著人物等。其作品已成为世界了解吉林民间文化、展示我国民间艺术成就的一个窗口。

从唐代起，广东端溪的端砚、安徽歙县的歙砚、甘肃南部的洮砚和山东的鲁柘澄泥砚被并称为"四大名砚"，文人墨客未有不知的。但到了清代康熙年间（1661—1722），这四大名砚在宫廷中的宠儿地位，却被名不见经传的吉林松花石砚所替代，成了皇家垄断的"御砚"。

松花石砚并非是清代才有，明初孔尚任曾收藏过的一块石砚，据在清宫内务府造办处做过许多松花石砚的琢砚名匠金殿扬鉴定，就是"辽东松花石砚"。可见，松花石砚早在明代就已出现。但世人很少见过，更遑论有名了。

松花石砚真正大量制作并走俏，始自清康熙时期。

《圣祖仁皇帝御砚说》记载，康熙皇帝巡幸故里松花江畔，见当地人所用砥石（细磨刀石）石质温润，石纹美丽，认为用作砚材必为名砚。遂命玉工琢磨成砚，经试用，康熙认为松花石砚"远胜绿端，即旧坑诸名产弗能出其右"，康熙皇帝便封其为"御砚"。作为清帝"御批"或"朱批"的专用砚，并成为赏赐功臣的"恩物"。

此后，松花石材产地便秘而不宣，由专司衙门组织、监督采集，将石料用毡子包好，秘密运进故宫交宫廷造办处制砚。所制砚台专供皇帝和内宫使用。最初松花石砚的品质如何，外界不得而知。但从清朝乾隆四十三年（1778）编的《西清砚谱》记载：康熙皇帝观松花石砚双凤砚时赞语："寿古而质润，色绿而声清，起墨益毫，故其宝也。""质坚而润，色绿而莹，纹理灿然，握之则润液欲滴。"可以看出松花石砚的品质是极高的。

后来，松花石砚的石料采集和石砚加工技术不断提高。乾隆皇帝在《御制盛京土产杂咏》中，对松花石砚有了更高的评价："松花玉，色净绿，细腻温润，可中砚材，发墨与端溪同，品在歙坑之右"，并在一方"松花石蟠螭砚"上题铭："出天汉，胜玉英，琢为砚，纯粹精，敕几摛藻屡省成。"

清代松花石砚究竟制作多少，难以确认。只知乾隆三十九年（1774），曾经对宫内做成的松花石砚进行过一次清查，清查结果是：康熙年间制各式松花石盒、石砚四十方，雍正年制各式松花石盒、石砚四十方，乾隆三十九年制各式松花石盒、石砚四十方，尚存料石三十三块。以后各代没有记载，甚至不再采石制作。

在清代，松花石砚对于一般老百姓来说，是只能耳闻不能眼见，而一些受皇帝恩赐的大臣，则把拥有松花石砚当成光宗耀祖之事，奉为传家之宝，也不轻易展示，致使松花石砚神秘莫测。

清宫御用松花石砚料材产于何地？钦定四库全书御制《西清砚谱》记录："松花石出混同江边砥石山，绿色光润细腻。"清代雕琢御砚都由内务府造办处承办，松花石砚采料控制极严，又地处长白山封禁之地，不为一般人所知。所以正如《鸡林旧闻录》所说："唐时，扶余国贡火玉及松风石，皆吉林旧产也，又松花江向产松花石，可当砚质。今则此等宝物皆不可得，岂地质有变易耶？抑人不能知而弃藏于地耶？"

后来，在吉林省安图县境内松花江边和通化市大安乡等处找到了松花石古采石场遗址。

松花石的色泽主要有纯色色系、共生色系、伴生色系三种色系形式。纯色色系有：绿色色系、青色色系、黄色色系、褐色色系、紫色色系。尚有黑色色系、红色色系、白色色系等稀有色泽。共生色系有：黄绿色、紫绿色，紫黄绿等二色系、三色系及多色系。伴生色系是由于泥浆沉积过程中夹杂着较大颗粒的重晶石物质、玉石物质、石英岩物质等而形成的特殊的石品，如：夹杂着重晶石形成的星月类，镶嵌有条纹水晶体的冰纹类。

在松花石中，以杨绿色为上品，栗黄色为精品，枫红色为孤品。其

图下 6-1 　松花石砚
张世林摄

他亦以色纯正、鲜艳为正品。当然多色系列、伴色系列里只要和谐、鲜明亦是上好的品质。

松花石砚的再现，又为中华文房四宝壮色生辉。正如著名书法家赵朴初所咏赞："色欺洮石风漪绿，神夺松花江水寒，重见云天供割踏，会看墨海壮波澜。"

石刻是吉林工艺美术的重要技艺。有许多石刻石雕的作品遍布吉林各处。在山峦叠翠、风景如画的山城集安市有众多古墓，其中北郊禹山 M3319 号墓出土的东晋瓷器及二枚卷云纹铭文瓦当因其形制特殊而深受人们关注，更为奇特的是墓的南侧左右各立一巨石。右侧石上没有刻画迹象，左面石上则刻着一幅生动的人像。

人像石刻画面长 104 厘米，宽 54 厘米，占据了整个石面。人像系单线阴刻，正面半身。头戴菱形帻冠，上部稍有断开点，菱形冠饰大部清楚可见。人像面部上宽下窄，略呈桃形。眉毛弯弯，双目长长呈扁圆形，眼角微向上斜，双眉用双沟弧线刻出。鼻梁笔直，鼻翼肥大。嘴呈扁圆形，双唇紧闭，近似核桃形。两耳作半圆形，右耳双边，左耳单边，右耳垂下缀耳环。颈部直长，双臂略收成半圆形，下部稍内收成为腰身，简洁而有力量。胸前以两个小圆圈象征乳头。以双乳连线正中略偏上为圆心，用钝凿凿出一周 20 个浅圆点，圆点间距匀称，形似一个花环。花环中部又凿出横竖交叉的圆点构成的井字形图案，使花环更加丰满而有立体感。整个石刻是由人的半身像和花环两个层次构成的画面。

关于石刻人像的含义，目前存在着不同的看法。《集安县文物》"推测这处石刻所表现的内容应与祭祀或崇拜相关"。范犁、杜润泽先生认为"主题似乎是一个双手捧着花环的人。这样，就与古墓密切相关，而形成悼念祭拜的形象"。魏存成先生"推测此石刻人物属于 M3319 的护卫"。王纯信先生认为"这一石刻画像所描绘的是一个裸身的女性，是一个高句丽妇女的形象。……表现的是高句丽的母神，是高句丽民族母神崇拜的力证"。

根据人像石刻立在墓旁，且在墓室的左后方，而不在墓的正前方，此人物必非地位尊贵。由于其手捧花环，则应当是悼念拜祭主人的侍从。至于有人突发奇想，将其称为外星人的画像，则是缺乏科学根据和历史依据的。

对该石刻人像的含义虽众说纷纭、莫衷一是，但仍具有重要的历史和艺术研究价值。它揭示了高句丽时期的墓葬习俗、石刻技艺和构图技法，为后人研究高句丽史和东北石刻艺术的源流提供了不可多得的遗存实物。

第二节　刺绣剪纸

"闺阁艺术"——满族刺绣　与梦相伴的枕头顶绣　幔帐荷包肚兜绣满族剪纸　神道上走来的嬷嬷人　奇思妙幻的窗花　风中飘曳的挂笺

满族刺绣是闺阁艺术，历史悠久，形成于明，繁荣于清，流传于满族聚居地区。它的产生与发展有民族、经济、习俗等诸多原因，但主要是受满族婚俗的影响和推动。

满族姑娘结婚时，都要带着亲手绣制的"嫁妆"。出嫁前要"翻箱底"，也叫"看包裹"，由待嫁姑娘的女友翻拣、打包，婶子、大娘看着，有的还邀请婆家人参加。这件事表面看很随便，实际上很重要，这是婚嫁中显示女子各项素质以及家庭教养的重要一环。这些嫁妆都要布置在洞房里，对奠定其未来在家庭中的地位影响颇大。

看包裹，主要是看绣功。满族人家的女孩，从小都要学刺绣，自己绣嫁妆，包括枕头顶、花鞋、花衣、幔帐套、被格搭、门帘、围裙等，多种多样。家中姑嫂或邻里姐妹往往结伴刺绣，相互熏习。常常一边绣，一边哼唱民歌小调："小针扎，裹青麻，青麻里面藏点啥？青麻白，青麻新，青麻里边插花针。"满族刺绣不是出卖手工挣钱，而是姑娘专门作嫁妆用的。可以说满族刺绣是名副其实的"闺阁艺术"。因为绣功涉及女孩的声誉和未来，家人对姑娘的刺绣训练更是关注有加，有些有钱人家，还专门为姑娘建刺绣房。

满族刺绣也叫"扎花纳朵"或"扎花描朵"，是因为刺绣时要事先描图样，即选取"底样子"，再用笔描或用铜制的压刀子压在绣料上，然后按纹线或压痕，调线刺绣。为了选取好的"底样子"，满族姐妹往往都要相互看样，仔细揣摩观察，以增加种类，提高绣品质量。

满族刺绣的题材多以山、水、飞禽、走兽、草虫、人物、吉庆文字、民间传说、戏剧故事为主，纹样体现的含义主要为福禄、富贵、吉祥等。满族刺绣的种类主要有缎绣、布绣、包绣、补绣、贴绣、十字绣、穿珠绣、割绣、纳纱绣、编纱绣等；针法主要有平针、倒针、长针、错针、乱针、缉（读 qī）锁、纳丝、挑花等；丝线颜色有粉红、玫瑰红、月白、乌青等。

满族刺绣具有强烈的北方民族艺术特色，图形夸张、粗犷、拙朴，色彩凝重艳丽，冷暖对比鲜明，构图饱满，情感真挚，具有较强的实用性。亲手制作的绣品，表达了姑娘对美好婚姻的向往，对夫婿的无限情思和对未来的美好憧憬，也表现了她们对大自然的理解、对生活的感受，也反映了她们的审美心理与艺术修养。

满族刺绣在发展过程中，渗透着与中原文化的交流与融合，借鉴吸收了苏绣、蜀绣、湘绣、汴绣等名绣之长，刺绣题材更加丰富，技法更加精湛，延续、发展了我国传统的"层层剥皮，疏密相间，疏能跑马，密不透风"的民间构图法则，具有很高的艺术水准。

满族姑娘以针为笔，以线代色，虽身处闺阁，却描绘出题材广泛的瑰丽画卷。从刺绣作品中，不仅可以使后人能从中领略满族女子超凡的艺术创造性，认知绚丽多彩的民族风情，更能感受到各族人民文化相互融合所产生的艺术魅力。

　　满族姑娘的"闺阁刺绣"种类繁多，最普遍的是枕头顶刺绣。

　　枕头顶之所以能够充分展示满族妇女的手艺，与满族的生活习俗息息相关。

　　满族的枕头与其他民族有很大的差异。由于满族人世代生活在寒冷的东北，睡的都是火炕，睡觉时头朝外，为防夜晚寒风侵袭双肩，所以枕头做成六面的长方体。枕头两端的堵头，满族称为"枕头顶"。一般成人用的为正方形，叫方枕；小孩用的为长方形，叫扁枕。满族人家炕梢的炕琴上面是被柜，被褥叠放在被柜中间，被褥两侧，整齐摆放着若干枕头，枕头顶一律向外。人们进屋后首先要看看枕头顶，满族妇女逐渐在展示枕头顶上做起了文章，以其装点居室。枕头顶多数是用袼褙做成内底，外面有的糊或缝上一层或红、或黄、或蓝、或白等不同颜色的布面，并在上面绣上各种图案。久而久之，枕头顶绣成为衡量满族女子是否贤惠、是否心灵手巧、是否守妇道、是否会操持家务以及幼年家教如何的一种标志。因此满族少女，不论家庭贫富，从十三四岁起就要在家里描花样，绣枕头顶。成年之后的女子争相展示自己枕头顶的绣工、图案、色调，以表现自己的艺术才华。

　　更重要的是，枕头顶是满族姑娘出嫁时的主要嫁妆之一。结婚之时，是妇女女红的大检阅。新娘要把自己当姑娘时所制作的枕头顶拿出来，绷在苫布上，民间称为"枕头链子"，一块苫布要绷10—20对枕头顶，多的人家有几个、甚至十几个枕头链子。在成婚的前一天往男方送嫁妆时，要有两个专人，用木杠子抬着枕头链子，连同其他嫁妆一起绕村子走一圈，叫做"晾嫁妆"。人们纷纷跑出来观看，并品评绣功的好坏。送到男方家，男方家要把枕头链子挂在新房，给亲朋好友、乡亲邻里欣赏。正日子这天，洞房如同枕头顶的展览馆。婚礼的第二天，据《吉林通志》卷二十七记载："妇以女红献翁姑及尊长、姻娅有差，曰散箱。"新娘要把枕头顶送给婆婆、丈夫的兄长，妯娌之间也以枕头顶作为交换的礼品，互相赠送、互相学习。然后由大嫂领着，去拜见婆家的其他长辈，新娘按亲戚们不同的辈分，双手捧着不同图案的崭新枕头顶送给长辈们，称为"认大小"。余下的若干枕头顶则珍藏起来，作为新娘的纪念之物。有的在将来儿女长大成亲时，作为家珍相赠，有的甚至作为自己

图下 6-2　枕头顶"放马"　　王纯信摄

图下 6-3　枕头顶"鸟格"　　王纯信摄

的陪葬品。

　　枕头顶刺绣的色彩格调，跟年画差不多，很有民间特色，色调明快，对比强烈，火爆、鲜艳、喜庆。其刺绣图画内容，有花卉瓜果、禽兽虫鱼、山水风景、楼台亭阁、吉庆文字、几何图案等；有的还以人物故事为内容，如梁山伯与祝英台、牛郎与织女、《西厢记》中崔莺莺和张生月下幽会、《白蛇传》中白素珍和许仙雨中共伞等。总之，以美满爱情故事居多。

　　满族的枕头顶刺绣，不仅在本民族中盛传不衰，也传播到汉族及其他民族妇女之中；不仅是民间有，宫廷里更为重视。北京故宫、沈阳故宫、承德避暑山庄等处，都收藏有刺绣精美的枕头。

　　幔帐、荷包、肚兜是姑娘出嫁时必备的刺绣嫁妆。

　　幔帐是满族家庭中不可缺少的居室用品。是在炕沿的上方吊一木制的横杆，上面挂两幅对开的布帘，白天叠起放在幔帐套里，晚间放下来，睡觉时抵御风寒。

　　幔帐一般为红、白、蓝色，上端的幔轴套为白色，上绣"凤凰牡丹"、"喜鹊登梅"等各种图案，色彩艳丽，绣工精巧。幔帐套两面均绣有花鸟或吉祥词语，下垂流苏。

　　荷包在满语中称为"法都"。满族的先人以渔猎为主，常年出没深山老林，因饮食无定，便用兽皮做一个囊袋，挂在腰间，用以装食物，这就是满族最初的"荷包"。随着社会的发展，满族的先人走出了山林，开始了农耕生活，皮囊也逐渐被绫、罗、绸、缎等布料制作的荷包取代，功能也逐渐改变，荷包里不再装充饥的食物，代之以小物件。

另有一种装香料、香草的荷包，称为"香荷包"，是满族青年的定情之物。男女相爱了，女方要送给男方一个亲手做的香荷包。满族入关后，佩带香荷包成为时尚，上至帝王下至百姓，莫不趋之若鹜。只是男女佩带的位置不同。男人的荷包和解食刀、扇套、火镰等必备的小物件一起挂在腰两侧；女子的荷包，一般挂在旗袍上边的第二个纽扣上。每年端午节，还有更换荷包的习俗。满族在春节或有了喜事，也送各种荷包，以祝吉祥平安。

过去满族男女普遍有抽旱烟的习俗，烟荷包就是随身必带的。烟荷包上都拴着一个疙瘩，其形状像小葫芦，长二寸左右，一般为木制，上面刻着各式各样的装饰图案，十分精美。

荷包有许多种形状，上面刺绣的图案极为丰富，有花鸟鱼虫、吉祥用语、戏曲人物、神话传说、祥禽瑞兽、戏曲脸谱等纹样。

早期，满族男女老幼皆戴布"兜兜"，紧系腰腹，贴在胸前。后金时期，随着八旗制度的完善，制作兜兜，多按本旗属的那种颜色，镶一寸宽彩色布，以示旗别。

肚兜，一般小孩绣"长命百岁"，成年男人绣"吉祥如意"，青年妇女绣花卉，老年妇女绣"盘长"。如遇本命年一律绣制红兜兜。

吉林省境内的民间剪纸艺术在满族人中最为盛行。满族剪纸艺术源于其特定的文化背景与生活环境。

满族的先民走过了漫长的渔猎生产历史，由于受物质条件的制约，满族的民间剪纸艺术形成相对较晚，大体到明代才逐渐成熟。清代中后期，虽然与"闯关东"移民带来的关内剪纸艺术用材和技法有一定的融合，但却始终保留着自己的民族原色，其自身特征仍然十分鲜明。主要表现在：

剪技和中原存在明显区别，其特点是剪痕粗拙、简约、豁朗。

构图大部分采取对称、平行、互相揖让、互不遮挡的满布局方法，而且少有多层次空间和繁杂的场面，画面几乎不留大处空白。比如，常用的对折剪法，一个形象在同一画面中剪成完全相同的、对称的两个或多个，成上、下、左、右对称排列。这种满布局方法十分普遍。

造型自由、夸张、抽象、寓意性极强。满族民间剪纸基本上是以抽象的线条语言所构成，很难具体地叙述事物的详细内容与情节，因此民间艺术家更多的是用象征和寓意的手法来表达自己的思想情感和生活理念。比如，剪鱼和蛙寓意多子多孙，剪桃子寓意避凶，剪松鹤寓意延年益寿等。

不同民族对色彩都有自己的审美习俗，满族长期生活在寒冷的北方，冰雪给他们带来无限的恩惠。因而对冰雪有特殊的情感，认为白色吉祥，转而将白色运用于艺术作品中。虽然表象上单调，但却蕴含着庄严、肃穆、纯洁的寓意。

满族民间剪纸的另一特点是，不仅剪"纸"而且十分注重对自然材料特有色彩的运用，如用皮革、鱼皮、桦树皮、苞米窝儿、红辣椒、树叶等做材料剪出各种作品。

满族剪纸与口传文化密不可分，满族剪纸的题材，大体取自民间口传文化。满族口传文化其内容包括古代氏族部落聚散、征战、兴亡发轫、英雄颂歌、蛮荒古祭、祖先人物史传等等，但它更是这个民族"根"的叙述，是令人肃然起敬的艺术源泉。像《布库里雍顺的传说》《乌鸦救罕王》《黄犬救罕王》《筑城》《联姻》《称汗》……这些都是关于清太祖努尔哈赤建基立业的故事。

满族一直信仰多神观念的萨满教，满族剪纸也较多地反映了这方面的内容，如《萨满》《萨满祭祀》《祭祖》《野祭》《还愿》《佛头》……以及动物神《乌鸦》《喜鹊》《虎》《蜥蜴》《鹿》等等。

满族剪纸表现生产生活习俗的也十分丰富，如记述家乡富饶风貌的"棒打獐子，瓢舀鱼，野鸡飞进饭锅里"的系列剪纸；表现"关东三大怪"窗户纸糊在外，养个孩子吊起来，大姑娘叼个大烟袋的《敬烟》《摇篮儿》《庄稼院》；以及《娶亲》《放羊》《放山》《驯鹰》……

这种具有自己特定语言和风格的剪纸艺术，充分反映了满族人朴素善良、耿直纯真、粗犷豪放、勤劳聪慧的人文风貌，承载着灿烂而厚重的民族文化，已成为在国内外具有广泛影响的民间艺术，是中华民族珍贵的文化遗产之一。

在满族剪纸艺术中，最古老最为人们所熟知的就是"嬷嬷人"。当时嬷嬷人称为妈妈神，嬷嬷人是后来民间的俗称。

满族剪纸的题材，早期多以古代神话传说为主。嬷嬷人是满族人崇拜的嬷嬷神的化身，早期的嬷嬷人是桦皮或兽皮剪成的。嬷嬷人的形象都是身着旗装，头顶梳髻或戴"达拉翅"，人物正面站立，两手下垂，五官为阴刻，鼻子三角形。剪纸分前后两片，局部可单剪并分插，可以站立。

后来，有了纸张。为了增加层次感，把剪好的嬷嬷人，贴在另一张纸上，用红松明子烟或植物油灯烟小心熏黑，然后揭掉剪纸，便形成黑白相间的剪纸画。

古时满族人家窗户，多数是格子窗，窗格一般是中间大，四周小。用手抄纸糊在窗户外面，并用鸡翎蘸植物油均匀地涂抹，使窗纸既可防风防雨，又增加了透明度。窗户是民居中视觉效果最好的地方，人们就格外用心在窗户上做美化装点功夫。剪纸作品既美观轻巧又便于附着粘贴在窗纸上，由此便成了装点窗户的首选，并逐渐形成一种在窗上贴剪纸的习俗，民间称之为"贴窗花"。

窗花分大小两种，大的贴在中间大空格内，小的贴在四周小格内。窗花内容相当丰富，既有常见的动物植物，也有旗装人物。

满族人家贴窗花，多数是在秋高气爽的农历九月，并且有"九月糊窗花，不糊窗花鬼来抓"的说法。每到九月，满族人家家户户的窗户上便贴满了图形多样、剪功精致、内容生动的各式窗花。

窗花表达了满族人的生活情趣和对大自然的无限热爱。

挂笺，也称挂钱、吊笺、喜笺、花纸等。

满族挂笺最早是祖宗板上的祭祀用品，有着特殊寓意。一般都是挂单数，据说自家宗族是从长白山几道沟来的就挂几张。后来受到汉族习俗的影响，逐渐也成为传统年节时，门（窗）楣、房梁上的吉祥装饰物。但和祖宗板上的挂笺有所区别，祖宗板上挂白色的，其他地方挂彩色的。八旗制度形成后，祖宗板上的挂笺仍为白色，其他地方以本旗旗色为主。每逢过年，无论城乡，家家户户都要贴对子、贴窗花、贴挂笺。满族儿童会兴高采烈地唱着"贴挂笺"儿歌："红挂笺儿，蓝挂笺儿，过年家家贴挂笺儿。我家贴上黄挂笺儿，挂笺上边有小孩儿。小孩儿抱个大鲤鱼，鲤鱼叼个五福钱儿。小孩你往哪里去？五福送给正黄旗。"

开始满族挂笺都有满文，如祖宗板上的挂签上面有一满文"寿"字，四周方孔与文字相连。随着满文的废弃，上面的文字都用汉文了。

挂笺一般用红棉纸或其他彩纸剪制而成，呈长方形，长一尺左右，宽七寸左右，四周剪有图案，镂空的背饰有方孔钱纹、万字纹、水波纹等。上为吉语题额，中为"吉庆有余"、"五谷丰登"之类吉祥语或吉祥图案，下呈多种多样变化的穗状。

通过挂笺的形式，满族人把自己的感情、期盼、祝愿展示出来，为人间增添了喜庆的气氛。

第三节　编艺浪木

通化白城柳编　玉米皮编麦秆编　查干淖尔苇编　长白山靰鞡草编
山核桃粘贴　船厂浪木

柳编，是用柳树的枝条编织的生活用品和民间工艺品。在吉林以通化、白城的柳编较为有名。柳树是普遍的一种树木，特别是生长在山坡、河沿、水边、湿地、村边的丛柳。由于它树根四窜，柳条繁茂，具有韧性，一年一茬，成为农家百姓经常使用的编织材料。

最普遍的是编筐卧篓。几乎没有一家不使用柳条来制作生产和生活用具的，如粪箕子、菜篮子、簸箕、笸箩、柳灌斗子、穴子、鱼篓子、苞米楼子、鸡窝、狗圈等等，都用柳条来编织。

柳编要经过割条、阴干、修条、压杆、削根等工序，根据不同用途，有的还要去皮、浸泡、洗刷、上色刷油，使其更加实用和美观。

吉林省的柳编工艺有着悠久的历史。民间柳编艺人李树发、"笸箩张"、李锐士等都是著名的柳编传承人。他们技艺精湛、构思巧妙、作品新奇，创作了各种各样柳编工艺品，如山鸡、老虎、苍鹰、大雁、花篮

图下 6-4　清　柳条篓　　原刊于《吉林旧影》，吉林人民出版社 2005 年版。

和人物，享誉海内外，是吉林省柳编的代表人物。

玉米是吉林省种植最早的农作物之一，由于玉米穗的皮柔软而有韧性，使用较为普遍，长期以来，人们积累了丰富的玉米皮编织器物的方法和技艺。玉米皮编艺要经过繁复的工序才能编织出实用而美观的用品。首先要选料，然后进行压叶、叠条、打绳。编织人以自己独特的构思和手法，精心编制成坐垫、坐墩、碗垫、鞋垫、花篮、提兜等生活用品，还有动物、花鸟、人物等仿生作品及挂画等饰品。

麦秆是生活在平原一带农耕人家和草原上牧民们的主要编织用料，最为常见的是草帽，也叫麦辫。草帽辫是各种草编用品的基础，可以订缝成草帽、手提包、挎包、茶杯垫、茶杯套等等日用品。用麦草制作这类用品，首先是选草，就是先把麦草的麦穗切掉，只留麦秆和麦叶，扎捆晾干。务必等干燥才容易抽芯。要选择纤长均匀的莛秆，将第一节秆芯从麦叶里抽出来。麦秆全部被麦叶包裹住的部分会呈现出洁净的白色，称为"白原草"。秆的一部分被麦叶包裹时，抽出的茎芯就会呈现黄白交错的颜色，称为"花原草"。这时，呈现出的麦秆芯是圆管状，在编织的过程之中会被挤扁，麦辫将呈扁平状。接下来就要浸泡。包括玉米皮编、甸草编、蒲草编、谷草编、稻草编，也都要根据不同的季节和草质的情况进行浸泡。浸泡，主要是为了防止这些草料在编织时出现断裂。

人们用自己的双手把玉米皮和麦草编织成既实用又美观的物件，既增加了生活的色彩，又展示了劳动人民的灵巧和智慧。

在吉林乾安的大布苏、白城的套保、通榆的向海等湿地都有大量的芦苇，面积最大的是查干淖尔的芦苇。查干淖尔位于前郭尔罗斯蒙古族自治县境内，现称为查干湖。它周边布满了芦苇，堪称东北最大的"苇海"。苇子成了这里重要的生产资料资源，苇编也自然而然地成为当地一种实用的生产技艺和民间艺术。

芦苇编最常见的编织品是炕席。

在吉林，家家都住火炕，上面铺着用苇子编织的席子叫炕席，也叫苇席。编席的主要工艺是选料、破篾、浸泡、轧料、编织等。芦苇的秆呈带节的圆管状，在编织之前先要破篾，就是把秆劈开。劈苇有两劈和三劈之分。两劈，是指把苇管从中分为两片，即用"劈刀"沿苇管断面直径下刀，右手持刀，左手握住苇秆，用力拉动；三劈是将苇管按120°角均匀地劈成三片，这就需要一种特殊的工具——镩子。

镩子是一种木制或铁制的工具，呈圆筒状，在筒壁上按120°角嵌入三片钢刃，叫"钢星"，将芦苇秆插入镩子。钢刃就会在人的手劲作用下将苇秆劈成三片。

苇秆劈成的片称为苇条。苇条在使用前，要进行轧料，是将苇条两端对齐，平铺在平整的地面上，用石滚子在上面反复压轧，直到苇条变得平整柔软为止。接下来就进行编席工序，席片又分成单片或双片，双片又称"叠子纹"。编席片是用一组苇条作经，另一组苇条作纬，编成人字纹、花纹、格字纹等不同的样式。席片编好后，将它翻过来，背面朝上，在边缘洒水润湿，使其柔软，将边缘向内折叠三至五寸，插入席面、压平，这叫"封边"。再翻过来正面朝上，用大剪刀剪去露在外的苇茬儿，一张炕席就编好了。编成大小不同的席片还可以用来苫房、遮凉、晾菜等。

用编炕席的编法编成长条形席片称为"穴子"，按不同用途可长可短，多用来做车围子和囤粮。

　　苇编除炕席穴子外，它的另一用途是制作捕鱼的渔具。查干淖尔的苇编出名是因为这里的大量渔具是用苇子来编织的。如"须笼"、"箔箱"、"荐口"等，除此而外还有大量的民间苇编工艺品。

　　在草编类作品中的靰鞡草编是吉林的一大特色，而且有悠久的历史。靰鞡草，又写作乌拉草。它虽无雅号，却有许多别名，诸如塔头草、青毛根草、毛子草、羊胡子草、护腊草、老牛筋等等。是暖草，草中之宝。清吴大澂作诗赞曰："参可延龄犹有病，葵能卫是总无功。何如束草随身具，春在先生杖履中。"①一般生长在山坡和沟塘边，"出自长白山近者犹佳"。软绵、柔韧，抗拉抗拽，保暖性能好。很久以前，吉林的百姓已用其絮在鞋中，比棉鞋更加耐寒。当年吉林三宝之一就有靰鞡草。

　　靰鞡草编大体经过采割、阴干、锤砸，成纤维状后搓成草绳或拧成草辫，根据不同用途编制成各种物件，如鞋垫、坐垫、褥子、美术编织物等。后有人用其编织成各种花式的地蓆，色泽淡雅，柔软坚韧，美观适用。曾出口亚、欧、美、澳各洲。

　　随着物资的丰富，靰鞡草编虽然逐渐淡出人们的视线，但其美好记忆永远留在吉林人民心中。

　　长白山脉的森林里生长一种落叶乔木山核桃树，山民又称它为"小核桃"、"核桃楸子"。成龄树每年都结卵形果实山核桃，果壳坚硬，有皱纹。

　　清朝光绪年间，通化县果松山里有个叫刘洪巨的"炮手"（枪法好的猎人），常带领猎人打"红围"（一种大型围猎活动）。猎人们在林中休息时吸烟，而烟灰常有火星，刘洪巨发现脚下有成熟后落地的山核桃壳，便用它磕烟灰。走时，捡了几个又大又光滑的山核桃，回家他把山核桃刻上花纹或雕成鸟兽的模样，用来把玩或拴在烟袋杆和钥匙上。这办法传开，人们称之为"核桃坠子"。渐渐，他又用山核桃壳制作成各种家常用具和可称为工艺品的小摆设，逐渐形成一门手艺。这种民间手艺便在大山里流传开来。刘洪巨老了爬不动山，就把手艺传给了儿子刘福海，刘福海又传给了儿子刘玉斌。每年秋季，刘玉斌进山十天半月地收集山核桃，用大车拉回家进行加工。

经过几代人传承发展，刘家的山核桃粘贴形成了一套独特的制作技艺。

浸泡。刘家叫"开洗"。就是用大缸盛上草末和水将山核桃壳投入浸泡，以除去壳上的表皮和泥土。泡时要掌握水温，天凉加温水，天热加凉水。泡好后散摊在上下通风的木排子上风干。

揉壳。即用乌拉草揉搓山核桃壳，也叫"草洗"。用木棰砸好的乌拉草已成细纤维，用它反复揉搓起到抛光作用，揉过的山核桃壳油光铮亮。

锯磨。锯，就是用一种特制的小钢锯，去掉核桃壳缺边少肉的部位，把壳锯齐、"找平"。磨，刘家叫"开磨"，就是用"木锉"锉磨。木锉也是特制的，是把铁皮用铁钉铳成密集的小孔，然后将带毛刺的一面朝外订在长方形的小木块上。用这种小木锉将每颗山核桃壳打磨平整，以便粘贴或直接打磨成好看的小物件。

刘家的胶要经过采、熬、打才能最后成胶。采，是在炎热的夏天进山，把黄菠萝树疙瘩上淌出来的树液接回来。熬，把树液用铁锅在慢火上熬到黏糊状。打，刘家叫"打胶"，是把熬完的树汁放在石臼里挤压、砸打，使其增强黏度并稀薄好用。这些工序完成后，就开始了刘家核桃壳作品的最后粘贴阶段。

粘贴是用刘家特制的胶将山核桃壳进行编缀、对接、粘贴制作成物件。如生活用具类的碗、盆、勺、笊篱、筐笼、箱包等，既美观又实用。工艺品类的镜框、花篮、牛马等各种动物，造型美观生动，均具山野韵味。还有表现历史故事的大型作品，如用五万只核桃壳，历经三年粘贴而成的《天子驾六》，被上海世博会征集为参展作品。

山核桃粘贴技艺是长白山孕育的小精灵，源于山林，来自生活，经过山民匠心独运的创造，变废物为神奇，具有迷人的艺术魅力。

"松花江，真奇怪，木头沉底石头漂起来"。这是吉林一句民谣[2]。石头是指长白山的火山灰（当地人称江石沫子），这种东西表面上看去跟石块一样，可它似海绵样的里外全是孔隙，重量很轻，在江水中能漂起来。沉底的木头指的是松花江浪木。

据清人阎若璩在他的《古文尚书疏证》里记载："有从宁古塔来者，为波浪所激荡，询其风土，云东去一千里曰混同江，江边有榆树、松树，枝既枯，堕入江。不知几何年，化为石，取以为箭镞。榆化为正，松次之。"这是古人对浪木最早的认识和记载。在遥远的岁月中，或因地质变迁，或因狂风雷电，将树木压埋在江底，江水千百次地将它们冲刷激荡。一到开春，大江中跑冰排，在雷鸣般巨响的冰排撞击下，风浪把它们拥到岸边。春天的狂风，夏日的骄阳，将它们风干、烤晒。特别是一到冬天，北方的寒风整日吹刮，抽干了木中的水分，树木断枝被冰层挤压，使木质纤维由柔软到变硬。就这样周而复始经过千百个春秋，渐渐地这些树木已近似石质，而且被大自然塑造得千姿百态。这就是松花江浪木，是一种制作艺术品的天然材料[3]。

吉林市一带的松花江沿岸是浪木的重要产地，浪木启发了有心人的灵感，因而也陶冶出不少雕琢浪木的艺术家。他们在春夏之际奔走在大江边，痴迷地寻觅着经过风雕水刻冲上岸边的浪木。他们根据浪木或根或枝的天然形状，发挥想象力，进行艺术构思，确定作品的造型，然后进行修剪、雕刻、打磨、装饰，便形成了惟妙惟肖的人物、形态各异的动物、争鲜斗艳的花草，小者如玲珑剔透的插花摆设，大者如上百公斤重的卧龙、山石风景，美轮美奂，生动逼真，真如鬼斧神工。它与普通根雕、木雕不同之处在于，质地细密非木非石，厚重沉实，形象天然，它成为具有北方特色的天然民间艺术品而永久留在文化艺术宝库之中。吉林之浪木，可以说是冰雪文化的珍品。

【注释】

① 张雯虹、孙文采：《长白山民俗文化》，吉林文史出版社 2005 年版，第 452 页。
② 曹保明：《乌拉手记——东北民俗田野考察》，学苑出版社 2000 年版，第 290 页。
③ 同上，第 291 页。

第七章

曲艺戏曲

　　吉林曲艺、戏曲最早见于明末清初诞生的满族说唱艺术道瓦喇和朱赤温。此后，随着汉族人口不断增加，城镇和集市日渐繁荣，市井文艺日益发展，康熙年间，吉林城内已是"中土流入千余家"，而且"西关百货凑集，旗亭戏馆无一不有"①。各地都建有规模不等的茶园（戏院）和容纳曲艺演唱的茶社，很多庙宇也附设戏楼或戏台，这为曲艺、戏曲的兴旺起到促进作用。于是，中原地区的评词、鼓书、莲花落、什不闲、肘鼓子和凤阳歌等诸多民间艺术纷纷流入吉林各地。

　　外来曲种的活跃推动了本土演唱艺术的崛起。清代后期，诞生了汉族的蹦蹦（今称二人转）和东北大鼓，从而填补了以前没有汉族本土曲艺、戏曲品种的空白。与此同时，京剧传入吉林，满族民间说唱艺术八角鼓和子弟书与蒙古族曲艺乌力格尔、好来宝等竞相媲美，朝鲜族带来了本民族曲种盘索里、才谈和漫谈等，更加充实了多民族异彩纷呈的吉林曲苑。

第一节　曲　艺

黑土地上的道瓦喇　扶余八角鼓和清音子弟书　吉林东城调　草原上的乌力格尔和好来宝　图们江畔的曲韵书音

　　吉林曲苑由满族、汉族、蒙古族、朝鲜族曲种汇成，在同一地域展示各自风采，以其丰富的内容，便捷的形式，质朴的腔调，灵巧的表演令广大群众喜闻乐见，成为吉林曲艺的地域特色。

　　道瓦喇，也称"倒喇"，满族曲种，形成于明末清初，是关东大地土生土长的说唱艺术。

　　满族及其先民善用歌舞抒情表意。这是肃慎族系的文化传统，与他们长期在广阔原野从事牧猎生产不无关系。

　　明代末时，这里的社会状况较以前发生很大变化，除牧猎生产之外，农业、手工业和集市贸易等获得长足发展，文化生活随之日益丰富。万历年间，地处辽河流域的海西女真叶赫部都城已经出现了专供休闲的娱乐场所——瓦子，而且营业相当兴旺。当年曾有诗句："臂鹰走马刷烟冈，醉酒征歌瓦子堂。"[②]

　　刷烟冈（今长春市双阳区双阳冈）为叶赫部东界，是其与建州部女真殊死搏斗的地方。虽然部落纷争连年不息，但是包括征伐将士在内的各阶层民众仍都难舍"瓦子堂"里的娱乐。说明市井文艺正在这里方兴未艾，道瓦喇就是在这种社会环境中诞生的。

　　与中原书曲不尽相同，道瓦喇虽然也着眼于故事说唱，但其本身却含有"以歌舞演故事"的戏曲因素。也就是说，曲目中的各种环境和事件都通过载歌载舞的方式进行虚拟描绘，充分体现戏曲的写意表演特点。其上场演员通常为两个人，一人称"旦角"（女妆），一人称"末角"（男妆），二人结对说唱一个完整的故事，也不乏仅由一个人单独说唱者。然而，所谓旦角、末角只是性别上的色彩搭配，并不具备纯粹行当属性。这是因为他们在故事叙述的过程中可以随时将自己转化成情节里的一个或几个相关人物，各在没有特定化妆和着装的前提下，全凭语言交流，面部表情和肢体动作等进行模拟式的形象塑造，旨在取得神似的艺术效果。这又与戏曲演员扮演剧目中的固定人物存在着本质差别。因此，有学者将其视为介于曲艺、戏曲之间的独特演艺形态，其中凝聚着道瓦喇演员的创造智慧。

民间性是道瓦喇的艺术本色。其演出方式轻便灵活，主要由表演者手持鱼骨板，配合三弦、喇古笛的伴奏边唱、边说、边舞、边演（人物扮演）。为了营造现场气氛，允许演员即兴编词，并与观众对话交流。观众也往往参与其中，随着演员的唱腔拍手应和。演出场地不受限制，室内室外皆可。演出结束时，演员与观众结为一体，大家同跳本民族传统的莽势舞蹈，充满同欢同乐的自娱性。

清代中叶，道瓦喇演唱达到鼎盛时期，遍布关东各地，并且形成各具特色的若干支派。吉林境内属于"乌喇海支"。同治、光绪年间由于满、汉文化交融甚密和中原戏曲、曲艺大量出关等原因，使之由盛至衰，直至销声匿迹。不无遗憾的是，当年的演出曲目大都未用文字保留下来，但其独创的艺术形式仍是研究满族文化的重要内容。

八角鼓、子弟书，是同根同种的姊妹花，都源于满族民间音乐。是运用汉语表达，由艺人手执八角形单皮鼓击节说唱的书曲艺术。前者重于书场公演，后者只在八旗子弟圈内自娱，故称"清音子弟书"。"清音"含清唱之意。

二者的唱腔相同，都出自满洲民歌。八角形手鼓象征满洲八旗，康熙年间，执鼓歌唱已成民风。如伯都讷（今扶余市）一带不乏以八角鼓名义开篇的民间歌谣。其中有一首反映当地军民抗击沙俄侵略，渴望和平幸福生活的歌谣：

> 八角鼓咚咚咚，
> 我的爱根去出征。
> 八角旗彩色新，
> 我的爱根粗骨伦礤。
> 粗骨伦礤有力气，
> 骑上大马奔正西。
> 奔正西去撕杀，
> 打败罗刹好回家。

快回家，好团圆，

恩恩爱爱过百年。③

这类持鼓演唱的民间歌曲早在清代初期就随八旗子弟传入北京，并受当地书曲影响而形成以八角鼓具为明显标志的说唱艺术，时称"京八角鼓"、"清音子弟书"。其演唱形式为一人敲鼓，一人弹三弦，配合一名演员说唱故事情节，也间有一人弹三弦，配合一名演员执鼓说唱的形式。清音子弟书则往往仅凭手执八角鼓击节演唱，不用其他乐器伴奏，旨在突出演员的唱功和韵味。有人将二者比喻为孪生姊妹。

晚清时期，二者随着朝廷官员外任和八旗兵丁换防移驻而带出关外，分别拥有落脚基地。在吉林境内主要扎根于扶余县，历经演进而形成地方风格，故称"扶余八角鼓"。据扶余八角鼓传人陈述，当年扶余城已是商贾云集、经济发达的"边外七镇"之一，市井茶坊酒肆出现说书场所，弦索弹唱成风。其附近有一村落，名叫"仲仕"，即说唱鼓书之意④。由此可见，扶余人该有多么热爱书曲艺术，八角鼓在这里流行则是犹鱼得水。

扶余八角鼓在艺术实践中发展成单唱、拆唱、坐唱、群唱四种表演形式。

单唱，指一个曲目由一名演员独唱到底，与京八角鼓没有差别。

拆唱，为相关演员根据故事情节分成若干角色演唱，但并非扮演固定人物，属于模拟性质，含有某些道瓦喇的表演因素。

坐唱，指在场若干演员坐在各自的席位上，由一人主唱，众人帮唱，有问有答，有说有唱。

群唱，属于综合性演唱，既含一人主唱又具分角对唱，还有众人帮唱和全体齐唱等。

演出曲目多是汉族题材，诸如《白蛇下山》《宝玉探病》《英台别友》《罗成托梦》《西厢记》《雷峰塔》《双锁山》《下寒江》《断桥》等数十个。唱词大都为七字句、十字句，通用十三道辙。上、下句结构，偶句多为平声，押尾韵。唱腔属于曲牌连缀体。常见曲牌有 [寄生草]、[太平年]、[剪剪花]、[石榴花]、[四句板]、[靠山调] 和 [茨儿山] 等近三十个。

清末以来，扶余八角鼓在当地演唱成风，除书场营业显得红火之外，岁时节日，民间喜庆和官绅堂会等各种公众场合也大都以演唱八角鼓助兴。演唱者满族、汉族皆有，职业、业余并存，出现不少著名的八角鼓艺人，并代代传承。其中后起之秀的领军人物是于光绪十一年（1885）生于扶余本地的程殿选。其演唱素以行腔婉转、韵味醇厚而成为持鼓主唱的佼佼者。尤其对唱腔韵律颇有见解。在他坎坷的人生中从未间断八角鼓的研究。新中国成立后，将珍藏的所有八角鼓曲目、曲牌献给当地文化主管部门，并向青年文艺工作者亲授演唱技艺，为满族戏曲新城戏的创建奠定了坚实基础。

东城调，是汉族曲种东北大鼓的一支流派，清末形成于吉林市，因该市为松辽平原的东部古城而得名。

顺治年间，吉林乌拉设水师营、迁移民、建船厂、修城池，即为"边外一都会也"。这就为本土曲艺品种的产生提供了条件。

据 20 世纪 80 年代曲艺史料调查发现，光绪年间，吉林一带的农村曾经出现鼓书说唱活动，俗称"屯大鼓"或"土大鼓"，又因其唱腔源于[江北糜子]而被叫作"臭糜子调"。演唱者多为半职业艺人，即农忙务农、农闲从艺，也有少量专职从业者。他们主要是走乡串屯流动演唱，以乡音乡曲表达乡情而受到广大农民听众欢迎。

光绪二十六年（1900），吉林市鼓书演员王德印、潘泰隆和弦师张鑫锐等以屯大鼓为艺术母体，汲取沈阳、营口一带鼓书的音调营养，融合成屯大鼓的新颖唱腔，并在《捉放曹》《大西厢》《草船借箭》《许仙借伞》《王二姐思夫》等曲目创作上得到成功体现。此后，继有沈阳鼓书演员任占魁等落户吉林市，加盟新屯大鼓唱腔的规范与升华，使之在《天水关》、《空城计》《露泪缘》《游旧院》《张松献图》等大批曲目的演唱中展现出独特的风采，令社会各界共识为别具一格的"东城调"。其独到之处主要源于以下两个方面：

其一，唱法上的突破。东北大鼓的唱腔属于板式变化体，基本板式为[大口慢板]、[小口慢板]、[二六板]和[快板]。前两种板式的俗成唱法是顶板起唱，即板起板落、四平八稳。东城调则一改常规为过板的头眼起唱，使唱句的腔格字位随之发生相应变化，听起来令人感到活泼、俏皮，但因唱句的尾字仍然落在板上，可谓眼起板落之有板有眼，堪称鼓书类板式唱腔结构的独树一帜。

其二，旋律上的丰富。屯大鼓的原有唱腔朴实有余，华丽不足。东城调创作新腔时，在保持固有乡土气息的基础上吸收京剧［摇板］等旋律运行特点，可在抒情唱句里紧打慢唱，因不受固定板眼限制而使相应情感得到淋漓尽致地抒发。与此前相比，既感到通俗、流畅，又觉得细腻、委婉和雅致，获得境内外各界听众的赞许。从中体现"不离基地，采撷众华"的本土曲种自身发展规律。

东城调的唱词结构与我国北方鼓书大体相同，属于七言体，通用十三道辙，偶句尾字押韵。演唱方式为演员手击鼓板，在单弦和四胡伴奏下进行。

光绪末期，东城调涌现一批女性演员，诸如筱莲奎、筱桂仙、金玉芬、马三凤和金宝翠等。她们的崛起为东城调演出阵容增添了一道靓丽的色彩，推进本曲种遍布省内各地，与外来的京韵大鼓，西河大鼓、梅

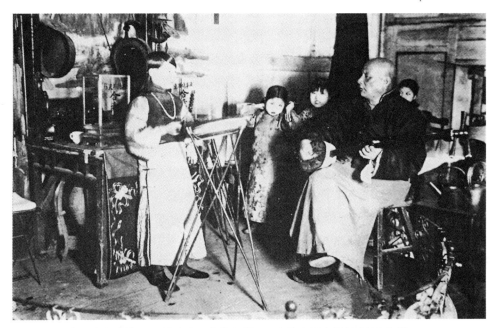

图下 7-1　清　东北大鼓　　原刊于《吉林旧影》，吉林人民出版社 2005 年版。

花大鼓和乐亭大鼓等竞相媲美。

吉林境内的洮儿河、嫩江、松花江下游流域，是蒙古族长期的聚居区。茫茫的科尔沁草原东部是他们逐水草而居的游牧舞台，广阔天地陶冶了他们豪放的性情，开朗的胸怀和能歌善舞的素质。音乐、舞蹈向来为人们精神生活之不可少。明代以来，这里盛行"马上琵琶"表演。《吉林汇征》记载，"其琵琶较常用为稍大"，而"蒙古之郭尔罗斯前、后旗，妇女多能马上弹之"。蒙古族的安代歌舞也是从这里产生而又传向各地的。恰在这个时期，伴随四弦琴、马头琴的悠扬旋律迎来了两朵曲艺鲜花，这便是人们喜闻乐见的蒙古族说唱艺术——乌力格尔、好来宝。

乌力格尔音译为"乌勒格日"或"乌勒格尔"，意译为"蒙古语说书"。表演者自操胡尔琴说唱各种故事。它是在蒙古族史诗"陶力"的基础上，吸收本民族口头文学和长篇叙事民歌等艺术营养而形成的。初期作品大都以英雄史诗为内容，如《江格尔》《格斯格尔可汗》和《镇服蟒古斯》等。

雍正年间，朝廷曾向卓素图盟"借地养民"，黄河流域的汉族移民大批涌入垦荒实边。乾隆末期，很多汉民到郭尔罗斯前旗建屯务农，从而促进农耕文化与游牧文化的相互交融，史称"文化北移"。两个民族在生产、生活的过程中彼此往来，增进友谊，逐渐地蒙古族群众大都能够听懂汉语，并对中原文化和汉族说唱艺术情有独钟。于是，在乌力格尔的新作中则出现一批汉族题材的流行曲目，诸如《封神榜》《西厢记》《西游记》《水浒传》《三国演义》《唐宋传奇》等等。

1874 年出生于郭尔罗斯前旗（今前郭尔罗斯蒙古族自治县）的乌力格尔艺人常明，曾以说唱《封神演义》《三国演义》《隋唐演义》《周国故事》《金国故事》等长篇大书红遍东部科尔沁草原。同属郭尔罗斯前旗的乌力格尔艺人常宝，则以说唱蒙古族题材曲目远近闻名。其代表性作品有《忽必烈传》《窝阔台汗》《女神》《狂人阿巴海》《阿尔斯查干海青》《英雄道喜巴拉图》《特古斯朝格图汗》等。

乌力格尔的唱词属于蒙古族散文与韵文的结合体。通常情况下，说的部分运用散文，唱述部分运用韵文。散文部分也并非等同于日常口语，在字词的音长、音高方面具有一定的节奏感和旋律性，类似于汉文的吟诵。韵文部分一般以三至五字为一个唱句，四个唱句为一小节，每句的首字押韵，称"押头韵"。其唱腔丰富多彩，共有 110 支乐曲组成。总体上分正曲、散曲两大部分。

正曲，称"道拉胡阿雅"，意思是歌唱的曲调，含吟诵调、叙事调、抒情调、伤感调和诙谐调等若干细类。各种专调皆可根据故事情节和人物心态予以融合性地灵活运用。例如在叙事调中揉进诙谐调，可使叙述唱段收到幽默效果，而吟诵调渗入抒情调又足以使之在情感抒发上增强旋律美。

散曲，称"雅日胡阿雅"，是述说中的音乐曲调，也可以理解为结构松散的朗诵曲。特点是似唱非唱，亦说亦唱，吟唱结合。表述过程中皆用伴奏音乐加以衬托，使之气势连贯，风格统一。

乌力格尔的艺人称"胡尔奇"。他们的演唱方式非常灵活，岁时节日可演，那达慕盛会可演，游牧点的院落可演，蒙古包里也可以演。正如其在开书曲中唱的那样：

　　　天空中飞翔的鹰鸟啊，
　　　已钻进树林里栖息。
　　　男女老少欢聚一堂，
　　　听我来把史布说唱。

有的演员更开门见山地唱道：

　　　手持胡琴坐下来，
　　　今天琴声格外悠扬。
　　　男女老少欢聚一堂，
　　　请听我把历史故事说唱。

无论以比兴开篇，还是开门见山道来，都可以顿时拉近演唱者与听众之间的距离。人民群众非常爱戴乌力格尔艺人，常把他们的到来视为贵宾光临，用上等的茶、醇美的酒热情款待，亲切地称其为"我们的胡尔奇"。

乌力格尔已经成为广大蒙古族群众心目中的曲艺鲜花，永远开放在辽阔的草原。无论时代怎样向前演进，它都属于人们心中开不败的花朵，并且屡有近、现代力作涌现，至今仍有旺盛的活力。

图下 7-2　乌力格尔
伊力奇摄

好来宝属于乌力格尔的姊妹艺术。原由一人手持四弦琴自拉自唱，后来发展成二人对唱与众人合唱等多种样式。演唱曲目多为乌力格尔长篇作品的节选。语言接近口语，常用诙谐词句说唱故事，含叙事、问答和辩论等灵活方法。词格、曲调和音韵等均与乌力格尔大同小异，不同之处主要是唱句多为七言诗体，四行一韵，押头韵和脚韵，中间可以夹有相应的韵白。唱腔属于板式结构，多为一板一眼，即 2/4 节拍。单人、双人演唱时，每个曲目只能采用一支曲调反复进行。众人合唱时，大都运用五、六支或更多支曲调完成。无论哪种演唱方式都必须遵守固定性的程式套路，即以［开始曲］起唱，由［结束曲］终止。二者之间用叙事调或抒情调连接，因而可在创作中按曲调填写唱词。

曲目内容既有颂扬又有抨击，更以针砭时弊和讽刺不良现象为专长。传统作品有《燕丹公主》等。但较多的还是紧贴现实生活的小段子，因其短小精悍而易于广泛流行。

朝鲜族曲艺分两大类别，即唱述类和评话类。前者以唱为主，表述完整故事，代表性曲种是韵味醇厚的"盘索里"。后者只说不唱，以幽默语言评古论今，多为就事论事的小节目，主要有三个品种——"才谈"、"漫谈"、"说话"。

盘索里意思是"大庭广众场合唱的歌"或"游戏场所唱的歌"。因此，其演出曲目也大都缀上一个"歌"字，如《春香歌》《兴甫歌》《沈清歌》

和取材自文学名著《三国演义》的《赤壁歌》《孔明歌》等。

歌词为朝鲜古语和现代口语的结合，词格、句式都借鉴汉族书曲样式，一般为七言和十言体，但又含着一定自由度，在讲究声韵、格律的前提下力求通俗易懂。例如《春香歌》中的"狱中歌"唱段：

> 情绵绵泪沾衣襟，
>
> 郎君啊我的好郎君。
>
> 人生忠贞最可贵，
>
> 令我变心是何因？
>
> 少妻虽是死临头，
>
> 何为求生两郎君！
>
> 卑妻即死无可惜，
>
> 君成乞人揪妻心。

唱腔源于民歌，特点是以五音阶构成的独有调式。即［平调］（56123）、［羽调］（12356）、［界面调］（61235）。各调式中又包含若干小类，有的明朗豁畅，有的雄健苍劲，有的幽婉哀伤。具有叙事、抒情的艺术功能，足以表达各种复杂情感。

演出形式古朴庄重，上场二人，各穿长衫，头戴纱笠。其中一人站立，两手分别执折扇、手巾歌唱；另一人坐在旁侧，手击长鼓予以伴奏。演唱者在叙事过程中不时根据需要转化成情节中的相关人物，还可以从人物扮演中转回为叙事者。转入转出灵活自如，旨在使观众能够听得明白，看得清楚，感到亲切。

盘索里演唱的独特性在于声韵的感人。其发音讲究"通声"，即演唱时注重深呼吸，由丹田运气，经喉咙发声，运用口腔与胸腔共鸣，迸发出结实、洪亮、具有穿透力的声音。在唱法上拥有"退声"、"颤声"和"微分音"等装饰和润色，使之不同于本民族的其他民间歌曲。正因如此，它才能够直接哺育民族歌剧艺术的诞生。其演出不受场地限制，农村院落，工地现场和城市料理店皆可进行，并且凭借雅俗共赏的美学品格遍受朝鲜族群众的喜欢。

才谈为一男一女的结对表演。两个人密切配合，以幽默、夸张手法，运用讽刺语言揭露或批评日常生活中的不良行为，旨在体现弃恶扬善的感化功能。演出方法类似汉族的对口相声，只是没有"逗哏"、"捧哏"的明确分工。二者不分主次，各有争取观众的表达才艺。

漫谈是单人的表演形式，以述说妙趣横生的各种笑话获取寓言似的褒贬效果，意在引人通过现象思考本质，类似汉族的单口相声。

说话为单人述说故事，类似汉族的评书。其内容比较丰富，题材大都源于历史事件、民间故事和神话传说等。流传作品主要有《沈清传》《裴神将传》《朴夫人传》和汉族题材的《梁山伯传》《赤壁大战》等。

朝鲜族唱述类和评话类曲种在延边地区长期流行，并繁衍出与之相应的新生曲种，这便是 20 世纪 50 年代涌现的"平鼓演唱"、"鼓打令"、"延边唱谈"等，各以新编曲目焕发时代生机。

第二节　戏　曲

皮影戏　朱春　松辽平原的皮黄之音

中国皮影戏是一种历史悠久的民族传统戏剧样式。它的制作和表演方式，主要是受中国古代傀儡戏（今称木偶戏）的启示。中国傀儡戏隋唐时期已很流行，它是由演员在幕后操纵木制的立体偶人来表演故事。皮影戏则是由演员在幕后操纵用纸或兽皮雕成的平面偶人借助灯光来表演故事。二者实为一脉相承。

皮影戏形成的年代和地域，有关史料已有明确记载。早在北宋前期，皮影戏即已在中原一带产生。"仁宗时（1023—1063），市人有能谈三国事者，或采其说加缘饰，作影人。始为魏吴蜀三分战事之像，至今传焉"[5]。宋人在谈到北宋都城开封有皮影戏时说："京师有富家子……甚好看弄影，每弄至斩关羽，辄为之泣下，嘱弄者且缓之。"[6]

金朝初年，皮影戏已传入东北。据《三朝北盟会编》记载：宋靖康二年（1127），金军攻破开封时掳去的各种人当中，就有"杂剧、说话、弄影戏、小说、嘌唱、弄傀儡、打筋斗、弹筝、琵琶、吹笙等艺人一百五十余家"。清朝时期，从民众到官吏都喜爱皮影戏，许多王公大臣和军队将领到各地上任甚至还要带上影箱，使皮影戏得以在各地广为流传。流布在各地的皮影戏，由于受地方语音和民间艺术的影响，而逐渐形成了各自的地方特色。其中，在北方影响较大的当属河北的滦州影。因其发源地为乐亭县，故又称乐亭影或老奤影。

吉林近代民间的皮影戏，主要源于滦州影。清朝后期，随着闯关东的人流，陆续有一些滦州影艺人来到东北各地。在东北的滦州籍商人，也常邀一些家乡影班来住地演出。在吉林省，他们不仅活跃在长春、吉林等大城市，更经常去一些中小城镇和广大乡村活动。受此影响，不少当地人也迷上了皮影艺术。他们或爱好刻制影人，或喜欢哼唱影调，更有一些人竟自办起了皮影戏班，遂使皮影戏得以在当地扎根。如农安县，长期以来，皮影戏在当地已深入人心。每逢春节秧歌队拜年打场子时，高跷队在外围，中间场子里就有人直接演唱影调，表演皮影戏片断。当地称这种表演为"地蹦影"或"半拉子影"。平时，农民在田间，也常常是边劳作边哼唱影调。职业或半职业皮影戏班长期活跃在全县城乡各地。由于皮影艺人多是当地人，用当地语音演唱，遂逐渐地方化，因而被称为东北影或此地影。

皮影戏是用纸或兽皮雕镂制作成各种平面偶人，影人高约七八寸至一尺不等，由头像（头楂）和身子（戳子）组成。其颈部和双手等部位都安有线绳和细杆。一般由两名把线操杆演员（分上线和下线）操纵表演。所谓"一口叙述千古事，双手对舞百万兵"。吉林乃至东北的皮影戏影人都是由驴皮制成，故又称驴皮影。

影人的制作，既是一门艺术，更是一门手艺，其工艺相当精细。先将挑选好的驴皮，用硭硝等材料进行处理，使其变软，再刮净、刮薄、压平，成为半透明体。然后按着画好的图形用小刀精心雕镂。人物造型大都是侧面五分脸，一眉一眼。最后是根据画面需要，着红绿黄黑等颜色，涂上桐油，使其经久耐用。这方面，艺人也总结出一套生动形象的艺诀。如：

　　　　一张驴皮宽又宽，使用起来选择严。
　　　　肋边骨处最透明，刻出头楂色鲜艳。
　　　　大刀口，小刀口，刀口犀利要直走。
　　　　离拉歪斜最禁忌，乱加饰物俊变丑。

鼻尖眼尖帅盔尖，斜行一线尖对尖。

嘴角眼角要相对，刻出影人笑微微。

一个影班所需影人数量多少不等。一等影班，约有头楂一千至三千个，戳子二三百件；二等影班约有头楂五六百至一千个，戳子一百五十件。一个影班演员少则七八人，多则十一二人，灵活轻便，或在室内或在露天，支起影窗即可表演。演员演唱，因受戏曲演唱的影响而分生（包括老生、小生和武生）、旦（包括青衣、花旦、武旦和老旦）、净、丑四大行。演唱分大小嗓。东北影所唱影调属板腔变化体。其唱腔以［平调］（又称［平腔］）为基本腔。其他还有［悲调］、［阳调］、［花调］、［还阳调］、［诵经调］、［硬辙］、［三顶七］等。板式有［二六板］、［快板］、［大板］（慢三眼）、［摇板］、［散板］等。主奏乐器为四胡，其他乐器还有横笛、唢呐，月琴以及打击乐器等。

吉林皮影戏所演出的剧目，除新编部分外，其传统部分主要是来自滦州影，约有百余种，其脚本称影卷，多取材于话本小说、历史故事及民间传说。这些剧目，多是故事曲折有趣，人物鲜明生动，语言通俗易懂。内容也多是反映人民的思想感情和生活愿望。这些都是皮影戏深受人民喜爱的重要原因。如：歌颂巾帼英雄穆桂英的《天门阵》《破洪州》《双挂印》，赞扬包公铁面无私的《打銮驾》，表现人民反抗封建恶势力的《渔家乐》，赞扬岳飞后代的《镇冤塔》，揭露封建统治集团祸国殃民

图下 7-3　吉林皮影
杨世祥摄

的《党人碑》《五峰会》，表现青年男女争取美好婚姻愿望的《天河配》，反映妇女坎坷命运深切同情妇女悲惨遭遇的《杜十娘》《琵琶词》《双失婚》《绿珠坠楼》《二度梅》等。

皮影戏高超的制作技巧与表演艺术，不仅显示了其自身的文化价值和民间艺人的聪明才智，而且对其他艺术的发展也具有相当影响。特别是直接促进了一些戏曲剧种的形成与发展。吉林省1960年产生的农安黄龙戏，即是以当地广为流行的东北影音乐为基调而发展起来的。如黄龙戏唱腔中的［正调］和［青调］，就是在皮影戏唱腔［平调］和［大青板］基础上形成的。

朱春，又称朱赤温（满语音译，汉意为戏），是满族的传统戏曲，产生于东北满族聚居地区，主要是在满族民间艺术道瓦喇基础上形成的。道瓦喇是由两名演员装扮成一男一女，用边舞边唱边做表情动作来表演带有一定情节性的内容，已具有戏曲雏形。朱春最初就是由一旦角、一末角或一丑角表演的"两小戏"。朱春形成的确切年代，至迟不晚于清代初期。因为到乾隆年间，它已发展成行当齐全的大戏了。有的一部大戏三天才能演完。乾隆五十五年（1790），在热河行宫及木兰围场为乾隆帝八十大寿所举行的祝寿文艺演出中，既有来自全国各地的昆腔、徽剧、晋腔等汉族戏曲，也有来自东北的朱春戏班演出的大戏。如《奥尔厚达喇》、《胡独鹿达汗》、《济尔图勃格达汗》。朱春能同那些成熟的汉族戏曲一起登上宫廷祝寿庆典的大雅之堂，不仅足以显示出它的艺术价值，而且更能表明它在当时剧坛上确已占有一席之地。

朱春在东北不同地域的流布过程中，还逐渐形成了各有特点的三个支系。其中，在吉林省有两支，今永吉县乌拉街一带的朱春为乌拉支，又称乌拉腔。其特点是所演剧目多为大戏，以表现满族历史故事为主。表演以唱见长，也很讲究排场气派。在为乾隆八十大寿祝寿活动中，就有乌拉支戏班演出的剧目。在今扶余县一带的朱春为扶余支（连同今黑龙江省的肇源、肇州、肇东等地的，统称肇州腔）。其特点是所演剧目以表现满族古代圣贤，历史上的英雄人物为主。

朱春在发展过程中，由于不断受到汉族戏曲的影响，因而在其剧目和表演方面，既充满了满族特色，也兼有汉文化成分。

朱春的剧目主要靠历代演员口传心授，至今尚未发现文字剧本。按其内容和来源可分三类：

一是歌颂满族古代圣贤和英雄人物。多源于满族的神话传说及历史故事。如《奥尔厚达喇》，是一出有关长白山人参的神话故事剧。内容是歌颂人参王奥尔厚如何按着天神的旨意，经过同各种飞禽走兽的斗争，战胜种种灾害，帮助满族先民肃慎人去开拓不咸山的不朽功绩。《胡独鹿达汗》（达汗是满语国君之意，胡独鹿是满族先民靺鞨的头人，史有其人）是一部歌颂民族团结的作品。其内容主要敷演后唐庄宗时，胡独鹿率领靺鞨人平息了各部间的战乱，在勿汗州建立起被称为勿吉盛国的地方政权，使各部族之间友善相处的故事。

二是表现满人的婚恋生活。其题材多源于满族民间故事和说唱文学，如《搭郎》《莉坤珠逃婚记》。后者即源于满族的叙事说唱诗《莉坤珠和森额勒斗》，表现的是满族青年男女反对强迫婚姻而追求自由幸福的斗争精神和美好愿望。

三是翻译移植改编汉族戏曲剧目及其他文艺作品。如《目莲救母》《雁门关》《范妻送寒衣》《张郎休妻》《穆桂英》《关公斩蔡阳》《借东风》等。

朱春的表演是综合运用唱、念、做、舞等艺术手段，以唱为主。唱念主要用满语，有时也夹杂些汉语。其音乐主要由满族各种民间通俗曲调组成，属曲牌联缀体。剧中的男女老少、忠奸善恶等各色人物，在音乐唱腔上都有所区别。演唱多有帮腔，一唱众合，热烈火爆，粗犷豪放。伴奏以三弦和横笛为主，以鼓和檀板击节。演员表演分行当，生旦净末丑俱全。生和末多为主要正派角色，旦多为次要角色，净多为反面角色，丑为滑稽角色。剧中人物的装扮，尚未形成固定的脸谱和程式，主要是在满族生活习尚的基础上去加以美化与夸张。若小戏，仅分丑扮与俊扮。丑扮通常是抹花脸，戴高帽，帽扇卷起，帽尖上插松鼠尾巴或系红绒珠缨穗，身穿长袍。俊扮则要英俊勇武，穿着大方，鲜艳美观。若大戏，各种人物都由演员根据人物角色去进行装扮。若饰满族妇女，便画眉眼，梳京头，穿宽袖长袍或加坎肩。为了美化，衣服上还绣有各种云纹装饰图案。若饰满族男子，多是猎户装扮，穿狍皮或貂皮褂子，裤外加穿皮套裤。若饰凶恶人物，则在脸上涂抹几道颜色，画出凶相。在一些神话戏中，有些形象要戴特制的木质面具。如人参王戴娃娃脸面具，虎王戴老虎脸面具。若演汉族故事剧目，则装扮即随之汉族化。

早期的朱春演出活动，仅是业余性质，演员队伍也是临时组成。当时在满族一些聚居的村落，都有一二名能歌善舞者当剌咪达（相当于剧团的领班）。剌咪达有一定的社会地位，且可世袭。每有重大节庆活动，都由剌咪达从族众中临时挑选演员，组织庆贺演出。后来发展成半职业性质，演员队伍便相对稳定，营业性演出活动也逐渐增多。

清代晚期，由于东北满族聚居区域逐渐减少，遂使朱春失去了赖以生存的土壤而日渐衰落，直至消亡。但作为文化遗存尚在人们心中。

以西皮、二黄为音乐主调的京剧艺术，于晚清时期传入松辽平原。光绪七年（1881）曾有关内京剧演员途经珲春赴海参崴（今俄罗斯符拉迪沃斯克）演出，时称"跑崴子"，此后便以吉林市为活动中心向省内其他城镇流布。至宣统年间，长春、怀德、通化、西安、东丰、海龙、四平、郑家屯、洮南、扶余、敦化和延边等地皆见京剧的频繁演出。其中既有个体人员的流动献艺，又有当地戏班的长年营业。时有谚语称："唱大戏，看大戏，京腔京调连四季"，可谓辽阔的黑土地上皮黄之音不绝于耳。京剧已经成为吉林大地的主要剧种。

京剧在吉林的广泛普及，主要取决于当时的社会条件——近代产业开发的兴起，汉族人口的大量增加，商贸集市的空前繁荣，工业交通和文化教育的日益兴旺，以及京剧自身拓宽演出市场的需要，等等。但就"事在人为"而论，则与一位知名人士的竭力促进具有直接关系。他就是吉林巨商、北京"富连成社"创始者牛子厚先生。尽管他是资产雄厚的一代富豪，而在精神生活上却与皮黄之音相依为命，不仅在自己的家乡推广京剧，而且还慷慨出资于京城兴办戏曲教育事业，并以杰出的成就载入中国京剧史册。

牛子厚，名秉坤，字子厚，以字行，1865年生于吉林市。自幼酷爱民族艺术，曾在北山寺院学习笙管等乐器演奏，成绩甚佳。青年之后，潜心钻研皮黄声腔，广交京剧名流，常在北京与名伶谭鑫培老板切磋技艺，对声腔的调性、板式、旋律、节奏等方面探究较深，商务之余登台为名角操琴伴奏。被业内人士誉为"六场通透"。

　　然而，作为土生土长的吉林人，他并不满足于个人在京城自娱，渴望能在本土与乡亲们共享其乐。他曾坦言：本人钟爱皮黄，并非一己兴趣使然，皆因这门艺术博大精深，承载中华伦理道德，是呈现音乐、舞蹈、诗词、书画乃至武术、杂技的综合艺术，常此赏析，必能陶冶情操，启迪民智。基于这种理念，他决心要把这门国粹艺术引入北国江城，使其就地扎根、开花结果，力将自己的家乡营造成令人向往的京剧热码头。

　　恰机缘已到。1896 年，京剧演员胡少卿一行由北京来到吉林，以演出《长坂坡》等传统剧目受到观众欢迎。牛子厚与胡少卿交往密切，对其此行关怀备至，一方面细心帮助他安排日常业务，解决各种具体问题；另一方面经常请他到自己府上演唱堂会戏，使他便于更多接触社会名流，提高艺术声望。胡少卿对此深受感动，觉得吉林人特别热情，久居这里可使自己在事业上大有作为，毅然决定就地安家，情愿做个北京籍的吉林人。次年，他在各界的支持下接管了市内的一个娱乐场所——丹桂茶园，并与胞弟胡少山和同仁鹿义海、解增珍等组建茶园戏班，成为松辽平原率先崛起的专业京剧团体，实现了牛子厚引皮黄入家乡的初步愿望。

　　1898 年，牛子厚自建的康乐茶园竣工。这是一所标准的近代戏院，舞台雕梁画栋，场内设包厢，池座条凳成排，可容六、七百名观众。为了隆重开业，强化家乡皮黄气氛，牛子厚亲请北京"四喜班"光临公演。崭新的戏院，京城名班的首演，一时成街谈巷议的焦点。主要演员姚增禄、范福泰、刘春喜、宋起山、苏雨卿、叶春善和唐宗成等都是京城红角，所演剧目文、武并举，异彩纷呈。诸如脍炙人口的《定军山》《铁笼山》《探阴山》《珠帘寨》《玉堂春》《打渔杀家》和《打棍出箱》等，令观众大开眼界，不仅轰动全城，而且还引来附近市、县的观众。

　　与此同时，胡少卿的丹桂茶园除了本班正常演出之外，也相继从北京邀来"和春"、"三庆"等名班献艺，吉林市一时名角云集，京剧活动热上加温。这些班社又常常接受周围城镇的邀请，分别进行巡回公演。

　　胡少卿声名鹊起，遂在牛子厚支持下被各界公推为"吉林正乐育化会"会长，并亲赴长春、哈尔滨、伯力（今俄罗斯哈巴罗夫斯托克）、海参崴（今俄罗斯符拉迪沃斯托克）等地建立了相应分会，进而在白山黑水之间形成一个以吉林为中心的京剧网络。胡少卿成为这个网络的担纲者，同时涌现出一个稳定性的吉林京剧演员群体。尽管其中的主要演员多是来自关内，但是，他们在入乡随俗的过程中，使之舞台表演经受当地民族民间文化濡染，而形成一种适应吉林观众审美情趣的艺术风格，即在唱、念、做、打等各方面都显得高亢、粗犷、夸张与火爆，总体上追求灼热的舞台气氛。例如，演出传统剧目《铡美案》，多见包拯怒斥陈世美时起高调，拖长腔，紧抓对方袍袖，接连脚踏台板等激情唱、做，将其蔑视权贵和疾恶如仇的一身正气体现得淋漓尽致。再如演《甘露寺》，常见增加一场乔玄赶奔国太府的圆场舞蹈，既使舞台气氛紧张，又充分抒发出这位老臣为顾全大局解人之危的迫切心情。此外，演出《红梅阁》和《嫦娥奔月》，前者突出李慧娘的夸张舞步，后者强化嫦娥的水袖翻花。如此等等，凡演到此处必引起观众的热烈喝彩。尽管这类演唱与京派正宗相比显得有些出格，被视为"野性"，然而，吉林观众却由衷欢迎，他们认为，这样的演唱"看着过瘾，听着解渴，是咱们吉林的玩艺"。类似特色还体现在新编剧目的演出上。著名表演艺术家唐韵笙先生早年"倒仓"（变声期），特来吉林市购房久居养嗓。这期间自编自演了一批新剧目，诸如《驱车战将》《闹朝扑犬》《好鹤失政》《二子乘舟》等，在演唱方面遵循吉林风格，皆以情节的曲折、场面的热烈、唱腔的挺拔、念白的通俗、做派的夸张、舞蹈的大方、武打的火炽等总体激情令广大观众赞叹不已，随之演遍东北各地，有的则成为传世性的经典名作。所谓"南麟（周信芳）、北马（连良）、关外唐（韵笙）"的唐派艺术风格恰恰是在吉林奠定的，后在松辽平原代代传承。

　　这一切都是牛子厚所乐见的。然而，他还认为，要在家乡普及京剧，关键在人才的培养。因此，创立科班的想法也就随之愈加坚定。一个偶然事件为他实现这个想法提供了契机。

　　四喜班来吉林的时候，主要演员之一叶春善先生突然嗓音沙哑，一时无法登台演唱，意将所领的"包银"退还。牛子厚深知叶春善为人诚实、讲究信义，便劝他留在吉林调养，医疗和药物不成问题，暂时不能上场可照顾一下后台，包银仍然原数照拿。叶春善被牛子厚的真情与宽容感动了，认为眼前这位财主艺友颇具君子风度，愿以做好后台工作回报知遇之恩。自此，他一直担任后台"管事"，勤勤恳恳，事必躬亲，确保每场演出井然有序，万无一失。牛子厚又被叶春善的敬业精神和管理才华感动了，于是便把自己的办学想法坦露出来。叶春善和四喜班的同仁一致赞许，认为这是有关京剧千秋大业的一项义举，并推荐叶春善为首席经办人。这便是京剧史上"牛叶联手办班兴业"一段佳话的来由。

四喜班结束吉林的演出，牛子厚立即和叶春善进京筹划办学事宜。历经选取校址、聘教师、招学员、构置设备和登记注册等一系列过程，于1903年正式挂牌，名为"喜连成社"。叶春善任社长，萧长华任总教习，宋起山、苏雨卿、唐宗成等任教师，首届学员近五十名。

东家在吉林，科班在北京，这种特定关系也就必然促使吉、京两地形成一条畅通无阻的皮黄连线。双方还决定，学员毕业之后，每年于两地轮流演出。

1908年，叶春善、萧长华率领首届（"喜"字科）学员专程来吉林进行汇报演出。主要学员有雷善福、候喜瑞、赵喜贞、陆喜魁和带艺入科的梅兰芳、周信芳等，师生百余人。谭鑫培之子谭小培和贯大元、高百岁、李惠芳等当时已小有名气的青年演员也随队前来参演。

这是一支训练有素、功底扎实、风华正茂的年轻队伍，以其健全的行当、完整的阵容、精湛的技艺和青春的气息令广大观众耳目一新。所演的剧目如《四进士》《清风寨》《连环套》《玉堂春》《九更天》《打渔杀家》《四郎探母》《贵妃醉酒》等，凡上演必获彩，掌声不断，叫好连连，再一次掀起北国江城的京剧热潮。

师生们住在东家、吃在东家，医疗、保健费用全由东家负责。他们感到吉林就是自己的温暖家园，吉林人民更是亲切地把他们称作是"咱们的科班"。牛子厚为了打造自家科班的著名品牌，一次性拨款二万两白银巨资，派专人去苏州购置两套全新"戏箱"（演出服装和道具等）。师生们为此兴奋不已，边演出、边练功、边排戏，一直持续二年之久。从这个意义上讲，称"喜连成"为吉林的科班亦无不可。

牛子厚还热心倡导并资助群众性业余京剧活动的开展，培养了大量

图下 7-4　清　牛子厚排戏
原刊于《吉林旧影》，吉林
人民出版社 2005 年版。

京剧爱好者，并组成许多票友群体赴各地公演。吉林市这股京剧热波及
到其他市县，一时间，人们以能喊上几口西皮、二黄为时尚。

牛子厚不断为科班投资，于 1906 年，紧接"喜"字科，又招收了第
二届"连"字科学员。1912 年，更名为"富连成社"。直至牛子厚家道
中落，仍然不改初衷，为培养京剧英才呕心沥血，并常住北京，将做生
意积蓄的巨额家财奉献出来，竟以办京剧科班为家业。

世人只知道富连成社是中国京剧史上办学时间最长、培养人才最多
的辉煌学府，只知道梅兰芳、周信芳、侯喜瑞、马连良、于连泉（小翠
花）、谭富英、马富禄、叶盛兰、裘盛戎、袁世海等自成流派的艺术大
师，可是又有多少人了解牛子厚为此付出的心血？！

树高万丈，叶落归根。牛子厚为中国京剧事业的发展鞠躬尽瘁，
1943 年于北京逝世，安葬于吉林，长眠在生他养他的热土之中。吉林人
敬仰他，文艺界缅怀他。1952 年，梅兰芳大师率团来吉林义演，亲自到
"牛东家"墓前凭吊，以示饮水思源，不忘师恩。

第三节　土色土香的二人转

土壤基因·起源胚胎　广收博取·吐纳成长　一树二枝·三位一体
一旦一丑·唱说扮舞　演出方式·游动竞技　艺诀艺谚·言简意赅
传统节目·小曲小帽

二人转，原名"蹦蹦"、"双调"、"对口唱"、"双玩艺"，具有浓郁的关东地域特色。在它的发生发展过程中，民间艺人的演出活动和观众的欣赏活动，历来都是既投合又默契。观众说，二人转是他们的"宝贝疙瘩"，"开心钥匙"。艺人们则说，观众是他们的"衣食父母"、"保护神"。这既是二人转的活力之所在，也是久演不衰的生命力之由来，更是它常演常新，与日俱进的优势和强势。

二人转是艺人与观众经过长期优选和积累的艺术成果，是地域的、民间的艺术宝库，蕴藏着文学和音乐、舞蹈、表演、语言、民俗、民谚以及创作手段和艺术理论的珍贵遗产。可以说它是关东民间文化艺术的母体之一。同时，它也为社会学、文化学、民俗学、美学等提供了大量的资料与信息，有很高的学术价值和艺术地位。

二人转作为文化活动的一种存在方式，它既是中华民族传统艺术的组成部分，也是东北三省的艺术瑰宝。它起源于群众自娱自乐的民间大秧歌，和行乞者们作为谋生手段的莲花落相结合，并吸收了山东、山西的民歌、说唱、皮影、戏曲、杂耍、民间笑话以及河北梆子、东北大鼓等众多姊妹艺术的精华而逐渐形成的。它萌芽于清朝嘉庆、道光年间，成熟于清朝末年和民国初年。

二人转在长期的演出活动中，不论是喜悦与悲伤，不论是激情与豪放；也不论是现实的、历史的、传说的、神话的、寓言的；更不论是夸大的、变形的、虚构的，都会有真情在，也都会在观众的心目中产生切实的感受与共鸣。这是因为它植根在民间，活动在民间，坚守民间的思维方式、表达方式、接受方式，并且始终把适应和提高观众的欣赏习惯和审美趣味作为座右铭。因此也可以说民间艺人和广大观众是二人转的共同创造者。

它的活动方式，一开始是孕育在街头秧歌当中。那大丑子、二丑子，大腊花、二腊花⑦，就是二人转唱丑的和唱旦的原型。为了适应吉林农村的特殊环境，他们的演出活动适应性极强，观众在哪里演出到哪里，从广场表演走进房屋时，叫作"靠炕沿"；从屋内到院心演唱时，叫作"滚地包"；为了使观众欣赏方便，踏上土堆或粪堆上再唱时，叫作"滚土包"；如果赶上节日有钱人家搭个木板台子唱，叫作"登台板"；若是进县城的小戏园子唱时，叫作"蹲园子"；到说书馆演出，当说书人一声"欲知后事如何，且听下回分解"刚落音，二人转艺人不等听众站起来，就登台了，这叫作"拣板凳头"。艺人自我嘲弄地说："只要能够放下两个鸡蛋的地方，我们就能唱！"

二人转的孕育有祖地、有母体、有远祖、有近亲，也有基因、诱因与契机。

二人转发展成为独特而独立的综合性艺术，还经过一个"化他为我、为我所用和为我所有"的吐纳过程。这也就是由少到多、又由多到少，由简到繁、又由繁到简的广收博取，融合提炼，精益求精的磨砺之路。诸如东北满族的太平鼓、单鼓，契丹族的蓬蓬歌、倒喇、打连厢、群曲等都充实并丰富了二人转音乐与表演。特别是清朝中后期以来，闯关东的流民、商人或获罪而被流放的政府官员及文人仕子，也带来了关内各地的民歌与说唱艺术。尤其是在吉林解除封禁以后，使之更得到了开发。及至光绪初年（1875），东北人口已增至数百万，为文化艺术的繁荣进一步带来了生机。所谓农路、商路，艺路即戏路的说法，完全符合二人转的发展规律。但根本还在于二人转艺人的"化"功。正如有的艺人所说的"能吸收，也得会消化，还得勤研究；你唱一段，我唱一段，他学咱的，咱学他的，互相串换，就越换越好"。也有的艺人说："二人转是由大伙碰撞，七拼八凑地丰富起来的。"这些说法说明了一个道理，即"广收博取，始得其珍"。

二人转从歌舞、说唱向曲艺走唱类发展演变的过程，也是由无数民间艺人经过漫长而艰辛地摸索、挣扎、竞争、奋斗培植而成的。它的重要标志是一树二枝、三位一体。即两个人跳出跳入扮演人物，又唱又舞的基本表演形式为树干，为本体；如果减去一个演员，由一人表演的叫作单出头，为另一枝；由三个人以上表演的拉场戏为又一枝。简而言之即单、双、戏。它们同种同根，形态有别，血脉相通，则统称为二人转。至于它为什么在农村具有艺压群雄的势力和独有的艺术魅力，除了它是东北民间文学、音乐、歌唱、舞蹈和民俗等的集大成者之外，更多的是它还可以给人们以历史知识、生活知识、民间文艺知识以及在做人处事与伦理道德方面的启迪，能够启智开心。观众说："二人转是我们的百科全书。"二人转富有很强的人民性、趣味性、通俗性、知识性和观赏性。它听起来明白，看起来热闹，品起来对味开窍，浅近晓畅。因此，东北广为流传的一句话就是"宁舍一顿饭，不舍二人转"。

二人转的另一个艺术特色是一旦一丑，或称一男一女、一上（上装）一下（下装），两个彩扮的演员搭配，可以根据剧情随时转换角色，"千军万马，就是咱俩"。而这个"咱俩"的基本形态，便于表现男女爱慕之情，便于彼此竞相展示独特技艺，便于即兴发挥演唱本领，便于随地打开场子集人围观，便于演唱者同观众之间的直接交流，更便于在寒冬过长的东北山乡荒村的室内演出。总之，二人转演出最突出的特点是灵

图下 7-5　万人围着二人转　　金士贵摄

活，方便，能屈能伸，能上能下。至于它的艺术手段，一是唱，以唱当先，唱是头行；二是说，说是骨头，唱是肉，不说不笑不热闹；三是扮，即表演，装龙像龙，装虎像虎，龙虎不像，不如不唱；四是舞，即舞蹈，表演三场舞和演唱中的舞化动作。绝活是在唱、说、扮、舞中的惊人妙技和绝技。也可以说是声音的艺术，语言的艺术，动作的艺术，形体的艺术和叫绝的艺术。至于唱腔音乐，常用的曲牌有19种：〔胡胡腔〕、〔喇叭牌子〕、〔文嗨嗨〕、〔武嗨嗨〕、〔抱板〕、〔红柳子〕、〔糜子〕、〔四平调〕、〔小翻车〕、〔靠山调〕、〔十三嗨〕、〔大救驾〕、〔打枣调〕、〔大鼓调〕、〔羊调〕、〔秧歌柳子〕、〔悠喝调〕、〔压巴生调〕、〔锔大缸调〕。另外还有小曲、小帽、专腔、杂调等等。

有人说，艺术的本源，围场而舞。其实大秧歌又何尝不是如此，既是自娱，也是娱人。在自娱和娱人的过程中，逐步形成"观"、"演"之间交流与默契的关系。二人转和观众的关系也就是秧歌和观众关系的继续和发展。它随地集人围观，不论在村头、院落或在屋子里演唱，艺人们的意识都是同乡亲们在一起。正所谓："锣鼓一响，小孩上墙；圈大人薄，得看得瞧"，为此，在关东还流传着句歇后语：推碾子戴花———一圈一圈地浪。

二人转艺人分作两种。一种是农忙种地，农闲唱戏的"高粱红唱手"。另一种是"四季常青的唱手"，即常年以卖艺为生的职业艺人。用他们自己的话说，就是："穷烧香，富种地，做艺哪好往哪去。"也是"农闲奔粮多的地方，农忙奔钱多的地方"。于是就除了"唱屯场"、"唱子孙窑"之外，还要"唱金场"。吉林东部有韩边外金场，为了拢住工人，设有上戏台，下戏台，专门唱戏，唱二人转。"唱煤窑"给挖煤工人唱，为了给苦工们解乏求欢乐。给在深山老林里伐木的工人唱叫作"唱木帮"。给打鱼的渔民唱叫作"唱江道"、"唱船口"、"唱网房子"。"唱烟麻窝棚"是给种烟草或种麻的人们唱。"唱蘑菇园子"、"唱棒槌营子"是给种蘑菇和种人参的人们唱。"唱大车店"是给车伙子唱。"唱铁道线"是给修铁路的工人唱。"唱胡子窝"即是给土匪唱。有一次李青山同他的师傅张相臣在东山里唱的时候，被土匪抓去，在一间屋子里唱，地下坐一帮匪徒，土匪头子坐在炕上，他专门点唱《禅宇寺》这出二人转。因为其中有一句"城外肥猪城里赶，个顶个地送死的。"如果这样唱，必定遭灾惹祸。土匪最忌讳"死"字。可是，当李青山刚要张嘴唱的时候，他师傅马上把他推在一旁，便自己唱道："城里肥猪城外赶，个顶个地逃命的。"他这么一改口，胡子头马上站起来，大声说："是好江湖！"随后又说："好，好，赏给你们两块银大洋。"待到他们逃出胡子窝之后，张相臣对李青山说："你还年轻呀，要是唱送死的，咱俩也活不成了。"还说："有活道江湖，也有死道江湖，吃唱饭多么不容易呀！"二人转艺人到处都去，给各种各样的观众演出，有苦辣酸甜的经历，可谓是"其入人之深，其行世之远，几出于经史之上"。

至于演出活动，基本上都是把喜怒悲欢忧调配开，既不让观众总是笑，也不让观众总流泪。不论什么节目，都要什么地方什么唱法，什么对象什么唱法，要活唱，要把二人转唱活，还要经常眼观六路，耳听八方，见机行事，讨观众喜欢。

二人转的手持道具和伴奏乐器，主要有竹板、手玉子和扇子、手绢。再加上乐队的唢呐、板胡和锣鼓、钹子。

二人转艺人组班，少则三五人，多则七八人，也就是"七忙八不忙九消停"，"吃饭两张桌，睡觉一铺炕"。不论唱旦角的或唱丑角的，都是男人，女人唱二人转是民国后期才有的。而且举凡授艺、学艺或传艺，没有唱本，全靠口耳传承，口教耳听心记。又都是靠既有知识性也有理论价值的艺诀和艺谚。口诀，是浓缩了的传艺授徒教科书。艺谚多半是广大观众评价二人转的谚语。共同的特点是言简意赅，顺口押韵，通俗易懂，易记易诵。其种类有：

一、关于本体特征。

二人转是车轱辘菜，人踩不坏车压不败。

千军万马，全凭咱俩；顶名代替，赶上啥去（扮演）啥。

孤树不成林，孤鸟不成群；要唱双玩艺，就得两个人。

包头的一条线，唱丑的一大片。

丑角丑角，浑身是宝。

道多高，丑多大。

二人扮一人，身分神不分；一人扮多人，神分身不分。

地净场光，粮食进仓；请伙蹦蹦，杀猪宰羊。

二、关于"唱"。

千言万语，以唱当先。

一方水土，一方唱法。

好听不好听，专听头一声。

唱唱全凭一腔血。

唱会了容易，唱好了难。

唱得好，全仗巧；字不清，唱白扔。

不死唱，要活唱，词熟才能生巧。

宁唱欢了，别唱蔫了。

唱快了心别慌，唱慢了心别闲。

快唱听字，慢唱听味。

快唱如爆豆，慢唱如滴油，不快不慢如水流。

口、手、眼领着观众走。

三、关于"说"。

唱丑唱丑，必须说口；不会说口，别想唱丑。

说是骨头，唱是肉；话是开心的钥匙。

唱丑唱丑，忌说脏口；说了脏口，自己丢丑。

说好了是笑话，说不好是木话。

说口要响，就得见识广。

说得好，也得捧得好。

一句邪，矮半截。

要想嘴会说，就得见识多。

四、关于"扮"。

装文像文，装武像武；文武不像，不如不唱。

装龙像龙，装虎像虎；龙虎不像，唱也白唱。

要想做，得心眼活；心眼不活，等于瞎做。

唱戏不做戏，一对二滑屁。

要不吃透戏，累死白费力。

一身戏在脸上，一脸戏在眼上。

神不到，戏不妙；以熟为巧，以巧为好。

糖多不甜，胶多不粘；有艺不要用在一出戏上。

唱丑，不能满台乱走。

唱坏一句，悔恨三年。

五、关于"舞"。

唱上装走高，唱下装走矮。

外美一阵子，内美一辈子。

美不美，头一水。

安心浪，不要连根晃。

三场舞——头场看手，二场看扭，三场看走。

丑不摇头，旦不摆尾；快中慢，慢中快；动作多了不等于好。

是好是赖，使上算。

六、关于学艺。

勤学百艺通，苦练出真功。

师傅不明，弟子拙。

台上几分钟，台下十年功。

艺在勤学，功在苦练。

生在江湖内，全凭三寸舌，切磋加琢磨。

谁有艺向谁学，哪有师傅往哪跑。

好艺人撒好籽。

艺人的肚，杂货铺。

刀在石上磨，艺在苦中练。

宁肯学了不用，不要用时再学。

少年学的，石上刻的。

七、关于艺德。

观其艺，知其德。

台上见人艺，台下看人格。

德高才能艺精。

上台如猛虎，下台如绵羊。

台下懒个臭够，上台准是胡诌。

台下正，台上才能正。

投班如投胎，同行如兄弟。

一做人，二讲义，三打底子，四唱戏。

隔行是朋友，同行是亲人。

要吃江湖饭，大伙把活干。

八、关于绝活。

要想被人夸，绝活得有仨。

要想招人爱，绝活随身带。

有了绝活不愁卖，卖弄频了就失败。

绝活不绝，不如不绝。

二人转的优秀传统节目很多，主要有单出头《摔镜架》、《洪月娥做梦》、《丁郎寻父》等。二人转《钢鉴》、《大清律》、《西厢》、《蓝桥会》、《穆桂英指路》、《小王打鸟》、《燕青卖线》、《回杯记》、《杨八姐游春》、《包公赔情》、《猪八戒拱地》、《刘金定探病》、《劈山救母》、《鸳鸯嫁老雕》等。拉场戏《马前泼水》、《二大妈探病》、《大观灯》。《梁赛金擀面》、《锔大缸》、《小天台》、《拉君》等。二人转把民歌叫作小曲小帽，唱的时候都是载歌载舞。常出现的"三场舞"，即头场看手，二场看扭，三场看走。小曲小帽有月牙五更、小拜年、打秋千、茉莉花、反正对花、九反朝阳、光棍哭妻等200多个。皆用于演出开场时唱。行话说："小帽小帽，排排腔，溜溜调，弦低了往上调，弦高了往下落；唱唱的白搭，听唱的外捞"，实际上属于开场时的"铺垫"，等待观众到齐了再唱正戏。

二人转的传统节目，有正剧，有喜剧，有悲剧，也有悲喜剧。《杨八姐游春》是正剧。剧中佘太君为了抗婚，竟向皇上要彩礼，唱道："拜上拜上多拜上，拜上当朝宋主君。你要娶女儿杨八姐，我要点礼物送进府门。我要你一两星星二两月，三两清风四两云。五两炭烟六两气，七两火苗八两琴音。火烧龙须要九两，冰溜子烧灰要一斤。井里的塌灰要斤半，长虫汗毛要七斤。苍蝇心来蚊子胆，兔子犄角蛤蟆鳞，四棱鸡蛋要八个，三搂粗牛毛要九根……我要你泰山大的一块玉，黄河长的一锭金……"结果，把这桩婚事给要黄了。如《王二姐思夫》和《猪八戒拱地》都是喜剧。《蓝桥会》和《孟姜女》是悲剧。无论正剧喜剧悲剧或先悲后喜的悲喜剧，都含有追求真善美的思想内容。如《冯奎卖妻》唱的是明末清初，河北大旱三年颗粒不收，冯奎一家四口人，眼看饿死。其妻主张把自己卖了，好救活丈夫和儿女。在卖人市上，本来讲好了价钱，山西商人夏老三了解实情之后，不但人不要，已经付给的银钱也不要了……凡此种种，都体现了二人转传统节目的思想性和艺术价值。二人转之所以备受关东人民大众欢迎和喜爱，其根本原因即在于此。

在吉林省内长期从事演唱活动的早期著名二人转艺人有：董傻子、杨德山、赵富、张相臣、刘大头。承先启后的艺人有：程喜发、徐耀宗、杜国珍、王兴亚、王云鹏、李青山、刘士德、王尚任、杨福生、栾继成、谷振铎等，二十多位。

清末民初，唱二人转的是"下九流"。台上风光喝彩，台下生活辛酸。往往是十个唱唱的，九个要饭的。老艺人说："年年难唱年年唱；处处无家处处家。"这里提到的十几位著名艺人，他们虽然一生穷苦、坎坷，却深受观众喜爱，在民间留下声望，其徒弟多有成才者，为二人转艺术的传承与发展立下功劳，有的还有口述专著出版。是他们和许许多多不知名的艺人一起给关东父老创造了一个久演不衰、常演常新的艺术瑰宝——二人转。这个功绩已载入史册，永远不可泯灭。

【注释】

① [清]杨宾：《柳边纪略》卷一，见《吉林纪略》1995年版，第9页。

② 同上，第73页。

③《民间文学》1982年9月号，吴占林搜集。

④《扶余地方志·地名志》，1984年版。

⑤ [宋]高承：《事物纪原》，清光绪年间异阴轩刻本，吉林省图书馆藏书。

⑥ [宋]张耒：《明道杂志》，1938年刻淮阴丛书本，吉林省图书馆藏书。

⑦ 大丑子、二丑子即扮丑的男演员。大腊花、二腊花即男扮女的演员。腊花的装扮是身穿彩衣裙子、袄，戴花的头饰，持手绢和扇子。丑穿茶衣，扎腰包，戴丑帽，手持彩棒。

第八章

音乐舞蹈

音乐、舞蹈作为抒情表意的文化形态，它在吉林境内的出现几乎与当地民族的崛起同样古老，亦即"情动于中而形于言，言之不足故嗟叹之，嗟叹之不足故咏歌之，咏歌之不足，不知手之舞之足之蹈之也"（《毛诗·大序》）。

古代，在吉林地域聚居的肃慎、濊貊、东胡等各族人民，均喜饮酒歌舞。发祥于长白山脉的肃慎人，凡有收获便围着猎物手舞足蹈，借以抒发喜悦的心情。地处松嫩平原的夫余人素以全民皆歌闻名遐迩。《三国志·夫余传》载：这里的人们"行道，无老幼皆歌"。

明、清以来，吉林地域的音乐、舞蹈继承和发扬先民的传统，呈现出汉族、满族、蒙古族、朝鲜族等民族竞相繁荣的局面，各以广泛的题材、丰富的内容、多彩的形式反映人民的生活景象和精神面貌，以其地域风貌和民族特色跻身于中华艺术之林。

第一节 音 乐

名目繁多的汉族民歌五更调　包罗万象的朝鲜族民歌打令　古朴原始的满族萨满神歌　详实完备的蒙古族婚礼歌好日民道　植根于世俗文化沃土的礼乐鼓吹乐　遍布于蒙古族居所的乐器四胡　朝鲜族的伽倻琴与散调　朝鲜族的杖鼓与长短

吉林地域的汉族民歌大体分为劳动号子、小调和儿歌三类。其中小调类的民歌数量最多。

吉林省流传的汉族民歌，绝大多数是清代中叶以来随流民来此落户所带来的河北、山东的小调。它一方面吸吮汉族人民生活的滋养，一方面又与当地民歌相互濡染而不断发展衍变，形成了既有母体遗音中的细致婉转，又有塞北气派的泼辣与粗犷。

当我们浏览这些小调类的民歌时，发现有很多被冠以"五更"称谓的各种小调。诸如：月牙五更、梁山伯思五更、樊梨花五更、云秀英盼五更、贫汉五更、劳工五更、寡妇思五更、糊弄妈五更、叫五更、盼五更、反叫五更、黑五更（悲五更）、啰嗦五更、反啰嗦五更等等①。不仅名目繁多，而且歌曲的旋律、节奏、调式、调性以及句法、句式上也不尽相同。有些五更调的曲调并不具有独立的品格。如《贫汉五更》是基本保留了明清俗曲《剪剪花》的原貌；而《叫五更》则与《放风筝》有着明显的亲缘关系。另外，同一个小调如《叫五更》和《盼五更》等，也因流行地区和唱手唱法的不同，相互间也有很大的差异。与此相反，这些五更调还有一些共同的特点。其一，都有五段歌词同用一个曲调，同属分节歌形式。其二，都是以"更次"为序，按着时辰进行分段演唱。其三，随着"更次"的依序递进，歌词内容所呈现的情节和情感亦会层层迭进、步步深入。其四，在陈述方式上，很少使用或基本上不使用比、兴等修辞手法，而是平铺直叙，直截了当，采用当地民间的白话和方言土语来演唱。其五，演唱中经常运用倚音、波音、滑音、小颤音等润腔方法，形成音乐表现的特色，尤其是在同音进行到最后一个音符或在拖长音时，经常运用前倚音和波音，从而更富有表现力。

　　应特别提到的是《月牙五更》这首民歌（原调名《铺地锦》或《锦绣兰房》），清朝后期直至上世纪六十年代的一百多年内，几乎是家喻户晓，妇孺皆知。有的人即使唱不全歌词，但也会哼唱出它的曲调。这首民歌已经成为民间歌（唱）手和乐手们百唱（奏）不厌的保留曲目。有人还用其曲调填上新词进行演唱，如《大将名五更》、《翻身五更》等。同时，还受到一些作曲家的青睐，他们经常在表现地区特色的作品中，将其作为标志性的音调加以运用。总之，《月牙五更》这首民歌，洋溢着浓郁的关东风情，受到了广大人民群众的由衷喜爱。

　　朝鲜族民歌按音乐体裁分类有伊儿索里、打令、短歌、长杂歌、风俗仪式歌、童谣、摇儿歌等。而打令类的音乐与其他类民歌相比，抒情性强，曲调丰富，节奏、调式、曲式结构多样，善于表现多种情感。其演唱以独唱为主，也有领、和等形式。

　　据有关史料记载，从前流浪歌手用绣花绢扇击节演唱，称为"打咏"。后来又以小铃取代绢扇，摇动铃铛边舞边唱。他们所唱的歌被称为"打令"[②]。这种被名为打令的民歌，在我国朝鲜族中普遍流行，具有深厚的群众基础，而且比较其他类型的民歌，其题材特别丰富，内容十分广博，几乎包罗万象。诸如：农夫打令、插秧打令、连枷打令、锄头打令、风箱打令、坛子打令、水碓打令、舂米打令、糊糊粥打令、纺车打令、木匠打令、媳妇打令、倡夫打令、麻子打令、百万事打令、采桑打令、山打令、五峰山打令、蔚山打令、金刚山打令、景福宫打令、汉江水打令、梅花打令、莲花打令、鹤鸟打令、鸟打令、翅膀打令、狗打令、蛙打令、野兽打令、绸缎打令、头髻打令、钱打令、舞翩翩打令、悲愤打令、阿里郎打令、厨房阿里郎打令、顺口打令、小贩打令、栗糖打令、仗打令、长短打令、登台打令、哼打令、当格打令、呃郎打令、咚嘎打令等等，不一而足。

　　打令具有见景生情、即兴抒怀、自由编唱、边歌边舞的特点，这使人们很自然地将其与在中原汉族中风靡两千余年的"行酒令"联系起来。行酒令的过程即为"打令"。届时，或以旧曲填新词，自行唱咏；或依词度（作）曲，交由乐（歌）伎为其唱和。这种风习，开始只囿于王公贵族、士大夫和文人骚客圈内。后来名目越来越多，并逐渐延展到整个庶民社会中的各个阶层，因而也就更加世俗化了③。

据《中国酒令大观》所叙："春秋战国时代的饮酒风俗与酒礼有所谓'当筵歌诗'、'即席作歌'。"④《唐代酒令艺术》亦载："屈原，左持杯，右击盘，朗朗作歌。"⑤"秦汉之间承前代遗风，人们在席间联句，名曰'即席唱和'。用之日久，便逐渐丰富，作为游戏的酒令也就产生了。"⑥"唐代的酒令则进一步歌舞化了。除了具有艺术观赏性质的酒筵歌舞外，又出现了酒筵游戏性质的歌舞。在这种歌舞中，饮酒者同时是表演者，节目是临时确定的。其歌词大都是即兴创作的。此后又相继出现的'抛打令'则普遍使用了伎乐。"⑦"酒令在明清两代进入了另一个高峰。其品种在前代酒令的基础上更加丰富，可谓五花八门、琳琅满目。举凡世间事物、人物、花木、虫禽、曲牌、词牌、诗文、戏剧、小说、中药、月令、八卦、骨牌、楸枰，甚至美女之鞋及各种风俗、节令，无不可入令。"⑧可见朝鲜族民歌中的各种打令与中国古代的"酒令"真是如出一辙。

由此可知，朝鲜族民歌"打令"，滥觞于中国绵延两千余载的"行酒令"风习。而各种打令的遗存正是这一音乐文化交流历史的一个鲜活的佐证。

流布在吉林地域的满族民歌有劳动号子、山歌（又称哨歌）、小唱、儿歌和萨满神歌等五种。前四种目前存量较少，只有萨满神歌不仅数量较大，而且保存也较为完整。

萨满神歌是萨满在烧香跳神等祭祀活动时所唱的歌。而萨满跳神之俗于金代女真时期已盛行。其早期先民笃信"万物有灵"，奉行多神崇拜。而萨满其人被认为是沟通人神之间的使者，并成为烧香祭祀活动中的核心人物。

满族烧香萨满跳神典仪是由跳家神（即家祭）、放大神（即野祭）、祭天神（念杆子）三大部分组成。每部分包括许多祭祀项目，每个项目又含祭典程序和萨满祭祀跳神的乐、舞、歌的表演活动。而这一综合艺术形式皆传承于金代女真的祭祀乐歌。

满族萨满神歌有二种。一是"祝神人"，又称"家萨满"（即栽力，俗称二神）代表人间唱给神的歌，多为祈盼、愿望、祝赞和求顺遂、佑吉祥的内容。主要用于祭天、祭神典礼的家祭仪式中。二是"领神人"（即神附体者，男称萨满或察玛，女称乌答允，亦称萨满太太）在野祭活动中代神立言所唱之歌，多与祝神人（二神）密切配合，形成答对、呼应的形式。共有跪唱、坐唱、立唱、走唱几种样式。其间伴有独舞、对舞、群舞等。

满族萨满神歌中所用的乐器（谓之响器）有多种，主要是抓鼓（神鼓）和腰铃。其中常用的鼓套有单点、老三点、快三点、老五点、快五点、花七点、九点、十一点和碎点等。此外还有一些专用鼓点。其中，老三点是萨满跳神音乐节奏和节拍的基础。

萨满神歌中的唱词，来自满族先民的口头创作。他们经常脱口而出，自然而流畅，有节律而不十分规整，往往是随萨满个人情绪的起伏而变化。

纵观萨满神歌，都是用满族母语演唱的，并且始终保持着先民那种喝喝咧咧、似唱似说，乐中舞、舞中歌的初期表现形态。其神歌的音阶形态则是较为古老的四音、三音乃至二音列。呈现着古朴的风貌，充满着原始的气息，堪称满族音乐文化的"活化石"，在满族音乐文化体系中占有重要地位。

吉林蒙古族主要分布在省内西北部，属东蒙地区。其民歌是中国蒙古族文化形态的重要组成部分。虽然历尽沧桑，但这些民歌变化不大，依然还较完整地存留于民间。

吉林蒙古族民歌内容丰富，题材广泛。其中有歌颂英雄、赞美才女、描写爱情生活、控诉旧式婚姻制度、思念家乡和亲人、反映各种礼仪习俗的，还有一些童谣以及蒙古族的萨满调（博道）和安代歌（安代道）等。而其中至今仍保存在民间的一套婚礼歌，详实而完备，堪称蒙古族礼俗文化中的珍品。

这套婚礼歌（蒙语为"好日民道"）是贯穿婚礼各项议程的大型婚礼仪式歌。由迎亲、劝嫁、沙恩吐宴⑨、求名宴⑩、婚礼歌和送亲等六大部分组成。每部分中又有若干首祝词和歌曲，分别由祝词家（贺乐莫日沁）和歌手吟咏和演唱。歌曲的体裁为长调（乌日图道）和短调（宝古尼道）。内容上包括赞歌（玛克塔林道）、思念歌（萨那林道）和宴歌（乃林道）。

其中还有专门唱给姑娘的歌、唱给亲家的歌和唱给亲家母的歌等。在各项议程中呈现出有说有唱、有歌有舞的动人场景。充满了亲人的祝福、嘱托和期望，凝聚着浓浓的亲情、友情和关爱，洋溢着幸福、吉祥、欢乐的喜庆气氛⑪。

总之，这一套婚礼歌全面详尽地记录和再现了蒙古族结婚礼仪的全过程，具有丰富的人文内涵，是研究蒙古族婚礼习俗不可多得的宝贵资料。理应倍加珍惜。

鼓吹乐是以打击乐器（以鼓为首）和吹奏乐器（竽籁之属）为主的一种演奏形式和乐种。

流传在吉林地域的鼓吹乐（俗称鼓乐）是东北鼓吹乐的重要组成部分，是我国鼓吹乐的一个分支。它自汉代传入东北地域（详见《后汉书·高句丽传》）以来，在漫长的历史岁月里，不断地交汇融合、繁衍发展，既有自己独特的神采风韵，又与我国古老的文化艺术有着直接而又深厚的渊源关系。它凝聚着历代各族人民的智慧和创造，积淀着古朴而又深邃的历史文化内涵。是至今延续流传在这一地域且覆盖面最广的一个民间乐种。它不仅有唐、宋、元、明、清等逐代传承下来的各类丰富的曲目，而且还熔吹、打、咔、拉、弹、唱和各种杂耍绝活于一炉，形成了鲜明的艺术特色和各种风格流派⑫。它高亢、红火、雄浑、粗犷、抒情、细腻，充分体现了关东人民那种粗放、豪爽、淳朴、幽默的性格和心理特征。

分散在民间的鼓吹乐艺人大都有自己的活动组织，俗称"鼓乐班"、"鼓乐社"、"鼓乐房"或"鼓乐棚"、"喇叭棚"等。这是民间各种民俗活动中专门从事演奏礼乐的班社组织，多由一家或几家合办，少则四人、六人或八人，多则二三十人乃至五六十人，其演奏艺人民间称为"喇叭匠子"、"吹鼓手"。该组织一般为职业性团体，都有各自的名号，多半在城镇或小集镇上开设。据史料记载，各地县衙还设有专人统辖民间鼓乐班社，谓之鼓乐头役，并授印谕。如在吉林省西安县（今辽源市）县志中，就载有县令（正堂大人）亲笔批复易换县衙管理民间鼓乐班的鼓乐头役，并授印谕之事⑬。

流布在吉林地域的鼓吹乐，除了为历代官府举办的各种礼仪活动演奏外，民间的红、白、蓝、黄、黑及其他诸事都需鼓乐班社参与演奏。其中，红事主要是指娶媳妇、聘姑娘以及为老人祝寿、店铺开张等。白事主要指丧葬活动。蓝事指为死者办（烧）周年、挪坟、祭扫祖坟等。黄事包括庙会、进香、求雨、祭江及为寺庙神像开光等。黑事则指祀鬼神的撒路灯、放河灯（盂兰会）等（各地对诸事称谓及所指略有不同）。至于其他诸事，如为小孩办十二晌、办满月以及催奶、过继子、催喜（怀孕）、立孝贤牌坊、送牌匾、创牌子（为商品做广告）、盖新房、闹秧歌、大神会（开马绊）、盲人会等等。总之，鼓吹乐已深深地植根于世俗礼仪文化的沃土之中。不仅为各族人民所喜闻乐见，而且也已成为当地汉族、满族、锡伯族的一种习俗礼乐。

鼓吹乐之所以绵延千载，代代流传，除了历朝宫廷官府相继沿用，以其壮声威、抬身价，为其愉悦享用，以维系他们的各种礼仪制度之外，更主要的原因是，它在漫长的岁月里与广大人民世代相伴，并与民俗礼仪活动紧密地联系在一起，成为人民生活中不可或缺的有机组成部分。人民群众的由衷喜爱和民俗活动的存在，正是鼓吹乐赖以生存的土壤。民俗活动哺育了鼓吹乐，鼓吹乐也为民俗活动增添了活力和光彩。另一方面，鼓吹乐自身虽有相对稳定的特性，但却又能顺应时尚，取他人之长为己所用，具有极强的适世应变的特殊机制和能力。其人员可分可合，曲目可增可减，仪程可繁可简，规模可大可小……具有很强的灵活性、可塑性、兼容性、开放性。既可列于殿堂庙宇，又可施用城镇乡野，供不同时代、不同阶层、不同场合应用。

由于鼓吹乐所具有的与社会民俗礼仪俱生俱荣的属性和功能，以及顺应时尚，适世应变的各种自我更新的机制和能力，使它完全能够同步于不同时期民俗文化的发展变化，以满足人民群众那种兼有"恋旧"和"喜新"的双重审美需求。

蒙古族人，能歌善舞，历来有尊重乐手和歌手的习俗。自古以来，他们祖祖辈辈、年年岁岁赶着畜群，踏着勒勒车的辙印，逐水草而居，过着游牧生活。随着清政府"移民实边"放荒农垦政策的推行，使农业人口骤增，从而造就了吉林地域蒙古族人"半农半牧"的新的生产和生活方式。随之，其传统音乐也发生了嬗变。

　　自清朝后期，蒙古族以往所用的"火不思"、"潮尔"、"冒顿潮尔"、"比西古日"、"那仁筲簧格"等乐器逐渐减少，有的甚至消亡。由"潮尔"演变而成的"毛林胡兀尔"即马头琴（因琴首雕饰马头而得名），能演奏的人也越来越少。而只有"多日波希和·胡尔"即四胡（又称四弦琴）却成为了吉林蒙古族民间最普及的乐器，几乎在蒙古族每处居所里都能看到它的身影。无论是家中朋友聚会、酒宴，还是敖包会、那达慕大会，都能听到它那优美的琴声。

　　四胡共有大、小两种，构造基本相同，都有四根琴弦（原用丝弦）并分成两组。一、三弦和二、四弦各定成同度音，两组间构成五度。马尾弓子亦分成两股，分别夹在弦间。演奏起来，嗡嗡铮铮，甚是和谐好听。其中，高音四胡音色较为清脆、洪亮，用于独奏或伴奏。中音四胡，亦称低音四弦或大四胡，其音色柔和、优美而缠绵，多用于蒙古族说唱音乐的伴奏，后来发展成为独奏和合奏乐器。其定弦与高音四胡构成五（四）度关系。

　　随着吉林蒙古族历史文化的演进，四胡的制作技艺和演奏艺术代代传承并且有所发展，曾先后涌现了一批有较大影响的民间器乐演奏家。他们是青宝胡什（汉名张青宝）、道布沁僧格、王拉喜、格吉格德、乌拉和苏玛等。而苏玛则是其中的后起之秀和集大成者。

　　历史文献上记载的朝鲜族乐器有 60 余种，常用的有 20 来种。其中包括管乐类的大笒、洞箫、短箫、乡筚篥、细筚篥、唢呐（即太平箫）；弦乐类的奚琴、牙筝、玄琴、伽倻琴、扬琴；打击乐类的钲、钹（啫哱啰）、小金（又名钊、小钲）、杖鼓（长鼓）、扁鼓和龙鼓等。其中，伽倻琴则是颇具特色且应用广泛的弹弦乐器。

　　伽倻琴，相传是朝鲜半岛三国时期伽倻国的嘉实王令人借鉴中国唐代的筝，改制成的一种弹弦乐器。嘉实王又命于勒制曲 12 首。其后于勒以其国将乱，便携此琴投奔新罗国的真兴王，并亲自收徒传授技艺和乐曲。因为此琴是在伽倻国时所造，故名伽倻琴。

　　随着在宫廷和民间的普及，伽倻琴又分为风流伽倻琴和散调伽倻琴两种。后者比前者略小，其弦距较近。风流伽倻琴在演奏时，是将琴头放在右侧大腿上，用右手弹弦，左手拢弦。原来伽倻琴上设有 12 根丝弦

（近年来已将琴弦增至 23 条），中间加有 12 个雁足将弦支起。按五声音阶依次定弦。伽倻琴低音区较为粗犷，中音区柔和，高音区清亮。散调伽倻琴除了用于希纳予合奏和民谣伴奏外，主要用于散调的独奏。在实践中，还借鉴了中国筝的一些演奏法，使其演奏技艺不断地得到丰富和发展。

伽倻琴散调结构严谨，情绪发展逻辑性强，音乐语汇丰富多彩，变奏手法多样，从而要求演奏者具有较高的演奏技艺和艺术创造力。故伽倻琴散调具有很强的文人音乐色彩，一般要由音乐素养较高的职业演奏家来演奏。这种情况，有类于汉族中的古琴音乐。

所谓散调，是一种器乐独奏的套曲形式。它是由相对独立的一些曲子组成。与元代散曲中的"散套"相类。据传，散调是朝鲜半岛李朝末年由著名的伽倻琴演奏家金昌祖创始。另说，是由沈相建之父沈昌来和朴相根之父朴八卦所成就。

最初的伽倻琴散调音乐是植根于南道的希纳予，同时吸收了盘索里的音调和长短，并将其器乐化而成。开始时还处于一种即兴演奏形式，后来逐渐将其固定为套曲形式。其各首乐曲一般不标曲名，而是以各种长短代之。

散调长短有慢速（晋阳调 18/8、中莫里 12/8）、中速（中中莫里 12/8、呃嗯莫里 10/8）、快速（扎津莫里 12/8、辉莫里 2/4、4/4）三种，每种各含两个长短。这种长短的组合与叙事长短相同。其慢速是表现悠长而又深沉的情绪，中速是表现轻松、欢快和幽默的情绪，快速是表现紧张而又热烈的情绪。在处理乐曲尾声的过程中，通常是在快速的段落中间又加入一个很短的慢速音乐作为过渡，然后以极快的速度将乐曲推向高潮，最后结束。

继伽倻琴散调之后，又相继出现了玄琴散调、大笒散调、奚琴散调和筚篥散调等。由于历史和传承的关系，已经很少有人能完整地演奏这些散调了。值得庆幸的是，目前还保存一套完整的安基玉（伽倻琴散调创始人金昌祖的弟子）流派的伽倻琴散调。这是由我国朝鲜族音乐教育家、伽倻琴演奏家金震先生传授给他学生的。

金震曾师从安基玉和其弟子全孝淑。他不仅继承了伽倻琴散调安基玉流派、金昌祖流派、金光俊流派的演奏技艺，获得国内外专家的高度评价，还创作演出了根据伽倻琴散调改编的伽倻琴协奏曲《回忆与欢喜》，轰动了国内外乐坛。吉林人民广播电台和中央人民广播电台先后将其录音播放。多年来，他培养了包括韩国和朝鲜的40余名伽倻琴学生，为弘扬和发展民族音乐文化做出了突出的贡献。

杖鼓（习称长鼓）是朝鲜族音乐中应用最广泛且最富特色的主要打击乐器之一。它是在朝鲜半岛三国时期由中国传入并经改制而成。杖鼓因其腰细而得名细腰鼓。又因用竹杖（习称为鞭）和木杖敲打两个鼓面而得名杖鼓（又称为两杖鼓）。后因音译原因而将其习惯地称为长鼓。

杖鼓左右两面蒙有皮革。其中右面用狍子皮或马皮，左面则用羊皮。因皮质不同，故左面的声音较为低沉，右面的声音则较为明亮清脆。因用细长的竹杖（竹鞭）敲打右面的鼓面，故将其称为杖面。因用手掌或木制的鼓槌拍（敲）打左面的鼓面，故将其称为鼓面。其鼓身用梧桐木制作，形状为两头大，中间细。鼓的两面用多根绳索穿结，通过调整绳索的松紧，使鼓面音调获得满意的效果。

自古以来，杖鼓被广泛应用于宫廷音乐、巫乐、农乐、希纳乐、散调音乐、民俗舞蹈、民间歌谣的伴奏，也可用于独奏，还可作为舞蹈道具。因而它最能全面和完整地体现朝鲜族民族音乐在长期发展过程中形成的独特的节奏体系，这在朝鲜语中被称为"长短"。

长短一词，不仅包括节拍、节奏的周期规律，而且还包括速度、强弱、音调的抑扬以及旋律的性格。因此，它是朝鲜族民族音乐特有风格的重要因素。

朝鲜族民族音乐的节拍，绝大多数是属于三拍子系统的单拍 3/4、3/8 和它的复合拍 6/8、9/8、12/8、18/8 等。此外还有少部分二拍子系统的单拍和复合拍 2/4、4/4 的，被称为"唐乐拍子"。而这种鲜明的以三拍子为基础的节拍形式，与朝鲜族语言的节奏有直接关系。因为在朝鲜族语言中常见的是三音节和二音节的结构形式。如"阿爸吉"（父亲）、"阿妈尼"（母亲）、"杆——大"（去）、"舍大——"（站）等。因此，由朝鲜族语音重音的这种特色所形成的几种节律形式，便构成了音乐上三拍子系统最重要的因素。另外，在传统的观念中还往往将一个三拍子作为一个单位拍来看待，如 12/8 拍可当作四个单位拍。

朝鲜族音乐中的长短有十几种。诸如：上灵山长短、细（下）灵山长短、晋阳调长短、中莫里长短、中中莫里长短、呃嗯莫里长短、扎津莫里长短、古格里长短、打令长短、阳山道长短、道道里长短、辉（须）莫里长短、安旦长短和满长短等。各种长短间速度变化幅度很大。每一种长短都有一种基本长短和多种变化长短，此由不同乐（歌）曲节律上的差异所致。

第二节　舞　蹈

汉族舞蹈　　满族舞蹈　　蒙古族舞蹈　　朝鲜族舞蹈

吉林舞苑向来由多民族舞蹈组成，历史上曾以东夷歌舞的鲜明特色著称于世。近代以来又凭汉族、满族、蒙古族和朝鲜族民间舞蹈的异彩纷呈令人瞩目，从古至今成为白山松水民族民间文化的重要组成部分，无不凝聚着吉林人民的创作智慧，体现地域文化的美学品位。

汉族舞蹈素以品种多样、题材丰富、流行广泛著称。其中有的属于境外传入，有的则是本土生成，但都以呈现白山松水的文化风貌而独树一帜。

吉林秧歌，是歌、舞、乐三位一体的群众性大型舞种，明末清初伴随中原移民传入吉林，康熙年间已在当地广泛流行。恰如《柳边纪略》见证那样，这时的吉林境内已经是"上元夜，好事者辄办秧歌"，并称"秧歌者，以童子扮三四妇女，又三四人扮参军，各持尺许两圆木戛击相对舞。而扮一持伞灯卖膏药者前导，旁以锣鼓扣之。舞毕乃歌，歌毕更舞，达旦乃已"[①]。此外，各地志书也都不乏类似记载，共同说明这时的秧歌演出已在岁时节日蔚然成风。

同任何文化交流规律一样，中原秧歌在吉林境内就地扎根之后，也就必然发生入乡随俗的体貌变化。这里，山河壮丽、草原茂盛、土地肥沃，经过如此自然条件的陶冶和当地人文环境的熏染，秧歌队伍不断壮大，而且逐渐形成与之相适应的开朗、舒展、火爆、泼辣的艺术风格，人称中原秧歌的东北化，东北秧歌的吉林化。清代中叶之后，吉林的秧歌队伍已由初期的十几人壮大成数十人、近百人或百人以上，同时出现踩高跷和地蹦蹦两大类别，亦即学术界命定的高跷秧歌和地秧歌。舞队舞容也较以前显得多彩，舞队中含"上装"（女扮）、下装（男扮）中生、旦、丑三种行当里的多种角色。生行如沙公子，旦行如腊花，丑行如老扎（关东方言，指中老年丑旦）和傻柱子，等等。

其歌，是唱东北民歌，诸如《小看戏》《小拜年》《放风筝》《绣荷包》《丢戒指》《月牙五更》等，凡当地群众耳熟能详的小曲小调应有尽有，故称"唱秧歌"。

其舞，是以十字步、八字步、横步、拧步、抽步、踢步、颤步等多种步伐构成的以扭摆为基本动律的美、浪、俏、逗的舞蹈姿态，又称"扭秧歌"。

其乐，是乡土气息浓郁的东北鼓吹乐，即唢呐吹奏的 [句句双]、[柳青娘]、[满堂红]、[大姑娘美] 等诸多曲牌和打击乐伴奏的 [起鼓]、[平鼓]、[三锤]、[马腿] 等各类锣鼓点，以大吹、大打（敲）的红火气势烘托大扭大浪的欢腾舞姿，营造喜悦、热闹的氛围，因此也叫"闹秧歌"。演出活动因地制宜，常见有走街、打场、清场三种形式：

走街，指街道上的起舞前进。主要是上、下装分别持手绢、扇子结对表演，突出舞姿的浪俏与面部的表情。老扎和傻柱子可在队伍中随意窜动，不时与相关角色嬉戏逗趣，力求轻松与幽默。

打场，指固定场地上做各种队形变化的集体表演。其中由"沙公子"指挥行动，走"龙摆尾"、"剪子股"、"二龙吐须"、"大雁排翅"、"野马分鬃"等数十种花样翻新的动态图案，各以整齐划一的舞容给人以宏伟壮观的美感。

清场，也是在固定场地上表演，除演唱东北民歌之外，还以各种短小精悍的舞蹈节目和戏曲片段供观众欣赏。舞蹈节目如《扑蝴蝶》《鹬蚌相争》《棒打鸳鸯》等；戏曲片段如《阔大爷与小老妈》等；高跷秧歌有《头跷备马》《金钩钓鱼》《刘海戏金蟾》以及《高跷起驾》中各类人体造型等，情节性与特技性的高难度表演，更具引人入胜的艺术魅力。

此外，吉林秧歌还往往与竹马类表演结成一体，常见有《跑驴》、《跑旱船》《老汉推车》《老汉背妻》《耍狮子》《舞龙灯》等。松嫩平原还在秧歌队伍里出现杂技性高空献艺的《抬杆》《背杆》《转杆》等，统称"秧歌杆"，各以惊险动作取得观赏美感。由于这种结合体的秧歌队伍格外庞大，故有"大秧歌"之美誉。

岁时节令、喜庆活动"办秧歌"已经成为吉林的一种民风，特别是"元宵节闹秧歌"是城乡固定的习俗，尽管时代变迁却一直传承下来，历久不衰。秧歌舞蹈虽然具有自身的组合规律，但在表演过程中并不排斥随意性，因此也就容易广泛普及，致使群众性自发的扭大秧歌活动随处可见，既能在自娱、娱人的过程中获得身心健康，同时又可以此扩大人际交往，增进彼此的友谊。人们把扭大秧歌视为一条联结和凝聚人心的文化彩带。

秧歌舞蹈还曾催生二人转舞蹈的形成，即其著名的《三场舞》《手绢舞》乃至二人转表演的所有舞步、舞姿、舞容无不源于大秧歌的哺育。当地专业歌舞团体在民间舞蹈创作上也常常从秧歌中吸取丰富营养。

单鼓，作为舞蹈种类，也称跳单鼓，源于汉族民间烧香祭祀活动，因表演者在祭祀中手持单皮有柄圆鼓边击、边歌、边舞而得名。

关于单鼓的起源，吉林的单鼓艺人一致认为，出自历史上唐王征东时在松辽平原焚香击鼓超度死难将士亡魂一事。当时为了营造祭祀气氛，唐王命人把战马脖子上的串铃解下来，系在焚香者的腰间，使之在摆动身体击鼓过程中发出有节奏的响声，以表沉痛的哀悼，后来演变成名为"腰铃"的舞具。《农安县志》（民国十六年版）也有相同记载，称："先时有持单鼓者，沿门敲之。其声咚咚，然名曰揽香，人谓云垯祖宗。相传唐太宗李世民征东时，超度亡魂，留有此俗。"另在吉林单鼓艺人的祭祀唱词中也多见描述唐王征东时战争之激烈和就地超度将士亡魂等内容，于是人们便有吉林单鼓之说。

跳单鼓者多为当地鼓乐班子里的职业艺人，各有师承，具备能歌善舞的本领。其表演均在香主（举办烧香祭者）家里供奉神灵的"香坛"前进行。其形式类似萨满跳神，分"请神"、"下神"（所谓神灵下界，附在表演者身上）、"送神"三个步骤。每个步骤内含若干段落，段落称"铺"，每铺表达一定情节，演唱与之相应的历史故事和神话传说。吉林

图下 8-1　八角鼓
子亮摄

单鼓的演唱总体大都为十二铺左右，更多旨在祈神赐福，消灾免祸，保佑平安，故又称太平鼓。

祭祀活动以载歌载舞贯穿始终，完成之后，或出于艺人的兴致，或基于旁观者的欣赏要求，往往增加一些纯技巧性的舞蹈表演。这类表演一旦脱离祭祀活动便自然成为不含巫术痕迹的审美性演出节目，并且经过长期磨砺大都成为传世之作。四平地区流行的《小鼓舞》《双鼓舞》和通化地区流行的《腰铃舞》等都堪称最具吉林单鼓舞蹈特色的艺术精品。

《小鼓舞》《双鼓舞》为双辽市茂林镇姜姓单鼓世家的祖传节目，各以舞鼓的绝技远近闻名。舞者身着素装（或黑或白）便衣、便裤，脚穿与之同色的便鞋，腰扎布带，头裹白色毛巾并于前额系结，完全属于民间艺人的普通打扮。《小鼓舞》是由跳单鼓程序第六铺中"跑天门圈子"升华出来的一段独舞。舞者左手握单鼓、右手执鼓鞭，在伴奏下边击鼓、边起舞。基本舞步是"十字步"和"平步"。在扭动中胸前抛鼓、接鼓，转身背后抛鼓、接鼓，不时双膝跪地击鼓，盘腿滚翻击鼓，鼓的舞动花样翻新，令人悦目。《双鼓舞》出自烧香祭祀结束时的即兴表演，历经加工打磨而成。其主要特点是舞者两手各执一面单鼓，通过腰部、臂部和手腕的动作协调，构成千姿百态的精美画面。

《腰铃舞》是由跳单鼓第十一铺"请武大郎"提炼出来的一段独舞。

舞者的扮相和跳单鼓相同，即头戴"神帽"，腰系"神裙"及腰铃，双手各执一面神鼓，边敲击边起舞。舞蹈动作突出腰胯部位的扭动，使腰铃随着扭动相互撞击，不断发出"哗哗"的响声，清脆悦耳，而鼓声、铃声与舞姿的协调使之成为著名的单人乐舞。

　　白山木把舞是长白山区伐木工人所创群体舞蹈，为国内所罕见。这舞蹈源于清代伐木工人过木把节，在祭奠山神爷的仪式完毕之后，人们席地野餐，酒足饭饱时唱祖传的《木把歌》，其幽邃的旋律立即把大家引入苍茫的天人合一的自然境界。接着，一批壮汉，各执一根长柄木杈，在领头的指挥下豪迈起舞。他们头顶蓝天，脚踏碧野，在"哈嗨、哈嗨"的群体呐喊中整齐地舞动。基本舞步是前、后、左、右坚实踏地，不时进行树杈表演，其中包括"弹杈"、"颤杈"、"转杈"、"滚杈"和"抛杈"、"踢杈"等多种技巧。舞蹈高潮时，众人围成一团，共同将手中的木杈举向蓝天，雄浑、壮美的舞姿象征森林蔽天的长白山，以丰富的舞蹈语言将采伐者热爱家乡、敬畏自然、渴望美好人生的内心情感宣泄无遗。

　　跳墩舞出现于松花江流域，尤以今长春地区榆树市和农安县一带显得活跃，与木把舞相比，则更具农耕文化品格。它是一种非常纯朴的男性群舞。舞者各自头戴柳树条编成的绿盔，双眉贴着新鲜的柳树叶，两颊贴着艳丽的野花瓣，腰间系着用铜钱缀成的一条条"钱串子"，手执独有的花圈鼓，在平原设置的五个柳树墩上击鼓踏跳起舞。舞蹈动作粗犷，面部表情喜悦，服饰、化妆、造型、道具、舞姿各含特定寓意。柳条、柳叶、柳树木墩共同象征人类繁衍的活力，类似满族的尚柳习俗，可谓母体强壮、枝叶繁茂、后代兴盛。五个树墩意味五谷丰登。腰系的钱串子显然标志着腰缠万贯，击鼓踏跳无疑是表达人财两旺的美好愿望。因此，它的产生及流行都对研究吉林文化具有珍贵的价值。

　　除此而外，吉林境内还有其他各种各样的汉族民间舞蹈。诸如吉祥如意的《白布条舞》，撂地摊卖艺的《打哈拉巴舞》和《蚌舞》，妇女家务劳作的《捻线舞》，行巫祛病的《跳大神舞》……各从不同侧面反映同一地域的民众生活，与上述的四个舞种组合成题材丰富的汉族舞蹈总体。

　　满族民间舞蹈历史悠久，源远流长。近代，吉林地域流行的满族舞蹈多为先民歌舞的继承与发展。

莽势空齐，即莽式舞蹈，是满族最有代表性的礼仪群舞。据《柳边纪略》称："满洲有大宴会，必更迭起舞，大率举一袖于额，反一袖于背，盘旋作势，曰莽势。中一人歌，众人以'空齐'二字和之……"仅从它的舞蹈情态和艺术功能辨析，大体与其先民靺鞨人创立的《踏锤》歌舞一脉相承。即如《辽海丛书·渤海国记》所述：当时渤海国内的"官民岁时聚会作乐，先命善歌舞者数辈前行，女士相随，更相唱和，回旋婉转，号曰'踏锤'。"更相唱和、更迭起舞，回旋婉转、盘旋作势，井然有序、整齐划一等各方面，都属具有渤海"踏锤"和满洲"莽势"的共同特点。作为莽势空齐的女性舞姿则充分体现其与时俱进的完善和发展。花冠状的漂亮"旗头"（发式），大开襟宽袖的旗袍，精巧的绣花"旗屐"（鞋底中间镶方寸的木块），合成独特色彩的艳丽舞容。别具一格的吉祥舞步使之构成稳重、端庄的舞姿，俗称"风摆柳式的三道弯"，以此展示着鲜明的民族特色和地域文化风采，一直成为满族女性舞蹈的规范形象。

萨满歌舞是满族典型的宗教歌舞，源于萨满教信仰观念的烧香祭祀活动，也称"萨满跳神"，由满族先民女真时期萨满行巫演化而成。

《渤海国志长编》记载："金以女巫为萨满，或曰珊蛮"，同时指出"金与渤海同族，度渤海亦必奉之。于祖先祷神时，戴尖帽、着长袍、腰系铜铃击鼓而舞，口喃喃辞不可辨"。《鸡林旧闻录》载："萨满教为东夷一种宗教。在昔，满洲人亦迷信之"，而且"凡人患病，辄延男巫亦有女觋至家，左执鼓，以铁丝贯钱数十，横系鼓之两耳，胁肩蹈足而行，援桴鼓之，使钱不相并，取其铮有声。腰系围裙曳地，又以长带系铜铃，铁铛裙后，先喃喃作咒，旋作狐、鼠诸精魅……"⑮《吉林通志》也有类似记载，不尽相同之处在于清代以来则由萨满的往昔行巫祛病演化为神灵崇拜的祭祀活动，而且多由男性萨满承担，文称："祭祀典礼，满洲最重，一祭星，二祭祖"，并且"合族亲串，以族人为查玛（萨满），众人击鼓相和，称跳家神"。

这种跳神祭祀活动有"排神"、"请神"、"放神"、"送神"四个程序。每个程序唱不同的"神词"，跳不同的舞姿，组成完整的萨满歌舞。

歌舞的主要表演者称萨满，助演者称栽力，也叫二神，他们共同在祭祀家族特定的"神堂"和"坛场"进行，由本姓氏"穆昆达"（部落族长或本姓氏辈分最大、声望最高者）亲自主持。萨满在全部祭祀活动中头戴"神帽"、身穿"神裙"、手执神器（无柄单鼓，称"抓鼓"）、腰系串铃（腰铃），以哆哆嗦嗦的迷离情态，通过摇摆舞姿塑造各种神灵形象。石克特立氏的萨满舞蹈保留的比较完整，分独舞、双人舞、四人舞、群舞四种形式。

独舞，塑造雕神形象，满语称"按巴代嘎哈"，为图腾崇拜之一。舞蹈侧重颂扬其不惜自我牺牲而奋力拯救苦难大众的英雄行为。舞蹈动作细腻，情感真挚，语汇丰富，主题鲜明，感人至深。

双人舞，塑造火神形象，也叫"金花火神"，满语称"爱新哈克沙腓"，由萨满和一名栽力结对表演。二者双手的每个指间夹着点燃的香火，通过两臂于身前、额前的反复交叉挥舞，不时产生火花四射的艺术效果，表达消除黑暗、光照人间的主题思想。

四人舞，塑造舞蹈神祇的美丽形象，满语称"玛克辛瞒尼"，由三名栽力伴陪萨满起舞。四人各执抓鼓和"托力"（铜镜，为"神器"之一）对称表演，手中的抓鼓、托力和身上的腰铃（也称"神器"）随着舞蹈的扭摆动作构成有声有色的变化图案，具有较高的观赏价值，表达要把美丽带给人间的鲜明主题。

群舞，塑造祖先神灵的英雄形象，满语称"巴图鲁瞒尼"，由萨满率若干栽力集体起舞。萨满扮演勇武的神将，身穿闪光战袍，手执锋利的金杆长枪，与周围扮演勇士的栽力们南征北剿，所向披靡，威震四方，充分体现本民族的英雄崇拜观念。群舞中还有一个名叫"火炼金神"，俗称"跑火池"的节目。这是一个特别惊险的群舞表演，由萨满率领众栽力于燃烧着的炭火上赤足踏火奔腾起舞，坚实的舞步踏得身边火花四溅、红光映天，把本民族的火崇拜意识展现到了极致。

与满族萨满跳神具有紧密关系的还有汉军旗（汉民加入满洲八旗者）萨满跳神，主要程序类似于满族的烧香祭祀，用汉语表达，舞蹈情态方面与满族的萨满舞蹈大同小异。

此外，满族还有用舞蹈上家谱和祝寿的传统，另有八旗秧歌在吉林地区长期活跃。

吉林地域的蒙古族舞蹈属于东蒙文化的组成部分，主要流行在郭尔罗斯前旗一带。无论宗教舞蹈还是民俗舞蹈，都有地域性民族文化交融的丰富内容，不乏独树一帜的优秀作品。

查玛，俗称"跳鬼"，是藏传佛教寺院里的固定性佛事活动之一。表演者各自戴着象征人、鬼、神、魔等彩绘面具于不同场次扮演相关角色，表达故事情节，类似大型的民族舞剧。

阿拉街查玛，得名于地方文化特色。公元1664年，清政府拨专款在郭尔罗斯王爷府——阿拉街（今前郭尔罗斯蒙古族自治县王府屯）修建藏传佛教寺院，命名"崇化禧宁寺"，当地群众称其为"阿拉街庙"。寺院落成之后，每年农历正月和六月的十四、十五都要举办大规模的跳查玛公演，吸引广大蒙古族群众从四面八方赶来观赏，口称"赶喇嘛庙会，看阿拉街查玛"。

阿拉街查玛有与众不同的艺术特点，在舞蹈的内容和形式上饱含藏族、蒙古族和汉族的文化因素。

内容上，该查玛第七场（名为"阿拉哈柱"）中着力叙述当地蒙、汉两个民族风雨同舟，生死与共的动人故事。主要情节是：在广阔的东部科尔沁草原，有两个美丽、善良、勇敢的汉族姑娘，她们同当地蒙古族牧民相处得非常和谐。某年盛夏，这里突然天降暴雨，河水猛涨，许多在河边放牧的蒙古族群众来不及躲避，纷纷被卷入滔滔的洪流之中。两位汉族姑娘在山坡上看到这种惨状感到震惊，于是不顾个人安危奋力跳进河里抢救落水牧民。当牧民相继脱险的时候，两位姑娘却因筋疲力尽而被巨浪吞噬。蒙古族群众为此异常悲痛，每天都怀着感恩之情焚香祷告。众人诚意感动了上苍，两位姑娘借助神力安然浮出水面，笑望晴朗的碧野飘向蓝天。据说，这段情节出自当地的真实事件，只是查玛艺人将其赋予了神话结尾。

形式上，阿拉街查玛呈现出西藏舞与蒙古舞的完美结合，融为一体。明显的标志是：阿拉街查玛的舞步、舞姿既保持藏族舞蹈"顺手顺脚"的手脚一顺边的特点，又凝聚着蒙古族舞蹈耸肩和碎抖肩等艺术风采，堪称阿拉街查玛的独特美感。

舞蹈伴奏的主奏乐器有大号（长达二米，托在木架上吹奏）、羊角号、海螺、大鼓、大钹。各种乐器的合奏显得古老深沉、悠扬和凝重，使舞蹈表演具有一层神秘性，从而增强艺术感染力。

安代，也称"敖恩代"，意思是"抬头看"，原为蒙古族行巫祛病的一种歌舞形式，同时具有艺术观赏价值。历史上有"博安代"和"清安代"之分，前者由男巫主演，称"博"，宗教色彩浓重；后者为平民娱乐活动，也称"俗安代"，由"安代钦"（歌舞能手）领唱、领舞，男女老少皆可参与。

郭尔罗斯安代属于清安代，产生于郭尔罗斯的毛都奈力屯（今乾安县榆树屯），创始人名叫巴图吉日嘎拉。据说，他原是一位普通的老年牧民，中年丧偶，长期与独生女儿相依为命。某年酷暑，父女二人因故被困在不见人烟的茫茫草原。女儿患重病，奄奄一息，招来一群群蚊蝇袭扰，老人无奈把身穿的长衫衣襟撕成两个布条，前后左右反复挥动，用以驱赶蚊蝇，同时仰望长空悲痛唱述父女的凄惨命运。顷刻间，不知从哪里拥来一群男女青年，有的手持青草，有的捧着鲜花，伴随老人布条挥动唱歌跳舞，祝愿眼前的病女逢凶化吉，转危为安。不久，病女渐渐苏醒，几天之后便恢复了健康。这奇迹不翼而飞，传遍草原各个牧点。此后，人们凡遇病患就请巴图老人带领青年男女以边歌边舞的方式挥动布条驱邪除害，进而成为众人敬仰的"安代钦"。经过对舞蹈的艺术加工，成为"郭尔罗斯安代"，变成了脱离祛病痕迹的纯民俗舞蹈。

郭尔罗斯安代初期没有器乐伴奏，舞蹈动作并不规范，加工定型之后采用弦乐伴奏，后被人们共识为可爱的《安代曲》。舞蹈语汇也随之得到丰富。基本舞姿是表演者双手随着蒙古族民间舞蹈常用舞步有节奏地挥动轻盈飘逸的布条，以群体起舞的方式营造热烈的气氛，抒发万众一心、喜迎吉祥的欢快情感。于是，作为体现民愿的郭尔罗斯安代很快传遍科尔沁草原，成为蒙古族代表性的民俗舞蹈之一，至今仍有旺盛的活力。

奥德根，即蒙古族的女巫，类似女真的珊蛮、汉族的女大神和朝鲜族的女巫人，各自的行巫祛病舞蹈，均属于巫舞类。郭尔罗斯奥德根舞蹈由"帮博"（男巫，类似汉族的二大神）伴陪，在主人家专设的"神案"前进行，以迷离摇摆的舞姿贯穿行巫的全过程。音乐出自蒙古族民歌曲调，唱词顺应主人的意愿和心态即兴编排，故意在含糊中产生神秘感。舞蹈动作简单，主要是运用全身颤抖和晃动腰铃击鼓（单鼓）旋转。仅就同一地域不同民族的巫文化生态而言，郭尔罗斯奥德根的存在具有与满族、汉族和朝鲜族巫舞的比较研究价值。

此外，郭尔罗斯前旗还流行取材于草原骑射生活的《马舞》和源于体育竞技的《角力舞》等，都富有观赏意义。

能歌善舞是朝鲜族的传统，哪里有朝鲜族群体，哪里就堪称高歌欢舞的海洋。吉林境内的朝鲜族多定居在东部的延边地区，仅这里可见的民间舞蹈就达30余种，各以优美的姿态和艳丽的色彩成为吉林舞苑的耀眼奇葩。

农乐舞是朝鲜族最具代表性的大型民俗舞种，可谓农耕文化的艺术结晶。其鲜明的主题写在引领舞队的农旗上，即八个醒目的汉字："农者，天下之大本也。"

同汉族秧歌一样，农乐舞的表演也为朝鲜族岁时节日或各种喜庆场合之必不可少，早已成为开在广大朝鲜族群众心里的不败花朵。每当提到农乐舞必想到朝族人，而谈到朝族人也就联想到农乐舞，农乐舞似乎是朝鲜族文化的外在符号。

农乐舞队活泼欢快，由两大行当组成，分别称作"持手"和"杂色"。持手即持乐器演奏的载歌载舞者，主要乐器有小金（小锣）、钲（大锣）、手鼓、长鼓、圆鼓和唢呐等。杂色，即戴面具或不戴面具的各种滑稽角色，旨在插科打诨式地活跃气氛，吸引观众。

舞蹈表演分两大部分：舞手鼓、甩象帽。舞手鼓重在模仿狩猎者雄姿，艺人称其技法是"跑步拉弓"，形象再现原始狩猎的生活图景。甩象帽，通过甩动象帽的特殊技巧展现人们欢庆农业丰收的兴奋心情。在这样场面里，舞者以其颈项的力量频频摇动自己的头部，所戴的象帽飘带随之旋转如风，不时围绕舞者于空中形成神奇般的夺目光环。飘带愈长，色彩愈艳，光环愈加耀眼，进而成为农乐舞的最大亮点，乃至完善成可以单独表演的舞台节目，称《象帽舞》。农乐舞在吉林省的朝鲜族中自十七世纪以来一直流传至今，已被列入世界非物质文化遗产代表作。

长鼓舞是朝鲜族具有品牌意义的传统乐舞，由农乐舞的击长鼓演化而成。创始人是当年著名的女性长鼓乐手薛媛，因其鼓技出众而被人们誉为"薛长鼓"。她在击鼓中善于加入一些即兴的舞姿，并且显得非常动人。后经规范性的艺术升华则从农家乐舞中脱胎而出，于是便形成一种女性胸前横挎长鼓边击边舞的独立乐舞，定名为《长鼓舞》，随之传遍朝鲜各地，在吉林省延边地区朝鲜族中也传承下来。

长鼓，既是掌控舞蹈节奏的乐器，又是形成击鼓身段的舞具。乐器、舞具、舞姿融为一体是该舞的突出特点。全舞皆用朝鲜族特有的传统音乐节奏型"长短"协调动作，含三个阶段。第一阶段，击"古哥里长短"，舞者抒发愉悦情感，舞姿轻盈柔和。第二阶段，击"安当长短"，舞姿飘逸欢快。第三阶段，击"挥莫里长短"，舞者由愉悦、欢快到热烈，直至达到激越性的高潮而终止，意在给广大群众以纯美的艺术享受。

同长鼓舞相似，扇子舞也是传递美感的一种传统舞蹈，其源于古代的执扇行巫，脱离巫术之后形成女性的抒情舞蹈。扇子，是纱面彩色的大型折扇，为精美的舞具，舞者的全部动作都以扇形的变化为主导，其中包括"立扇"、"垂扇"、"平扇"、"握合扇"等若干姿态。上肢动作突出本民族特点的"扛手"、"提手"、"围手"和"举肩"、"抖肩"等基本程式，总体舞容显得舒展、大方、典雅。

僧舞和初目舞都是反映朝鲜僧侣生活的传统舞蹈，各具不同风采，给人以不同的感受。

僧舞，原是女子独舞，后来渐有男性舞者，并且出现群舞形式。舞者头戴僧帽、身穿长袖僧服，备以高悬着一面圆鼓，抒发内心的复杂情感。舞蹈由"舞长袖"、"击法鼓"两个段落构成。前者着重两条长袖的舞动与抛飘，呈现动静分明、刚柔相兼的空灵意境，似乎欲将满腹忧怨抛到九霄云外。后者突出击鼓过程中的情感宣泄，即舞者以转身舞长袖的舒展情态，猛然挥起手中的鼓槌敲打复杂多变的鼓点。有时双槌击鼓面，有时单槌击鼓边，有时双槌交叉连击不息，难以言表的孤独和郁闷全部注入在这变化多端的鼓声之中。

初目舞，是男子独舞，源于寺院的《八目僧舞》，属于其中的一个片段。但与僧舞的意境相反，而是以喜剧的情调反映僧侣的快乐生活。舞者头戴面具（称"假面"），身穿长袖僧服，伴随"打令长短"节奏，以袖掩面，蠕动全身登场，然后又缓缓起身，仍以长袖掩面左右窥视，接着面向观众甩开遮面的长袖诙谐亮相，制造出人意料的效果。接着，在"古格里长短"的节奏中尽情挥动胳膊，随之甩抛长袖，以跑碎步、屈膝抬腿、摆臀耸肩、头部抖动和上肢屈伸等多种舞蹈语汇塑造出一位无忧无虑、时时欢喜的僧人形象。

手舞、手拍舞都是源于生产劳动的抒情舞蹈，各因突出舞者的手部动作而得名。

手舞，常见于城乡的喜庆场合，以手型的轻巧多变带动舞姿的自然和优美而取胜。舞者男女皆可，尤以男女对舞最为流行。技巧方面包括"提拳立手"、"提手拂面"、"推腕张手"、"绕拳下推手"和"对拍手"等，各种手型的组合皆以舞者内心的坦然为感情纽带，舞姿优美赏目，给人以轻松愉快的享受。

手拍舞，是男子独舞，流行于长白山区，反映原始狩猎生活，抒发猎人获取猎物的喜悦心情和自豪感。舞者造型古朴，只在腰间围一片树皮状的麻布，其他部位完全裸露，酷似山林野人。伴奏一人，乐器是一个扣在盛水木盆里的小木盆。伴奏者席地而坐，用木棒敲击木盆发出的"嘭嘭"响声控制舞蹈节奏。舞者随着伴奏音响分别用手心、手背拍掌、拍胸，拍打头顶、前额、双臂与臀部，从中显示自己的力大无比，间或面对猎物作出嘲笑的怪脸，不时模拟山林鸟兽的各种叫声，在自豪中又流露出无法掩饰的诙谐情绪。该舞蹈为国内外所罕见，对研究朝鲜族舞蹈历史具有难得的学术价值。

刀舞、牙拍舞属于小道具舞蹈，均由古代的宫廷传到民间。

刀，是有柄缀穗的精美短刀；牙拍，是用象牙做成的小巧薄片（在民间多改用竹片），每付两片，用彩绳穿连。两个舞蹈均为女子独舞，各以舞动两类道具的千姿百态遍受历代观众赞誉。其中特别以刀舞的"单臂绕刀"、"交叉击刀"、"交替抽刀"、"击刀展臂"、"合臂绕刀"与牙拍舞的"横手击拍"、"扛手击拍"、"跪地击拍"和"牙拍击地"等多种技巧及其舞蹈身段的清秀引人入胜。

龟舞、鹤舞、狮子舞均为大道具舞蹈。道具是三种动物形象的仿生模型，各自披在舞者身上，以夸张的舞步和驱动道具来表现相关动物的行动和情感，从美感中引人联想。即龟舞的沉稳、安然意味健康、长寿；鹤舞的轻捷、飘逸象征自在、吉祥；狮子舞的雄壮、矫健体现强悍、勇敢。诸如此类，见仁见智，各有不尽相同的审美感悟，这便是舞蹈自身的文化蕴含。

圆舞是群众性自娱抒情的集体舞蹈，在朝鲜族聚居处随时可见，更多出现于亲友欢聚和社会上人际交往等热闹场合。舞蹈多由众所周知的三个呼号唤起，即"嗡嗨呀"、"荷尔拉哩"、"快吉那庆庆那内"。前二者为感叹词，近似于汉语的"嗨哟"、"啊哈"等，后者是本民族一首流行歌曲的名称。每当人们聚集的时候，只要有人高喊一声上述呼号，大家便情不自禁地呼应着自动起舞，男女老少皆可参加，各个喜形于色，尽兴乃止。

朝鲜族精神生活离不开舞蹈，凡生产、生活中的各种情景都可通过舞蹈表现。诸如从家庭妇女的捻麻劳动中提炼出《绩麻舞》，从女人们田间运送饮水的行进中创作出《顶罐舞》，从少妇们洗涤餐具的动作中加工成《碟子舞》，从农夫下田插秧的奔波过程中造就出《背架舞》，从男人节日装束中编演出《纱帽舞》，如此等等，不计其数，使朝鲜族聚居之地无不成为歌舞之乡。

【注释】

① ② ⑪《中国民间歌曲集成·吉林卷》，1997 年中国 ISBN 中心出版。

③ 王昆吾：《唐代酒令艺术》，上海知识出版社 1995 年版，第 58 页。

④《中国酒令大观》，北京出版社 1994 年版。

⑤ 同上③，第 45 页。

⑥⑧《中国酒令大观》序言，北京出版社 1994 年版。

⑦ 王昆吾：《唐代酒令艺术》，上海知识出版社 1995 年版。

⑨ "沙恩吐宴"：在迎亲时由女方家举行的婚礼晚宴。"沙恩"：原意为羊的膝盖骨。

⑩ "求名宴"：是在婚宴上进行的一个仪程。届时，由男方的祝词家向女方的嫂子（女方的祝词家或歌手）询问新娘的名字、属相等。在众人的劝说下，女方嫂子才将

　新娘的名字、属相等——告之男方的祝词家。

⑫《中国民族民间器乐曲集成·吉林卷》有关章节，1999 年中国 ISBN 中心出版。

⑬《中国民族民间器乐曲集成·吉林卷》卷首图片，同上。

⑭ [清] 杨宾：《柳边纪要·卷之四》，见《吉林纪要》，吉林文史出版社 1993 年版，第 55 页。

⑮ [清] 魏声和：《鸡林旧闻录》，《长白丛书》初集，吉林文史出版社 1986 年版，第 44—45 页。

第九章

民间风情

　　风情乃人类的习俗情感。古人云"风起于俗可随也"①，是说，不必号令而风俗便可自己调整。上行下效谓之风，众心相随谓之俗。民间风情是具有无形约束力的习惯，是人内心情感的外在表现。俗话说"十里不同风，百里不同俗"，有明显的区域性。无论是衣食住行，婚丧嫁娶，还是节日祝幸、游戏、娱乐，各地有各地的风情。

　　吉林是多民族共居的北方边陲，生活在这片热土上的各民族在历史的长河中，共同创造并形成凝结着先人智慧和情趣的吉林民间风情，留下了生动鲜活的民间风情文化印记。

第一节　多彩的民族服饰

满族服饰　朝鲜族服饰　蒙古族服饰

　　从服饰上看，满族的长袍、马褂、旗鞋、靰鞡、皮袄具有十分鲜明的民族和地域特色，影响至深。

　　长袍是满族男女老少一年四季都穿着的服饰。它裁剪简单，前后襟宽大，而袖子较窄，四片裁制，衣衩较长。长袍样式的形成，与满族自其先世始终从事渔猎生产密切相关。宽大的前后襟便于上马下马；窄窄的袖子，便于射箭；由于袖口附有马蹄状的护袖（又称马蹄袖），严寒的冬季在外狩猎能够有效地保护双手，以防冻伤。在满族人逐渐脱离骑射生涯后，马蹄袖已成装饰，人们互相见面时放下马蹄袖仍然是满族人对长者、尊者致敬的礼仪。

历史上满族男子喜穿青蓝色的长袍，头顶后部留发梳辫，戴圆顶帽，下穿套裤。妇女则喜穿浅颜色的直筒袍，装饰比男性袍更强，领子、前襟和袖口都有绣花，头式是"盘髻儿"，戴耳环，腰间挂手帕。

长袍有单、夹、棉、皮之别。皮袍，分直毛、弯毛。直毛指狐狸、猞猁等直毛动物皮，弯毛指羊皮。羊皮又分羔皮、麦穗等。以毛皮为里称皮筒或筒子，外边罩面。在面料上又有布、缎、绸、绒等多种。此外，面料的色彩也讲究时尚性。清顺治、康熙、雍正年间，时兴蓝色或宝石蓝色，取其明快清淡；乾隆之后，时兴玫瑰紫色，取其红火；自嘉庆年间开始，时兴亮灰、淡灰、银灰色，取其洁净古朴。

长袍衣料的纹饰是吉祥的象征，无论是锦缎、丝绸、大绒等，多选"富贵长春"、"万事如意"、"四季平安"、"福寿绵长"、"鹿鹤同春"、"百蝶穿花"等。长袍的领子多数是假领，其状如牛舌头。春秋时节，多以绒、缎、绸作领料，为使挺直和耐污，习惯用浆沫浆制；夏季"秃脖子"即无领，为了凉快；冬季，多用绒、皮作领料，以防风寒。

长袍的襻扣，高档的用银、包金、鎏金、玛瑙、珊瑚、琥珀、罗佃、三镶翡翠等材质，且纹饰很讲究；低档的用铜，更多的是用布条缝制、编织。子扣叫双襻疙瘩，母扣叫扣襻。

清朝统一全国后，满族人称为旗人，所以女士的长袍称为"旗袍"。清末，西风东渐，旗袍的设计，融进了现代的审美观点和剪裁技术，使之更加贴身，更能体现出人体美；在款式、用料上也推陈出新，使旗袍更加丰富多彩，独具魅力。由于旗袍能很好展现妇女的曲线美，现今已成为风靡世界的女性时装。

马褂是一种穿于袍服外的短衣，衣长至脐，袖仅遮肘，主要是为了便于骑马，故称为"马褂"。清朝刚统一全国时，马褂只限于八旗士兵穿用，直到康熙雍正年间，才开始在社会上流行，成为男式便衣，不论身份，士庶都可穿着。之后更逐渐演变为一种礼仪性的服装，在交际场合都以马褂套在长袍之外，叫"长袍短褂"，显得庄重大方。马褂的样式有琵琶襟、大襟、对襟三种，并有单、夹、纱、皮、棉之别。

马褂中有一种颜色不能随便使用，那就是黄色。黄马褂，除帝王以外，皇帝特赐的人才能穿御赐黄马褂。主要有三类人：一是随皇帝"巡幸"的侍卫，称为"职任褂子"；二是行围校射时，中靶或猎获多者，称为"行围褂子"；三是建有卓著功勋的文武官员。

旗鞋特指木质高底鞋。满族自古就有"削木为履"的习俗。

高底旗鞋多为十三四岁以上的青年女子穿着。高底鞋的木底一般高5—10厘米，最高的可达25厘米左右，用布包裹，然后镶在鞋底中间脚心的部位。其形状通常有两种，一种上敞下敛，呈倒梯形花盆状，称"花盆底"。另一种是上细下宽、前平后圆，其外形及落地印痕皆似马蹄，称"马蹄底"。高底鞋除鞋帮上刺绣纹样和装饰片外，木底不着地的部分也常用刺绣或串珠加以装饰。有的鞋尖处还饰有丝线编成的穗子，长可及地。这种鞋的高跟木底极为坚固，常常是鞋面破了，而鞋底仍完好无损，还可再用。老年妇女的旗鞋，多以平木为底，称"平底鞋"。

靰鞡满语意为皮制的鞋，其用途、选材、造型、工艺都有着浓郁的地域和民族特色。关于靰鞡，见于诸多史料。如《鸡林旧闻录》称，靰鞡用方尺牛皮，屈曲成之，不加缘缀，覆及足背。《香余诗钞》称，缝皮为鞋，附以皮环，紉以麻绳，最利跋涉，国语曰乌拉。民间谜语"有大有小，东北之宝。皮里没肉，肚里有草。脸上有褶，耳朵不少。放下不动，绑上就跑"，谜底就是靰鞡鞋。靰鞡多用上等牛皮缝制，也有用野猪皮、家猪皮、鹿皮、马皮缝制的。靰鞡的最大特点是鞋膛宽大里面可以絮靰鞡草，因而御寒性能强。

皮袄是满族冬季最常穿的衣服。冬季漫长，天气寒冷，又因其先民多以狩猎为业，有丰富的毛皮材料来源，因此，有穿皮袄的习惯。猎户多用狍子皮制作，农家多用羊皮。最讲究的皮袄用关东三宝之一的貂皮制成。皮袄有长短之别，长的称皮大氅，衣长过膝，毛皮大领，对襟或偏襟，大多皮毛朝外，也有皮板在外的。比较讲究的，是皮板外面再罩上布面。皮大氅抗风御寒，冬天里打猎或赶车时最常用。短皮袄长约70

图下 9-1　清　打牲乌拉协领衙署前的满族女子　　原刊于《话说乌拉》，吉林人民出版社
2008 年版。

厘米，对襟，用羊羔皮、狐狸皮等制作，多为毛朝里，冬季男女老少多
喜穿用。

　　套裤实际上是两个互不相连的裤管，穿时套在裤子外，用于御寒。
裤管的上端前高后低，形成圆斜口状。高端齐腰，并和裤腰带相连；低
端位于臀下。套裤有棉、皮之分。穿套裤者多为老人，猎人、车老板，
进山打柴、伐木以及打场、刨粪等在户外劳作的人也常穿。套裤具有防
寒和保护裤子不被划破的作用。

　　朝鲜族服饰民族特色极强，尤其是女性服饰。

　　成人女装为短衣长裙。短衣至胸，重色彩是其显著特点。以直线
构肩、袖、袖头，以曲线构领，斜领无扣，布带打结。短衣颜色以黄、
白、红为主，色彩鲜艳。长裙的下摆很长，显得华贵大方。缠裙长及脚
踝，裙头缝有宽带子，用以在胸部缠裹。穿这种裙子的时候，要把裙下
摆的一端提起来掖在右侧。未婚女子通常穿及膝筒裙，已婚女子则穿及
踝的缠裙。

成人男装多为素色短上衣，斜襟、无纽扣，前襟两侧各钉有一飘带，穿衣时盘结在右襟中上方。一般外套是深色带纽扣的"背褂"（坎肩）。朝鲜族的男裤很特殊，俗称"灯笼裤"。这种裤子裤腰宽，裤裆和裤管肥大，便于盘腿坐于火炕、垫子或席子上。穿时将裤腰前部折起后系上腰带，裤管下口用布带系绑。

船形是朝鲜族传统鞋的一大特色。古时用浸渍油脂的皮革制造，鞋尖翘起酷似小船，不透水，适于阴雨天穿。女油鞋在鞋尖、鞋帮上饰有花纹。用多层绸布粘贴作面的云鞋，布纳鞋底，亦为船形。至民国后胶鞋流行时，朝鲜族女式胶鞋仍沿用船形，形似一小舟。

朝鲜族帽子最有特色的是笠，一种帽顶为圆柱形的宽檐帽子，以黑笠最为流行。戴笠时，先在头上敷以网巾，下雨时在笠上罩以笠帽以防雨。此外，夏天老年男子还常带戴一种马尾编的大檐凉帽。

蒙古族男女老幼一年四季都喜欢穿长袍，俗称蒙古袍。男袍一般都比较肥大，女袍则比较紧身，以显示出女子身材的苗条和健美。

蒙古袍的不同颜色各有象征。男子多喜欢穿蓝色、棕色，女子则喜欢穿红、粉、绿、天蓝色，夏天更淡一些，有浅蓝、乳白、粉红、淡绿色等。蒙古人认为，像乳汁一样洁白的颜色，是最为圣洁的，多在盛典、年节吉日时穿用；蓝色象征着永恒、坚贞和忠诚，是代表蒙古族的色彩；红色是像火和太阳一样能给人温暖、光明和愉快，所以平时多穿这样颜色的衣服；黄色被看作是至高无上的权力的象征，所以过去除非活佛，或者受到过皇帝恩赐的王公贵族，其他人是不能穿用的。

蒙古靴分布靴、皮靴和毡靴三种。毡靴是用羊毛模压而成。蒙古靴和皮靴做工精细考究，靴帮、靴勒上多绣制或剪贴有精美的花纹图案。靴是蒙古族人民在长期的劳动生产和日常生活中创造出来的，非常适应自然环境。骑马时便于勾踏马镫，并能护踝；行路时能防沙、防蛇；冬季更具防寒功能。

腰带是蒙古族服饰不可缺少的重要组成部分。一般多用棉布、绸缎制成，长三四米不等。色彩多与袍子的颜色相协调。系腰带既能防风抗寒，骑马持缰时又能保持肢体的稳定，而且还是一种漂亮的装束。男子扎腰带时，多把袍子向上提，束得很短，骑乘方便，又显得彪悍潇洒，腰带上还要挂上"三不离身"的蒙古刀、火镰和烟荷包。女子则相反，扎腰带时要将袍子向下拉展，以显示出娇美的身段。

第二节　丰富的饮食文化

满族火锅　满族白肉血肠　蒙古族烤全羊　朝鲜族冷面与打糕　回族老韩头豆腐串　李连贵大饼　粘豆包　真不同酱肉　清蒸白鱼

火锅始于何时、何地，众说纷纭。其实，作为一种饮食方式的火锅，它的起源绝非一地。吉林省境内，具有鲜明地域特色的是满族火锅。满族先民一直生活在冬季漫长而寒冷的白山松水之间，并长期从事渔猎生产。在满族先世女真人时期，冬季出猎，在外野餐，常将陶钵、陶罐架在篝火上煮吃冻结的食物，边烧边吃，是为满族火锅的雏形。后来随着金属制品的广泛应用，出现了金属火锅，比较讲究的是挂锡里子的铜火锅。

满族火锅，花样纷呈，主要有以下几种：

山雀锅是早期的一种专门煮山雀的陶制小火锅，仅能放几只山雀。这种火锅一般都是成排地放到篝火上烧煮，随吃随添。

天上锅就是飞禽火锅。满族的先民对飞禽特别崇拜，认为食用百鸟，会使人聪慧灵敏，吉祥如意，喜事临门。经常煮食的是雁、天鹅、水鸭子、山雉。天上锅最为鲜美的是飞龙，又名榛鸟。因为飞龙被定为贡品，供皇室享用，所以更加珍贵。

水中锅就是鲜鱼火锅。古时常用一种石制方形锅，下部架火煮烧，直接煮活鱼，后来演化为煮食切好的鲜鱼肉。

地上锅就是兽肉火锅。如鹿肉、狍肉。

酸菜火锅是吉林满族最经常吃的一种，后来其他民族也普遍食用。做法是：先将煮熟的五花猪肉，切成如纸一样的薄片，下到锅中做锅底，然后再投入其他肉和菜。入锅的肉类，种类繁多，如猪肉、牛肉、羊肉、鸡肉等。肉类均切成薄薄的片状，冬季将肉冻实，用飞快的刨子刨成薄片。其他配菜多数是蘑菇、黄花等干菜和粉丝。菜类唯一不可缺的是切得细细的酸菜（又称渍菜。渍，关东方言，读 jī）。佐料种类也很丰富，包括芝麻酱、韭菜花、腐乳、辣椒油、香菜、葱末、盐面等，用小碗分装，摆在桌上自选。吃时，夹肉片或蔬菜放到滚开的锅里，片刻即捞出，蘸上佐料，肉嫩菜鲜，满口生香。涮完肉菜后，在汤内下面条或水饺，风味独具。后期在用火锅招待客人时，又生成不少规矩：如"前飞后走，左鱼右虾，四周轻撒菜花"。即飞禽类肉放在火锅对炉口的前方，走兽类肉放于火锅后边，左边是鱼类，右边是虾类，各种菜丝稍许放一些。

传承久远的满族火锅，不但是吉林各族人民喜爱的菜肴，其他各地群众，也是爱之有加。尤其是有传承谱系的著名满族火锅店，总是宾客如云。如始创于清光绪年间的乌拉街凤吉园贾家火锅店，虽然地处小镇，却一直吸引着八方宾客。

吉林地域的气候只适应种植一季作物。过去，冬季没有新鲜蔬菜，将秋白菜渍成酸菜是家家必备的冬贮菜。酸菜传说是金代开国英雄苏木妇人发明的，满族人家称其"朱顺巴"，为纪念苏木，满族人都腌渍这种菜[2]。酸菜可以做成多种菜肴，但最有名的是酸菜白肉血肠。

酸菜白肉血肠之所以有名，一方面是因为确实味美可口，酸菜喜油，与白肉一起烹调既解其酸味又使其脆嫩；另一方面，古时百姓生活穷困，每年只有部分人家过年时才能杀猪，叫杀年猪，也只有这时才能吃上一顿酸菜白肉血肠。酸菜白肉血肠虽不是名贵菜，却受人们普遍喜爱，至今仍是吉林的一道传统名菜。

吉林省的蒙古族，主要聚居在郭尔罗斯前旗一带，这里的蒙古族居民一直延续本民族传统的生活习俗，在饮食方面最具民族特色的就是烤全羊。烤全羊，蒙古语称为"昭木"、"好尼西日那"。烤全羊，无论是制作方法，还是食用礼仪，都别具一格。原始的烤全羊，是将去皮开膛的整羊架于火上烘烤。烘烤时要烧火硬而无烟的杏木疙瘩。烤熟后从架子上卸下，用刀割而食之，既不加油盐，也不加其他佐料。后来，烤全羊的制作方法渐趋复杂。据《元史》记载，十二世纪时蒙古人"掘地为坎以燎肉"。到了元朝时期，蒙古人的肉食方法和饮膳都有了很大改进。《朴通事·柳蒸羊》对烤全羊作了较详细的介绍：元代有柳蒸羊，于地作炉三尺，周围以火烧，令全通赤，用铁芭盛羊，上用柳枝盖覆土封，以熟为度。这说明不但制作复杂讲究，而且使用了专门的烤炉。在清代各地蒙古王公府第几乎都用烤全羊招待贵宾，是高规格的礼遇。

后来，烤全羊的制作过程形成较为固定的模式。选择膘肥体壮的小羊，宰杀后用八十度的热水浇烫羊的全身，趁热褪去羊毛，挖除内脏，用水洗净胸腔、腹腔，再用碱水洗净全身羊皮。在腹腔和后腿、五叉等肉层较厚的部位，用刀割开小口，然后填进各种佐料腌渍入味，肉皮涂抹适量植物油，用铁扦从羊尾向内插到腹部，并加以固定，再用铁链钩住羊的四肢，背部朝下放入砖砌而成的穹庐状烤炉用慢火烘烤。烤全羊形状完整，色泽枣红，羊皮酥脆，肉质鲜嫩，味道浓香。吃烤全羊的礼仪异常隆重，由司仪吟诵祝词、献哈达、敬美酒，热情的蒙古族姑娘唱蒙古歌曲，然后由席间长者第一个下刀割肉。祝福声声，酒香飘飘，气氛热烈，其乐融融。

在朝鲜族的饮食之中，冷面与打糕是主要的传统食品。冷面既是朝鲜族日常饭食，又是喜庆节日招待客人的特殊佳肴。人们不仅在炎热的夏天爱吃冷面，就是在寒冬腊月里也喜欢坐在炕头上吃冷面。特别是每年农历正月初四即朝鲜族的长寿节，全家人都喜欢坐在一起吃一顿冷面，以庆祝节日。因此冷面又被叫作长寿面，取其纤细绵长，寓多福多寿的意思。

关于朝鲜族冷面的来历，民间有一个有趣的传说。相传在很久以前，有一个长工在地主家扛活。这一年，眼看到了结账的日子，正赶上长工的母亲要过寿，长工要请假回去，地主就起了坏心眼儿。他给长工带了一捆掺进了巴豆（一种泻药）的荞麦面条，想让长工回去一吃就泻死，他就不用再付工钱了。谁知地主的这个举动让好心的药店掌柜发现了，他一再嘱咐长工吃时一定要多用冷水反复投。长工把这话牢牢地记在了心里。回去后和母亲煮好面条反复用冷水投，然后放上佐料，再一吃，清凉适口，好吃无比。从此一种奇特的面食——冷面，就此产生了。冷面是朝鲜族人民在生活中的智慧创造，是其生活洁净勤俭的习俗食品。不仅朝鲜族喜食，其他民族也喜欢食用，成为驰名的传统食品。

打糕也是朝鲜族非常爱吃的传统食品，因其糯软粘柔，芳香浓郁，筋道抗饿（抗饿，吉林方言，意吃得少而饿得慢），而深受人们喜爱。

在朝鲜族的文献中称打糕为"引绝饼"，是朝鲜族的传统食品。因将蒸熟的糯米放到槽子里用木槌捶打，故名打糕。关于打糕的来历，朝鲜族民间还有一个有趣的故事。从前有一个老汉领着三个儿子过日子，后来儿子娶妻生子，人口渐多，家里总也吃不饱。老爹提醒大家想出一个既节省粮食又能抗饿的办法。三儿媳妇是个聪明又伶俐的女子。一天，她在吃饭时不知不觉又想起了公公的交代，怎样才能既吃得饱又能节省粮食呢？于是，她一边吃一边想，勺子不知不觉地搅压碗里的米饭。那天，家里恰巧吃的是糯米饭。她这样一压，糯米饭成了一坨坨的。她吃了后，一天也不觉饿。她又连着试了两天，果真有效果，于是她就告诉了公公。大伙一试，果然如此。后来公公就将糯米饭放在木槽中去捶打，从此有了打糕。其实粘食本身已具备了抗饿的功能，而经过打压的黏米，结构发生了变化，增加了抗饿的效果。打糕一般有两种，一种是用糯米制作的白打糕，另一种是用黄米制作的黄打糕。打糕上所洒的豆面原料，除了可以用黄豆，还可以用绿豆、松子、栗子、红枣、花生、芝麻等。

打糕的制作工艺比较简单，但制作起来耗时耗力。首先需要将选好的糯米洗干净，用清水浸泡十几个小时，直到能够用手将糯米粒搓碎为止，然后把糯米从水中捞出来，控干后加入适量白糖搅匀后上锅蒸。待米熟后，捞出。放在木槽里用木槌捶打，边打边洒水边翻动，直至打成糕状。最后，用刀把打糕切小块，撒上豆面。喜欢甜食的，可蘸上糖；喜咸的，可佐上盐，便可以食用了。打糕不仅用来自己食用或招待客人，更是亲朋好友间相互馈赠的礼品。朝鲜族民间有一句俗语说"夏天吃打糕，像吃小人参"。

回族饮食冠以"清真"表示"至清至真"。吉林回族人韩在发创制的一种清真干豆腐串传承一百多年，成为独具吉林特色的回族美食小吃，号称"老韩头豆腐串"。

韩在发小名老德子，清光绪十五年（1889）生于宽城子（今长春）。他小时候经常和父亲去"北荒"（吉林西北一带草原）赶牛，回来将牛屠宰后加工卖熟牛肉。从那他掌握了一整套煮肉、切肉的手艺。后来他想如何利用烀牛肉的老汤做一些适合东北百姓口味的卤制食品。他渐渐发现东北人喜欢吃大豆腐、干豆腐等豆制品，于是就在干豆腐串上做起了文章。经过反复琢磨、试验，最终做出的豆腐串色香味俱全，广受欢迎，买的人越来越多，创出品牌。随着韩在发步入老年，人们亲切地称之为"老韩头豆腐串"。

老韩头豆腐串的做法是把切好的干豆腐卷成卷，用竹签每10卷穿一串，放入锅中用老汤煮。煮好后捞出，控干上锅熏。这一煮一熏，再涂上香油，豆腐串香醇可口，余味绵长。喜欢吃辣的，还可以刷上一点辣椒酱。

老韩头豆腐串又分肉汤、鸡汤两种卤法。既保持了回族清真的风味，又有地方特色，广受吉林各族人民的喜爱，成为独具特色的美食小吃。

一百多年前，在吉林省老凤凰城（今梨树县）有一种独特的熏肉大饼，百食不厌，流传至今，并以创始人冠名，即李连贵大饼。

李连贵大饼是一种独立又配套的食品。所说"独立"，是指饼有饼的做法，肉有肉的熏法；所说"配套"，是指饼加肉的吃法。大饼制作十分讲究，要用精粉温水和面，然后下剂子，擀成长方形片，抹上酥油，再从一头叠起，并将四个角用手指往里按一下成圆形面坯，然后刷油开烙。饼熟后，再将饼切成两瓣往里夹肉。熏肉，先要选猪，不要过老的猪，过老的猪熏出的肉色泽发暗；过嫩的猪肉味道不香，要选不老不嫩的猪。前槽后鞧切去，专要中段腰条肉。熏肉时先将选好的剔骨肉切成长方体，每块重量为1.5市斤左右。然后用温水浸泡、洗涤以排酸，再将肉皮刮干净。接着把煮肉的老汤放到锅内，等汤将要烧沸时放入少量浸肉的血水。水开后把汤上浮沫撇出，再将调料放入锅内，煮沸10分钟左右，把整理好的肉放入锅内煮。肉在锅内煮沸后，要翻转几次，用木帘子压好，用猛火烧。汤开约半小时后，将火压上，经40分钟左右，再将帘子掀开，调换肉的位置，然后再用帘子压上，用文火慢慢煮。接下来才是熏制。把取出来的肉放在铁帘上，滤去油脂。将大锅烧热，放适量蔗糖，把铁帘放入锅内，盖上，熏三、四分钟取出。熏肉即色泽金黄，肥瘦相宜，香而不腻。李连贵大饼成为独具特色的吉林名牌食品。

满族人喜欢吃粘食，其中粘豆包为最喜爱吃的粘食之一。

做粘豆包首先是将粘米（松嫩平原盛产大黄米、小黄米，人们统称为粘米）淘净轧成面，再把和好的面装在大盆里放在热炕头上发酵，俗称发面。然后将大芸豆或红小豆烀熟，捣成泥状为豆馅。包的方法很简单。把发好的黄粘面抠出一块，按平，在上面放豆馅团，再将包好的豆包搓成锥型摆放在铺着玉米叶的帘子上，然后放在锅里蒸。粘豆包出锅时，黄澄澄，香喷喷，色味俱佳。

从前，粘豆包蒸熟冻起来，随时馏着吃，一直吃到开春。上山狩猎、砍柴或外出远行时带上它做干粮，小孩子啃冻豆包吃当零食，晚上男男女女凑一起拉呱儿时，边唠边在火盆上烤粘豆包吃，已成为一种民俗。春节前家家户户包粘豆包更是一种年俗。每当进入腊月，邻里间见面时要问"淘米了吗？"答说"淘了"或"还没淘"，这是一种亲切的乡音。各家主妇互相交流淘米、发面、烀馅的经验，比赛着看谁家的豆包做得好。在包豆包的那些夜晚，村里的老太太领着姑娘媳妇们聚在包豆包那家帮着忙活，边包粘豆包边讲故事，从包豆包到吃豆包给人们留下了美好的记忆。移居他乡的游子，每当想起粘豆包就会勾起思乡的情结。传统的大众食品粘豆包，蕴含着浓郁的乡土气息。

"真不同"是一个叫胡运昌的人一手创办的食品老字号。胡运昌，河北青县人，清光绪十二年（1886）与父亲闯关东来到宽城子（今长春市）落脚。他先在饭馆当小打，后又到自己乡亲开的"同发涌"酱肉铺学徒。由于他厚道勤奋，能吃苦，被掌柜的看中，并把女儿许配给他。岳父和妻子都把发展酱肉买卖的希望寄托在他的身上。他想，要使酱肉铺有所发展必须有独特的手艺。于是，便到北京、天津、济南、德州等地向名厨讨教，拜师学艺。

在北京"六必居"，他认识了一位姓安的师傅。此人曾在皇宫的御厨上灶，做得一手好酱肉，胡运昌拜其为师傅，学了半年制作酱菜和酱肉的手艺。回到长春之后，他把"南甜北咸"酱肉制作手法加以综合，终于形成了胡家独特的酱肉品牌。有一次，安师傅将他制作的酱肉带回去，请原在宫中的同事品尝，都说："这酱肉真是不同。"从此，便有了"真不同酱肉"的名号。

真不同酱肉的制作技艺一直传承至今，现在仍是吉林省的名牌食品。

在江中放排的人经常用江水炖鱼。松花江里产一种鱼，约有筷子那么长，浑身银白，人称"白鱼"。用江水来炖这种鱼，称为"江水炖白鱼"。据传说，明永乐年间，辽东都指挥使刘清奉旨在松花江上游一带修埠建船厂。一天从山上下来已是饥肠辘辘，要寻个吃饭的地方。忽然，他嗅到风中飘来几许清香，一打听才知道是木排上的木帮们正在炖白鱼。他顺香味走过去，应邀和放排人共食。他觉得其美味胜过盛宴大餐，一连吃了三条。从此，他走到哪说到哪。于是，"江水炖白鱼"这道佳肴就在当地传开了。

清康熙二十一年（1682），康熙皇帝东巡来到吉林乌拉街，问当地人有啥地方风味，回答说有道菜叫"江水炖白鱼"。随行御厨一听吓了一跳，这本来是百姓在木排上吃的，皇帝要吃咋能用江水炖呢？可是不做又不行，于是厨师灵机一动，用江水来蒸白鱼。康熙一尝，连连叫好。于是，这道清蒸白鱼就被列入御膳房的菜单上了，松花江白鱼也成了贡品。

白鱼，是松花江中的名鱼"三花一岛"中的"岛子"，味道格外鲜美，用清蒸方法烹调，清汤寡水，鱼形完整，保持本来滋味，可谓具有天然的格调。清蒸白鱼是吉林的一道传统名肴。

第三节　形制多样的民居

土平房　朝鲜族四面坡　满族四合院　蒙古族毡包　民居的风俗习惯

民居不仅彰显着不同地域的民间建筑艺术，也是不同时代不同民族生存状态和生活习俗的写照。

土平房是吉林西北部土壤碱性大、随处有碱土的地方普遍的民居形式。与其他房子不同的是，用碱土和泥抹房顶，耐雨水冲刷又保暖。在没有碱土的地方，则在土里掺盐代替碱土，但至少隔二三年重抹一次房顶。土平房的外部结构，主要有墙体、房盖、门窗、烟囱。墙体最常见的有两种：一是用黄土夯打的墙，民间俗语称为"干打垒"。用四根木杆，两根一对绑摞在一起，木杆两端夹在上窄下宽的"墙堵板"，中间填土，用脚踩实，再用木榔头夯打，直到夯遍夯实为止。一层一层往上夯打，便形成规整的下宽上窄的土墙。南墙只打到窗台部分。二是先脱坯，再用土坯垒的墙。

房盖呈稍有弓形坡度的平顶。房框（未加房盖的四面房墙的俗称）干透后，在上面架上柁、檩、椽（也有不用椽的），上铺苇笆（用芦苇编成的人字形苇帘子）或秫秸帘子，再铺一层土，用石头碌子轧实或用脚踩实，抹上大穰草泥，干后再抹一至二遍碱土穰草泥。没有碱土就在泥中放盐，所以民间有句歇后语："平房不漏——有言（盐）在先。"土平房的脊檩（最中间的檩子）高于檐檩，使房盖中间高，两檐低，形成"滚水"不存雨水，避免漏雨。门窗，正房开在南墙，厢房开在西墙或东墙。

土平房有两间、三间、五间一栋的不同形式。房门的开法不尽相同，两间的，房门多数开在东间；三间的多数开在中间；五间的多数开在中间，也有开在东次间的。三间、五间门开在东间或东次间的称作"口袋房"，开房门的一间也是烧火做饭的厨房，俗称外屋；睡觉休息的房间，两间的叫里屋，三间以上的叫东屋、西屋。房门，汉族为独扇门，满族多数外面有道独扇门，里面又有道对开门，里层门有木制的门闩。

窗户多数是上下两扇。古时没有玻璃，用坚韧如革的"毛头纸"（手抄纸）糊窗，后期也有很多人家用"高丽纸"的。窗纸糊在窗户的外边，一方面可以避免窗棂中积沙，另一方面可避免窗纸因冷热不均和大风吹刮而脱落。窗纸糊上后，还要淋上油，这样，既可增加室内的亮度，又可以使窗纸经久耐用。所以，"窗户纸糊在外"就成为吉林民居的一大特点。

烟囱砌法、位置因习惯不同，有所区别。

汉族的烟囱，多数是山墙内侧砌洞，连接火炕的烟道，外部在房顶上砌起2—3尺高的方形或圆形烟囱。汉族民间有段谜语，就反映这一习俗的："老大房上坐，老二拉水磨，老三穿纸袍，老四一身毛。"（打四个物品，谜底是烟囱，刷锅用的刷帚、灯笼和鸡毛掸子）

满族民居的烟囱是"烟囱立在地面上"。烟囱修在房屋的一侧，为下大上小的台柱形，高出房顶，有孔道与火炕相通。烟囱坐在地面上，既安全又提高了取暖的效力。满族室内的火炕多数是南北西三面都有，成"匚"形，亦称"万字炕"、"蔓枝炕"、"转圈炕"、"围炕"，这就是俗语说的"口袋房，万字炕，烟囱立在地面上"。

过去住五间土平房的多数是较富裕的"大户"人家，有的还盖有东西厢房，供长工和下人居住。东厢房的南端为马厩牛棚，西厢南端为粮仓和工具棚。

朝鲜族的房屋建筑与汉族多有相似之处，但由于地理环境、民族生活习俗不同，朝鲜族民居有着独特的风格。清代末年的民居基本是"架木结茅，就地为炕。墙壁皆木，门户不分。户外无院落，屋内无桌凳。牛马同居"③。朝鲜族住房的平面多数为矩形，也有 L 形的。先是用石块砌起一尺左右高的长方形围框，用土填满围框夯实，这就是房屋的地基。外墙是在房基上立起承重房柱及中空的房墙木框架，在框架两面编织草绳或柳条，中间充填沙土，也有不填沙土，做成空心墙的，在草绳和柳条外抹泥浆。内隔墙多用双面抹灰的板条。

屋顶多作成四面坡式，类似汉族建筑的庑殿式屋顶。比较普遍的做法是，在椽子上铺稻草帘或柳树枝条，上面抹泥，再覆盖一尺至一尺半厚的稻草，或用草帘逐层相搭接，将屋顶盖满，最后用草绳编成网格，将整个屋顶包住，以防大风将草顶吹落。烟囱安在山墙外边，往往用木板做成长方筒烟囱，每边约八寸左右，位置在房屋的左侧或右侧，直立于地面，烟脖（烟道）卧于地下。

在城镇中，住宅多用青灰色陶瓦屋顶，瓦顶坡面略有曲线，檐头四角和屋脊两端向上翘起，瓦当和脊头加简单花饰，形成活泼明快的风格。

无论城乡住房，房檐左、右、前多数伸出二尺左右，前端树立数根立柱，形成房廊。廊道高出地面半尺左右，用木板铺上廊道板，入室前将鞋及杂物放在廊板上。进入室内就是大炕。门窗为推拉式。门窗的尺寸相同，往往是门窗不分，都可随意进出。窗棂竖向排列密集，横向排列稀疏。门窗都是狭长形，这样使得低矮的房身给人以挺拔秀丽之感。

朝鲜族古称"素衣民族"，他们崇尚白色，所以房屋的墙壁、木门窗等等都涂成白色。除城镇住宅有简单的院墙外，农村通常不建院墙，也不设厢房，为单幢独立式房，只是和左邻右舍之间保持一定的距离。

朝鲜族的生活方式，不以院子为活动中心，而是以房屋内部为中心。一般是进入室内有很大一个炕，是朝鲜族人在室内的主要活动空间，亲友们畅饮、歌舞，妇女做衣缝补等手工活计，孩子们游戏娱乐都在这铺大炕上。室内的灶坑更是别具一格。它修在地下，底部低于炕面，平时上部盖上盖板，盖板和锅台、炕面形成同一平面。这种灶坑既好烧又卫生。锅台后面整齐地摆放着各种炊具和坛坛罐罐。

除大炕外就是面积较大的寝室，室内设推拉式的轻体间隔，需要大房间时，就打开间隔，需要小房间时可以分割出几间，十分灵活。家人彼此沟通极为方便。

朝鲜族的室内设计另一特点是，草房、牛棚和居室紧紧连在一起。草房与厨房相连接，尺寸和房屋单间大小相近，用来存放烧柴、牛草和杂物，类似仓房。牛棚多数设在草房的前端，牛槽设置在草房和牛舍之间，形成拐角形的房屋。牛棚之所以和居室相连，是因为饲养方便，又使牛有良好的栖息之所。牛是早年朝鲜族农业生产的主要畜力，在人们生活中起着至关重要的作用，因而近乎与家人享受着同等待遇。这充分体现了生产力低下时期，人与畜相互依存的关系。

四合院，是清中叶以后的满族住宅。所谓四合院，就是由正房、东西厢房、门楼和连接房子的院墙或"障子"（木栅），组成的正方形或长方形的院落。

院中坐北向南的住宅为正房，通常为三间或五间，每间宽四米左右，中间开门。进门为堂屋，两侧称为东屋西屋。满族以西为贵，西屋一般由家中长辈居住，东屋为晚辈居住。院子的左右建有东西厢房，西厢房多为碾磨房和放杂物的仓库，东厢房一般存粮，有时也住人。

大户人家多用砖垒砌院墙，院门在南，砌成门楼，用厚厚的木板做成结实的大门。普通人家多用木杆围成院落，俗称"障子"。大门也十分简单，立两根粗木柱，顶部加两道横梁，用木板条或圆木杆捆扎成两扇大门，防止牲畜随意进出。

满族住宅的布局与室内设施传承久远，宋人徐梦莘所撰《三朝北盟会编》中即有："女真……其俗依山谷而居，联木为栅。屋高数尺，无瓦，覆以木板，或以桦皮，或以草绸缪之。墙垣篱壁，率皆以木。门皆东向。环屋为土床，炽火其下，寝食起居其上，谓之炕，以取其暖。"④

吉林的满族四合院住宅具有地域特点，即万字炕，地烟囱，有影壁，立神杆。

万字炕就是卧室内除屋门一侧其他三面都是火炕。南、北炕为大炕，一头连山墙，一头连外屋的灶台；西炕为窄炕，是烟道。西炕上一般不摆设杂物，因为西炕墙上端供着神圣的"窝撒库"（祖宗板），是一块不到一米长的木板，上放神匣，神匣内装祭神的神器或神本。祖宗板上常贴挂签（一种表示吉祥和家世的剪纸）。挂签上刻有满文，满文读"佛尔郭出课"，表示"奇"、"瑞"之意，歌颂祖宗的功德。北墙上放装宗谱的谱匣。

烟囱，满语称"呼兰"，烟囱不在房上，而是建在屋侧。早期多用空心整木，后来用木板围成，也有用砖瓦或土坯砌成的。

影壁是一进满族人家大门迎面的一段短墙，或砖砌、或坯垒、或是木板制成。富贵人家，在影壁上绘有日出云海、龙凤呈祥等图案。影壁的作用主要是遮挡外面的视线，不至于对院内的活动一览无余，是自我保护心理的体现。

神杆是满族人家影壁后竖的一根长约九尺、碗口粗细的木杆子。杆上端挂一锡斗，或木斗，或草把，此杆称为索罗杆。杆上的斗或草把，放进五谷杂粮或猪杂碎，以给奉乌鸦、喜鹊，因为乌鸦、喜鹊在满族民间信仰中，是吉祥神鸟。实际上，满族的索罗杆，是满族祭天、祭神树古老习俗的一种演化。

蒙古族是一个"逐水草而居"的游牧民族，因此，春夏秋冬四季随时搬迁。为适应这种游牧生活，蒙古族有一种轻便、保暖、随时都可拆搭的住宅，俗称为"蒙古包"。古代史料中称蒙古包为"穹庐"、"毡帐"或"毡包"等。宋末元初辽人赵良嗣诗曰："朔风吹雪下鸡山，烛暗穹庐夜色寒"，所咏的就是蒙古包。"蒙古包"是满族对蒙古族牧民住房的称呼，始于清代。"包"，满语是"家"、"屋"的意思。蒙古包的整体形象，草原上流传的一首民歌描绘得十分清晰：

因为仿造蓝天的样子，

才是圆圆的包顶；

因为仿造白云的颜色，

才用羊毛毡制成。

这就是穹庐——

我们蒙古人的家庭。

因为模拟苍天的形体，

天窗才是太阳的象征；

因为模拟天体的星座，

吊灯才是月亮的圆形。

这就是穹庐——

我们蒙古人的家庭。

蒙古包主要由木制框架、苫毡、绳带三大部分组成。木制框架包括编壁、椽子、天窗、门。

编壁蒙语称"哈那"，是蒙古包的墙壁骨架，制作方法是，把长短粗细相同的柳棍，以等距离互相交叉排列起来，形成许多平行四边形的小网格，在交叉点用皮钉（以驼皮最好）钉住。一个蒙古包墙壁由多片编壁组成。

椽子蒙语称"乌尼"，是蒙古包顶棚骨架，牧民称其为肩，多数是细长的松、柳木棍，椭圆或圆形。上端要插入或联结天窗骨架，下端有绳扣，与编壁头套在一起。

天窗蒙语称"套脑"，一般设在毡包顶部，多数为圆形。蒙古包的门不是很高，人得弯着腰进，在弯腰的同时，也表达了对蒙古包内主人的尊敬，相当于给主人鞠躬。

蒙古包的骨架搭好以后，就开始铺苫毡了。包括顶毡、围毡、罩毡、门毡、毡门头、毡墙根、毡幕等组成。顶毡是蒙古包天窗的盖毡，正方形，四角都有缀带子，便于拉动和固定，它有调节空气清浊、内部冷暖、光线强弱的作用。顶毡的大小各有不同。罩毡是顶棚上披苫的装饰品，也是等级的象征。从前一般的人家都有，后来为贵族喇嘛专用。门毡用三、四层毡子纳成。长宽用门框来计量。四边纳双边，绣有各种花纹。门毡多白色，蓝边，也有红边。

然后是绳带，有围绳、压绳、捆绳、坠绳四种。其中坠绳是系在套脑最高处，下垂到包内地面的绳子。蒙古人对这根绳子分外看重，用公驼和公马的膝毛或鬃尾搓成。大风起时把坠绳拉紧，可以防止大风灌进来。蒙古包规格的大小，是由每顶包所用编壁的数量来决定的，如 4 扇、6 扇、8 扇、10 扇、12 扇、18 扇、24 扇等等。普通牧民多住 6 至 8 扇编壁的。

蒙古包的架设很简单，一般是先选好地形，铺好地盘，然后竖立包门、支架编壁、系内围带、支撑木圆顶、安插椽子、铺盖内层毡、围编壁毡、蒙包顶衬毡、覆盖包顶套毡、系外围腰带、挂天窗帘、围编壁底部围毡，最后用毛绳勒紧系牢即可。

不同民族的居住习俗、禁忌，既是对生存环境不断认知的经验总结，又受民间信仰的影响。它真实地存在于人们的生活之中，约束着人们的行为。

吉林省的汉族先人多数是从山东、河北、河南、山西等省闯关东过来的，居住习俗虽然受其他民族一定影响，但依然承袭着诸多祖先的传统。

汉人视安居为人生大事，谓"安居乐业"。建房以北为贵，坐北朝南是不二定律。盖房是居家大事，说道不少。上梁之前，要请人画"八卦图"，并配短联"太公在此，诸神让位"，贴在脊檩上。将一枚乾隆通宝铜钱顺檩木纹钉进"八卦图"中心，然后将一根红线绳穿过"钱眼"系上，另一端系一块红布，红线中间系一双筷子以示吉祥。在架梁檩、立门框时要燃放鞭炮，有的人家还贴对联，如"上梁适逢黄道日，安门恰遇紫微星"以表示喜庆。卜吉架梁，戚友多以果品、红绸往贺。至则以红绸搭梁上，取满堂红之意，主人酬谢留饮，俗称上梁酒。

迁居也是生活中一件大事，称乔迁之喜，亲朋要祝贺，新家安置好之后要宴请亲朋，俗谓燎锅底。

汉族人舍得在建房上花钱，尽可能建得宽敞些，即使穷人家盖不起大房也要在屋内设简易隔壁，因为女孩子到十二、三岁男孩子到十四、五岁就要与父母分室而居。

满族盖新房从立房架日起，房主的亲戚朋友都要前来祝贺，并赠以红绸、红布，或红色绸缎被面，将其披挂在房梁上。"上梁"要择吉日，将檩木一根根架在墙框上。两间房留下东间的脊檩最后上去，三间房或五间房要留下中间一间房上的脊檩最后上去。当脊檩架在柁与山墙上时，主人要放鞭炮，表示吉庆。同时，主人要向梁上浇酒，祭天祭神。旧时，主人要念或唱《上梁歌》：

浇梁头、浇梁头，祖祖辈辈出王侯。

浇梁腰、浇梁腰，祖祖辈辈吃犒劳。

上梁仪式结束后，主人要宴请亲戚好友"喝上梁酒"。

满族建房奉行"以西为贵"的规俗。相传，满族的早期神话中，天穹主神是阿布卡赫赫，她身边有四位方向女神，看到人类辨不清方向，生活艰难，便下来给人类指方向。因西方女神洼勒格走路一蹦三跳，先到人间，指明了那是西方，所以人类先敬奉她。第二个到人间的是东方女神德勒格，所以满族有先敬西后敬东的习俗。因此，满族建房有"以西为贵"之说。落成的正房，西屋为大，称为"上屋"。盖厢房时，须先盖西厢房，再盖东厢房。

还有的满族人家，在房门正上方的墙上挂一面小圆镜，用以避邪。

满族人室内陈设比较简单，室内一般没有桌椅，只有炕桌。有的人家有八仙桌，就放在西炕前，上面摆放着茶具。炕上有用来装衣物的大板柜，被褥叠放在上面。来了客人，请客人到炕上坐。全家人平时吃饭、读书、做针线活也在炕上进行。若同室而居，南炕温暖向阳，长辈居住。为了避免不便，有的用软间壁隔开，有的从炕面到房梁用木板糊纸栅成两个空间，有的晚间睡觉时放下幔帐，在南北炕之间起到遮挡作用。西炕一般不住人，也不许堆放杂物，上面有一个搁板，是满族人供奉祖宗的地方。客人及未满一年的产妇不能坐西炕。

旧时农村旅店极少，过路人只好找民宅投宿，主家热情招待。由于满族居室一屋三炕，常是同居一室，男女不相回避，但客人入睡时必须背女主人和衣而卧，方为有礼。次日客人上路，不需留报酬，只需向男主人行"擦肩大礼"，表示谢意即可。如路人入室而主人不在家，可自己动手做饭吃，饭后收拾干净，物放原处，临行时拿把草放在门前，草稍朝所去方向，主人回来后会感到很荣幸。

朝鲜族在建房选址时，房屋正面要开阔，忌讳与山峰恰好相对。搬家时，要选择吉日和普通日，避开凶日。朝鲜族讲卫生，好洁净，要在炕面上糊纸，然后刷上桐油，稍有灰尘就能看见，每天都要揩擦。盆盆罐罐也都揩得铮亮，摆放在设在墙壁的架子上。

孝敬老人是朝鲜族居住习俗中的重要内容。每日三餐一般给老人单独放一张小桌，若同在一张桌进餐，要先给老人盛饭盛汤。长辈未动勺、筷之前，小辈不得先动。

朝鲜族普遍都热情好客。来客不论是亲戚、朋友还是素不相识的人，都要热情地予以接待。不论生活富裕与否，供给客人的饭食都要好于平常。晚间睡觉时，客人单独安排在一个屋，提供最干净的被褥。

进屋时须把鞋脱在门外或外屋地上。男人到别人家做客时，要盘腿而坐。女人到别人家做客时，不能盘腿坐而是屈膝"跪坐"，其姿势"似跪而坐，似坐而跪"。不论男女，在炕上不能对着人伸腿，更不能岔开双腿。

蒙古族搭建蒙古包有看盘的规俗。看盘，叫看"努图克"。意思是选包址。牧民过去有四个包址，就是春夏秋冬四季有四个建包的地方。看盘主要是从气候、水草、疫病、狼害、骚乱等方面考虑，既与生产环境、生活习俗有关系，也与禁忌习惯有关。

蒙古包内空间分三圈、八位。三圈，北、东、西。八位，北、西北、西、西南、东北、东、东南、正中。南方是门，为空。

中位置灶火。围灶火铺垫子，蒙古包的垫子有"毡包八垫"的说法。由四大方垫、四个三角垫子组成。包内的空间是圆形的，四大主垫铺下以后，就会出现三角形的空白，用三角形的垫子补齐。八个毡垫铺下以后，上面还可以放长方垫子，作为装饰，西面、北面铺一对。

靠墙分八个位置摆放物品：从正北开始，北面放佛桌，也叫神位，上放佛像和佛龛；西北、西、西南方放男人用的东西；东北、东、东南放女人用的东西。

客人进蒙古包时，要注意整装，切勿挽着袖子，把衣襟掖在腰带上；不可提着马鞭子，要把鞭子放在蒙古包门的左方，并且要立着放，否则便被认为是对主人的侮辱；绝不许踩蹬门槛；客人不得将帽子朝着门口放。

　　进入蒙古包后，忌坐佛龛前面。当主人用盛在银碗里的马奶来招待客人时，客人必须一饮而尽，忌讳一口一口地细细品尝。

　　禁忌在火炉上烤脚，更不许在火炉旁烤湿靴子和鞋子。不得跨越炉灶，或脚蹬炉灶，不得在炉灶上磕烟袋、摔东西、扔脏物。不能用刀子挑火，不能将刀子插入火中或用刀子从锅中取肉。

　　妇女生孩子，不让外人进产房，一般在屋檐下挂一明显的标志。生男孩子挂弓箭，生女孩则挂红布条。牧民家有重病人时，一般在蒙古包西侧挂一根绳子，并将绳子的一端埋在东侧，说明家里有重患者，不待客。

第四节　特色交通

　　大铁车　勒勒车　爬犁　滑雪板　桦皮船　威呼　驿道驿站　水运与造船

　　交通是随着人类生产和生活的需要而产生与发展的。古代，人们为了生存，尽量沿江河生活，水上交通就成为最早的运输方式。《易·系辞下》："伏羲氏刳木为舟，剡木为楫"，说明水上交通工具早已在中国出现。随着马牛等野兽的驯养，畜力运输工具也日益增多，并且促进了道路的人工修筑。但地理环境和生产方式的不同，也使交通工具各有差异。吉林地区由于不同民族的生产方式、山区和草原地理环境的差异以及冬季过长的气候原因，其交通也显示出不同的特色。

　　自铁器广泛应用以来，吉林平原地区多用大铁车。在木制的车轮上镶嵌铁瓦，故称大铁车。这种车比从前完全用木材制作的车结实，耐用，承载量大。用马拉动行驶，通常是用单马拉车，载重、路遥时要用双马、三马以至四马拉车。四马车，俗称"四挂套"。一马驾辕，辕马前三马并列成一排，当中一匹是"中套"，左边的叫"里套"，右边的叫"外套"。"四挂套"，古已有之，称为"驷"，故有成语"驷马难追"。

　　赶车的人，俗称"车老板子"、"车把式"、"车豁子"。赶车的鞭子大同小异，用皮条精心编织，根粗尾细。鞭杆子区别较大，单马车用的小手鞭，一米多长，柔韧而有弹性，一只手就可攥住挥动。赶四挂套的大车，必须用长鞭子，俗称"大鞭"。大鞭杆总长度二丈有余，必须用双手上下握住才能挥甩自如。

车老板子赶车时，坐在左前车辕板上，这是车老板儿的专座。车老板子驾驭马，有许多约定俗成的指令声腔："嘚儿"，是叫齐所有的马，准备起步；"驾"，是向前行；"吁哎"，短而急促的，是向里（左）转弯；"吁"长而平和，是停止；"喔"，是向外（右）转弯；"稍"，是向后退。一个老辣的车老板子，能够稳坐车前，挥臂甩鞭，口令迭出，把所有牲口叫齐，让它们步调一致，形成合力，负重前行。

现在，乡村极少再见到这样的大铁车了，但走过一个时代风云的大铁车，曾经是交通工具进步的标志。

勒勒车，又名大轱辘车、罗罗车、牛牛车。"勒勒"取自赶车牧民吆喝牲口的声音。勒勒车是蒙古族牧民为适应北方草原的自然环境和游牧生活而制造的交通工具。勒勒车结构简单，易于制造和修理，双轮高大，适宜在草原、雪地、沼泽、沙滩上行走，因此被誉为"草原之舟"。古时的勒勒车多数是用桦木或榆木制成，完全不用铁件。

勒勒车一般分下脚和上脚两部分。下脚由车轮、车辐、车轴组成。上脚由车辕、车架、车厢组成。在两辕顶端系以皮绳，套于牛脖子上搭的牛鞅子（轭）上。后来也有用马拉的，用马拉就系上夹板子。一般的勒勒车可载货五六百至千余市斤。

蒙古族还有特制的或专用的勒勒车。如围有皮张、毡子或芦席、桦皮等的供人乘坐的棚车，能够抵御大草原的风沙雨雪，人们称之为"轿车"；安装有木柜，用以贮藏粮食、肉食的称库房车；装有木槽、牛皮袋或铁桶等盛水工具的水车等等。

较富裕的牧民一户有四五辆甚至十几辆勒勒车。勒勒车驾驭比较简单，妇女或孩子，也可以赶车。每逢转场，十几辆，甚至几十辆前后相随，鱼贯前行。为了不使车队走散，每头牛的犄角都用绳子相连，最后一辆车拴有大铃铛，叮当叮当地响，以便使前面的赶车人能够听到。一路上铃声叮当，欢歌笑语，人们形象地称之为"草原车队"。

历史上，中国北方游牧民族，大都擅长征战，军民合为一体。由于勒勒车在雪地、深草、泥路中行走方便，因而也常常作为战车效力。

吉林省境内一年中有四五个月的时间处于冰冻期，户外冰雪漫地，其他交通工具行走极为不便，只有爬犁大行其道，在冰雪上可随意行驶，既可用牲畜牵引，又可人力拉行。因此，爬犁是冰雪的产儿，作为运输和载人工具，可谓是北方民族的专利。爬犁的名字也很贴切，远远看去像在地上爬行，形状又像耕地用的犁杖，所以称之为"爬犁"，十分形象。

爬犁制作简单，大小随意，使用便捷。

人力拖拉，用于赶集、砍柴的，多用同等粗细的小木杆，经火烤或热气熏蒸，使木杆发软后，前后搬起翘头，钉上横掌，就制成了。

还有一种畜力牵引跑长途的载物或载人爬犁，用较粗木料制成卯隼咬合的架子，称爬犁架子，上面可以铺木板供装货或坐人。据《中华全国风俗志》记载："有似车无轮，似榻无足，状类于犁者，土人呼之曰扒犁，满语曰法喇。乃取木之性软者，削两辕，前半翘起，后半贴地，上支四短柱，柱周镶回筐，覆以板，引以绳。载重则驾牛马，载人则覆席如龛。驶行冰雪中，速逾于车。"

豪华爬犁则设有棚盖，施以帷幕衾绸或毡幄，底下铺以鹿皮、狍皮用以御寒。这种设旁门，套鹿皮围，谓之暖爬犁。

爬犁的动力主要是牛马，驾马者曰马爬犁，驾牛者曰牛爬犁。长途运输客货者宜用马爬犁。

爬犁除自家制作外，还有专门生产爬犁的木铺，除了出售运输大爬犁，还制作精小轻巧的小爬犁，供孩子们玩耍。

孩子们拿着这种小爬犁，爬上高坡，滑出一条雪道。在晶莹闪亮的雪道上，小爬犁一放下，往往滑出上百米远。还有的在冬天的冰河上，用布张开一支"风帆"，靠风力推动，小爬犁便在冰面上行走如飞。孩子们那欢乐的笑声，在北方的雪原上，久久地回荡。

《吉林外记》载有乾隆皇帝东巡时咏法喇（爬犁）的一首诗，该诗对爬犁的功能、特点等进行了形象具体地描绘，别有一番意蕴。诗云："服牛乘马取诸随，制器殊方未可移。似榻似车行以便，曰冰曰雪用皆宜。孤篷虽逊风帆疾，峻坂无愁衔橛危。太液柁床龙凤饰，椎轮大辂此堪思。"

随着社会的进步，交通的发达，传统的爬犁几乎失去了它的运输功能，已成为一种历史，一种文化，一种民俗，贮存在人们的记忆中。但是在新兴的旅游产业中，它又作为一种北方冰雪游不可或缺的工具，成为北方冬季旅游景点中一道亮丽的风景。

古时，当生产生活条件还很落后的时候，人类为了在恶劣的自然环境中生存，发明了可以代步行走的滑雪板，它的应用使得人们可以在浩瀚的林海雪原中任意驰骋追寻猎物。滑雪板分两种类型：一种是踏行式，使人在雪地上行走脚不陷入雪里，能行走自如；一种是滑行式，在雪地表面滑行，以提高速度。

《北史·室韦传》⑥中说：北室韦"地多积雪，俱陷坑，骑木而行，即止"。《新唐书·流鬼传》："地蚤寒，多霜雪，以木广六寸，长七尺系其上，以践冰，逐走兽。"⑥流鬼即今库页岛。可见东北地区的古民族早就有使用滑雪板的经验了。

古时的滑雪板制作技术不同，有的"以马皮顺毛衣之"，以减少摩擦，有的"用皮带做缰绳，以棒撑地，有如水上行舟"。近代，吉林山区、雪原使用的滑雪板仍是用桦木、水曲柳、黄榆或松木制成，长条形，前端微翘，中央偏后凿四孔，下面两孔间有凹槽，供拴皮绳系足，用木矛支撑而行。对于狩猎民族，是他们狩猎的朋友和伙伴，是工具，如同弓箭和猎枪一样重要。

随着交通工具的变革和发展，滑雪板的交通工具属性已逐渐淡化，而转化为一种体育运动器具，供人们参与比赛、锻炼身体和娱乐使用了。

桦皮船是北方民族的先人最早使用的狩猎、捕鱼、渡河、运输工具。据《吉林外记》记载："树皮似山桃，有紫黑、黄花纹，可襄（镶）弓及鞍镫等物。……有以桦皮作船，大者能容数人，小者挟之而行，遇水辄渡，游行便捷。"⑦

桦皮船形制是敞口，船体中部较宽，船头、船尾尖细并微微上翘，状似从中间剖开的梭子。当时人们之所以选择桦树皮做船的壳体，是因为桦树皮含有丰富的油脂，具有极佳的防水、防潮性能，还有极好的韧性，可弯、可折、可拉伸，易于塑形。

貌似简单的桦皮船，制作过程却是相当复杂，需有高超的技术和丰富的经验，否则，很难制作出适用耐久的好船。制作桦皮船首先要选树扒好桦树皮，一般在农历五月，桦树开始发芽，树干水分充足，树皮最易剥离。最关键的是做好桦皮船的骨架，骨架好坏影响船的形体和使用寿命。经过人们一代一代地实践总结，樟子松做骨架最是适用。樟子松具有材质轻，浮力大，纹理整齐，易于切分等特点。组合桦皮船分三个步骤进行。第一步，组船身。把已经缝接好并压得十分平整的桦树皮摆在平地上，并把接头处用松树油胶合起来，用削好的内、外船帮把桦树皮夹紧，用木钉子将其固定。然后在船身里纵向放置顺条，横向放肋条，摁入船底固定。用绳子将船身绑成 U 形，初步形成船型。第二步，起船头。起船头时，点燃篝火，用烟火来熏烤船头处的桦树皮，使其变软，用夹子将船头两边紧紧夹住，用钉子钉牢。然后是摆放船头部分的顺条并压实。第三步，固定船体。按照一定的间隔，在内船帮两面对称地钻孔，然后把四根横掌分别塞进两边的桦眼内。在横掌上刻出一道道的装饰纹，一来美观，二来防滑。将船帮四周进一步用钉子加固。最后再用樟子松板制成长四尺半到五尺半左右的船桨。用柳木或桦木料削成长两尺到三尺的两个竿子，俗称蹬杆，遇到浅水时，使用蹬杆撑船行进。

桦皮船，在制作技术和使用方法的传承与改进中，已形成了一种独特的桦皮船文化。虽然现代已经很少使用了，但人们的桦皮船情节并未消解，桦皮船的制作技艺已列入国家非物质文化遗产名录。桦皮船工艺，也走进了世界工艺美术品的殿堂，而且备受世人青睐。

威呼，亦作威弧、威忽、葳瓠，是满语的音译，意为独木舟。是用整根的大树干砍凿制成。长两丈有余，宽以能坐下一人为度，平口圆底，两头尖并微上翘。船桨长近一丈，中段是手握的桨把，两端是桨叶板，用时左右交替划行。这种船小的只容一人，大的可坐五六人。自清代初年在吉林林区流行。乾隆在东巡时，曾两次把驾"威呼"作为故乡的"土风"赋诗题咏，称赞这种"制坚质朴提携便，圆底平舷坐起康"的独特水上交通工具。清末沈兆禔在《吉林纪事诗》又写道："刳木为舟似叶轻，张帆荡桨任纵横。飙轮一样梭穿急，赢得威呼自在行。"⑧

由于威呼体窄身轻，两头细尖，在水中行驶阻力极小，所以速度很快。

《黑龙江外记》作者西清，由奉天到吉林，直至赴黑龙江的旅途上曾多次乘坐威呼。并说船到江的中流时"目不敢视"，其速度和惊险可以想象。

威呼除单独行驶外，也可以两只用木板并联，称为"对子船"，用来在涨水的季节运送车辆和货物，能在江河里比较平稳地行驶。在江河封冻的冬季，人们把威呼搬到岸上，有的还用来做喂马的槽子，可谓是"物尽其用"了。

威呼是一种交通工具，但在满族同胞中，还把它转化为一种民间体育活动，甚至成为军事训练项目。这就是满族的"赛威呼"。赛威呼也称"赛旱船"。威呼比赛5人一组同时进行，4人朝前一人背对之，成员左右手共握两根竹竿，竹竿上下运动，如同在船上持桨划水，全队人疾跑如飞，起跑后齐喊"伊勃棱格（进、前进），哎嗨哟"，用来掌握节奏和速度，为首者胸部先撞终点线为胜。赛威呼活泼诙谐，极富有娱乐情趣。只是到了近现代随着机动船的增多和能造独木船的大树越来越少，江中的威呼才逐渐地远离了我们的视野。

满族人并没有忘却伴随自己祖先走过漫长岁月的威呼，至今在民族体育中，还有赛威呼（赛旱船）的传统项目。

威呼已成为一种文化的载体，它承载着独具地方特色的风土民俗。

古代的驿道又称为官道，是由中央政府以基本统一的标准修建的陆路交通系统。用于中央王朝与地方政府的各种政务、经济、军事等公文信息传递、物资运输、军队调动、军队后勤补给和官员办差与巡视。也是中央政府对边疆地区进行政治上控制的重要通路。沿驿道设立驿站负责管理。驿道和驿站合称为"驿传"。

吉林省境内的驿道发达和完善时期是在清代。康熙年间，镇守宁古塔等处将军移驻吉林，称吉林将军。随着将军驻地的转移，吉林就成为交通中心。自此在吉林将军辖境内，在历代驿道的基础上，进一步完善和拓展，以吉林城为轴心，形成了两条干线和两条支线。⑨

一条是从吉林到盛京（今沈阳）的驿道。全程760里，其间共设12个驿站。在今吉林境内为395里，8个驿站。这条驿道始修于康熙九年

（1670）前后，最后建成于康熙二十年（1681）左右，是当时吉林经盛京到北京的主要干线，也是康熙、乾隆东巡时曾经走过的驿道，史称"御道"。另一条是从吉林到伯都讷（今松原市）的驿道。全程505里，设有10个驿站，全部都在吉林省境内。这条驿道于康熙二十二年（1683）开始修建，至康熙二十五年（1686）建成。此驿道是当时连接吉林乃至东北地区南北的陆路交通大动脉。

两条支线之一是从吉林到三姓（今黑龙江省依兰，当时三姓隶属于吉林将军管辖）的驿道。全程625里，在今吉林省境内有280余里。这条驿道前段是吉林至伯都讷的驿道，在离吉林200里的腾额尔哲库站（今榆树市秀水镇）分道转向依兰。经两站进入今黑龙江境内的拉林多欢站（今黑龙江省五常市红旗乡多欢村）。这条驿道从清初开始筹划，直到乾隆二十七年（1762），才最后完成。

另一条支线是从吉林到宁古塔（今黑龙江省宁安县城）的驿道。全程635里，在今吉林省境内有400余里，4个驿站。这条驿道是康熙十六年（1677），命宁古塔梅勒章京萨布素指挥修建的。

除上述主要驿道之外，吉林省境内还有清初宁古塔至鹦哥关（今辽宁省清源县英额门）吉林段，光绪年间建成的宁古塔至珲春的吉林段。

以车马为主要交通工具的古代，驿道是最方便、最快捷的陆路交通。虽然进入现代，已逐渐让位于以汽车和火车为动力的公路和铁路，从而发生了本质上的变化。但是，在今天铁路纵横、公路如织的现代交通网中，最先修建起来的还是以古代驿道为基础的道路。即使未能改造成现代公路和铁路，在乡村仍然发挥着作用，也不难找到它昔日的痕迹。这是前人留给我们的一笔巨大的物质财富。在古驿道上发生的故事，更是不绝于书简刊载和口耳相传，至今仍在流传着。

驿站主要是传递中央与地方之间的谕令、本章、奏折、军报以及接待过往官员等。随着驿道的修建，在驿道途中也修建了驿站。到光绪年间，吉林境内的驿站已有数十个。

清代，吉林驿站在其发展过程中逐渐地衍生出一种聚集人口，发展集镇的作用。由于"以站养站"政策实施，来自四面八方的站丁们在这里安家落户、耕种荒地，亲朋老乡前来投靠，使人口不断增加，同时也带来了各地风俗。朝廷又不断采取扩大放荒、减免租税等措施，以驿站为中心，大量的荒地被开发出来。吉林省许多城镇就是这样逐渐发展起来的。如伊丹镇、叶赫镇、舒兰火车站、榆树的秀水镇等都是原来的驿站。而清代后期闯关东的流民大量涌进，无疑对驿站的发展增添了更大的活力。

虽然清朝统治者设置驿站并不是以发展该地的经济为目的，然而，这设在荒山僻野中、连接各地的驿站，在客观上促进了吉林农业的开发。

吉林省有流域面积达 20 平方公里以上的河流 1648 条，为水路交通提供了天然条件。其中，松花江流经吉林、松原、榆树、农安等市县，北向至拉林河口进入黑龙江省；鸭绿江流经长白、临江、集安等市县，西南向直达辽宁省丹东市入黄海；图们江流经和龙、龙井、图们等市县，在珲春流出国境入日本海。这三条大江构成吉林远航至省外的水路运输主干线。

吉林省的水路交通开发有着悠久的历史。据《魏书·勿吉传》记载，早在延兴中（471 至 476 年）时，居住在松花江下游的勿吉族向中原王朝送贡品，就通过太鲁河（今吉林省境内洮儿河）水路到达和龙（今辽宁省朝阳市）再转陆路。

至明代，水路交通有了进一步发展。明朝在东北设立的驿站就包括水路驿站，其中海西东水陆城站的水路，从今吉林市的阿什哈达出发，顺江而下，直抵奴儿干，是东北最长最重要的交通干线，也是女真人进京朝贡的贡道[①]。一方面，吉林的各种物产经水路运往中原地区；另一方面，明王朝为经略奴儿干都司及其所辖地区，也将大批物资以及对各部族的"赏赉"——金银饰物、粮米、丝绸、棉帛等运往女真地区，促进了女真各部与中原之间的经济文化交往，推动了吉林地区的社会经济文化发展。

至清代，水路交通已很发达。吉林境内各江河已形成四通八达的水路交通网络。各条水道沿岸主要城镇，如吉林市、乌拉街、伊通、双阳、农安、德惠、榆树、宽城子（今长春市）、九台、老坎子（今大安市）、伯都讷（今松原市）、扶余、珲春、安图、浑江、临江、集安等地都建有渡口、码头，而吉林市则成为物资集散中心的"热码头"。春夏秋季，船舶往来如织，通过水路将本地出产的粮食、木材和土特产品运送出去，又将各地物资运回到沿江各地。据《盛京通志》记载，乾隆年间，以吉林船厂为中心，在松花江备有载重二百石（读 dàn）的大船八十只，接运由伊通河运来的粮物。

　　明清两代更将水路用于军事用途。《鸡林旧闻录》记载："明代东征，悉赖水师，借松花江以济，而吉林乃其航行之始。"清顺治十五年（1658）为镇守黑龙江、松花江、乌苏里江一带广大地域，特定在吉林八旗中专设水师营。到光绪年间，又增设图们江水师营，"置哨官桨勇"，进行操练，以防范和抵御沙俄。向宁古塔、瑷珲等地运送守边兵员和粮食、给养等军用物资，也是通过松花江、嫩江、黑龙江的水路来运输⑪。

　　水路交通与造船是孪生兄弟，吉林造船的历史也同样悠久。满族的先世挹娄人，就会造船。《后汉书》载：居住在今松花江流域的挹娄人"便乘船，好寇盗，邻国畏患"⑫。每夏藏于岩穴，至冬船道不通，乃下居邑落。由此可知，当时挹娄人夏季住在江河附近的岩穴中，随时可乘船出行捕猎。挹娄人的造船技术被继承和发展下来。《契丹国志》载：混同江（今松花江）之地，其俗刳木为舟，长可八尺，形如梭，曰梭船。船上施一桨，止以捕鱼，至渡车则方舟或三舟。《满洲源流考》对此解释说，此即威呼之制，梭船乃汉人语耳。这种船，满语称为"威呼"。这说明在辽代时，松花江流域的居民，不但乘这种刳木为舟的小船捕鱼、渡人，而且可以数条船连在一起摆渡车马了。

　　由于挹娄人的后裔女真人仍擅长造船，所以在元朝时统治者常常命令女真人造船用于军事行动。《元史》载：元世祖至元二十二年（1285）"六月庚戌，命女直、水达达造船二百艘及造征日本迎风船"⑬。这不仅说明数量之多，而且能造大船。所谓迎风船，是指可以扬帆航海的帆船，可见造船技术已比从前有了极大的提高。

　　吉林市大规模造船始于明代。《辽东志》记载：吉林乌拉东濒松花江，风土稍类开原……国朝征奴儿干于此造船，乘流至海西，装载赏赍，浮江而下，直抵其地。《辽东志》的记载是指，明王朝为了加强对东北边疆的管理，于永乐七年（1409）在黑龙江入海口处设置了管辖黑龙江、乌苏里江、松花江流域等地的行政机构——奴尔干都指挥使司，造船既为民用更为军需，由于吉林乌拉地处松花江上游中段，水面宽阔，适于大船航行，又兼是长白山所产木材的集散地，所以于明永乐十八年（1420）、洪熙元年（1425）、宣德七年（1432）明政府三次派辽东都指挥使刘清到吉林乌拉造船。由此，吉林市遂有了"船厂"之称。这使吉林市成为水路交通的枢纽重镇，并为清朝正式建城奠定了基础。在吉林市郊阿什哈达屯东南一公里处，背依连绵不断的山岭，前临奔流不息的松花江的悬崖峭壁上，保存有两块明代镌刻的摩崖石刻，史称阿什哈达摩崖刻石，石上镌文明确记载了明朝在此造船的史实。当年造船的地点，应在刻石附近。

清初，据《柳边纪略》记载："船厂顺治十八年（1661），昂邦章京萨儿吴代（沙尔虎达）造船于此，所以征俄罗斯也。"⑭《吉林通志》也有记载："船厂顺治十八年设，在吉林西门外松花江北岸，东西一百五十九丈六尺，南北十八丈，凡水师制造船舰均在此厂。"⑮

到康熙年间，吉林船厂造船规模有了较大发展，并于康熙十三年（1674）开始建立水师营。船厂水师营制作了"战舰三十艘，运粮船八十艘"⑯。康熙十五年（1676）移宁古塔将军于吉林，"建木为城，倚江而居，所统新旧满洲兵二千名，并徙直隶各省流人数千户居此。修造战舰四十艘，双帆楼橹，与京口战船相类。又有江船数十，亦具帆樯。日习水战，以备老羌（俄国人）"⑰。康熙东巡来到吉林，曾写下了《松花江放船歌》，诗中有句曰："浮云耀日何晶晶，乘流直下蛟龙惊，连樯接舰屯江城。貔貅健甲皆锐精，旌旄映水翻朱缨，我来问俗非观兵。"那时，不仅黑龙江水师所需船只皆由吉林船厂制造，黑龙江将军辖下的军舰、运输船的维修也由吉林船厂负责。《龙沙纪略》载："黑龙江战舰五年大修，十年拆造，就材吉林。"直至乾隆二十四年（1759）题准：黑龙江战船五年大修，应需桐油、麻、铁物料，自新造之年，由部豫为请领一份，存库备用……其齐齐哈尔、墨尔根两处船只遇大修时，仍送吉林修理。

清代的历朝，吉林船厂的规模虽有时扩大有时缩小，但却一直是北方重要的造船基地，并且造船的技术水平日益提高。吉林船厂不仅借鉴淮军水师造船的管理经验和制度，还引进其技术并根据北方气候条件加以改进，如在选材上一律用曲柳和柞木，浸水不腐不胀，冬季空气干燥不变形。使用的各种辅助材料都有严格要求，各种用途的船在规格上都有定制，培养了一批木匠、铁匠、漆匠、油匠等造船匠人，形成了一整套"排板"、"镶对"、"起帮"、"砸板"、"拿缝"、"胶腻"的精湛的工艺技术。

清代吉林的造船业经历了相当长的发展、繁荣时期，为东北地区的经济社会发展，为巩固边疆、抵御沙俄做出巨大贡献。如康熙年间与俄军之间的雅克萨之战，清军出动战船145只，加上各类辅助船只共计250余只，对此次战役的胜利，发挥了决定性的作用。而随着清王朝的逐渐衰落，到道光、咸丰年间，吉林造船业规模逐渐缩小，待到光绪三十三年（1907）吉林造船厂已颓然无存，结束了吉林船厂曾经的辉煌历史。

第五节 体育游艺

满族珍珠球 朝鲜族秋千与跳板 蒙古族赛马 摔跤 嘎拉哈

珍珠球是吉林满族模仿先人采珠劳动演变而来的传统体育运动。

居住在白山松水间的满族先世以渔猎为生，采珍珠是传统的渔猎生产。长久以来，在民众中就有以模仿采珍珠生产为内容的游戏活动。当初，游戏的方式，是水里的人把捞上来的河蚌往几条船的中间抛，船上的人用抄网抢接，谁接的多，预示着来年能够采集到更多的珍珠，有着求财求福的寓意。珍珠球，是在这种背景之下，逐渐由民间游戏——采珍珠发展起来的一项体育运动项目。

早期，珍珠球比赛的场地分为3个区域，场地中央区域叫作"河"，河两侧是等大的蛤蚌区，再向外两侧是等大的"威呼"区。双方运动员就是"采珠人"。比赛中，双方"采珠人"在"河"中激烈争抢被称为"珍珠"的皮球，抢到后，设法把球传给处在"威呼"区的队友。在"威呼"区里的队友，如果用网兜把队友传来的球兜住，就得一分。在"蛤蚌"区，防守方队员挥舞着两片蚌壳形状的球拍，努力挡住从"河"区传向"威呼"的球。此时，防守队员就成了愤怒的"蛤蚌精"的化身，保护蛤蚌不被接住。采珠劳动的各种元素，如河水、船、河蚌、网兜，无不在珍珠球运动中得到了生动地再现。

这项流传久远的运动 2008 年被列入国家非物质文化遗产名录。

我们的祖先，为了采摘野果或猎取动物，在攀缘和奔跑中有时会抓住粗壮的野藤，依靠身体的摇荡，上树或跨越沟涧，这是秋千最原始的雏形。

至于后来绳索悬挂于木架，下拴踏板的秋千，春秋时期在我国北方就有了。《艺文类聚》中就有"北方山戎，寒食日用秋千为戏"的记载。当时拴秋千的绳索为结实起见，通常多以皮革制成，故秋千两字的繁体写法是"鞦韆"，均以"革"字为偏旁。还有一个民间传说，中国古代社会大户人家的小姐受封建礼教束缚，不得走出庭院一步，她们为了观赏院外的风光，于是想出了一个绝妙的方法，把绳子拴在院子里的树上，下拴一个踏板，站在踏板上悠荡，以此偷看墙外世界。其实荡秋千这种体育运动世界各地都有，只是各地习惯和规则不同。在吉林省这项体育运动最为普及、内容最为丰富、技艺超常的是朝鲜族。

朝鲜族荡秋千决定胜负的办法别具一格。最初是荡起后用脚触及或用嘴叼到树梢或树花为目标，看谁能踢到或叼到。后来发展成为脚触响铃，即在高处挂一个铜铃，看谁能碰响。判定胜负的标准有两个：一是脚触响铃，铃响次数多者取胜；一是只比荡的高度，以高度作为决定胜负的标准。撞铃是最常采取的比赛方法。

比赛用的秋千架的高度一般为 10 至 12 米；两根柱子之间的距离，底部为 3.5 米，上端为 2 米；两根秋千绳分别拴在秋千架上端的横木上；绳子下端绑脚蹬，脚蹬距地面 80 厘米；距离脚面 130 厘米左右高处的两根秋千绳上，各拴一个用以系手腕的、用布带做成的套子。进行比赛时，秋千架前方竖立两根竿子，上端拉一根拴有铃铛的绳子，这根绳可以升降，最高可达到 10 米左右。比赛时，人站在脚蹬上，两只手分别伸入两侧的布套中，拧紧之后抓住绳子。开始荡时，由助手站在脚蹬后面，两手抓住脚蹬，把秋千向前尽力推送。之后，秋千手用两条腿一伸一屈地向高处悠荡，荡到一定的高度时，开始用脚或身子撞响铃铛，以撞响铃铛的次数多者为胜。

　　朝鲜族的秋千运动在女子中更为盛行。夏日，朝鲜族妇女多着红、黄、蓝长裙，荡起秋千，在蓝天的映衬之下，宛如一朵朵鲜艳的花朵在空中绽放，既展示了朝鲜族妇女高超的技艺，又体现了朝鲜族妇女热情奔放、勇敢坚毅的民族性格。

　　朝鲜族荡秋千运动久盛不衰，在现代生活中仍为人们钟爱。从1986年开始，秋千运动被正式纳入了全国少数民族传统体育运动会的比赛项目，并已列入全国首批非物质文化遗产名录。

　　跳板是朝鲜族姑娘们所钟爱的一项体育活动。跳板两端的姑娘踏动跳板，此落彼起，婀娜多姿，宛如空中芭蕾，别有一番情趣。

　　关于跳板运动的由来，还有一段富有浪漫色彩的传说。相传很久很久以前，一个少女被她的父母幽禁在自家深宅之中。她日夜思念守候在院墙外的心上人。为了能见上一面，她心生一计，逗引妹妹在院中与自己做跳板游戏。每当身体腾空而起越过墙头的时候，她便向自己的心上人投去匆匆地一瞥，表达自己的爱恋之情。如今，青年人的恋爱自由了，有情人可以随时约会于花前月下，用不着再利用跳板的方式来偷看情人了。但这种既优美又健身的活动却一直沿袭至今，成为朝鲜族人民热爱生活、憧憬未来的一种健身娱乐形式。

　　跳板长5.5米、宽35至40厘米、厚5-6厘米，大多用木质坚硬又极具弹性的水曲柳木板制成。跳板中央的下面放一"板垫"，使木板两端可以上下活动。板垫多用稻草捆，也有用草袋装满土做板垫的，高度以30厘米为多。跳时两人分别站在两端，轮流起跳，利用跳板的反弹力把自己和对方弹向空中。这样反复地一起一伏，奋力向上跃起，不断增加腾空的高度并做出各种花样动作。跳板靠两人协调合作，有时边跳边唱，一人唱，一人和。

　　跳板的跳法有多种，有直跳，即蹬离板后两腿伸直跳；屈腿跳，即人体腾空后弯曲大腿跳；剪子跳，即腾跃后将腿伸直前后分开跳；空翻跳，即腾跃后向前或向后空翻一周跳。

　　跳板比赛有比抽线拉高和比表演技巧两种。抽线是在规定时间内，以腾空者将系在脚脖上的线抽拉出来的长度定胜负。表演技巧可手持扇子、圈、花环等进行，由裁判员按其所做动作的难度、完成的质量及姿

图下 9-2　跳板
李光平摄

势优美的程度来评定分数。有空翻跳、跳藤圈、舞花环、挥彩带等惊险、高难度而又优美的动作。

蒙古族爱马善骑，素有"马背民族"的美称。赛马是蒙古族在游牧生活中形成的传统体育运动。《清稗类钞·技勇类》中记载："蒙人不论男女老幼，未有不能骑马者，其男女孩童，自五六岁即能骑马驰驱于野"，"蒙人尝于每岁四月祭'鄂博'，祭毕，年壮子弟，相与摔跤驰马……驰马者，群年少子，各选善走名马，集于预定之处。近则三四十里，远或百余里，待命斗胜负……闻角声起，争以马鞭其后，疾驰趋鄂博，先至者，谓之夺彩"。

蒙古族赛马活动，代代流传至今不衰。在广阔的草原上，每逢喜庆节日，牧民们都要举行赛马比赛。

蒙古族赛马分走马、跑马两种。走马，主要比赛马走得快、稳、美；跑马，主要比赛马的速度和耐力，多为直线赛跑，赛程一般为40、60、80里，先达终点者为胜。只有个人赛，一次性决胜负。参赛者男女老少不限，少则几十人，多则上百人，一般是本地区的牧民参加，也有邀请邻近地区参加的，也有闻讯后从百里之外赶来参加者。

蒙古族赛马，十分注重赛前准备工作：

训练打扮赛马。骑手要熟谙马的习性，才能驾驭好坐骑，赛出好成绩。平时，就要进行调练，观察马的体能，掌控马的速度。赛马前一个月，要"吊马"，使马身瘦有神，耳如竹削。赛马前夕，要给骏马扎起小辫儿，以防马鬃挡住马的眼睛，修束尾巴以减少阻力。还要装饰打扮赛马，洗刷马的躯体，给马带上铜铃，系上彩绸项圈，使赛马显得精神抖擞，焕然一新。

骑手的服饰要轻巧。一般用柔软的绸料制作，既轻柔、又凉爽，所着的蒙古袍要比普通袍短些，还要紧身，颜色以粉红、天蓝、白色为主，衣襟、袖口、裤角都绣有精美的装饰图案。赛手戴的帽子有尖顶圆帽、船形帽等样式，在鬓角处还要缀上两条带子，以便扎牢，帽子的后面缀有彩带，前部缀有闪闪发光的小镜子或星形装饰物。马靴有的是全皮马靴，也有传统的布底皮筒马靴，有的为了减轻马的负担特制布质软靴，灵巧而舒适。

比赛时，骑手身在起点处排成一行。裁判员彩旗一挥，刹那间，骑手们争先恐后，跃马挥鞭，奋力向前，匹匹骏马奔驰在广阔无垠的绿色草原上，宛若飞霞流彩。骑手们在飞驰的马背上，忽而挥臂加鞭，忽而身藏马侧，惊人骑技叹为观止，高潮迭起，人呼马嘶，声震四野。夺魁的骑手会被热情的观众举起上抛，马也披红戴花，倍受青睐。比赛结束后举行颁奖仪式，授称号，唱赞马歌，奖赏名列前几名的骑手。还在获第一名的马头及马身上，撒奶酒或鲜奶以示庆贺。民族歌手高声朗诵赞马诗。赞马诗的内容丰富多彩，描述马匹的雄俊英姿、介绍驯养者和骑手、描述赛程中的种种特点等等。

　　前郭尔罗斯草原上的牧民，每年农历六月初四的那达慕盛会上，最为振奋人心并充满刺激性的项目，就是赛马。

　　赛马能培养骑手机智、勇敢、灵活、耐劳等优秀品质，骑手要有娴熟的马上功夫，健壮的体格和驾驭能力。

　　吉林省境内的摔跤运动，在蒙古族和朝鲜族中比较盛行，并且都有着悠久的历史。

　　蒙古族是一个十分喜爱体育运动的民族。长期以来，他们创造和流传下来许多富有民族特色的传统体育项目，其中，摔跤运动尤其受到人们的偏爱。在古代，摔跤、赛马、射箭是蒙古族的"男子三项竞技"，也是蒙古族传统的"那达慕"大会的主要内容。

　　蒙古族摔跤始于何时，难以确考，《元史·武宗记》载，元武宗曾于大德十一年（1297）六月，"以拱卫直都指挥使马谋沙角抵屡胜，遥授平章政事"。至大三年（1310）夏四月"赐角抵者阿里银千两，钞四百锭"⑱。元朝于1318年设立"校署"一职，专门管理摔跤运动。可见摔跤运动的普及。

　　蒙古式摔跤赛前，一般按传统习俗先推举一位德高望重的老者将参赛者编排配对，并负责裁判。

　　赛时，摔跤手要穿好摔跤服。上身为皮质的短袖衣"卓铎格"，胸前裸露。短衣上订缀数百枚闪亮的银或铜泡钉，背正中镶有圆形龙或狮纹金属片，以示威武。腰系用红、黄、绿三色绸制成的摔跤裙。下着用白布缝制的肥大摔跤裤，外面再套上绣有吉祥图案的套裤。足蹬皮靴，颈上系五彩绸帛编结的"姜嘎"（又称吉祥结、护身结），姜嘎上的彩条愈多，表明获胜的次数愈多。

　　蒙古式摔跤参加比赛之人数必须是双数，如8、16、32、64等，不能出现奇数。比赛的选手不分地区，不限年龄，不限体重。除互比力气外，招数与技巧是决定胜负的重要因素。主要动作有踢、拧、闪、捉、拉、扯、推等基本动作和勾子、拌子、坎子、别子等大招数。

　　摔跤比赛实行淘汰制，以将对方摔倒为赢，一跤决定胜负。蒙古式摔跤的主要规则是，双方的手允许触及对方臀部以下的部位，但不许抓腿抱腿，也不许跪腿去摔；用脚的招数时，不许超过臀部，以免伤害对方。

选手入场的形式最具特色，在观众的欢呼声和歌声中，选手边舞边跳进。起始，个个昂首挺胸，步法慢跑似骆驼步，徐徐向前；至中途，两手攥拳，前后左右上下猛抡双拳，高抬腿，稳落步，边舞边进，成狮步；接近场中时，两臂伸直如鸟飞翔，两手上下振动慢舞，成鹰步，并向主宾、主持者及观众致意。比赛中获胜一方要伸手将对方扶起，以示胜不骄、败不馁的王者风范。

在朝鲜族各种体育运动中，摔跤是极为普遍的。在岁时风俗中，摔跤已成为一项重要的比赛项目，如在端午节时，男子就有摔跤比赛游戏。《东国岁时记》五月端午条中写道："丁壮年少者，会于南山之倭场，北山之神武门后为角力之戏，以赌胜负，其法两人对跪，各用右手拿对者之腰，又各用左手拿对者之右股一时起立，互举而抨之，倒卧者为负。"五月端午节"金山俗端午日，群少会转直指寺，为角力戏，远近咸聚，以赌胜负，闻风而观光者，以千百计，岁以为常"。

朝鲜族同胞每到端午、中秋等节日，便利用农村或城市的沙地、草地进行摔跤，角逐力气和技巧。朝鲜族人民十分喜欢观看摔跤，只要听说有摔跤活动便有很多男女老少去观看。而且，按习惯，只要来到摔跤场，任何人都可以参加比赛。因此，很多人从不放过这种锻炼身体的机会，摔跤是朝鲜族的一项群众性的民间体育娱乐活动。

朝鲜族的摔跤服饰特点是腿带加腰带。腿带用长九尺的白布做成，围在右侧大腿，然后伸缩性地缠在腰间。腰带是四尺长的布带。

比赛方法是双方蹲着身躯略往前倾，右膝着地，左膝弯曲，足掌轻扣地面。而后，右手搂住对方左肩，从背后抓住对方腰带，左手紧抓对方腿带。裁判员发令后，双方同时迅速站起，猛摔对手，无时间限制，以摔倒对方为胜。一般采取三局二胜制，经过多轮较量后决出最后获胜者。

朝鲜族摔跤不仅需要力气，而且还需要技巧和灵活的战术。战术复杂而多变，有内勾、外勾、轮起、箍脖等多种攻防战术，因此，常常瘦小的小伙子，竟能摔倒力大如牛的大汉，爆出冷门。

大型比赛，摔跤手按年龄分为少年、青年、壮年三级。每次正式比赛，都由朝气蓬勃的少年摔跤开场。大型摔跤比赛的决赛时，赛场上常常牵出腰上围着红布、头上戴着红花的大黄牛，待冠军决出后，以大黄牛作为冠军奖品。与会的重要人物牵着大黄牛，让摔跤冠军骑在牛上绕场一周，向观众致意。

"嘎拉哈"是满语"嘎尔出哈"的汉语音译，在清代的正式汉文意译是"背式骨"。学名为"髌骨"。即兽类后腿腿骨和胫骨交接处的一块独立的拐骨。

嘎拉哈形状是不规则的长方体，两个大面，两个长条面，还有两头的小面。它的四个比较大的面，据清人徐兰《塞上杂记》记载："有棱起如云者，为珍儿，珍儿背为鬼儿，俯者为背儿，仰者为梢儿。"这是古代的称法。近代与之稍异，凹面叫做坑儿（也有叫壳儿的），凸面叫做背儿（也有叫肚儿的），像花瓣的一面，叫做珍儿，丰满而平坦的一面，叫做轮儿。

嘎拉哈无需制作，只是把野兽或家畜的拐骨经过蒸煮去肉脱脂，然后上色。通常要染成红色或绿色，以红色为多。猪的嘎拉哈最容易弄到，所以是最常见的。狍子的嘎拉哈小巧玲珑，四面也比较平整，所以狍子的嘎拉哈是最好的，但很稀少。羊的嘎拉哈也称羊拐，与狍子相近，所以更加流行。

嘎拉哈游戏有着悠久的历史。《元史·本纪第一·太祖》载："复前行，至一山下，有马数百，牧者唯童子数人，方击髀石为戏。纳真熟视之，亦兄家物也。始问童子，亦如之。"清代满族也有类似的玩法。清杨宾《柳边纪略》载：满族"童子相戏，多剔獐、狍、麋、鹿前腿前骨，以锡灌其窍，名嘎什哈，或三或五，堆地上，击之中者，尽取所堆，不中者与堆者一枚。多者千，少者十百，各盛于囊，岁时闲暇，虽壮者亦为之"。可见，当时玩嘎拉哈的主角是男孩，以击打为主。后来，玩嘎拉哈的主角变成了女孩，并且更为流行。根据有关资料记载，正月里满族姑娘们不许动针线，于是女孩子们就兴起了这种在屋里炕上就能玩的游戏。闯关东来到吉林地区的汉族人也受满族习俗的熏染，女孩中也渐渐兴起了这种游戏。

关于嘎拉哈的玩法，成书于乾隆年间的《满洲源流考》即有过简要记载："或两手捧多枚星散炕上，以一手持石球高掷空中，当球未落之际，急以其手抓炕上嘎拉哈成对者二枚，还接其球，以子、球在握，不动别子者为歘。"后来玩法逐渐繁多。

玩弹子儿，先将嘎拉哈（子儿）按人数均分，按规则以食指弹之。弹者将子撒出（俗称"泼"），选任意一子为"头"，向另一个面纹相同的子儿弹击，命中即可继续；不中（俗称"溜"）或碰到其他子儿（俗称"砸"）以及弹错、拣错、无对可弹时，则轮到下一人重新撒、弹。弹完最后一对者为胜。

夺嘎拉哈，往往参加的人数很多，玩法是将百八十个子儿铺开，将"老母"（也是一枚嘎拉哈）往上抛，高低不限，同时由子儿堆里迅速挠出几个或十几个，接住将要落地的"老母"再抛向空中，同时抓起挠出的嘎拉哈并接住"老母"为胜，继续重复上述动作，否则为败，轮到下家进行。嘎拉哈被夺尽后，多者为胜。

最平常的一种玩法是用四个嘎拉哈，并配备一个拳头大小装有沙子或五谷的六面体的布口袋。玩时先将四个嘎拉哈撒在炕上，然后用一只手将口袋向上抛起，口袋在空中之时，手要迅速抓起炕上的一枚嘎拉哈或数枚嘎拉哈，然后再将口袋接住，如接不住就为失败。成功抓起一次后，再接着抓，未接住口袋，就转入下家。

抓四样是歘嘎拉哈游戏中难度最大的。所谓四样即嘎拉哈中坑儿、背儿、珍儿、轮儿各一枚。因为十几或更多嘎拉哈中，四个不同姿势的嘎拉哈位置很难在一起，在口袋抛起的一瞬间，要从不同位置上抓完四样嘎拉哈，而又不准碰动其他嘎拉哈，难度相当大。所以，在过去善于抓四样的女孩子都是心灵手巧的。

随着人们生活方式的不断转变，原始的渔猎生活已经远去，各式各样的新颖玩具越来越多，玩嘎拉哈逐渐退出了日常游戏的历史舞台，但它所承载的一段民间娱乐历史，却代代传述着。时至今日，东北地区的民俗旅游景点仍然有玩嘎拉哈游戏的。

第六节　奇丽的民间节日

北山庙会　老把头节　农夫节

北山是松花江边紧靠繁华的船厂（今吉林市）的一座山岗，林木葱郁，山势幽深，自古以来佛道两家便在这里建庙宇，渐渐形成关帝庙、玉皇庙、药王庙、狐仙堂等规模较大的庙群。山上建有亭、桥、廊、榭，山下有一泓清澈湖水。庙宇香火旺盛，成为远近闻名的山庙圣地。

特别有名的是它的庙会。自清道光年间起，北山庙会一直兴盛不衰，素有"千山（辽宁省境内佛家胜地）寺庙甲东北，北山庙会胜千山"之说。"吉林名胜首推北山……远近市民前来进香者络绎不绝，因之马龙车水，士女如云，百戏杂陈，商货棸辐，彩色纸花临风飘扬更为此热闹生色不少，山下有演武厅一所，为清代兴国时故迹"[19]。每年的浴佛节、关帝节、盂兰节，都举办多天的庙会，寺观僧道做水陆道场，诵经祭神，各路香客朝山进香，祈祷求福，四面八方游人云集，观景赶会。庙会上，有马戏、杂技、歌舞、秧歌等民间艺术表演，商贩的摊床从山下摆到山上，各种土特产琳琅满目，风味小吃异趣纷呈。入夜，山上悬挂起千盏莲花灯，在松花江上放河灯。北山庙会既是佛门盛事又是民间习俗，具有北方民族地域的特色，其热闹景象冠绝东北。

庙会期间，最有人气的要数"老道坐罐"的道场了。据《吉林地志》、《吉林乡土志》、《鸡林旧闻录》等古籍记载，旧时每逢北山庙会，均有老道坐罐之举。罐，为一种笼器，木制，只能容下一个坐姿的人。坐罐，即由鹤发童颜的道观住持在罐中坐定，再由小道放悲声、含泪水"施钉"（从罐外向内钉钉子），钉尖直逼罐内的老道，有两颗对着太阳穴，有两颗对着双眼，另有三颗分别对着头顶心、后背和前胸，被称为"七钉逼命"。有时还要钉更多的钉子，每颗钉的钉尖都挨近坐罐人的皮肉。在罐内的老道要纹丝不动，无论怎么困倦也不能打盹儿，否则锋利的钉子便会刺入皮肉。目的是，以这种苦行来博得人们的同情，激发人们的善心，感化人们解囊施舍。然后，将募集的善款用于救济遭灾遇难、残老病危之人，或是修桥补路、修缮庙宇等善事。每次坐罐，都言明所募款项做何用处，并将捐助人姓名张榜公布，因此，香客、游人纷纷解囊。这种慈善活动，更使北山庙会声名远播。

这种善举的高潮是有人出面"拔钉"。所谓拔钉，就是有人受其感动，愿捐巨款将"罐"上的钉子拔下以解除坐罐人的苦痛。有时，在钉冒上挂一纸条，标明需捐多少钱才可拔下这颗钉，每颗钉的款额不等。人们将拔钉看做是一桩积德扬名的大善事，于是，有许多官宦名人、巨贾红伶或独自或凑集一起出钱前来施舍助阵，一时传为佳话。清末，吉林将军长顺、大商人牛子厚都曾在庙会上拔过钉。据传，有日本浪人来此闹事，不但不捐助，还"晃罐"伤人，引起众人愤怒。当时，游人中的九台县著名拳师张仲禹奋起与其搏斗，以"搓脚"之功将其打得狼狈逃窜。这种老道坐罐的善举一直延续到民国前期。民国三年（1914）的一次庙会，拔一颗钉的捐款数额竟至三千银元，当地商人牛马行街上酱菜园的吴掌柜自愿拔两颗。拔钉时，众道人诵经做道场，为吴掌柜披红挂彩，诸多名人出场并祝词赞扬，观者人山人海。

如今，老道坐罐之类的古俗已成往事，但吉林北山庙会的繁荣景象和民俗魅力仍生动的保留在历史的记忆中，并以它多元的浓郁的地域风情被列入国家非物质文化遗产名录。

老把头节最初是由长白山区采参人发起的民俗节日，是为了祭祀被奉为山神爷的参帮老把头孙良（详见本书下编第二章第四节），于每年农历三月十六日举行。

老把头节的祭祀活动十分热烈。节前即杀猪，准备好香火纸码，由参帮把头领着大家，先立"老把头神位"（或搭"老把头庙"），然后上香，摆供，燃纸码，大家跪拜。把头领着进山挖参人祈祷："山神爷老把头，我们就要进山了，求您保佑我们平平安安，顺顺当当。等拿了大货，再祭拜您。"然后才进山采参。后来，孙良的传说越传越广，进山伐木、狩猎、采药的人也都信奉孙良的神力，祈求他保佑进山不迷路，不遇野兽，平安吉祥，于是，由采参人兴起的"老把头节"，成为山里人约定俗成的共同节日了。

由"老把头节"又衍生出木把节，每到这一天，伐木人也要集会祭祀山神爷老把头。仪式以后，就由伐木人们跳起豪迈粗犷的"木把舞"，并互相问候，一起欢乐，以欢庆自己的节日，表达对山神爷老把头的虔诚信仰。木把节充分反映出林区的生产习俗和生活习俗，表达人们对美好生活的向往和战胜艰难无往不克的信念。

农夫节，是流传在延边朝鲜族中的一个农耕民俗文化节日，在每年农历7月15日举行。是朝鲜族农耕文化的缩影。农夫节的头一天，七里八乡的朝鲜族男女老少带着祭品和礼品赶到举行活动的村庄，住在亲友家里，等待"开祭"活动。节日的早上，本村村民早早起来，各家男人都在给妻子梳头。这一习俗充分表达了朝鲜族丈夫对妻子的关爱，浓浓的生活风情在各家演绎着。然后打扮好的夫妻纷纷走出家门，奔向村里的广场。各村的秧歌队、舞蹈队、表演队都来了。首先举行祭祀仪式。由村里德高望重的老人组成一队，他们头戴纱笠，身穿民族长衫，列队上台，在摆放着猪头和其他供品的桌子前虔诚地祭天，祭地，感谢上天和大地给人们带来了五谷丰登。接着开始选拔当年的"农夫状元"。

农夫节的高潮就是选拔农夫状元。评选农夫状元是非常"民主"的，先要大家提名，包括本村的汉族也在评选之列。条件是不但要会春插、夏管、秋收等劳作技术，还要邻里和睦，夫妻互敬，孝顺老人，爱护儿女等等，并能为村民办事和有善举。被选上的"状元"，在众人的簇拥之下登上舞台。

台上早已准备好一顶桥子，"农夫状元"坐上轿子，由几个壮小伙抬着先在台上走一圈儿。再下台，绕会场走一圈儿，还要进村到各家房前屋后走一圈儿。此时，各种歌舞也开始了，一时间，村里沸腾起来。台上是欢乐的歌舞表演，台下是百姓们自发的跳舞歌唱，整个村落形成了歌舞大集。

朝鲜族的农夫节是一个名副其实的村落节日，是百姓约定俗成的民间活动，体现出朝鲜族百姓热爱家乡、热爱生活、热爱劳动的高尚情趣。这种村落节日已经延续下来，成为村民生活的一部分。

【注释】

① 《通玄真经》卷一，第 414 页。

② 富育光：《苏木妈妈创世神话与传说》，吉林人民出版社 2009 年版，第 115 页。

③ [清] 张凤台：《长白征存录》，《中国方志丛书·长白汇征录》，成文出版有限责任公司，清宣统二年铅印本，第 182 页。

④ [宋] 徐梦莘：《三朝北盟合编》上册，上海古籍出版社 2008 年版，第 7 页。

⑤ 《北史·室韦传》，中华书局 1974 年版，第 3130 页。

⑥ 《新唐书·流鬼传》，中华书局，1975 年版，第 6211 页。

⑦ [清] 萨英额纂辑：《吉林外记》，《中国地方志丛书》，1983 年影印本，第 241 页。

⑧ 《吉林纪事诗》，《长白丛书》第二集，吉林文史出版社 1995 年版，第 14 页。

⑨ 李澍田：《吉林志书》第二集，吉林文史出版社 1988 年版，第 129 页。

⑩ 孙乃民主编：《吉林通史》第二卷，吉林人民出版社 2008 年版，第 71、89 页。

⑪ 《吉林军事》，天津古籍出版社 1993 年版。

⑫ 《后汉书》卷八五《东夷列传》，中华书局点校本，第 2812 页。

⑬ 《元史》卷一三《世祖十》，中华书局 1976 年版，第 277 页。

⑭ [清] 杨宾：《柳条纪略》，中华书局 1985 年版，第 9 页。

⑮⑯《吉林通志》，吉林文史出版社 1986 年版，第 903 页。

⑰ 同上，第 906 页。

⑱ 《元史》，中华书局 1976 年版，第 223 页。

⑲ [清] 吴樵：《宽城随笔》，吉林省图书馆藏丁巳年（1917）印本，第 2 页。

主要参考文献

1. 《白云集》，张贲，不惑堂丛书本。

2. 《北史》，中华书局，1974 年。

3. 《大金国志》，宇文懋昭，中华书局，1986 年。

4. 《东北边防辑要》，曹廷杰，辽海书社，1934 年。

5. 《东华录》，蒋良骐，齐鲁书社，2005 年。

6. 《汉书》，中华书局，1962 年。

7. 《后汉书》，中华书局点校本。

8. 《畿辅通志》，黄彭年，北洋官报印刷局，宣统二年。

9. 《吉林纪事诗》，沈兆禔，吉林文史出版社，1988 年。

10. 《吉林旧闻录》，魏声和，吉林文史出版社，1986 年。

11. 《吉林通志》，长顺，吉林文史出版社，1986 年。

12. 《吉林外纪》，萨英额纂，吉林文史出版社，1986 年。

13. 《金史》，中华书局，1975 年。

14. 《金文最》，张金吾，中华书局，1990 年。

15. 《旧唐书》，中华书局点校本。

16. 《旧五代史》，中华书局点校本。

17. 《宽城随笔》，吴樵，丁巳（1917）年印本。

18. 《辽史》，中华书局点校本。

19. 《柳条纪略》，杨宾，中华书局，1985 年。

20. 《论衡校释》，黄晖，新编诸子集成，中华书局，1990 年。

21.《满文老档》，中华书局，1990年。

22.《明道杂志》，张耒，中华书局，1985年。

23.《契丹国志》，叶隆礼，上海古籍出版社，1985年。

24.《清史稿》，中华书局，1977年。

25.《清太宗文皇帝实录》，台湾文化书局发行，清古文献影印件。

26.《全唐诗》，国际文化出版公司，1993年1月。

27.《三朝北盟会编》，徐梦莘，上海古籍出版社，1987年。

28.《三国史记》，金富轼，吉林文史出版社，2003年。

29.《三国志》，中华书局点校本。

30.《事物纪原》，高承，中华书局，1989年。

31.《隋书》，中华书局点校本。

32.《听雨丛谈》，福格，中华书局，1984年。

33.《通典》，杜佑，商务印书馆，1935年。

34.《魏书》，中华书局点校本。

35.《西伯利东偏纪要》，曹廷杰，中华书局，1985年。

36.《新唐书》，中华书局，1975年。

37.《续日本纪》，日本《国史大系》本，日本《经济杂志》社明治30年。

38.《续资治通鉴长编》，李焘，中华书局，1979年。

39.《永吉县志》，吉林文史出版社，1988年。

40.《元史》，中华书局，1976年。

41.《中国方志丛书》，成文出版有限责任公司，宣统二年。

42.《资治通鉴》，中华书局，1997年。

43.《渤海国》，李殿福、孙玉良，文物出版社，1987年4月。

44.《渤海考古》，魏存成，文物出版社，2008年。

45.《长白丛书》，李树田，吉林文史出版社，1993年。

46.《长白山江岗志略》，刘建封，吉林文史出版社，1987年。

47.《长白山满族文化概览》，葛会清，中国文史出版社，2008年。

48.《长白山民俗文化》，张雯虹、孙文采，吉林文史出版社，2005年。

49.《成多禄集》，成多禄，吉林文史出版社，1988年。

50. 《筹边刍言》，徐鼐霖，吉林文史出版社，1989 年。
51. 《东北虎文化》，汪玢玲，吉林人民出版社，2010 年。
52. 《东北历史地理》，孙进己，冯永谦总纂，黑龙江人民出版社，1989 年。
53. 《东北流人史》，李兴盛，黑龙江人民出版社，1990 年。
54. 《东北民俗资料荟萃》，李澍田，吉林文史出版社，1992 年。
55. 《东北鞣鞨》，李东、李矛利，吉林人民出版社，2006 年。
56. 《东北木帮史》，曹保明，台湾祺龄出版社，1994 年。
57. 《东北石器时代考古》，赵宾福，吉林大学出版社，2003 年。
58. 《东北通史》，金毓黻，五十年代出版社，1943 年。
59. 《东鞑纪行》，间宫林藏，黑龙江省哲学社会科学研究所译，商务印书馆，1974 年。
60. 《东三省政略》，徐世昌等，吉林文史出版社，1989 年。
61. 《东夏史》，王慎荣、赵鸣岐，天津古籍出版社，1990 年。
62. 《抚松县人参志》，陈福增主编，吉林人民出版社，1989 年。
63. 《扶余县志》，吉林人民出版社，1984 年。
64. 《高句丽简史》，李殿福、孙玉良，韩国三省出版社，1990 年 9 月。
65. 《高句丽历史知识》，孙文范、孙玉良主编，吉林文史出版社，2003 年。
66. 《高句丽遗迹》，魏存成，文物出版社，2002 年。
67. 《关东方言词汇》，王博、王长元，吉林教育出版社，1991 年。
68. 《关东文化大辞典》，李治亭，辽宁教育出版社，1993 年。
69. 《国内城》，宋玉彬主编，文物出版社，2004 年。
70. 《话说乌拉》，关志伟主编，吉林人民出版社，2008 年。
71. 《吉林纪略》，杨立新，吉林文史出版社，1995 年。
72. 《吉林军事》，天津古籍出版社，1993 年。
73. 《吉林省志》，吉林省地方志编纂委员会，吉林人民出版社，1993—2004 年。
74. 《吉林通史》，孙乃民主编，吉林人民出版社，2008 年。
75. 《吉林志书》，李澍田，吉林文史出版社，1988 年。
76. 《集安高句丽王陵》，傅佳欣主编，文物出版社，2004 年。
77. 《简明高句丽史》，孙玉良、孙文范主编，吉林人民出版社，2008 年。

78. 《科尔沁博艺术初探》，白翠英等，哲里木盟文化处编，1986年。

79. 《辽海丛书》，金毓黻，辽沈书社，1985年。

80. 《辽源今昔》，辽源市委宣传部，吉林出版集团，2009年。

81. 《马克思恩格斯选集》，人民出版社，1972年。

82. 《满族发展史初编》，滕绍箴，天津古籍出版社，1990年。

83. 《满族萨满教研究》，富育光、孟慧英，北京大学出版社，1991年。

84. 《满族说部丛书》，谷长春主编，吉林人民出版社，2007年。

85. 《明代东北》，李建才，辽宁人民出版社，1986年。

86. 《明代满蒙史料》，东京大学文学部，1956年。

87. 《女真史》，孙进己等，吉林文史出版社，1987年。

88. 《前郭尔罗斯简史》，刘加绪，辽宁民族出版社，2005年。

89. 《清初史料丛刊》，辽宁大学历史系1978年。

90. 《清实录东北史料全辑》，李澍田，吉林文史出版社，1990年。

91. 《清史新考》，王钟翰，辽宁大学出版社，1990年。

92. 《全辽文》，陈述，中华书局，1982年。

93. 《人参文化研究》，吉林省民间文艺家协会编，时代文艺出版社，1992年。

94. 《人参怎么吃》，王德富，吉林音像出版社，2006年。

95. 《萨满教舞蹈及其象征》，王宏刚等，辽宁人民出版社，2002年。

96. 《萨满教研究》，秋浦，上海人民出版社，1985年。

97. 《萨满文化研究》第二辑，斯日古楞，吉林大学出版社，2009年12月。

98. 《盛京轶闻》，王鸿宾、卡直甫，吉林文史出版社，1988年。

99. 《狩猎风俗》，孙树发，吉林大学出版社，2009年。

100. 《苏木妈妈创世神话与传说》，富育光，吉林人民出版社，2009年。

101. 《唐代酒令艺术》，王昆吾，上海知识出版社，1995年。

102. 《丸都山城》，金旭东主编，文物出版社，2004年。

103. 《晚学斋诗集序》，徐鼐霖，吉林文史出版社，1989年。

104. 《文化的生与死》，费孝通，上海人民出版社，2009年。

105. 《西伯利亚各民族的萨满教》，尼觯拉兹，中国社会科学院民族研究所，1987年编译，

106. 《香余诗钞》，李亚超整理，吉林文史出版社，1988 年。

107. 《增补医林状元寿世保元》，孟秋，上海广益书局，1913 年。

108. 《中国东北史》，佟冬主编，吉林文史出版社，1998 年。

109. 《中国东北夏至战国时期的考古学文化研究》，赵宾福，科学出版社，2009 年。

110. 《中国高句丽史》，耿铁华，吉林人民出版社，2002 年。

111. 《中国酒令大观》，麻国钧、麻淑云，北京出版社，1993 年。

112. 《中国民间歌曲集成·吉林卷》，中国 ISBN 中心，1997 年。

113. 《中国民间禁忌》，任骋，作家出版社，1991 年。

114. 《中国民间谚语集成·吉林卷》，中国民间文学集成吉林卷编辑委员会编，中国 ISBN 中心，2003 年。

115. 《中国民族民间器乐曲集成·吉林卷》，中国 ISBN 中心，1999 年。

116. 《中国人参》，王铁生，辽宁科技出版社，2001 年。

117. 《中国人参文化》，蒋力华、梁琴，吉林科学技术出版社，1995 年。

118. 《中国人参文化》，孙文采、王嫣娟，新华出版社，1994 年。

119. 《中国森林史料》，陈嵘，中国林业出版社，1983 年。

120. 《中国俗文化丛书》，孙树发，山东教育出版社，1999 年。

121. 《中华本土文化丛书》，李乔，中国华侨出版公司，1990 年。

122. 《白滝遗迹群Ⅱ》，北海道埋藏文化财，江别，2001 年。

123. 《渤海人的黑色金属冶炼业和加工业》，列尼克夫著，王德厚译，《东北亚考古资料文集》，北方文物社出版，1998 年。

124. 《长白朝鲜族自治县文物志》，《吉林省文物志》编委会 1988 年编印。

125. 《〈长白山诗词选〉出版对长白山文化发展的作用》，朱彤，《长白山文化论丛》，时代文艺出版社，2003 年 7 月。

126. 《东北境内燕、秦长城考》，李殿福，《黑龙江文物丛刊》1982 年第 1 期。

127. 《东北野猪》，李振营，《野生动物》1983 年第 3 期。

128. 《东牟山在哪里？》，刘忠義，《学习与探索》，1982 年第 4 期。

129. 《敦化市文物志》为《吉林省文物志编修委员会》编撰出版的《内部资料》，1985 年由延边新华印刷厂印刷。

130. 《抚松新屯子西山旧石器遗址试掘报告》，陈全家、赵海龙、王春雪，《人类学学报》2009 年 2 期。

131. 《汉军旗香坛续与神本》，吉林省艺术研究所集成办公室，1985 年 4 月 5 日编。

132. 《和龙县文物志》为《吉林省文物志》编委会编撰出版的《内部资料》，1984 年由延边新华印刷厂印刷。

133. 《红山文化陶器的彩纹和之字纹》，刘振华，《中国考古学会第六次年会论文集》，文物出版社，1990 年。

134. 《扈伦四部形成概述》，丛佩远，《民族研究》1984 年 1 期。

135. 《珲春县文物志》，《吉林省文物志》编委会 1984 年编印。

136. 《濊貊文化的探索》，孙进己、张志立，《辽海文物学刊》1986 年创刊号。

137. 《吉林安图人化石》，姜鹏，《古脊椎动物与古人类》1982 年 1 期。

138. 《吉林桦甸寿山仙人洞旧石器遗址试掘报告》，陈全家、李其泰，《人类学学报》1994 年 1 期。

139. 《吉林桦甸仙人洞旧石器遗址 1993 年发掘报告》，陈全家、赵海龙、王法岗，《人类学学报》2007 年 3 期。

140. 《吉林省青铜时代考古的回顾与展望》，刘景文，《历史与考古信息·东北亚》1993 年 1、2 期合刊。

141. 《吉林省文物考古的世纪回顾与展望》，金旭东，《田野考古集萃》，文物出版社，2008 年。

142. 《吉林十旗为创办公立两等小学堂的详文及吉林省的批文（附：学堂各项规划）》，吉林省档案馆档案，光绪三十四年四月。

143. 《吉林榆树周家油坊旧石器文化遗址》，孙建中、王雨灼、姜鹏，《古脊椎动物与古人类》1981 年 3 期。

144. 《集安高句丽考古的新收获》，吉林省考古研究室、集安县博物馆，《文物》1984 年第 1 期。

145. 《民间文学》1982 年 9 月号，吴占林搜集。

146. 《清代科尔沁蒙地开发述略》，田志和，《社会科学战线》1982 年第 2 期。

147. 《清末养正学堂》，东成琶，《延边文史资料》第五辑，1988 年。

148. 《说部渊源的历史追寻与金代文学的深入研究》，周惠泉，《文学评论》2008 年第 2 期。

149. 《挖参人和地抢子》，于济源，见《人参文化研究》，时代文艺出版社，1992 年。

150. 《西团山文化墓葬分期研究》，朱永刚，《北方文物》1991 年第 3 期。

151. 《西团山文化陶器类型学与年代学研究》，陈雍，《青果集——吉林大学考古专业成立二十周年考古论文集》，知识出版社，1993 年。

152. 《熊节与熊崇拜》，于济源，《学问》2002 年第 12 期。

153. 《延边安图立新发现的砾石石器》，陈全家、赵海龙、方启等，《人类学学报》2008 年 1 期。

154. 《中国北方民族的萨满教》，蔡家麒，见《中国少数民族宗教》，云南人民出版社，1985 年。

155. 吉林省档案馆，全宗 33。

索　引

说　明：

一、本索引是主题词索引。原则上，作为索引条目的主题词是本卷的研究对象、重点展开论述或详细介绍的内容，分为以下几类：1. 人名。包括本省籍文化名人，非本省籍但曾居于本省、对本省文化产生重要影响者；2. 地名。只录本省内对文化产生过重大影响的地名。文中人物籍贯的古今地名均不收录；3. 篇名。包括有重要影响的著作、诗文、书画等；4. 文化遗产名（包括非物质文化遗产）或遗迹名；5. 其他专有名词，包括器物名、学派名以及具有地域文化特色的文化现象等。

二、索引条目按第一个字的汉语拼音（同音字按声调）顺序排列，同声同调按笔画顺序排列；第一个字相同，按第二个字音序排列。以下据此类推。

三、条目后的阿拉伯数字表示该条目所在的页码。

四、总绪论、绪论、注释、参考文献、图注、后记、跋不做索引。

后　记

　　本书是由中央文史研究馆统一领导、组织编撰的大型丛书《中国地域文化通览》的《吉林卷》。本书的编撰工作，是按中央馆的要求并在其丛书编委会的指导下，在吉林省文史研究馆具体领导、组织协调下，由省文史馆馆员和有关专家学者组成的编委会和各位撰稿人共同努力完成的。

　　为保证书稿质量，我们经过推荐、遴选，聘请省内知名专家学者担任撰稿人，其中有高等院校、科研单位在职的教授、研究员，有年高德劭的离退休资深科研人员，也有长期在基层从事地域文化研究的实际工作者，他们均有较深厚的学养，有的是某一学科领域的学术带头人。

　　改革开放以来，我省社会科学工作者对地域文化的研究日益深化，在一些具有地域特色的学科领域居于优势和领先地位，例如在吉林地域考古、高句丽历史、长白山文化、萨满文化以及民族学、民俗学等方面的研究均取得丰硕成果，本书尽可能吸纳了这些成果。特别是，近几年来在抢救、保护非物质文化遗产的工作中，有关专家学者深入民间进行田野调查，发掘、搜集了鲜为人知的非物质文化遗产传承、沿革的资料，填补了以往的空白，我们视其必要将其充实、融会于本书相关的章节之中。

　　本书编撰的过程也是对吉林地域文化讨论、研究和再认识的过程。各位撰稿人按中央馆提出的学术性、可读性、现实性相统一的要求认真撰写，经汇集、粗编印成初稿，送交各位编委和有关专家学者征求意见，根据他们反馈的意见请撰稿人修改，然后由审稿小组进行编辑、统稿，形成样本报送中央馆，经中央馆丛书编委会的专家学者审阅提出意见后，再次进一步修改。在这过程中，难免见仁见智、意见交叉，我们本着学术民主、集思广益的精神，进行充分讨论，互相切磋琢磨，"疑义相与析"，以求达到共识。文字是浇铸的历史。我们在资料取舍、内容审订、思想观点提炼推敲、结构与文风协调等方面十分审慎，认真吸取、采纳专家学者、各位编委和撰稿人的意见，不惮其烦地几经反复斟酌，数易其稿。

本书的编撰工作得到吉林省委、省政府领导的关怀和省政府办公厅的大力支持，各位撰稿人、编委会成员倾注大量精力，中央馆的专家学者热情的予以指导，在此，一并致以深深谢忱。

尽管我们做了最大努力，疏漏、舛误和见所不及之处仍在所难免，诚望读者和学界同仁批评指正。

谷长春

2011 年 12 月 9 日

跋

　　《中国地域文化通览》34卷系国家重点文化工程。经过六年的努力，终于出版发行。我谨代表《通览》组委会和编委会，向参与《通览》撰稿的500多位专家，参加讨论和审稿的各位专家，以及以各种方式给予本书关心、支持和帮助的领导及朋友们，向精心编校出版本书的中华书局，表示衷心的感谢和崇高的敬意！

　　在这部约1700万字的巨著公开发行之际，我有三点想法愿向读者请教：

　　《通览》是我国第一部按照行政区划梳理地域文化，学术性、现实性和可读性兼备的大型丛书。在大量可信资料的基础上，《通览》各分卷纵向阐述本地文化发展的历史脉络，横向展示各地独具魅力的文化特色和亮点，可视为系统、准确地了解我国地域文化底蕴的读物。2008年7月，在确定《通览》作为国家重点文化工程时，国务委员兼国务院秘书长马凯明确指出："希望精心准备，通力合作，成为立意高远、内容殷实、史论结合、特色鲜明的传世精品。"本着这一指导方针，中央文史研究馆和各省、自治区、直辖市文史研究馆、文化机构或文化组织，均高度重视、精心组织实施，并在当地政府的指导下，聚集各领域的专家学者，协力攻关。这是《通览》编写工作得以顺利推进的重要原因。香港卷、澳门卷、台湾卷亦在各方社会贤达和学界名家的参与和支持下完成。

　　《通览》编撰历时六年，先后召开规模不同的各种论证会、研讨会、审读会上千次。袁行霈馆长亲任主编，国务院参事室原副主任陈鹤良和 12 位中央文史研究馆馆员任副主编，主编统揽全局，副主编分工联系各分卷，从草拟章节目录到审定修改书稿的各个阶段，他们均亲自参与，非常认真负责，严守学术规范。全书普遍进行了"两上两下"的审改，有些分卷达三四次之多。各卷提交定稿后，编委会还进行了集体审读，各卷根据提出的意见做了最终的修订。贡献最大的还是各位撰稿人与各卷主编，他们研精覃思，字斟句酌，不惮其烦，精益求精，这是本书水平的保证。中华书局指定柴剑虹编审提前参加审稿讨论，收到书稿后又安排了三审三校。中华书局的一位编审感慨地说："像《通览》这样集体编撰的大部头著作，能有如此严肃认真的态度，近年来确实不多见。"

建议各地运用电视、广播、网络、报刊等，对本书加以必要的推介、宣传、加工和再创作。可根据《通览》的内容，改编为中小学的乡土教材，以加强对青少年了解家乡、热爱家乡的教育。可用人民群众喜闻乐见的多种形式，让中华优秀传统文化滋润民众的心田。地域文化所蕴含的优秀传统文化基本元素，更普遍更有效地融入社会道德文化建设，必将有助于提升全体国民的道德素质和文化修养。

当前，地域文化研究如何深入？一是可对近百年来地域文化的发展脉络做出梳理，也就是撰写《通览》的续编。我们鼓励有条件的地方政府，率先独立负责地启动《通览》续编的工作。若能为《通览》补上 1911 年后的百年之缺，无疑是件大好事。二是拓展地域文化的科学研究，进一步探讨中国地域文化发展变化的规律，努力建设扎根于民间、富有时代特征、紧密服务于经济社会发展的地域新文化。文化大发展大繁荣，不能割断历史，不能超越历史，而只能在继承优良传统的基础上有所创造、有所创新。三是要探讨中华地域文化同世界文明的关系。今日之中国已同世界各国一道进入了经济全球化和信息化快速发展的新时期，只有放眼世界，博采众长，才能建设好我国的新文化。

总之，我们希望各地重视这部书，充分利用它，并进行地域文化的更深入研究。

《通览》生动展现了中华地域文化的多样性，揭示了中华文明多元一体的大格局。正确认识和处理统一性和多样性的关系，非常重要。这不仅是发展地域文化的要求，也是中国现代化建设的基本要求。一个国家、一个民族，尊重和倡导多样性，才能源源不断地激发全社会的创新活力，否则势必导致单一、呆板、停滞和退化。历史和现实表明，尊重和倡导多样性，对今天的国人来说，实在是太重要、太紧迫了。无庸置疑，社会主义为经济、文化、社会发展的多样性，开辟了前所未有的巨大空间。一方水土养一方人，一方水土孕育一方文化。当地域文化所蕴含的中华民族固有的道德、智慧和审美，渗透到人们的思想、行为、情感和性格中去，渗透到经济活动、城乡建设、社会管理等领域中去，那么我们的经济建设、政治建设、文化建设、社会建设、生态文明建设必将呈现出更加生机勃勃的繁荣景象。我们期待着，无论是历史名城还是新兴城市，都拥有自己的独特风格和文化内涵，如城市建筑再也不要从南到北都是"火柴盒"式的高楼林立。我们还期待着，在文化和艺术领域能涌现出越来越多植根于乡土的传世佳作，使中华文明的百花园更加绚丽多姿。当神州大地现代化建设万紫千红、异彩纷呈的时候，也就是中华民族真正强大和受人尊敬的时候。

综观数千年，中华文化不仅源远流长，博大精深，而且峰峦迭出，代有高峰。弘扬中华文化是 21 世纪的中华儿女共同肩负的神圣使命。我们愿为此贡献绵薄之力。

陈进玉

2012 年 11 月 21 日